新编21世纪经济学系列教材

数字经济概论

第二版

戚聿东　肖　旭　编著

Introduction to Digital Economics

中国人民大学出版社
·北京·

内容简介

数字经济的快速崛起对传统经济学产生了冲击，很多经济学理论都面临被重构的局面。本书是一本从经济学视角研究数字化问题的入门教材，按照循序渐进的思考逻辑分四个方面进行介绍：首先，介绍数字经济的理论基础；其次，重点研究数字市场运行规律；再次，对数字市场主体进行介绍；最后，介绍数字经济对社会福利的影响。

全书从经济学的思维方式入手，主要围绕经济学现象展开分析，力求做到系统全面、通俗易懂。同时，打开传统经济学厂商理论中的企业“黑箱”，剖析数字化对企业行为的改变，进而探讨产业组织的数字化转型，为企业经营管理者以及产业组织领域人士提供分析数字化的理论工具。

为了尽可能拉近理论与实践之间的距离，我们还在各章的相应部分补充可供借鉴的国内外典型案例，并且结合中国经济领域问题提出一些供学生讨论的话题。在编写过程中，每个部分的内容都融入了时政元素，按照“立德树人”的根本任务，以润物无声的形式帮助学生更加全面地了解中国数字经济发展情况，树立正确的“三观”，实现知识传授、价值塑造和能力培养的多元统一。

作者简介

戚聿东　北京师范大学经济与工商管理学院院长、教授、博士生导师，享受国务院政府特殊津贴专家，全国数字经济专业学位研究生教育指导委员会委员，中国工业经济学会副会长，中国企业管理研究会副会长。主要研究领域：数字经济与管理、产业组织与规制。

肖　旭　首都经济贸易大学工商管理学院讲师、硕士生导师，中国教育发展战略学会人才发展专业委员会专家库成员，全国应用型人才培养工程创新创业导师，中国通信工业协会物联网应用分会优秀技能人才，北京产业经济研究青年学者人才库专家，成渝地区双城经济圈智库专家联盟青年专家。主要研究领域：数字经济与管理、经济体制改革。

前言

经济学是一门帮助人们增强洞察能力、保障选择效率、研究人类一般生活事务的学问。经济学提供的各种分析工具可以帮助我们在确定目标、选择路径和提高效率之间寻求一种均衡。从本质上讲，经济是技术在社会生活中的表达，机械化、电气化、信息化的三次科技革新共同成就了发展多元化的现代经济文明。随着科学技术的发展，人工智能、区块链、云计算、大数据等技术向经济社会的方方面面渗透，全面提升了生产力，带来了生产关系的变革，推动着全球从工业社会、信息社会向后工业化、后信息化社会转变。经济活动效率不断提高，数字化正不可阻挡地改变着我们的一切。以支付宝、微信支付为代表的“第三方支付”已经深入日常生活，以高德地图、百度地图为代表的电子智能地图已经成为人们出行必备的“神器”，以淘宝、京东为代表的电商平台推动用户消费向更加品质化、个性化和专业化发展，等等。

表1汇总了截至2024年9月中共中央、国务院发布的有关数字经济发展的主要政策。

表1　中共中央、国务院发布的有关数字经济发展的主要政策（截至2024年9月）

发布时间	文件标题	主要内容
2024.09	《国务院办公厅关于以高水平开放推动服务贸易高质量发展的意见》	以服务开放推动包容发展，以服务合作促进联动融通，以服务创新培育发展动能，以服务共享创造美好未来，加快推进服务贸易数字化、智能化、绿色化进程，推动服务贸易规模增长、结构优化、效益提升、实力增强，为建设更高水平开放型经济新体制、扎实推进中国式现代化建设作出更大贡献。
2024.08	《国务院关于促进服务消费高质量发展的意见》	加快生活服务数字化赋能，构建智慧商圈、智慧街区、智慧门店等消费新场景，发展“互联网+”医疗服务、数字教育等新模式，加快无人零售店、自提柜、云柜等新业态布局，支持电子竞技、社交电商、直播电商等发展。加快建设和升级信息消费体验中心，推出一批新型信息消费项目。开展数字家庭建设试点，更好满足居民家居产品智能化服务和线上社会化服务需求。

续表

发布时间	文件标题	主要内容
2024.08	《中共中央办公厅　国务院办公厅关于完善市场准入制度的意见》	实施前沿技术领域创新成果应用转化市场准入环境建设行动，率先推动海陆空全空间智能无人体系应用和标准建设，加快构建绿色能源等领域准入政策体系，积极扩大数字产品市场准入。
2024.07	《中共中央关于进一步全面深化改革　推进中国式现代化的决定》	健全促进实体经济和数字经济深度融合制度。加快推进新型工业化，培育壮大先进制造业集群，推动制造业高端化、智能化、绿色化发展。加快构建促进数字经济发展体制机制，完善促进数字产业化和产业数字化政策体系。加快新一代信息技术全方位全链条普及应用，发展工业互联网，打造具有国际竞争力的数字产业集群。促进平台经济创新发展，健全平台经济常态化监管制度。建设和运营国家数据基础设施，促进数据共享。加快建立数据产权归属认定、市场交易、权益分配、利益保护制度，提升数据安全治理监管能力，建立高效便利安全的数据跨境流动机制。
2024.01	《国务院关于进一步优化政务服务提升行政效能推动“高效办成一件事”的指导意见》	全面强化政务服务数字赋能。
2024.01	《国务院办公厅关于发展银发经济增进老年人福祉的意见》	打造智慧健康养老新业态。完善智慧健康养老产品及服务推广目录，推进新一代信息技术以及移动终端、可穿戴设备、服务机器人等智能设备在居家、社区、机构等养老场景集成应用，发展健康管理类、养老监护类、心理慰藉类智能产品，推广应用智能护理机器人、家庭服务机器人、智能防走失终端等智能设备。鼓励利用虚拟现实等技术，开展老年用品和服务展示体验。
2023.08	《国务院关于进一步优化外商投资环境　加大吸引外商投资力度的意见》	探索便利化的数据跨境流动安全管理机制。落实网络安全法、数据安全法、个人信息保护法等要求，为符合条件的外商投资企业建立绿色通道，高效开展重要数据和个人信息出境安全评估，促进数据安全有序自由流动。支持北京、天津、上海、粤港澳大湾区等地在实施数据出境安全评估、个人信息保护认证、个人信息出境标准合同备案等制度过程中，试点探索形成可自由流动的一般数据清单，建设服务平台，提供数据跨境流动合规服务。
2023.07	《国务院办公厅转发国家发展改革委关于恢复和扩大消费措施的通知》	壮大数字消费。推进数字消费基础设施建设，丰富第五代移动通信（5G）网络和千兆光网应用场景。加快传统消费数字化转型，促进电子商务、直播经济、在线文娱等数字消费规范发展。支持线上线下商品消费融合发展，提升网上购物节质量水平。发展即时零售、智慧商店等新零售业态。鼓励数字技术企业搭建面向生活服务的数字化平台，推进数字生活智能化，打造数字消费业态、智能化沉浸式服务体验。加强移动支付等安全监管。升级信息消费，促进信息消费体验中心建设改造，提升信息消费示范城市建设水平，高质量举办信息消费系列特色活动，推动新一代信息技术与更多消费领域融合应用。推动平台经济规范健康持续发展，持续推动创新突破，开辟更多新领域新赛道，进一步完善相关领域服务标准。

续表

发布时间	文件标题	主要内容
2023.02	《数字中国建设整体布局规划》	按照夯实基础、赋能全局、强化能力、优化环境的战略路径，全面提升数字中国建设的整体性、系统性、协同性，促进数字经济和实体经济深度融合，以数字化驱动生产生活和治理方式变革，为以中国式现代化全面推进中华民族伟大复兴注入强大动力。
2022.12	《中共中央 国务院关于构建数据基础制度更好发挥数据要素作用的意见》	以维护国家数据安全、保护个人信息和商业秘密为前提，以促进数据合规高效流通使用、赋能实体经济为主线，以数据产权、流通交易、收益分配、安全治理为重点，深入参与国际高标准数字规则制定，构建适应数据特征、符合数字经济发展规律、保障国家数据安全、彰显创新引领的数据基础制度，充分实现数据要素价值、促进全体人民共享数字经济发展红利，为深化创新驱动、推动高质量发展、推进国家治理体系和治理能力现代化提供有力支撑。
2022.12	《国务院办公厅关于印发“十四五”现代物流发展规划的通知》	强化物流数字化科技赋能。
2022.10	《国务院办公厅关于印发全国一体化政务大数据体系建设指南的通知》	积极开展政务大数据体系相关体制机制和应用服务创新，增强数字政府效能，营造良好数字生态，不断提高政府管理水平和服务效能，为推进国家治理体系和治理能力现代化提供有力支撑。
2022.06	《国务院关于加强数字政府建设的指导意见》	将数字技术广泛应用于政府管理服务，推进政府治理流程优化、模式创新和履职能力提升，构建数字化、智能化的政府运行新形态，充分发挥数字政府建设对数字经济、数字社会、数字生态的引领作用，促进经济社会高质量发展，不断增强人民群众获得感、幸福感、安全感，为推进国家治理体系和治理能力现代化提供有力支撑。
2022.05	《乡村建设行动实施方案》	把乡村建设摆在社会主义现代化建设的重要位置，顺应农民群众对美好生活的向往，以普惠性、基础性、兜底性民生建设为重点，强化规划引领，统筹资源要素，动员各方力量，加强农村基础设施和公共服务体系建设，建立自下而上、村民自治、农民参与的实施机制，既尽力而为又量力而行，求好不求快，干一件成一件，努力让农村具备更好生活条件，建设宜居宜业美丽乡村。
2022.05	《关于推进实施国家文化数字化战略的意见》	到“十四五”时期末，基本建成文化数字化基础设施和服务平台，形成线上线下融合互动、立体覆盖的文化服务供给体系。到 2035 年，建成物理分布、逻辑关联、快速链接、高效搜索、全面共享、重点集成的国家文化大数据体系，中华文化全景呈现，中华文化数字化成果全民共享。

续表

发布时间	文件标题	主要内容
2022.05	《关于推进以县城为重要载体的城镇化建设的意见》	推进数字化改造。建设新型基础设施，发展智慧县城。推动第五代移动通信网络规模化部署，建设高速光纤宽带网络。推行县城运行一网统管，促进市政公用设施及建筑等物联网应用、智能化改造，部署智能电表和智能水表等感知终端。推行政务服务一网通办，提供工商、税务、证照证明、行政许可等办事便利。推行公共服务一网通享，促进学校、医院、图书馆等资源数字化。
2022.04	《国务院办公厅关于进一步释放消费潜力促进消费持续恢复的意见》	创新消费业态和模式。适应常态化疫情防控需要，促进新型消费，加快线上线下消费有机融合，扩大升级信息消费，培育壮大智慧产品和智慧零售、智慧旅游、智慧广电、智慧养老、智慧家政、数字文化、智能体育、“互联网＋医疗健康”、“互联网＋托育”、“互联网＋家装”等消费新业态。加强商业、文化、旅游、体育、健康、交通等消费跨界融合，积极拓展沉浸式、体验式、互动式消费新场景。有序引导网络直播等规范发展。深入开展国家电子商务示范基地和示范企业创建。
2022.04	《关于加强打击治理电信网络诈骗违法犯罪工作的意见》	坚持科技支撑、强化反制，运用科技信息化手段提升技术反制能力，坚持源头治理、综合治理，加强行业监管，强化属地管控，坚持广泛动员、群防群治，发动群众力量，汇聚群众智慧，坚决遏制电信网络诈骗违法犯罪多发高发态势，提升社会治理水平，使人民获得感、幸福感、安全感更加充实、更有保障、更可持续，为建设更高水平的平安中国、法治中国作出贡献。
2022.04	《中共中央 国务院关于加快建设全国统一大市场的意见》	加快培育数据要素市场，建立健全数据安全、权利保护、跨境传输管理、交易流通、开放共享、安全认证等基础制度和标准规范，深入开展数据资源调查，推动数据资源开发利用。
2022.03	《国务院关于加快推进政务服务标准化规范化便利化的指导意见》	规范政务服务线上线下融合发展。
2022.02	《国务院办公厅关于加快推进电子证照扩大应用领域和全国互通互认的意见》	创新行政管理和服务方式，提升政务服务水平，优化营商环境，聚焦企业和群众经常办理的服务事项，充分依托全国一体化政务服务平台，推动电子证照在更多领域应用并实现全国互通互认，让数据多跑路，让群众少跑腿，更好发挥电子证照应用在深化“放管服”改革、推进数字政府建设、建设人民满意的服务型政府中的支撑保障作用，不断提升企业和群众的获得感和满意度。
2022.02	《国务院关于印发“十四五”国家老龄事业发展和养老服务体系规划的通知》	推广智慧健康养老产品应用。针对老年人康复训练、行为辅助、健康理疗和安全监护等需求，加大智能假肢、机器人等产品应用力度。开展智慧健康养老应用试点示范建设，建设众创、众包、众扶、众筹等创业支撑平台，建立一批智慧健康养老产业生态孵化器、加速器。编制智慧健康养老产品及服务推广目录，完善服务流程规范和评价指标体系，推动智慧健康养老规范化、标准化发展。

续表

发布时间	文件标题	主要内容
2022.01	《国务院关于印发“十四五”市场监管现代化规划的通知》	统筹优化线上线下市场竞争生态。
2022.01	《国务院关于印发“十四五”现代综合交通运输体系发展规划的通知》	坚持创新驱动发展，推动互联网、大数据、人工智能、区块链等新技术与交通行业深度融合，推进先进技术装备应用，构建泛在互联、柔性协同、具有全球竞争力的智能交通系统，加强科技自立自强，夯实创新发展基础，增强综合交通运输发展新动能。
2022.01	《国务院关于印发“十四五”数字经济发展规划的通知》	以数据为关键要素，以数字技术与实体经济深度融合为主线，加强数字基础设施建设，完善数字经济治理体系，协同推进数字产业化和产业数字化，赋能传统产业转型升级，培育新产业新业态新模式，不断做强做优做大我国数字经济，为构建数字中国提供有力支撑。
2021.12	《国务院办公厅关于印发“十四五”冷链物流发展规划的通知》	加快数字化发展步伐；提高智能化发展水平。
2020.11	《国务院办公厅关于印发新能源汽车产业发展规划（2021—2035年）的通知》	推进智能化技术在新能源汽车研发设计、生产制造、仓储物流、经营管理、售后服务等关键环节的深度应用。加快新能源汽车智能制造仿真、管理、控制等核心工业软件开发和集成，开展智能工厂、数字化车间应用示范。加快产品全生命周期协同管理系统推广应用，支持设计、制造、服务一体化示范平台建设，提升新能源汽车全产业链智能化水平。
2020.09	《国务院办公厅关于促进畜牧业高质量发展的意见》	加强大数据、人工智能、云计算、物联网、移动互联网等技术在畜牧业的应用，提高圈舍环境调控、精准饲喂、动物疫病监测、畜禽产品追溯等智能化水平。加快畜牧业信息资源整合，推进畜禽养殖档案电子化，全面实行生产经营信息直联直报。实现全产业链信息化闭环管理。支持第三方机构以信息数据为基础，为养殖场（户）提供技术、营销和金融等服务。
2020.09	《国务院办公厅关于以新业态新模式引领新型消费加快发展的意见》	以新业态新模式为引领，加快推动新型消费扩容提质，坚持问题导向和目标导向，补齐基础设施和服务能力短板，规范创新监管方式，持续激发消费活力，促进线上线下消费深度融合，努力实现新型消费加快发展，推动形成以国内大循环为主体、国内国际双循环相互促进的新发展格局。
2020.07	《国务院办公厅关于进一步优化营商环境更好服务市场主体的实施意见》	围绕城市治理、公共服务、政务服务等领域，鼓励地方通过搭建供需对接平台等为新技术、新产品提供更多应用场景。在条件成熟的特定路段及有需求的机场、港口、园区等区域探索开展智能网联汽车示范应用。建立健全政府及公共服务机构数据开放共享规则，推动公共交通、路政管理、医疗卫生、养老等公共服务领域和政府部门数据有序开放。

续表

发布时间	文件标题	主要内容
2020.04	《中共中央　国务院关于构建更加完善的要素市场化配置体制机制的意见》	加快培育数据要素市场。
2019.11	《中共中央　国务院关于推进贸易高质量发展的指导意见》	培育新业态，增添贸易发展新动能。
2019.08	《国务院办公厅关于促进平台经济规范健康发展的指导意见》	聚焦平台经济发展面临的突出问题，遵循规律、顺势而为，加大政策引导、支持和保障力度，创新监管理念和方式，落实和完善包容审慎监管要求，推动建立健全适应平台经济发展特点的新型监管机制，着力营造公平竞争市场环境。
2019.05	《数字乡村发展战略纲要》	着力发挥信息技术创新的扩散效应、信息和知识的溢出效应、数字技术释放的普惠效应，加快推进农业农村现代化；着力发挥信息化在推进乡村治理体系和治理能力现代化中的基础支撑作用，繁荣发展乡村网络文化，构建乡村数字治理新体系；着力弥合城乡“数字鸿沟”，培育信息时代新农民，走中国特色社会主义乡村振兴道路，让农业成为有奔头的产业，让农民成为有吸引力的职业，让农村成为安居乐业的美丽家园。

数字经济的快速崛起对传统经济学产生了冲击，很多经济学理论都面临被重新修订的局面。正如国家金融与发展实验室理事长、中国社会科学院学部委员李扬所讲：“这种改变‘大象无形’，以至于我们离开它已寸步难行。”

在传统经济学范式中，厂商决定了价值供给的过程，围绕生产活动提出了成本理论、要素市场等一系列学术概念。随着数字技术的出现与普及，厂商的生产效率、获取关键要素的能力等均大幅提升，厂商与消费者之间建立了数字化连接，有效地缓解了信息不对称。消费者作为价值需求的一方，能够主动参与生产活动，影响价值供给的形式，其在市场中的力量也得以增强。由此产生一个新的经济现象：在供求关系中，消费者的价值需求逐渐占据主导地位，厂商价值的实现则必须以前者的满足作为前提条件，即只有使消费者真正认可并接受厂商所传递的价值，厂商才能够获取由价值变现带来的经济收益。然而，围绕生产活动所构建的理论体系均是以厂商作为主要的研究对象，针对如何提高消费者价值等问题的研究不够充分，其在分析新的经济现象时已然略显乏力。

过去，我们习惯于运用边际成本方法，聚焦于对比一个可行选项与其他可行选项之间的差别。如今，随着技术、数据与模式的不断优化发展，更多自动化、更多可复制、更多机器替代、更多可靠和信用，将使社会生产效率无限提高，社会生产成本无限趋近于零。数据赋能打破“部门墙”，“互联网+ ”解开“时空锁”。以数据为核心要素的数字化经济活动引发第四次工业革命，数据流通不断加快，众筹、创客、共享、开源等新兴模式实现接近零边际成本创业，行业进入壁垒随之降低，跨界入局、颠覆式创新成为常规性活动，企业不得不面临来自其他领域的更为激烈的竞争。产业组织的竞争模式随之发生重构，这与传统经济学中竞争理论的提出背景也有所不同。

以上仅是数字化对传统经济理论提出的诸多挑战中的“冰山一角”，还有很多问题同样值得我们深入思考，例如价值碎片整合、知识分工、虚拟产业集群、数字货币、数字治理等。

虽然经济学领域不乏优秀的教科书，但是绝大部分未涉及数字化问题。当前，在很多具有全球影响力的学术期刊中，有关数字化的分析文章受到了越来越多的重视。因此，我们编著了这本《数字经济概论》，以期为读者提供一个有关数字经济的理论框架。本书亦可作为从经济学视角研究数字化问题的入门教材。

鉴于长期以来经济学因为其过于严格的假设和复杂的数学模型而饱受诟病，我们在编写过程中更多是从经济学的思维方式入手，主要围绕经济学现象展开分析，力求做到系统全面、通俗易懂。同时，打开传统经济学厂商理论中的企业“黑箱”，剖析数字化对企业行为的改变，进而探讨产业组织的数字化转型，为企业经营管理者以及产业组织领域人士提供分析数字化的理论工具。另外，为了尽可能缩小理论与实践之间的距离，我们还在各章的相应部分补充可供借鉴的国内外典型案例，并且结合中国经济领域问题提出一些供学生讨论的话题。在编写过程中，每个部分的内容都融入了时政元素，以“立德树人”为根本任务，用润物无声的形式帮助学生更加全面地了解中国数字经济发展状况，树立正确的“三观”，实现知识传授、价值塑造和能力培养的多元统一。

本书按照循序渐进的思考逻辑分四个方面进行介绍：

首先介绍数字经济的理论基础，第 1 章到第 3 章分别阐述了数据要素、数字技术与生产活动、数字化创新。第 1 章对数据要素进行了介绍，以此作为认识数字经济的切入点。第 2 章讲述了数字技术应用对生产活动的改变，包括数字技术特征、数字化生产活动、数字经济基本规律。第 3 章讨论了数据驱动对创新行为的影响，介绍创新活动、智力资本、知识共享、数字产业集群以及技术标准与知识产权的协同作用。

其次重点研究数字市场运行规律，第 4 章到第 6 章分别介绍了需求牵引供给、数字化赋能和数字规则。第 4 章分析了需求侧崛起给交易双方带来的改变，形成新的交易逻辑。第 5 章从经济成本、资源配置、时空边界三个角度分别讨论了数字化对交易活动的赋能。第 6 章归纳了数字市场交易的数字规则，包括零边际成本、指数级效应和服务个性化。

再次对数字市场主体进行介绍，第 7 章到第 10 章分别讨论了数字产业化与产业数字化，平台化、服务化和智能化，数字生态，数字贸易。第 7 章主要讨论了数字化对产业组织的影响。第 8 章分析了平台经济、服务化和智能经济。第 9 章着重介绍了数字生态中的几个关键问题，即企业生态位、工业共生、竞争与合作、灯塔工厂和元宇宙。第 10 章主要讨论了数字贸易，在分析数字营商环境的基础上，从全球发展的视角讨论了数字开放与全球数字贸易。

最后介绍数字经济对社会福利的影响，第 11 章到第 13 章分别讨论了数字红利、数字鸿沟、数据垄断与算法滥用。第 11 章主要介绍了连接红利和共享经济红利。第 12 章主要讨论了数字鸿沟的现状及弥合。第 13 章主要分析了数据垄断的成因、影响和立法，以及算法滥用的表现形式与后果。

为了使读者更好地使用本书，我们增加了开放式问题、进一步讨论的主题和扩展性阅读建议等部分。本书主要由戚聿东和肖旭编著，具体分工如下：前言，戚聿东；第 1～3 章，肖旭；第 4～5 章，刘欢欢、戚聿东；第 6～7 章，徐凯歌、戚聿东；第 8～9 章，郝越、戚聿东；第 10～12 章，丁述磊；第 13 章，蔡呈伟、戚聿东。

第二版修订说明

距离本书第一版的出版已经过去了三年多时间，其间收到来自读者的诸多建议，对本次修订裨益良多。本书作为国内较早出版的数字经济专业课程教材，秉承讲好中国故事的基本原则，在立足于介绍数字经济相关理论的同时，旨在更好地展示中国数字经济的现实状况与发展经验。自本书第一版出版发行三年多来，全球数字经济保持着高速发展的态势：互联网、大数据、云计算、人工智能、区块链等技术加速创新，日益融入经济社会发展各领域全过程；各国竞相制定数字经济发展战略、出台鼓励政策。数字经济发展速度之快、辐射范围之广、影响程度之深前所未有，正在成为重组全球要素资源、重塑全球经济结构、改变全球竞争格局的关键力量。如今，数字经济在中国经济高质量发展中发挥重要作用，为加快形成新质生产力提供了土壤，不断拓展着经济发展的空间和潜力。

习近平指出，“我们要站在统筹中华民族伟大复兴战略全局和世界百年未有之大变局的高度，统筹国内国际两个大局、发展安全两件大事，充分发挥海量数据和丰富应用场景优势，促进数字技术和实体经济深度融合，赋能传统产业转型升级，催生新产业新业态新模式，不断做强做优做大我国数字经济”。[①] 百年未有之大变局给中国数字经济发展带来了新的挑战，但是也蕴含着推动中国数字经济融入全球经济格局，进而提升数字经济学科建设水平的绝佳机遇。本书理应顺应这一趋势，并尽一份绵薄之力。

本次修订在第一版的基础上，更新了数据和案例，进一步补充了最近三年多来的时政元素，并且新增了一些内容，具体如下：

前言：增加了表 1“中共中央、国务院发布的有关数字经济发展的主要政策（截至 2024 年 9 月）”；

第 1 章：在 1.1 节中增加了阅读材料“首批 20 个‘数据要素×’典型案例发布，涵

① 习近平．不断做强做优做大我国数字经济．求是，2022（2）：4-8.

盖12个行业和领域”以及1.1.4节“数据要素定价”，增加了1.3节“数据产业”，将原来的1.3节“群体智能”调整为1.4节“群体智能”；

第3章：增加了3.1.3节“颠覆性创新”，将3.4节“网络集群”修改为“数字产业集群”，并对相关表述进行了调整，增加了3.5节“技术标准与知识产权的协同作用”；

第7章：开篇部分增加了有关数字经济核算的内容，增加了7.1.3节“数字产业创新”；

第8章：增加了8.4节“智能制造”；

第9章：将9.4节的标题改为“竞争与合作”，增加了9.6节“元宇宙”；

第10章：增加了10.5节“数字贸易生态”。

目录

第13章
数据垄断与算法滥用

第1章
数据要素

学习目标

1. 掌握数据价值属性。
2. 理解数据资产及数据确权、数据产业。
3. 了解群体智能及现实应用。
4. 能够运用数据相关理论解释生产、生活中的一些经济现象。

引入案例

随着电子商务的发展，网络平台日益成为广大用户购买产品的主要渠道。用户在多次购买产品后往往会发现平台页面会有越来越多的产品推送，这些产品大多跟自己之前购买的产品类型相近而且较为契合个人偏好。这种现象是怎么回事呢？其实，用户每次的浏览和购买行为都会在平台留下一定的数据痕迹，平台通过对这些数据的收集和分析能够较为准确地评估用户喜好，以此为依据向用户提供精准营销服务，减少用户的搜索时间。除了偏好分析，数据分析逐渐被广泛地应用于生产、创新等各类活动，在社会生活中发挥越来越大的作用。对于数据的认知和理解，也恰恰是我们认识数字经济的重要突破口。

数字经济的迅猛崛起，对生产、生活、生态产生了全面而深刻的影响，进一步促进了信息在市场主体之间的传递，数据作用日益凸显，意味着经济范式在深层次上发生了转变。[①] 数据被喻为数字经济时代的新石油，蕴含着丰富的价值。未来的世界将遍布数据传感器，数据化无处不在，每天都会产生海量数据，用于测量数据量的单位量级不断提高，如表 1-1 所示。根据经济合作与发展组织（OECD）的定义，数据是作为量化符号

① Stiglitz, J. E., 2002, "Information and the Change in the Paradigm in Economics", *American Economic Review*, 92 (3), pp. 460-501.

对事实进行存储和传输的表示。① 根据华为发布的《智能世界 2030》，预计 2030 年全球互联网普及率可达 70%，而且网络连接数增加得更快，目前连接物的数量已超过连接人的数量，过去十年全球物联网连接数年复合增长率达到 10%，2030 年物联网连接数将较网民数有数量级的增加。

表 1-1 用于测量数据量的单位

单位	大小	含义
比特（bit）	1 或 0	“二进制位”的缩写，在计算机中用于存储和处理数据的二进制代码（1 或 0）
字节（B）	8 比特	在计算机代码中有足够的信息来创建一个数字或一个英文字母，它是计算机的基本单位
千字节（KB）	1 024B	源自希腊语的“千”，一页输入的文本为 2KB
兆字节（MB）	1 024KB	源自希腊语的“大”，莎士比亚的完整作品总共 5MB，一首典型的流行歌曲大约 4MB
吉字节（GB）	1 024MB	源自希腊语的“巨人”，一部两小时的电影可以压缩到 1GB～2GB
太字节（TB）	1 024GB	源自希腊语的“怪物”，在美国国会图书馆所有编入目录的书总共约 15TB
拍字节（PB）	1 024TB	2011 年美国邮政局递送的所有信件大约为 5PB；谷歌每小时处理大约 1PB 的数据
艾字节（EB）	1 024PB	相当于 100 亿份《经济学人》杂志
泽字节（ZB）	1 024EB	2011 年已有的信息总量约为 1.2ZB
尧字节（YB）	1 024ZB	相当于在特拉华州和罗得岛州建立 100 万个数据中心

在大数据时代，数据正在成为一种生产资料。任何一个行业和领域都会产生有价值的数据，而对这些数据的统计、分析、挖掘则会创造意想不到的价值和财富。2017 年 12 月 8 日，习近平在中共中央政治局第二次集体学习时强调：“大数据发展日新月异，我们应该审时度势、精心谋划、超前布局、力争主动，深入了解大数据发展现状和趋势及其对经济社会发展的影响，分析我国大数据发展取得的成绩和存在的问题，推动实施国家大数据战略，加快完善数字基础设施，推进数据资源整合和开放共享，保障数据安全，加快建设数字中国，更好服务我国经济社会发展和人民生活改善。”② 如今大数据被广泛应用于人们的生活：在便利店刷一下脸就能支付；在家里只要有一部手机、一台电脑就可以工作；以前需要出门办事，现在数据代替人工“跑路”，节省了大量的时间成本。大数据在保障和改善民生方面大有作为，持续推进“互联网＋教育”“互联网＋医疗”“互联网＋文化”等，让百姓少跑腿、数据多跑路，有助于不断提升公共服务均等化、普惠化、便捷化水平。

互联网的普及使得信息传递的载体变为“比特”，数字技术则将“比特”进一步数字化为数据。与信息相比，数据仅仅被视为一种量化的符号和客观存在，本身没有固定的

① 经济合作与发展组织．数据驱动创新：经济增长和社会福利中的大数据．北京：电子工业出版社，2017.

② 审时度势精心谋划超前布局力争主动实施国家大数据战略加快建设数字中国．人民日报，2017-12-10.

意义。[①] 也正因如此，数据能够穿透组织边界的抑制，在网络上快速传递。从性质上看，数据属于非竞争性资本，没有内在价值，其传递不存在边际价值递减的问题。只有当数据被转化为信息或知识并被用于决策时，才能够产生一定的社会和经济效用。数据的客观性也使得其用途没有限制，在一个领域创建的数据仍然能够跨界提供信息或知识的支持。此外，数据作为数字经济以及第四次工业革命的核心，它的流动还能够带动技术、资本、人才向利用效率更高的领域集中，纠正资源错配。

大数据是每个人的大数据，是每个企业的大数据，更是整个国家的大数据。当前，大数据正有力推动国家治理体系和治理能力现代化，日益成为社会管理的驱动力。同时，大数据也正在改变各国的综合国力，重塑未来国际战略格局。2013 年 7 月，习近平在视察中国科学院时指出："大数据是工业社会的'自由'资源，谁掌握了数据，谁就掌握了主动权。"[②] 习近平主持召开中央网络安全和信息化领导小组第一次会议时强调："网络信息是跨国界流动的，信息流引领技术流、资金流、人才流，信息资源日益成为重要生产要素和社会财富，信息掌握的多寡成为国家软实力和竞争力的重要标志。信息技术和产业发展程度决定着信息化发展水平，要加强核心技术自主创新和基础设施建设，提升信息采集、处理、传播、利用、安全能力，更好惠及民生。"[③] 党的二十大报告提出："优化基础设施布局、结构、功能和系统集成，构建现代化基础设施体系。"党的二十届三中全会提出："构建新型基础设施规划和标准体系，健全新型基础设施融合利用机制，推进传统基础设施数字化改造，拓宽多元化投融资渠道，健全重大基础设施建设协调机制。"鉴于大数据潜在的巨大影响，很多国家和国际组织都将大数据视作战略资源，在前沿技术研发、数据开放共享、隐私安全保护、人才培养等方面进行前瞻性布局。

阅读材料

数据与信息、知识、智慧的概念辨析

数据作为信息科学中的一个基本但复杂的概念，对它的理解离不开它与信息、知识、智慧之间的概念辨析，DIKW 模型（data-to-information-to-knowledge-to-wisdom model）能够为此提供一个合适的分析框架（见图 1－1）。

DIKW 模型表明，数据、信息、知识和智慧之间存在逐级递升的关系，即从原始观察和量度中获得数据，数据经过认知处理后形成信息，在行动上应用信息产生知识，通过智者间的沟通及自我反省而利用知识会升华出智慧。因此，信息、知识和智慧实际是"更高阶"的数据。与数据和信息相比，知识和智慧更难被准确定义。知识是对数据和信息的应用，给出关于如何做的答案，智慧则具有鲜明的价值判断意味，在很多场合与对未来的预测和价值取向有关。此外，数据、信息、知识和智慧在不同层面的价值体现有异。微观层面的数据价值体现为对使用者效用的提高，

---

① 根据《数据驱动创新：经济增长和社会福利中的大数据》，信息被视为通过数据或其他来源传达的事实解释所产生的意义。因此，信息中包含了发送人的主观思想。

② 习近平为何要求网信事业在践行新发展理念上先行一步?. 央视网，2016－04－22.

③ 习近平主持召开中央网络安全和信息化领导小组第一次会议 李克强刘云山出席. 央视网，2014－02－27.

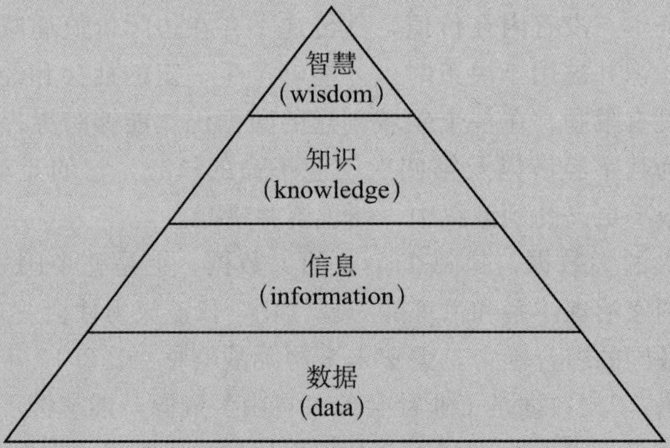

图 1-1 DIKW 模型

宏观层面的数据价值则体现为从数据中提炼出的信息、知识和智慧，能够发挥乘数效应，有助于提高全要素生产率。

资料来源：田添．数据作为新型生产要素的对比性分析．搜狐网，2021-02-22.

1.1 数据要素价值

生产要素是指进行社会生产经营活动时所需要的各种社会资源，是维系国民经济运行及市场主体生产经营过程中所必须具备的基本因素。对于生产要素的理解与认识是把握经济发展规律的重要切入点。随着人类文明的进步，生产要素的范围不断拓展。威廉·配第认为“土地为财富之母，而劳动则为财富之父和能动的要素”[①]，土地和劳动是农业文明的主要生产要素；进入工业文明后，萨伊提出“生产三要素论”，将生产要素概括为劳动、资本和土地，工资、利息和地租分别是三者的价值形式；马歇尔将资本进一步分为知识和组织，并且认为可以将组织分离出来，列为一个独立的生产要素；党的十九届四中全会提出“健全劳动、资本、土地、知识、技术、管理、数据等生产要素由市场评价贡献、按贡献决定报酬的机制”，在国家层面将数据纳入生产要素范围。不同要素之间的对比如表 1-2 所示。

表 1-2 土地、劳动、资本、技术和数据的综合对比

对比项目	土地	劳动	资本	技术	数据
要素主体特征	主体单一	主体单一	主体多样	主体多样	主体复杂
要素权属界定	权属清晰	权属清晰	权属清晰	权属清晰	权属复杂
价值溢出效应	不明显	不明显	明显	明显	价值倍增

① 配第．赋税论．北京：商务印书馆，1978：66.

续表

对比项目	土地	劳动	资本	技术	数据
交叉关联性	相对独立	存在交叉	存在交叉	存在交叉	紧密交叉
资源稀缺性	稀缺	稀缺	较为稀缺	较为稀缺	非稀缺
资源均质性	一定均质	一定均质	均质	一定均质	非均质
资源排他性	排他	排他	排他	非排他	非排他

资料来源：田添．数据作为新型生产要素的对比性分析．搜狐网，2021－02－22.

全国自 2015 年贵阳大数据交易中心设立后陆续诞生了 50 多个交易中心。截至 2024 年，全国 34 个省级行政区中有 23 个建立了省级大数据管理部门。2019 年，党的十九届四中全会首次在中央层面确定数据可以作为生产要素参与分配，数据要素自此成为继土地、劳动、资本、技术之后的第五大生产要素。2022 年 6 月，被称为“数据二十条”的《中共中央　国务院关于构建数据基础制度更好发挥数据要素作用的意见》在中央全面深化改革委员会第二十六次会议上审议通过。2023 年 10 月 25 日，国家数据局正式揭牌成立，负责协调推进数据基础制度建设，统筹数字资源共享开发和利用。

在每一个社会形态中，核心资源是每个社会形态中各种社会资源最集中的表现形式，社会主要活动都围绕着核心资源以及它的衍生物展开。当下，数字经济如火如荼地发展，数字化、智能化趋势加速形成，数据在经济社会中的作用不断显现。新的生产要素组合方式引发要素之间的更替，推动生产方式发生变革（如图 1－2 所示）。利用人工智能、物联网、云计算等技术在不同主体之间构建起互联互通的价值网络，从而进行跨界经营、平台布局、资源共享已然成为主流的商业模式，其中数据扮演着关键角色。2019 年，OECD 成员中有 24 个国家的数据使用量增长 25%以上。根据华为发布的《智能世界 2030》，预计到 2030 年，人类将迎来 YB 数据时代，对比 2020 年，通用算力增长 10 倍、人工智能算力增长 500 倍。

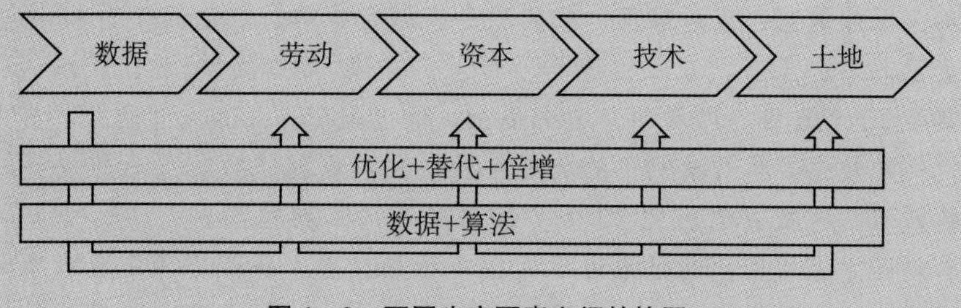

图 1－2　不同生产要素之间的协同

1.1.1　在生产活动中的应用

数字经济的发展增强了数据的资源属性。数据在企业发展中的作用不断凸显，成为核心的生产要素。互联网应用扩张夯实了信息基础，将传统的决策模式从“人与信息对话”导向“人与数据对话”，并且试图实现“数据与数据对话”。数字技术在企业经营中的作用不再仅仅局限于辅助性角色，而是变得更加具有战略性价值。企业增加对数字技术的投资有助于扩大数字溢出对经济增长的贡献率。根据华为公司和牛津经济研究院2017年的测算结果，在过去30年中，数字投资对GDP增长的边际贡献率达到20倍，而非数字投资的边际贡献率仅为3倍。除了对GDP增长的直接贡献，数字投资还在业务协同、产业融合、要素配置、创新升级等方面创造了广泛的间接收益。

技术的升级带来协作方式的改变，推动生产效率的提升。随着数字技术的不断完善，企业在数据获取、存储、分析等方面的能力均得以增强，并且创造了可观的销售业绩。在数字化管理以及资产组合管理等方面，创新能力强的企业普遍表现出更为积极的姿态。数字化转型提高了企业的生产效率，进而驱动产业效率的升级。根据埃森哲的研究数据，2019—2022年数字化转型领先企业取得了丰硕的成果，营收复合增长率比其他企业高出约15%，利润率比其他企业高出约5.6%，预计未来的差距还会进一步扩大。根据埃森哲发布的财务报告，与生成式人工智能相关的技术合同持续增长，2024年度的相关业务额达到30亿美元，团队员工数量增加至57 000名。根据华为公司发布的年度报告，受益于中国数字化、智能化、低碳化转型进程提速，2024年公司智能汽车业务收入达到263.53亿元，同比上涨474.4%，首次实现当年盈利；终端业务和数字能源业务收入分别为3 390.06亿元和686.78亿元，同比分别上涨38.3%和24.4%；云计算业务及ICT基础设施业务收入分别为385.23亿元和3 699.03亿元，同比分别上涨8.5%和4.9%。

阅读材料

首批20个“数据要素×”典型案例发布，涵盖12个行业和领域

2024年5月24日，第七届数字中国建设峰会在福建省福州市开幕。峰会上国家数据局会同生态环境部、交通运输部、金融监管总局、中国科学院、中国气象局、国家文物局、国家中医药局等部门联合发布了首批20个“数据要素×”典型案例。

案例涵盖工业制造、现代农业、商贸流通、交通运输、金融服务、科技创新、文化旅游、医疗健康、应急管理、气象服务、城市治理、绿色低碳等12个行业和领域，覆盖了北京、上海、浙江、江苏、四川、安徽、湖南、湖北、广东、福建、山东、新疆等12个省份，以及部分中央企业、地方国有企业和民营企业，有力展示了有关单位促进数据要素开发利用的典型经验做法，彰显了数据要素推动经济社会发展的乘数效应。首批遴选出的20个“数据要素×”典型案例，与行业发展深度融合、具有较强示范作用，通过推动数据在多场景应用，提高资源配置效率，创造新产业新模式，培育发展新动能，实现了对经济发展的倍增效应，从而推动数字经济发展进入激活数据要素价值的新阶段。

1. 工业制造领域

国家能源投资集团有限公司汇聚22类铁路运输装备、9类港口装备、6类船舶装备的运行、故障、维修等数据超过30亿条，打破装备制造商之间的数据壁垒，构建智能模型，形成近600类装备设计和研发数据集，搭建数据资产交易平台，探索形成数据资产定价模型，吸引275家运输装备制造企业开展数据资产交易，有效推进了近100家运输装备产品设计和功能优化。

四川长虹电子控股集团有限公司通过建立工业数据空间，打通测试、生产、库存、应付账款、供应商资信等数据，推进产业链上下游加强信息共享，向代工品牌商安全共享超过135万台电视生产质量数据，赋能产值超过90亿元。依托供应链数据，为产业链上下游中小微企业提供融资，授信服务覆盖64家大型企业和1 650家中小企业，融资额超过40亿元。

2. 现代农业领域

江苏省互联网农业发展中心融合农情、植保、气象、基础空间等数据，提供历史病害、监测分析、预警发布等服务，累计监测小麦和水稻种植面积超过2亿亩，近三年年均挽回稻麦损失200万吨，年均挽回直接经济损失49.8亿元。

3. 商贸流通领域

浙江中国小商品城集团股份有限公司通过公共数据授权运营，融合小商品城企业数据，推出企业信用、供应链金融等数据产品服务，提高了贸易效率，降低了交易风险。2023年，全年累计授信总额达90.57亿元，放款额达35.58亿元，为3.3万余户小微企业提供融资支持。

上海钢联电子商务股份有限公司通过汇聚大宗商品生产、供应、销售、价格等数据，并融合外部企业提供的遥感卫星数据，开发了商品价格指数等多个系列数据产品，累计形成了900多个大宗商品10万多条日度价格数据，服务30多万个付费用户，以及300多万个免费用户，为国内外现货和衍生品市场提供结算基准和定价参考。

4. 交通运输领域

浙江四港联动发展有限公司打造智慧物流云平台，先后整合打通政务、班轮、码头、货代等100多个系统，汇集海运、空运、陆运、口岸各类物流数据超过1.1万项，对接各类物流数据超过1 000万条，应用物流运单AI智能识别、智能沙箱等技术，实现运输轨迹、班轮船期、运输价格、海关报关、航班信息等的一站式查询，提升多式联运承载能力和衔接水平。

5. 金融服务领域

浙江网商银行股份有限公司、蚂蚁科技集团股份有限公司融合农田遥感、农业生产、农户授权数据，优化授信评估模型，2023年以来，累计为260万农户提供授信638.8亿元，其中53万农户首次获得银行贷款。

6. 科技创新领域

国家空间科学数据中心、国家高能物理科学数据中心、国家天文科学数据中心加强空间与天文领域科学数据全生命周期治理与融合开发，打造超过50PB规模的高质量科学数据资源，提供面向超高能宇宙线起源、多波段时域天文等典型科学场景的数据分析应用服务，助力取得十余项国际领先的重大科学发现，加速科学研究范式变革。

合肥机数量子科技有限公司融合9 000万化合物、1 100万化学反应路径的庞大材料数据，打造材料研发新模式，将数千次实验优化过程缩短至300次以下，开发效率提升超百倍，大幅提升新材料研发效率。

7. 文化旅游领域

湖南省博物院融合103万条文物、11万张图片、2 000余个三维模型等数据，推动文物数据跨领域融合创新，先后推出云展览、动画视频、沉浸式体验等200余项数字化项目；举办2个大型线下数字展览，吸引60余万名观众，实现2 300万元票房收入。

武汉理工数字传播工程有限公司整合多渠道图书出版标签、发行渠道、读者评价等数据，助力出版单位更好把握市场趋势和用户需求，已为300多家出版单位提供了1 300多款应用与产品，助力文化市场繁荣。

8. 医疗健康领域

讯飞医疗科技股份有限公司融合疾病、检验、药物等数据，训练智慧AI模型，应用于全国506个县区的近5.3万个基层医疗机构，服务6万余名基层医生，累计提供7.7亿次辅助诊疗，大幅提升基层医疗服务能力。

北京市计算中心有限公司通过多渠道、合规收集海量药物的研发关键数据，建立专业化新药研发数据集，进行智能化分析和数据挖掘，有效降低新药研发周期，辅助新药研发项目100余项，人工智能预测靶点超过1万个，为我国创新药研发探索新路径。

9. 应急管理领域

广东省应急管理厅整合1 171类气象、水利、林业等跨部门监测数据和危险化学品、矿山等企业感知数据，构建大数据智慧分析模型，提高了应急管理部门预测预警、协同处置、辅助决策等能力。2023年，有效应对了30轮强降雨和6次台风，未发生重大安全事件，显著提升了应急实战能力。

福建省电子政务建设运营有限公司融合59.8亿条气象预报、应急物资、救援队伍等应急数据及2.41亿条危险化学品、工贸、矿山等企业数据，实现了安全隐患智能预警和快速响应。2023年以来，福建全省处置各类安全事故550余起，有效提升了安全生产监管水平。

10. 气象服务领域

四川省国土空间生态修复与地质灾害防治研究院、四川省气象台通过共搭平台，实现地质、气象等数据的协同效应，显著提升风险预警的实时性、精确度与实用性。2022年以来，有效支撑全省范围发布地质灾害气象风险预警5 839次，实现成功避险123起。

台州市气象局探索“买保险送气象服务”合作模式，使企业从保险公司低成本获得实时风向、风速、雨量、温度、能见度等气象数据服务，结合风功率预报模型、灾害风险模型及智慧工地平台数据，为电力调度、工程推进提供决策建议，助力风电企业降本增效。

11. 城市治理领域

烟台市大数据中心建设镇街综合数据平台，整合市、县、乡、村四级共15大类、1 300多万条数据，通过智能报表、智能台账等实现报表自由定制、数据自动复用、结果实时统计，有效减少基层数据重复填报和手工筛查，减轻了基层“指尖上”

的负担，基层表格缩减率达34%、填报缩减率超过52%，为基层治理现代化提供了有力支撑。

12. 绿色低碳领域

国网新疆电力有限公司融合807家新能源场站的5.7亿条运行数据、8 497万余条云图数据，建立新能源功率预测及消纳能力分析模型，为新能源项目建设、并网运行、动态消纳等提供决策依据，助力风电短期预测精度提高4.3%，增加新能源上网电量31.9亿千瓦时，提升并网效率30%，为“双碳”目标实现贡献力量。

合肥市生态环境局融合11亿条蓝藻治理相关数据，构建智能模型，精准预测巢湖蓝藻发生情况，结合预警信息并提前介入管控。2023年巢湖水质稳定保持在Ⅳ类，创1979年以来最好水平，巢湖流域生态得到系统性改善。

资料来源：首批20个“数据要素×”典型案例发布，涵盖12个行业和领域．新京报，2024-05-24.

数据存储量的增加有助于强化数据分析对经营决策的支持。在海量数据的基础上，企业通过不断修正数据模型的精确度，提高分析结果与现实场景之间的匹配程度。一方面，数据的价值体现在企业内部对程序性业务的优化上。经过长期发展，程序性业务均有较为完善的流程与模式，由计算机进行智能化运营，脱离人工操作，有利于降低人工失误所造成的信息误差，进而实现业务效率的大幅提升。另一方面，企业通过对数据进行实时分析能够对业务流程进行全面、系统的监督，及时发现经营过程中的异常及隐患。同时，企业可以通过数据挖掘发现价值流程中的低效以及冗余环节，重组价值链条，改善消费者体验。波士顿咨询公司通过对实施数字化转型的100多家欧美企业的调研发现，2002—2016年，这些企业的业务流程、决策审批、业务沟通等程序性业务效率提高了50%～350%。以相机产业为例，电子传感器以及数字化存储技术的应用实现了光学影像向电子数据的格式转变，消除了传统的化学处理流程，缩短了成像时间，节省了消费者的成本支出，促进了整个产业的效率提升以及信息处理的智能化、定制化。

互联网提高了企业对市场信息的获取能力，也增强了企业对信息的即时价值的捕捉能力。然而，信息量的爆炸式增长也带来了信息过载问题。为了从大量信息中检索出真正有价值的部分，企业不得不投入大量的成本，这也降低了对信息的使用效率。实现信息的高效获取，降低信息处理的复杂性，成为企业提升业务效率的瓶颈之一。大数据技术为信息筛选提供了技术支持，但是仍然依赖人工操作，存在一定局限性。数字技术的应用则能够实现对信息检索的智能化、定制化。企业通过建立数据科学模型，模仿人脑机制对信息进行智能化的甄别、筛选、解释，能够保障信息的高效供给。这个过程完全建立于预设的算法逻辑之上，赋予机器常识，克服了由个人的“有限理性”和“理性无知”对分析结果产生的主观性影响。

1.1.2 价值本质

马克思在《评阿·瓦格纳的“政治经济学教科书”》中对价值进行了介绍：“如果说，

‘按照德语的用法’，这就是指物被‘赋予价值’，那就证明：‘价值’这个普遍的概念是从人们对待满足他们需要的外界物的关系中产生的”①。对于价值本质的探讨显然离不开对物体之间关系的解释。生产要素的价值本质在于其对于生产活动的多方面、多层次的效能，属于绝对概念。也就是说，数据的价值本质要在数字化的生产关系以及所有生产活动的发展、变化中进行考量。数据是作为量化符号对事实进行存储和传输的表示，它改变了人们理解、认知和利用客观世界的体系和模式。与其他生产要素相比，数据具有非竞用性、客观性等特征，其本身没有固定的意义，同一组数据往往能够适用于多个主体的异质化需求。在以数据为基础所构建的网络空间中，现实世界中的实体经过数字化的中介之后以虚体的形式进行系统性的呈现，这种虚体与实体的有机结合在一定程度上克服了物理世界对信息交流的约束，使得那些原本只有通过面对面进行互动的主体之间可以进行跨时间与空间范围的沟通。虚体会根据实体数据的实时反馈做出必要的适应性修正，以保证二者的一致。主体之间通过网络空间即可全面、实时地了解彼此的情况，增进协同。协同不仅体现在价值供给效率的提升上，而且有助于通过创新迭代维持供给与需求的动态匹配。

（1）客观逻辑下虚体与实体的有机结合。

人类社会从工业化向数字化过渡，数据向各领域渗透、推进，触及全方位变革。随着移动互联网、物联网、5G等技术的应用与普及，人类行为以数据的形式得到更为客观的记录与保存，形成了以另一种形式存在的网络社会。在网络社会中，每个虚体都客观、综合地反映了所对应的实体，虚体间建立的数字主线加快了信息、数据的共享与传播。主体之间构筑众创空间，对虚体进行在线观察来掌握彼此的具体状况，有效地缓解信息不对称，更好地增进合作的深度。跨时间、跨区域、跨群体的价值交换主导着新的商业逻辑，虚体与实体的有机结合进一步扩大了市场边界。

除了对实体给予虚拟展示，虚体还被赋予一定的分析、学习能力，即通过对数据池的深度学习建立人工智能，培养“类人化”思维。与人类相比，机器在体力劳动的产出与成本上具有更为明显的优势。物联网、传感器、通信技术的发展使得机器越来越擅长处理汽车驾驶、业务决策、医疗诊断等需要一定认知技能的工作。从认知层面来看，人工智能都是在模仿人类智能，目的在于增强人们的价值评价、选择、决策的理性程度。在这个过程中，人类行为被解读为计算机语言并形成机器记忆。人与机器围绕生产活动进行智慧协作，在减少冗余环节、降低人为风险的同时，促进生产效率、产品质量的改进。根据工信部发布的《2023年通信业统计公报》，2023年，固定数据及互联网业务收入达到2 626亿元，同比增长7.7%，完成移动数据流量业务收入6 368亿元，比上年下降0.9%，数据中心、云计算、大数据、物联网等新兴业务共完成业务收入3 564亿元，比上年增长19.1%。协作增多的直接结果便是数据池的规模不断扩大，为知识范式归纳和自动化模型精度修正提供了丰富的素材，持续缩减虚体与实体的细微差异，人与机器的界限变得模糊。正是凭借对大数据的分层分类挖掘所训练出的多层次神经网络，

① 马克思，恩格斯．马克思恩格斯全集：第19卷．北京：人民出版社，1963：406.

AlphaGo 战胜了韩国传奇棋手李世石。从技术来看，AlphaGo 较好地结合监督学习和强化学习的优势，解决了围棋的复杂性技术应用。另外，AlphaGo 还开启了自我对弈模式，向数据池源源不断地注入新数据，在“感知、分析、行动、反馈”的工作闭环下保持迭代过程的循环往复，为下一版本的推出奠定基础，也为围棋选手的日常训练提供好的棋谱。

(2) 创新视角下供给与需求的动态匹配。

在数字经济和第四次工业革命中，数据处于核心地位。数据流动能够产生显著的经济价值并且带动技术、资本、人才的全球流动，优化资源配置与整合。生产要素流通加快，促进了市场上新需求的显现，为创新提供了指引，这也恰是传统产业转向高质量发展的一个必要条件。受益于数据驱动，创新链、产业链、人才链深度融合，为市场创造更多的价值。具体而言，数据驱动创新主要表现为发掘新的产品和服务、加深对市场需求的洞察与即时响应、优化生产及分配过程等。其中，最突出的一点在于，数字技术应用使得创新活动的重心从生产转向服务，“制造业服务化”趋势日益明显。随之而来的是，企业之间围绕产品体验的改善建立起全面、深度的合作，创新扩散效应进一步扩大，“大规模定制”的生产模式具备了在技术与经济上的可行性。以数据流通为痕迹而建立的数字主线打破组织壁垒，串联起每个业务部门以及终端消费者，组织边界变得虚化。计算机基于算法模型的最优方案，评估规模经济与范围经济的现实性与有效性，完成对生产要素的调度与安排，组织能够依据终端消费者的需求，在全球范围对资源进行数字化配置，进而构建起针对需求变化的自适应机制，进一步打开跨界合作的新空间，完善对市场不确定性、复杂性的处理与应对。数字化转型的纵深推进，使得组织可以依托计算机的协助，按照解决问题的导向进行灵活调整。人机共融提高了组织内部响应消费者需求的速度与效率，计算机在高层决策者与一线执行者之间搭起信息传递桥梁。让最有效率的人与资源在最合适的地方从事生产活动，也有利于智力资本集聚，激发新的创意。根据中国信息通信研究院发布的《中国数字经济发展研究报告（2023 年）》，2022 年，中国数字经济规模达到 50.2 万亿元，同比名义增长 10.3%，已连续 11 年显著高于同期 GDP 名义增速，数字经济占 GDP 的比重达到 41.5%，这一比重相当于第二产业占国民经济的比重。

网络虚体构建完成了对产品的全方位展示，产品结构层层分解，一些不易被发现的微观特征也能够被清晰地细分。数据驱动进一步强化了生产活动的版本化和模块化特点，也增强了技术对机会利基的精准捕捉以及市场供给对需求变化的快速调整。在此，机会利基是指由技术进步带来的人类对现象加以把握的机会。新技术不断涌现，机会利基总是处于持续复杂化和不断发展变化中。企业结合实时数据挖掘需求变化，对产品的某一模块进行即时替换，对其他兼容性模块进行相应升级，以组合式创新来完成性能的添加与升级，对机会利基做出更快的反应，实现供给与需求的动态匹配，如图 1-3 所示。微信利用对使用体验的数据挖掘，对最早的通信功能进行持续更新，之后还陆续添加了视频号、支付、看一看等新功能，一边堵上漏洞、解决痛点，一边创造需求、触动痒点。

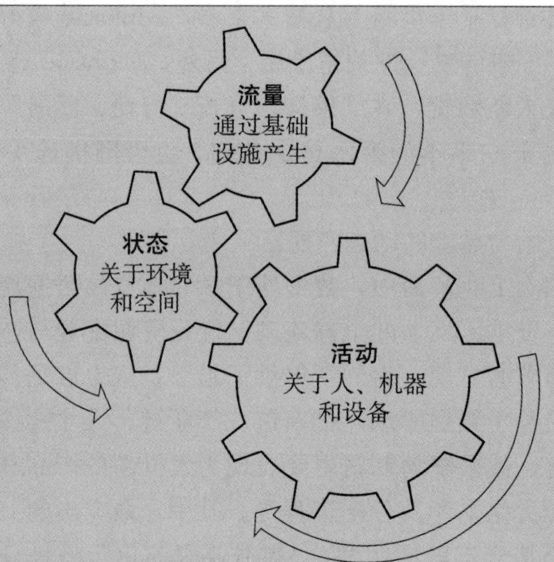

图 1－3　数据驱动生产活动

资料来源：经济合作与发展组织．数据驱动创新：经济增长和社会福利中的大数据．北京：电子工业出版社，2017.

1.1.3　价值体现

“价值是经济物品和经济服务在交往中所具有的意义”[①]，它通过人的实践，以一定的形式在现实生活中体现。“这个价值的大小，依存于它们用途的多少、使用必要性的大小和供应的充足程度。”[②] 由于价值本质存在差异，不同物品的价值体现为不同形式，共同构成了多元化的现实世界。在数字经济下，数据价值的体现离不开实体经济的支持。数据的价值主要在两个场景中得以发挥：一个是数据被归纳为新的知识时，另一个是数据被用于辅助决策时。尽管数字化给生产活动带来了极大的改变，但是虚拟网络对于价值的传递仍然需要依托线下实体场景走完“最后一公里”。更为准确地讲，数据是一剂良性催化剂，其价值体现在对传统的经济模式与社会生活进行多方面的改进上，涉及技术、劳动、交易等问题。

（1）技术创新进一步嵌入。

技术作为经济社会的底层支撑，已融入人类意识和社会结构的发展与变化中，其本身的演化总是给现实生活带来深层次的影响。人与人之间、人与世界之间的互动都越来越依赖技术的中介作用。技术的本质在于实现人的目的，解决具体的现实问题，因而具有较强的工具属性。不过，这种工具属性仅仅体现在人类从事生产活动时，而一旦生产活动停止，技术也就落入弃用状态。在工业社会里，技术功效的发挥离不开人的能动作用，技术在生产关系中处于被动地位。尽管技术创新总是带来生产力水平的实质性提升，但是这个过程受到人类主观意愿的约束，技术迭代的速度与创新成果的扩散都被限制在

① 马克思，恩格斯．马克思恩格斯文集：第 9 卷．北京：人民出版社，2009：194.
② 萨伊．政治经济学概论．北京：商务印书馆，2010：380.

一定的范围内，难以实现对经济社会的广泛嵌入，出现了一个个“信息孤岛”。

当技术创新转变为数据驱动之后，“创新孤岛”之间建立直接连接，上述状况发生改变。一方面，计算机进行数据挖掘形成机器记忆，能够在无人干预的情况下较好地完成简单劳动，从而摆脱了人的能动作用的约束。即使面对简单劳动的一些新调整，计算机仍然能够将新数据纳入算法模型。由于这个过程不需要人工介入，计算机能够在技术性能允许的条件下进行连续运算，不断在现有技术中融入新元素，加快技术迭代的速度。基于算法模型建立的机器意识为人类社会迈向自动化、智能化奠定了认知基础。人工智能的应用在一定程度上替代了人的体力劳作，脑控型延展实践在生产活动中得到推广并且开始主导技术发展的方向。基于大数据技术建立的人工智能算法模型可以对信息进行智能化的搜集、挖掘和整理，更快地捕捉那些容易被忽略的事物，因而较好地匹配人与组织对信息处理的现实需求。人从海量信息冲击之下解放出来，获取信息的质量与数量得到切实改善，认知水平不断提高。算法模型的应用突破了创新行为的信息约束边界，计算机从“认识世界”向“理解世界”过渡，逐步建立起对事物间关系的推断能力，为资源错配的纠正提供可靠依据，为创新行为提供支撑。根据麦肯锡于 2017 年 1 月发布的《人机共存的新纪元》，自动化的普及能够给全球生产力带来 0.8%～1.4%的年均增长，绝大部分职业都将发生实质性的改变。在所有岗位中，高度稳定且能够预测的体力劳动受到的影响最大。

另一方面，数据在“信息孤岛”之间自由流通促进了知识的共享，加快了创新成果的扩散。数字化空间的每个节点之间建立起了互联互通的连接，过去很多不受重视的市场都变得活跃起来，机会利基的丰富加快了从创意到创新的转换，“创新孤岛”与“单一创新”的局面被打破。为了推动创新升级，组织需要尽可能地汇聚数字产业集群力量，整合各类有价值的创意，多方面寻求创新协作。分布式网络设计打破了中心节点对于数据流通的阻碍，以虚体呈现的创新成果便于各类组织和个人进行系统性解读。任何组织和个人均可以在线获得与成果相关的技术数据，之后根据特殊的情景加以修正即可投入运行测试，不断尝试去涉足更多的产业“无人区”。

在数字化空间中，信息不对称得到了不同程度的缓解，为创新行为打开了更大的可能空间，分享新的红利。不过，信息的冗余、过载却增加了人将注意力向关键领域快速聚焦的难度，一些有价值的信息尚未来得及处理与转介便已失去时效性。若是仅根据以往的经验对信息进行选择性的筛查与解读，可能会进一步加剧理性无知与认知偏差，错失发展良机。计算机按照预设条件对信息的精准筛选克服了信息冗余对注意力的冲击，知识的共享与传播助力价值创新常态化。由此而打造的非摩擦经济有力地强化了不同部门的协同与联动，为组织创新发展赋能。网络空间为测试提供了充分的条件，试错成本得到了有效控制，成果转化周期大幅缩短。创新成果的扩散使得更多的使用者受益，有关技术应用的反馈数据快速积累，从需求端倒逼技术对现实问题做出及时回应，技术创新对经济和社会的嵌入效率得以进一步提高。

（2）社会分工进一步深化。

“随着新生产力的获得，人们改变自己的生产方式，随着生产方式即谋生的方式的改变，人们也就会改变自己的一切社会关系。”[①] 技术进步，特别是数字技术的出现，使得

① 马克思，恩格斯．马克思恩格斯文集：第 1 卷．北京：人民出版社，2009：602.

人类从单一、烦琐的简单劳动中解放出来，为人类转向从事抽象化、经济附加值贡献更高的复杂劳动创造了条件。整个社会的劳动力结构发生转型，在人机协作模式下，人与机器在劳动中的协作变得更加频繁。一个组织不仅要有专业人员来负责建设和维护机器系统的运行，而且离不开业务专家对业务与技术之间有机衔接的保障。机器按照程序化、规律化的路径安排常规的生产活动，人类则将利用创造性意识应对新颖、突发状况，在长远规划、事务的轻重缓急等问题上做出综合权衡。

数据驱动的自动化、智能化替代了人的简单劳动，并促进劳动内容的进一步细分。“劳动生产力上最大的增进，以及运用劳动时所表现的更大的熟练、技巧和判断力，似乎都是分工的结果。”① 每个人都基于自身的比较优势参与分工，获得必要的生活资料。在人类社会发展进程中，系统动力学和技术进步加快了知识碎片化的趋势。技术体系日渐丰富，大多数人仅能够熟练掌握当中的一小部分知识。随之而来的直接结果便是社会分工进一步深化，生产活动对分工协作的需求明显提升。“劳动分工深化是促进人类发展的一个至关重要的推动力，它一方面增强了人类掌控自然的能力，另一方面，促进了财富的增加，进而推动了社会进步。”② 互联网促进组织之间进行横向与纵向的交流、互动，数字化协作、跨领域知识交互增多。对于不擅长处理的业务，组织均可以将其外包给网络中最适合的合作伙伴，将关键资源全部投向自身核心能力的深耕，构建差异化的竞争优势。在数字化的虚拟网络中，分工更加精细，规则更加透明，基于专业化技能的互动、协作也变得更加经济与普惠。计算机应用的普及开启了人机共融的组织运作模式（如图 1-4 所示）。计算机对信息的高速处理提高了决策的效率。大数据积累为计算机运算带来了丰富的资源，经过大量迭代学习之后，可用性和精准性均得到了显著改良。物理世界经过数字化编码而完整地呈现于网络空间，任何业务都能够由线上运算迅速得到最优的结果，从而为线下资源流动提供恰到好处的指引。

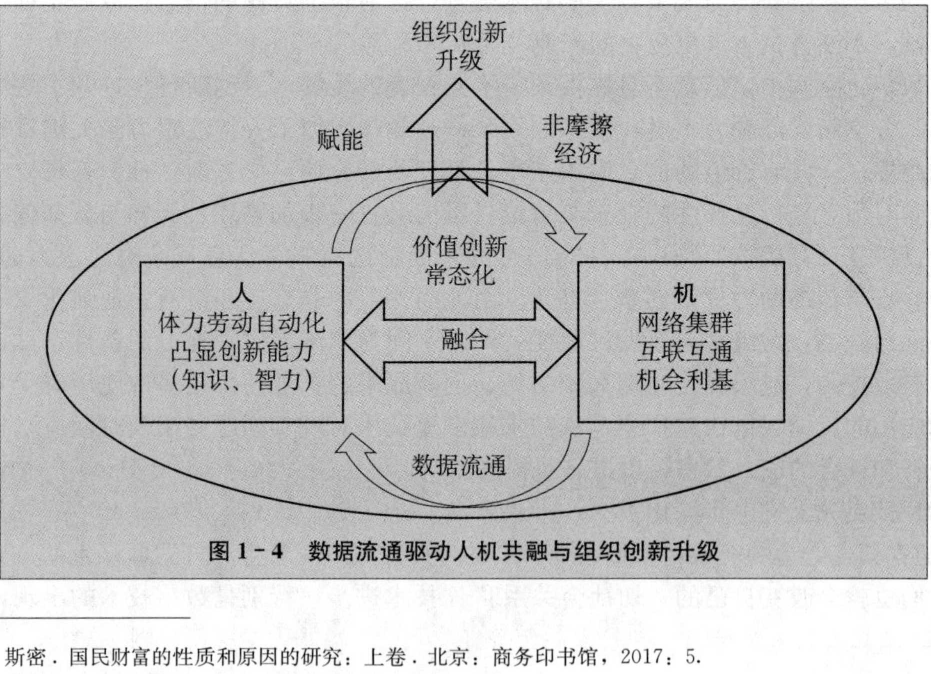

图 1-4 数据流通驱动人机共融与组织创新升级

① 斯密．国民财富的性质和原因的研究：上卷．北京：商务印书馆，2017：5.

② 马歇尔．产业经济学．北京：商务印书馆，2015：87.

在网络空间中，信息不对称得到缓解，资源配置的范围显著扩大，任何组织与个人总是能够与最理想的合作伙伴建立连接。数据共享增强了合作伙伴的行动一致性，让翔实的数据在恰当的时间以合理的方式传递给正确的主体，由此形成的商业生态在效率提升、价值共创、风险抵御、应对不确定性等方面具有更好的表现。数据的内涵具有较强的情境依赖性，当数据被放置在更大的环境中时，数据挖掘往往可以揭示出在其他条件下无法获知的新信息。维持开放的商业生态会有新的参与者不断加入，从而增进了生态内部数据的多源与多维。海尔于2018年4月推出全球首个衣联生态，至今已吸引来自15个行业的6 000多家合作商，聚合6 500万个平台参与者。源源不断的新数据也将为衣联生态发展数据智能提供更多有价值的信息，促成供求两端的高效匹配。

（3）经济时空进一步延展。

经济是技术在商业贸易中的表达，机械化、电气化、信息化的三次科技革命共同成就了发展多元化的现代工业企业。现代工业企业的根本原动力在于企业的组织能力。以数据为核心要素的数字化生产活动引发了第四次工业革命，对产业组织进行了重新定义。无论是生产部门之间的合作关系、沟通方式，还是技术创新、业务流程，都发生了根本性的变化。数据与算法模型的组合改善了信息传递、资源配置的效率，进一步提高了企业内部的组织能力，同时也降低了企业面临的不确定性以及与消费者之间高昂的交易费用，为企业开拓市场奠定了基础。图1-5展示了数据如何支持发展。

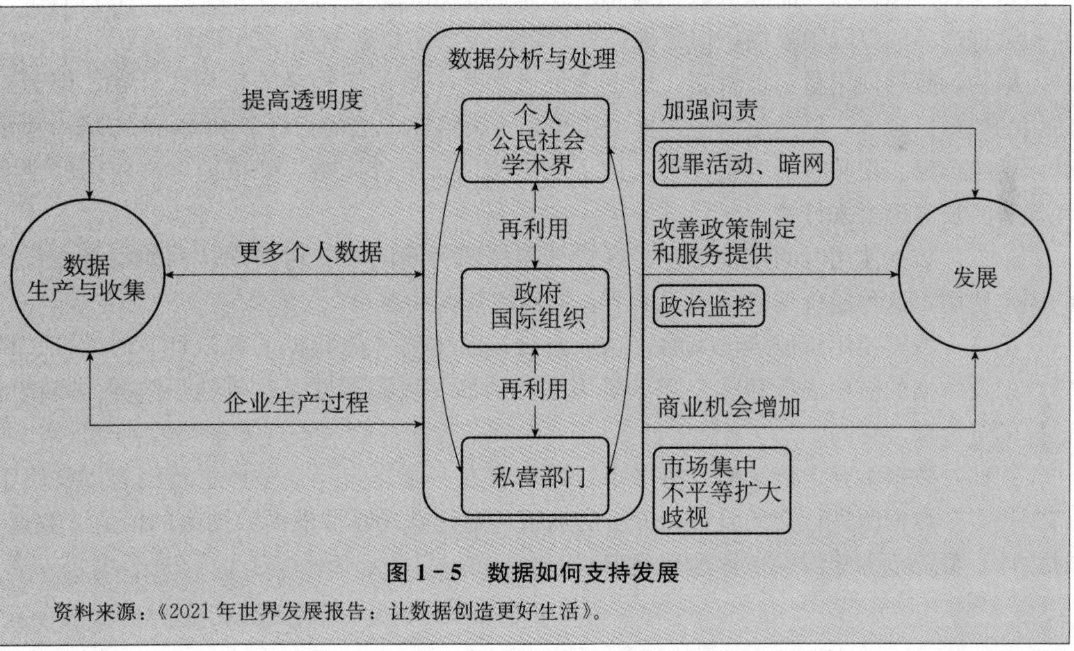

图1-5　数据如何支持发展

资料来源：《2021年世界发展报告：让数据创造更好生活》。

数据驱动为企业和消费者赢得了时间，也打破了空间距离的阻碍，经济时空得以进一步延展。过去，地理上的距离限制了资源流通，商业贸易的开展不得不局限于有限的地域内。如今，虚拟空间拉近了人与人之间交流的距离，线下交易转移到线上完成，远程办公、在线医疗、网络课堂、社群电商等新业态快速发展。利用物联网、云计算等技术，可感知、植入式和内嵌式设备自动化，“无目的”地记录人类在线上与线下的行为数据，经济环境呈现高度数据化的特征。行为数据的积累推动数字化、智能化商业模式创新，数据挖掘的结果较为准确、清晰地回顾并预测了需求趋势，便于企业以增长思维部署产品和服务。数据流通促进了新技术应用整合，企业之间线上线下流程的衔接与联动得以加强，敏捷响应、并行制造节省了人流、物流、信息流的时间成本。算法模型得出精准化、精细化的价值传递路径，进一步缩短了等待时间，消费者足不出户便能够享受快捷便利、零接触的服务。根据埃森哲发布的《2020中国企业数字转型指数研究》，得益于数据价值释放对时间的压缩，转型领军企业的营收增长、毛利率、创新增长潜力等经营指标均优于其他企业。

1.1.4 数据要素定价

数据定价是根据市场需求和供给、数据类型、数据质量等因素来确定数据价值，并将其转化为具体的货币金额的过程。数据定价能够在数据提供者和数据购买者之间建立公平和合理的交易机制，并发挥价格调节作用，引导市场开发和分享促进经济发展的数据资源，在数据市场发展中起到关键作用。

数据定价的对象经常会涉及两个概念：一是数字产品，二是数据产品。数字产品是指那些无形的商品，但可以通过电子产品消费，例如电子书、可下载的音乐、在线广告和互联网优惠券，许多数字产品以某种方式具有物理对应关系，但并非绝对必要；数据产品是指数据集作为产品和从数据集衍生出来的信息服务。虽然在某些场景下，数字产品和数据产品的界限很模糊，但是数据要素定价主要是指数据产品的定价。

第一，数据使用量定价策略。这一定价通常基于数据使用量的阶梯式计费，即客户使用的数据量越多，单价越低。数据使用量定价策略在中国的云计算和SaaS市场中很常见。在线会议、视频直播等服务也采用了数据使用量定价策略，即根据客户使用的带宽和观看时长等因素来计费。

第二，数据使用时间定价策略。客户需要按照时间段来支付费用，例如每月或每年的固定费用，这种定价策略适用于需要长期使用数据的客户。

第三，数据使用价值定价策略。这一定价策略主要考虑数据的稀缺性、时效性、精度，以及数据的应用场景和客户需求等因素。例如，稀缺数据、时效性强数据、高精度数据的定价都会更高。

第四，数据组合定价策略。将多个数据集合在一起作为一个整体进行销售，常用于需要对多个数据源进行交叉验证和分析的场景。定价方式通常根据数据集的价值、数量、时效性、覆盖范围等因素来评估和确定。

1.2 数据资产与数据确权

"科学是一种在历史上起推动作用的、革命的力量"①，技术的发展影响着要素价值体

① 马克思，恩格斯．马克思恩格斯全集：第19卷．北京：人民出版社，1963：375.

现与收入分配等环节的性质、内容和方式。分配不仅要补偿生产所需的必要支出，而且还会形成一定剩余，即价值增值部分。“现在的社会不是坚实的结晶体，而是一个能够变化并且经常处于变化过程中的有机体。”① 在实际的生产过程中，任一生产要素要产生价值都必须与其他要素按照一定的组合形成协同关系。因此，要素的价值分配还受到本身总供给量以及与其他要素共同参与生产的情况的影响。

当前，全球数据量在以指数级的速度积累。充分开发大数据所蕴含的商业价值，赋能数字产业化、产业数字化，成为各国刺激经济增长的重要一环。数据的价值是在持续流通中实现的，与流通的速度与范围呈正相关关系，具有明显的规模效应和网络效应。数据流通覆盖多个环节、多个主体，与资本、劳动等要素的协同程度参差不齐。仅就数据中台而言，包括数据清洗、数据运维、模型构建等多个流程，每个流程的资本投入、人才配置也都截然不同。在互联网经济时代，数据是新的生产要素，是基础性资源和战略性资源，也是重要生产力。数据的价值分配是一项涉及面广、复杂性高的工作，数据确权、贡献识别、收益分成都面临较大的困难。2023 年 12 月，财政部印发《关于加强数据资产管理的指导意见》，旨在规范和加强数据资产管理，更好推动数字经济发展。2024 年 2 月，财政部印发《关于加强行政事业单位数据资产管理的通知》，加强行政事业单位数据资产管理，充分发挥数据资产价值作用，保障数据资产安全，更好地服务与保障单位履职和事业发展。

1.2.1　数据产权归属

数据产生于人类在经济社会中有意识或无意识的行为活动，具有物理属性上的可复制性、数据来源上的开放性，以及所蕴含多元价值之间的非竞争性等特征。每个人和组织都是原始数据生产者，拥有对原始数据的使用权。不过，数据本身没有价值，它的生产也仅仅花费非常低的成本，可以无限供给。如同其他要素一样，当数据被置于闲置状态时也就失去了实现价值的热土，流通是价值形成的必要条件。数据只有在不断流通中，才能够完成价值的增值与变现。数据流通具有传播成本低、扩散速度快、边际价值高的特点，能够在同一时间、多个地点实现多次价值。而使数据价值得以持续释放的，是创造用途以使其产生效用的能力。但是，原始数据生产者并不必然具备创造用途的专业技能。也正因如此，出现了新的社会分工。那些拥有一定数字化技能、专门从事数据统计和挖掘等业务的数据机构，依靠在原始数据基础上创造价值增值来获得盈利并维持经营。在交易关系中，原始数据生产者将数据使用权让渡给数据机构并获得一定效用。“每一个产品，在完成时，都是以它的价值去酬报完成这个产品所耗的全部生产力的。”② 为了补偿数据机构投入的生产性支出，原始数据生产者还需要支付相应的加工费用。数据机构除了弥补前期投入外，会将剩余部分用于技术升级、模型优化等生产手段的改进，扩大再生产规模。

---

① 马克思，恩格斯．马克思恩格斯全集：第 43 卷．2 版．北京：人民出版社，2016：20.

② 萨伊．政治经济学概论．北京：商务印书馆，2010：388.

阅读材料

G7领导人发表声明　将促进数据自由流动

七国集团领导人声明（节选）

2021年2月19日

在过去一年中，我们在七国集团中为我们的经济提供了前所未有的支持，总额超过6万亿美元。我们将继续支持我们的经济，以保护就业，并支持强劲、可持续、平衡和包容的复苏。我们重申我们对最脆弱国家的支持、对可持续发展目标的承诺以及我们与非洲的伙伴关系，包括支持弹性恢复。我们将通过与二十国集团（G20）以及国际金融机构合作，探索一切可行的手段，来加强对各国应对措施的支持，包括全面透明地实施《暂停偿债倡议》和《缓债倡议后续债务处理共同框架》。

新冠疫情后的恢复必须为所有人带来更好的重建。展望《联合国气候变化框架公约》第26次缔约方会议和《生物多样性公约》第15次缔约方会议，我们将把气候变化和扭转生物多样性丧失方面的全球雄心置于我们计划的中心。我们将根据《巴黎协定》在气候变化的减缓、适应和融资方面取得的进展，在不迟于2050年实现绿色转型和清洁能源转型，在实现净零排放的道路上创造良好的就业机会。我们致力于升级我们的经济，从而确保不会让任何地理区域或个人，无论性别或种族，都不因世界的发展而被抛下。我们将：倡导开放的经济和社会；促进全球经济弹性；利用数据自由流动和信任的数字经济，在以改革后的世界贸易组织为中心的、能够反映我们价值观和实现平衡增长的现代化的、更自由和更公平的基于规则的多边贸易体系上，开展合作；以及力争在2021年中期之前，在经济合作与发展组织的框架内达成基于共识的国际税收解决方案。为了支持一个对所有人保持公平和互惠的全球经济体系，我们将与其他国家，特别是包括中国这样的大型经济体在内的G20国家进行接触。作为领导人，我们将就解决非市场导向的政策和做法的集体应对措施进行协商，并将与其他国家合作解决影响所有国家的重要的全球性问题。

我们决心在6月于英国举行的七国集团峰会上就这些优先事项达成一致，并商定具体行动，我们支持日本承诺在今年夏天以安全而有保障的方式举办2020年东京奥运会和残奥会，以此作为全球团结一致战胜新冠疫情的象征。

数据机构受让原始数据的使用权后，会按照一定模式对数据进行专业化处理，最大化地挖掘价值与潜能。同时，也负有保护原始数据生产者的隐私权的义务，避免由于管理不到位所造成的数据泄露、信息盗窃和经济损失。区别于工业组织，数字化企业表现出新的特征。数字主线上存在多个主体，数据流通范围遍及网络的各个层级，仅靠数据机构的自律引导对隐私权加以充分保护显然难度颇大。这就需要探索合理的监管体系，从外部施加影响，提高监管有效性。目前，主要的监管主体包括政府和社会组织，二者各有侧重。公共监管的目标在于弥补市场失灵，但是在监管方式上总是表现出一定的滞后性，反而制约了新生事物的发展；社会监管的重点是凝聚全社会力量，约束市场主体行为，具有较强的灵敏度。将二者有机结合，有利于发挥各自优势，弥补彼此不足，更加有效地抑制对原始数据生产者的隐私权的侵犯。

综上，数据产权可以被明确为原始数据生产者的使用权、隐私权以及数据机构在实现数据价值“从0到1、从1到N”增值后所延伸出的获益权。对于前者而言，他们通过让渡数据使用权并且支付必要的费用来获得数据价值增值所产生的效用，抑制数据使用对隐私权的侵犯则需要借助政府和社会各界的多方力量，加强监管维护基本权益；对于后者而言，权利如何行使是数据价值分配的关键问题。社会分工深化与经济时空延展导致数据机构之间必须以协作的方式去满足具体需求，其间每个机构都只聚焦于某一项或几项效用的供给。因此，分析数据的价值分配时，有必要再对效用做进一步细分，具体探讨价值增值环节中的贡献识别与收益分成。

1.2.2 数据贡献识别

对生产要素的价值实施分配，需要从理论视角研究如何对价值进行衡量，所依据的标准是对日常生活便利、经济社会发展所带来的实际效用。对效用做进一步细分有助于深入揭示价值的内在构成，客观地识别要素的实质性贡献。可以在综合考量相关主体围绕数据产生的利益诉求的基础上，探索建立一套以数据记录者、加工者的数据财产权益为基础，公平、高效且激励相容的数据价值分配机制。个人数据的绝对控制权将可能引发个人数据资源闲置，造成数据浪费。数据流通深刻改变了产业运行的规则与逻辑，数据机构发挥着不可替代的作用。数据机构的获益权依附于它们从事以数据为主要投入的生产性活动对产品创新、服务升级、加工制造等环节的创造性改进，其中的贡献可以归纳为三类，分别是追踪市场趋势、生产要素联动、敏捷创新常态化。

第一，追踪市场趋势。市场变化具有较高的不确定性，搜集可靠的信息、准确预测趋势是各类主体面临的共性难题。大数据的智能应用恰恰提供了解决问题的工具，从质与量两个方面疏通“症结点”。在质上，客观、实时的数据保证了信息传递的真实性和及时性，人工智能的主动学习减少了数据冗余，主体之间的信息同步让供求双方联系更加紧密，交易成本得以逐步削减；在量上，多源、多维的数据提高了算法模型预测宏观趋势的效度，聚类分析直观地展示了不同社群的个性化、多元化偏好。

第二，生产要素联动。社会分工的出现使得要素向生产率最高的地点和主体流动，效用供给不得不借助合作之力。数据驱动降低了合作成本，孵化出了互利共赢的商业生态系统。每个主体都能够将主要精力投入对核心能力的深耕，在成就他人的同时实现自身发展。数字主线打通部门壁垒，带动生产要素的联动。劳动、资本、技术等要素按照算法模型设计的最优方案进行搭配，从线上线下双向发力，不断延展经济时空价值，因此而出现了加快数字技术规模化应用的“灯塔工厂”。“灯塔工厂”的关键目标是以数字化赋能个性化定制、全渠道营销、工业共生等新的商业模式，围绕端到端的服务打造全覆盖、无缝隙的生产网络，引导要素协同联动。根据世界经济论坛与麦肯锡公司联合发布的全球“灯塔工厂”名单，截至2025年1月，全球“灯塔工厂”达到189家，它们将创新活动向工厂外部拓展，在生产效率、运营成本、上市速度等方面获得可观的改善。

第三，敏捷创新常态化。需求端的数据反馈闭合价值链条的最后一环，数据所蕴含的实时信息为供给端进行持续创新提供了来自市场的指引。创新的速度和质量成为新的竞争维度，敏捷创新趋于常态化。唯有那些能够敏捷响应、快速在产品或服务中植入新体验以满足消费者预期的企业，才有机会在激烈的竞争中赢得一席之地。根据波士顿公司发布的《2020 年 TMT 价值创造者报告》，苹果、微软、字母表、亚马逊、脸书[①]、阿里巴巴、腾讯位居全球前列，它们将创新意识融入企业发展基因，并且依托于对数据的充分挖掘，在价值创造方面表现出更为强劲的增长势头，为股东带来高额回报。

1.2.3 数据收益分配

分配是将所有收益划分到每个主体的比例或数量。“分配的结构完全决定于生产的结构，分配本身是生产的产物，不仅就对象说是如此，而且就形式说也是如此。”[②] 数据驱动提高了社会生产力水平，识别数据对生产活动的贡献为实施收益分配奠定了基础。

从贡献形式来看，数据收益可以区分为存量式收益和增量式收益两类。存量式收益源于对现有生产活动的效率和效果带来的赋能与改进，例如闲置资产激活利用、时间空间价值延展等，较少带来新的产出。按照价值交换的原则，存量式收益反映的是数据驱动对各项成本优化所做出的补偿，其计算公式为传统生产活动与数字化后生产活动二者的成本支出之差。例如，过去将一批货物运至目的地，还需要安排两名工人在入库前按照纸质清单进行逐件盘点与交接，现场核查程序较为复杂，后期付款也需要较长周期。实现数字化之后，接收方在线上可以按照货物数据提前查验电子清单，运达指定地点后由机器扫描验证码进行接收和清算，完成交接后便可发起线上付款。数字化节省了两名工人的工资，对现场核查程序以及后期付款周期也进行了优化，这些都属于由数据驱动带来的存量式收益。

存量式收益＝传统生产活动的成本支出－数字化后生产活动的成本支出

与存量式收益相比，增量式收益是由数据驱动产品或服务创新以满足快速增长和变化的需求而产生的。当数据被转化为知识并用于创新决策时，有助于加强供需两端的对接，规避创新陷阱。不过，增量式收益并不仅限于当期，而是会长期产生持续回报，所以难以从现有的财务指标中直接计算得出。较为合适的做法是选择恰当的折现系数，对未来的盈利预期进行折现。能够利用数据驱动创新的企业往往表现出较高的成长性，它们的增量式收益被折现后推高了企业的估值。2012 年，脸书上市之初的估值达到 1 040 亿美元，其中专利、实体资产、软硬件等传统估值标的仅为 66 亿美元，溢出的 974 亿美元均来自数据以及强大的数据挖掘能力。2020 年，准备上市的蚂蚁集团估值介于 2 400 亿美元和 3 200 亿美元之间，这主要得益于商业生态、应用场景等积累的海量数据以及不断将数据转化为服务的能力，轻资产运营模式维持了利润的快速增长。

---

① 2021 年 10 月 28 日，脸书（Facebook）正式官宣改名为“Meta”，因本书所述有关该公司的信息产生于改名之前，因此仍称其原名。

② 马克思，恩格斯．马克思恩格斯全集：第 46 卷（上册）．北京：人民出版社，1979：32－33.

$$增量式收益=\frac{盈利预期}{折现系数}$$

1.2.4 数据资产管理

数据的最初状态是政府、企事业单位及金融机构等各类主体统计或存储的数据信息，包括经济普查数据、日常业务处理数据及金融存贷款数据等，后期随着信息通信技术的快速发展，相关机构及企事业单位开始重视数据的应用价值，这标志着从数据到数据资产的转变。

在数字经济时代，竞争焦点正从资源竞争向数据竞争转变，对数据的获取、占有、控制、分配和使用的能力成为一个国家经济发展水平和发展阶段的重要标志。数据资源对于一个国家经济社会发展的作用和影响前所未有，现代社会对于数据的掌控能力已经成了衡量各国核心竞争力的重要指标之一。除了个人网络数据外，电子商务交易数据、工业大数据也获得爆发式增长。谁最先拥抱数据，谁就拥有更多智慧，谁就拥有更强竞争力。世界各国都希望能够控制并利用更多的数据资源以创造更多的市场价值，纷纷制定数据战略，发展大数据产业，试图在数据存储与使用上走在全球前列，例如2012年美国提出“工业互联网”的概念、2013年德国提出“工业4.0”的概念以及2017年中国提出推动“互联网+先进制造业”发展。所谓数据战略，就是与数据相关的战略，业务数字化、数字化转型、数据底座、数据湖、数据中台、数据产品、人工智能等都可以纳入其中。

阅读材料

欧洲的数据战略：欧洲议会议员们想要什么

数据是欧盟数字化转型的核心，影响着社会和经济的各个方面。人工智能的发展是必要的，这是欧盟的优先事项之一，它为疫情危机后的创新、复苏和发展（例如健康和绿色技术）带来了重大机遇。

作为对欧盟委员会《欧洲数据战略》的回应，欧洲议会的工业研究和能源委员会在2021年2月24日通过的报告中呼吁，根据欧洲的隐私和透明度价值观，制定以人为关注重点的立法，这将使欧洲人民和欧盟企业能够受益于产业和公共数据的潜力。

欧盟数据经济的好处

欧洲议会议员表示，这场危机表明，需要制定有效的数据立法，以支持研究和创新。欧盟已经存在大量的高质量数据，尤其是非个人数据（产业数据、公共数据和商业数据）尚未挖掘其全部潜力。在未来几年，更多的数据将会产生。欧洲议会议员们希望数据立法能够帮助挖掘这一潜力，并向包括中小企业在内的欧洲公司和研究人员提供数据。

实现部门和国家之间的数据流动将有助于各种规模的欧洲企业在欧洲及其他地区进行创新和发展，并有助于欧盟成为数据经济的领导者。

欧盟委员会预计，欧盟的数据经济可能从2018年的3 010亿欧元增长到2025年的8 290亿欧元，数据专业人员的数量将从570万人增加至1 090万人。

欧洲的全球竞争对手，例如美国和中国，正在迅速创新，并以它们的方式开展数据的访问和使用。要成为数据经济的领导者，欧盟应该找到一种释放潜力并制定标准的欧洲方式，制定保护隐私、透明和基本权利的规则。

欧洲议会议员们表示，这些规则应当建立在隐私、透明和尊重基本权利的基础上。数据的自由共享必须限于非个人数据或经不可逆匿名处理的数据。个人必须完全控制自己的数据，并受到欧盟数据保护规则，特别是《通用数据保护条例》的保护。

该委员会呼吁欧盟委员会和欧盟国家就全球标准与其他国家合作，以推广欧盟的价值观和原则，并确保欧盟市场能够保持竞争力。

欧洲数据空间和大数据基础设施

欧洲议会议员呼吁以数据自由流动为指导原则，敦促欧盟委员会和欧盟国家创建部门数据空间，使这些数据空间能够在遵循共同准则、法律要求和协议的情况下进行数据共享。考虑到当前的疫情，欧洲议会议员们表示应特别关注欧洲共同卫生数据空间。

由于数据战略的成功在很大程度上取决于信息和通信技术基础设施，因此欧洲议会议员们呼吁加快欧盟的技术发展，例如网络安全技术、光纤、5G和6G，并欢迎有关提高欧洲在超级计算和量子计算中的作用的建议。他们警告说，应解决地区之间的数字鸿沟，以确保平等的可能性，特别是在考虑到疫情之后的复苏的情况下。

大数据的环境足迹

尽管数据具有支持绿色技术以及欧盟到2050年实现气候中立的目标的潜力，但是数字行业占全球温室气体排放量的2%以上。欧洲议会议员们说，随着行业的发展，必须把重点放在降低碳足迹和减少电子垃圾上。

欧盟数据共享立法

欧盟委员会于2020年2月提出了一项欧洲数据战略。该战略和有关人工智能的白皮书是欧盟委员会数字战略的第一支柱。

工业研究和能源委员会预计，欧盟委员会将于2021年下半年提交的新数据法案中考虑这一报告。

欧洲议会还正在起草一份关于《数据治理法案》的报告，欧盟委员会于2020年12月将该法案作为数据战略的一部分进行了提交。它旨在提高数据可用性，并加强人们对数据共享和中介机构的信任。

数据资产（data asset）是指由企业拥有或者控制的，能够为企业带来未来经济利益的，以物理或电子的方式记录的数据资源，如文件资料、电子数据等。在企业中，并非所有的数据都构成数据资产，数据资产是能够为企业产生价值的数据资源。数据成为资产的前提在于，社会具备充分使用数据的能力。数据资产跟其他资金、自然资源不同，不会随着使用而消耗。数据只有充分流动，才能发挥其价值，才能为个人、企业、社会带来福利。提高数据使用效率，需要做到数据配置的科学性、实时性、有效性。

数据资产具有无形资产的属性，主要有以下特性：(1) 无消耗性：数据资产的每次使用只需要花费很低的成本，不会因为使用频率的增加而磨损、消耗，与其他传统无形资产有相似性。(2) 增值性：企业稳定发展会促使数据资产在原有的基础上不断积累数据规模和数据维度，数据整体价值进一步提升。(3) 依附性：与其他无形资产类似，数据资产不能独立发挥作用，其作用和效应的发挥往往依附于相应的软件和硬件。(4) 价值易变性：数据资产时刻受到数据容量、数据时效程度、应用场景等因素的影响，与其他无形资产相比，其价值更易发生变化。(5) 战略性：一切数据业务化，一切业务数据化，具有战略性。

数据资产化是一个循序渐进的过程，可大致分为三个阶段：资源化、资产化和资本化。首先，资源化阶段的核心任务是数据确权和数据治理。数据确权旨在厘清数据的所有权归属，明确各方的权利义务；数据治理则是对数据进行全生命周期的管理，保证数据的高质量。只有通过确权和治理，数据才能真正成为可利用的资源。其次，资产化阶段将数据资源转化为数据产品，并对数据产品进行估值。数据产品化是通过加工提炼、标准化包装等手段，将数据转化为可交易的商品形态；估值则运用成本法、收益法、市场法等传统估值方法，或新型 IVI、BVI、PVI 模型，为数据产品贴上"价签"。最后，资本化阶段将数据产品纳入金融体系，设计金融衍生品进行交易。例如可对数据使用权、所有权等进行拆分，发行无本可交债券或股权类产品；或直接在数据交易所等市场平台上开展交易。上述三个阶段相互衔接，数据资产化的深入实施需要逐步推进。其中，资源化阶段特别是数据确权工作，是数据资产化的基础和先决条件。

对于数据的分析离不开一套逻辑性强的算法以及强大的算力，并以此构建知识网络实现数据的知识化、分析的知识化。基于数据、算力和算法可以对物理世界进行状态描述、原因分析、结果预测、科学决策。"数据＋算法"（如图 1-6 所示）将正确的数据（所承载的知识）在正确的时间传递给正确的人和机器，实现数据自由流动，用数据驱动程序性业务决策替代经验决策，以信息流带动技术流、资金流、人才流、物资流，优化资源的配置效率。在这里，数字化解决了"有数据"的问题，网络化解决了"能流动"的问题，智能化解决了"自动流动"的问题。其内在逻辑是不断地把人类对物理世界的认知规律通过"数据＋算力＋算法"的模式嵌入物理世界，进而使人类从繁重、重复性的工作中解放出来。

数据管理（data management）是指通过规划、控制与提供数据和信息资产职能，包括开发、执行和监督有关数据的计划、政策、方案、项目、流程、方法和程序，获取、控制、保护、交付和提高数据和信息资产价值。数据资产管理是应用数据库管理、数据仓库等信息系统技术和其他数据管理工具，完成数据资源管理任务，满足特定信息需求的管理活动。随着经济社会的发展，数据管理的核心逐渐从"管控"向"服务"转变，未来必将经历从管控手段向运营手段的方式上的转变，从管理数据向运营数据的职责上的转变，从以功能为核心向以消费者体验为核心的要求上的转变。数据管理的真正的价值点在于数据，而体现数据价值离不开数据管理运营。也正因如此，市场上出现了元数据管理平台、数据治理平台、数据管理平台、数据资产管理平台、数据准备平台等机构，

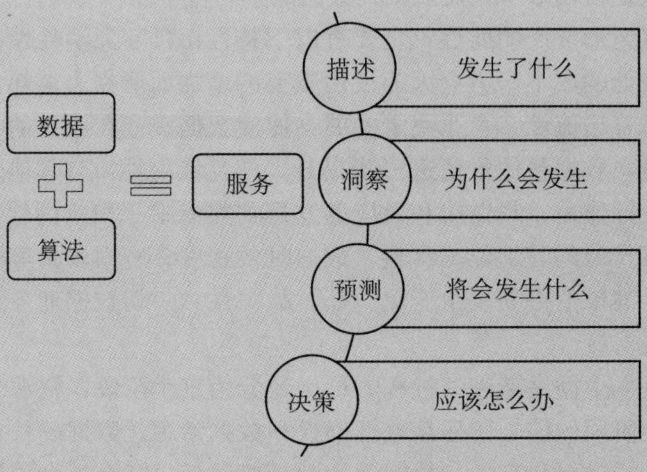

图 1-6 “数据+算法”

将运营数据、运营平台、运营流程、运营人员的工作关联起来，增强数据管理组织之间的信息共享和配合度，提高平台消费者体验和易用性以及数据效率。

随着数据要素可参与分配的政策红利效应的释放，政府、企业、社会组织将纷纷参与数据要素市场建设，积极探索数据资产有效运营和价值转化的可行途径。电信、金融等数据治理模式较成熟的行业加速数据运营和服务创新；交通、旅游、医疗、制造业等拥有丰富数据资源的行业深入探索基于大数据的业务变革；政府、民生等领域更加重视大数据平台建设，推动大数据应用成果融入决策、服务于民。不同来源的数据对比如表 1-3 所示。数据要素市场机制建设将成为地方改革的重点，为数据在各行业、各业态、各模式中的融通应用和价值释放铺平道路。2022 年 12 月出台的《中共中央　国务院关于构建数据基础制度更好发挥数据要素作用的意见》，对构建数据基础制度作了全面部署，鼓励企业创新内部数据合规管理体系，不断探索完善数据基础制度。2023 年 8 月财政部发布《企业数据资源相关会计处理暂行规定》，2023 年 9 月中国资产评估协会发布《数据资产评估指导意见》。两份文件中，会计核算遵循财政部发布的《企业数据资源相关会计处理暂行规定》，在初始计量时记录资产的成本作为账面价值；价值评估要依据中国资产评估协会发布的《数据资产评估指导意见》，服务于企业融资出资入股、并购重组、破产清算等多样商业场景中的多种经济活动，所选取的价值类型视评估目的而定。

表 1-3　不同来源的数据对比

	交易数据	行为数据	监测数据
生产方式	应用系统生产数据	人的行为生产数据	机器生产数据
数据量级	TB 级 千万级记录/天	PB 级 十亿级记录/天	ZB 级 千亿级记录/天
数据类别	结构化	结构化、半结构化	结构化、半结构化、非结构化（占比高达 90%）
数据价值	单一业务应用 只需离线分析	流程业务应用 离线分析为主、实时分析为辅	混合业务应用 需要实时分析、避免事故

数据资产管理应该回归到其本质上来，那就是提高数据质量，提升数据价值。遵循工匠精神，不断地对拥有的数据进行反复“打磨”，循环迭代，将数据治理“常态化”。抓住影响数据质量的关键因素，设置质量管理点或质量控制点，从数据的源头抓起，从根本上解决数据质量问题。在数据环境的源头或者上游进行数据问题的防治，避免不良数据向下游传播并污染后续的存储。相关机构需要不时地进行主动的数据清理和处理补救，以纠正现有的数据问题，将数据质量管理贯穿数据生命周期的全过程。数据的生命周期包括数据规划、数据设计、数据运营和数据退役几个阶段（如图 1－7 所示）。数据质量管理方案要与特定的业务目标紧密匹配，使各方对数据质量管理目标和纠正方案达成共识。提升数据质量的主要目的是推动经济发展：第一，将经济目标映射到数据质量管理计划中来；第二，让一线人员深度参与甚至主导数据质量管理，作为该数据主要机构可以更好地定义数据质量参数；第三，将问题定义清楚，只有在问题定义清楚之后，才能分析出数据数量问题的根本原因，以及制订出更合理的解决方案。

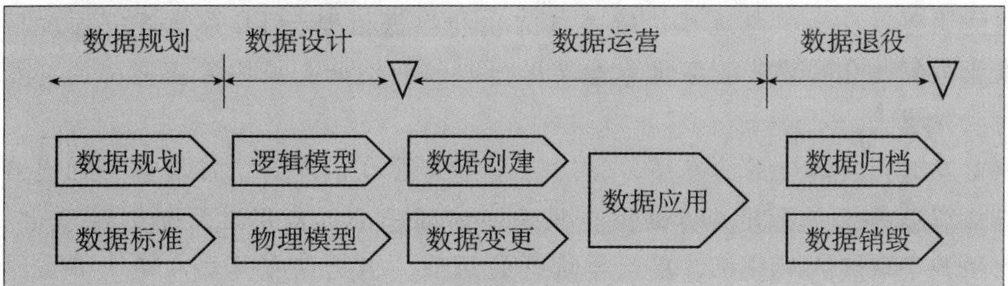

图 1－7　数据的生命周期

当前，数据资产存在底数不明、质量不高、流通不畅等问题，导致数据资产供给能力无法适应数字经济快速发展的迫切需要。在国家层面，可以组织开展数据资源普查、登记、盘点，形成数据资源一本账。推进一体化大数据平台和数据共享交换平台迭代更新，按照物理分散、逻辑集中的集约化原则，打造标准规范、互联互通的数据资源开发利用支撑体系，提供优质数据资源。引导培育一批具有自主知识产权的国产化工具，实现关键核心技术突破，针对数据采集、传输、存储、加工、脱敏、安全等生命周期的各个环节开发一批技术工具、产品及解决方案，确保数据要素市场配套技术的自立自强。以公共数据资源合规性开放利用为突破口，参考自然资源特许经营模式，建立数据开发利用、加工运营、交易服务等流通机制，推动数据产品和服务的有序流动，确保数据市场平稳运转。数据权限逐级开放过程如图 1－8 所示。

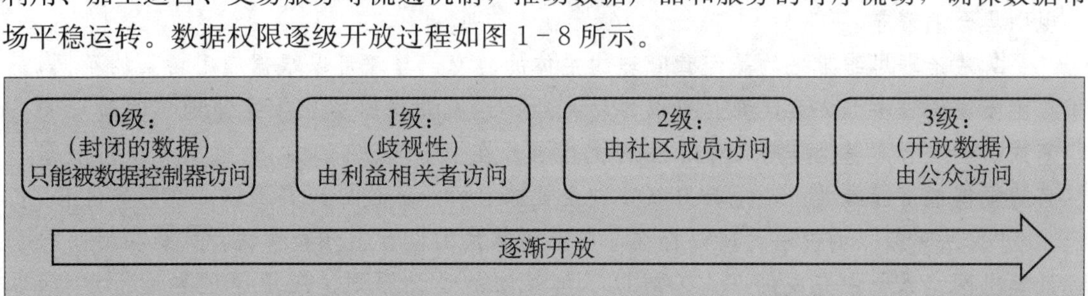

图 1－8　数据权限逐级开放

资料来源：经济合作与发展组织．数据驱动创新：经济增长和社会福利中的大数据．北京：电子工业出版社，2017.

同时，探索建立数据资产运营机制。以应用场景为牵引，以技术为支撑，以市场为纽带，以试点示范为突破，打造数据生产新业态。构建安全可靠的数据资源开发利用环境，打通政务数据、企事业单位数据以及第三方社会数据汇聚通道，促进多元主体参与各类数据产品、服务的开发及运营。借鉴公共资源管理方式，将公共数据资源纳入公共资源配置范畴，探索数据要素一、二级市场配置模式，开展数据中介、数据经纪人、数据信托等方式在特定领域小范围尝试实践，实现资源配置程序合规化、效率最大化和效能最优化，统筹健全数据管理权、运营权、开发权、监管权的权责分工体系，探索形成数据资源价值的收益分配机制，确保数据生产及流通可管可控。

阅读材料

数据时代的企业算法治理思维

为迎接数据时代的到来，任何一家企业都需要建立算法治理的思维，通过对企业战略的调整以及组织与流程、绩效与文化和数据治理与IT系统等方面的管理变革，以业务算法化和算法业务化为指导思想，创新提升企业的管理能力，转型升级企业的业务模式。

随着互联网及其应用的发展，算法概念的范围也拓展到了解决某一问题或处理事务应该遵循的规则及其具体的操作程序，该程序可以应用软件加以实现和运行，用来增强甚至取代人们分析、决策和执行的活动。但是仅有算法在绝大多数情况下是不足以帮助企业解决问题的，算法的应用与不断优化还需要背后的数据和算力的支持，物联网的普及让企业可以获得大量数据，云计算的普遍应用使得算力得到增强，算法、数据和算力就是组成人工智能的三大基石。数据收集、数据、算法、算力与应用（即“人”）等五要素共同构成了算法应用系统的框架。

算法治理是企业的一种新型技术治理形态，首先就是企业在经营管理过程中能够主动并充分地运用算法；其次，在算法应用过程中需要有用于指导和支配企业算法构建与执行等各种应用活动的规则集合，这些规则集合明确了企业算法应用中涉及的相关角色、工作责任和执行流程，算法的规则集合虽然是由企业依据自我需求的目标而设计的，但是为了能够持续地实现自身的目标，就必须确保算法所涉及的多方利益之间的协调；最后，算法也可以作为一种手段和工具，监督和保障算法对规则集合的遵守。

算法治理思维带来的是经营管理的主体的转变，算法可以根据应用场景的不同，自主生成管理决策方案，并且可以自动执行，这就使得原本居于主体地位的管理者变成了参与者，甚至是听命于算法的执行者。在业务算法化后，企业就可以打破原有的规模经济递减效应，也会自然突破企业原有的业务边界，真正地实现跨界经营。

“算法黑箱”的说法之所以存在，是因为算法的设计、开发和运行都是在封闭的计算机网络系统中完成的，人们难以了解算法的设计原则、应用原理和运行过程，而且不同于实体空间具有明显的地域界标，各地政府部门也难以对网络空间开展及时的、有效的监管。算法存在着透明性、可解释性及责任明确性不足等问题。实际上，长期以来许多未应用算法的传统企业也存在着同样的问题，只是大数据背景下企业业务算法化的潮流会带来整个社会的变化以及关注。其实，虽然算法是网络空间程序化指令的集合，它实质体现的是设计开发者的价值偏好和利益诉求，这与企业在实体空间开展业务活动是一致的。随着大数据时代的到来，万物以数据化的方式呈现，利用数据的算法成为企业业务活动中一个组成部分的趋势凸显。因此，企业在业务算法化的同时，还需要树立算法业务化的思维，将算法治理也作为企业的一项业务活动。作为一项业务活动，算法治理具有以下三个特点：

首先，技术理性与价值理性的有机统一。控制算法设计和运行环节的核心仍然是企业的目的，即持续地创造用户价值，当然，算法要实现这个目的，就必须能够为员工、供应商、渠道商等业务相关者都带来福祉。

其次，短期效益与长期价值的有机统一。作为一种组织，企业追求的是基业长青，算法逐步成为企业业务活动的组成部分，那么算法本身就需要将短期收益与长期发展结合，能够长期发展的业务一定具有合情合理、合规合法并能够不断改善人们生活的特点。

最后，控制风险与抓住机遇的有机统一。数据和算法是算法治理的两大基石，共同推动着算法治理应用场景的不断拓展和持续深化。企业领导人要认清大数据背景下存在于企业之间的“数字鸿沟”将会演变为“算法鸿沟”，运用算法将组织的精力从日常管理中释放出来，抓住机遇、布局长远、持续提升。

算法治理思维的实施对企业传统的经营管理是一场变革，不仅需要战略层面的顶层设计，也需要以变革管理为主线，重构企业的组织与流程、绩效与文化和数据治理与IT系统等。

企业战略：企业战略的一个关键转变为核心算法的迭代，核心算法则聚焦于业务算法化和算法业务化。

组织与流程：企业需要设立数据资产和算法资产管理职能。另外，除了一把手挂帅外，还要设立首席算法官（chief algorithmic officer，CAO）岗位以领导和协调企业算法思维的规划和实施工作。相比于传统的科层式组织和“互联网+”组织，算法治理下的组织架构将更加扁平和精练，业务流程更加平滑流畅。

绩效与文化：算法存在优劣之分，优秀的算法常常是迭代实现的，因此，企业算法治理需要绩效体系的引领与规范。算法治理绩效体系的建立不仅仅是CEO或高层管理人员的任务，它需要与算法利益相关者尤其是被算法所控制的执行任务的一线员工共商、共建、共享。营造企业以及全社会算法治理的文化，尤其是提高对数据是生产要素的认识，不仅是企业正常开展算法治理的前提，也可减少人们把企业正常经营看作是“算法杀熟”的现象。此外，算法治理的透明度、规范性和责任认定等问题不仅是人们接受算法治理的关键，也是算法治理绩效体系的组成部分。

数据治理与IT系统：一方面，数据作为企业的生产要素，能否真正发挥作用，关键还在于算法治理；另一方面，数据治理是算法治理的基础，算法系统离开数据大多无用武之地。因此，企业算法治理思维下的IT系统需要承担三项任务：一是收集、存储、打通与企业业务相关的数据，二是建立、运行和保护算法的系统，三是提供算法运行的计算能力。为了保证这三项任务的完成，企业需要建立相应的数据和算法管理制度、标准和规范。随着数据资源的丰富、算法治理的创新和计算能力需求的增加，无论是云计算公司，还是企业自建系统，提供企业IT服务的业务本身也需要算法化。

变革管理：企业需要把实施算法治理看作一场彻底的变革，对于这场变革要做好系统的计划、组织、控制和协调等管理工作。

资料来源：刘杰．数据时代的企业算法治理思维．清华管理评论，2021（4）：74－84.

1.3 数据产业

信息产业的简单理解是信息化，从技术效果来看是将现实世界中的事物以数据的形式存储到设备中，是一个生产“数据”的过程，当前已累积并形成了多个领域或行业的数据资源。挖掘这些数据资源、提取有用信息，将涌现“取之不尽，用之不竭”的数据创新；赋予这些数据创新商业模式，就是产业化，会形成一种影响世界经济格局的战略性新兴产业，我们称之为数据产业。这种新兴产业既蕴含费歇尔分类法①中三类产业的典型特性——第一产业的资源性、第二产业的加工性、第三产业的服务性，又符合克拉克分类法②所描述的第四产业“提升其他产业利润”的特征。未来国与国之间的竞争就是数据产业的竞争，表现为国家战略将从“国民经济与社会信息化战略”转向“基于网络空间的现代国家管理发展战略”。2022年12月印发的《中共中央　国务院关于构建数据基础制度更好发挥数据要素作用的意见》，旨在加快构建数据基础制度，充分发挥我国海量数据规模和丰富应用场景优势，激活数据要素潜能，做强做优做大数字经济，增强经济发展新动能，构筑国家竞争新优势。党的二十届三中全会提出：“建设和运营国家数据基础设施，促进数据共享。加快建立数据产权归属认定、市场交易、权益分配、利益保护制度，提升数据安全治理监管能力，建立高效便利安全的数据跨境流动机制。”

数据产业是国家数据要素化的主要驱动力。数据产业指以数据技术为基础，以数据采集存储、生产加工、交易流通、应用治理、安全可信等数据产品和服务为主要内容的产业集合。从狭义上来说，数据产业从技术效果上看主要是数据准备、数据挖掘和可视

① 三次产业分类法最早是由新西兰经济学家费歇尔创立的，他在1935年所著的《安全与进步的冲突》一书中系统地提出了三次产业的分类方法及其分类依据。他认为，在世界经济发展史上人类经济活动的发展有三个阶段：在第一个阶段即初级生产阶段，人类的生产活动是农业和畜牧业；第二个阶段开始于英国工业革命，以机器大工业的迅速发展为标志，纺织、钢铁及机器等制造业迅速崛起和发展；第三阶段开始于20世纪初，大量资本和劳动力流入非物质生产部门（包括商业、旅游、运输、贸易、娱乐、文化、教育、科研和政府）的活动中。费歇尔将处于第一发展阶段的产业称为第一产业，处于第二发展阶段的产业称为第二产业，处于第三发展阶段的产业称为第三产业。

② 克拉克分类法是指为了满足不同的产业研究及分析的需要，而依据同质分类的方法把全国经济的各种产业划分为三个类别，包括：第一产业，指直接从自然界中获取产品的行业，如农业、渔业、采矿业等；第二产业，指对第一产业的产品或第二产业的半制成品进行加工的行业，如工业、建筑业等；第三产业，指生产物质产品以外的行业，如金融业、物流业、餐饮业等。这种分类方法受到世界各地的重视，在我国为国民经济结构研究中采用的产业分类方法。它丰富了产业经济的理论，在实际应用中也有显著的成效。

化，即：对数据资源进行合理开发、对数据资产进行有效管理，直接商品化数据产品，涵盖数字出版与文化业、电子图书馆和情报业、多媒体业、数字内容业、领域数据资源开发业、行业数据资源服务业等，当前已有的数据创新有网络创作、数据营销、推送服务、商品比价和疾病预控等。从广义上来说，数据产业包括涉及狭义意义上的上下游关联行业，依次具体是：数据采集、数据存储、数据管理、数据处理、数据挖掘、数据分析、数据展示，以及数据产品评价和交易。

数据产业是适应于数据要素化发展新阶段、在传统信息产业基础上发展起来的一种新型产业形态，既有对传统信息产业的守正，也有对新型数据要素产业的创新。在对传统信息产业的守正方面，一方面传统信息产业已成为新型数据产业的重要组成部分，构成了新型数据产业坚实的基础；另一方面传统信息产业的发展都被赋予了新的内容，实现了围绕数据要素的技术升级和迭代，即电子信息制造业、软件与信息服务业、网络通信产业等传统信息产业都围绕数据要素进行了智能化升级，如电子信息制造业的智能终端、软件和信息服务业的人工智能软件、网络通信业的智能路由等。在对新型数据要素产业的创新方面，一方面数据的采集、清洗、存储、加工、分析、流通、交易、治理、应用等各环节的自动化、网络化、智能化水平不断提高，大规模多源异构数据管理、大规模图计算、智能数据工程等人工智能、大数据、云计算等新型技术不断快速迭代升级，形成新型的数据采集存储产业、数据加工分析产业、数据流通交易产业、数据治理应用产业等数据要素产业形态；另一方面数据各环节的加工分析和交易流通的安全可信能力不断提高，区块链、隐私计算、委托计算、数据编织等技术不断取得创新突破，形成新型的数据可信安全产业。

数据产业横向层次上由基础层的数据基础产业、核心层的数据要素产业和安全层的数据安全产业等三个层级构成。其中，基础层的数据基础产业是指支撑数据资源生产流通应用的各种软硬件和网络环境，主要指传统意义上的电子信息产品制造业、软件与信息服务业以及网络通信产业；核心层的数据要素产业涵盖了“采存算管用”数据全生命周期各环节，包括数据采集存储产业、数据生产加工产业、数据交易流通产业、数据应用治理产业等；安全层的数据安全产业等既包括传统意义上的数据外生安全防护，也包含基于数据安全可信的数据内生安全保障。

数据产业纵向层次上由技术层、产品层、企业层和生态层等四个层级构成。广义上的数据技术既包括传统意义上的软硬件技术、网络通信技术和网络安全技术，也包括新兴的数据采集存储技术、数据加工生产技术、数据交易流通技术、数据应用治理技术以及数据可信安全技术等；广义上的数据产品既包括传统意义上的软硬件产品、网络通信产品和网络安全产品，也包括通过各种大数据和人工智能手段对数据进行采集、清洗、标注、挖掘、分析、加工、处理后形成的核验、模型、指数、数据集、API 接口、研究报告等各种数据产品和服务；广义上的数据企业既包括传统意义上的软硬件企业、网络通信企业和网络安全企业，也包括在数据全生命周期各环节中提供各种数据服务的“数商”，主要有技术型数商、服务型数商和应用型数商三种不同形态；广义上的数据生态是以数据为核心，通过技术、规则和多方协作实现数据流动、共享与价值转化的动态系统，其本质是构建数据驱动的循环经济体系。

数据产业由数据资源、数据技术、数据产品和服务以及数据企业构成。其中，数据资源是数据产业的核心，数据技术、数据产品和服务以及数据企业都是围绕数据资源形成和发展的。

1.3.1 数据技术

数据技术是围绕数据“采存算管用”不同环节开发的技术。广义的数据技术包括数据基础技术、数据要素技术和数据安全技术。狭义的数据技术仅指数据要素技术。

数据基础技术主要指在数据要素化发展新阶段迭代升级后的各种信息技术，包括电子信息制造技术、软件技术、网络技术和通信技术。其中，集成电路设计、制造、封测技术，计算机终端设计制造技术，移动终端设计制造技术，其他智能终端设计制造技术是典型的电子信息制造技术；操作系统技术、数据库技术、中间件技术、ERP 技术、SCM 技术、CRM 技术、CAD 技术、CAE 技术、CAM 技术等是典型的软件技术；路由技术、交换技术、网关技术等是典型的网络技术；光纤通信技术、无线通信技术、卫星通信技术等是典型的通信技术。

数据要素技术主要指在数据要素化发展新阶段的新兴数据技术，包括数据采集汇聚技术、数据存储技术、数据加工分析技术、数据流通交易技术、数据治理应用技术等。其中，接口采集技术、自动导入技术、自动录入技术、爬虫技术、智能传感技术等是典型的数据采集汇聚技术；结构化存储技术、非结构化存储技术、网络存储技术、云存储技术、光存储技术、磁盘存储技术等是典型的数据存储技术；自动标注技术、用户画像技术、BI 商业智能分析技术、超大数据量自动分析技术、可视化分析技术、智能预测技术等是典型的数据加工分析技术；数据登记技术、数据目录技术、数据搜索技术、隐私技术、区块链技术、匿名化技术、数据编织技术等是典型的数据流通交易技术；数据清洗技术、数据标准化技术、数据结构化技术、数据应用架构管理技术等是典型的数据治理应用技术。特别需要指出的是，绝大多数数据要素技术都表现为人工智能技术、大数据技术、云计算技术、区块链技术等新兴技术形态，或不同新兴技术的相互融合形态，表现出迭代升级速度快、应用范围广泛的特点。

数据安全技术主要指在数据要素化发展新阶段保障数据安全的各种技术，既包括围绕数据要素升级迭代后的网络信息安全技术，也包括保障数据可信安全流通交易的新兴数据可信安全技术。其中，入侵检测技术、加密技术、漏洞扫描技术、虚拟网络技术、身份管理技术、访问控制技术、数据加密技术是典型的网络信息安全技术；隐私技术、区块链技术、委托计算技术、数据编织技术是典型的数据可信安全技术。

1.3.2 数据产品和服务

数据产品和服务是以数据资源为基础开发出来的产品和服务。广义的数据产品和服务包括数据基础产品和服务、数据要素产品和服务、数据安全产品和服务。狭义的数据产品和服务仅指数据要素产品和服务。

数据基础产品和服务主要指在数据要素化发展新阶段迭代升级后的各种信息技术产品和服务，包括电子信息产品和服务、软件产品和服务、网络产品和服务、通信产品和服务等。其中，芯片及个人电脑等计算机终端、手机等移动终端、其他智能终端，甚至智能汽车终端都是典型的电子信息产品；操作系统、数据库、中间件、ERP、SCM、CRM、CAD、CAE、CAM等是典型的软件产品；路由器、交换器、网关等是典型的网络产品；光纤网络及中继站、WIFI网络、5G网络及基站、卫星网络及基站等是典型的通信产品。

数据要素产品和服务，即通常意义上的数据产品和服务，主要指运用各种大数据技术、人工智能技术、区块链技术、隐私计算技术等，对原始数据资源进行采集汇聚、加工分析、流通交易、治理应用等活动，而形成的不同级次的数据产品和服务。通常情况下，经采集汇聚后形成的数据产品和服务，特别是公共数据，仍然属于数据资源而没有进化成数据产品，这样的数据资源通常涉敏涉密，仅可在数源单位自用或小范围共享，不宜直接对外流通、交易或应用。数据采集产品和服务包括数据接口、爬虫、传感装置、录入装置等。数据存储产品和服务包括机械硬盘、SSD硬盘、光盘塔等。经加工分析后形成的数据产品和服务，经脱敏脱密处理后，通常以用户画像、商业智能、可视化显示、预测图表、API接口、指数、报告等形式出现，包括一级市场数据产品和二级市场数据产品。一级市场数据产品通常由技术水平高、安全能力强的授权运营主体在特定的安全运营域中对原始数据资源加工而成，二级市场数据产品通常由各类经营主体在指数、API接口、核验、报告等一级市场数据产品基础上，在一般的网络环境中加工而成。流通交易的数据产品和服务，通常是数据资源经脱敏脱密处理后的数据产品和服务，通常以数据指数、API接口、核验、报告、数据服务、数据应用等形式出现，可以是一级市场数据产品，也可以是二级市场数据产品。治理应用的数据产品和服务有两种情形：一种是数据资源的治理应用，通常是从数据资源开始，到采集、汇聚、清洗、标准化、结构化，直到数据深度挖掘、加工分析、场景应用或交易，形成的各种数据资源中间态产品或数据产品；另一种是数据产品的治理应用，通常是从外购数据产品或服务开始，通过融合自有数据资源或数据产品，开展清洗、标准化、结构化、数据挖掘、加工分析、场景应用或交易，形成的融合创新数据产品和服务。

数据安全产品和服务主要指在数据要素化发展新阶段的各种保障数据安全的产品和服务，既包括围绕数据要素升级迭代后的网络安全产品和信息安全产品，也包括保障数据可信安全流通交易的新兴数据可信安全产品。其中，入侵检测系统（IDS）和入侵防御系统（IPS）等入侵检测产品、加密产品、漏洞扫描仪、VPN虚拟网络、密码机等身份管理产品、防火墙等访问控制产品等是典型的信息网络安全产品；可信安全空间、隐私技术产品、区块链产品、委托计算平台、数据编织产品等是典型的数据可信安全产品和服务。

1.3.3 数据企业

数据企业是以数据开发、服务和应用为主要业务的企业。广义的数据企业包括数据基础企业、数据要素企业、数据安全企业。狭义的数据企业也称数商，仅指数据要素企业。

数据基础企业主要指在数据要素化发展新阶段迭代升级后的各种 IT 企业，包括电子信息企业、软件企业、网络企业、通信企业等。其中，英伟达、英特尔、华为海思、台积电等芯片企业，联想、浪潮、戴尔、惠普等个人电脑和服务器终端企业，苹果、华为、小米、vivo、OPPO 等手机移动终端企业，特斯拉、华为、比亚迪、小米、理想等智能汽车终端企业等，都是典型的电子信息企业；微软、谷歌、华为鸿蒙、麒麟、统信等操作系统企业，甲骨文、达梦、电科金仓、华为高斯等数据库企业，东方通、金蝶等中间件企业，甲骨文、SAP、华为 ERP、用友、金蝶等应用软件企业，Autodesk、达索、中望、浩辰、数码大方等工业软件企业，都是典型的软件企业；华为、中兴、思科、迈普、锐捷网络等是典型的网络企业；中国联通、中国电信、中国移动等是典型的通信企业。

数据要素企业，也称数商或数商企业，是指以数据为生产经营关键要素，提供数据技术、数据服务、数据应用的企业。数商有三种不同形态：第一种是技术型数商。技术型数商是数据资源的“开发者”，主要从事运用各种大数据、人工智能、区块链、隐私计算等技术，对数据资源进行采集汇聚、加工分析、流通交易、治理应用等业务，使分散在不同系统、平台的数据汇聚成标准化、可流通的生产要素，拓展数据来源，提升数据质量。这类数商既拥有海量数据资源，也拥有独特的高水平人工智能等数据技术，通过运用数据技术对数据资源进行处理而形成数据产品和服务，既可以用于自身业务，也可以对外提供服务。如美团、滴滴、百度、阿里巴巴、腾讯、字节跳动、携程、小红书等互联网平台企业，每日互动、聚合数据、海天瑞声、数阔、数聚股份、金保信等数据分析加工企业，华为、三星、西部数据、易华录、新华三等数据存储企业，四方伟业、上海亿森、普元数据、吉奥时空、360 数科等数据治理企业等，都是典型的技术型数商。第二种是服务型数商。服务型数商主要通过探索可信流通技术，为其他数据企业提供合规评估、产权界定、质量评价、资产评估、数据托管等第三方服务，为数据供需双方提供可信的连接，推进数据高效流动。如各种从事数据资产评估、数据治理咨询、数据产业咨询等业务的律师事务所、资产评估事务所、会计师事务所等中介服务机构，都属于服务型数商。第三种是应用型数商。应用型数商通过提供数据开发利用工具、数字化转型服务等，帮助千行百业挖掘数据价值，将痛点、难点转化为新的增长点，将投入成本转化为新的利润来源。如华为云、联通数科、阿里云、天翼云、腾讯云、百度云、金山云、京东云等数字化转型解决方案提供商，都是典型的应用型数商。

数据安全企业主要指提供网络安全和信息安全保障，以及为数据可信安全流通提供保障的企业。有两种不同的企业形态：第一种是网络信息安全企业，如 360、启明星辰、天融信、奇安信、绿盟科技、安恒科技、山石网科等，都是典型的网络信息安全企业；第二种是数据可信安全企业，如蚂蚁集团、华为、中国电信、联通数科等，都是典型的数据可信安全企业。

受益于数字化转型、云计算普及、人工智能发展等驱动因素，全球数据产业呈现出快速增长态势。中国作为全球第二大经济体和最大人口经济体，在数字经济发展方面具有巨大潜力和优势。随着数字经济的蓬勃发展，围绕数据要素这种新的“数据基础设施”打造“新质生产力”，已成为每家拥有数据资产的企业战略资源的重要组成部分。2024 年 1 月，国家数据局发布《“数据要素×”三年行动计划（2024—2026 年）》，提出到

2026年底，形成相对完善的数据产业生态，数据产业年均增速超过20%。根据国家互联网信息办公室发布的《数字中国发展报告（2022年）》的数据，2022年，我国大数据产业规模达1.57万亿元人民币，同比增长18%。海量数据处于尚未资产化和产品化的状态，未来市场机会一定在二级市场的应用端、场景端，以及“数据要素×”千行百业，这会产生百花齐放的局面。伴随国家快速推动数字经济、数字中国、智慧城市等发展建设，未来数据产业对经济社会的数字化创新驱动、融合带动作用将进一步增强，应用范围将得到进一步拓宽，大数据市场也将保持持续快速的增长态势。

阅读材料

打造千亿级数据产业，汇聚百家头部企业！
国际数据经济产业园在上海临港揭牌

2023年10月27日，国际数据经济产业合作大会在上海自贸区临港新片区召开。会上，国际数据经济产业园正式揭牌，一批重点企业机构入驻，三大数据流动支持平台成立。

临港新片区管委会专职副主任唐浩在会上介绍了即将发布的国际数据经济产业园建设方案和支持政策。根据建设方案，国际数据经济产业园选址国际创新协同区，按照“启动区+拓展区+开放区”三步走的开发战略，逐步打造“跨境数据流通和国际数据服务的示范样板区”“创新活跃的国际数据产业集聚区”“业态多元、功能完善的国际数据经济产业开放生态圈”。产业园还将布局国际数字创意公园、活力商业街区、高端教育设施、品质文体设施、国际人才公寓等配套设施。

到2025年，产业园将重点打造形成10个高能级国际数据合作平台，50个以上数据便捷流动和国际合作创新场景，集聚100家头部企业，达到1 000亿元的数据产业规模。

唐浩表示，临港新片区将把数据产业当作优先发展的重点产业，着眼于国际规则对接、企业集聚发展、产业生态培育和优化配套服务，出台一系列专项扶持政策，入驻产业园的企业将在高标准国际通信算力设施使用、科创孵化空间、领军人才引育、住房保障等方面享受优惠政策。

“当前新一轮科技革命和产业变革深入发展，数字经济国际合作成为大势所趋。”临港新片区管委会数据处处长陆森说：“设立国际数据经济产业园，有助于汇聚更多优秀的数据产业企业和资本，大力推动数据经济国际合作和产业发展。临港新片区将以更开放创新的理念，先行对接国际数据规则；以更灵活多样的方式，合作构建国际数据经济产业生态；以更丰富立体的应用场景，加快推动城市数字化转型；以更便利的数据跨境流动，支持企业更好开展国际业务。”

临港新片区数据跨境服务中心、国际数据港研究院和国际数据合作交流工作站在会上揭牌。临港新片区数据跨境服务中心由市委网信办设立，将聚焦探索便利化的数据跨境流动安全管理机制，更好指导和服务企业数据跨境合规流动。国际数据港研究院将作为国际数据港建设的专业智库机构，以研究推动国际数据港建设和提升国际竞争力为重心，为参与全球数字治理提供理论支撑，探索前沿理论研究和技术应用。国际数据合作交流工作站将围绕国际数据合作开展对外合作，通过积极倡导“数字多方合作”，打造国际数据生态，推进国际数据合作交流。

涵盖国际数据港场景应用、数据跨境流动支撑生态、数据基础设施和区块链应用等 4 个领域的 25 家首批生态企业也在会上宣布入驻产业园。中法数字 IP 交易产业园建设项目、沪港数据中心项目、汽车数据流通项目、国际数据港规划研究项目等 4 大重点场景项目签署合作协议。

资料来源：打造千亿级数据产业，汇聚百家头部企业！国际数据经济产业园在上海临港揭牌．人民网，2023－10－28.

1.4 群体智能

自党的十八大以来，随着信息技术的飞速发展和广泛应用，中国的数字化进程已经扩展到政务、民生、实体经济等各个领域，“数字农业”“数字校园”“数字社区”等数字中国成果遍地开花，共同勾勒出了数字中国的宏伟蓝图。当前，世界经济复苏艰难曲折，中国经济也面临着一定的下行压力。解决这些问题，关键在于坚持创新驱动发展，开拓发展新境界。中国正在实施“互联网＋”行动计划，推进“数字中国”建设，发展分享经济，支持基于互联网的各类创新，提高发展质量和效益。中国数字经济发展将进入快车道。中国希望通过自己的努力，推动世界各国共同搭乘互联网和数字经济发展的快车，为数字经济营造有利的发展环境，加强数据安全合作，加强数字基础设施建设，为各国科技企业创造公平竞争的环境。同时，解决数字经济给就业、税收以及社会弱势群体带来的挑战，弥合数字鸿沟。

数字经济正在进化到以数据为核心生产要素的智能经济阶段，将会给人类的经济发展、社会生活带来深刻变革。智能经济是未来 10 年中国经济的新标签。① 自动驾驶、机器翻译、生物计算、深度学习框架、数字城市运营、知识管理、AI 芯片和个人智能助手等 8 项技术会在未来 10 年出现从量变到质变的转化，势必对数字经济甚至更广泛的社会领域产生影响。

数据生产力在于激发每一个个体的潜能，实现自我组织、自我管理、自我驱动，通过高效协同去应对各种不确定性。数字技术使劳动工具智能化，逐步具有对信息进行采集、传输、处理、执行的能力，延伸了人类的感觉、神经、思维和效应器官。经过使用人工智能的追踪、解析和知化，这片浩瀚的信息“原子海洋”会被塑造出上百种新形态、新奇产品以及创新服务。智能工具的使用成为人类迈向数字经济的重要标志。

每个社区通过空间设计、控制和社会规范来实现差异化，同样也将影响它们使用智能科技改进自身的方式。所有的产品都可以或者应该从一个城市推广到另外一个城市，这样的假设是错误的，然而，商业利益的吸引力却可能导致这样的结果。规模会带来效益，但是以自己的方式推进也会有极大的回报。

---

① 李彦宏委员：智能经济将成经济发展新引擎．北青网，2021－03－05.

在数字化时代，网络渗入了每个个体的日常行为之中，人类突破了物理空间的限制，所有经济活动开始向数字空间聚集。所有人都用一种不同于城市生活的方式沟通、交易、学习、成长，从而在这个空间中形成新的文化、新的共同价值取向、新的消费习惯和消费模式。网络可以被看作是被超链接捆绑在一起的各色文件，而云则可以被看成是通过超链接汇聚在一起的数据。最终，将事物接入云的主要原因将会是深层次地分享这些事物中的数据。

物联网作为新技术载体将极大释放数字化、智能化的空间。简单地说，就是将信息网络连接和服务的对象从人扩展到物，通过搭载智慧端口器件与物联网连接起来，实现智能化交互和管理。云的优势不仅仅在于提供便利的备份，永远能够保持连接，还在于能够将不同计算机中的数据和互动交织在一起，从而使得云计算中的所有计算机变得比以往单独运算时更加智能、更加强大。云作为一种工具，能够让我们分享我们手中数据和行为的最基本方面，而分享的方式又能使这些数据和行为变得更加聪明，为实现群体智能创造了条件。

群体曾被看作是生命体的决定性象征，某些壮观的队列只有生命体才能实现。群体被看作是一种自适应的技巧，适用于任何分布式的活系统，无论是有机的还是人造的。集群所形成的超级有机体是从大量聚集的普通有机体中“涌现”出来的。这种涌现是一种科学，一种技术性的、理性的解释。一个计算机化的设施，不仅可以组装和重组，还可以通过与消费者的互动、学习、记忆形成满足消费者需求的智能意识。

群体拥有组织智慧，并在很大程度上独立于个体参与者的智慧。这种群体的问题求解能力来自个体之间的联系，并且优于个体的能力。尤为重要的是，这种群体智能的核心似乎在于：一个有助于收集来自每个人的各种不同想法的互动模式和一个有效的筛选过程，两者相结合以达成共识。

群体智能（swarm/collection intelligence）这个概念来自对自然界中昆虫群体的观察。群居性生物通过协作表现出的宏观智能行为特征被称为群体智能。群体中的个体都遵循简单的行为准则，并且群体之间没有统一的中心控制，个体之间相互作用最终表现为整个群体上的智能。智能是主体适应、改变、选择环境的各种行为能力。这种行为能力在数据生产力时代体现为多种主体精准、实时、低成本的决策能力。智能活动产生于几乎各自离散的个体为了几乎各自独立的目的而结合的松散的联盟。[①]

个人数据（关于消费者的位置、通话、Web浏览和偏好的数字信息）被称为“新经济时代的石油”，这些高维数据可以使应用程序提供智能化服务和个性化体验。算法帮助消费者联系更密切、娱乐化程度更高。在使用和挖掘数据方面的进展必须与对数据的所有权和隐私权方面的考虑保持同步。

对于预测群体智能而言，最重要的因素是话轮转换的平等性：相比于话轮转换分布更为均等的群体，那些由少数个体主导对话的群体拥有更低的群体智能。紧随其后的重要因素是群体成员的社会智能，这是基于测量他们阅读他人的社会信号的能力得出的结论。[②]

---

① 凯利．失控：全人类的最终命运和结局．修订版．北京：电子工业出版社，2023.

② 彭特兰．智慧社会：大数据与社会物理学．杭州：浙江人民出版社，2015.

群体思维的神奇之处在于没有一个个体在控制它，但是有一只看不见的手，一只从大量成员中涌现出来的手，控制着整个群体。它的神奇之处还在于量变引起质变，数量能带来本质性的差异。群聚的个体孕育出必要的复杂性，足以产生涌现的事物。随着成员数目的增加，两个或更多成员之间可能的相互作用呈指数级增长。当连接度足够高且成员数目足够大时，就产生了群体行为的动态特性——量变引起质变。要想从单个个体的机体过渡到集群机体，只需要增加个体的数量，使大量的个体聚集在一起，使它们能够相互交流。等到某一阶段，当复杂度达到某一程度时，“集群”就会从个体中涌现出来。

群体智能的基本原则有五个，分别是：

- 邻近原则，群体能够进行简单的空间和时间计算。
- 品质原则，群体能够响应环境中的品质因子。
- 多样性反应原则，群体的行动范围不应该太窄。
- 稳定性原则，群体不应在每次环境变化时都改变自身的行为。
- 适应性原则，在所需代价不太高的情况下，群体能够在适当的时候改变自身的行为。

群体智能的主要特点有：（1）控制是分布式的，不存在中心控制。因而，它更能够适应当前网络环境下的工作状态，并且具有较强的稳定性，即不会由于某一个或几个个体出现故障而影响群体对整个问题的求解。（2）群体中的每个个体都能够改变环境，这是个体之间间接通信的一种方式，这种方式被称为“激发工作”。由于群体智能可以通过非直接通信的方式进行信息的传输与合作，因而随着个体数目的增加，通信开销的增幅较小，它具有较好的可扩充性。（3）群体中每个个体的能力或遵循的行为规则非常简单，群体智能的实现比较方便，具有简单性的特点。（4）群体表现出来的复杂行为是通过简单个体的交互过程突现出来的智能，群体具有自组织性。

物联网将所有人和物连接到一个类似于神经系统的网络中，它将带领人类走出以隐私为典型特征的时代，而进入“透明时代”。对物联网服务而言，隐私、数据保护以及信息安全是应该被无偿满足的需求。尤其是信息安全，它是用来保障信息的机密性、完整性和可用性的。在为行业提供物联网服务时，信息安全也是一个基本需求，这一点既体现在确保机构自身的信息安全上，也体现在保护公民利益上。

智能基础设施将为每个联网个体提供持续的大数据流，然后利用高级分析方法处理数据，从而创建预测算法和自动化系统，进而极大地提高生产力，并将整个价值链的边际成本降低到接近零。

群体智能是近年来发展迅速的一个人工智能学科领域，通过研究分散、自组织的生物群体智慧，实现分布式、去中心化的智能行为，通常用于无人机、机器人集群的协同作业。群体智能作为新一代人工智能的重要方向，目前已成为信息、生物、社会等交叉学科的热点和前沿领域。目前国外对群体智能的应用侧重于底层技术领域，如集群结构框架、集群控制与优化、集群任务管理与协同等，国内则主要侧重于应用领域，如集群路径实时规划、集群自主编队与重构、集群智能协同决策等。群体智能在现实场景的深入应用，将有力促进产业智能化和提高产业竞争力。另外，群体智能也正在深刻影响着军事领域，使战争形态加速向智能化演变，与之相应的战争观也发生了嬗变。

群体智能作为新一代人工智能重点发展的五大智能形态之一，在民事和军事领域都具有重要的应用前景。5G时代所带来的万物互联，为群体智能的应用和创新提供了丰富的场景，将会进一步促进人机物的深度融合，也会进一步推动群体智能理论和技术的持续发展。目前，群体智能在基础理论和作用机理创新、群智知识表示框架构建和关键技术应用上还处于初级阶段，仍然有广阔的应用和发展空间。

阅读材料

智慧养老：智能社会下的未来产业新机遇

我国人口再生产类型向“低出生、低死亡、低增长”转变，带来人口结构上的系统性变化。老年人口规模大、老龄化增速快，导致中国在经济实力不够雄厚的阶段就进入了老龄化社会，老龄化进程超前于经济社会发展水平，呈现出“未富先老”的特征。同时，随着人口老龄化带来的社会结构调整，养老与医疗服务劳动力将呈现结构性短缺，护理人员数量不足，专业化程度低，面临“无人养老”的人力资源困境。而新一轮数字信息与智能技术为养老产业带来了新的契机，面对中国“未富先老”“无人养老”的困局，“智慧化”已成为中国养老产业发展的新方向，关注“智慧养老”这一未来产业已经成为经济、社会发展的重中之重。

在智能社会时代，“智慧”的真正内涵在于人本主义价值理性的回归，打造有温度、有尊严、有价值的智慧健康养老新范式。

“智慧养老”是在“智能养老”概念的基础上发展而来的。智慧养老进一步丰富了智能养老的内涵，从基于互联网、物联网的信息技术应用扩展到服务模式创新和业态融合发展，形成以养老为核心，医疗、康养、休闲、文化等全方位发展的产业集群。同时，从“intelligent”到“smart”的概念革新将关注点进一步从技术层面转移到个体层面，助推老年人群体从医疗健康、生活服务需求到价值实现需求的深层变革。

智慧养老产业涵盖智能硬件制造、智慧养老管理信息系统以及智慧养老平台运营服务三大关键产业链环节。智能硬件制造是智慧养老的重要基础设施，通过对传统设备进行“智能化”改造实现互联网服务的加载，赋予其大数据等附加价值。智慧养老管理信息系统则是运用云计算、大数据等信息技术手段，实现养老行业的高效运营和系统集成。智慧养老服务平台作为智慧养老业务系统的智慧中心，能有效整合信息资源、政府资源和社会资源，通过数据平台自身的智能学习和知识管理能力，向老年人提供生活服务、健康管理、文化娱乐、人文关怀等多方面服务，形成多位一体的服务效果。

智慧养老生态：构建“个体—家庭—社区—机构”智慧养老应用生态。

个体层面：技术赋能下的“智慧老人”。个体的“智慧化”是构建智慧养老产业新模式的基础。“智慧老人”的发展目标体现在两方面：一是老年人群体对可穿戴智能设备的适应；二是通过线上平台、线下服务构建新型智能生活模式。

家庭层面：平台赋能下的智慧居家养老。智慧居家养老的发展重点包括智能设备和智能平台。

社区层面：社会赋能下的智慧社区养老。社区居家养老在保持家庭归属感的基础上提供了专业的养老服务，具有便捷、安全、人性化的优势。嵌入式养老服务站、养老驿站等社区小微日间照料中心、社区护理站是智慧社区养老的重要形式，标志着社区这一基层组织将在智慧养老产业布局中发挥更大的作用。

机构层面：创新集成的智慧养老机构。机构养老是在专业性的养老机构集中接受护理服务的养老模式，包括地产服务式养老、养老院、敬老院、养老福利院、老年公寓、老年康复中心等多种形式。通过完善智能软硬件设施，智慧养老机构在满足老年人基本需求的基础上，以“优活、优学、优享”为目标，创新学院式、候鸟式、旅居式、“养生+旅游式”等多种养老方式，实现健康养老、文化养老、精神养老一体化发展。

技术赋能下的“智慧老人”、平台赋能下的智慧居家养老、社会赋能下的智慧社区养老和创新集成的智慧养老机构形成了中国智能社会下的智慧养老应用生态。

智能科技的“银色数字鸿沟”：一方面，老年人对智能化设备运用的认知程度有限。中国社会在近百年内发生了深刻变革，老年人的知识基础、过往经历所塑造的思维结构和行为方式并不适应信息时代的要求，对于科技迭代、快速学习、多元信息的接受度、信任度和敏感性较低。另一方面，智能设备类型单一、使用成本高昂、“大智能设备圈”不完善也是“银色数字鸿沟”形成的重要原因。智能科技的发展应进一步加强对老年人日常生活需求、精神文化需求的关注，建设老年人信任、易用、有用的智能化设备和平台。

智能技术治理面临困局。尤其是在人工智能驱动的智能设备与智慧机器人中，其核心的技术依然是基于算法的创新，但是算法的研发创新过程依然存在工具主义理性下的决策黑箱。一方面，存在算法研发者与算法应用与使用者之间的“黑箱”。另一方面，算法的决策精准性深度依赖于算法学习训练过程中的大数据收集的无偏性，即数据的来源、标注、规则等特征是全面与确定的，但是在现实的商业生活场景中，既有的商业或非商业数据都存在明显的滞后性、不确定性以及误差，难以形成全面、完整以及高度确定的数据来为未来的决策估计提供无偏的数据训练学习环境，而数据是算法形成优化的前端环节，二者之间的紧密依存将会导致未知的“黑箱效应”。

资料来源：范昭瑞，阳镇．智慧养老：智能社会下的未来产业新机遇．清华管理评论，2021（1）：111-118.

内容提要

数字经济如火如荼地发展，数字化、智能化趋势加速形成，数据在经济社会中的作用不断显现。利用人工智能、物联网、云计算等技术在不同主体之间构建起互联互通的价值网络，从而进行跨界经营、平台布局、资源共享已然成为主流的商业模式，其中数据扮演着关键角色。

数据作为核心生产要素，对于维持数字经济有序运行具有重要作用。在以数据为基础所构建的网络空间中，虚体与实体的有机结合使得主体之间可以进行跨时间与空间范围的沟通，也有助于通过创新迭代维持供给与需求的动态匹配。数据是一剂良性催化剂，其价值体现为对传统的经济模式与社会生活进行多方面的改进，涉及技术、劳动、交易等问题。数据的价值分配是一项涉及面广、复杂性高的工作。数据产权包括原始数据生产者的使用权、隐私权以及数据机构的获益权。数据贡献表现为追踪市场趋势、生产要素联动、敏捷创新常态化。数据收益可以区分为存量式收益和增量式收益两类。

数据资产具有无形资产的属性，主要有以下特性：(1) 无消耗性。数据资产的每次使用只需要花费很低的成本，不会因为使用频率的增加而磨损、消耗，与其他传统无形资产有相似性。(2) 增值性。企业稳定发展会促使数据资产在原有的基础上不断积累数据规模和数据维度，数据整体价值进一步提升。(3) 依附性。与其他无形资产类似，数据资产不能独立发挥作用，其作用和效应的发挥往往依附于相应的软件和硬件。(4) 价值易变性。数据资产时刻受到数据容量、数据时效程度、应用场景等因素的影响，与其他无形资产相比，其价值更易发生变化。(5) 战略性。一切数据业务化，一切业务数据化，具有战略性。

群体思维的神奇之处在于没有一个个体在控制它，但是有一只看不见的手，一只从大量成员中涌现出来的手，控制着整个群体。它的神奇之处还在于量变引起质变，数量能带来本质性的差异。群聚的个体孕育出必要的复杂性，足以产生涌现的事物。随着成员数目的增加，两个或更多成员之间可能的相互作用呈指数级增长。当连接度足够高且成员数目足够大时，就产生了群体行为的动态特性——量变引起质变。要想从单个个体的机体过渡到集群机体，只需要增加个体的数量，使大量的个体聚集在一起，使它们能够相互交流。等到某一阶段，当复杂度达到某一程度时，"集群"就会从个体中涌现出来。

关键概念

数据是作为量化符号对事实进行存储和传输的表示。

数据资产是指由企业拥有或者控制的，能够为企业带来未来经济利益的，以物理或电子的方式记录的数据资源。

数据管理是指通过规划、控制与提供数据和信息资产职能，包括开发、执行和监督有关数据的计划、政策、方案、项目、流程、方法和程序，获取、控制、保护、交付和提高数据和信息资产价值。

数据资产管理是应用数据库管理、数据仓库等信息系统技术和其他数据管理工具，完成数据资源管理任务，满足特定信息需求的管理活动。

群体智能是指群居性生物通过协作表现出的宏观智能行为特征。

开放式问题

1. 结合日常生活现象，讨论数据应用所带来的改变，并且运用经济学原理加以解释。

2. 比较在物理世界和虚拟世界中产业集聚的优劣，分析二者的适用条件。

3. 在了解区块链技术原理的基础上，讨论数据确权、贡献识别以及收益分配的问题。

4. 结合数据生命周期，设计不同阶段数据分析的重点与难点，以实现数据价值最大化。

5. 以某一产业为研究对象，解释产业内部通过数据流通增进协同联动进而实现群体智能的内在机理。

进一步讨论的主题

中国首份全国数据资源调查报告、首批20个“数据要素×”典型案例、首批7家全国数据标注试点基地名单……在第七届数字中国建设峰会上，多方释放信号，数据要素价值正在加快释放。本次峰会上，20个“数据要素×”典型案例涵盖了工业制造、现代农业、商贸流通、交通运输、金融服务、科技创新、文化旅游、医疗健康、应急管理、气象服务、城市治理、绿色低碳等12个行业和领域，展示了促进数据要素开发利用的典型经验做法；首批7家全国数据标注试点基地名单分别是：四川省成都市、辽宁省沈阳市、安徽省合肥市、湖南省长沙市、海南省海口市、河北省保定市、山西省大同市。数据要素已贯穿经济社会生活的方方面面，数据资产作为数字化转型中的新兴资产类型，也已在业界形成广泛共识。请结合数据要素相关理论，讨论中国数据产业的机遇与挑战。

参考文献及扩展性阅读建议

第2章

数字技术与生产活动

学习目标

1. 掌握数字技术特征。
2. 理解数字技术在使用价值供给上的优势。
3. 了解数字化生产模式及其对传统产业的重构。
4. 能够运用数字经济基本规律分析各类经济现象。

引入案例

微信作为主流的社交软件，已成为用户日常生活的必备工具。微信在最早的通信功能之上陆续添加了手机充值、生活缴费、城市服务等新功能，并且通过与第三方合作的模式先后推出了车票购买、打车出行、点餐外卖、酒店预订等服务，打造微信生态圈体系。在纵向业务上，借助迁移学习、城市计算等技术实现业务之间的融会贯通，优化价值供给的成本与效率。微信的成功离不开数字技术的底层支持，数字技术对传统产品工艺的解构显著提升了生产效率。那么，数字技术的创新特征以及数字化生产模式是什么样的呢？在这一章，我们将揭晓这个问题的答案。

工业具有信息本源性，是信息的物化体，因而总是倾向于最大限度地运用可以获取和处理的信息。然而，在传统的商业关系中，企业作为产业的主要生产部门，却是一个封闭型组织。客观存在的组织边界抑制了信息的传递，企业之间互为独立的信息孤岛，竞争更多地发生在价格、质量、性能等产品的生产属性上。信息无法高效地进行传递，在一定程度上制约了产业的创新效率，特别是对于一些需要多个领域协同开展的项目，无疑会产生较大的消极影响。尽管企业内部通过各种努力尝试对产品进行创新升级，但是受到要素禀赋的限制，实际效果并不是非常理想，创新速度难以跟得上消费者需求的变化速度。选择通过扩张战略增加要素供给，却又会带来规模不经济以及核心竞争力的下降，反而得不偿失。同时，过多地关注生产端的技术改进，也会导致企业在服务端的工作不够到位，消费者体验得不到足够重视。因此，在以企业生产活动为主导的商业逻辑下，产业的创新能力无法得到完全释放，消费者仅仅作为产品的被动接受者，其权益也无法得到充分保障。数字技术的出现改变了上述状况，企业之间建立起了互联互通的商业网络，数字化连接打破了组织的内外边界。在商业活动中，消费者的地位和作用得以增强，新的商业逻辑逐渐转变为以消费者价值为主导。

数字技术打破了组织边界，赋能企业跨界发展，智能化设备的应用日益推广。使得智能化设备不同的根本原因不在于互联网应用，而是物体的性质发生了改变，智能化设备性能的扩展及其产生的数据重新定义了消费者价值、竞争模式以及竞争边界。传统制约因素的消除改变了竞争方式，竞争过程从“市场内的竞争”转向“市场间的竞争”。消费者与消费者之间、消费者与企业之间以及企业与企业之间的沟通与互动都比以往任何时期更加频繁、高效。在数字经济浪潮下，替代式竞争是市场运行的基本特征。市场总是在不断淘汰那些低效、无效地向消费者供给价值的企业，完成自我更新与升级。海量数据为企业业务流程的优化以及标准化提供了条件，也增加了维持竞争优势的难度。与那些将互联网技术仅仅作为办公工具的企业相比，能够将互联网技术用于提高核心竞争力的企业在市场竞争中往往获得更多的竞争优势。将数字技术与实体经济进行深度融合，不仅有利于加快传统产业的质量变革、效率变革、动力变革，而且为企业对接全球技术标准、提升国际竞争力奠定了基础。随着数字技术在企业运营中的全面应用，企业势必需要对内部的各项职能活动做出适应性调整，进而不断提高价值供给的效率。特别是在创新方面，需要予以更多关注，充分利用数字化带来的新机遇，提高综合创新能力。

当今世界，信息化发展很快，不进则退，慢进亦退。自党的十八大以来，党中央紧紧抓住信息化发展的历史机遇，做出了一系列重大决策，提出了一系列重大举措，信息领域核心技术创新取得了积极进展，网络基础设施加快建设，信息化服务得到普及。只有加快突破核心技术，着力建设数字中国，才能更好发挥信息化的驱动引领作用，构筑我国国际竞争新优势。技术是关键，信息是灵魂。信息化不仅是一个地区发展的引擎、实现跨越式发展的支柱，更是新型工业化、信息化、城镇化、农业现代化“四化”同步发展的加速器、催化剂，不仅是经济发展须臾不可离的“血液”，更是提升国家治理现代化水平的重要工具。党的十九大报告提出建设数字中国，目的正是要充分发挥信息化对经济社会发展的引领作用。加快数字中国建设，我们既要以推进供给侧结构性改革为主线，大力推动数字经济发展，助推经济结构调整和新旧动能转换，也要充分运用信息化手段，推动治理模式变革，让百姓少跑腿、信息多跑路，增强人民群众在信息化发展中的获得感、幸福感、安全感。

2.1 数字技术特征

在人类社会发展的过程中，技术的出现往往服务于特定的现实问题。从本质上看，技术是被捕获并加以利用的现象的集合，或者说，技术是对现象有目的的编程。技术的根据在于社会而不在于自然，人在自己有目的、有预期的劳动中将其与自然过程能动地结合起来，才创造了技术。市场需求在技术演进的过程中发挥了重要作用。因此，现实驱动是技术创新和发展的核心动力。作为人类社会的一项颠覆性成果，数字技术的应用为消费者提供了在传统商业模式下难以获得的价值，日益成为技术主流。

数字技术深刻改变着传统产业的生产经营方式，以较低成本拉长产业链、补强创新链、延伸价值链，推动产业向“微笑曲线”两端延伸，为技术创新、产品创新、标准创新、组织和营销方式创新提供了新动能，为企业优化资源配置提供了新平台。与传统的工业技术相比，数字技术在技术扩散的速度与范围、创新效率等方面都具有更高效的表现。那么，数字技术又是如何进行自身创新，在满足消费者价值诉求的同时，进而创造新的价值的呢？接下来，本章将从数字技术的进步性、创新特征以及创新范式三个视角探讨数字技术的创新逻辑，尝试回答这个问题。

2.1.1　数字技术的进步性

数字技术的进步性体现在与传统的工业技术相比，能够更好地满足消费者日益增长的美好生活需要。概括起来，这种进步性主要体现在四个方面，分别是价值流的可视化、推动生产要素的存量调整、机械制造向人机交互的智能升级以及技术创新效率的显著提高。

（1）价值流的可视化。

在商业活动中，商品价值由多方参与者共同创造，但是其最终能否变现则完全依赖于商品本身能够为消费者带来的实际效用。基于数字技术，围绕消费者需求优化价值流，以价值流为核心引导信息流和物质流的配置，成为生产活动的新模式。消费者利用数字技术参与价值流优化，消除冗余环节，降低流通成本。在企业与消费者之间建立的数字化连接实现了价值流的可视化，无论是生产资源的调度，还是生产环节之间的协同，都获得了显著的改进。其中，最重要的一点则在于，企业通过对价值流进行全流程监督，能够降低无效的成本性支出，及时发现生产问题并予以反馈纠正。

阅读材料

良品铺子：数字化助力渠道变革

2006年，良品铺子正式成立。所谓“良品铺子”，表达的是“良心的品质，大家的铺子”的创业初心和价值观——企业要凭“良心”做吃的，注重食品安全，要让消费者在“铺子”里拥有极致的体验、享受美味的食品。2006年8月，良品铺子在武汉广场对面开设了第一家线下门店。

在数字化时代，全渠道模式是指企业能够针对目标消费者的需求，综合利用多种渠道与消费者进行互动，从而能够为消费者提供全链路的、无缝触达的、千人千面的购物体验模式。

全渠道模式的核心是企业能够围绕消费者的需求实现电商平台、社交平台与门店平台的完全融合。这需要企业在组织架构方面将线上线下渠道划归同一部门进行统一管理运营；在产品规划和定价、营销资源管理和客户关系管理方面，需要对线上线下营销统一规划，做到线上线下同款同价，统一规划调配线上线下的营销资源，全方位打通会员系统和会员权益管理；在供应链方面，需要企业在采购、仓储和物流上高度协同；在数字化能力上，需要企业能够将各个渠道、业务部门的数据全面打通，进行全数据的分析和应用。

资料来源：胡左浩，孙倩敏．良品铺子：数字化助力渠道变革．清华管理评论，2020（9）：18-25.

（2）推动生产要素的存量调整。

全球工业化发展为人类社会创造了极大的物质财富。在增量式的发展模式下，企业的生产效率不断提升，生产规模不断扩大，但是也促进了生产要素的过度集聚，降低了生产要素本身的利用效率，导致了社会发展的不平衡与不充分。利用数字技术打破信息壁垒，加快生产要素流通，优化要素配置，对于企业和消费者都具有积极作用。在数字化空间中，企业之间、消费者之间以及企业与消费者之间针对要素或者商品的使用权的交易行为，打破了时间与空间的物理约束。随着数字化连接的主体数量持续增加，生产要素的存量调整将得到进一步深化。

（3）机械制造向人机交互的智能升级。

科技水平的发展解放了社会生产力。其中，一个关键目标在于通过增强机器在生产活动中的作用，不断取代人工劳动，减少人工操作的失误，进行柔性化生产，提高商品的标准化和精细化水平。数字技术对传统机械的智能化改造赋予了机械类似“眼睛”“大脑”等感应器官和思维器官以及智能化属性，使得机械能够摆脱人工控制而进行“自我”运转，与消费者进行无障碍的业务互动。由于交互设备之间的信息传递完全遵循一套标准化的程序语言，这也减少了价值流中消费者需求被重新编码和解译的次数，提高了价值供给的效率。

（4）技术创新效率的显著提高。

在被数字技术进行数据化标记后，所有物体都能够详细地映射到数字化空间中。企业在线即可完成技术性能的测试与完善，这个过程并不需要投入大量的人力和资本。虚拟化运作降低了信息成本和试错成本，实现了技术创新的范围经济。存在缺陷的技术方案能够被及时纠正，而缺乏可行性的技术方案也可以在短时间内进行重新设计。随着企业对外开放技术创新环节，消费者也能够深度参与其中。消费者从需求端的视角为技术创新注入新的力量，进一步强化了技术升级与市场需求的匹配。在数字化空间和消费者参与的协同影响下，技术创新效率显著提高，为消费者创造新价值的能力得以增强，这也正是数字技术的核心优势所在。

阅读材料

美国的全球数字经济大战略

2021年1月19日，美国科技创新智库信息技术和创新基金会（ITIF）发布了题为《美国全球数字经济大战略》（A U.S. Grand Strategy for the Global Digital

Economy）的报告。

报告阐述了信息技术和数字技术的重要性，分析了美国、中国、欧盟以及日本等代表性经济体的数字技术发展程度、成功经验和世界地位。报告认为，美国是全球数字技术创新的主要推动者；中国已成为美国在信息技术和数字经济领域最主要的竞争对手；欧洲和日本等经济体已失去数字经济时代的竞争主动权。

（1）美国是全球数字技术创新的主要推动者。

自20世纪30年代计算机技术发展以来，美国在IT领域一直处于世界领先地位，其成功的关键性因素主要有竞争性、规模性、人才资源和政策保障。在竞争性方面，美国IT领域不断有新的公司涌现，取代其他公司成为领头羊，充分发挥了优胜劣汰、适者生存的企业竞争优势，从而促进了行业的蓬勃发展。在规模性方面，美国同时拥有全球最大技术创新力量和应用市场，能够最大限度地降低各项成本、投资新技术研发、建立企业核心优势，而中国目前正在形成这样的规模性优势。从人才角度看，早期的领先优势使美国成为全球市场上最具竞争力的国家，继而吸引人才建立了巨大的人才优势。从政策角度看，联邦政府打造了卓有成效的创新体系，促进了信息技术和经济社会的发展，直接驱动了国家实力和竞争力的提升。

自进入21世纪以来，随着信息技术的阶段性发展，美国虽然在信息技术的许多领域仍处于领先地位，但其领先地位正在缩小——在某些情况下，例如在对中国的电信设备领域，这种领先地位已经丧失。如果仍缺乏关键的政策变化，美国很可能在未来十年会持续地相对衰落，随之而来的是对其他国家的信息技术和数字产品的依赖，包括来自非盟国的产品。目前，作为全球信息技术和数字技术的主要倡导者和推动者，美国仍然可以依靠其全球“技术总部”的优势，寻求一个建立在数据和互联网开放基础上的更深层次的全球化市场。近年来，美国政府在此方面已有所行动——美国试图领导一个全球联盟，反击中国在电信设备和人工智能领域正在形成的主导势力。这些行动的动机可以概括为：对中国影响网络信息安全的焦虑，对中国互联网价值观传播的焦虑，以及对中国进一步影响美国全球竞争力的焦虑。

（2）中国已成为美国全球数字技术竞争的主要对手。

20世纪80年代初期，中国在信息技术领域的发展水平明显落后于欧洲发达国家和日本、韩国等国。但经过几十年的发展进步，通过广泛吸引外资、不断学习技术、持续增强实力、坚持自主创新，中国已逐渐成为美国在该领域最大的竞争对手。尤其是在电信设备方面，中国已经对美国形成了巨大的挑战。如今看来，美国评论家曾做出的“中国永远不可能在技术上赶超美国”的论断是严重错误且非常危险的。美国安全中心专家判断：在美国政策不发生重大转变的情况下，中国在人工智能技术及其军事应用方面的主导地位不仅是可信的，而且是非常有可能的；中国不仅可以创新，并且已经开始挑战美国在信息技术和数字技术方面的领先地位。随着数字技术在贸易全球化进程中发挥着越来越大的作用，以及中国自立自强打造关键核心技术及产业的新发展格局的形成，数字技术正成为中国施展全球影响力的关键工具。除此之外，中国还通过推动“数字丝绸之路”、加入重要国际机构（如国际电信联盟）提升相关领域国际影响力等，不断提升其在全球数字技术和经济领域的话语权。

(3) 欧洲发达国家和日本、韩国等国已失去数字经济时代的竞争主动权。

自20世纪60年代以来，欧洲一直对美国在信息技术领域的领导地位持警惕态度。经过半个多世纪的发展，欧洲不仅没能培育出全球领先的信息技术和数字经济企业，事实上也已失去全球市场，彻底输给了中国。究其原因，欧洲在这些领域的反垄断态度、零碎化规模、过多的政策失误等，都是严重阻碍技术创新进程的绊脚石。许多欧洲官员仍认为，来自美国的数字技术威胁比来自中国的威胁更大，美欧合作的基础是美国接受欧盟的数字监管体系。日本、韩国等国经历过经济高速增长期，通过不断吸引外国技术投资、促进进口技术扩散、进行技术消化吸收和自主创新，在某一技术领域曾经主导过全球技术创新。但就目前情况看，这些国家正在错过数字经济时代的发展红利。

2.1.2 数字技术的创新特征

创新是人类自觉能动性的集中体现，也是人类社会发展的根本动力。创新不仅是对现有事物的升级与优化，而且也是通过创造新的生产方式，从根本上影响社会运行。其中，技术进步对于经济增长具有显著的促进作用。数字技术作为一种新兴的技术形态，具有明显的进步性。通过在数字化空间的虚拟化运作，数字技术的创新效率显著提升，其本身的创新特征也表现出一定的特殊性。

(1) 数字技术创新的渐进性。

创新是一个动态过程，不断会有新组合出现，也会有旧组合消失。社会发展就是要执行新的组合。但是，新组合不会凭空产生，它必然要遵循遗传机制，即依赖旧组合所提供的生产手段。更准确地说，新组合是在旧组合的基础上，通过重新调整组合的方式或者对现有生产手段的使用进行新探索。新组合通常体现为新形态，其执行主体不仅仅局限于旧组合的执行人，也可以是新的生产者。新组合不仅是旧组合的优化升级，而且还表现出对旧组合的部分替代以及部分毁灭。人类社会工业化发展推动实体经济高速增长，工业技术门类的细分程度不断深化，互联网技术日益普及，为技术的新组合奠定了硬件设施。信息及数据的采集、处理、分析等运算方法的逐步完善，为技术的新组合提供了软件基础。在硬件设施和软件基础的协同作用下，现有的技术存量显著提升，进而促进了技术之间以解决现实问题为目标的自由组合，并且催生出了数字技术。数字技术的应用实现了价值流的优化、生产要素的存量调整、人机交互的智能升级，进一步提高了工业技术的生产力以及价值创造能力。同时，数字技术的根基被锚定在物理规律和比特、信息与网络的特性之中。数字技术本身的创新离不开工业、互联网、算法等技术的发展，其间涉及知识积累、能力学习、技术转移等问题，因而也是一个渐进的过程。

(2) 数字技术创新的虚拟化。

对技术进行功能性划分而形成的模块化简化了其本身的设计过程。在模块化的结构下，物理组件和功能性元素之间形成一对一的映射，组件之间的耦合可以随时连接和解构。然而，技术模块之间耦合度的测试与匹配不得不面临较高的复杂性和成本支出，这也成为制约技术创新的因素之一。数字技术营造出了虚拟化的数字化空间，克服了物理条件对技术应用及创新的约束。数字技术创新的虚拟化主要带来两个方面的变化：一方面，技术模块得到虚拟化的完整呈现，模块之间的互联性显著增强，带来了更多的创新可能性。数字化空间拥有无限的维度，技术模块之间可以形成任意的组合方式。依靠庞大的数据库支撑，数字技术新组合的可行性与实用性均能够通过在线的仿真模拟进行测试与验证。此外，对实体资产的数字化编码详细记录了资产的性能参数，企业在线即可对资产之间的匹配度进行系统性评估，按照技术性能的耦合度提供可能实现的新设计方案，再由消费者根据个人偏好选择商品的最终样式。另一方面，数字技术实现了实体经济在数字化空间的虚拟反映，增强了实体经济在创造消费者价值等方面的能力。在数字化空间中，企业提出的创意能够获得消费者的即时反馈，而消费者也能够直接参与商品设计，进而降低了商品创新的经济成本。

（3）数字技术创新的数据化。

数字技术给社会带来的最大改变是智能化，其中数据发挥着关键作用。互联网应用扩张正在推动社会从“人与信息对话”向“人与数据对话”转变，在未来极有可能实现“数据与数据对话”。① 基于消费者数据建立的决策模型有效地提高了程序性业务的处理效率。随着业务处理量的增加，新数据不断被记录和采集，用于对模型进行改进与修正。在预先编辑的程序引导下，整个过程均由计算机智能化地完成，脱离了人工操作。这种智能化还体现为对数字技术创新的指引以及技术知识的归纳。计算机通过对海量数据的智能化处理，挖掘数据当中所隐含的全部信息，包括揭示当前业务中存在的问题与不足、预测消费者需求的发展趋势等，这些都为数字技术本身的创新指明了方向。知识构成了新技术呈现过程中至关重要的基础部分。通过数据挖掘归纳形成的技术知识为数字技术创新提供了经验性的理论基础。随着挖掘的不断深入，技术知识不断积累并逐步构建为系统性框架，推动技术模块的升级以及模块之间的耦合。归根结底，数据是实现智能化的核心要素，数字技术创新主要由数据驱动，数据量的不断增加将进一步促进创新效率的提升。

人类在对语言交流的不断批判与反思中，逐渐发展出对数字和符号的本质认识。古希腊哲学家和数学家毕达哥拉斯认为，数构成了世界的本原，世界体现了数的规律性。数据化意味着数字技术的创新从以应用模糊集合推理为主的模糊逻辑过渡到以数据为要素且可量化的精确逻辑，是更高阶意识形态的反映，具有更强的客观实在性。基于消费者数据对数字技术进行持续迭代升级的微创新模式在一定程度上降低了创新本身所面临的不确定性，逐渐成为技术创新的主流范式。

（4）数字技术创新的深层建构性。

技术开发所建构的技术系统总是在复杂的现实环境中运行，这也决定了技术的发展

---

① 何大安．互联网应用扩张与微观经济学基础：基于未来“数据与数据对话”的理论解说．经济研究，2018（8）：177－192．

不断趋向于复杂化。根据摩尔定律，在价格不变的情况下，每隔 18～24 个月，集成电路上可容纳的元器件的数目会增加一倍，性能也会大幅提升。信息技术的快速发展为数字技术的集成与复杂化创造了条件，虚拟化与数据化则加快了数字技术模块的重新排列和再利用，在深层次上促进了技术性能的叠加与优化。除了对技术性能的深层建构，数字技术创新的深层建构性还体现为对产业组织的重构。针对消费者不断变化的价值主张，新的数字技术组合不断涌现，在更好地连接企业与消费者的同时，完成生产工具的更新，提高社会生产力，推动经济增长。与此同时，新的数字技术组合的应用创造出大量新业态，也改变了产业组织的生产关系。基于数字技术进行资源配置优化的经济活动的高度协调和互动所塑造的新生产组织方式不断演化，对传统的商业模式形成冲击，例如数据成为组织之间信息传递与业务沟通的主要媒介，企业与消费者的联系日益紧密，中间商的市场地位逐渐消失，组织边界模糊化增进产业跨界合作，等等。随着数字技术与社会融合的不断深入，数字技术的影响范围日益扩大，数字技术创新的深层建构性也将逐渐反映在产业组织的各个领域。

2.1.3 数字技术的创新范式

数字技术创新的深层建构性首先表现为对自身性能的持续改进。消费者价值的供给通常需要多项技术之间耦合以共同完成，这也增强了技术之间在价值创造上的依赖性，形成了以满足特定需求为目标的技术集合。除了受到来自现实驱动的牵引力，技术创新仍然要遵循一定的内在逻辑。在技术集合中，每项技术的创新最终能否转化为消费者价值还取决于集合内其他技术的兼容性。对其他技术进行相应的升级与优化，不断加强技术之间的协同，深化技术结构，成为创造新价值以及增加价值供给的必要之举。从这个角度看，数字技术的创新是一个集合概念，其通过组合式创新的模式不断在深层次上促进技术性能的叠加与优化。

（1）数字技术域定。

针对特定需求的满足，单项技术之间相互集聚形成系统化集合，其中必然存在这样一项基础性技术，它不仅能够为单项技术之间的集聚创造必要的支持条件，而且还定义了实现目的的方法与规则。单项技术则更侧重于解决一个具体的问题，并且按照既定规则进行升级。在技术论中，这种集成性架构被称为“技术域”。随着消费者需求的持续变化，不断会有新的供给问题产生，对技术提出了更高的要求。每个技术域本身都存在能力边界，为了解决新的供给问题，就不得不对已有技术进行升级或者从域外引入新技术，不断扩大自身的能力边界，同时也推进自身架构逐步深化。因此，技术域不仅决定了人类社会的现实可能性，而且通过自身进化推动了社会进步。

基础性技术为技术域奠定了基础，是划分技术域的主要依据，并且反映了社会生产力发展水平。人类历史上的三次重大科技革命表现为通过发明基础性技术，加快生产制造的动力。在第一次科技革命中，蒸汽动力机的出现推动大机器生产取代传统手工业制造；在第二次科技革命中，电力作为新型能源，促进动力传输效率的提升，为信息传输提供便捷；在第三次科技革命中，电子计算机进一步提高了信息采集、传输、处理的效率，带动原子能、高分子、空间探测等高新科技的发展。以物联网、云计算、人工智能等为代表的数字技术作为一项新的基础性技术，具有不可比拟的进步性，推动产业互联网化、制造智能化的发展，引发新一轮科技革命。在数字化空间中，技术集成的便利程度大幅提高，集成成本显著降低，为新技术域的形成以及单项技术的开发营造了有利条件。布莱恩·阿瑟将工程设计中对适合建构一个装置的技术域进行选择的过程定义为"域定"，而数字技术域定则将成为未来产业发展的新动能。

（2）数字技术结构的深化。

技术的发展模式包含两类情形，分别是技术替换和引入新技术。其中，技术替换是采用性能更好的技术对效率偏低或者形成阻碍的部分进行替换，尝试实现域内的局部更新；引入新技术则是通过将新的技术纳入结构中，改善域的整体性能，增加价值供给。技术发展是打破旧的结构体系，促进新体系整合的过程，其间会催生出更好的集成方案，推动技术结构深化。即使是技术替换，在新技术被应用后，仍然需要对域内其他部分的兼容性进行重新设计，这也必然会对技术结构产生直接影响。随着技术结构的不断深化，技术域的能力边界逐渐扩大，这个过程体现了技术域对消费者需求的适应性。

数字技术增强市场主体之间的连接，市场主体可以通过网络连接到任何组织及个人。网络是一个"去中心化"的领域，网络也必将引发人类社会的"去中心化"倾向。"去中心化"网络能够提供足够的智力支持，加快数字技术的发展。虽然在短期内提高主体之间的连接频率会引发新的社会问题，增加网络治理的难度，但是从长远看这种新模式激发了网络主体的积极性，产生了巨大的力量。数字化空间中的所有主体都拥有对数字技术进行开发与优化的权限，并且能够以较低的成本完成技术性能测试，不断深化技术结构。利用网络空间中的集群力量，进行开放式创新，形成规模经济，无疑对推进数字技术升级具有更为积极的作用。

（3）数字技术的组合式创新。

技术域是技术创新的基本单位。技术域的创新是通过不断增加复杂性来提高主要的有用功能，单项技术冲突和矛盾的不断解决是推动技术域发展的内在动力。另外，技术发展呈现整体化趋势，技术域在不断内化发展的基础上，也同时进行着外延性发展。技术域的内化发展促进整体性能的优化以及技术结构的深化，外延性发展却最终决定了前者能否真正转化为对消费者需求的满足。为了实现技术域内化发展向商业化应用的过渡，技术域之间在性能上的协同性要不断增强①，这也是外延性发展的根本目标。从系统视角看，技术创新还表现为技术域之间的组合式创新。

在数字化空间中，有关数字技术域的信息实现高度共享，虚拟化与数字化的特征克服了时间和空间对创新活动的限制，创新主体的分析能力、连接能力、智力能力等数字化能力依次提升。企业和消费者都能够在较少技术成本支出的条件下，按照外延性发展的要求对数字技术域的性能进行调整与完善。由于每次调整的技术痕迹都能够被系统所记录，这也为其他主体在对相关技术域进行完善时提供了参考借鉴。同时，所有主体可

① 根据系统论，所有系统都具有整体性、关联性、动态开放性、自组织性、等级结构性。任何一个子系统的升级都会对其他子系统以及整个系统产生影响。

以分析和论证调整痕迹的合理性，对其中存在隐患或者制约外延性的部分进行修改或者替换。另外，要素之间连接的增多可为创新活动带来机会利基[①]，产生递增收益。数字技术能够将物理世界完整地映射到数字化空间，人与人、人与物、物与物之间的连接与互动得到增强，形成范围经济，进一步加快数字技术的组合式创新。

2.2 数字化生产活动

数字技术为商业活动构建起一个虚拟世界，数字孪生（digital twin）系统将物理世界完整地映射到数字化空间。在这里，消费者摆脱了物理环境的束缚，能够从多个渠道接收实时的市场信息，与任何企业的任何生产环节进行直接对话，获得所需要的产品和服务。数字世界的微妙之处在于，它在很大程度上实现了消费者和企业之间的权力平衡。消费者的个性化需求得以释放，参与生产活动的热情显著提高，不断从需求端倒逼生产活动的改变，“以消费者为中心”的理念也从一句销售口号真正转变为企业经营的价值判断。毫不夸张地讲，在数字经济时代，只有消费者才能定义企业，也只有消费者才能成就企业。[②] 信息量的丰富使得消费者对市场与产品能够做出更为合理的判断。由于消费者最终决定了产品价值能否变现，企业既要积极满足消费者明确表达的需求，也要善于挖掘消费者不易于表达以及尚未产生的潜在需求。企业只有以消费者价值为主导，持续地向消费者输出价值，才能够赢得消费者的认可，实现生存与发展。

在以消费者价值为主导的商业逻辑下，消费者与企业共同参与价值创造，这也是未来产业竞争的主要模式。[③] 让消费者实质性地参与到企业的生产活动中，赋予消费者更多的话语权，从需求端向供给侧发力，是数字经济下企业追求价值最大化的必要条件。在这个问题上，数字技术似乎爆发出了巨大的能量。

数字化制造是以信息和知识的数字化为基础，以现代信息网络为主要载体，运用数字化、智能化、网络化技术来提升产品设计、制造和营销效率的全新制造方式，包括数字化设计、数字化工艺、数字化加工、数字化装配、数字化管理等。当前，越来越多的国家把发展数字化制造作为推动传统产业改造升级的重要途径，积极推动新一代信息技术和制造业深度融合，大力发展先进制造、服务型制造和智能制造。在我国制造业低成本比较优势逐步减弱的背景下，要进一步提高产业发展质量，重塑制造业竞争优势，就必须加快发展数字化制造，加紧推动制造业的数字化转型。数字化制造以生产要素的数据化为依托，以工业互联网为载体，能够帮助企业充分利用全球资源和要素，整合优化企业的产品和工艺设计、原材料供应、产品制造、市场营销和售后服务等主要产业链环节，提升资源配置效率。

---

① 布莱恩·阿瑟在《技术的本质》中提出“机会利基”一词，表示技术的机会，机会利基的出现召唤新技术的诞生。

② 忻榕，陈威如，侯正宇．平台化管理：数字时代企业转型升维之道．北京：机械工业出版社，2019.

③ 普拉哈拉德，拉马斯瓦米．自由竞争的未来：从用户参与价值共创到企业核心竞争力的跃迁．北京：机械工业出版社，2018.

数字化制造的本质就是增加信息与知识要素在整个制造系统中的流转速度，以此来促进地域空间分工细化与区域间交易效率的提升，优化区域间的分工结构，进而实现区域间产业结构的转型升级。因此，数字化制造不仅可以加快钢铁、石化、纺织等传统产业的工艺技术改进，丰富产品功能，提升产品附加值，而且可以显著加快战略性新兴产业的技术创新步伐，缩短科技成果中试和产业化的时间周期。在新一轮科技革命和产业变革加速发展的背景下，以“大（大数据）智（人工智能）物（物联网）云（云计算）”为技术基础、以海量数据互联和应用为核心的数字化制造浪潮，正在推动制造业发展新动能快速增长，网络化协同制造、个性化定制等制造新模式、新业态层出不穷。从实践看，数字化制造能够促进制造业产业链各个环节的高度融合，形成新的数据变现模式，促进新产业、新业态、新模式的涌现，为制造业高质量发展带来新活力。

2.2.1 聚焦使用价值供给

（1）使用价值是消费者价值的核心。

消费者价值是指消费者从商品的属性中所获得的精神满足。商品具有使用价值和交换价值二重性，其中使用价值由具体劳动所创造，在于满足人们的具体需求，交换价值反映了商品的交换属性。在传统商业模式下，消费者作为商品的最终使用者，其获取使用价值的前提在于通过市场交易获得商品的所有权。从这个角度看，能够为企业创造经济利润的交换价值在消费者价值中反而成为一项成本性支出。交换成本的客观存在减少了商品能够为消费者提供的价值，降低交换成本因此也成为增加消费者从商品中获取价值的必要举措。影响交换成本的主要因素之一是信息不对称，即消费者对商品信息的有限获取限制了其自身的购买范围，也抑制了其与企业在供求问题上的衔接。

数字技术的出现为降低消费者的交换成本提供了解决方案。一方面，数字技术可以打通信息孤岛，加快信息在市场上的流通，在所有市场主体之间建立数字化连接，形成数据穿透，实现信息存储的去中心化管理。消费者在同一时点所能够获取的信息量大幅提升，这也会促进消费者对商品的深度了解，进而做出高效的购买决策。同时，信息流通效率的改善也会削弱企业的信息优势。为了增加消费者对商品的关注，企业不得不将部分流程开放。随着消费者参与生产活动的逐步深入，企业与消费者在市场中的力量逐渐趋于平衡，实现更精确的供求匹配。另一方面，数字技术可以实现商品所有权的明晰与管理，促进商品使用权的交易。在传统商业模式下，消费者为获得商品所有权必须支付一定的购买成本，而为延长商品使用期限，后期还不得不继续追加维护成本。数字技术的应用使得消费者在不占有商品所有权的条件下即可直接使用，仅根据具体的使用情况进行付费。商品所有者则凭借专业知识，对商品进行维护，提供高质量的使用保障。数字技术能够深化商品的使用者与所有者之间的社会分工，在满足各自需求的同时，促进二者比较优势的发挥。

综上，数字技术的发展不仅增强了消费者获取信息的能力，而且放松了商品所有权带来的成本约束，使得交换成本对消费者价值的影响不断削弱。消费者购买商品的主要动机逐渐转变为满足生活需求，获取商品的使用价值，实现个人效用的最大化。因此，使用价值构成了消费者价值的核心，针对商品使用价值的实质供给和实际供给[①]能够更好地匹配消费者的需求。

（2）使用价值的理论维度。

经济学研究稀缺资源的有效配置，涉及稀缺与效率这两个基本问题。首先，资源本身的稀缺属性限制了商品供给的数量，导致市场需求无法全部得到满足。其次，那些已获取稀缺资源的消费者则会对供给效率提出更高的要求。稀缺商品的获取以及供给效率反映了商品供给的实际情况，也是消费者评估使用价值的两个维度。在传统商业模式下，稀缺资源的有限供给导致其价格随着需求增长而不断提升，有能力购买的消费者数量随之减少。另外，供给效率低下也是造成资源稀缺的原因之一。传统商业模式以增量式供给为主且供给方式有限，市场上已存在但是处于闲置状态的商品却未能引起消费者的足够关注，进一步增加了商品的稀缺属性。尽管科技的高速发展加快了商品在区域之间的流通，但是这个过程存在较高的不确定性，消费者仍然要面临较高的成本与风险。

针对传统商业模式下的商品供给难题，数字技术的应用能够起到一定的缓解作用。数字技术有助于激活闲置商品，间接地增加市场供给，通过推动存量调整，缓解增量供给的压力。自工业革命以来，各类商品的供给量大幅提升，推动了社会的发展，也导致大量商品处于闲置状态。然而，针对部分商品，市场上仍然存在大量没有得到满足的需求。继续扩大产能，增加沉没成本支出，只会引发宏观经济的不良效应，而一个有效的解决办法便是促进闲置商品在市场上流通。数字技术的应用使得所有对象都能够通过一般数据的中介，在数字化空间中得以呈现。拥有闲置商品的消费者利用数字技术将商品信息完整地上传至交易平台，具有购买需求的消费者通过在线检索，寻找所需的闲置商品，然后根据线上信息对商品被使用的情况进行评估后在线完成交易。

另外，数字技术实现了商品使用权的交易，进一步提高了商品使用权的供给效率。随着数字技术连接主体数量的持续增长，商品本身及其使用权的供给也在不断增加。对于消费者而言，数字技术的应用帮助其在较短的时间内与距离最近的供应方建立联系，快速获得使用权。针对距离较远且流通缓慢的商品，消费者同样能够利用数字技术与全球范围内的任意供应方建立远程连接，实现在线定制。另一端则有专业人员按照线上指令，在现场高效地完成任务，提供即时反馈。如果出现操作偏差，双方将在第一时间做出调整，避免误差扩大。在此基础上，供求双方之间形成协作关系，促进了商品使用权的高效供给。

阅读材料

惠泽智信：智“惠”医疗新时代的探路者

北京惠泽智信有限公司（以下简称“惠泽智信”）成立于2009年，是一家专门从事医疗设备管理系统研发、生产、销售和售后的高新技术企业。其通过自主研发

① 金碚认为，实质供给是产品有用性及其实现，体现了供给的本源；实际供给是具有使用价值的产品，是实现实质供给的物质工具或可行方式。参见：金碚．基于价值论与供求论范式的供给侧结构性改革研析．中国工业经济，2017（4）：5-16。

“医疗设备全生命周期管理系统”“医疗设备使用管理系统”“医疗设备漏费控制系统”等产品，致力于为医疗设备信息化管理提供解决方案和产品服务。

初出茅庐的惠泽智信难以争取到大型三甲医院的订单，因此便将县级医院、地级市三级医院作为主要客户。惠泽智信积极听取县级医院、地级市三级医院的反馈，并结合在实践中观察到的问题精进研发（传统的称重式漏费控制系统只能实现事前控制，但不能在检查过程中实时确认身份）、不断反思与改进产品，将漏费控制系统进一步升级。

惠泽智信升级的漏费控制系统涵盖了实时查询、绩效考核和效率评估的功能。通过该系统院长终端，管理者可以实时查看每台机器的信息，包括收入、患者信息、操作医师、检查项目等。系统还可以通过记录医师的接诊人数和收入情况，自动生成工作量统计报表，在减轻绩效考核工作量的同时提高了准确度。这成为拓展三甲医院业务的基础。

随着研发的深入和成果的积累，技术专利逐渐成为惠泽智信的核心优势。惠泽智信总经理薛新华介绍道，惠泽智信的产品定价几乎是同类竞品的三倍，却几乎没有对客户增长产生不良影响。这是因为，从2011年惠泽智信正式获得北京市软件企业认证开始，惠泽智信着力科研攻关，斩获多项国家发明专利、实用新型专利，累计拥有40余项产品著作权。惠泽智信打的是技术战、专利战、效果战，技术优势、专利积累和对整个医院信息化架构、医疗设备的透彻理解是惠泽智信真正的竞争优势。

除了技术壁垒，每个医院医疗设备的数量、种类、系统设置均有不同，医院的管理风格、经济实力等也存在较大差异，这对管理系统“因院制宜”的能力提出了考验。针对此问题，惠泽智信依据市场需求设计产品主线，根据医院的特点和要求进行精细化定制，提供个性化配置与服务，同时指派专门的项目经理与医院对接，确保全流程业务的顺利对接和项目的按时推进。

医疗行业的特殊性决定了医疗设备管理系统的研发工作绝不能“闭门造车”，必须在实践中获取数据、探索标准、精进应用，也要在实践中树立口碑、传播品牌。当时的惠泽智信尽管已经积累了不少三甲医院的优秀案例，但还缺少更进一步的跳板。怀揣着推进医疗设备管理精细化、信息化的共同目标，中日友好医院与惠泽智信就建立医疗设备全生命周期监管信息化平台的相关事宜迅速达成战略合作协议。

在较为保守严肃的医疗行业，人们并不习惯使用网络渠道接触合作商，业务都是通过实地拜访达成的，业内的口口相传、学术会议和展销会是企业获取市场知名度的主要途径。一个成功的百强医院案例的影响力远远胜过流量巨大的网络推广。薛新华坚信，垂直行业服务商的生存和发展靠的就是口碑。只要踏踏实实地研发好每一个功能，写好每一行代码，测算出准确的数据，提出的解决方案切实提升了医院的运营效率，好的口碑就会让客户自己“找上门来”，事实也的确如此，低调的惠泽智信用实力和效果说话，获得了许多优质客户。

在人才选拔中，薛新华最青睐综合素质高的“多面手”，因为惠泽智信需要的是擅长沟通协作、能够独当一面的员工。薛新华要求技术人员不能只会写代码，“进门”也要通过性格测试、语言表达能力测试和办公软件应用测试，到岗后也不局限于格子间里的工作，还要去一线调研，参加业内会议，了解医疗行业的前沿进展和医院方面的真实需求。换言之，薛新华十分青睐综合素质较高的“多面手”。

在不远的将来，惠泽智信的医疗设备信息化或将从实现医院内部设备的互联拓展至医院之间的互联，实现跨医院的医疗设备数据资源共享。这将使全面、综合评估医疗设备使用效率成为可能，进而助力医疗设备管理部门建立行业标准，实现医疗资源的合理调配。放眼未来，薛新华认为，科技巨头入市和信息技术革新是医疗信息化行业发展的两大趋势，既是挑战，也是机遇。在腾飞阶段如何把蛋糕做得又大又好，是薛新华当前思考的战略问题。

资料来源：钱婧，孙宇彤，屈逸，等．惠泽智信：智“惠”医疗新时代的探路者．清华管理评论，2020（6）：120－128.

（3）使用价值的延伸。

马克思在《资本论》中指出：“物的有用性使物成为使用价值。”[①] 使用价值是一个普遍概念[②]，其外延包含若干个别对象，即每件商品能够带给消费者的使用价值并不仅仅局限于某一个方面。在使用价值的两个维度下，针对稀缺商品的获取分别延伸出信息和偏好两个子价值，针对商品供给的效率分别延伸出时间和空间两个子价值。

信息是获取使用价值的基本前提。自人类最早的商业贸易诞生起，信息便是影响交易活动的因素之一。在传统商业模式下，企业与消费者之间的交易属于零和博弈，具有信息优势的一方在交易中能够占据主动并且获取更多的利益分配。与企业相比，消费者往往处于信息劣势地位，这也制约了其对价值的获取。在数字经济下，企业价值的实现必须以消费者价值的满足作为前提条件。对于双方而言，合作显然是更好的方案。企业与消费者共享商品信息，有助于增加消费者的价值获取。尽管信息共享在一定程度上会减少企业由分配所得的利益，但是双方之间合作的逐步深入将产生更多的利益增量，最终实现双赢。

偏好是获取使用价值的最终目标。消费者对商品的偏好反映了具体需求，也是制定购买决策的主要依据。在传统商业模式下，企业之间针对商品的生产与供给而建立合作，形成产业链。价值传递主要表现为链式结构，企业获取反馈信息的难度随着与消费者间隔环节的增多而不断增加。在数字经济下，企业与消费者之间基于数据主线，建立数字化连接，形成价值供给的闭环。企业能够实时获取消费者反馈，了解商品的使用情况，及时予以改进。消费者也可以将偏好实时反馈至具体的生产环节，获取个性化的价值供给。例如，今日头条通过收集、分析平台的使用数据，完成消费人群画像，定位消费者偏好。随着消费者对某一类信息浏览频次的增多，消费者之后也将获得更多同类及相关信息的推送。

---

① 马克思．资本论：第1卷．2版．北京：人民出版社，2004：48.

② 根据《哲学大辞典》，普遍概念反映一类事物的概念，其外延由许多分子组成。参见：冯契．哲学大辞典．上海：上海辞书出版社，2007。

对于消费者而言，商品供给时间的缩短有利于提高商品使用的时效性。在传统商业模式下，消费者向企业提出购买需求后，企业首先要对信息进行处理和转发，然后再经过多个中间商的传递，才能够完成商品的交付。这个过程通常需要花费较长的时间，导致消费者在特定的价值情境下所产生的需求难以及时得到满足。数字技术的应用消除了中间商环节，加强了企业与消费者在线上线下的互通，缩短了商品供给的时间，实现了生产活动的敏捷反应，显著提高了价值供给效率。

不断将新功能添加到商品中，提高附加价值，能够为消费者带来更多的使用价值。由于仅增加了商品的边际成本，对固定成本的影响微乎其微，这也成为企业升级商品的主流思路。那么，随之而来的一个现象便是商品性能日趋复杂，生产活动不得不通过企业之间跨产业的合作共同完成。然而，区域之间在资源禀赋上的客观差异使得不同产业的企业难以向同一地区集聚。由于技术标准的不同，各产业之间还存在不同程度的潜在壁垒，跨产业合作面临较高的技术难度。针对上述难题，企业之间建立数字化连接，实现在数字化空间的虚拟集聚[①]，有助于放松物理世界的约束。由于数字化连接是以数据作为信息传递的主要载体，数据本身的抽象性使得其能够在不造成信息丢失的条件下完成跨产业传递。以增强生产活动的协同性为目标，催生出由一家企业搭建提供技术标准和集成业务的数字化平台，多家企业在线参与商品性能设计、开发的新业态，这也为消费者带来了商品供给的空间价值。消费者价值的细分如图 2-1 所示。

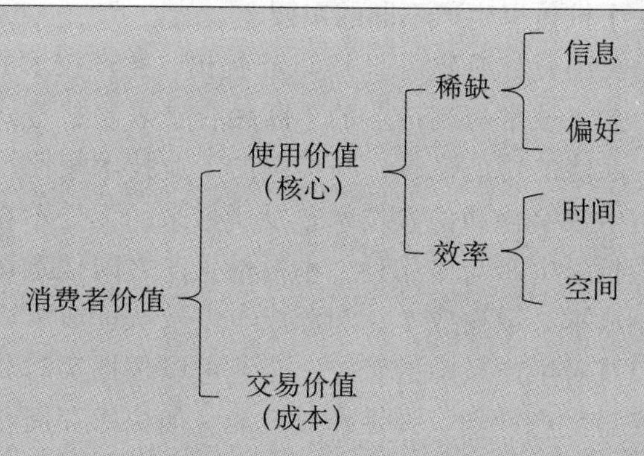

图 2-1　消费者价值的细分

2.2.2　数字化生产模式

数字技术增强了消费者对信息的获取，促进了消费者和企业之间的权力平衡，也提高了消费者对使用价值的诉求。不过，信息的丰富导致消费者对单个产品的注意力匮乏，信息过载降低了消费者从产品中获得的使用价值。针对上述现象，工业化时代“广而告之”的粗放化销售模式在满足个性化需求方面速度慢、时间长、成本高，越来越难以适

① 王如玉等认为，虚拟集聚是指企业与消费者在网络空间中集聚并形成关联，企业之间、企业与消费者之间的信息耦合度显著增强。参见：王如玉，梁琦，李广乾．虚拟集聚：新一代信息技术与实体经济深度融合的空间组织新形态．管理世界，2018（2）：13-21。

应市场的变化。如今，企业的销售模式必须更加精准化、精细化，在详细地了解消费者需求的变化后，切实提供他们真正需要的产品、服务，减少信息噪声。其中一个非常重要的方面，就是为消费者打造独特、便捷的使用体验。

精准化、精细化的销售模式倒逼上游的生产体系发生变化，模块化、柔性化生产模式应运而生，进而逐步替代了工业化时代的单一性、批量化生产模式。为了满足顾客的多样化需求，企业的生产装配线必须具有快速调整的能力。为此，必须实现适合于定制化产品的模块化制造。模块化是指半自律的子系统，通过和其他同样的子系统按照一定的规则相互联系而构成的更加复杂的思维系统或过程，意即将产品的某些要素组合在一起，构成一个具有特定功能的子系统，将这个子系统作为通用性的模块与其他产品要素进行多种组合，构成新的系统，产生多种不同功能或相同功能、不同性能的系列产品。产品的模块化由两部分组成，一部分是所有产品共有的，另一部分是体现产品定制特征的，企业将共同的部分事先组装起来，一旦顾客提出自己的特定要求，便将这些满足要求的部件迅速组装上去，从而可以提高速度和效率。模块化有多种形式，其中可组合模块化可提供最大限度的多样化和定制化，允许任何数量的不同构建类型按任何方式进行配置，只要每一构件与另一构件以标准接口进行连接，如同儿童积木，组成积木的对象个数仅仅受想象力的限制。一个真正具有适应性的工厂必须是模块化的。这样一来，它的工具和流程才能够迅速地进行调整和重新配置，在运行中就对生产流程进行调整而无须停下整个流程，在一个批量里生产不同的东西。

柔性化生产最早由英国莫林斯公司于 1965 年提出，生产技术的发展不断扩大了柔性化生产的内涵与形式。数字技术与制造业的不断融合带来制造范式的变革，制造业在数字化空间中实现闭环、赋能的价值循环。与传统的工业技术相比，数字技术的突出特点就是它们更加善于捕捉由数字化和信息技术普及所带来的无处不在的力量，智能化的生产线能够在少品种、大批量生产与多品种、小批量生产之间任意切换。数字经济降低了企业的搜索成本、复制成本、运输成本、溯源成本以及认证成本，极大地提升了生产的柔性化、供应链协同以及对生产风险的管控。企业可以根据实时获取的市场信息进行生产要素的配置，合理安排生产计划，弹性释放产能，加快库存周转。随着线上交易的普及，计算机在对消费者订单进行分析后，为企业设定了最优的规划方案，信息、数字产品以及实体产品的运输成本及运输效率都得到了明显改善。

柔性化、智能化的生产使得企业能够更为灵活地生产消费者需要的产品，生产模式从传统的大规模生产转变为数字经济下的个性化定制。数字技术强化了企业对生产流程的管控，促进了产品质量的持续改善，也为企业打开了让消费者参与生产活动的大门。在影响消费者购买意愿的各类因素中，个性化、产品类型具有显著影响，而价格的影响却微乎其微。与标准化产品相比，个性化产品更好地满足了消费者的需求，给消费者带来了更高的价值。消费者不再满足于仅仅作为产品的被动接受者，而是更希望拥有在众多的产品属性中进行选择的权利，根据个人喜好进行组合。消费者是具有创造性的个体或群体，有意愿也有能力与企业共同进行产品的设计与研发。如果消费者对自我偏好有更好的了解、能够更好地表达偏好并且更多地参与到产品生产中，那么获得的价值就会更高。因此，很多企业推出了由消费者自行设计产品的网站，通过一系列的技术引导，帮助消费者发现需求、表达需求，然后根据消费者的作品进行定制化生产。

这种由消费者驱动生产活动的“反向定制”模式拉近了消费端与制造端的距离，使制造业具备了消费者视角，可以更好地把控产品的设计和生产，同时在个性化需求的驱动下，工厂自动化和柔性化能力得到提升，通过直连去除流通环节中过剩的产能，使价值回归消费端。如今，为了满足许多消费者对个性化定制和高性价比商品的需求，电商平台纷纷布局反向定制模式：消费者可以通过电商平台下单，厂家接受消费者的个性化需求订单，然后根据需求设计、采购、生产、发货。随着数字化的深入，反向定制模式呈现出越来越强的生命力。

2.2.3 经济增长新引擎

技术发展常常被视为塑造现代社会形态的重要原因之一，技术创新所带来的变革触及了社会的各个领域，一再为经济注入新的生机。在新一轮科技革命背景下，以人工智能、区块链、云计算、大数据为代表的数字技术获得快速发展，加快了各行各业的信息化进程，推动生产方式、国际分工方式以及贸易方式的大规模变革，对各国经济以及全球产业结构产生深刻影响。根据波士顿咨询公司的预测，预计到2035年，中国数字经济规模将达到16万亿美元，社会渗透率将达到48%，吸纳社会就业人数4.15亿。数字经济的发展离不开扎实的产业基础，加快5G网络、数据中心等新型基础设施建设（以下简称“新基建”）进度，着力培育“三新”经济（如图2-2所示），有利于助燃经济增长新引擎，为产业实现高质量发展提供可靠保障。

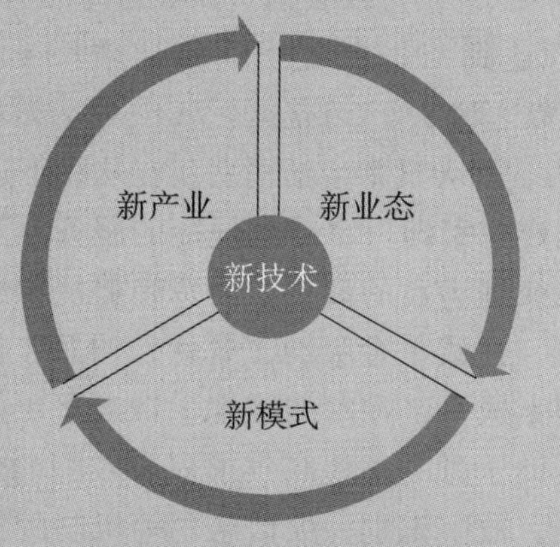

图2-2 “三新”经济

（1）新产业。

新基建有利于加快信息在部门之间的流通，逐步发展为面向服务的纯技术架构。按照新的商业逻辑，用户价值供给决定了产业组织的演变。数字技术的应用使得用户在生产活动中的作用不断增强，针对用户价值的供给倒逼供给侧做出适应性调整。制造业服务化趋势更加明显，对经济增长的贡献逐年提高，其中电子商务和数字化业务尤为突出。从实际效果来看，数字化程度的提高还有利于促进技术扩散，提高创新效率。发达国家的经验表明，通过技术扩散提高生产率的效果要明显优于推出新的生产方式。要全面释放数字化所蕴含的潜力，必须加大新基建与供给侧的深度融合以及在需求端对消费群体的覆盖，增强供求两端的连接，促进技术的创新迭代，改进服务质量和效率。

新技术不断涌现，衍生出了新产业。从概念上讲，新产业是指在新技术基础上延伸出的一系列新经济活动。随着数字化进程的深入，数据在生产活动中的地位日益凸显，成为核心的生产要素，并且逐步实现数字产业化，数字化企业应运而生。温特伯里集团在经过连续三个周期的研究后发现，当前已有越来越多的企业在集中精力提高对数据的使用效率之余，也开始加大投资数据的战略性部署，涉及管理、挖掘、共享和保护等方面。数字技术的应用打破了组织壁垒，实现了组织之间互联互通、跨界融合，为企业扩大价值供给创造了技术条件。以 BATJX[①] 为代表的互联网企业，围绕用户价值的供给，在对数据进行汇聚与挖掘的基础上，通过加强与其他企业的业务合作，不断拓展服务范围，扩大生态圈规模。数据的价值不仅体现在直接改进服务质量上，而且通过减少资源错配优化了服务效率。对实时数据的高效分析，有助于提高服务的精准化水平，这也为企业减少了一笔不小的成本支出。

（2）新业态。

随着新产业的发展，新业态层出不穷。所谓新业态，是指为了应对消费需求的变化，在新产业中出现的新活动形态。新基建进一步扩大了互联网对企业与消费群体的覆盖，为新业态的快速拓展奠定了扎实的基础。在新冠疫情期间，线下交易活动受到较大冲击。在这种情况下，以远程办公、在线课堂、智慧医疗、线上购物等为代表的“宅经济”“指尖消费”呈现出巨大的活力，有力地提振了消费，并且成为日常生活的必要组成部分。根据国家统计局数据，2020 年 1—5 月社会消费品零售总额为 13.87 万亿元，同比名义下降 13.5%，全国线上零售额达到 4.02 万亿元，同比增长 4.5%，与前 4 个月相比提高 2.8 个百分点，实物商品消费达到 3.37 万亿元，其中对吃类和用类商品的消费分别增长 37.0%和 14.9%。这也说明，社会日常生活消费正在从线下逐步转到线上。

线上市场蓬勃发展，用户在家即可享受到便捷的服务。互联网大大拓宽了可供选择的范围，用户总是能够在线找到满意的商户，消费趋势从单纯地注重功能性消费转变为功能性消费与精神消费并重。在线平台吸纳了餐饮、购票、保险、出行、酒店等方面的诸多商户，降低了用户的搜索成本，在时间维度上带来了更好的服务体验。企业利用消费大数据提炼需求趋势，有助于进一步提高供求双方匹配的效率。另外，随着中国营商环境的持续优化，身份验证、数字识别、失信惩罚等机制的持续完善为线上交易提供了更好的保障。用户之间针对某件商品的评价与互动能够为他人的购买提供理性且有价值的信息，这也对企业主动改进产品质量形成了倒逼压力。

（3）新模式。

新业态的崛起对商业模式提出了新的要求。新模式为企业开辟了新赛道，企业内外部资源必然要重新进行整合与重组。在线平台的信息均来自物理世界的映射，其根基深

① BATJX 是指百度（Baidu）、阿里巴巴（Alibaba）、腾讯（Tencent）、京东（JD）以及新晋的独角兽企业（X）。

深地锚定在物理世界中。线上业务的有序开展需要线下活动的全力支持，二者相辅相成。新基建不仅包括5G网络、数据中心等线上设施，而且也涉及互联网对线下设施的连接融合，如工业互联网、物联网等。企业不仅要在平台合理开展线上活动，也要配合做好线下业务的数字化，真正实现线上与线下的“正式会师”，切实打通价值链条的增值路径。在这个过程中，数据扮演着关键角色，利用数据模型有效盘活各领域的知识模型、机理模型以及经验模型，将能够为实现人才流、物质流、信息流、资金流、技术流之间的衔接与协同提供科学、精准的决策依据。线上线下的统筹联动已成趋势，在效率上做加法，在价值创造上做乘法，成为企业数字化管理的基本理念。在新零售战略下，阿里巴巴通过聚焦区域化经营，在提高线上购物的便利性的同时，推出供应及时、挑选优化、体验强化的线下服务，在线上线下整合优势资源，打造“三公里理想生活圈”。2020年4月，盒马鲜生正式入驻天猫旗舰店，承诺在全国范围内最快次日达，进一步提高配送的时效性。在阿里巴巴之后，京东也上线了“闪电送”个性化付费增值服务，承诺在付款后半小时内送达，提供快速、高质量的多维配送体验。

2.3 数字经济基本规律

经济规律亦称经济法则。在社会经济发展过程中呈现出来的是各种各样的经济现象。在社会经济现象的各种联系中，既有偶然的不规律性的联系，又有客观的规律性的联系。客观的规律性的联系对经济现象的发展和变化起着决定性作用，经济规律在同样的经济条件下会不断重复出现。数字技术应用在改变传统生产活动的同时，形成了一些新的基本规律，更好地促进了数字经济的发展。当前，我国数字经济发展迎来新的变化，农业、工业深度数字化转型窗口机遇期已打开，亟待用人工智能、大数据、区块链等数字科技能力提升生产效率、降低成本，助力实现高质量发展的目标。我国的数字经济也迎来了显著变化：从以互联网平台、移动互联网应用、信息技术为主导的“数字产业化”阶段，发展到人工智能、大数据等科技推动实体产业深度转型升级的“产业数字化”新阶段。

数字经济在推动经济发展、提高劳动生产率、培育新市场和产业新增长点、实现包容性增长和可持续增长等诸多方面都发挥着重要作用。加快推动数字产业化、产业数字化，促进数字经济与实体经济融合发展，已经成为全球经济发展的重要趋势。一方面，与实体经济融合，数字经济才能拥有真正落地的基础；另一方面，数字化也为实体经济的更好发展拓展了新空间，有助于推动传统产业转型升级，催生新产业、新业态、新模式等。当前，我国经济已由高速增长阶段转向高质量发展阶段，正处在转变发展方式、优化经济结构、转换增长动力的攻关期，这为数字经济与实体经济融合发展带来了重大机遇。数字经济具有技术创新、产业融合、绿色发展、信息共享等显著特征，发展壮大数字经济与我国经济社会现阶段的发展规律相适应，亦是推动高质量发展的重要抓手，将为我们更好解决人民日益增长的美好生活需要和不平衡不充分的发展之间的矛盾提供助力。

2.3.1 梅特卡夫定律

梅特卡夫定律（Metcalfe's Law）由乔治·吉尔德提出，但以 3Com 公司创始人罗伯特·梅特卡夫的姓氏命名。梅特卡夫定律是指网络的价值为网络节点数的平方。如果网络中有 n 个节点，则每个节点都可以与其他 $n-1$ 个节点发生作用，总共获得 $n\times(n-1)$ 个单位的价值。因此，该网络的总价值为 $n\times(n-1)$。当 n 很大时，$n-1$ 近似于 n，网络的总价值可以表示为 n 的平方。

理论上最小的网络是点，只有 1 个人，自己和自己连接。2 个人的网络中每个人自己和自己、自己和对方连接，有 2 条连线，即 2 个人的网络有 4 条连线。5 个人的网络中每个人自己和自己、自己和其他 4 个人连接，有 5 条连线，即 5 个人的网络共有 25 条连线。依此类推。

网络由节点之间的连接构成，网络的价值在于连接的数量。当世界上只有 1 部电话时，这部电话的价值为 0。当世界上有 2 部电话时，有 1 个连接存在，2 部电话均可以尝试从连接中获得价值，网络的价值为 2（$=2\times1$）；当有 3 部电话时，有 3 个连接存在，连接路径有“$a-b$”“$b-c$”“$a-c$”三种，三种路径下连接的双方之间都可以获得价值，网络总价值为 6（$=3\times2$）；依此类推，当有 4 部电话时，网络总价值为 12（$=4\times3$）。梅特卡夫定律意味着每个新入网的用户都因为别人的入网而获得了更多的信息交流机会。对数字化企业而言，首要的任务就是利用各种销售手段（如免费、补贴），迅速吸引大量用户加入网络，建立足够的安装基础，随着使用人数的增加，不论是老用户还是新用户，效用价值都会呈指数级增长，取得先动优势。

自 20 世纪 90 年代以来，互联网不仅呈现了这种超乎寻常的增长趋势，而且爆炸性地向经济和社会各个领域进行广泛的渗透和扩张。计算机网络的数目越多，它对经济和社会的影响就越大。换句话说就是，计算机网络的价值等于其节点数目的平方。梅特卡夫定律揭示了互联网的价值随着用户数量的增长而呈算术级数增长或二次方程式增长的规则，如图 2-3 所示。

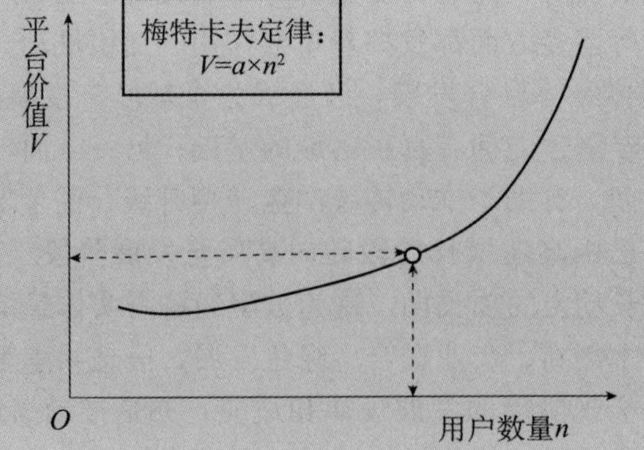

图 2-3　梅特卡夫定律

梅特卡夫定律是一条关于网上资源的定律，该定律由新科技推广的速度决定，所以网络上联网的计算机越多，每台计算机的价值就越大。新技术只有在有许多人使用它时才会变得有价值。使用网络的人越多，这些产品才变得越有价值，因而才能吸引越多的人来使用，最终提高整个网络的总价值。一部电话没有任何价值，几部电话的价值也非常有限，成千上万部电话组成的通信网络才把通信技术的价值极大化了。当一项技术已建立必要的用户规模时，它的价值将会呈爆炸性增长。一项技术多快才能达到必要的用户规模，这取决于用户进入网络的代价。代价越低，达到必要用户规模的速度也越快。有趣的是，一旦形成必要用户规模，新技术开发者在理论上可以提高对用户的价格，因为这项技术的应用价值比以前增加了，进而衍生出某项商业产品的价值随使用人数的增加而增加的定律。

信息资源的奇特性不仅在于它可以被无损耗地消费，如一部古书从古至今都在“被消费”，但不可能“被消费掉”，而且信息的消费过程很可能同时就是信息的生产过程，它所包含的知识或感受在消费者那里催生出更多的知识或感受，消费它的人越多，它所包含的资源总量就越大。互联网的威力不仅在于它能使信息的消费者数量增加到最大限度（全人类），更在于它是一种传播与反馈同时进行的交互性媒介（这是它与报纸、收音机和电视机最不一样的地方）。

2.3.2　摩尔定律

摩尔定律（Moore's Law）是由英特尔创始人之一戈登·摩尔提出来的。其内容为：当价格不变时，集成电路上可容纳的元器件的数目每隔18～24个月便会增加一倍，性能也将提升一倍。换言之，每一美元所能买到的电脑性能将每隔18～24个月翻一倍以上。这一定律揭示了信息技术进步的速度。摩尔定律并非数学、物理定律，而是对发展趋势的一种分析预测，因此，无论是它的文字表述还是定量计算，都应当容许一定的宽裕度。从这个意义来看，摩尔的预言是准确而难能可贵的，所以才会得到业界人士的公认，并产生巨大的反响。

摩尔定律归纳了信息技术进步的速度。在应用摩尔定律的40多年里，电脑从神秘不可近的庞然大物变成多数人都不可或缺的工具，信息技术由实验室进入无数个普通家庭，互联网将全世界联系起来，多媒体视听设备丰富着每个人的生活。由于高纯硅的独特性，集成度越高，晶体管的价格越便宜，这样也就引出了摩尔定律的经济学效益。在20世纪60年代初，一个晶体管要10美元左右，但随着晶体管越来越小，直到小到一根头发丝上可以放1 000个晶体管时，每个晶体管的价格只有千分之一美分。据有关统计，按运算10万次乘法的价格算，IBM704电脑为1美元，IBM709电脑降到20美分，而20世纪60年代中期IBM耗资50亿美元研制的IBM360系统电脑已变为3.5美分。

摩尔定律对整个世界意义深远。在回顾多年来半导体芯片业的进展并展望其未来时，信息技术专家们认为，在以后“摩尔定律”可能还会适用。但随着晶体管电路逐渐接近性能极限，这一定律终将走到尽头。在40多年中，半导体芯片的集成化趋势一如摩尔的预测，推动了整个信息技术产业的发展，进而给千家万户的生活带来了变化。

2.3.3 吉尔德定律

吉尔德定律（Gilder's Law）又称胜利者浪费定律，由乔治·吉尔德提出。他认为最为成功的商业运作模式是价格最低的资源将会被尽可能地消耗，以此来保存最昂贵的资源。吉尔德是数字时代的三大思想家之一，另外两位是尼古拉斯·尼葛洛庞帝和马歇尔·麦克卢汉。吉尔德对光纤技术的发展做出如下判断：光纤的带宽每 6 个月增长 1 倍。这一速度是摩尔定律预测的计算机 CPU（central processing unit）增长速度的 3 倍。如今，他的判断被光纤通信网络快速发展的事实所印证，人们将此规律称为吉尔德定律。

吉尔德定律中所描述的主干网增长速度比 CPU 的增长速度要快得多。微软公司的一次实验证明，在 300 千米的范围内无线传输 1GB 的信息仅需 1 秒钟，这是我们计算机里调制解调器传输能力的 1 万倍！这一事实表明带宽的增加早已不存在什么技术上的障碍，而只取决于用户的需求——需求日渐强烈，带宽也会相应增加，而上网的费用自然也会下降。会有那么一天，人们因为每时每刻都生活在网络的包围中而逐渐忘却“上网”之类的字眼。

乔治·吉尔德认为正如 20 世纪 70 年代昂贵的晶体管在现如今变得如此便宜一样，主干网如今还是稀缺资源的网络带宽，有朝一日会变得足够充裕，那时上网的成本也会大幅下降。在美国，目前已经有很多网络服务商向用户提供免费上网服务。随着带宽的增大，将会有更多的设备以有线或无线的方式上网。这些设备本身并没有什么智能，但大量这样的“傻瓜”设备通过网络连接在一起时，其威力将会变得很大，就像利用便宜的晶体管可以制造出价格昂贵的高档电脑一样，只要将廉价的网络带宽资源充分利用起来，就会给人们带来巨额的回报，未来的成功人士将是那些更善于利用带宽资源的人。

摩尔定律和吉尔德定律共同决定了网络经济的速度，一般认为网络经济中的 1 年相当于传统经济的 7 年。企业基于速度才能取得竞争优势。当网络带宽资源近乎免费时，网络带宽资源将取代一切有价资源。随着通信能力的飞速成长，每比特传输价格将向着免费的方向逼近。

2.3.4 安迪-比尔定律

安迪-比尔定律（Andy and Bill's Law）是对 IT 产业中软件和硬件升级换代关系的一个概括。原话是：“Andy gives，Bill takes away.”（安迪提供什么，比尔拿走什么。）安迪是指英特尔公司前 CEO 安迪·格鲁夫，比尔是指微软公司前 CEO 比尔·盖茨。这句话的意思是，硬件提高的性能很快被软件消耗了。

安迪·格鲁夫是英特尔的第三任 CEO，在《只有偏执狂才能生存》一书中，他提出：在网络经济中，如果一种新产品要取代原有产品，那么在性价比上必须是原来产品的 10 倍，即价格不变，性能必须是原来的 10 倍，或者性能不变，价格必须为原来的十分之一。在数字经济背景下，物美价廉是经济活动的永恒主题。

摩尔定律给所有的计算机消费者带来了一个希望：如果我今天嫌计算机太贵买不起，

那么我等 18 个月就可以用一半的价钱来买。要真是这样简单的话，计算机的销售量就上不去了。需要买计算机的人会多等十几个月，已经有计算机的人也没有动力来更新计算机，其他的 IT 产品也是如此。

在过去的几十年里，英特尔处理器的速度每 18 个月翻一番，计算机内存和硬盘的容量以更快的速度在增长。但是，微软的操作系统、应用软件等越做越大，越来越耗时。所以，现在的计算机虽然比十年前快了 100 多倍，运行软件感觉上还是和以前差不多。而且，过去整个 Windows 操作系统不过十几兆大小，现在要几千兆，应用软件也是如此。虽然新的软件功能比以前的版本强了一些，但是，增加的功能绝对不是和它的大小成比例的。因此，一台十年前的计算机能装多少应用程序，现在的计算机也不过装这么多，虽然硬盘的容量增加了 1 000 多倍。更糟糕的是，用户发现，如果不更新计算机，现在很多新的软件就用不了，连上网也是个问题，而十年前买得起的车却照样可以跑。

这种现象乍一看是微软在和大家作对。实际上，盖茨本人和其他厂商也不想把操作系统和应用程序搞得这么大。据了解，盖茨本人多次说，他过去搞的 BASIC 只有几十 KB，微软工程师们搞一个 .NET 就要几百 MB，其中一定有可以优化的地方。当然，微软现在的 .NET 比 20 多年前的 BASIC 功能要强得多，但是否强了一万倍，恐怕没有人这么认为。这说明，现在软件开发人员不再像几十年前那样精打细算了。当年的 BASIC 解释器是用汇编语言写成的，精炼得不能再精炼了，否则在早期的 IBM 个人电脑上根本运行不了。但是，要求软件工程师使用汇编语言编程，工作效率是极低的，而且写出的程序可读性很差，不符合软件工程的要求。今天，由于有了足够的硬件资源，软件工程师做事情更讲究自己的工作效率，以及程序的规范化和可读性等。另外，由于人工成本的提高，为了节省软件工程师写程序和调程序的时间，编程的语言越来越好用，同时效率却越来越低。比如，Java 就比 C++效率低得多，C++又比 C 效率低。即使是同样功能的软件，今天的一定比昨天的占用更多的硬件资源。

2.3.5 成本习性

成本习性（cost behavior），亦称成本性态，是指成本变动与业务量变动之间的依存关系。它有固定成本、变动成本和混合成本之分。它是保本点分析的基础，也被应用于其他经营决策。从成本习性来认识和分析成本并将成本重新进行分类，有助于进一步加强成本管理，挖掘内部潜力，并能促使企业搞好经营预测和决策，争取实现最大的经济效益。总成本习性模型为 $y=a+bx$，其中，y 指总成本，a 指固定成本，b 指单位变动成本，x 指业务量。

固定成本是指其总额在一定时期和一定业务量范围内不随业务量发生任何变动的那部分成本。属于固定成本的主要有按直线法计提的折旧费、保险费、管理人员工资、办公费等。单位固定成本将随产量的增加而逐渐变小。固定成本总额只是在一定时期和业务量的一定范围（通常被称为相关范围）内保持不变。固定成本还可进一步区分为约束性固定成本和酌量性固定成本两类。约束性固定成本属于企业“经营能力”成本，是企业为维持一定的业务量所必须负担的最低成本，如厂房、机器设备折旧费、长期租赁费等。企业的经营能力一经形成，在短期内很难有重大改变，因而这部分成本具有很大的约束性。酌量性固定成本属于企业“经营方针”成本，是企业根据经营方针确定的一定时期（通常为一年）的成本，如广告费、开发费、职工培训费等。

变动成本是指其总额随着业务量成正比例变动的那部分成本。直接材料、直接人工等都属于变动成本，但产品单位成本中的直接材料、直接人工将保持不变。与固定成本相同，变动成本也存在相关范围。

有些成本虽然也随业务量的变动而变动，但不是同比例变动，这类成本被称为混合成本。混合成本按其与业务量的关系又可分为半变动成本和半固定成本：半变动成本通常有一个初始量，类似于固定成本，在这个初始量的基础上随产量的增长而增长，又类似于变动成本；半固定成本随产量的变化而呈阶梯式增长，产量在一定限度内，这种成本不变，当产量增长到一定限度后，这种成本就跳跃到一个新水平。

2.3.6 网络效应

信息产品存在着互联的内在需要，因为人们生产和使用它们的目的就是更好地收集和交流信息。这种需求的满足程度与网络的规模密切相关。如果网络中只有少数用户，他们不仅要承担高昂的运营成本，而且只能与数量有限的人交流信息和使用经验。随着用户数量的增加，这种不利于规模经济的情况将不断得到改善，所有用户都可能从网络规模的扩大中获得更大的价值。此时，网络的价值呈几何级数增长。这种情况，即某种产品对一名用户的价值取决于使用该产品的其他用户的数量，在经济学中被称为网络外部性（network externality），或称网络效应（network effect），如图 2-4 所示。

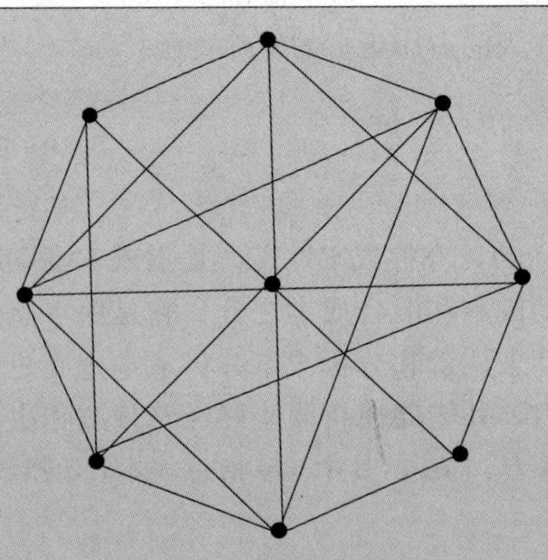

图 2-4 网络效应

受网络效应影响的最常见的例子是电话。如果不能打电话给别人，或者你想要交谈的那个人没有购买电话，就根本不会有人有意愿去买电话。此种情况同样适用于传真机、电子邮件、手机、信用卡、借记卡以及其他同类事物。这样一组用户就形成了某种网络。缺乏网络的支持会阻碍一些特定技术的发展，那些没能成功组建网络的企业经常会在这种类型的市场中遭遇失败。

网络效应是指一个网络的价值与网络中的节点数成正比。很多人对腾讯 QQ 充满抱怨，却放不下这个小小的即时通信软件，因为那几乎等于一个中国网民的网上社会关系。

关注网络效应的人可能会忽视网络负效应。一个网络的节点数越多，它被滥用的风险就越大，造成的损失也越大。典型的例子是计算机病毒。Windows 平台组成了一个巨大的个人计算机网络，在获得各种便利的同时，人们也不得不承受病毒带来的巨大损失。很多人开始由 IE 浏览器转向火狐浏览器，并不是因为火狐浏览器更快速或更稳定，仅仅是因为针对 IE 浏览器的各种流氓行径已经让人防不胜防。

另外，网络越大，网络的维护成本也就越大。以每个人的社交圈子为例，固然，扩展个人的社交网络可以带来更多的潜在机会，但同时，维护这个网络也要花费更多的精力。不同年龄段、不同职业的人，对社交网络的需求也不一样。

在校学生还没有建立广泛的社交关系，而且他们有大量时间可以消耗，所以他们的需求是近乎无节制地扩展网络，这也正是腾讯 QQ 和 MySpace（聚友）得以成功的关键。但在一个商务群体中，他们已经有了一定的社交网络，时间的价值常常要高于扩展网络所带来的价值，他们只是想更有效地管理和维护这个网络，而不是让它无限制地膨胀。

一个网络的大小并不一定会直接影响使用者自身对网络的价值判断。电话网络再大，你能用到的部分通常也只是电话本上的那几百个人而已；腾讯 QQ 用户再多，日常联系的也只是联系人名单上的那几百个人而已。当然，一个大的网络的优势在于，你的联系人通常“天然地”存在于其中，你不需要费力地向他们介绍一个新的网络。但如果你的联系人都进入了一个新的网络，那么这个网络的规模哪怕再小，其价值也并不比一个大网络小多少。

网络效应可分为直接网络效应和间接网络效应两种：直接网络效应是指同一市场内消费者之间的相互依赖性，即使用同一产品的消费者可以直接增加其他消费者的效用，如电话、传真以及互联网等；间接网络效应主要产生于基础产品和辅助产品之间技术上的互补性，这种互补性导致了产品需求上的相互依赖性，即用户使用一种产品的价值取决于与该产品互补的产品的数量和质量，一种产品的互补品越多，那么该产品的市场需求也就越大。

网络效应的存在，尤其是未被市场机制化的直接网络效应的存在，催生了外部性，即消费者对于网络产品的消费行为会给其他消费者带来正外部性。而当这种正外部性的行为未得到补偿或鼓励时，就会造成网络产品的最优消费者数量低于实际消费者数量，这就导致了市场失灵。

阅读材料

随着数字经济的发展，对大型高科技公司的反垄断加强

数字产业是典型的网络效应产业。直接网络效应、间接网络效应和跨边网络效应的存在，使得使用一种产品（服务）、一种技术、一个平台的用户数量、互补品数量或供应商数量越多，则该产品（服务）、技术或平台给它的参与者带来的价值就越大，因此会不断地吸引更多的参与者，形成正反馈机制，最终出现“赢者通吃”的

局面，使得行业中一两家企业占有绝大多数市场份额。大型高科技公司的规模和数量也成为一个国家数字经济发展水平的重要标志。总体来看，市场份额向大型高科技公司的集中具有有利的一面，譬如数据的集中有利于更好地挖掘数据价值，也有利于通过集聚优秀人才推动新一代信息技术的发展，但是近年来，大型高科技公司的垄断和对竞争的遏制也引起许多国家监管机构的关注。2020 年 10 月，美国众议院司法委员会发布对脸书、亚马逊、苹果、谷歌的反垄断调查报告，其目的是保持在数字经济领域的创新活力，特别是在新的颠覆性创新领域孵化出新的大型高科技公司。美国监管机构的做法必将产生示范效应，对全球的大型高科技公司的发展产生重要影响。2020 年 11 月，为预防和制止平台经济领域垄断行为，我国国家市场监督管理总局起草了《关于平台经济领域的反垄断指南（征求意见稿）》，向社会公开征求意见。

2.3.7 长尾效应

2004 年 10 月，美国《连线》杂志主编克里斯·安德森在他的文章中第一次提出长尾理论，他告诉读者：商业和文化的未来不在热门产品，不在传统需求曲线的头部，而在需求曲线中那条无穷长的尾巴。克里斯举例：在互联网的音乐、新书甚至旧书等的销售中，尽管单项的热门制品畅销，高居营业额的前列，但是，由于仓储的无限和联邦特快的存在，那些看上去不太热门的制品也在创造着出乎意料的营业额，竟然成为这些新媒体销售收入的主要部分。

根据统计学理论，我们将正态曲线中间的凸起部分称为“头”，两边相对平缓的部分称为“尾”。从人们需求的角度来看，大多数的需求会集中在头部，这部分我们可以称之为流行；分布在尾部的需求是个性化的、零散的、小量的需求。这部分差异化的、少量的需求会在需求曲线上面形成一条长长的“尾巴”。所谓长尾效应就在于它的数量，将所有非流行的市场累加起来就会形成一个比流行市场还大的市场，如图 2-5 所示。

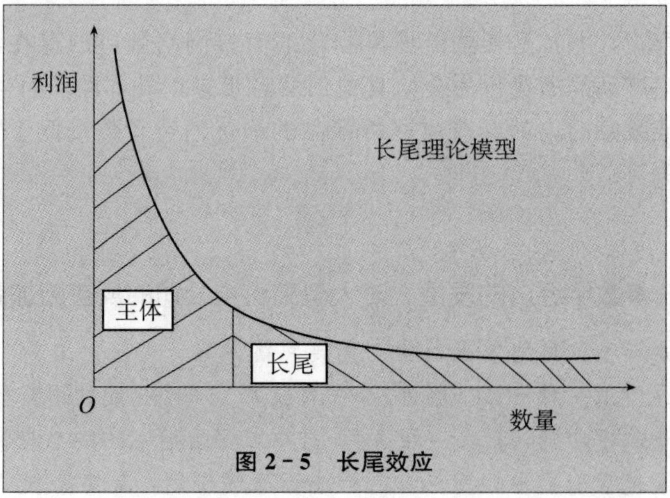

图 2-5 长尾效应

自2004年长尾理论问世以来，它已经跨越了新经济的疆界而进入传统经济：越来越多的行业注意到，长尾市场不是新经济的独家特权，而是在各个传统行业无所不在的现实。在追求利润最大化的经济利益驱动之下，更多企业注重需求曲线的头部，却忽视尾部，结果实际形成了企业之间对头部的“红海”之争，而对蓝色所代表的更加广阔的“蓝海”市场却有忽略之嫌。

互联网广泛应用之后，基于互联网的销售活动与传统的销售活动有三大变化：其一，互联网时代的销售活动受时空限制极少，它依赖的是一张几乎没有边际的网络，以及几乎没有约束的存储空间。互联网上的信息在于时间的积累和空间的不断扩张，在互联网上访问信息，不存在由于时空的原因导致擦肩而过的现象，同时在互联网上增加信息的成本都可以低到忽略不计。展览会是传统销售的一种主要方式，展览会有明显的时空概念，错过了展期，就无法看到展览会的展品。对参展商来讲，参展的面积限制了可以参展的内容，每增加一些展品，就需要扩大展位的面积，跟着就是参展费用的成比例增加。其二，在互联网上，销售机会更多来自消费者的“拉”而非销售商的“推”。传统的市场销售以“推”为主，特别是受时空条件的限制，销售商必须追求最有效地利用可用的时空资源，于是把其20%的主流商品作为“推”的主要内容，把其20%的关键客户作为“推”的主要对象。展览会是这样，卖场的物品陈列和定向推广是这样，平面广告也是这样。在互联网上销售，访问信息的主动权在消费者，消费者从销售商提供的海量信息中查找他所需要的。由于消费者的个性差异，销售商提供的信息量越大，每一条信息被访问到的概率就越趋于相等。其三，互联网上也有“推”的销售模式，但是基于互联网的“推”可以做得更精细。推的对象更精确，面向的市场更细分。互联网上出现的广告方式，不仅有主流的内容相关和点击付费，更出现了交易付费的广告方式，即没有因互联网广告引起购买不需要向广告商支付广告费的销售模式。

长尾效应的根本就是强调个性化、客户力量和小利润大市场，也就是要赚很少的钱，但是要赚很多人的钱。将市场细分到很细很小，然后就会发现这些细小市场的累计会带来明显的长尾效应。以图书为例，巴诺书店的平均上架书目为13万种，而亚马逊有超过一半的销售量来自在它排行榜上位于13万名开外的图书。如果以亚马逊的统计数据为依据的话，这就意味着那些不在一般书店里出售的图书要比那些摆在书店书架上的图书形成的市场更大。也就是说，我们能够摆脱资源稀缺的限制。很热门的WEB2.0概念在很多方面也正是很好地利用了长尾效应。试想如果仅仅是把一本百科全书的所有内容搬运到网页上，情况会怎样？这样的话，内容就是死的，可满足大部分知识需求，却无法完整地涉及一些稀有需求，而所有这些稀有需求的总量是庞大的、惊人的，这就是长尾之所在。

内容提要

作为人类社会的一项颠覆性成果，数字技术的应用为消费者提供了在传统商业模式下难以获得的价值，日益成为技术主流。与传统的工业技术相比，数字技术在技术扩散的速度与范围、创新效率等方面都具有更高效的表现。

数字技术为商业活动构建起一个虚拟世界，数字孪生系统将物理世界完整地映射到数字化空间。在这里，消费者摆脱了物理环境的束缚，能够从多个渠道接收实时的市场信息，与任何企业的任何生产环节进行直接对话，获得所需要的产品和服务。数字世界的微妙之处在于，它在很大程度上实现了消费者和企业之间的权力平衡。

在以消费者价值为主导的商业逻辑下，消费者与企业共同参与价值创造，这也是未来产业竞争的主要模式。让消费者实质性地参与到企业的生产活动中，赋予消费者更多的话语权，从需求端向供给侧发力，是数字经济下企业追求价值最大化的必要条件。

与过往的农业经济、工业经济、信息经济一样，数字经济同样具有其自身独特的基本规律，包括梅特卡夫定律、摩尔定律、吉尔德定律、安迪-比尔定律、成本习性、网络效应和长尾效应等。

关键概念

新基建是指5G网络、数据中心等新型基础设施建设。

“三新”经济是指新产业、新业态和新模式。

梅特卡夫定律是指网络的价值为网络节点数的平方。

摩尔定律是指当价格不变时，集成电路上可容纳的元器件的数目每隔18～24个月便会增加一倍，性能也将提升一倍。

吉尔德定律是指最为成功的商业运作模式是价格最低的资源将会被尽可能地消耗，以此来保存最昂贵的资源。

安迪-比尔定律是指硬件提高的性能很快被软件消耗了。

成本习性是指成本变动与业务量变动之间的依存关系。

网络效应是指某种产品对一名用户的价值取决于使用该产品的其他用户的数量。

长尾效应是指商业和文化的未来不在热门产品，不在传统需求曲线的头部，而在需求曲线中那条无穷长的尾巴。

开放式问题

1. 结合社会生活中的现象，解释数字技术进步性的应用体现。

2. 以某个商品为例，分析数字技术创新对经济效率的影响。

3. 对比工业经济时代生产活动与数字经济时代生产活动的相同与不同之处，以具体某项业务为例分析上述二者的生产效率变化。

4. 讨论如何通过发展“三新”经济，实现创新驱动发展。

5. 在数字经济发展大潮下，企业如何更好地把握和利用数字经济基本规律？

进一步讨论的主题

根据国家统计局的公开数据，2016—2023年间中国“三新”经济保持稳定增长（见

表2－1)。产业数字化、数字产业化趋势明显，是我国经济高质量发展的创新驱动力。中国数字经济以技术创新驱动数字产业快速发展，以业态和模式创新赋能传统行业数字化转型，成为平抑风险的经济“压舱石”。数字技术与医疗、教育、交通、零售、制造等各行业的深度融合按下“快进键”，智慧课堂、协同办公全面普及，“云问诊”“云会展”“云旅游”纷纷上线，网络直播、共享员工等个人就业新形态不断涌现。

表2－1　2016—2023年“三新”经济发展情况

年度	绝对额（亿元）	在GDP中的占比（%）	现价增速（%）
2016	113 587	15.3	11.8
2017	129 578	15.7	14.1
2018	145 369	16.1	12.2
2019	161 927	16.3	11.4
2020	169 254	17.1	4.5
2021	197 270	17.3	16.6
2022	210 084	17.4	6.5
2023	223 528	17.7	6.4

资料来源：国家统计局。

2023年，中国基础软件、高端芯片、核心元器件等关键核心技术创新投入将持续加大，数据赋能效应与技术乘数效应相叠加，将推动以要素共融、资源共享、价值共创为核心的应用场景创新走向深入，加速产业要素裂变、融合、重构，引爆数字经济一个又一个新的增长点，为国内经济复苏提供持续动力，不同产业的数字化转型也将渐次展开，如表2－2所示。

表2－2　不同产业“三新”经济发展情况

年度	第一产业			第二产业			第三产业		
	绝对额（亿元）	在GDP中的占比（%）	现价增速（%）	绝对额（亿元）	在GDP中的占比（%）	现价增速（%）	绝对额（亿元）	在GDP中的占比（%）	现价增速（%）
2016	5 830	0.8	—	48 497	6.5	—	59 260	8.0	—
2017	5 998	0.7	2.9	54 253	6.6	11.9	69 326	8.4	17.0
2018	6 227	0.7	3.8	62 453	6.9	15.1	76 689	8.5	10.6
2019	6 685	0.7	7.4	70 443	7.1	12.8	84 799	8.6	10.6
2020	7 423	0.7	11.0	73 487	7.4	4.3	88 345	8.9	4.2
2021	7 912	0.7	6.6	87 499	7.7	19.1	101 859	8.9	15.3
2022	8 457	0.7	6.9	92 813	7.7	6.1	108 815	9.0	6.8
2023	8 728	0.7	3.2	93 491	7.4	0.7	121 309	9.6	11.5

资料来源：国家统计局。

请结合中国不同产业的发展特征，分析各个产业的现状及其未来发展趋势。

参考文献及扩展性阅读建议

第3章

数字化创新

学习目标

1. 掌握数字化创新活动中智力资本的作用。
2. 理解数字化创新活动中知识共享的原理。
3. 了解数字产业集群的特征与规律。
4. 能够运用智力资本、知识共享、数字产业集群理论，分析数字化创新中的跨界合作机制。

引入案例

在上一章中，我们介绍了数字技术以及生产活动的基本规律。随着创新在经济社会发展中的地位日渐突出，数字化创新对技术升级和生产优化起到了至关重要的作用。百度在提出阿波罗（Apollo）计划后，在通用技术标准的基础上，通过在线开放平台的数据资源，搭建开放、共享的技术性架构，吸引了宝马、中兴、微软、怡利电子等一大批来自全球各地的合作研发者，共同推出有关自动驾驶的一系列解决方案，共同为消费者创造新价值。区别于传统创新，数字化创新在智力资本汇聚、知识共享、数字产业集群方面都表现出新的特征，这也正是奠定数字经济理论基础的一个关键领域。

约瑟夫·熊彼特认为，创新的过程是建立一种新的生产函数，即在各种生产要素之间引入一种"新组合"，进而作用于生产条件和生产体系的变革之中。创新（即"新组合"）所建立的新生产体系是一种"创造性破坏"（creative destruction）。熊彼特强调"企业家精神"，企业家的职能就是实现"创新"，不断追求在生产体系中创造并引入"新组合"。数字化不但会促进创新发展经济体系内原有生产要素的优化重组，而且会同时引入数据这一新的生产要素，增加生产要素新组合，产生新的生产函数，有助于创新的发生与发展。

马克思指出："各种经济时代的区别，不在于生产什么，而在于怎样生产，用什么劳动资料生产。"① 千百年来，人类吃穿住用行的基本需求是差不多的，但满足需求的手段发生了日新月异乃至天翻地覆的变化。数字经济作为经济发展的新引擎或新动能，其生产资料和手段有别于传统经济，主要体现为"三新"：第一，新基础设施，如云计算＋互联网、物联网＋终端等。各类超级网络平台已经成为社会的新基础设施，而且新基础设施不断"叠加"于原有的基础设施之上。第二，新要素。在数据开放、流动、共享的大数据时代，数据已成为新生产要素，以数据资源为代表的数字经济要素具有资源充裕性、可无限复制性的内在特点，不再具有稀缺性。第三，新结构，如大规模协作。从传统产业链上下游分工到价值链各个环节交互协同，跨界融合、产业整合成为新趋势。传统经济以社会分工为主要依据划分的农业、工业、服务业之间界限分明，内部行业边界清晰。数字经济的跨界融合特征非常明显，原有行业分类法已不大适合。数字经济是创新的结果。根据创新理论鼻祖熊彼特的五大创新来源视角，可以将纷繁复杂的数字经济形态重新划分为如表 3-1 所示的五类。

表 3-1 熊彼特创新视角下的数字经济形态划分

产品创新	工艺创新	市场创新	资源配置创新	组织创新
先进数码设备，电动汽车，新材料，3D 打印机，智能可穿戴设备等	高端集成电路，新型平板显示，智能制造，太空科技，合成生物科技，增材制造等	虚拟现实，增强现实，数据分析，人类增强，基因疗法，直播，数字交付等	跨境商务，共享经济，网络借贷平台，众包，众创等	平台型组织，社交网络，自媒体，云社区，创客，孵化器等

资料来源：戚聿东，李颖．新经济与规制改革．中国工业经济，2018（3）：5-23.

在数字经济如火如荼的环境下，创新比以往任何时候都更加值得我们关注。技术使进化加速。数字化创新以人工智能、区块链、云计算、大数据技术为基础，以实现用户价值的产品和服务创新为核心。数字化转型倒逼产品及服务的快速供给，对创新的速度也提出更高的要求。然而，硬件设施的创新通常需要较长的周期，难以满足数字经济下的创新要求。当前，科技创新已成为时代命题。企业是自主创新的主体，世界上对经济发展起决定作用的技术几乎全部源自企业。随着用户对个性化体验的需求逐渐增加，通过软件业务的改进，增加价值供给，成为企业实现创新的新思路。同时，软件业务升级所需要的周期短于硬件设施，更有利于企业把握新的市场机遇。

进入 21 世纪以来，全球科技创新进入空前密集活跃的时期，新一轮科技革命和产业变革正在重构全球创新版图、重塑全球经济结构。科学技术从来没有像今天这样深刻影响着国家前途命运，从来没有像今天这样深刻影响着人民生活福祉。面对日益激烈的国际竞争，中国必须把创新摆在国家发展全局的核心位置，不断推进理论创新、制度创新、科技创新、文化创新等各方面创新。2020 年 11 月，国家主席习近平在北京以视频方式出席亚太经合组织第二十七次领导人非正式会议时指出，数字经济是全球未来的发展方

① 马克思，恩格斯．马克思恩格斯文集：第 5 卷．北京：人民出版社，2009：210.

向，创新是亚太经济腾飞的翅膀。要全面落实亚太经合组织互联网和数字经济路线图，促进新技术传播和运用，加强数字基础设施建设，消除数字鸿沟。中方倡议，各方分享数字技术抗疫和恢复经济的经验，倡导优化数字营商环境，释放数字经济潜力，为亚太经济复苏注入新动力。[①]

3.1　创新活动

传统的封闭式、闭源式创新模式在市场需求趋同、信息相对有限的情况下具有优势，但是在响应多样化需求以及应对不确定性方面存在不足。在数字经济时代下，任何企业都不具备在所有领域保持领先的全部技术、资源与能力，只有在不断凝聚、展现新想法的过程中才能发展壮大。因此，创新不应仅仅是组织内部的闭门造车，而是需要整个生态的协力共进。整个生态在价值创造上的协同产生指数级的增长效应。有价值的思想遍布数字化空间的各个角落，企业要实现可持续发展显然不能忽略规模庞大的外部知识。

3.1.1　开放式创新

数字技术以及开源系统能够为企业源源不断地输入新的创意，开放式创新模式为产品迭代提供了强劲动能。从概念上讲，开放式创新是指企业借助互联网将创新职能众包给非特定的主体，在任何时间、任何地点对各种形式的意见都保持开放、接受的姿态，并将其中好的创意表现在产品和服务中。以维基百科为例，通过向全球用户开放编辑功能，加快词条的解释与更新，在 2002—2008 年它已拥有多种语言版本、共计 20 多万组词条，信息储量远超《不列颠百科全书》。

众包是指企业调动网络上的资源与能力，将创新活动交由最合适的人员在最有效率的地方开展。通过汇聚来自不同领域的知识，发掘跨界创新的潜力，构建创新生态圈。在动态、不确定的市场环境中，生态圈内部参与主体的多元化为信息交换、解决问题提供了更多的选择，也提高了系统的稳定性、应对未知风险的能力。企业借助生态圈内部合作伙伴跨界提供的专业知识基础，有利于优化创新的成本、质量和速度，更好地适应用户需求的变化。雷蒙德将创新模式区分为大教堂模式和集市模式，二者分别对应了封闭式和开放式的创新文化。与大教堂模式相比，集市模式下开放式、开源式的创新思路吸引了多方参与主体，也增强了企业对市场机遇的捕捉。2000 年年初，宝洁因为创新能力停滞，导致企业市值缩水 800 亿美元。随后，宝洁将非核心业务全部剥离，并且扩大了创新支出规模，将创新重心转至企业内外部创意的整合与孵化，而不再仅仅依赖于内部创新。为了促进创新团队之间的信息共享，宝洁建立了产品资讯平台，加强与用户、供应商以及其他合作伙伴的技术交流。经过 4 年多的变革，宝洁完成了对近 200 个品牌产品的更新换代，还陆续推出一些全新的产品类别，其中一半以上的创新成果来源于组

---

① 习近平：数字经济是全球未来的发展方向，创新是亚太经济腾飞的翅膀．新华网，2020-11-20.

织外部。海尔集团的开放式创新平台 HOPE 旨在打造全球智慧家庭领域最大的技术创新入口和交互平台，通过内部 1 000 多名接口人，紧密对接 10 万多个一流资源、120 多万名科学家和工程师，组成了一流资源的创新生态圈，形成了一个遍布全球的创新网络，进而实现了“世界就是我的创新部”的开放式创新局面。

开放式创新（open innovation）是指开放企业传统封闭式的创新模式，促进各种创新要素互动、整合、协同的动态过程，实现创新要素在不同企业、个体之间的共享，构建创新要素整合、共享和创新的网络体系，以更快的速度、更低的成本获得更多的收益与更强的竞争力，如图 3－1 所示。开放式创新模式可以分为外部知识在组织内部的利用，以及内部知识向组织外部的转移。在内向开放式创新与外向开放式创新①的协同作用下，知识的跨界传播与交互促进不同主体在数字化空间中密集地虚拟集聚，催生出开放式创新网络。替代式竞争促使企业对新知识进行探索，不断寻找竞争优势的新基础。借助互联网的力量，企业能够在创新网络中实时获取互补性资产，尤其是隐性知识的积累。与显性知识相比，隐性知识往往是特定情境下的产物，具有较强的情境依赖性。数字化、密集化的创新网络降低了隐性知识在不同情境下应用的试错成本，加快了隐性知识的创造、传播、共享，促进了产品迭代、技术升级以及创新扩散。只有接受者表现出更为积极的姿态，知识才能够在不同主体之间实现有效“转移”。这也要求企业与创新网络中的其他主体建立更为密切的连接，在汲取新思想、新知识的同时，充分发掘并整合生态中的碎片化价值。Linux 系统向全球开放源代码，允许程序员在原始系统的基础上进行修改、创新与测试，提高产品质量和性能。正是凭借汇聚全球爱好者的共同努力，Linux 系统被广泛地应用于各类计算机硬件设备中。根据中国信息通信研究院发布的《中国云计算开源发展调查报告（2018 年）》，有 80%以上的企业在使用私有云的过程中应用了开源技术。

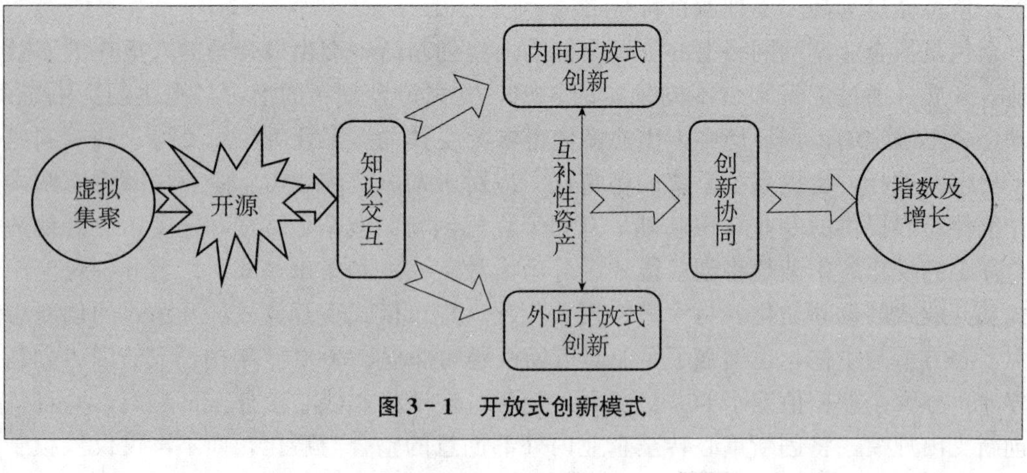

图 3－1　开放式创新模式

① Sikimic 等（2016）认为内向开放式创新是将外部的技术和知识整合到组织的创新过程中，主要形式有兼并收购、合资等；外向开放式创新是将组织内的技术和知识向外部扩散，主要形式有技术授权、技术合作等。参见：Sikimic，U.，Chiesa，V.，Frattini，F. and Scalera，V. G.，2016，“Investigating the Influence of Technology Inflows on Technology Outflows in Open Innovation Processes：A Longitudinal Analysis”，*Journal of Product Innovation Management*，33（6），pp. 652－669.

开放式创新深入发展，创新生态的重要性日益凸显。数字技术进步推动了世界更大范围、更深程度的“连接”，提升了创新资源的流动性和可用性，使得创新要素和资源更易于被获取，创新创业门槛降低，产业组织和社会分工持续深化。以用户为中心、多元主体参与、在更大范围合作的开放化创新蓬勃发展，众包众创、协同创新、参与式创新等新模式不断涌现。自下而上的创新机制逐步凸显，创新活动的合作也在不断加强。同时，能否构建良好的创新生态，成为集聚整合创新资源、提高创新效率的关键。

阅读材料

《欧洲新工业战略》解读

2020年3月10日，欧盟委员会发布包含《欧洲新工业战略》在内的一系列关于“欧洲绿色和数字化转型”的战略规划，覆盖了传统工业、中小企业以及单一市场等方面。鉴于欧洲雄厚的工业基础和绿色数字化发展的必然趋势，此次欧盟出台的新工业战略将全力帮助欧洲工业在气候中立和数字化的双重转型中发挥领导作用，加速提升欧洲竞争力和战略自主权，以应对日益不确定的地缘政治局势和日渐激烈的全球竞争态势。

一、欧洲新工业战略的背景：雄厚的工业基础与不可逆的数字化趋势

欧洲工业在促进欧洲经济增长中发挥着至关重要的作用。欧洲工业是许多行业的全球领导者，占欧盟总增加值的20%，为欧盟3 500万人提供了就业机会。与此同时，数字化浪潮不断席卷而来，大数据、人工智能与区块链技术和传统工业不断深度融合。因此，欧洲工业企业，尤其是中小企业亟须决策层启动绿色和数字化转型的顶层设计，引领企业成功完成数字化和绿色转型。

二、欧洲新工业战略的缘起：勾勒一整套欧洲工业战略蓝图

自2019年3月以来，欧洲理事会便不断呼吁制定全面的、长期的、系统的欧盟产业政策战略。采取综合措施，打造更深入、更强大的欧洲数字单一市场。自欧盟委员会新任主席冯德莱恩上任伊始，就在其政策规划中明确了雄心勃勃的数字欧洲工业规划与气候议程变革计划。此后欧洲议会和欧洲理事会制定的《2019—2024年战略议程》《欧洲绿色协议》，以及欧盟委员会制定的《塑造未来欧洲数字化战略》，都反映了新一届领导层对规划欧洲工业前景的价值诉求。

三、欧洲新工业战略的举措：保护知识产权、营造公平竞争、建立脱碳联盟

欧洲新工业战略强调三大优先任务：维系欧洲工业的全球竞争力，2050年欧洲实现气候中立（climate-neutral），塑造欧洲的数字化未来。为完成上述目标，提出拟采取一系列重点举措。

第一，制定知识产权行动计划，推进绿色公共采购的立法和指导。行动计划旨在维护技术所有权，拟调整法律框架以适应绿色和数字转型，促进全球公平竞争，以更好地保护知识产权成果。

第二，审查欧盟竞争规则，营造公平竞争氛围。欧盟将着手对兼并行为进行评估，并对国家援助准则开展适用性检查，确保欧盟竞争规则适应快速变化的、绿色的数字经济浪潮。此外，为确保公平竞争，除了充分利用贸易保护机制外，欧盟委员会还将在2020年中期之前发布白皮书，以解决单一市场中因外国补贴所造成的扭曲效应，并解决外国获得欧盟公共采购和欧盟资金途径的问题。

第三，建立工业脱碳联盟，确保以有竞争力的价格提供低碳能源。作为推进工业脱碳的重要项目，拟将以清洁氢联盟为核心，辅之以低碳工业联盟、工业云平台和原材料联盟，以期强化欧洲工业脱碳和工业领先的领导地位。例如通过一项关键原材料和药品行动计划，支持战略性数字基础设施和关键技术的发展，确保关键原材料的自主供应，从而加强欧洲工业的战略自主权。同时，欧盟将采取综合措施，投资1 000亿欧元资金加速高能耗行业的现代化和脱碳化转型，大力支持可持续和智能交通行业，强化既有碳减排工具的利用效率，确保以有竞争力的价格提供充足和持续的低碳能源。

四、欧洲新工业战略的主力军：释放中小企业的发展潜能

中小企业在欧洲工业结构中扮演着关键角色。欧洲现有2 500万家中小企业，一半以上的中小企业从事着各种创新活动。它们提供了三分之二的就业岗位，贡献了欧洲地区生产总值的一半。鉴于其对新工业战略的重要影响，欧盟委员会旨在从三个方面引领中小企业成功完成数字化与绿色发展的双重转型。

促进可持续发展与数字化转型。欧洲境内仅有25%的中小企业从事绿色环保产业的生产与服务，只有17%的中小企业成功完成了数字化转型，远远落后于大企业数字化转型的比例。为此，新成立的欧洲创新理事会将从2021年起提供3亿欧元，以鼓励相关企业进行绿色交易的突破性创新。设立专门的可持续发展顾问来升级欧洲企业网络，提高员工技术素养。同时还将通过240家数字化创新中心，为中小企业更好地把创新技术整合进产品、服务以及商业模式中提供有效方案。

减轻企业监管负担。仅有60万中小企业将产品出口至欧洲境外，欧洲单一市场内仍存在服务跨境困难；欧洲仅有40%的企业能够按期付款，破产风险仍较大；78%的企业抱怨烦冗的行政手续拖累了企业生产。有鉴于此，欧盟将在诸多边境地带建立合作伙伴关系，统一协调跨境提供服务的规则和程序。

提供上市融资支持。仅有10%的中小企业外部融资来自资本市场，只有11%的中小企业考虑将股权作为融资选项，其中真正实际使用的概率低至1%。因此，为缓解中小企业融资难问题，促进其在欧洲顺利上市，欧盟委员会亦通过“中小企业首次公开发行基金”，资助企业进行公开融资。

五、欧洲新工业战略的基础：庞大的单一市场

欧盟认为单一市场有助于提升自身的全球竞争力水平。诚如欧盟单一市场官员所言：“欧洲单一市场是欧洲最伟大的成就之一，大大小小的公司提供了就业岗位、经济繁荣和战略自主权。”为了持续解决单一市场面临的既有困境，包括限制性和复杂的国家规则、有限的行政能力、不完善的欧盟规则转换以及政策落实不到位等问题，欧盟通过了《更好地实施和执行单一市场规则的行动计划》，该计划以成员国与委员会之间的新伙伴关系为基础，以确保单一市场规则得到正确执行和应用。欧盟将成立委员会和成员国联合工作组，以加强在执行统一市场规则方面的合作。

六、欧洲新工业战略的意图：抢占数字化工业领导地位，实现战略自主权

一是从“传统工业领导者”转变为“数字化工业高地”，维护全球工业领导地位。

欧洲一直赖以自豪的就是其坚实的工业基础。但由于欧洲从未形成真正的完整单一市场，未能发挥出自身的规模优势，在数字化创新领域逐渐被美国和中国拉大差距。此次一系列欧洲工业战略的出台，旨在顺利推动欧洲工业可持续和数字化的双重转型，保持欧洲的全球竞争力，实现战略自主权。

二是提升全球数字竞争力，营造公平竞争环境，应对地缘政治的不确定性。

在全球局部地区持续动荡、发展不稳定因素增多、地缘政治态势复杂的全球大背景下，面对中美高科技产业的强有力竞争，欧盟亟须加快可持续和数字化转型步伐，增强自身竞争力，在一个更加动荡和不可预测的世界中维持世界工业领导者地位。

三是强调“绿色”与“数字”相融合，走数字化工业领导者的可持续发展之路。绿色可持续与科技赋能是本届欧盟委员会领导层施政的两大着力点。为此，欧盟一方面希望早日达到“碳中立”与“气候中立”目标，另一方面力图释放数字经济迸发的内在价值，使得数字经济规模从2018年的3 010亿欧元提升到2025年的8 290亿欧元，成功走出数字化工业领导者的可持续发展之路。

3.1.2 产业突变

数字技术应用带来传统产业的深刻变化，这也恰恰体现了熊彼特在《资本主义、社会主义和民主》一书中所提到的“产业突变”。产业突变是指产业发展过程中发生的非连续变化，不断地从内部使这个经济结构革命化，不断毁灭旧的结构，又不断创造新的结构。这种非连续变化的临界点是产业突变点。从成因看，引发产业突变的外部因素包括经济危机、气候、政治等；引发产业突变的内部因素包括产业内部技术革新、市场结构变动、规模经济、需求变动等。按照对经济的影响分类，产业突变可以分为积极的和消极的两种。技术创新、产业支持政策等因素引发的产业升级或竞争力提升，是积极的产业突变现象。经济危机、供给冲击等因素引发的产业整体效益下降等现象，是消极的产业突变现象。

企业变异或企业突变是产业突变的微观基础。在外部条件变化的情况下，企业的异质性将导致部分企业在演化过程中发生变异或突变。发生突变的企业数量达到一定规模，将改变企业间的竞争关系，引发市场结构突变。产业是同类企业的集合，市场结构突变最终导致产业突变。

产业演化是一个动态的过程。构成产业演化的动力如下：在产业演化过程中，外部冲击对产业突变有重要影响。在经济全球化背景下，一国的产业发展受到国际、国内两个市场的交互影响。产业突变将带来产业升级或产业衰退。由需求升级或技术进步引发的产业突变是产业发展、产业升级的重要机遇。反之，衰退产业的突变加速了产业的衰退。产业突变对产业安全会产生影响。一国产业可能因一次产业突变引发产业发展危机，影响到产业安全。产业突变发生后，对整个产业的产出、价格、市场集中度等变量会产生影响。产业突变点的界定有助于界定产业生命周期各阶段，并引申出从一个阶段进入另一个阶段所需要的产业政策。当前，对产业生命周期的界定方法尚不够成熟。运用产业突变点的界定方法可以较方便地界定产业生命周期的拐点，为产业政策的制定和转换提供实证支持。

产业突变将引起经济增长或经济萧条。宏观经济各产业部门的协同突变将导致经济增长或经济萧条。如经济危机对一国经济的冲击，首先是对各类产业的冲击。众多产业的波动或突变引起经济波动。

3.1.3 颠覆性创新

Bower 和 Christensen（1995）最早提出了“颠覆性技术”（disruptive technologies）概念，特指那些在性能上优于传统技术且在原理上存在典型差别的新兴技术。① 颠覆性技术赋予后发企业一定的基础条件，使得它们有机会采用恰当的创新策略，放松组织边界约束，去挑战领先企业的市场地位。在颠覆性技术的基础上，Christensen（1997）进一步提出了“颠覆性创新”（disruptive innovation）概念，用于描述后发企业利用颠覆性技术赋能，辅之以商业模式改进，最终形成对领先企业的部分替代甚至完全替代的经济现象。② 与颠覆性技术相比，颠覆性创新将研究视角从技术创新拓展到商业模式创新，更为准确地描述了后发企业对领先企业的市场颠覆过程。从效果来看，颠覆性创新在初期不会对市场产生破坏性影响，使得领先企业对这类活动普遍缺乏足够关注，但是时间一长就会遭受重大打击，市场格局也随之被改变。

针对市场格局改变，Schmidt 和 Porteus（2000）通过对产品或流程改进项目的营销目标和制造目标进行价值分析，揭示了两条可供企业参考的实施路径，分别是“高端进入”（high-end encroachment）和“低端进入”（low-end encroachment）。③ 随后，Christensen 和 Raynor（2003）借鉴了相似思路，进一步将颠覆性创新的路径界定为“新市场颠覆”（new-market disruptions）和“低端市场颠覆”（low-market disruptions）。④ 其中，低端市场是指那些对主流产品的核心性能需求较低，不愿意为该产品进行付费的顾客群体；高端市场则是由那些支付意愿较高的顾客组成。现实中，领先企业主要致力于满足高端市场的顾客需求，新市场和低端市场顾客的潜在需求也就成为后发企业尝试颠覆性创新的重要切入口。区别于渐进式创新与突破性创新，颠覆性创新更加凸显了新兴技术本身的优越性以及创新产出对于经济社会发展的驱动作用，较好地回应了新一轮科技革命的相关议题，为发展中国家实现科技自立自强提供了思路启发。

---

① Bower，J. L. and Christensen，C. M.，1995，“Disruptive Technologies：Catching the Wave”，*Harvard Business Review*，73（1），pp. 43－53.

② Christensen，C. M.，1997，*The Innovator's Dilemma*：*When New Technologies Cause Great Firms to Fail*，Boston：Harvard Business School Press.

③ Schmidt，G. M. and Porteus，E. L.，2000，“The Impact of an Integrated Marketing and Manufacturing Innovation”，*Manufacturing and Service Operations Management*，2（4），pp. 317－336.

④ Christensen，C. M. and Raynor，M. E.，2003，*The Innovator's Solution*：*Creating and Sustaining Successful Growth*，Boston，MA：Harvard Business School Press.

(1) 从低端市场到高端市场的技术跃迁。

对于企业而言，以顾客为中心已然是深度嵌入价值观的管理哲学。面对日益激烈的市场竞争，领先企业迫于业绩压力，必然会更加专注于改进既有业务，追求短期利益最大化。从需求情况来看，高端市场经过一段时间的发展，顾客需求相对固化，能够为领先企业提供可靠的业绩支撑；低端市场和新市场的顾客需求存在较高的不确定性，难以为领先企业提供有力的增长助力。为了维护高端市场的利基顾客，领先企业将重要资源用于优化已有的成熟产品，不断加大对关键技术的渐进式创新。事实上，这种做法很可能导致技术性能超出了顾客的实际需求，出现技术性能过剩和支付溢价，降低使用体验，但是也容易忽略外部环境中政治、经济、社会、技术等长期因素的变化。创新是企业建立竞争优势的基石。但是，如果创新无法与时代进步保持同频，反倒会让企业日后走上衰退道路。当市场出现重大技术突破时，领先企业受到战略惯性和沉没成本的制约，常常选择继续延续传统的管理思路，没有适应性地改变经营战略、建立新优势，进而错失新的技术市场和转型良机，陷入了"创新者的窘境"和"成功者的诅咒"。诺基亚、柯达等知名企业都曾经因为过度执着于传统优势，没有及时调整思路，使得市场份额持续萎缩，逐渐丧失领先地位。

新技术的出现，并不会直接产生经济价值，而是通过对业务流程、产品质量、生产环节等进行更改，促进产业整体进步。新技术本身蕴含的风险往往使得领先企业望而却步，难以获得高端市场顾客的关注，却有可能成为后发企业拓展低端市场和新市场的制胜工具。相较于领先企业，后发企业在永续经营的目标驱使下，拥有较强的创新创业导向和战略灵活性，能够更好地顺应新兴技术潮流，敏捷地识别、把握低端市场和新市场中出现的各类机会。后发企业通过将新的技术范式融合到管理实践当中，有助于满足低端市场中长期存在却未得到关注的潜在需求，打开新的市场空间。新技术在应用初期尚存在诸多不完备之处，其支撑的产品性能低于高端市场的成熟产品，恰恰是以价格低廉、操作简易、移动便携等优点，赢得了低端市场和新市场的顾客青睐。随着新技术的连续调试，技术水平和运行成本都会得到快速改进，在迭代中展示出新颖性和优越性，产业竞争基础也随之发生转变。得益于新技术改进所带来的有效助力，后发企业在低端市场和新市场开发出较为稳定的顾客群体，还可以凭借先行优势，向高端市场进行延伸和跃迁，蚕食领先企业的市场份额，逐渐颠覆市场格局。在这个过程中，后发企业循序渐进地改变了传统的技术架构，为下一轮产业发展孕育新的增长动能。例如，优步（Uber）作为出租车行业的颠覆者，运用共享经济理念，彻底改变了传统出行方式，在成立之后的4年时间里迅速进入全球10多个国家的200多个城市。在创业初期，优步运用平台技术较好地解决了打车难问题，节省了司机"空跑"以及顾客用车的时间成本，也为闲置车辆开启了新的盈利模式。之后，随着大数据、云计算、物联网等技术的不断升级，优步陆续将数据挖掘、行程规划、安全预警等解决方案投入运营，与有关部门共同构建线上线下协同的监督机制，显著改善了顾客使用体验，推动出租车行业从工业经济时代迈入数字经济时代。

(2) 从边缘地位到主流地位的商业塑造。

技术升级加剧了产品本身的复杂程度，增强了应用于物质的机械动力，并且深化了劳动专业分工，这些都是人类文明进步的直接表现。经过工业化时期的积累，各项技术的复杂程度大幅提升，技术谱系趋于多元化、非同质化，任何一家企业都无法掌握新产品的所有技术细节。互联网技术进一步增强了经济复杂化趋势。在新技术出现之初，后发企业处于商业活动的边缘地位，不具备挑战领先企业主流地位的内外部条件。为了增加产品供给，后发企业不得不借助组织网络力量和技术性互补关系，突破各类技术问题和生产瓶颈。个体成长得益于最适合从环境中获利的方案，而这些个体往往也有利于促进周围事物发展。后发企业与其他企业之间知识学习与信息交互的频率不断增加，有助于做大技术创新活动规模，凝聚更加密切的价值网络合力。经过识别组建、关系升级、创新深化三个阶段，后发企业构筑起资源融合、协同共享的价值网络，综合竞争力得以增强，夯实了颠覆性创新的组织基础。

颠覆性创新的成功与否不仅取决于新技术特征，而且要依托产业化体系的支撑，包括基础研发、市场化以及社会化等。新技术应用可能产生的收益取决于其在生产活动中的应用范围，只有在新的生产方式和新的商业模式得到一定推广之后，它们才会爆发出惊人的能量。新技术在生产水平的高增长率与生产结构的高变换率之间具有中介传导的作用机制，诞生了比传统部门增长更快的新部门，推进传统产业和新兴产业之间的更替演变。这些新部门也成为技术革新的中心，以一种全新的商业模式来突出新产品与传统产品所不同的独特功效和价值属性，使得后发企业可以吸引更多顾客关注和购买行为，从商业活动的边缘地位走上主流地位，塑造新的商业规则。例如，奈飞（Netflix）在互联网技术的基础上，运用流媒体的管理模式，对传统的录像租赁业务进行价值重组，较好地解决了内容质量、滞纳金等问题，重新定义了影视行业的经营逻辑，颠覆了百视达的主流地位。成立之初，奈飞选择将长期以来竞争对手忽视的观众收视影片情况作为唯一的北极星指标，持续地降低搜索成本、优化观看体验。除了提供传统的影视内容产品之外，奈飞还推出了原创剧集的技术服务，支持第三方公司围绕观众的观赏习惯，独立创作高质量视频，将更多的原始创意转化为实践。针对观众体验，奈飞在关键环节都配备了机器学习、算法模型、趋势预测等智能推荐工具，缩短厂家与观众之间的心理距离。根据奈飞发布的2024年第一季度财务报告，公司的主要业务已经覆盖到全球190多个国家和地区，付费会员数达到2.696亿。

后发企业颠覆市场格局的过程必然会打乱传统的商业秩序，对于领先企业甚至整个产业都会产生直接冲击，可能引起相关企业的强烈排斥，甚至遭受抵制与反击，竞争压力也越来越大。考虑到竞争加剧可能带来的额外成本，后发企业需要从创新生态系统的视角出发，灵活、持续地调整多边合作，除了要从外部环境中争取必要的配套支持，还要注意平衡多方经济利益分配。2006年，索尼公司向市场发布了电子书浏览器之后，读者反应冷淡，根本原因就是前期没有考虑到对作者和出版企业可能造成的影响以及利益分配方案，无法从外部获得足够的配套支持。

3.2 智力资本

在数字经济中，每一条数据都反映着用户需求与价值供给之间的平衡。每一条数据都可以有多个用途和多个用户，如何发挥它的最大价值则需要企业进行精细化设计。要想在设计方面少走弯路，最好的办法就是发挥需求端的拉动作用，鼓励用户协助企业提出具体方案。数字技术的应用与创新为企业向用户开放参与生产活动的权限提供数字化赋能。例如，并行制造通过整合传统生产技术与数字技术，利用海量数据对资源进行综合管控以及跨区域配置，强化流程之间的衔接，将传统链式生产流程转变为并行、扁平化的生产流程，提高了产品从设计到生产的成功率；智能合约通过以数字形式定义合同条款，并且借助信息技术严格监督合同履行，保障了双方权益；块数据技术将跨行业数据进行关联性聚合，改变数据的生产方式，促进数据流通，为企业和用户提供了更为全面的数据支持。数据是数字技术创新的关键要素，数据化意味着数字技术的创新从以应用模糊集合推理为主的模糊逻辑过渡到以数据为要素且可量化的精确逻辑，是更高阶意识形态的反映，具有更强的客观实在性。从技术的本质来看，数字技术的创新较好地融合了供需两端的发展与变化。无论是技术性能的升级，还是应用场景的延伸，数字技术都表现出更为灵活多样的特点，这也恰恰顺应了消费升级的市场趋势。

3.2.1 数字化赋能彰显智力资本价值

随着数字化、网络化、智能化的发展，计算机能够从过往数据中学习形成经验，在网络上进行传播、推广，并且逐步代替人工从事重复性的简单劳动。蓝领机器人开始向生产一线渗透，企业财务资本的配置效率大幅提升。相同的要素会因为在配置上的差异而产生截然不同的生产率水平。Brynjolfsson、Hitt 和 Kim（2011）以美国 330 家企业作为样本研究发现，在提高生产率上，数据驱动的实际效果比将信息与通信（ICT）技术应用于其他方面高出 5%左右，并且对企业的财务绩效、资本表现等均产生了正向影响。[①] Bakhshi、Bravo-Biosca 和 Mateos-Garcia（2014）选择英国 500 家企业为样本进行类似研究发现，将用户数据纳入生产管理的企业的生产率要比没有这么做的企业平均高出 8%～13%。[②] 也正是凭借数字化赋能带来的优势，在数字化转型方面先行一步的企业实现了降本增效，进而体现出更高的生产力。

程序性业务决策自动化，激发企业对知识密集型劳动需求的快速增加，智力资本价值受到更多的关注。人工向非程序性业务聚集，专注于提供创造性的复杂劳动以及价值输出。由于非程序性业务的处理需要应对各种非结构化问题和新信息的使用，创造性能力是重要基础，而常规的业务流程缺乏用武之地。对新问题进行分析、解决、总结的过程，也是探求和归纳新知识的过程。数字技术增强了信息存储的能力，加快了知识的生产、扩散、应用，知识经济的规模不断扩大。同时，智力资本的重要性不断提升，其稀缺性以及资产专用性均超过财务资本。Tan、Plowman 和 Hancock（2007）[③]

---

① Brynjolfsson, E., Hitt, L. M. and Kim, H. H., 2011, "Strength in Numbers: How Does Data-driven Decision Making Affect Firm Performance", Working Paper at SSRN, No. 1819486.

② Bakhshi, H., Bravo-Biosca, A. and Mateos-Garcia, J., 2014, "The Analytical Firm: Estimating the Effect of Data and Online Analytics on Firm Performance", Nesta Working Paper 14/05.

③ Tan, H. P., Plowman, D. and Hancock, P., 2007, "Intellectual Capital and Financial Returns of Companies", *Journal of Intellectual Capital*, 8 (1), pp. 76-95.

和 Nuryaman（2015）[①] 分别选择新加坡和印度尼西亚的上市公司作为样本研究发现，智力资本对于价值创造和增值的贡献度高于财务资本，对于企业未来的发展产生了显著的促进作用。在产品的成本结构中，财务资本的占比持续下降，智力资本的占比进一步加大，如图 3－2 所示。

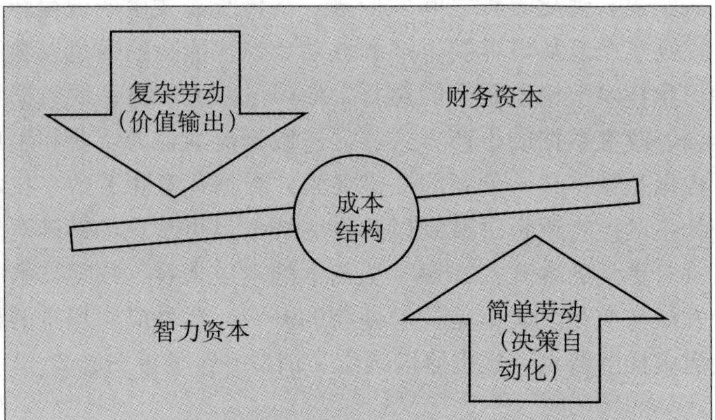

图 3－2　在产品的成本结构中智力资本的占比提高

数字化赋能增强了企业利用数据驱动创新的能力，企业对服务的关注程度超过了对生产的关注，“服务化”趋势日益明显。根据联合国贸易和发展会议于 2025 年 3 月发布的《全球贸易最新动态》，2024 年全球贸易额创纪录地增长到 33 万亿美元，较 2023 年增加 1.2 万亿美元，同比增幅约为 3.8%。其中，货物贸易额增长约 5 000 亿美元，同比增幅约为 2.0%；服务贸易额增长约 7 000 亿美元，同比增幅约为 8.8%。“服务化”就是以数字技术为基础、以用户需求为导向，充分发挥智力资本的关键作用，面向用户提供创新、个性化的价值供给。这个过程不仅要求把人类的创造性意识反映在产品的服务中形成价值，而且要将计算机的数据分析有效地应用于补充人类的创造力，提供客观、实时的市场信息和反馈。

数字技术的应用打破了物理环境对产品供给的约束，企业在时间和空间两个维度能够为用户创造更多的服务价值。企业可以通过在线调度增加附近地区闲置产品的供给，用户对产品的使用不再以获取所有权为前提，而仅需根据使用情况进行付费。按照这个思路，用户消除了购买时间以及购买后不得不支付的维护成本，闲置产品的所有者迎来了新商机。存量式调度的商业模式缓解了由产品增量式供给所带来的市场压力，也成就了以优步、滴滴、爱彼迎（Airbnb）为代表的众多共享经济企业。

数字化的生产技术实现了不同地区企业在互联网上的虚拟集聚，计算机基于实时数据生成最优的生产方案，对生产活动提出明确、详细的指令。作为一种新的产业组织形态，虚拟集聚加快了要素配置以及生产协作。企业在线即可掌握生产流程以及合作伙伴的动态，及时做出调整，企业之间在价值创造上的空间协同性得以增强。安卓系统采用开源的策略，吸引全球技术爱好者参与应用程序开发，加快系统的更新换代，赢得了大

① Nuryaman，2015，“The Influence of Intellectual Capital on the Firm's Value with the Financial Performance as Intervening Variable”，*Procedia-Social and Behavioral Sciences*，211，pp. 292－298.

量智能手机用户，2018 年安卓系统在全球智能手机市场的份额达到约 85%。

3.2.2 智力资本价值提升下有限合伙制与双重股权结构

数据穿透增强了不同行业之间的互联互通，降低了企业跨界成本。源于数字技术的推动，全球最大的搜索引擎商谷歌于 2012 年开始创新商用无人机，美国社交网站脸书于 2019 年 6 月宣布将发行私人数字货币天秤币（Libra），美国最大的电子商务公司亚马逊于 2019 年 12 月宣布将加入量子竞赛的行列，等等。跨界伴随着企业经营范围和资源范围的扩大，进入新的业务领域使得企业有机会捕捉新的增长点，摆脱对传统核心业务的过度依赖。企业的边界反映了自身综合能力的范围。动态、灵活的组织边界有利于企业最大化地整合内部资源的价值，更好地适应外部环境的变化。但是，企业选择跨界发展并不是要放弃传统的核心业务。企业在其他行业中探索现有的、可类比的、价值链以外的技术或知识，也可用于解决本行业面临的技术难题或创新，以此加强竞争优势。基于跨界学习的异质性知识所形成的创新经验不易于被竞争对手模仿和复制。

数字技术实现所有权的明晰与管理，促进使用权的交易，“不求所有，但求所用”的原则更加契合企业跨界经营的实态，通过有限合伙制做大网络的连接规模能够为企业产生更为长远的价值。面对数字技术应用给商业带来的各种不确定性，企业唯有时刻警惕由跨界投资带来的高风险，才能够维持有序、健康的运营。从设计机制来看，有限合伙制是最有利于高风险投资的组织形式，既能保障创业企业控股权的稳定，又通过给予投资方股权激励的方式，最大限度地发挥各方的积极性。有限合伙制是指在二元责任制度下，创业企业主承担无限责任，普通投资方以出资额承担有限责任，这也较好地契合了双方的市场需求，能够确保资本、技术与管理实现高效组合。灵活的经营管理机制使得企业仅针对政府及债权人进行信息披露，减少了应对外部监管的压力，有限的信息公开提高了商事保密性，对投资方具有很强的吸引力。资本市场的不断完善为投资方转让合伙股份创造了便利，健全的退出机制促进了投资方收益的及时变现，并且不会影响到创业企业的正常发展。

传统公司治理机制致力于解决“内部人控制”引发的代理问题，试图通过引入独立董事和“累计投票权”等机制保护中小股东利益。但是，资本具有逐利性，股东追求短期利益的原始动机并不与企业价值最大化的目标完全兼容。过度地保护股东权益也忽略了对创始人团队利益的维护，而后者所具有的智力资本才是创业企业保持稳定发展的核心力量。在“一股一票”的传统制度下，创始人团队往往难以主导企业发展的方向，甚至随时都有可能被董事会“炒鱿鱼”，企业管理层的频繁变动显然会大幅削弱企业经营的活力。例如，苹果公司董事会 1985 年罢免了乔布斯的董事长职务，理由是乔布斯对产品的乐观预期出错，导致企业经营陷入危机。而乔布斯的离职也使得苹果股价在接下来 7 年多的时间里持续下跌，苹果公司走向停滞不前、亏损甚至濒临破产。直到 1997 年乔布斯的“二进宫”才开始逐步扭转苹果公司的命运。鉴于在美国硅谷，类似公司创始人被董事会“炒鱿鱼”的事情很多，一些数字化企业在有限合伙制的基础上，又“发明”了双重股权结构制度，即同股不同权、同股不同利。根据美国上市公司的数据，2009—

2013年间大约有16.5%的企业在首次公开发行时采用了双重股权设计，特别是新兴领域的高科技企业，2013—2017年间这一比例继续保持增长。从实际效果来看，双重股权设计有助于上市企业提高对智力资本的投资与激励，避免企业在管理者不知情的情况下被收购，释放创业企业的发展潜力，提高对投资者的长期回报，使管理层关注创造企业的长期价值，日益成为发达国家创业企业进行首次公开发行的首选模式。双重股权结构为企业跨界经营提供了便利，企业能够以较小的付出获得必要的跨界支持。

以京东为例，2014—2016年间，腾讯旗下黄河投资有限公司先后三次购入京东的存托股共计802万股，所持的京东股份从17.6%增加至21.25%，成为第一大股东。通过入股京东，腾讯逐步加大对电商领域的战略性布局，并且不断强化与核心业务之间的协同。但是，腾讯持股比例的提高并没有对京东的实际控制权产生影响。在京东的股权架构下，刘强东通过Max Smart、Fortune Rising Holdings共持有18.8%的股份，多家资本机构均将所持股份的投票权委托给Max Smart。按照公司章程的规定，Max Smart、Fortune Rising Holdings所持每一股均享有20份投票权，而其他股东所持每一股仅对应1份投票权。如此，刘强东共计拥有80%以上的投票权，拥有对京东的绝对控制。作为中国最大、全球第二大的电商企业，阿里巴巴也在有限合伙制和双重股权结构上做出探索。尽管软银和雅虎分别以31.8%和15.3%的持股比例成为阿里巴巴最大的两个股东，但是按照公司章程规定，以马云为首的34位合伙人始终控制着对董事会成员的提名权，直接负责企业经营。

在有限合伙制和双重股权结构的助力下，企业凭借所拥有的大量用户及数据可以轻易地跨界进入众多不相关的领域，获得更加丰富的用户和数据资源。数据来源单一会降低企业的竞争优势，因为从这类数据中得到的灵感无法适用于不同的用户群体。那些无法跨界获取用户和数据的企业必将陷入竞争劣势，处于被动的市场地位。美团、饿了么等企业的出现为用户提供了便捷的外卖服务，但是也间接地造成了方便面销量的断崖式下跌。智能手机在被注入拍照功能，并且不断增加美颜、连拍、流光等技术后，愈发受到用户的偏爱，对专业相机构成了替代式竞争。在数字时代，“跨界打劫”的现象几乎每天都在上演。正如数字经济业内人士经常表述的，“打败你的不是对手，颠覆你的不是同行”“我打败你，与你无关”“没有成功的企业，只有时代的企业”，等等。“跨界打劫”增加了市场环境的无序、混乱，加剧了企业之间的替代式竞争，对产业结构、产业组织、企业组织产生了深刻的影响。

3.2.3 智力资本价值汇聚下利益相关者的价值整合

智力资本价值的彰显表明企业之间的竞争还需要针对人类的创造性意识的获取。创新是经济和社会进步的重要驱动力，企业的发展壮大同样离不开创新的潜在影响。创新源于个体之间主观能动性的碰撞。数字技术加快了数据的传递，提高了信息交互频率，为创新思想的凝聚创造了有利条件。在数字化空间里，数据汇集之处往往也是新思想、新创意生发和涌现的源头。只有那些能够源源不断地获取大量数据流入且对算法加以持续优化的企业，才有机会提炼出新的产品价值。建立流量思维，固化、促活并日益扩大用户群体，集聚更多的发展能量，对于企业创新服务方式、改善服务质量具有重要作用。例如拼多多作为新兴的平民购物平台，采用拼团折扣的消费模式，利用微信朋友圈的力量实现“野蛮生长”，按照拉新、留存、促活的步骤，逐步将新加入者转化为活跃用户，最大限度地降低了流量成本。

服务升级必不可少，关键还是要带来新的价值。就某个产品所蕴含的价值总量而言，单个个体显然无法给予全部供给，必须与其他个体共同完成。2019 年 8 月，美国 188 位顶尖企业首席执行官联合签署《企业的目的宣言》。该宣言强调企业将不再独尊股东利益，应该更加重视致力于为所有利益相关者创造价值，包括为客户提供价值、提高员工薪酬福利与培训教育、与供应商公平合理交易、支持社区、保护环境、为股东创造长期价值等。钱德勒将工业时代企业绩效的驱动力归纳为规模经济和范围经济，但二者对价值的贡献边际递减。而在人工智能驱动的模型中，学习效应和网络效应使得二者对价值的贡献边际递增。在交叉网络外部效应的作用下，利用数字化空间中的集群力量，形成规模经济和范围经济，无疑对推进价值创造具有更为积极的作用。在数字化初期，网络效应和算法应用都会面临一定困境，当连接规模和数据达到临界值后，就会爆发出惊人的能量。根据梅特卡夫定律，网络价值为网络节点数的平方，即网络价值会随着连接用户数量的增多而呈现指数级增长状态。新的节点也预示着新的机会。在网络里，企业在不断把握新机会的同时，也为之后捕捉更多的机遇奠定基础，进而形成一种良性的正向循环。为了赢得、巩固竞争优势，企业必须追求扩大对个体的连接规模，致力于整合网络中的碎片化价值，如图 3-3 所示。

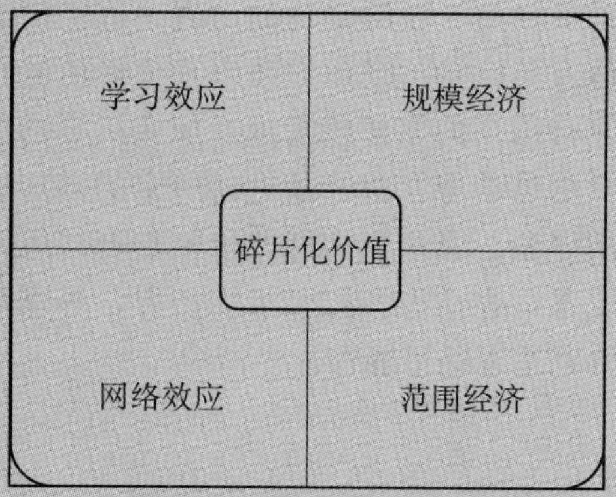

图 3-3　碎片化价值体现

除了要最大限度地发挥用户的作用，企业内部的员工同样具备贡献智力资本和碎片化价值的能力。因为长期从事一线工作，员工对于用户需求的变化有着更为直观的感受，也更加明确创新的必要性和方向。在价值创造方面，企业有必要发动全员的力量，形成合力共同推动实现企业价值最大化。一个行之有效的办法就是让用户和员工变成动态合伙人，赋予他们相应的权力，在创造价值的同时也能够分享由此所产生的回报，强化激励相容，切实激发他们的热情和积极性。概括起来就是“高管股东化、员工创客化、用户员工化”，高管、员工、用户之间的角色定位日益模糊，而这显然有别于传统的公司治理机制。海尔于2005年推出以用户为中心的“人单合一”模式，将员工的角色从雇佣者转变为创业者，企业提供基础设施和生产服务来帮助员工实现个人理想。通过将员工、订单、用户合在一起，让员工直接负责向用户创造价值。薪酬由用户决定，根据员工创造的价值进行支付。让用户倒逼员工转变观念，主动提高专业素养。所谓的“用户员工化”就是企业在向用户提供服务的同时，将用户付出的劳动折算为股份，使用户与企业共同发展、共担风险、共享收益。企业为用户提供生活化的创业空间，让用户参与产品的开发、推广，借助用户的圈子力量，扩大网络的连接规模。如滴滴出行把一些好的司机发展为公司的“司机服务经理”，小米手机将一些“米粉”发展为公司的员工。

随着用户在市场中的地位不断提高，用户之间的连接更加频繁。具有相同或相似爱好的用户在互联网上聚合为虚拟社群，围绕共同的需求形成在线分工，分享新知识和价值，推进产品的更新换代。虚拟社群作为一个自我运作的组织平台，包括用户、企业等多个主体，知识的交流与增值是维持其运行的根本动力。在这里，个性化将得到前所未有的体现。每个主体通过与其他主体进行价值交互以及贡献智力资本，在参与知识创新的同时，也从最终产品中直接获益。企业为了获得发展，就必须在努力地满足“长尾需求”的过程中建立自身的粉丝社群。由于每一个虚拟社群都反映了一类用户的共同爱好，社群之间形成不同的圈子与层次，这种现象也被描述为“社群圈层化”。罗辑思维选择“85后”的读书爱好者作为目标群体，通过培养用户形成共同的阅读习惯、分享经典学习体会、加强线上阅读与线下交流等互动方式，吸引大量的在线用户，逐步构建起知识服务的社群，成为中国前三大内容知识提供商之一。

虚拟社群的崛起推动了平台型互联网市场的出现。价值供给的多样化加快了用户的个性化升级，促使企业进行跨界连接。企业加强碎片化价值的整合能力，丰富了价值供给的形式，有助于更好地迎合用户的多样化需求，加快用户的个性化升级。然而，需求具有无限膨胀的特性。用户总是希望在对产品支付一定的固定成本后，能够以较低甚至零边际成本获得更多的使用体验。当产业内部的价值整合接近天花板时，企业之间的竞争陷入白热化。在这种情况下，企业选择打破组织边界，寻求跨界连接，能够为开拓蓝海以及进一步扩大价值供给创造新的可能性。

阅读材料

恒瑞医药：跨越创新的陷阱与断层

恒瑞医药从一家生产红药水、紫药水的低端制药厂发展成了一家拥有一条完整、清晰的研发线，从项目立项到临床研究再到获批上市都有明确的时间规划，按研发线有序推进的企业。经过多年的创新研发布局，恒瑞医药已形成“上市一批、临床一批、开发一批”的良性研发循环。

恒瑞医药旗下各种产品根据药品的适用症状进行分线，组成不同的销售团队，统管该类产品在全球的销售。目前，恒瑞医药的产品主要集中在抗肿瘤药、麻醉制剂、心脑血管常发病药以及造影剂四大领域。根据分线的原则，对于不同领域的药品由不同的营销人员负责。而营销人员接受更专业、更具有针对性的培训，充分了解该产品线系列产品的作用机制、效果、副作用、适用情境，从而可以更好地为被营销者——医生等人员提供专业化建议。为此，恒瑞医药扩充了其销售队伍，涉及各条产品线，形成了专业、规范、有序的销售体系，为产品销售提供了可靠保障。

在药品质量管理方面，恒瑞医药除了采用美国食品药品管理局标准，在产品售后上也建立了一套被称为“上下可追溯”的质量追踪机制：通过这个机制，恒瑞医药可以快速对出现质量问题的产品进行排查。

恒瑞医药研发部门主要基于项目与专业技能的不同来进行层级化设计。研发人员的奖励机制分为四部分：薪酬奖励、项目激励、失败激励以及股权激励。恒瑞医药设立了专门的管理部门来进行专利管理。专利管理分为对外管理和对内管理。在对内管理中，恒瑞医药的知识产权保护措施包括以下方面：首先是团队知识管理，将其划分为一般性知识和核心机密知识。通过这种分类管理知识的方法，恒瑞医药既做到了企业内研发知识的传播，又保护了核心机密。其次是员工流动管理，严格交接工作。最后是专利分类别保护机制，延长了新药的专利保护期。对外管理即密切关注国际上各大创新药的专利到期时间，为仿制药的提前布局收集必要的情报信息。

资料来源：刘海建，吴通．恒瑞医药：跨越创新的陷阱与断层．清华管理评论，2021（1）：132-143.

3.3 知识共享

在数字空间中，数据的资源属性要远远大于其资产属性。数据是信息传递的核心媒介，所有资产均以数据的形式进行标记。无论是生产制造、交通运输等硬件设施，还是信息系统、程序应用等软件工具，都将在数字空间中得到清晰呈现，甚至物流渠道、供应流程等抽象概念也能够进行数字化的系统性展示。数据在本质上具有客观性，所有个体都能够通过访问数据库来获取物理世界中资产的详细信息，即使是使用性能、损耗程度等不易被直接评估的特性，也能够通过查询使用记录间接获知。数据的客观性使得不同个体能够较为容易地挖掘其所包含的信息，因而也成为数字化空间内部进行交流的主要语言。数据语言的使用降低了信息转化和解释的复杂程度，进一步提高了信息传递的效率。虽然目前针对数据质量、使用权限等问题仍然存在诸多争议，但是作为一项新的生产要素，数据本身所蕴含的商业价值已经引起学术界与实业界的关注。充分发挥数据的积极作用成为促进传统产业转型升级的必要之举，一个关键的前提在于以数据主线为基础，连接所有的产业部门，进而形成数字化产业体系。随着传统产业从信息化逐步向数字化过渡，生产力水平得以提升，生产关系将发生改变，其间涉及不同部门之间知识扩散、技术协同、系统集成等新变化，带来成本管理、生产效率等方面的不断改进。

3.3.1 隐性知识的数字化管理

以数字化和网络化为特征的信息技术的发展使全球（尤其是发达国家）的经济增长方式越来越依靠知识的生产、扩散和应用。作为蕴含在人力资源和技术中的重要成分，知识对于生产力和经济增长的决定性作用日益明显。推动发达国家经济高增长的动力，一是来自知识产业的发展，二是来自传统产业知识含量的增加。知识可以作为资本来发展经济，而且在未来的经济发展中，知识将成为生产要素中最重要的一个组成部分。同时，知识本身作为生产要素应该介入分配，并成为分配的最主要依据之一。只有同分配联系起来的知识才能成为知识经济的发动机、驱动剂。软件的发展、芯片的突飞猛进、网络的产生，构筑了以数字化为特征的知识经济的框架。一方面，隐含经验类知识会由于数码化知识的普及和发展变得越来越稀有、越来越有价值。另一方面，随着计算机和网络技术的发展，获取数码化知识已经变得比较容易和费用低廉，有效利用信息的技艺和能力变得更具有决定性作用，因此，以处理和运用数码化知识能力形式表现出来的隐含经验类知识比以往更为重要。

在一个只有“不确定性”唯一能够被确定的经济环境中，知识是组织内部唯一能够被用于维持竞争力的资源。知识管理（knowledge management）是指在组织中建构一个量化与质化的知识系统，让组织中的资讯与知识通过获得、创造、分享、整合、记录、存取、更新、创新等过程，不断地回馈到知识系统内，形成永不间断地将累积的个人与组织知识转化成组织智慧的循环，在企业组织中成为管理与应用的智慧资本，有助于企业做出正确的决策，以适应市场的变迁。对于企业而言，知识管理包括新知识的创造、传播与应用，其不仅是总结经验、发现问题的必要环节，而且是提高组织创造力、实现创新驱动的重要手段。按照表现形式划分，知识可以分为显性知识和隐性知识。两类知识在实际应用中各有优劣，企业要辩证地予以兼顾。显性知识能够通过文字、图表、声音等形式表示，易于传播与应用。与之相比，隐性知识更多地依附于个体本身而难以被形式化，在传播与应用上都存在明显的局限性。也正因如此，隐性知识在新产品研发、推动组织创新等方面具有更为重要的作用。隐性知识最有效的传播途径是面对面交流，及时的反馈能够提高信息传递效率。针对隐性知识，产业内部主体之间能够在传统信息交流的基础上，借助数字化管理工具对难以形式化的工艺技能进行多维度的数字化记录。随着数据记录的增加，企业将在系统化的数据挖掘的基础上得出计算模型，并且通过持续引入新数据以及构建模拟场景对模型不断加以修正和改进，加快隐性知识的传播与应用。除了工艺性能，隐性知识还存在于个体“认知”层面，包括信念、理想、价值观等。由于“认知”具有较强的路径依赖性，记录个体行为的数据可以提供一定的信息支持。通过对这类数据的挖掘，企业能够获得有关创新个体所具备特征的基本信息。将工艺技能与个体“认知”的数据模型进行联立与融合，加强了企业对隐性知识的数字化管理，同时也促进了产业组织内部知识的创造、传播和共享。

3.3.2 生产技术的数字化协同

在知识经济时代，知识资源成为技术创新的关键要素，知识聚合有助于推进组织内部的技术创新。组织在产业价值链分工上的不同使得组织之间的技术知识存在较为明显的差异，这也导致知识的传播面临一定障碍。在实践中，为了增进产业体系中上下游之间的合作，曾有学者提出“内部客户服务理念”。该理念倡导服务下游合作伙伴，建立“内部客户链”，但是由于仅聚焦于产品本身的质量，在技术交流方面并没有予以足够多的重视，造成生产上下游之间仍然表现为信息孤岛，缺乏有机衔接。

只有接受方在技术学习上表现出更为积极的姿态，技术知识才能在组织之间有效“转移”。知识的数字化管理则进一步加快了组织之间的知识转移，增强了组织的积极能动性，促进了显性知识与隐性知识的集聚和扩散。一方面，通过强化厂商之间的连接，消除了厂商之间技术信息不对称。下游厂商不仅能够详细了解上游伙伴的技术信息，而且可以根据供应产品的技术知识，通过在线的数据化处理精确匹配最优化的技术工艺及零部件，降低调试成本，节省流程时间。另一方面，除了被动性地进行适应，数字技术还促进了上下游厂商对彼此业务信息的掌握，进一步加强了生产合作。厂商基于对彼此业务的实时且充分的了解，特别是对隐性知识的学习，采用更具有经济性且操作性更强的合作模式，提高对设备、人力、资金等要素的使用效率，从而在技术、时间、成本等方面实现质的改善。

阅读材料

永新光学：阶梯式学习铺就冠军之路

永新光学的发展史是一条清晰的阶梯式技术学习路径。从早期向领先客户学习基本的生产工艺与产品设计知识，到与高校院所进行产学研合作学习新产品开发，再到参与国家重大工程进行研发学习来探索前沿技术，通过多来源的技术学习模式，以及在不同发展阶段主导学习机制的及时切换，永新光学逐步实现了技术能力的飞跃，产品从功能单一的低端显微镜扩展到为嫦娥人造卫星制造多款光学镜头，自身也从加工光学元件的小企业成长为光学显微镜行业的冠军企业。

永新光学在与摩托罗拉建立了合作关系之后，又开始与尼康、莱卡、美国Symbol等国际领先企业合作。合作的形式主要是“以销定产”，永新光学不仅获得了充裕的资金，更是通过“干中学”实现了生产工艺的稳步提升。

1997—2020年，在阶梯式学习过程中，永新光学的学习难度逐渐增大，学习广度不断拓展。此外，永新光学也相应加大了技术学习强度，充分发挥了不同学习机制的优势。从早期融入光学全球价值链的“干中学”，到发挥产学研平台优势的“合作中学”，再到积极参与国家重大工程项目的“研发中学”，永新光学的技术能力得到持续提升，构建起企业核心竞争力，并开始趋近行业技术前沿。永新光学通过对内外部环境的持续扫描、监控和审视，及时切换主导学习模式，形成了阶梯式学习路径，成功抵御了外部危机的冲击，企业收入和利润逐年增加，老牌企业焕发出勃勃生机，自身得到快速发展的同时也推动了我国光学行业的进步，并提升了中国光学企业在全球产业中的地位。

资料来源：彭新敏，王昕冉，慈建栋．永新光学：阶梯式学习铺就冠军之路．清华管理评论，2021（6）：98－104.

3.3.3 产品系统的数字化集成

系统集成是指企业通过将生产要素整合到一个统一协调的体系结构中，实现高效管理。产品设计的日趋复杂对系统集成的创新性提出了更高的要求。从动态视角来看，复杂产品在理论上被描述为由相距较远的多种技术路径交织融合而形成的持续性创新流。这也说明系统集成不仅要解决多种技术之间性能的协同，而且还需要克服要素之间协同所面临的空间约束。

在数字化空间中对产品进行完整设计，按照系统集成的硬性要求将对生产所需的技术以及要素给予详细的数据呈现，每个厂商都能够更为具体地认识到自身在生产活动中所扮演的角色，并且对该角色承担的责任建立清晰的认识。系统集成的工作从复杂的现场办公转变为可视化程度更高的在线操作，放松了物理世界对要素协同带来的空间约束。对于复杂程度较高的集成方案，厂商同样能够通过在线测试要素之间的协同性，提出最佳的设计方案，为生产计划提供具体指导。厂商之间利用数字技术形成以数据主线为基础，彼此互为外部支持，促进知识共享、技术协同与要素协同的数字化产业体系，这种在有意识协调下的长期稳定关系比纯粹的市场关系更有利于单个企业的技术进步。数字技术在消费者与厂商之间建立的数字化连接，将消费者的作用引入系统集成中。随着消费者的加入，数字化产业体系以使用价值为核心，产品能够更好地契合消费者的需求，也增强了系统内厂商对于市场风险的抵御能力。

3.4 数字产业集群

工业经济的规模效应对于价值的提升是逐步而线性的，领先公司所开发的技术以及优势往往只属于它们自己，网络中的回报递增是整个网络一起创造并共同分享的。互联网既是一种融合技术——人与数字技术不可分地融合成网络，也进一步催生了更多的融合技术。网络是结构最简单的系统，它能够无限地重组，也可以不改变其基本形状而向任意方向发展。网络不存在中心，不存在既定轨道，没有什么是一成不变的。免费选择使网络的能量在一瞬间爆发，让网络的价值呈指数级增长。利用集群力量往往能够在日益嘈杂的环境中取得优异的成绩，由无数小东西连接而成的网络能够产生巨大的能量。网络经济的游戏规则就是去发现那些曾经以为太小而被我们忽视的事物，让它们用最合适的方式去拥抱集群。[①] 在数字化空间中，网络有利于实现个人之间、个人与组织之间、

① 凯利．新经济新规则：网络经济的十种策略．北京：电子工业出版社，2014.

组织之间的互联互通，彼此可以提供足够的智力支持。随着网络用户的增多，网络的价值在急速膨胀，而这种价值的急速膨胀又吸引来更多的用户，产生了复合性的效果。网络能够让企业以更快的速度、更灵活的方式，生产各种更贴近消费者需求的新型产品。所有这些都是在一个急速变化的环境中发生的。在这样的环境中，几乎所有的竞争者也都拥有相同的能力。

创新很难被制度化，常常需要颠覆自己建立起的规则。从理论上说，创新意味着从已经建立起的模式中跳脱出来，也就是不走寻常路。在网络经济中，最不能容忍的是“单一创新”——创新只有单一的来源，而是应该通过建立开放的系统，把关键知识产权转移到公共领域，民主地开放源代码。在网络经济下，充分原则下开放的系统的益处会比这种专利的封闭系统的收益更多，数量越多越充分，价值也越高。随着网络在世界范围内的扩散，经济环境开始展现出有机环境的特质，各个部分相互连接、共同进化，而且不断变化、紧紧缠绕，边际不断延展。在网络时代，频繁的交流正在创造日益成熟的人工世界，为共同进化、自发的自组织以及双赢合作的涌现而准备着。在这个时代，开放者赢，中央控制者输，而稳定则是由持续的误差所保证的一种永久临界状态。①

信息化为中华民族带来了千载难逢的机遇。自党的十八大以来，党中央重视互联网、发展互联网、治理互联网，统筹协调涉及政治、经济、文化、社会、军事等领域的信息化和网络安全重大问题，做出一系列重大决策，提出一系列重大举措，推动网信事业取得历史性成就。中国必须敏锐抓住信息化发展的历史机遇，加强网上正面宣传，维护网络安全，推动信息领域核心技术突破，发挥信息化对经济社会发展的引领作用，加强网信领域军民融合，主动参与网络空间国际治理进程，自主创新推进网络强国建设，为夺取新时代中国特色社会主义伟大胜利、实现中华民族伟大复兴的中国梦做出新的贡献。

3.4.1 数字赋能

当前，5G、物联网、云计算等数字技术向社会生活的全方位渗透从深层次上改变了人们接触和掌握知识的逻辑。经济活动从物理空间向网络空间聚集，实体经济与虚拟经济相融合的格局加速推进。在数字化网络中，生产过程在时间和空间上实现自然连续，很多在工业时代无法供给的产品都具备了技术和经济的可行性。数字技术赋能组织之间进行横向与纵向的交流、互动，数字化协作、跨领域知识交互增多。人与人、人与组织之间的信息不对称得到不同程度的缓解，为创新行为打开更大的可能空间。

产品更新迭代速度明显提高。在人类社会发展的过程中，技术的出现往往是服务于特定的现实问题。人对社会进行改造的创造性思维总是通过技术来表达与延续，即一边用旧技术应答过往的现实问题，为下一步创新奠定基础，一边去寻找新问题的解决方案并开发新技术。旧技术的积累与沉淀有利于促进新技术扩散。根据《2018 年互联网趋势

---

① 凯利．失控：全人类的最终命运和结局．北京：电子工业出版社，2018.

报告》，在美国，新技术普及率达到25%所用的时间更短：电话用了35年，收音机用了31年，电视机用了26年，电脑用了16年，手机用了13年，互联网则仅用了7年。数字技术的应用是以互联网为基础，扩散速度和范围都得到了改进。技术进步对于经济与社会的作用必然要借助于产品形式。数字技术建立了线上连接，搭建了生产商和用户进行实时沟通的桥梁。用户在实际体验过程中留下的各项数据为企业源源不断地输入来自终端的一手资料。通过对这些资料进行动态性的分析解读，研发人员可以更加精确地把握需求变化趋势，在第一时间调整开发策略，从而较好地应对市场的不确定性，新版产品的上市速度明显提高。

多个模块的排列变阵传递出多元化价值。在数字化的虚拟网络中，分工更加精细，规则更加透明，基于专业化技能的协作变得更加经济与普惠。创新不再仅仅局限于单一主体行为，而是更多地发生在核心能力上彼此互补的企业之间。每个企业都依托自身的专业化技能，专注于深耕某个领域，由此而形成一个个独立模块，扮演着功能实现的主要载体。多个模块的排列变阵能够传递出不同的使用价值，是供求两端维持有机衔接的必要条件。将产业组织视为一系列模块的组合，显然更加合理、直观。从需求端导入的市场信号决定了模块组合的方式，推动产业组织的价值创新与发展演化。创新是一个动态过程，不断会有新组合出现，也会有旧组合消失。新组合在旧组合的基础上，通过重新调整组合的方式或者对现有生产手段的使用进行新探索，催生了新业态、新模式，传递出多元化价值。

3.4.2 数字协同

数字技术穿透组织壁垒，促进部门之间信息共享，跨界发展成为商业常态。信息流以零边际成本进行高速运转，带动物质流、技术流、资金流的汇聚与融合，降低了各个环节的交易成本，供求两端的联系日趋紧密，进而形成的非摩擦经济有力地强化了数字化创新协同，在时间和空间两个维度延伸出新的价值。与此同时，所凝聚的数字产业集群力量极大地推动了各类有价值创意的整合。过去很多不受重视的市场都变得活跃起来，机会利基的丰富加快了从创意到创新的转换，为产业增长注入了新动能。党的二十届三中全会提出要“加快新一代信息技术全方位全链条普及应用，发展工业互联网，打造具有国际竞争力的数字产业集群”。

生产要素之间协同与联动持续增进。随着传统生产要素对经济增长的边际拉动作用不断减弱，数据作为新的生产要素在经济增长中的贡献越来越突出。数据是作为量化符号对事实进行存储和传输的表示。与其他生产要素相比，数据具有非竞用性、客观性等特征，其本身没有固定的意义，同一组数据通常能够适用于多个主体的异质化需求。围绕线上连接的端到端服务打造全覆盖、无缝隙生产网络，为生产要素之间协同与联动创造了必要条件。协同是价值之源，协同的深度和广度体现了作为一个整体的竞争力。基于大数据建立算法模型，为要素配置与调整提供了最优方案。土地、资本、劳动、技术按照计算机指引向能够高效地创造价值的领域集中，减少低效甚至无效供给。线上线下精准对接，完成用户需求透明化、用户认知数据化、业务流程可追踪，敏捷服务效率进一步提高，铺就了用户深度参与生产活动的通道。需求端的数据反馈闭合价值链条最后一环，畅通产业内循环。通过变企业跑为数据跑，释放各部门的互补优势。让要素在更大范围畅通流动，有利于激发整体效应。

产业转型升级趋于整体化、系统化。产业转型升级是一个整体性、系统性的过程，要做到相互促进、齐头并进。在致力于发展新优势的同时，可以借助数字技术赋能，加强薄弱领域、补齐短板，挖掘发展潜力，增强发展后劲。利用数字主线打通堵点，切实激发各类主体的创新活力，打造动态循环的现代产业体系。生产要素之间协同与联动，带来量的合理增长和质的稳步提升，实现整体价值大于部分之和，支撑着现代产业体系的底层逻辑。以此为依托，倒逼技术创新能力的提升，促进科技创新以及关键核心技术攻关，增强产业链、供应链抗风险能力，推进产业基础高级化、产业链现代化。经过数据挖掘归纳形成的技术知识为数字技术创新提供了经验性理论基础，随着挖掘持续深入，技术知识不断积累并逐步构建为系统性框架，推动技术模块升级以及模块之间耦合。其间涉及知识扩散、技术协同、升级换代、架构演进等新变化，产业组织内部完成从“网联”向“物联”“数联”“智联”的不断跃迁，带来成本管理、生产效率等方面的改进，整体化、系统化特征日益凸显。

阅读材料

数字化创新驱动中国零售供应链协同

随着数字技术的迅猛发展，数字化创新趋势正在重塑零售企业的商业模式。以新兴数字技术（物联网、大数据、云计算、人工智能）为代表的数字化创新发展为供应链协同提供了土壤和养分。市场环境对协同生产标准化、高效化、定制化的要求日益提高，也对零售企业供应链协同水平提出了新的挑战。如果能适时抓住数字化创新的战略契机，积极应对，提高供应链协同绩效，不仅可以获得所处供应链外部环境中生存的竞争优势，也可助力中国零售行业的整体盈利水平。

巨头转型犹如大象舞蹈，苏宁易购从传统零售向互联网零售转型的举动，牵动着无数线下零售企业以及市场投资人的心。互联网电商崛起以后，苏宁易购的发展陷入困局：一是在线零售业务的多样性、复杂性和动态性与其常年习惯的系统应用及产品系统标准化模块管理之间产生冲突和博弈；二是采用线上线下融合的零售运营战略后，供应链的渠道、采购、价格流程之间面临新的协同难题。2009 年，苏宁易购坚定启动以数字化创新引领的 O2O 互联网转型之路，开行业先河，建立大数据中台，让传统零售向智慧零售升级，依靠数字技术大刀阔斧地优化供应链协同。

电子商务企业在中国的迅速崛起掀翻了传统连锁零售的市场格局，堪称一场零售发展的技术革命。阿里巴巴、京东、唯品会等擅长供应链运作的电商案例表明，建立数字化创新的管理模式，实现有效的供应链协同是企业成败的关键。其客户之间交换和集成信息，还涉及链条伙伴在协同规划、预测、分销和产品设计领域的战术联合决策，是对需求创造和需求履行流程的整合。在电商时代，供应链活动逐步往上游发展，按协同规划、预测和补充模式更深入接触供应链前端的主要客户，向 C2F（客户对工厂）定制化模式转变。

基于数字化创新的零售供应链地位愈发重要，供应链从面向合作伙伴到面向客户不断转型与升级。数字化创新能力使供应链环节的信息共享更为便捷，从零售系统的多维运营数据开始，企业持续迭代，激发协同效率，运用数字化创新赋能、引领供应链的技术革新。零售企业可以启动和维护包括供应商、咨询顾问，甚至客户等软件和硬件合作伙伴的帮助。

随着移动互联网的普及，零售企业能够积累大量的运营数据，如供应商、消费者、订单、产品等一系列信息。在这样的零售变迁背景之下，供应链协同的数字化内核表现主要有三：第一，需求预测。依靠需求驱动提升预测流程效率，以更好满足供应链后端上下游企业以及前端消费者的需求。第二，智慧决策。零售企业管理者面对新环境的发展机遇与挑战，做出积极改变的实践，当企业认为这种实践比较成功时，企业会进行数字化决策层面的创新活动。第三，流程再造。在沿袭传统策略的基础上，零售企业明确定位供应链产品的数字化流程，将实现业务流程再造和优质资源的数字化作为转型升级的核心内容。

数据、物联网、人工智能技术不是零售业态的最终目的，而是实现工具。零售企业的未来是依靠业务驱动还是技术驱动？其实，业务和技术两者绝非零和博弈，多数业务经营者的“经验决策”“拍板决策”“高危决策”的背后，往往不是能力差异，而是业务数字化的沉淀是否完备，数字化的创新与评价机制是否健全的问题。整体而言，现今零售企业的竞争模式早已由单个企业之间的竞争转变为供应链之间的竞争，供应链协同随之成为新的运营管理战略，数字化创新这个原本企业内部的实践活动也应转变为供应链协同战略下的数字变革。这是因为，消费者最终获得的产品是由供应链上所有企业共同生产、流通与交付，在不确定性加剧的后疫情时代，供应链上的每个环节都需要对产品的数字化流程负责，否则将无法保证最终的客户满意度。

资料来源：白冰峰，高峻峻，姜壮．数字化创新驱动中国零售供应链协同．清华管理评论，2020 (12)：54-59.

3.5　技术标准与知识产权的协同作用

技术标准与知识产权是技术创新的桥梁和载体。技术标准促进科技产业规范发展，知识产权保护激励科技产业整体创新。数字产业创新是数字经济高质量发展的“牛鼻子”，在打造数字经济新优势的战略全局中居于核心地位。推进数字产业创新不仅要提高基础研发能力，攻克“卡脖子”的关键核心技术，加快实现科技自立自强，也要完善创新激励、创新保护、创新协同以及创新扩散等制度安排，形成技术创新与制度创新的“双轮驱动”。知识产权与技术标准是驱动数字产业创新的核心制度安排，构成“双轮驱动”创新体系的重要支点，对掌握发展数字经济自主权具有重要意义。

第四次工业革命的到来加速了各产业间以数字技术为核心的创新生态构建，数字技术和新型业态正在改写全球产业的竞争格局，其中由知识产权裹挟的技术标准先行已成为产业创新生态构建的新型竞争规则。技术标准与知识产权逐步走向联合共生、协同共创是重要趋势，传统的单一产品生产结构已经被基于技术标准与知识产权协同的多主体、多层次、多节点产业立体链式结构所取代，标准创新网络通过开源创新、专利联营、事实标准等多种方式推进科技产业创新的特征已逐渐明晰。

从传统意义来看，知识产权与技术标准是互不相干的。标准的本质是一种统一规定、一种行为准则，具有一定的强制性，被视为公有领域的技术。技术标准是标准的一种，追求公开性、普遍适用性，更强调行业推广应用；而知识产权是一种受法律保护的具有专有性的无形财产，是独占领域的技术，需要有偿使用，未经授权不允许推广使用。因此，这两者看起来似乎是没有关联的。

技术标准是数字经济产业进步和发展的基础和保障，而知识产权是特定时间范围内的一种垄断权限。随着技术的发展，知识产权与技术标准的融合成为必然，二者之间的关系正由矛盾走向相互统一。高新技术领域的标准制定必须以该领域内不断更新的科学技术为依托，而这些科学技术常常含有包括版权、专利权等在内的各种知识产权。因此，在国际市场竞争中，出现了这样一种新动向：把知识产权保护与技术标准相结合，借助于技术标准的特殊地位强化相关知识产权的保护，同时借助于知识产权的专有性去实现对某些技术标准事实上的垄断，以追求最大经济利益。

从知识产权和技术标准两者要表达的内容来看，知识产权体现的是一个完整的技术方案，侧重于产品结构或者制造方法步骤的改进变化。而技术标准则表现为一系列性能指标的描述，是对一个或几个生产技术设立的必须符合要求的条件，也就是对技术要达到的水平所设门槛而划的一道线。只要达不到此线就是不合格的生产技术和产品。技术标准侧重于效果，往往表达一种愿望或诉求，并包括可以用来度量这些愿望和诉求是否得到满足的量化指标。

当一种知识既是方法、又是规则的时候，就成为满足标准的唯一解决方案。“专利技术”属于方法类知识，即关于“怎么做”的知识。专利是指受到专利法保护的发明创造。其中，发明是指提供新的做事方式或对某一问题提出新的技术解决方案的产品或方法。专利技术是一个中性的词汇，它只有“先进”与“落后”之分，而没有“好”与“坏”之说。企业对专利有较大的选择权。“标准”属于规则类知识，即关于“谁能做、谁不能做”、“可以做什么、不可以做什么”以及“可以做到什么程度”的知识。标准不是一个中性的词汇，它包含着强烈的价值判断。符合标准或者超过标准的产品是“合格”的，反之则是“不合格”的。在一个存在着标准的市场，其中的企业若不能引导一种标准，那么它只能遵守现有的标准，否则，它将被排除在市场之外。从规则角度讲，技术标准有别于专利，如果说一件专利对应的是实现一种产品的具体方案，那么技术标准对应的就是一个技术群落所满足的要求。

技术标准的制定是以科学、实践成果为基础，即是以一定的技术和知识产权为基础，没有技术及相关的知识产权作基础，制定或参与制定技术标准之设想将变成“海市蜃楼”。技术标准总是与一定的知识产权结合在一起，以技术为核心的知识产权是技术标准出台或制定的前提，技术标准不过是知识产权部分要素的外在代表和体现，它们是外与内、形式与内容的关系。技术标准来自脚踏实地的技术积累和研发，表面上看，它是将技术中某些要素提炼为类似于标尺或标杆的参数或指标，但其背后都潜藏着大量的技术方案或实现手段。技术标准关注的是公知领域的技术，而知识产权关注的是独占领域的技术，技术标准是检验产品合格的一个平均评判尺度，而知识产权则代表最前沿的技术发展，因此，高新技术领域的标准制定必须以该领域不断更新的科学技术为依托，而这些科学技术常含有包括专利权、版权等在内的各种知识产权。由此知识产权成为实施标准的技术壁垒。

国际标准制定的实践更是如此，尤其是在新技术领域。通常都是由某个国家在本国的某些技术成功应用的实践基础上提出提案，这背后往往就是知识产权，通过标准的应用而使知识产权得以实施转化，从而获取收益，这也是国际标准在某种程度上“争夺”的实质。

跨国公司十分重视知识产权和技术标准的这种关系。2G 时代，高通在设立标准的同时，将专利技术成功地融入其中，成功地垄断和掌控了整个 2G 时代。飞利浦公司设立的有关知识产权的部门，不叫知识产权部，而叫“知识产权和标准部”（IP&S）。它以知识产权为基础，推行产品在全球的行业标准，进而将自己的可进行交易的知识产权通过 IP&S 下设的技术转让分部门来完成相应的交易。它通过自己的标准在全球市场较大或较有潜力的国家或地区设厂，利用当地廉价的劳动力和资源，以技术贸易形式控制生产及利润的获取。在核心技术构成的知识产权的基础上，形成行业标准，为规模化生产出符合一定规范的产品或提供符合一定规范的技术服务，构建一个框架。没有核心技术的知识产权，就不会有能被自己主导的标准。

知识产权一方面形成技术标准实施的技术壁垒，另一方面是技术标准制定和实施的前提和保障，因为在知识产权基础上建立的技术标准必须通过知识产权制度才能得到合法、合理的广泛推广，即只有能得到充分保护的知识产权和技术，才可能在技术标准之下使技术标准的制定人或主导者能够积极制定和推行。以专利技术为基础制定的技术标准，其实施就会受到知识产权制度的保护。

知识产权与技术标准相融合的发展是有其社会、经济等方面的客观原因的。首先，技术标准作为一定时期对某个行业技术、产品的统一要求，必然要反映该社会技术领域内科学技术的发展水平，特别是在高端技术领域中；随着现代信息技术和数字技术的发展，技术标准更新日益频繁，且在一个高端技术领域中通常包含多个专利技术，这种情况下如果避开现有的专利技术去设定技术标准已不现实，技术标准对专利技术的需要成为必然。其次，技术标准的制定必须以尊重其涉及的知识产权为前提。知识产权是专有性财产，具有独占性、垄断性和排他性，所以无论是法定标准的制定还是事实标准的制定，有关标准化组织都无权要求知识产权人放弃其知识产权。因此在技术标准制定的过程中，通常以协商为基础，在保护知识产权的前提下，将其所需专利技术引入技术标准，这一行为导致了技术标准中知识产权的融入。

知识产权与技术标准的融合主要体现在高新技术领域。在这些领域中，那些拥有新技术、新产品专利的企业总是希望将自己的专利技术作为技术标准使用，实现其专利标准化，这样其他企业要想达到技术标准的要求就必须使用其专利技术，从而实现其利益最大化。企业通过将其拥有的知识产权标准化，可以帮助企业掌握市场准入权，实现其知识产权的效益，并且可以突破知识产权的时间性、地域性的限制，最大限度地利用其知识产权实现经济利益。目前一些跨国公司、大型企业，或是积极参与国家、行业标准的制定，或是联合相关企业组成产业联盟来生成事实标准，它们的这些行为人为地促进了知识产权与技术标准的融合。

随着技术标准与知识产权的国家战略逐步推进，二者呈现出过程协同与价值融合的演进趋势。从国家战略安排看，推动技术标准与知识产权协同已上升为国家创新驱动发展战略中的重要组成部分。例如，2016年中共中央、国务院印发的《国家创新驱动发展战略纲要》，明确提出要“健全技术创新、专利保护与标准化互动支撑机制，及时将先进技术转化为标准”。从数字产业创新过程与价值结果看，知识产权的界定与保护使其成为技术标准开发、重组、演进与迭代的基础要素，决定了技术标准的价值基础。而技术标准则促进了知识产权组合的通用赋能与创新互补，推动了创新私有价值实现与公共价值扩散，激发了知识产权创新活力。二者在创新过程层面体现出功能互补性，在创新价值层面表现出价值互融性，对数字产业创新具有协同驱动作用。

阅读材料

隐形冠军 车行天下“件”布全球

在工业界，“隐形冠军”专指在某一细分领域处于绝对领先地位却隐身于大众视野之外的中小企业。这些企业普通消费者可能没怎么听说过，但是它们却各怀独门绝技，在各自的领域中有着举足轻重的地位，甚至引领着整个行业的发展。发达国家在先进高端制造领域具有国际竞争优势的一个原因，就是拥有大量掌握核心技术、工艺先进的“隐形冠军”。可以说，“隐形冠军”是决定中国迈向制造强国的关键点之一。

差速器是汽车传动系统当中的核心部件之一，它的作用是在汽车转弯或遇上不平整的路面时，调整四个车轮的转速差，从而保持车辆的平衡，极大地提升汽车安全性。而这种精准细微的调节，则是由差速器内一组精密的齿轮来完成的。总部位于江苏泰州的太平洋精锻科技股份有限公司，就是制造差速器齿轮的行家里手，产品市场占有率排名国内第一，全球第二。

除了耐用，太平洋精锻科技股份有限公司生产的差速器齿轮，之所以受到国内外各大汽车厂商的青睐，关键在于它的高精度。现在主流的齿轮制造方式是用模具压制后一次成型，这就对模具的精密程度有着极高的要求。

生产一套模具成本极高，所以它还必须兼顾稳定性。如果模具很容易发生变形，就无法保证批量生产之下产品的精度。模具的精密程度、高稳定性，决定了差速器齿轮的高精度。经过模具锻造后成型的差速器齿轮与设计数据之间的误差，可以控制在0.02毫米之内。不过，在差速器齿轮成型后，为了进一步提高精度，还需要对它进行更加精密的锻造。

太平洋精锻科技股份有限公司锻造二车间主任岳耀东说：“在精密锻造时，我们有针对性地进行齿形修正，这是我们30年经验积累得到的独有技术，是独门武功、不传之秘。在该技术的指导下生产出来的齿轮传动平稳、噪声小。同时，通过0.01

毫米级别的过程质量控制，在百万级产量下，产品尺寸精度也能保持一致性。”

正是这一系列超越毫厘之间的高标准，造就了太平洋精锻科技股份有限公司差速器齿轮的卓越表现。而在这条追求卓越的道路上，企业经历了漫长的积累过程，甚至一度濒临破产。当年，太平洋精锻科技股份有限公司成立的时候，差速器齿轮市场已经牢牢被国外企业占据。回忆起当初和国外的差距，太平洋精锻科技股份有限公司党委书记、董事长夏汉关记忆犹新。夏汉关说：“我们整条生产线的装备不太好，这是硬件；在软件方面，关于齿形模具的精密成形理论、齿轮修形制作理论，基本上我们国内是空白的，精锻的齿轮只能用在农用汽车上面。”

基础理论不掌握，设备进口回来也不知道如何使用，面对这样的局面，只能从零开始。太平洋精锻科技股份有限公司一方面组织专家组，多次前往海外学习先进经验；另一方面积极和国内大学合作，经过二次创新，转化成自己的技术。

夏汉关说：“国外同行不太可能把他们的东西讲给我们听，就靠我们自己内部摸索，一步一步纠正我们过程的做法，让我们的过程得到二次创新的超越。”

积累的过程很漫长，成立之后的10年间，太平洋精锻科技股份有限公司连续亏损，最艰难的阶段，甚至连续6个月发不出工资。夏汉关只能和一些员工拿出自己的房产作为抵押，从银行贷款渡过难关。

破釜沉舟的决心终于得到了回报。21世纪初，中国汽车产业开始走上蓬勃发展之路。也正是在那个时候，太平洋精锻科技股份有限公司凭借着自身的积累，伴随着时代发展的大潮，厚积薄发，终于首次实现了盈利，此后，更是踏上了稳步发展的轨道。

2015年开始，随着新能源汽车异军突起，越来越多的汽车厂商开始直接订购差速器总成，而不是单一的齿轮，太平洋精锻科技股份有限公司为了适应新形势，也开始转型升级。该公司一方面引入多条差速器总成生产线，另一方面开始进行差速器轻量化、智能化的研发。30年来，深耕差速器领域，从一穷二白到单项冠军的进化历程，让夏汉关对企业的未来充满信心。

夏汉关说：“我们借助已有的市场技术优势，依靠同心圆不断把市场做大。随着中国汽车行业未来在全球获取领先地位，一定有一大批中国优秀汽车零部件企业成为汽车板块代表中国国家形象的跨国公司，这是我们未来10年要努力做的事情。”

和差速器相比，车轮或许是人们更为熟悉的一种汽车配件，在众多车轮制造企业当中，有一家生产铝合金车轮的中国企业，用它的产品征服了全球大多数的汽车厂商。这家企业就是中信戴卡股份有限公司。它是全球知名铝合金车轮供应商，连续十多年蝉联全球铝合金车轮销量冠军。

中信戴卡股份有限公司的客户遍布全球五个大洲，包括国内外主要燃油车厂商，以及近年来迅速发展的新能源车厂商。2018年，中信戴卡股份有限公司的车轮还出现在了F1的赛道上，成为中国首家为F1赛车生产零部件的企业。

在进入铝车轮制造领域几年之后，中信戴卡股份有限公司就先后通过了国际通用的几大质量管理体系要求，并参与制定行业标准。可以说在车轮制造的质量水准上，中信戴卡股份有限公司在多年前就已经达到了行业最高水平。然而，想要继续保持在巅峰之上，仅凭质量是不够的。对于如何才能继续保持优势，甚至引领整个行业发展，中信戴卡人在思考中找到了新的方向。

中信戴卡股份有限公司党委书记、总经理朱志华说：“要在紧抓质量这条底线的基础上，通过单品海量和产品差异化，为客户带来更多产品附加值，从而在激烈的行业竞争中脱颖而出。”

质量是企业的生命线，研发能力则是企业腾飞的翅膀。这一面做成汽车形状的专利墙，仅仅是中信戴卡股份有限公司研发的近 7 000 项专利当中的一部分。为了给客户提供更多的产品附加值，中信戴卡股份有限公司成立了工程技术研究总院，网罗全球高端技术人才，开始从产品创新、工艺突破等多方面提升产品附加值。

多年来，中信戴卡股份有限公司研发了包括插件车轮、百变车轮、低风阻车轮、降噪车轮等在内的多种创新车轮产品，最大限度满足了各大汽车厂商对科技含量和个性化的需求。而中信戴卡股份有限公司对于生产线系统的研发，则让同时生产各种不同类型的个性化车轮成为可能。

在位于河北省秦皇岛市的中信戴卡股份有限公司六号工厂内，一个个车轮经过铸造、热处理、机加、涂装等一系列工序，缓缓走下生产线，但是它们的型号和款式却不尽相同。

中信戴卡股份有限公司铝车轮六号工厂成本科科长康泰说：“涂装的生产区，采用了全球独有的岛式结构，打破了原有刚性的线体结构。所谓的线体结构就好比是串糖葫芦，只有唯一的一个工艺通道，在同一时间段只能满足单一品种的颜色油漆进行喷涂。岛式结构就好比是以太网状的形式，又好比是中国结，线路纵横交错，可以以任意形式组合，同一时间段可以满足 32 种不同颜色油漆的产品进行喷涂，大大提升了生产线的加工能力，提升了生产效率，降低了生产成本。”

运用大数据、AI 深度学习等技术，工人们只需要将产品的相关数据输入系统，这条自动化、智能化的生产线就可以同时生产不同的产品，也是中信戴卡股份有限公司引以为傲的“柔性制造系统”。即便客户仅仅订购一件产品，在这套系统上也是可以实现的，同时在质量上也会得到严格把关。

中信戴卡股份有限公司铝车轮六号工厂智能制造部智能运行科科长徐伟杰说：“我们的全自动三坐标测量设备，可以根据不同的轮型自动调取对应的测量程序，自动生成五大调整方案，并且系统根据大数据预算，优先把最佳方案作为方案一。员工根据方案进行审视，没问题之后进行一键下发、自动调整。”

2021 年，中信戴卡股份有限公司六号工厂也被世界经济论坛评选为“灯塔工厂”。入选这个名单的企业，不但能为制造业带来丰富而独特的成功经验、照亮企业未来发展方向，更将引领更多产业在第四次工业革命中获益。从 2018 年评选至今，全球目前仅有 103 家“灯塔工厂”。

紧守产品质量的生命线，通过创新研发，从多个维度提升产品附加值，这是中信戴卡股份有限公司在激烈的行业竞争中脱颖而出的制胜法门，也是中国制造在全球探索智能化的第四次工业革命道路上，提交的一份“中国答卷”。

中国如今不但是全球最大的汽车市场，也是最大的汽车生产国。从蹒跚学步到展翅高飞，中国汽车工业不但造就出一个个享誉世界的整车品牌，也成就了很多个汽车零部件领域的“隐形冠军”。它们低调务实，大隐于市，相比于整车品牌，不显山不露水，但正是它们在各自领域中的探索、创新，默默撑起了汽车工业领域“中国制造”的脊梁。随着我国进入新发展阶段，培育更多在核心技术上有突破、在关键领域有话语权的“隐形冠军”，不但有利于促进中小企业转型升级，更有助于我国突破制造业关键领域短板，摆脱“卡脖子”领域的对外依赖，更好地保障我国产业安全，夯实制造强国的基础。

资料来源：焦点访谈：隐形冠军　车行天下“件”布全球．央视网，2022-08-17.

内容提要

传统的封闭式、闭源式创新模式在市场需求趋同、信息相对有限的情况下具有优势，但是在响应多样化需求以及应对不确定性方面存在不足。在数字经济时代下，任何企业都不具备在所有领域保持领先的全部技术、资源与能力，只有在不断凝聚、展现新想法的过程中才能发展壮大。因此，创新不应仅仅是组织内部的闭门造车，而是需要整个生态的协力共进。

数字技术对企业的数字化赋能彰显了智力资本的价值，有限合伙制和双重股权结构应运而生，强化了创始股东的超级控制权。此外，高管股东化、员工创客化、用户员工化、社群圈层化的治理机制创新切实激发了利益相关者的积极性，驱使企业各种利益相关者的身份模糊化和融合化。

随着传统产业从信息化逐步向数字化过渡，生产力水平得以提升，生产关系将发生改变，其间涉及不同部门之间知识扩散、技术协同、系统集成等新变化，带来成本管理、生产效率等方面的不断改进。

网络能够让企业以更快的速度、更灵活的方式，生产各种更贴近消费者需求的新型产品。所有这些都是在一个急速变化的环境中发生的。在这样的环境中，几乎所有的竞争者都拥有相同的能力。在网络时代，频繁的交流正在创造日益成熟的人工世界，为共同进化、自发的自组织以及双赢合作的涌现而准备着。在这个时代，开放者赢，中央控制者输，而稳定则是由持续的误差所保证的一种永久临界状态。

技术标准与知识产权是技术创新的桥梁和载体。技术标准促进科技产业规范发展，知识产权保护激励科技产业整体创新。

关键概念

众包是指企业调动网络上的资源与能力，将创新活动交由最合适的人员在最有效率的地方开展。

开放式创新是开放企业传统封闭式的创新模式，促进各种创新要素互动、整合、协同的动态过程，实现创新要素在不同企业、个体之间的共享，构建创新要素整合、共享和创新的网络体系，以更快的速度、更低的成本获得更多的收益与更强的竞争力。

有限合伙制是指在二元责任制度下，创业企业主承担无限责任，普通投资方以出资额承担有限责任。

知识管理是指在组织中建构一个量化与质化的知识系统，让组织中的资讯与知识通过获得、创造、分享、整合、记录、存取、更新、创新等过程，不断地回馈到知识系统内，形成永不间断地将累积的个人与组织知识转换成组织智慧的循环，在企业组织中成为管理与应用的智慧资本，有助于企业做出正确的决策，以适应市场的变迁。

系统集成是指企业通过将生产要素整合到一个统一协调的体系结构中，实现高效管理。

开放式问题

1. 开放式创新模式需要什么样的制度基础？
2. 智力资本价值如何进行评估与分配？
3. 以一家上市企业为例，分析双重股权设计如何保护创始人权益。
4. 在数字化网络中，隐性知识扩散是否会导致核心能力丢失？
5. 总结数字产业集群的优点与不足。

进一步讨论的主题

自党的十八大以来，中国把知识产权保护工作摆在了更加突出的位置。保护知识产权就是保护创新。知识产权保护工作关系国家治理体系和治理能力现代化，关系高质量发展，关系人民生活幸福，关系国家对外开放大局，关系国家安全。作为知识产权的重要内容，专利保护在激发全社会创新活力、健全现代化经济体系、推动构建新发展格局、全面建设社会主义现代化国家进程中发挥着重要支撑作用。

数字化使得创新向网络空间集聚，创新活动趋于开放式、开源式。在这个过程中，如何通过必要的制度设计加强对创新行为的保护？

参考文献及扩展性阅读建议

第4章

需求牵引供给

学习目标

1. 掌握数字化冲击下供需的结构性变化。
2. 理解数字技术在使用价值供给上的优势。
3. 了解数字化生产模式及其对企业关键业务的重构。
4. 基于自然辩证法阐述对数字经济推动经济高质量发展的理解。

引入案例

得益于丰富的业务生态，阿里巴巴沉淀了包括电商交易、搜索、物流、支付、广告、风控、视频等种类多样的高质量数据，积累了数亿忠实用户，在满足用户个性化服务基础上保持高速发展。工业经济时期以标准化、批量化生产为主导模式，有效降低产品单位成本是提高企业竞争力的关键。而进入数字经济时期，搜集、积累需求侧数据，从中找出规律，高效解决客户的实际问题，提升客户的消费体验，是企业提高并维持核心竞争力的关键。阿里巴巴的成功离不开对消费者需求个性化、动态化、高级化演变的满足，数字技术的出现与应用使其能够为消费者进行精准画像，并为其提供相应的产品及服务。那么，数字技术如何为需求侧带来冲击，并引发供给侧的一系列变动？本章我们将对此问题进行系统性的分析。

党的十九大报告明确指出："我国经济已由高速增长阶段转向高质量发展阶段。"什么是高质量发展，怎样才能实现高质量发展，习近平在多个重要场合做出了深刻阐释。高质量发展就是能很好满足人民日益增长的美好生活需要的发展，从需求侧看，高质量发展应不断满足人民群众个性化、多样化、不断升级的需求。需求侧的变动带来供给侧改革的必然趋势。关于供给侧改革，习近平提出："我们讲的供给侧结构性改革，既强调供给又关注需求，既突出发展社会生产力又注重完善生产关系，既发挥市场在资源配置中的决定性作用又更好发挥政府作用，既着眼当前又立足长远。”① 这揭示了与西方供给侧学派的显著区别。数字经济是创造社会财富的新经济形态，是激发供需两侧变革、推动经济高质量发展的全新动力。

在工业经济范式中，企业决定了价值供给的过程，围绕生产活动提出了成本理论、要素市场等一系列学术概念。进入数字经济时代，人工智能（artificial intelligence）、区块链（block chain）、云计算（cloud computing）、大数据（data）（以下合称“ABCD技术”）的应用实现了消费者对生产过程的深度参与：消费者的需求高级化、个性化、小众化升级，消费者由以往的市场价值被动接受者演变为主导者。因此，企业价值的实现必须以消费者需要的使用价值为核心，只有使消费者真正认可并接受企业所传递的价值，企业才能够获取由价值变现带来的经济收益。技术诞生的早期意识形态源于社会中已产生但未得到有效满足的消费者需求。消费者对于社会发展的预期以及日益增长的美好生活需要，激励企业在升级现有技术的同时，不断探索新技术。从这一角度看，消费者价值决定了技术创新的方向。另外，企业作为技术成果转移转化的微观载体，承担着向消费者供给价值的基本职能。为了保障消费者价值的高效供给，组织也会随着消费者价值的转变而做出适应性调整。

然而，围绕生产活动所构建的理论体系均是以企业作为主要的研究对象，针对如何提高消费者价值等问题的研究不够充分，其在分析新的经济现象时已经略显乏力。本章将深入分析数字化浪潮下需求侧的变革，进一步研究需求牵引供给的价值传递机制，并提出数字时代的全新交易规则，证明随着数字经济的崛起，企业的生产、研发、营销等全环节均需以满足消费者的使用价值为根本目标，充分发挥消费者对技术升级以及商品生产的促进作用，从根本上全面提高企业的核心竞争力。

4.1 数字化冲击下的需求侧变革

经过多年发展，中国已经成长为名副其实的消费型社会。一方面，城镇化进程的加速和居民可支配收入的提高催生出我国巨大的消费市场。另一方面，消费已经成为驱动中国经济发展的首要动能。2020 年尽管受到新冠疫情的冲击，但我国最终消费支出占 GDP 的比重仍然达到 54.3%，高于资本形成总额 11.2 个百分点，是经济稳定运行的压舱石。与此同时，数字技术的广泛应用带来了需求侧各环节的深刻变革，推动了数字化消费时代的到来。在此背景下，厘清数字化浪潮对需求侧的冲击有助于理解数字经济价值传递机制的起点。接下来，本章将基于消费者需求的转变和消费者参与的改变两个视角对此问题进行探讨。

① 聚焦发力贯彻五中全会精神 确保如期全面建成小康社会. 人民日报，2016-01-19.

4.1.1 数字经济时代消费者需求的转变

在“农业经济—工业经济—数字经济”的演化过程中，企业面临着持续增长且不断高级化的消费者需求。在农业经济时期，需求侧的结构单一而简单，仅为最简单的温饱需求。而进入工业经济时期，大生产模式通过机器和设备等放大和延伸体力劳动，在此模式下人们追求的是丰裕的物质财富生产。在数字经济时期，在物质需求被不断满足的条件下，个性化、定制化的消费主义浪潮开始出现。这种消费价值观的发展符合马斯洛的需求理论。马斯洛在需求层次理论中提出，人的需求可划分为生理需求、安全需求、社交需求、尊重需求以及自我实现五种（见图4-1），生理需求、安全需求属于物质层面的需求，社交需求、尊重需求及自我实现属于精神方面的需求。当生产力水平和社会制度发展到一定水平时，人类的需求必然会向更高级别升级，在此过程中需求不断实现个性化、碎片化、场景化升级，追求的是物质和精神财富的高水平发展。因此，数字经济与工业经济最大的不同是，数字经济时代需将人类自我实现的需求放置于经济活动的中心，形成以消费者精神需求为核心的价值传导机制。

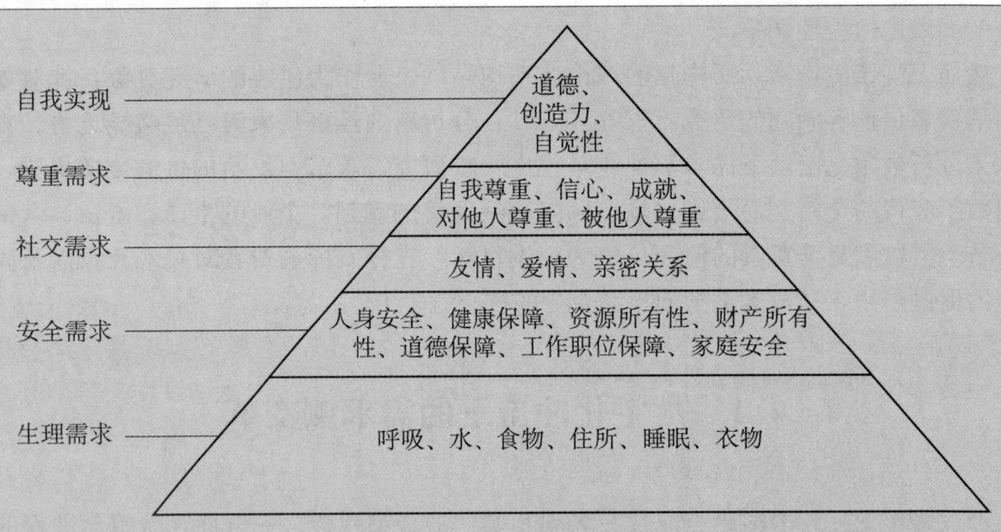

图4-1 马斯洛需求层次

资料来源：Maslow，A. H.，1943，“A Theory of Human Motivation”，*Psychological Review*，50（4）：370-396.

现阶段，我国消费者需求正呈现出由物质需求向精神需求拓展的明显趋势[①]，感受、体验类精神和心理需求持续增加，已经成为消费服务的重要组成部分。2014年12月中央经济工作会议指出，从消费需求看，过去我国消费具有明显的模仿型排浪式特征，现在模仿型排浪式消费阶段基本结束，个性化、多样化消费渐成主流。此类消费追求精神上的愉悦、情感上的共振以及文化上的认同，消费者愿意为此类“无形”的精神价值付

① 江小涓．高度联通社会中的资源重组与服务业增长．经济研究，2017（3）：4-17.

费。接下来的内容将分别从消费产品、消费场景、生产关系、消费主权、价值认同等方面详细分析数字经济下需求侧的典型特征。

（1）消费产品：由标准化产品转向差异化定制。

产品是用来满足人类需求和欲望的物体或无形载体，是能够提供给市场、被人们使用和消费，并能满足消费者某种需求的任何东西，包括有形的物品、无形的服务、组织、观念或它们的组合。在工业经济时期，为充分发挥规模效应，企业批量式生产出标准化产品，出售给同质化的用户群体。标准化解决了大规模生产的问题，却没有提升单个产品的价值量，甚至标准化生产由于对稀缺性的破坏，反而稀释了单个产品的价值，使得每个产品的产值逐渐萎缩。而进入数字经济时代，越个性化、定制化的产品越能迎合消费者的需求，这是因为每个产品需要附着不同的特征以迎合差异化消费者的期待，这些差异化属性能够提高消费者的价值认同。普拉哈拉德将基于单个客户需求的多样化称为“$N=1$”，即消费者独特的个性化体验是价值的基础。

（2）消费场景：由线下转移为线上。

在工业经济时期，人们的消费场景受到时间、空间的限制，交易的所有环节必须由实际物质承载。而数字技术将物理世界完整地映射到数字化空间，在这里，关键交易环节逐渐摆脱物理环境的束缚，由线下转移为线上。根据中国互联网络信息中心发布的第53次《中国互联网络发展状况统计报告》，2023年，互联网业务收入增速持续提升，规模以上互联网和相关服务企业完成互联网业务收入达17 483亿元，同比增长6.8%；固定互联网宽带接入业务收入达2 626亿元，同比增长7.7%。新技术新业态促进市场零售较快恢复，网上零售额达15.42万亿元，同比增长11%，连续11年成为全球第一大网络零售市场。数字技术能够有效模糊“虚拟”和“真实”消费主义间的界限，衍生出直播电子商务、云逛街、智慧商店、智慧餐厅、“生鲜电子商务+冷链宅配”等各类消费新业态、新模式。尤其是在虚拟现实（VR）/混合现实（MR）/扩展现实（XR）/增强现实（AR）的作用下，消费者线上购买流程获得极大程度的改善，线上购买场景更具体验性和真实性。例如爱彼迎通过为房屋所有者和旅行爱好者建立在线连接，促进闲置房源的共享，利用VR和AR技术较好地向旅行爱好者展示了房屋信息。

（3）生产关系：由“所有权”到“使用权”。

从生产关系角度看，数字化推动了产品由所有权到使用权的转变。在传统经济中，人们拥有并独占某种资源，不与他人分享这种资源。而在数字化共享经济中，人们对资源拥有所有权，但把资源的部分使用权出让给他人以获得利益。这改变了产权的属性，从而带来了使用商品方式的转变。数字经济更注重非排他性的共享，在一定程度上体现“按需经济”的功能和价值，即注重使用权而非所有权。在这种趋势下，人们购买的形式、商品的属性都发生了极大的变化，产品呈现出数字化、虚拟化、云端化的特征，展示出订阅即可使用的功能。

（4）消费主权：由商家让渡给消费者。

在传统市场上，消费主权由商家主导，而数字经济时代的出现带来了消费主权向消费者的转移。经济学家多克·希尔斯在其著作《意愿经济》中提出意愿经济这一概念，其内涵为：“意愿经济围绕买主而不是卖主发展，它利用一个简单的事实，即买主才是金钱的第一来源，并且他们已经准备好。你不需要做广告去制造买主。”意愿经济将买家视为稀缺商品，并由此形成市场和经济的走向。在意愿经济中，买家通过媒体向卖家发布自己的需求和意向信息，商家再围绕消费者的购买意向进行竞争。在意愿经济中，数字技术的发展让消费者意愿的汇聚成为可能，赋予了消费者主权。消费者开始使用自己的工具、以自己的方式与商家对话，告诉整个市场他们的个性化需求，包括他们需要什么，什么时间需要，并愿以什么样的价格水平成交。例如我国的“团购”模式下，陌生人以特定的产品或服务为目标进行自我组织，共同于约定日期在线上线下与商家进行谈判，获取折扣。由此可见，意愿经济的实现需要消费者强有力的组织。大量有相似需求的消费者意愿能够轻易地借助网络组织起来，并在较大的范围内向供给侧施加影响。

（5）价值认同：由个人行为走向社交网络。

当前消费者的一大转变是以社交为目的进行若干消费行为，这是由于消费者基于更高的精神需求，不仅希望体验物质感受，更希望通过熟人关系或生人关系的连接，为消费注入精神价值。所谓社交化的网络消费是指消费者进行消费的动因是社交，其消费体验也会通过社交平台传播给其他人，并在商品使用或服务体验的过程中与社交化融合。社交网络服务（social networking services，SNS）能够产生强大的网络效应，持续提高产品的使用价值。一方面，SNS 来自熟人之间的互动，例如腾讯的微信、微软的 MSN 等即时通信产品均是 SNS 平台。消费者已经注意到，如果一个产品能够和身边使用者进行交互，那么产品将更具有使用价值，并激发出消费者分享产品的动力。另一方面，具有相同偏好的陌生人也能够围绕相关产品形成小众社群，形成包含各种共同偏好的圈子。例如可以按照共同的话题、共同的学习经历等形成多元化的细分社群。例如，当前知识星球、知乎、小红书等按照不同需求建立了不同的社群，集社交功能与消费需求为一体，并最大化激发协同价值。

综上所述，数字化浪潮下需求侧的个性化、高级化发展带来了消费的分级，催生出了不同的消费阶层和群体。企业倘若过多地关注利润最大化而与用户的实际需求渐行渐远，最终结果就是脱离市场，被用户放弃。正如德鲁克在《管理：任务、责任和实践》一书中所讲：“企业本身打算生产些什么东西并不具有十分重要的意义……顾客想要买的是什么，他认为有价值的是什么，这才是具有决定意义的——它决定着什么是一个企业，它生产些什么，它是否会兴盛起来。”从这个角度来看，用户价值决定了企业存在的价值。在以用户价值为主导的商业逻辑下，企业在为用户创造价值的同时，也是在实现自身价值最大化。那么，企业与其将精力花费在追求利润最大化上，从而陷入被动，倒不如为用户创造更多的价值，主动去赢得用户的信任和积极预期，平衡多方利益主体的权益，追求自身价值最大化。在向用户供给新价值的同时，不断强化与其他企业在知识、技术等领域的合作与协同，以此降低生产成本，实现长期发展、互利共赢，显然是更为合理、有效的经营目标。

4.1.2 数字化对消费者参与的改变

（1）数字技术提升了普通消费者参与行为的数据化程度。

ABCD 技术的发展使消费者的需求具有较高的易得性以及商业价值。当前全球数据量猛增，其中的一个重要原因在于全球数以十亿计的人正通过智能手机等工具，将其生活逐步转移到移动互联网上。中国互联网络信息中心发布的第53次《中国互联网络发展状况统计报告》显示，截至2023年12月，我国网民规模达10.92亿人，较2022年12月新增网民2 480万人，互联网普及率达77.5%，累计建成5G基站337.7万个，覆盖所有地级市城区、县城城区；发展蜂窝物联网终端用户23.32亿户，较2022年12月净增4.88亿户，占移动网终端连接数的比例达57.5%。我国经济总体回升向好态势持续巩固，互联网在加快推进新型工业化、发展新质生产力、助力经济社会发展等方面发挥重要作用。快速发展的数字技术设施为消费互联网平台带来了巨大的发展红利，消费者可以不受时间、空间的约束进行消费行为，同时数据作为副产品被消费互联网平台不断搜集，成为做出决策的关键支撑。

（2）数字技术极大降低了企业获取消费者信息的成本。

ABCD技术的发展极大降低了企业使用数据的成本。普通消费者的日常行为能够被便利、低成本、突破时空限制地转化为可被企业获取和利用的数据资源。数字技术的快速发展使得消费者能以更低的成本表达偏好，也使得企业能与消费者进行更频繁的沟通。在工业经济时期，消费者的个性化需求被不断压制。一方面，企业无法实时跟踪消费者的需求；另一方面，工业经济时期企业需通过标准化不断控制边际成本，从而提高市场竞争力。进入数字经济时期，ABCD技术的赋能使得消费者不断产生海量异构数据，数字平台在算力、算法的作用下甚至能够比消费者更了解其自身的偏好，在企业生产力质量不断提高的同时，消费者的高级化的需求被不断满足，进而被进一步激发，产生更高级的需求。这些都得益于数字技术进步与实体经济的不断融合，使得消费者的数据更加易得、易用。

（3）数字技术使消费者在行为过程中自动生成数据。

在数字技术成熟运用之前，企业尽管能够通过跟踪客户数据进行决策分析，但复杂的流程、记录的磨损、消费者消极的参与意愿导致消费者参与企业运营的程度大打折扣。首先，工业经济时代的企业将数据收集重点放置于领先用户群体中（例如VIP用户等），因此造成企业无法大规模跟踪普通消费者群体的需求。其次，消费者的数据主要通过电话回访、购买登记等形式主动记录，受制于信息技术的发展，同一个企业的消费者数据难以跨部门、跨地域共享，更无法实现实时更新，造成消费者数据记录的滞后性。最后，普通消费者具备极低的参与研发动力，尽管企业主动进行数据收集，但其效率和准确程度却无法得到有效保障。而ABCD技术的兴起有效连接了海量用户和企业，为普通消费者和企业的价值交互和共创提供了条件和可能。普通消费者尽管不具备主动参与企业研发的意愿，但其在数字平台上的浏览、购买等数据被完整地记录下来，消费者在移动App、网页等上面产生大量的数据副产品，使得企业能够更有效率地对消费者需求进行分析和跟踪。

4.2 数字化冲击下的供给侧变革

从供给角度看，数字经济时代的产品创新被赋予了新的内涵，如基于大数据、人工智能的研发创新，无论是创新的内容，还是创新的形式，都与传统的产品创新不同，因此，数字经济的供给分析不能停留在相对静止的产品供给角度，需要从基于大数据、人工智能的企业与用户协同演化的动态能力角度，重新审视数字经济条件下的供给特征。

从精神财富的角度来讲，人类需求不断动态化、多样化、碎片化升级，只有基于知识积累的精神生产力才能有效满足消费者的个性化需求。在需求识别上，随着“数据＋算力＋算法”的逻辑演绎，一方面，海量数据突破了传统市场调研汇总样本量小、抽样偏差的约束，可以更加准确地识别消费者的偏好及需求。另一方面，数据的实时分析可以突破生产者和消费者之间的时滞效应，个性化、碎片化的需求可以在消费者和生产者之间实时流通，企业可以根据这些信息及时调整生产策略，从而形成以消费者需求为主导的价值共创体系。消费者为满足个性化的自我实现需求，更倾向于亲自参与到研发设计生产的全价值链环节，如小米的米粉社区、海尔的个性化定制平台、今日头条的个性化定制等，生产由过去的“千人一面”向“千人千面”的生产范式转化。数据连接的不仅是消费者和生产者，还带来生产场景和使用场景的全渠道、全生命周期的连接。在广泛连接的基础上，消费者和生产者能够实现双向的互动和理解，生产者掌握消费者的实时动态，消费者理解生产者的能力边界。两者由博弈关系转向合作共赢，共创需求和财富。因此数字技术不仅通过信息互联带来精细化分工和大范围协作而显著提高物质生产力，更能消除生产者和消费者之间的二元对立身份，通过平等、高效的信息流通，带来兼顾公平和效率的财富创造能力。

4.2.1 数字产品

（1）数字产品的分类。

利用数字技术进行实物产品销售是数字化企业的目标之一，而在进行实物产品销售的过程中，数字化企业的目标是不断提高交易的效率或改善服务、扩大市场份额，其创造性的想法可以使很多实物产品和销售过程转化为数字产品。在这种趋势下，数字化企业开始专注于提升数字产品，以数字形式存储、表现和使用人类的思想和知识成果等，如云歌曲、在线课程、新闻订阅等。

数字产品虽然有极多的种类，但是存在一些共性。如表 4-1 所示，数字产品大体可以分为三大种类。数字产品包括文本、数据、图形、视频、音频等。除了声音和图像，技术还可能实现“感觉”的传播，例如，在计算机屏幕上，当光标通过被描述为“粗糙”的平面时，鼠标就会振动。结合 VR/AR/XR/MR 等技术，一些数字产品可以实现前所未有的感官体验。由于部分重组又快又方便，数字产品可能天生不同，这使得制定一个适用于各种产品的营销或定价策略变得困难。

表 4-1 数字产品的分类

1. 信息和内容产品
● 文字内容：电子书、订阅新闻、电子期刊
● 图形图像：照片、卡片、日历、地图、海报
● 音频产品：数字唱片、播客、电台、在线听书
● 视频产品：电影、电视、娱乐综艺

续表

2. 象征、符号和概念 ● 票务：机票、旅馆住宿券、音乐会门票、体育场门票 ● 财务工具：支票、有价证券
3. 过程和服务 ● 政务服务：线上办事大厅 ● 商业价值：订货、盘点、签约 ● 拍卖或电子化市场 ● 远程教育、远程医疗和其他交互式服务

资料来源：作者整理绘制。

（2）数字产品的物理属性。

数字产品可以在最大程度上维持产品的使用质量。尽管一些耐用品具备较长的使用期限，但是最终物理产品经过长期的磨损依然有无法使用的一天。因此，产品的质量差异会严重影响消费者的购买行为。但数字产品的质量不会随着产品使用的时长的增加和频繁程度的提高而下降，因此数字产品催生了供给侧截然不同的竞争方式。在传统经济时期，企业主要围绕供给侧同类产品展开横向竞争，而数字产品使得企业要和自己的产品展开动态跨期竞争。

同样由于数字产品的无磨损性，企业更倾向于进行产品许可或出租，而非售卖。这是由于数字产品的生命周期比大部分耐用消费品要长很多，如果二手产品与新产品在功能上毫无差异，那么生产商能否维持收入就需要看它们是否能阻止转手交易，尤其是在音乐、电影等版权上需要进行更加严格的保护。

（3）数字产品的经济学特性。

①消费者偏好依赖性。

数字产品凝结了人类的思想、知识、智力、信息，因此其带给消费者的效用具有很大的不确定性。尽管传统的标准化产品也会由于消费者偏好不同而具备不同价值，但相较而言无实物载体的数字产品价值更依赖于消费者的个人偏好。造成这一差异的主要原因是，知识或信息的用途通常跨越了已有种类的界限，因此数字产品的供给者要更多地依赖消费者数据以便根据偏好对消费者进行区分，提供有针对性的差异化产品。在提供差异化产品之后，也需要根据消费者的评估意见和边际支付意愿来定价。

②收益递增性。

数字产品普遍具有共享性、外溢性、扩散性的特征，这使得这类产品具有特殊的成本结构。它们大多在前期研究中需要大量的开发投入，这意味着生产第一件产品的成本非常高昂，而再生产成本即复制成本则很低。所以，数字产品的边际成本是不断下降并趋于零的，从而其边际收益递增。数字产品不仅自身具有收益递增的特点，还具有正外部性，会使其他投入要素的收益递增并改变各要素在生产过程中的结合方式，产生一个“收益递增的增长模式”。而且这类产品的低复制成本能使它在不追加投资的基础上被反复利用，减轻了资本稀缺性的约束压力。这一特性为企业规模的扩张开辟了广阔的空间。企业的有效管理经验作为一种智力产品一旦形成，就可以将其模块化，低成本甚至无成本地克隆到企业内部的其他部门或进行企业间的转移。

4.2.2　供给侧数字化的微观载体——数字化企业

（1）数字化企业的内涵。

数字化企业的本质是收集数据、分析数据，并将数据应用于企业决策、生产和销售流程之中，实现快速反应、科学决策、产销一体，其核心是数据收集与处理。在这一过程中，企业的核心资产由物转向人，投入要素由实际的原材料转化为原材料＋数据。简单而言，数字化企业就是将数据收集和处理作为核心竞争力的企业。数字化企业并不是理论上的“新企业”，而是通过信息技术优化自身管理、生产、销售和售后的传统企业。企业的数字化过程可以分解为数字技术、商业模式创新和企业文化创新三个维度，而数据则是联系三个维度的核心（见图 4-2）。

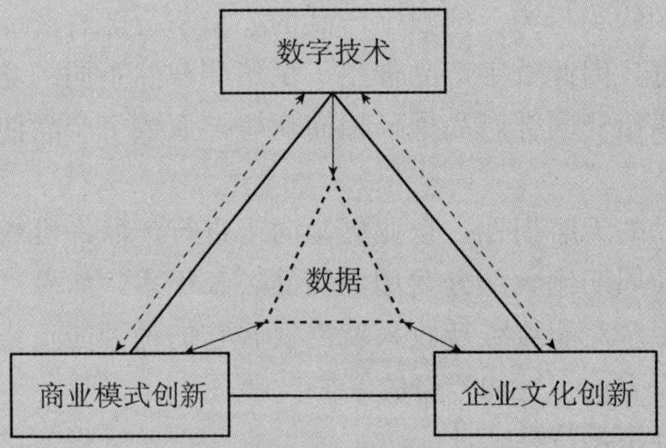

图 4-2　数字化企业的构成

资料来源：戚聿东，蔡呈伟．数字化企业的性质：经济学解释．财经问题研究，2019（5）：121-129.

数字技术是数字化企业的构成基础，数字化企业的商业模式创新和企业文化创新进一步提高了对数字技术的需求，促使数字技术向更高层次发展。而这三者之间通过数据构成的桥梁，有机结合成为一个相互促进、相互扶持的整体。三者所传递出的数据能够在大数据技术下为管理者提供决策依据，减小决策的不确定性。

（2）数字技术。

伴随信息技术和大数据技术的广泛应用，企业实体面临技术驱动的变革压力。技术更新缩短了社会必要劳动时间，迫使企业采用数字技术。数字技术对企业的改变可以划分为三个方面：首先，数字技术能够改变企业的规模、边界与层级。信息技术和互联网技术打破了地域限制，企业内部各个部门、子公司、同一部门上下级之间的沟通成本更低，联系更加紧密，赋予了企业扩大规模、延伸企业边界和缩减层级的可能。其次，数字技术能够赋予企业新的生产决策方式。传统企业以产定销，在进行生产决策时面临巨大的不确定性。而数字技术为每一位用户提供了信息反馈渠道，企业既可以通过互联网接收消费者反馈，也可以实现跟踪式调研，最终削减不确定性，实现产销一体。最后，数字技术能够确保企业决策、生产和销售的系统性。数字技术通过将企业活动整合，能够促进企业进行“组合创新”。这种创新并非直接发明某种产品或技术，而是将现有的技术整合，形成新的产品或技术。由于数字技术将企业活动整合，在一定程度上强化了企业内不同部门、不同职位、不同产品线之间的联系，降低了沟通成本，创造出了更多的交流机会，因而激发了组合创新的出现，使其出现波浪式发展。在互联网金融领域，数字技术激活信息技术累积的存量数据，将之转化为可用的信息，降低信任成本和运营成本，削减组织内交易费用，构建了比传统金融机构更有效率的金融服务。

（3）商业模式创新。

商业模式是企业创造价值的逻辑范式，即企业在一定的价值链或价值网络中如何向客户提供产品和服务并获取利润。商业模式创新是改变企业价值创造的基本逻辑，既可能包括多个商业模式构成要素的变化，也可能包括要素间关系或动力机制的变化。

第一，数字技术重新定义了企业和消费者的关系，将企业和消费者的关系从“买卖关系”升级为“服务关系”。产品本身只是价值链条上的一环，所创造的利润远不如后续深度服务创造的利润。如现在的“软件服务”和“服务器租赁”，产品购入价格很低，甚至免费，但后续使用的技术支持费用极高。

第二，数字技术重新定义了渠道。互联网在加速信息流动、放大数据量的同时，也增大了信息量，在很大程度上缓解了信息不对称的问题，挤压了渠道商的套利空间。由于互联网的共有属性和网络连接属性，消费者能够迅速获得其他企业和消费者传递的信息，价格信息和产品质量信息能够透明化，消费者拥有了准确决策的信息基础，传统渠道商的作用和地位被削减，依赖于产品本身质量和服务的口碑式营销的重要性日益增加。

第三，数字技术重新定义了企业的价值链。智能化技术、信息技术和数字技术赋予企业覆盖长尾需求的能力，确保消费者与企业之间的连接，将产品型号和设计由“一刀切”变成了定制化、个性化。而在这一过程中，消费者需求数据本身就是价值链上的关键一环。企业的利润不仅源自产品，更源自对消费者数据的进一步加工利用。现代企业热衷于推广免费服务和补贴不盈利的项目，实际上是为了获取用户流量，流量本身就是由数据构成的，是价值链上的重要一环。

（4）企业文化创新。

第一，数字化时代的职员特征。新世代职员生活在一个数字化时代，与先进信息技术一起成长。由于互联网放大了数据量，加速了信息传递，每个节点上的个人都拥有上一代人所无法想象的丰富信息。新世代职员更加早熟，眼界更加宽广，更注重分享、自我实现、创新精神和个人自由，更愿意接受数字技术。相对而言，他们更加自我、更重视个性、更关注工作是否与兴趣爱好相一致等。传统企业的企业文化难以让新世代职员取得共鸣，必须因地制宜、因时制宜进行修改。

第二，数字化企业的文化。一般意义上的企业文化由以下三个层次构成：表面层的物质文化（企业“硬”文化），包括厂容厂貌，机械设备，产品的造型、外观、质量等；制度文化，包括领导体制、部门关系、层级结构，以及各项规章制度和纪律等；核心层的精神文化（企业“软”文化），包括各种默认的行为规范、价值观念、群体意识、职工素质等。企业文化要迎接数字技术的浸入。即时通信技术、监控技术、数据库技术和大数据技术降低了沟通中的不确定性和不稳定性。数字技术提供了可追溯、即时、高效、便于信息穿透的通信方式，确保了整个沟通过程的系统性和完备性。同时，这种技术也颠覆了依赖于传统多层级、严苛等级制度的信息传递模式，使得数字化企业内部层级减少、等级制度松动。企业文化要面对新世代职员的挑战。新世代职员注重自身价值的实现、兴趣与工作的统一，更关注有趣、宽松的工作。这些与传统企业文化中的下级无条件服从上级、加班文化、薪酬奖励制度等难以适配。数字化企业更重视平等沟通、知识拓展培训、事业发展规划等，促使企业的每个职员把自己的工作和行为都看成是实现企业目标的一个组成部分，对企业的成就产生荣誉感，从而把企业看成是自己利益的共同体和归属。企业文化要面对商业模式变革的挑战。数字化企业的商业模式更重视快速反应与系统化服务。传统企业文化中避免犯错、中庸、决策权高度集中的特点导致企业经营决策缓慢，无法满足新商业模式的要求。在数字化企业中，数字技术提供了完整而系统的监督反馈技术，在此基础上能够充分放权，允许快速决策，以迭代的方式快速更新产品和服务，满足市场需求，实现新的商业模式。

4.2.3 基于消费者价值主张的供给行为

（1）基于消费者价值主张的生产活动。

对数字化企业而言，数据是生产资料、劳动对象、生产活动的基础。数据是数字化企业实现科学决策的依据与快速反应的基础。数字化企业中的数据既来源于消费者，也来源于企业。一方面，数字技术能够优化企业内部信息流动，降低沟通成本。数据在数字化企业中能够更简单、快捷、完整地流通，打通层级壁垒，避免选择性误差，向管理者提供翔实的决策依据，实现科学决策，优化企业内部资源配置，提升整体资源配置效率。另一方面，数字技术能够直接将生产端数据、消费端数据实时传递到管理层，也能够将数据转换为信息，帮助管理层和技术人员实现快速反应、改进生产工艺，在生产过程中实现生产与优化的同步进行，降低生产成本，提高生产效率。数据在企业内外的流动过程如图 4-3 所示。

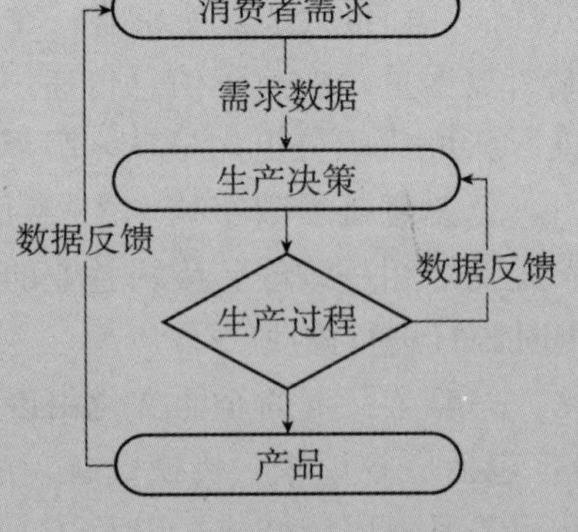

图 4-3 数字化企业的生产流程

资料来源：戚聿东，蔡呈伟．数字化企业的性质：经济学解释．财经问题研究，2019（5）：121-129.

数字技术为企业提供了无限接近消费者主张的潜能。①洞悉消费者的真实需求。无论是工业经济时期还是数字经济时期，企业长期以来都在利用数据细分和定位顾客。在数字技术尚未普及的时代，企业只能通过报纸、电视台、广播和传单推销产品，在这一情景下，企业难以及时获取消费者的全部信息。消费者的真实需求具有隐蔽性、复杂性、易变性和情景依赖性，利用静态的、单一的数据，企业很难对消费者需求进行精细化把控。而进入数据爆发的数字经济时代，基于大数据的规模性（volume）、聚合数据的多样性（variety）、数据收集运用传播的快速性（velocity）、数据蕴含的价值性（value），企业能够基于动态、多维的数据接近消费者的真实需求，从而使企业研发行为具备更细的“颗粒度”。②对消费者进行准确的细分。传统企业仅能实现对消费者进行粗略的细分，例如依据性别、地理位置、年龄等特征。而数字技术能对消费者进行进一步的细分，即基于个人的兴趣、偏好、需求、价值观、行为模式等进行进一步的抽象，甚至实现“千人千面”的个性化画像。也就是市场上的每位消费者都是一个细分市场，数字技术促使企业围绕“微市场”进行系列生产决策活动。③即时、精准、动态地匹配消费者的需求。数字技术本质上包含信息数字化和数据处理两部分，企业通过多维数据的关联性分析、预测性洞察等手段挖掘消费者需求形成的原因及趋势，从而降低消费者需求的不确定性，提升对消费者价值动态匹配的能力。如消费者多次点击某一产品的广告，但最后并没有购买，这一行为被观测并记录，结合该消费者最终购买的产品特征和价格等相关数据，便可以粗略地获得该消费者的潜在消费偏好。当该消费者在互联网上留下足够多的痕迹，产生了大量的数据后，企业针对这些数据进行挖掘、分析、重组，便可得出该消费者的较为精确的消费偏好及预算约束，从而对消费者需求进行精确、动态化匹配。零售业是一个典型的根据消费者的需求定制产品的行业，目前在线零售商利用实时数据提供精准的商品推介已经十分普遍；新一代的零售商已经可以通过互联网点击流跟踪消费者的个人行为，更新他们的偏好，实时模型化他们的行为模式，快速识别出消费者在什么时候接近购买，然后打包首选产品促进交易的完成。

数字化企业中数据的另一个来源是企业自身。受早期信息技术不足的限制，企业自身生产过程中产生的数据难以被实时观测和记录，由于缺乏记录，无法以科学系统的方式对其进行整理归纳，无法提炼出标准流程化的信息和规则投入到生产过程中，以便改进生产过程，提高效率。在传统企业中，这一部分数据中的大部分最后会被耗散，剩余的小部分则通过“干中学”转化为熟练劳动者的工作经验。数据监测、传输与存储系统，数据分析算法与机器人技术相结合，能够回收更多的生产过程数据，相比依赖于经验积累，数字化的方式能够更大限度地挖掘出机器与工艺、流水线的潜在生产能力。这一效应的直观表现就是数字化企业的学习曲线与传统企业的学习曲线之间的差异。

数字技术的嵌入增强了组织学习能力。数字技术的应用使得信息和知识的整合、传播速度大幅提升，创新主体搜寻、交流和学习的成本显著降低。员工既能便捷地从文档或结构化的数据库中获取显性知识，也能从非正式的电子交流社区中积累工作诀窍、创意灵感等隐性知识。原本抽象的、模糊的经验积累过程具象化为有操作性的具体数据、流程，体现在学习曲线中就是斜率更大。在创新思路和新型洞见被不断扩散的过程中，知识型员工的数量不断增加，水平不断提升，并将知识不断内化到组织运营惯例中，提升生产运营的知识密度，形成附加值更高的产品和服务以满足消费者高级化的需求。数字化企业的学习曲线与传统企业不同，更为陡峭，且位于传统企业的学习曲线之下。在相同情境下，数字化企业的单位生产时间缩减得更快。这也意味着数字化企业在进行大批量生产时，较传统企业能够更快地降低边际成本。传统企业对于生产数据的利用是极其低效的，数字化企业则通过监控存储技术，将数据以可视化的直观方式展现出来，由专业技术人员进行分析，并随时按照分析结果调整生产。在这一过程中，一线劳动人员的意见也会被不断反馈，数据在企业内部会不断增值，由技术人员和一线劳动者共同挖掘其中的价值，最终形成具体改进方案和操作流程，提高企业生产效率。

（2）基于消费者价值的关键业务和流程创新。

数字技术作为通用目的技术，能够与企业的业务流程深度融合，推动企业关键业务和流程变革，这个过程实际上是企业整体运营环节“数据化”的过程。依据其改造和影响的范围可以分成以下几种情况：①以数字基础设施为承载基础，以数据为关键要素对整个业务流程实现再造。例如“大规模定制”生产方式的实现就是基于强大的数字基础设施对企业进行流程再造的结果。②以数据流通取代传统的业务流程，使企业的业务经营模式发生变化。例如，电子商务的发展就是传统商业流通主要交易流程被数据交换取代的结果。③把数据活动纳入价值创造流程，寻找新的价值创造方向和路径。例如在汽车行业，利用大数据分析，充分挖掘数据信息背后所隐含的行业技术关联，寻找有效途径延长燃气涡轮、喷气式发动机和其他重型设备的运行时间，这为传统制造业寻找新的价值增长点提供了思路。④基于流程再设计，以数据充分流通作为解决问题的新方法，提高某一业务流程的效率或效果。以沃尔玛为例，1972 年沃尔玛成立了第一个全世界的数据处理中心，1987 年用卫星首次实行了数据的通信，让每一个门店的数据通过卫星系统能够实时传递到总部和管理部门。目前，沃尔玛在全渠道业务流程中不断探索，包括在所有社区店和新一代门店推广电子价签，除了进行实时定价和变价，在沃尔玛，电子价签的应用场景得到进一步拓展，可以更好地提醒商品区位，帮助门店员工拣货、提升效能等。⑤基于技术创新、业务模式创新，开辟全新经济源头。数字技术的诞生将消费者的偏好边界和生产者的能力边界极度扩张。例如，滴滴吸引了大批曾经不可能是司机行业的人群进入这一行业，带动了新就业，同时让一群无打车习惯的价格敏感型人群成为乘客，彼此都获取了新的福利。爱彼迎的成功对于传统行业的影响也极小，并没有挤占价值，而是创造了新价值。

（3）数字化冲击下的收益模式创新。

通过商品使用权赚钱。当前商业模式创新建立在一种全新的转变中。消费者对商品的需求由所有权转向使用权，因此催生了大批以使用权为核心的全新商业模式，共享经济便是其中的典型模式，即以多次出租为主要形式，企业获取收益的方式由一次性支付转变为多次微支付。数字技术的出现使得每一次交易都可以被记录、被量化，同时能够使陌生的交易双方低成本、高效率地匹配供需、建立信任、完成交易。按需利用物品或服务，而无须受到相关成本约束是共享模式的关键特点。例如房屋共享领域的爱彼迎。爱彼迎是共享经济的先驱者，其为消费者提供多种住宿选择。消费者无论是想租单间还是整栋楼房，或者对房屋装修、家居设备有小众偏好，都可以在爱彼迎上找到相关房屋提供者。在这个过程中，房屋提供者通过有弹性、灵活的房屋供给，充分激活自己的闲置资源，创造了全新的收益来源。而爱彼迎这类数字平台，通过“轻资产”的运营模式，仅收取每单交易的中介费，有效降低了企业的运营风险。同时，数字技术对消费者行为模式的广泛冲击使得共享模式愈加细化，不断渗透到了人们的衣食住行中，例如当前大火的“共享衣橱”。随着消费者逐渐意识到快时尚对环境的影响，越来越多的人热衷于租赁时尚服饰，英国伦敦的商家们希望可以借此开辟一个全新的市场，位于伦敦市中心的Hurr Collective就是其中的代表。这家店不销售任何产品，它只向消费者出租时尚服饰，租赁的价格只是商品售价的一个零头。以一件价格为550英镑的礼服为例，消费者租借两天的租金为50英镑。同时，消费者可以借助这个数字平台，把自己衣橱里的衣服租出去，也可以从别人那里租到衣服，这种商业模式和收益模式创新都取得了巨大的成功。除了实物使用权让渡外，当前的共享模式催生了基于无形资产使用的共享。例如Skillshare便是专注于分享各项技能的平台，技能提供者和需求者可以在平台中匹配到任何小众的技能。技能提供者的技能涵盖水彩、书法、摄影、平面设计、插图、手工刻字等各个领域，技能提供者可以基于闲暇时间充分形成知识生产力来获得收益，而这类技能共享类数字平台不用进行任何实物资产的查证、维护等，因此能够以更低的成本获取更高的收益。

通过免费赚钱。过去，要免费就不能赚钱，要赚钱就不能免费，免费与赚钱之间的关系是对立的。现在既免费又赚钱，通过免费赚钱，免费与赚钱之间的关系是统一的。也就是说，互联网时代的基本商业模式就是免费，免费成为常态。那么，到哪里去赚钱呢？可以通过和用户建立情感链接、产生更多的需求来赚钱，也可以通过和用户的交互产生数据，用数据来赚钱。不仅如此，网络时代的实物商品以软件化、数字化形式展现，因此软件就是数字化的商品。数字化商品生产的固定投入成本高但是边际成本低，即商品初次生产成本高，再次生产成本低甚至几乎为零，因为再次生产商品只需要在电脑上复制和粘贴，所需成本几乎为零。可见，商品免费是符合互联网经济的基本规律的。而且当商品价格等于零时，用户的选择心理成本消失导致消费心态发生转变，商品消费变得非理性。企业看似放弃了部分收入，实际上这带来的是更多的尝试者和参与者，免费模式开创了“蓝海”市场、“蓝海”用户。概括而言，通过免费赚钱在现实中存在以下几种模式：①“交叉补贴”模式，即在一边市场中采取零利润甚至亏本出售的方式吸引客户，再通过其他市场或商品进行盈利，如社交服务免费、游戏娱乐收费的形式。②“三方市场”模式，即针对产品生产者和使用者之外的第三方收费。例如，任何人都可以登录互联网门户网站免费浏览信息，在网页中投放广告的广告主为客户的浏览付费，即“羊毛出在猪身上”。③“版本划分”模式，包括产品初级功能免费，产品升级功能收费；基础服务免费，增值服务收费；前期服务免费，后期服务收费；前端产品免费，后端产品收费；个人用户免费，企业用户收费；等等。④“数据服务”模式。数据服务在实体世界中是价值链上利润最高的领域，例如阿里巴巴掌握着规模巨大的经济运行的核心数据、成千上万企业的经营情况和几亿个人的消费行为，利润来源可谓无限之大。

（4）数字化冲击下外部关系网络和价值网络重构。

尽管数字技术是一种通用目的技术，但将数字技术与企业的主营业务有效结合依然是极大的挑战，尤其是在传统企业面临数字化转型的过程中，单一地引进数字技术具备极高的成本和复杂性，数字化转型的风险较高。但数字技术使利用外部资源的交易成本和风险大大降低，这就使得企业在数字资源获得和利用方面倾向于选择介于市场交易与内部生产之间的方式，分享与合作成为企业构建外部关系网络和价值网络的主题，例如数据共享、IT 外包等。IT 外包是目前一般企业解决数字化转型的基本思路，也是数字产业链形成的根本推动力，这一方式可以实现数字技术资源的柔性配置和规模效率。

数字技术使企业获取和利用其他外部资源的成本和风险大大降低，为新的价值创造模式和价值传递模式提供了技术路径：

①众包（crowdsourcing）。众包指的是一个公司或机构把过去由员工执行的工作任务，以自由自愿的形式外包给非特定的（而且通常是大型的）大众志愿者的做法。众包的任务通常是由个人来承担，但如果涉及需要多人协作完成的任务，也有可能以依靠开源的个体生产的形式出现，其实质就是对离散的社会资源加以有效利用。在互联网企业中，开源社区是典型的众包模式，开源社区又称开放源代码社区，一般由拥有共同兴趣爱好的人组成，根据相应的开源软件许可证协议公布软件源代码的网络平台，同时也为网络成员提供一个自由学习交流的空间。由于开放源代码软件主要被散布在全世界的编程者所开发，开源社区就成了他们沟通交流的必要途径，因此开源社区在推动开源软件发展的过程中起着巨大的作用。目前各大数字平台企业均采取开源社区的形式构建创新资源生态，传统行业的大型公司也通过开源社区或众包中介获取技术、创意、设计的资源，例如宝洁、杜邦、波音等。

②共同创造（co-creation）。从比较深层的意义来看，共同创造是构建开放创新体系的思维，即企业将消费者、产业生态其他成员纳入价值网络的思维方式。通过与客户、供应商数据的实时共享，企业能够根据客户的反馈向上游供应商定制符合特殊需求的原材料或中间产品，通过产业链上研发、生产的数据共享，各环节的企业不再是孤立的生产个体，它们形成了以价值实现为导向的协同创新体系。有研究已经证明了应用数字技术对中国企业开放式创新的影响，提出数字技术能够推动企业与外部主体稳定连接，通过共同协作进行价值创造与实现。[①] 通过对内外部发展趋势的研判，企业能够尽量降低生产运营中的不确定性，企业家在进行决策时能够降低对直觉的依赖。尤其是，企业与大学、科研院所、咨询公司等外部创新资源进行协同研发时，能够实现优势互补的价值共创。研发合作一方面降低了创新的复杂性、风险与成本，另一方面提升了创新成功的可能性。

4.3 需求牵引供给的实现形式

4.3.1 消费者与生产者合一

消费者与生产者的边界不断融合，成为数字经济时期需求牵引供给的主要实现形式。

① 郭海，韩佳平．数字化情境下开放式创新对新创企业成长的影响：商业模式创新的中介作用．管理评论，2019（6）：186－198.

从需求侧的角度出发，消费者的自我实现意识不断觉醒，一方面，普通消费者希望通过与数字化企业的深度互动，充分满足自身个性化的需求。另一方面，一些领军式消费者对深度参与企业研发、生产、营销等全产业链环节有更深层次的需求，他们希望充分主导企业的生产全过程，完成既符合企业品牌定位又符合自身期望的产品。从供给侧的角度出发，企业逐渐把广大消费者当作自身的“准员工”，因此，当下消费者对于数字平台来说，由低报酬员工、零报酬员工逐渐演变为负报酬员工，即企业免费利用消费者的数字化劳动，通过数据货币化来赚取自身的利润。①

4.3.2 消费过程与生产过程合一

数字经济时代形成了从产品到体验需求的变化，加速了产品消费过程与生产过程的融合。从供给端看，产品不再是盈利的关键，企业通过打造“过程＋”，即通过对产品生产过程的分割、开放、售卖，提供有助于产生体验的环境与条件，并以此获得比单纯经营产品时更低的经营成本、更高的经营效率、更大的经营收益。从需求侧看，产品不再是目的，消费者通过对产品价值链的分过程参与，获得额外的知识、技能、快乐、经历等，并且体验效用超越产品效用成为他们为“过程”支付高昂价格的根本原因。

①消费者与研发过程深度融合。在此种模式下，消费者直接成为研发人员，自愿参与企业的研发流程。以工业发展为例，工业发展面临个性化需求升级、行业竞争重新洗牌、新技术变革、国家战略引导等多方面变化，个性化定制的工业互联网平台应运而生。个性化定制平台并不是使每个行业设置个性化需求，而是从用户需求角度出发，让用户参与产品的设计与制造，满足用户的个性化需求。个性化定制平台以用户全流程参与、定制化设计、个性化消费为特征，它几乎完全颠覆了“标准化设计、大批量生产、同质化消费”的传统制造业生产模式。在整个过程中，用户不仅是消费者，同时也是设计者和生产者，这种用户需求驱动下的生产模式革新最大程度地契合了未来消费需求的大趋势。

②消费者与制造过程深度融合。“产消者”既存在于数字原生企业中，也存在于传统企业数字化转型的过程中。a. 数字原生企业。以新浪微博、知乎、抖音短视频、哔哩哔哩等为代表的数字原生企业，其内容的生产者同样是数字平台的消费者，此时，数字平台完全依赖于广大消费者完成“生产—消费”的闭环，实现零成本生产。b. 传统企业数字化转型。以小米、海尔等为代表的传统制造企业，在数字化转型的基础上，依托数字平台将消费者直接纳入整个制造过程。以海尔打造的 COSMOPlat 为例，用户可以通过智能设备（如智能手机或平板电脑）提出需求，在需求形成一定规模后，COSMOPlat 可以通过所连接的九大互联工厂实现产品制造，基于客户的个性化需求实现相应的产品定制，实现在交互、定制、设计等制造环节用户的深度参与。

③消费者与营销环节的深度融合。随着泛社交、泛娱乐平台的持续涌现，分享产品已经成为消费者日常生活的一部分。普通消费者旨在通过产品展示、体验分享进行广泛社交，领军消费者出于积攒人气、增加影响力的目的进行专业的测评和攻略分享。基于

① 李海舰，田跃新，李文杰．互联网思维与传统企业再造．中国工业经济，2014（10）：135-146.

“天然”的信用背书和“强大”的网络能力，与生产者的直接营销相比，消费者营销成本更低、速度更快、规模更大、效果更好。例如，小红书便集聚了一批消费者进行产品和服务的测评。领军消费者能够形成更加专业化的营销内容，通过已有的粉丝群体实现“一对多”的精准传播。普通消费者能够形成真实的产品评价，其真实的推广、销售和服务能够被平台上的其他用户广泛识别，形成产品营销的强大链条。同时，各平台的营销内容都能以几乎为零的成本进行复制共享。产品信息可在各大平台中呈指数级传播，实现产品信息的精准营销。

④消费者与服务环节的深度融合。在数字技术的支持下，各行业都在实行贯穿全消费过程的“虚拟服务”。在人工智能、机器学习技术的赋能下，人工智能客服应运而生，并能够解决消费者在售前大部分标准化的问题。人工智能客服全年无休的服务支持使得消费者能够在任何时刻、任意地点获取便捷、高效的企业服务。同时，企业基于消费者数据的跟踪和学习，能够有针对性地为消费者提供个性化服务。结合 VR/AR/XR/MR 等技术，一些产品服务能够实现前所未有的体验。如在服饰行业，现已推出虚拟试衣间等服务流程；在装修行业，消费者可以利用线上服务模拟多种装修场景，而异地看房、虚拟讲解等服务早已在房地产行业中有成熟的应用。而进入售后环节，个性化的服务能够再一次收集产品和服务的用户反馈，对产品迭代进行更有效的支持。

阅读材料

海底捞：从“众口难调”到“私人定制”：海底捞的数智化转型

1. 海底捞 App 赋能消费端营销，会员增长 50%

海底捞 App 上线接近一年时，其注册会员由一年前的 3 000 多万人激增 50%，至 4 500 多万人。阿里云的架构师表示“支持 1 亿会员注册访问都没有问题”。海底捞整个会员体系的技术平台已提升到了目前业界先进水平，与淘（宝）系水平达到一致。如今 IT 基础设施不再是限制业务发展的壁垒，而是驱动业务发展的有力支持。此外，数据中台把原来散落在不同应用系统中的数据进行抽取转换处理，生成客户标签，形成不同类型的人群包，从而可以进行精准的营销投放，实现营销的个性化、商品的个性化以及服务的智能化。

海底捞 App 除了第一批上线的排号预定、社区留言、千人千券会员权益等功能，未来将会开发更多功能以提高用户活跃度，让线上互动更有趣。比如，在“私人定制配锅”的技术支持下用户未来可以在社交网络分享自己定制的火锅口味，好友扫码即可品尝，更可以与网友比一比更受欢迎的火锅口味，突破地理限制，真正做到“一起嗨”。

如果海底捞 App 是通过实现与消费者线上零距离密切互通以达到“智慧服务”的目标，那么智慧餐厅则是对供应链的数字化赋能。运营近一年来，“自动配锅机”“自动传菜机器人”“IKMS（智能厨房管理系统）”等设施使后厨降本提效。比如“智能要货”是通过算法进行门店销量预测以及实时的库存跟踪，从而预测出每家门店每天的需要进货量以最大限度减少库存并保证供应。以海底捞的体量和规模来看，如果推广到所有门店，仅此一项功能就能节省可观的运营成本。

除了提高运营效率，智慧餐厅更重要的是沉淀了可供所有海底捞门店复制的路径，用于提高食品安全水平。

截至2019年6月30日，海底捞在全球拥有593家门店。作为规模如此大的餐饮企业巨头，海底捞致力于投入资源以提高供应链管理及食品安全管理。而“智慧餐厅”沉淀的路径和数字技术应用将实现供应链自动化，从而有效实现食品安全质量控制。海底捞国际控股有限公司董事会副主席周兆呈向记者介绍说：“智慧餐厅配备智能菜品仓库系统，在0～4度的恒温环境，由机械臂自动采货传菜。冷链的管理和后厨无人智能化的处理（推广到所有门店后）使得我们整体的食品安全水平都有了一个很大的提高。”

2. 数字化进程推进管理同步创新

在海底捞与阿里云合作开发数据中台和业务中台的过程中，对海底捞组织最突出的赋能体现在海底捞的IT部门。在阿里云开发的数据中台一期项目的基础上，基于阿里云提供的技术支持和代码，海底捞的IT部门可以自行根据业务需要进行中台的二次开发和迭代。海底捞自身可以实现数据驱动业务和数据驱动决策，这将大大加速数字化转型进程。

此外，海底捞在原有IT部门的基础上增设了信息业务合作伙伴这一职位，旨在与各部门业务对接以明确需求，形成以用户需求进化为核心进行功能迭代的敏捷型组织，快速响应变化并使技术迅速落地。现在十几个信息业务合作伙伴已成为连接技术部门与业务部门的关键纽带，以用技术实现业务部门的需求及回应用户的反馈。

海底捞App上线后显著地提高了IT设施对线上运营的产能，而实现精准营销也是对用户运营团队的一个挑战。比如在App上线初期，系统派出的卡券曾被“薅羊毛”，即被恶意回收和转卖，导致并不是所有卡券都直接使真正的消费者受益并达到有效转化。阿里云凭借多年海量的数据支撑和丰富的线上运营经验，通过“云盾”等工具的业务风控能力识别可疑账号，解决了这一问题。线下营销及服务是海底捞一贯的优势，而通过超级App数据的积累和数据中台算力的支持，海底捞正在快速学习和借鉴电商的新玩法，提高了线上运营能力。

海底捞的数字化转型得益于创始人张勇的坚持。海底捞的主营业务是餐厅经营，而耗资巨大迭代IT基础设施及策划线上营销活动与本来盈利的餐厅业务看似并不十分相关。但是，张勇坚持海底捞要做好线上运营体系，如今落地的海底捞App和智慧餐厅，以及数据驱动业务，离不开创始人关键的部署。

周兆呈在采访中明确表示，数字化转型与创新并不会改变海底捞“以人为本”的企业文化。数据中台和科技对运营的赋能是希望帮助员工实现自己的发展，而不是取代员工。“企业价值观是双手改变命运，让海底捞的每一个员工通过公平、公正的平台改变他们的命运。员工舒服了顾客才会舒服。”周兆呈如是说，这也印证了“科技让服务更简单”的数字化改革的根本目标。

3. 新技术将实现更多应用场景，改变成本结构

海底捞App和智慧餐厅使海底捞的数字化水平从过去局限于企业运营数据分析

发展到赋能C端营销、数据驱动业务的迭代和发展。海底捞将继续App的复盘，并深度开发数据业务双中台，以研发周边产品，丰富产品矩阵，实现业务多元化。围绕火锅场景，海底捞研发了啤酒、乳酸菌等周边产品；基于消费者行为数据积累和算力支持，数据驱动海底捞拓展推广家政、代驾、酒席承办等新业务场景，以对存量用户进行更精准的营销并延长用户生命周期。

伴随海底捞在海外的强势发展，海底捞的国际会员体系和权益体系也是下一步规划的重点。落地“打通不同国家的会员”的设想比搭建国内的会员体系面临的挑战更多。比如，汇率对积分的影响涉及更庞大的计算体系和更精细的数据中台。目前海底捞的权益已实现全球打通。周兆呈表示：“阿里也在国际化，在走出海外方面我们能够开发和能够合作的领域是很多的。”

除此之外，数据中台和业务中台的算力和数据将应用于如智能客服、智能人事等场景，优化人力成本和管理成本，实现数据驱动的“智慧运营”。

完成数智升级的海底捞将继续进行渐进性创新，通过不断的、连续的小创新实现管理创新，为中国餐饮业探索数字化转型的模式。

资料来源：从“众口难调”到“私人订制”：海底捞的数智化转型．哈佛商业评论公众号，2019-10-14.

小米：构建用户广泛参与的价值共创体系

“小米走的是跟iPhone完全相反的路。iPhone极简，小米走集大成路线，力求支持各种功能。”小米创始人雷军认为，小米与iPhone最大的区别在于，小米是集大成的。所谓集大成就是，让所有用户都参与研发过程，最后小米呈现出来的是适合不同用户的不同使用习惯的产品。在这种理念下，MIUI最初的研发就放在互联网上，敞开门请用户一起参与研发。当时小米每周更新四五十个甚至上百个功能，其中有三分之一是由“米粉”提供的。这样做的难度系数很高，为了保证每周更新，必须保证2天内完成规划、2天写代码、2天做测试。可雷军硬是坚持下来了，他希望将MIUI做成一个“活的系统”，用户的需求都可以随时渗入进来。

“手机是每个人的亲密伙伴，我们和它在一起的时间超过任何其他东西。难道乔布斯说这个东西要这样用，要那样用，我们的习惯就和他一样？不是的，我觉得手机将来会是一种个性化的东西，我们每个人都可以去‘养成’自己的手机，这就是在用互联网的思想制造手机。”雷军说。

为了让用户可以“养成”自己的手机，小米做了很多：

“因为停电被困在黑暗的电梯里，在手机上却找不到手电筒图标。雷总，能不能添加容易找到的手电筒功能呢？”这是在小米社交工具“米聊”中一名用户向雷军发出的建议。很快，MIUI新版本中就添加了手电筒功能，摁着最常用的Home键，小米手机用户就能打开手机的手电筒。小米积极采纳用户建议，真正做到了关注用户体验和中国本土消费者的使用习惯。

“默认壁纸决定着‘米粉’拿到手机后的第一视觉感受。因此，小米对此十分重视，各个联合创始人都参与了这次默认壁纸的评选。但是‘米粉’的意见是我们最关注的，你们的决定可以使小米更丰富。希望‘米粉’们投票选出自己喜欢的壁纸。”雷军在微博中发出了欢迎“米粉”投票的倡议。很快，小米手机的默认壁纸就采用了票数最多的壁纸。小米哪怕是再小的细节都不忘听取用户的意见。

“滑雪时有朋友丢了一部手机，一下子觉得这两个功能越来越重要了：寻找手机位置、远程删除所有数据。主要原因是今天的智能手机更像电脑，除了通讯录和短信外，还有邮件和各个网络服务密码等私人数据。”以雷军为首的小米团队无时无刻不在思考用户体验，这让很多“米粉”有惺惺相惜的感觉。也正因为如此，雷军关于丢手机的微博发出后，立刻就有人跟帖：“雷总，我都丢了两部手机了，解决一下丢手机的问题呗!”很快，小米增加了定位找回功能。据说，在雷军手机通讯录里，有1 000多名小米粉丝的电话。在他们的参与下，小米推出了200余项符合国人使用习惯的创新设计，上百种主题风格的解锁方式、群发短信前自动添加名称、在用户不接电话前提下友好提醒来电方的开车模式……

小米投入了很多精力来关注用户的需求，这样会不会得不偿失呢？雷军说，事实恰恰相反：“中国使用手机的人数以亿计，哪怕百分之一的需求都是百万级的大需求。因此，注重细节的创新、满足个性化需求的创新能产生大效益。”

人人自造：海尔互联工厂可实现个性化定制

随着时代的进步，仅依靠商场提供的信息来引领消费者购物的时代已经一去不复返，因为人们对个性化定制的需求越来越高，无论是为自己买件衣服，还是为亲朋好友挑选一份称心如意的礼物，消费者的需求都比以往更加苛刻。作为中国最大的家电生产商，海尔集团顺势而为，改变传统单一化大规模制造的生产方式，转而采用以用户需求为核心的大规模定制生产方式。

互联工厂是海尔在工业互联时代从大规模制造到大规模定制的转型代表作。海尔互联工厂可以满足全球用户个性化定制生产的需求，通过事先交互，按需设计、按需制造、按需配送，满足用户的每一个需求，实现从大规模制造向大规模定制转型。

用户定制化影响着我们生活的方方面面，尤其是在家电产业方面，与其说用户需要的是简单的一台空调或净化器，不如说他们在为自己的家具风格布局。为了满足人们购物体验的个性化需求，海尔集团采用大众化定制模式为客户量身打造产品，提供各种优质服务。大规模定制在海尔的表现就是互联工厂。

总部设在青岛的海尔集团在河南省郑州市建立了互联工厂，允许网络买家根据自身的需求在线操控生产流程，定制产品，实现大众化定制。用户在网上下订单，空调安装专业人士就能掌握各类尺寸等数据，和用户一道定制设计方案，甚至连用户的名字、照片或者标识都能在产品中体现。

通过“U+”智慧生活的入口，将自己个性化的需求与互联工厂对接。在用户交互定制平台上生成订单，智能制造系统会自动排产，并将信息传递给所有的模块商，平台上的全球一流设计资源、模块供应商共同参与，最快满足用户这一个性化需求。“整个过程只用了三天时间。”海尔个性化空调的订购者裴先生表示。通过手机就可完全掌控订单——每一个工序、每一个装配细节都可实时察看。

其实早在2005年，海尔就提出向大规模定制转型，2012年开始筹建互联工厂，从2015年至今相继建立了7大互联工厂。比如在沈阳冰箱、郑州空调、青岛热水器、佛山洗衣机这些互联工厂，每日有数千名用户向这些工厂发出个性化的订单，而很快他们都能像裴先生那样，拿到“自造”的产品。

以佛山互联工厂为例。佛山互联工厂是继沈阳、郑州、青岛之后，海尔的第四家互联工厂，同时也是海尔首家洗衣机互联工厂，可以实现全球用户的个性化定制生产。佛山互联工厂于2015年投产的一期项目年产量达100万台，年产量200万台的二期项目计划2017年投产，洗衣机互联工厂达产后预计能为三水工业园区带来1.35亿元税收。三水工业园区管理委员会相关负责人认为，洗衣机互联工厂为三水乃至佛山带来的不仅是税收，更重要的是制造业探索“互联网+”战略的新模式、新理念。

佛山洗衣机互联工厂的首批众创洗衣机最终方案就是50万参与众创的用户从79个模块方案中挑选出的两个最佳组合。这批众创洗衣机不仅在更大程度上实现了洁净、杀菌的效果，而且洗衣机的操控屏比以前更大，使得用户的操作更加方便。这款洗衣机也满足了欧洲等地区对节能环保更高程度的要求，其能耗值比欧洲的最高A+++标准还要节能40%，使用10年可以节省550欧元。

海尔佛山洗衣机互联工厂采用高柔性自动无人生产线，通过精密装配机器人社区实现“黑灯车间”。工厂接入iMES全程订单执行管理系统，装配了200多个射频识别标签、4 300多个传感器、60多个设备控制器，全面实现了设备与设备互联、设备与物料互联、设备与人互联，实现了为全球用户批量定制和个性化定制洗衣机。更为重要的是，海尔互联工厂基于先进的信息化系统，还实现了全程可视化。

全球各地的用户通过电脑、手机等终端可以实时看到生产信息。排产时间、上线时间、供应商信息，以及安全、噪声等核心质量信息都可以在线查询，生产工厂更加透明化，实现了洗衣机的个性化生产而不是简单克隆。也就是说，海尔互联工厂可以为全球每一个用户定制洗衣机产品。

海尔进一步推进工业4.0的实施战略，以及构建个性化定制智能互联工厂的重要信号，将碎片化、个性化的用户需求与透明化的制造体系高效对接，宣告大规模个性化定制模式时代的全面落地。

实现用户这一个性化定制需求的支撑平台就是海尔互联工厂的前端——“众创汇”用户交互定制平台。在这个平台上，用户可以通过多种客户端向互联工厂提交订单，实现个性化定制和众创定制，并实现需求、设计、制造、配送全流程可视，零距离对话，即时查看产品“诞生”的整个过程，如定制内容、定制下单、订单下线等10个关键性节点，整个过程完全“透明”，都在用户“掌握”之中。用户交互定制平台的上线意味着用户不再是产品的旁观者，而是可以全流程参与其中，这开启了人人自造时代。

不再是传统工厂完全固化的封闭式制造，甚至也不仅仅是将制造交给先进、智能的机器人，在海尔，互联工厂比人们想象的要“激进”。与传统工厂相比，互联工厂起到连接用户、供应资源和企业的纽带作用。以模块化为基础，互联工厂成为为用户提供个性化定制体验的主体。据了解，海尔互联工厂的架构构建了一张动态抓取用户需求、快速整合全球最优资源的强大网络，将碎片化、个性化的用户需求与智能化、透明化的制造体系高效对接起来。

海尔集团首席执行官张瑞敏表示，互联网时代对企业最大的压力就是一定要满足用户的需求。满足用户的需求不是过去所说的质量，质量根本不是标准的高低，质量是用户定义的，现在用户定义质量就是谁能够满足个性化需求，谁的质量就高。因此，企业必须从大规模制造变成大规模定制。

资料来源：林志贤．海尔“互联工厂”加速用户定制个性化．企业管理杂志公众号，2017-05-02.

内容提要

在数字经济发展的过程中，需求侧首先迎来数字化冲击，ABCD技术的发展及应用推动需求侧发生全方位的数字化转型。具体来看，在数字化的冲击下，消费产品由标准化转向定制化，消费场景由线下实体空间转移到虚拟数字空间，生产关系由对所有权的强调转向对使用权的重视，商家持续将消费主权让渡给消费者，消费者的价值实现也由个人行为转向社会网络。在需求转变的过程中，数字技术的使用带来了消费者深度参与生产的机遇。ABCD技术提升了普通消费者行为的数据化程度，降低了企业获取消费者信息的成本，使得消费者有机会主动或被动地参与企业的生产研发决策。

需求侧的数字化倒逼供给侧的转型发展，逐渐完成数字产品、数字化企业的变革，同时形成基于消费者价值主张的供给逻辑。数字技术为企业提供无限接近消费者价值主张的潜能，企业能够洞悉消费者的真实需求，对消费者进行准确细分，对消费者的需求进行即时、精准、动态的匹配。最终通过消费者与生产者合一、消费过程与生产过程合一的形式，实现需求牵引供给、企业与用户协同演化的发展逻辑。

关键概念

个性化服务又称差异化服务，是指针对客户的不同需求，重视对目标市场的细分，努力提供多种产品与服务，对不同的客户需求提供服务与资费选择。

价值共创是以个体为中心，由消费者与企业共同创造价值的理论，包括消费者单独创造价值、消费者与企业互动共同创造价值、消费者与消费者互动创造价值。

商业模式创新是改变企业价值创造的基本逻辑，既可能包括多个商业模式构成要素的变化，也可能包括要素间关系或动力机制的变化。

产消者是指参与生产活动的消费者。

开放式问题

1. 结合社会生活中的现象，解释数字经济时代需求牵引供给的应用体现。

2. 以某家企业为例，分析消费者参与研发创新的关键流程。

3. 对比工业经济时代与数字经济时代需求侧和供给侧关键特征的异同，并对具体某个产业进行对比分析。

4. 讨论数字化企业如何更好地积累并利用企业的数据资产。

进一步讨论的主题

1. 习近平坚持以人民为中心的发展思想，表明了科技创新应该是为人民群众服务的，要积极引导科技创新的价值导向，发挥其在国家、社会和人民中的正面作用，使科技成果更充分地惠及人民群众。请围绕习近平的创新目的论，阐述数字技术创新如何惠及人民群众，并不断满足消费者高级化、动态化、个性化的需求变动。

2. 自然辩证法主要涵盖三个规律：一是对立与统一规律；二是质量互变规律；三是否定之否定规律。请基于自然辩证法的至少一个规律，分析数字经济如何实现需求牵引供给的高质量发展。

例如，对立与统一规律揭示了普遍联系的根本内容和永恒发展的内在动力，同时提供了认识世界和改造世界的基本方法“矛盾分析法”。经过几十年的发展，我国社会主要矛盾已经发生转变。党的十九大报告明确指出：“中国特色社会主义进入新时代，我国社会主要矛盾已经转化为人民日益增长的美好生活需要和不平衡不充分的发展之间的矛盾。”请进一步分析数字经济如何解决新时代的矛盾，为经济的高质量发展赋能。

参考文献及扩展性阅读建议

第5章

数字化赋能

学习目标

1. 掌握数字技术对经济活动各项成本的冲击。
2. 理解数字技术对资源配置的影响机制和路径。
3. 了解数字技术对经济活动时空边界的影响。
4. 能够基于数字技术赋能逻辑，分析具体传统行业数字化转型的机制。

引入案例

美国爱彼迎公司在租房者与房主之间建立起数字化连接，提高了房屋租赁供求的匹配效率，并且利用增强现实以及虚拟现实等数字技术保障房源信息的真实性。数字技术的成熟应用为其经营环境带来了根本性变化：首先，爱彼迎利用数字技术的独特性质降低了供给者和需求者之间的信息不对称，把原本闲置或者能够节省的空间通过较低成本封装，并通过爱彼迎平台统一发放。其次，降低了信任风险。借助第三方交易平台，陌生的房客与房主之间能够快速建立起信任，保障了交易的顺利进行。除电商零售、生活服务等消费平台，许多传统行业都在数字技术的赋能下迎来全新发展机遇。本章将从经济成本、资源配置、时空范围等方面系统分析数字技术对企业发展的赋能作用。

从世界范围来看，数字经济占 GDP 的比重在美国、欧盟等地不断提升。中国作为世界第二大数字经济体，数字经济占 GDP 的比重已经超过了 1/3，为经济社会赋予了前所未有的发展动力。2020 年 11 月 21 日，习近平在二十国集团领导人第十五次峰会第一阶段会议上提出："疫情激发了 5G、人工智能、智慧城市等新技术、新业态、新平台蓬勃兴起，网上购物、在线教育、远程医疗等'非接触经济'全面提速，为经济发展提供了新路径。我们要主动应变、化危为机，深化结构性改革，以科技创新和数字化变革催生新的发展动能。”① 党的二十大报告提出：“加快发展数字经济，促进数字经济和实体经济深度融合，打造具有国际竞争力的数字产业集群。”党的二十届三中全会公报提出：“健全促进实体经济和数字经济深度融合制度。”本章主要研究数字经济赋能经济发展的机制与路径，首先分析数字技术广泛降低社会生产、交易、交换等环节的成本的趋势，其次在此基础上研究数字经济对资源配置的影响，包括机制、路径和模式，最后基于时空边界研究数字技术，为各项经济活动提供便利的特征。

5.1 数字技术对经济成本的影响

交易成本是影响经济活动的关键因素，已有研究证明，交易成本的微小变动就能引起商品和劳动力市场厚度和广度的剧烈变化。数字技术的应用能够显著降低各项交易成本，显著促进经济主体的交易活动。具体而言，数字技术主要影响四类交易成本：搜寻成本（searching cost）、运输成本（transportation cost）、追踪成本（tracking cost）和确认成本（verification cost）。

5.1.1 搜寻成本

搜寻成本是经济主体在进行各项交易时寻找信息的成本，是决定经济活动顺利与否的关键成本。针对此问题，哈耶克提出，“一个社会的任何经济问题，本质上都在于……任何人拥有的信息或知识都不是完整的”。这是因为“当我们需要时，知识从来不是以集中的或者融合的形式出现，而是以不完整的甚至相互矛盾的形式，分散在不同的地方”②。因此，哈耶克提出信息的搜寻和处理是人类追求经济福祉的关键挑战。在数字经济时代，一切经济活动都可以被投射到线上空间，而线上比线下更容易找到和比较各类潜在经济交易的信息。数字技术带来的搜寻成本的显著降低能够对价格离散程度、产品种类、供需匹配等产生显著影响。

（1）价格离散程度。

数字交易平台能够显著促进消费者的比价行为，同时同品类的商家也能够便利地获取竞争对手的价格，最终导致同类产品的价格在透明的信息环境中保持向下的压力。一方面，这种趋势能够显著提高消费者的福利，例如 Brynjolfsson 和 Smith（2000）通过比较线上与线下书籍和 CD 的价格，表明商品的线上价格显著低于线下价格。③ 另一方面，同质产品价格持续下行的压力将倒逼商家提供差异化的服务，包括售前资源、购物体验、

---

① 勠力战疫 共创未来．人民日报，2020-11-22.

② Hayek，F. A.，1945，“The Use of Knowledge in Society”，*The American Economic Review*，35（4），pp. 519-530.

③ Brynjolfsson，E. and Smith，M. D.，2000，“Frictionless Commerce? A Comparison of Internet and Conventional Retailers”，*Management Science*，46（4），pp. 563-585.

运送方案、会员优待等方面的差异，在非价格方面展开异质化的服务，从而丰富消费者的交易体验。

(2) 产品种类。

首先，搜寻成本的显著降低将激发消费者对于多样化产品的需求，促进产品市场的厚度和广度协同增长。低搜寻成本意味着消费者更容易搜寻到稀缺产品和利基产品，以极低的成本购买到匹配自身偏好的产品。其次，搜寻成本的降低会导致明星效应。如果某类产品的边际生产成本为零且存在纵向差异，同质消费者将全部偏好购买特征（如质量）更突出的产品，通过明星产品的购买满足高级化的需求。如果产品同时存在纵向差异化和横向差异化，搜寻成本的下降会形成以下均衡：企业生产大量最受欢迎和最优质的产品出售给所有消费者，利基产品则通过长尾零售商进行销售。

数字时代创造了更多新产品，增加了免费品、共享经济等新型消费形式，降低了搜寻成本和交易成本，丰富了原有商品种类，提高了消费者可获得性，增强了无形资产在经济中的作用。例如，Brynjolfsson 和 Hitt（2003）利用亚马逊网站书籍销售数据建模推导书籍销售额、需求弹性等，从而求得在线销售书籍种类提升所产生的消费者剩余。[①]

(3) 供需匹配。

搜寻成本的降低能够提升市场多方的参与程度，在数字技术的赋能下，产品由过去供给侧向需求侧的单向流动转向供需双向的交换活动。低搜寻成本能够显著提升市场各方参与者的效率，尤其是大型数字平台的崛起，使得供需匹配的效率得到前所未有的提升，经济活动由生产大爆炸转向交易大爆炸。同时，搜寻成本的降低使得传统经济中的一些闲置资源能够被有效利用，例如爱彼迎、优步等平台便是激活了闲置资源，同时扩大了供给和需求的容量。供需之间快速高水平的匹配能够让各边的参与者获益。从需求侧来看，有研究证明在数字平台中如果需求有较大幅度变化，仅会导致供给数量而非价格改变；从供给侧来看，低搜寻成本能为供给方提供市场需求信息，供给方可以合理选择进入市场的时机。

5.1.2 运输成本

无论是数字产品还是实物产品，数字技术都大大降低了其运输成本，有效降低了消费者交易环节中的物理摩擦。

(1) 运输成本为零的数字产品。

在数字经济条件下，数字产品成为一类关键的产品。从工业经济时代到数字经济时代，关键生产要素由实物资源过渡到数字化资源（数据、信息），产品作为承载价值的关键载体，其形态也不断“去物质化”，向数字化、软件化和 App 化的方向演进。数字产品初次生产的成本极高，但能以近乎为零的边际成本复制和传播。数字产品具备非排他性、方便存储等特征，传播、分销成本接近零，由此打破了产品运输的物理空间限制。

---

① Brynjolfsson，E. and Hitt，L. M.，2003，“Computing Productivity：Firm-level Evidence”，*The Review of Economics and Statistics*，85（4），pp. 793－808.

Cairncross（1997）提出在信息技术冲击下运输成本的快速下降导致了“距离的死亡”，推动了整个经济社会的普惠发展。[①] 从单个消费者的角度来看，身处偏远地区的消费者能够获取与大城市相似的数字产品和服务，以极低的价格提高消费者福利。从供给的角度出发，小企业也能快速融入经济全球化的发展，同时能够获取更多与其他企业协同合作的机会。Friedman（2005）在预测“平坦的世界”时提出，当信息产品流行并成为主流之后，任何地方的企业都可以插入全球供应链并进行生产。[②] 在这种情境下，世界各地的消费者能够消费各地的数字产品。

（2）携带成本显著下降的实物产品。

在传统经济中，线下交易一般可以用引力模型（gravity model）来分析，即本地市场的用户绝大多数来自距离市场中心 10 千米的范围内。而淘宝 App 呈现的景象完全不同：在距离上，除了生鲜食品，买家和卖家之间成交的平均距离接近 1 000 千米，超越传统线下市场服务范围两个数量级。传统市场交易的引力模型被彻底打破。数字经济不断降低消费者采购的运输成本，即消费者在网上购买实物产品时，将由快递、外卖等配送，降低了消费者的携带成本。因此，消费者能够有效利用线上购物购买平时携带困难的产品。通过这种方式，消费者也能根据不同的折扣情况进行消费产品的储藏。例如，当大型线上购物折扣出现时，消费者可以大量购买生活必需品。

5.1.3 追踪成本

追踪成本是记录和追踪异质性消费者信息的成本。了解你的客户（know your customer，KYC）在数字时代更加重要。在数字技术的赋能下，消费者行为能够被很好地追踪并观测，由此推动了个性化市场、个性化定价、个性化广告的繁荣。

（1）个性化市场。

利用数字技术动态追踪消费者行为的能力使个性化市场成为可能。数字技术为消费者和供给者带来相互沟通的能力，生产者掌握消费者的实时动态，消费者理解生产者的能力边界，两者由博弈关系转向合作共赢，共创个性化、高级化的产品价值。一方面，企业能够提供版本化的产品，针对销售数据，企业能够较为精准地追踪消费者行为，由此企业制定出针对不同客户特征的细分市场，并向不同的市场提供不同版本的产品。例如，针对专业用户和业余用户提供不同功能的产品。企业能够根据用户数据的精准反馈实时调整版本划分的数量及程度，工业经济时代粗放式的版本划分将转变为更加精准的市场区分，企业也能通过信息的传递让客户清楚哪个版本更适合他们，以此获得细分市场的成功。另一方面，较低的追踪成本让产品“千人千面”成为可能，尤其是当前数字 App 已经形成了精准推送产品的商业模式，例如新闻、视频、电子商务等方面都能基于用户的喜好定制出专属于个人的产品内容（相似但不同的产品）。

---

① Cairncross，F.，1997，*The Death of Distance*：*How the Communications Revolution Is Changing Our Lives*，Boston：Harvard Business School Press.

② Friedman，T. L.，2005，*The World Is Flat*：*A Brief History of the Twenty-first Century*，New York：Farrar，Straus and Giroux.

（2）个性化定价。

数字经济中除了对产品进行个性化定制之外，还能以较低的成本实现价格的个性化。收集数字信息的低成本使得企业更容易基于消费者历史行为进行个性化定价，尤其是一级价格歧视不再是理论状态，而是能够在数字市场中被付诸实践的定价策略。在产品个性化定制的基础上，企业能够轻易实现个性化定价，也能避开同质产品低价竞争的困境。在数字市场中，若需求侧和供给侧信息透明，消费者基于自身的偏好做出产品选择，并在充分了解定价规则的基础上为自己的产品版本进行支付，此种行为将不构成垄断行为，甚至会同时提高消费者和生产者的福利水平。除针对消费者进行个性化定制外，生产者也能针对竞争对手动态进行价格调整，尤其是当生产者追踪并预测到市场即将发生的变化时，能够依不同的场景减价销售、抛售或者以其他形式进行定价。数字技术带来的低追踪成本为经营者提供了非常经济的研究市场的机会。

（3）个性化广告。

个性化广告是互联网广告的常见模式，即平台对用户的浏览偏好、使用记录等进行收集和标记，形成用户画像，并据此进行广告投放。低追踪成本很容易对数字产品实施一级价格歧视，但很多时候消费者可以免费得到这些数字产品，因此企业逐渐转为向异质消费者展示更合适、相关性更高且利润更高的广告，这常见于双边市场，如谷歌、百度等。消费者的注意力已成为当前数字市场最稀缺的资源，是广告商竞争的核心要素。在工业经济时期，广告商向线下用户发送的信息充满噪声和延迟。而进入数字经济时代，数字技术能够使广告商瞄准特定消费者，进行精细化、个性化的广告投放，以显著提高企业产品的销售额。

5.1.4　确认成本

确认成本是确认市场中各类信息有效的费用总和，人类的经济活动分为两大类：一类是生产活动，是人与自然打交道；另一类是协作活动，是人与人打交道，主要是各种交易活动。无论是哪一类经济活动，人们都希望不断提升效率，这就需要不断发展相应的技术。主要用于提升生产活动的技术，我们称之为生产型技术。主要用于提升人与人之间协作效率的技术，我们称之为协作型技术。两种技术对经济交易活动的顺利推进同样重要，其中最关键的内容在于降低确认成本，推动各个生产、交易环节顺利进行。

（1）数字市场中信誉系统的构建。

在传统经济活动中，企业提供可靠质量信息的长期解决方案是以品牌的形式建立声誉。但在数字市场中涉及亿万级别的参与者，潜在的交易主体之间并不熟悉彼此的声誉。因此，先前的买家和卖家的交易经验成为陌生市场交易的关键机制。这种机制中最有效的做法是建立在线评价系统，收集并公开以往买家的评价，供未来市场参与者查看。消费者和企业累积的线上评价成了交易活动中最关键的数字资产，解决了陌生人之间交易信任薄弱的难题。评价高的卖家向市场释放了产品质量较高的信号，因此可以通过更高的价格获取更多的利润。在上述正反馈机制中，企业有激励提供更高质量的产品和服务，消费者也能被引导向更高质量的产品，以此实现市场的正反馈机制。这种机制将使各种各样的市场活动成为可能，包括线上和线下。线上的电商平台，如国外的亚马逊、eBay，中国的阿里巴巴、京东等，均建立了成熟的线上信誉机制，线上评价系统强有力地约束了亿万商家和消费者的经济行为。同样，线下也受到线上信用机制的影响，例如国外的 Yelp 和国内的大众点评，对实体店铺的打分和评价降低了消费者的验证成本，同时该信息披露能够有效缓解连锁餐厅和独立餐厅影响力之间的信息不对称性，使得小微餐饮企业能够以较低的成本获得消费者的信任。

（2）保障生产、交易环节的顺利进行。

支付环节是交易环节中的关键，数字技术带来了在线验证程序的改进，使得各项交易能更安全、便捷地推进。大数据等生产型技术带来了生产工具的改进，而区块链等协作型技术带来了生产关系的改进。具体分析，区块链不是一个简单的工具，而是一种“技术化的制度”，能够重构相应的制度、流程和协议，对经济主体施加更多的要求，强化其协作过程中的可预测性，从而实现整体的协作效率。从具体的技术特征分析，区块链是一种结合了博弈论和密码学的先进技术，可以在不需要中间人的情况下实现相距遥远、互不信任的双方之间的价值交换。由于存储在分布式分类账上，事务属性或有关代理的信息可以很容易地验证。这意味着可以用定义网络如何达成协议的底层代码和规则中的信任来取代中介中的信任。因此，作为一种协同型技术，区块链的发展和应用能够在信任未知或信任薄弱的场景中通过技术背书形成共识，节约交易中达成信用的成本。当前，随着公有链、联盟链等区块链技术的突破，便利且可信的交易极大程度地降低了生产主体之间的协同成本，从而形成相互作用、相互依赖、共同发展的整体，最终通过系统化、复杂化的要素流通形式，生产力的发展带来了持续的增量贡献。

5.2 数字经济对资源配置的影响

技术创新对社会经济发展的推动作用体现在，“随着大工业的发展，现实财富的创造较少地取决于劳动时间和已耗费的劳动量，较多地取决于在劳动时间内所运用的作用物的力量，而这种作用物自身——它们的巨大效率——又和生产它们所花费的直接劳动时间不成比例，而是取决于科学的一般水平和技术进步，或者说取决于这种科学在生产上的应用”①，即“科学是一种在历史上起推动作用的、革命的力量”②。马克思将资源配置一般与特定的社会生产方式结合起来分析，在生产力与生产关系的矛盾运动中揭示了资源配置方式的历史演进趋势，这种统一性“包含在生产过程本身中并且决定生产的结构”③。通过生产方式这一中介的分析，“随着新的生产力的获得，人们便改变自己的生产方式，而随着生产方式的改变，他们便改变所有不过是这一特定生产方式的必然关系的

① 马克思，恩格斯．马克思恩格斯文集：第 8 卷．北京：人民出版社，2009：195－196.
② 马克思，恩格斯．马克思恩格斯全集：第 19 卷．北京：人民出版社，1963：375.
③ 马克思，恩格斯．马克思恩格斯全集：第 46 卷（上册）．北京：人民出版社，1979：34.

经济关系”[①]。因此，对数字经济的资源配置应该坚持辩证唯物主义和历史唯物主义相结合的方法论，从人类经济活动更具一般性的原理出发，“充分地占有材料，分析它的各种发展形式，探寻这些形式的内在联系”[②]。发展数字经济是贯彻“创新、协调、绿色、开放、共享”五大新发展理念的集中体现。数字经济本身就是新技术革命的产物，是一种新的经济形态、新的资源配置方式，集中体现了创新的内在要求。数字经济降低了信息不对称性，促进了资源的循环流通，提高了供需匹配效率。在数字技术的赋能下，不同地域的市场能够被有效整合，扩大市场配置资源的范围。同时，数字技术的有效利用能够减少市场信息的时滞，基于数据动态反馈的特质，有助于促进决策的科学性，以引导资源、要素的合理化、高效化配置。

5.2.1 机制分析

数字技术的主要特性有替代效应、渗透效应和协同效应：①替代效应。基于摩尔定律，新一代信息技术产品价格持续下降，对其他投入品产生了显著的替代效应。②渗透效应。作为一种通用目的技术（general purpose technology，GPT），数字技术几乎能够渗透到经济社会运行的每一个环节。③协同效应。信息与通信技术（ICT）与其他要素相结合能够增强要素间的协同效应，进而创造价值的放大效应和倍增效应。由此，下文将从替代效应、渗透效应和协同效应的角度深入分析数字技术对资源配置的赋能机制。

（1）替代效应（substitution effect）。

数字技术的替代效应通常是指ICT作为一种资本要素对其他非ICT资本要素不断替代的事实，该现象出现的根本原因在于以芯片为代表的ICT硬件多年来一直遵循摩尔定律，呈现出实际价格持续下降的趋势。ICT相关要素能够使数字化要素直接替代传统生产要素，最明显的例子便是ICT对劳动、土地等传统生产要素的替代。一方面，人工智能等数字技术能够直接对劳动要素形成替代，导致某些职位和岗位逐渐消失，同时创造出一批全新的职位空缺。另一方面，网络、大数据与现代信息技术构建了庞大的数字世界，虚拟空间打破了传统物理实体空间的束缚，形成了虚拟产业集群、虚拟科技园区等新型经济关系，产、供、销业务“虚拟化”。由此可以创造脱离土地发展的新模式——数据要素与网络、通信技术等融合创造线上、无地化的新发展空间，减少对土地的依赖，对冲、解决土地资源的紧张，这是数据要素对土地要素的替代。

（2）渗透效应（pervasiveness effect）。

渗透效应是指某项技术能与社会生活的生产、分配、交换、消费等环节广泛融合，并给生产和再生产环节带来运行方式的改变。渗透效应是GPT最基本的技术-经济特征，也是GPT领域出现激进式创新后能够引发技术革命，带来技术-经济范式转换的技术基础。当前，数字技术已经深入经济社会生产、生活各行业并与其相互融合，带来经济运行方式的改变，越来越多的行业开始拥抱数字技术，以期从中获取有用的价值。比如在

① 马克思，恩格斯．马克思恩格斯全集：第27卷．北京：人民出版社，1972：479.
② 马克思．资本论：第1卷．2版．北京：人民出版社，2004：21.

公共管理领域，数字技术助力电子政务、电子治理，在政策技术层面、政府能力层面、国家治理层面和社会价值层面产生重要影响。在产业领域，金融、医疗、现代物流、电子商务、现代制造等产业乃至整个产业链条在数字技术的赋能下焕发出新的活力。

（3）协同效应（synergy effect）。

协同效应更多是指生产过程中ICT产品的应用能够提升其他要素间衔接配合的契合度，降低摩擦成本，从而提高运行效率。数字技术具备重复编程、数据均值性等特征，能够协同其他技术基于数据流通和共享，推动不同经济主体之间的协作水平。协同作用建立在更多社会角色参与的网络效应基础之上，是生产、交易、流通等环节大规模实时协作化的组织方式。尤其是大数据、云计算等数字技术的协同，改变了僵化、垂直、等级制的组织方式，取而代之的是网络化、扁平化、去中心化的柔性组织方式。以供应链为例，传统企业研发、产品、市场、生产等基本上是相互割裂的，线性沟通指令化合作，协同网络的存在使传统的供应链上的各个角色快速有效整合，形成供应链平台，对传统的供应链形成降维打击，传统企业割裂的职能被有机融合。

5.2.2 赋能路径

（1）生产要素优化。

创新驱动经济发展所需的生产要素主要涵盖初级要素与高级要素。其中，初级要素主要是简单劳动、土地、自然资源、资本等有形生产要素，具备边际收益递减的特征；高级要素一般是指知识、信息、技术等无形生产要素，呈现出边际收益递增的特征。数据作为信息和知识的源头，是一种具备非竞用性的高级生产要素。

从价值链来看，数据价值通过“数据—信息—知识”的流程形成：海量数据被不断提取出信息，通过信息解读转化为创造性的知识，从而支撑经济主体实现高质量的发展。唐·泰普斯科特在《数据时代的经济学》中提出，全社会各环节的海量数据已不再是传统数据处理程序的累赘，而是新的资产。随着数字技术与经济活动的不断融合，数据逐渐从辅助性资源中独立出来，演化为推动经济高质量增长的关键生产要素。

“农业经济—工业经济—数字经济”的发展过程面临着社会持续增长且不断高级化的需求，除劳动以外的关键生产要素大体经历了“土地—资本—企业家才能—数据”的演化。从生产要素的特征来看，关键生产要素的演化呈现出竞用性逐渐降低、通用性不断增强的趋势。在农业经济时代，土地在生产过程中具备极强的竞用性。在人口数量持续增长的趋势下，土地对生产力的贡献很快达到极致。工业经济时代部分打破了自然资源的约束，能够有效扩大再生产的资本（生产性机器、设备等）应运而生。同样的生产性机器可以被不同的劳动力使用，增强了资本与劳动力的结合水平。进入工业经济后期，物质条件的极大丰富导致消费者需求高级化发展，厂商需要不断提高劳动、资本、土地等生产要素的配置效率，以有限的要素投入形成更有竞争性的生产力，于是企业家才能成为关键的生产要素。企业家才能进一步降低了生产要素的竞用性，可以灵活、弹性地服务于不同的生产组织，比如经理人不仅可以在委托公司发挥才能，还可以通过智库专家等形式为其他经济主体提供资源优化配置方案，进一步提升与其他生产要素的结合程度。

进入数字经济时代，数据产生和流通的速度前所未有，整个经济系统呈现出极大的复杂性，其中消费者需求碎片化、个性化升级，供应链体系趋于网络化、扁平化。此时企业家才能已经难以应对充满不确定性的外部环境和内部复杂的组织管理，须通过数据收集、处理得到真实信息和新的知识，从而驱动精准决策来应对复杂经济系统的不确定性。数据天生具备非竞用性，能够在全球范围内被不同主体同时使用而不发生任何损耗，因此极大提高了知识生产效率，从而带来经济的高质量增长。同时，数据流通带来真实信息的互联，通过降低信息不对称性缓解市场失灵的问题。厂商通过对外部环境和需求变化的研判，能够有效避免劳动、资本、技术等要素配置的盲目性，形成敏捷、柔性的生产方式，最大化企业资源的配置效率。

（2）市场条件优化。

在早期的研究中，经济学家便提出信息传递在经济活动中居于基础地位。哈耶克在此方面提出两个关键理论：第一，区别于普通商品有具体的存在形式，做决策所需要的信息往往不是具体的，而是同时分散在各处，需要进一步生产和提炼。第二，为利用所有分散的信息，社会面临的唯一的经济问题，实质上是如何促进信息的收集和交流。信息不对称会降低资源自由流通程度，是影响资源配置效率的关键因素。甚至当信息不对称严重到一定程度时，整个市场可能会就此消失。科斯从制度的角度提出，大部分经济活动本质的设计机制都是为了降低交易成本，或救济过高交易成本引发的交易失败，从而让个人可以自由地协商交易，并如哈耶克所言，这受益于知识的扩散。为了促进信息的收集和扩散，人类进行了诸多努力，设计不同的机制来提高市场信息的透明程度。

亚当·斯密提出的“看不见的手”实质是将市场价格作为一种信息要素，即信息和知识形态的要素是推动经济增长的关键。马克思认为“一般社会知识，已经在多么大的程度上变成了直接的生产力”①。阿罗的“干中学”以及保罗·罗默的知识溢出模型都是将经济的持续增长归功于知识要素的积累和再生产。而数据作为信息和知识的数字化载体，在数字技术的赋能下将大幅提高人类获取信息和产生知识的效能，从而改变数字市场中的信息情境和理念假设。①信息情境。在传统市场经济中，各经济主体只能在有限的信息集中进行决策。而进入数字经济时期，迎来了数据爆炸的时代，主体掌握的信息由单维向多维、静态向动态扩展。首先，经济主体决策的信息由内部领域跨至更广泛的领域，数据的易得性使得任何经济主体都可以获取其他决策相关者的信息，并纳入经济决策。其次，数据储藏成本的下降使得经济主体能以较低的成本积累经济活动中长期的动态数据，并基于原始数据对未来的实践进行预判。由此，经济主体在交易过程中能够基于动态历史数据进行多期博弈，令道德风险和逆向选择得到缓解，提高了资源配置效率。②理念假设。在工业经济时期的决策依赖各类假设，例如针对消费者理性行为的假设，在方法上注重利用统计抽样的方式，以小样本推断出因果关系。而在大数据的条件下，更重要的是相关关系，而不是基于小样本的推断，决策和推演的条件被不断放宽。海量式、全维度的数据被不断连接耦合，最大限度地放松各项推理的约束。

---

① 马克思，恩格斯．马克思恩格斯全集：第31卷．2版．北京：人民出版社，1998：102.

（3）全要素生产率提升。

全要素生产率提升在数字经济时代既包括技术进步的作用，也包括生产要素之间的协同提升作用。一方面，云计算、人工智能等生产型技术的不断涌现改善了生产效率，有效促进经济的高质量发展，这是技术进步促进经济增长的“常规路径”。另一方面，以数据要素为依托的要素协同作用带来了数字经济条件下全要素生产率提升的特殊路径。

考虑到生产要素空间分布的不均衡以及追逐利润最大化的属性，资源配置效率的改善成为促进经济增长的核心问题。大数据提供了具有更高精准度的信息流，数据的开放共享、强大的网络与算法基础设施使得数据完全流动，机器学习基于海量数据校验和算法不断反馈，经过学习、应用、持续反馈与持续更新来优化结果，人类获取了合理准确配置资源的技术基础。资源配置取决于投资选择，在大数据时代，投资选择在一定程度上克服了信息不完全带来的影响。

用户数据的积累为企业发掘和探索用户价值以及判断竞争对手的行为奠定了基础。企业通过对用户数据进行分析，增强了对市场趋势的预测能力，提高了创新产出。在大数据思维下，数据量的大小对于预测产生直接影响。但是，也要意识到，单一数据源仅能够提供有限的数据价值，数据的多源有利于降低处理结果的误差，数据的多维则扩大了分析的视角。因此，数据的大体量、多源、多维是充分发挥数据价值的前提。为了满足以上三个前提，数字化生态内部需要加强数据的流通和开源。为了保障生态内部数据处理能力的均衡，技术协议和算法也要实现共享，促进参与者之间的技术协同。所有参与者都需要拥有对技术和算法进行升级的权限和意识，共同促进整个生态的技术能力不断提高，如图 5-1 所示。

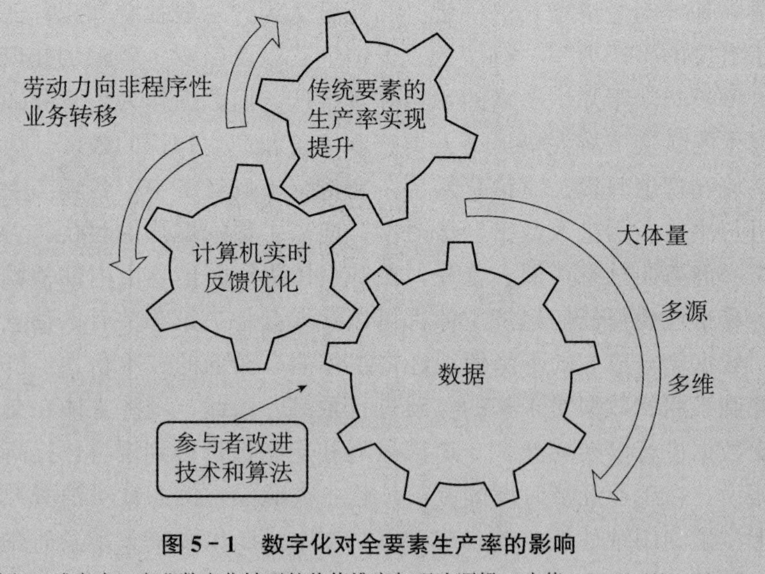

图 5-1　数字化对全要素生产率的影响

资料来源：肖旭，戚聿东．产业数字化转型的价值维度与理论逻辑．改革，2019（8）：61-70.

在机器算法分析结果的引导下，以土地、资本、劳动为代表的传统生产要素将向能够高效创造用户价值的领域集中。同时，计算机将根据实时采集的数据不断修正分析的结果，及时给予反馈，在第一时间对生产要素的配置进行调整和优化。人工智能的应用替代了程序性业务中的劳动力，但是这并不意味着劳动力价值的消失。企业可以通过在职培训、再教育等方式提高劳动力技能，将劳动力配置到非程序性业务的处理流程当中。由于人工智能只能够根据已有数据进行分析，因而在机器理性中无法对组织战略进行解读，并且难以根据重要性对组织活动进行排序。基于机器算法进行的资源配置均具有显著的时效性，过分依赖机器常识将使得组织陷入战略困境。受到既定程序的约束，人工智能对异常信号的判断会出现偏误，增加不必要的管理成本。将劳动力向非程序性业务集中，将更好地发挥主观意识在处理应急性事件方面的优势，提高组织的创新能力。

5.2.3 资源要素配置模式

(1) 逻辑重构。

互联网、移动互联网技术及网络效应带来运行逻辑变化。无论是有形网络还是无形网络，均遵循梅特卡夫定律，具有网络外部效应（即随着接入网络的用户增多，网络价值以几何级数提升），促使更多用户接入网络，形成效用递增的正反馈循环。网络的外部性使先进入细分市场的企业获得“先动优势”，战略的正确选择使企业“强者恒强”，很快借助网络的外部性赢得竞争。正如布莱恩·阿瑟所说，“垄断某一类产品远远比不上在遍布新技术的网络上寻找更多未来商机”，赢得竞争的企业会进一步借助网络的外部性和强连接性进行跨界，实现“多元创新”“赢者通吃”的局面。网络效应的带动发展与生物传染传播类似，低固定成本意味着较小的规模阈值、极少的边际成本和迅速的扩散效应，某种新产品或业务形态在短时间内以指数级速度蔓延。与之相对，互联网效应下取得的成功也更容易被更新、更有市场的商业模式或技术颠覆，新业态天生面临着比传统经济运行更激烈的竞争格局。

(2) 典型模式。

①平台经济。

数字经济带来全新的资源配置方式，具体是指以市场需求为核心，打破垂直分布的产业链和价值链，实现资源的高效配置，本质是资源配置的优化。新经济中最典型、应用最广的新模式就是平台型组织。了解平台型组织的运行规律对把握新经济整体运行至关重要。基于平台双（多）边市场产生的外部性被称为“间接网络外部性”或“交叉网络外部性”。不同于传统组织边际成本递减到一定程度后的递增现象，平台型组织的边际成本一直处于递减态势［如图5-2（a）所示］。随着平台上应用的增加，用户福利也随之增加，平台的功能发挥和收益回报带来了巨大提升，成本投入也随着双边接入者的增加逐渐被稀释。同时，平台型组织在达到一定规模后边际收益不再呈现出递减的传统特性，而是变为向右上方递增延伸的曲线［如图5-2（b）所示］。平台型组织利润最大化的基本条件受递增的边际收益和递减的边际成本影响，随着平台双（多）边接入量的增多，价格会逐渐下降，同时自我增强的正反馈效应、需求方规模经济、自适应性使得率先进入细分行业并取得一定规模的平台型组织的利润呈指数级增长，所以吸引更多双

（多）边用户、扩大规模成了现存平台型组织运营成功的关键所在。以双边市场为例，平台型组织作为“中间商”，可以提高一边收费或降低另一边收费，改变平台总体交易量；基于需求的互补依赖性，为吸引一边接入量，对另一边的定价模式多为免费或补贴；平台的最优定价结构是凹增函数，也就是随着平台收益的增加，提成的比例是降低的。平台型组织采取对预期收益率高的项目给予一定优惠的战略，而非采取统一的收费标准，这就使得免费、礼物经济等挑战传统定价模式的现象大行其道。

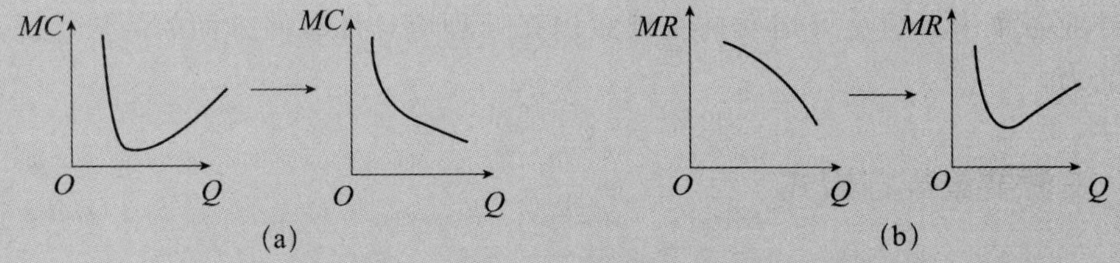

图 5-2　平台型组织边际成本函数及边际收益函数变化

资料来源：戚聿东，李颖．新经济与规制改革．中国工业经济，2018（3）：5-23.

平台型组织依托互联网，具备高效率和高组织效能，扁平化组织结构不仅有助于激发员工活力，同时由于用户的协同参与，开创了平台与用户协同嵌入式开放创新的方式。作为新经济下重要的企业组织形式，平台型组织为共享经济、多主体参与、跨区域大规模协作等模式的发展奠定了基础。

②共享经济。

共享经济是指在数字信息规则下，通过平台型组织作媒介，在一定条件下所有者将使用权让渡给他人，以实现资源的最大化利用。共享平台在具体实践中遵循平台型组织的运作规律，不再赘述。传统经济讨论产权内部化还是公有化，共享经济重视使用权而忽视所有权，Hamari 等（2016）根据交易过程中所有权是否转移将其分为“非拥有使用型”和“转移所有权型”[①]，提倡建立在不完全契约基础上“使用所有权”和“不使用即浪费”的观念。共享经济表面上分享产品和服务，实质是切割买和租。共享经济通过盘活聚集闲置低效碎片化资源，以网络平台为媒介扩大市场容量和交易范围，进行供需匹配，减少信息不对称，规避中间商的“盘剥”，从而使消费者剩余增加。共享经济建立在共享商品具有普遍需求和使用状况易控制的基础上，以市场为导向，以经济收益为目标，以个体为主要分享主体。第三次工业革命理论的代表人物里夫金也认为共享经济是新经济的基本范式，核心机制是协同共享，构建零边际成本的运营模式。共享经济中用户与供应商的主动参与形成了网络规模效应，在交换过程中实现了双赢。中国网民的大国红利和节俭的文化传统提供了共享经济模式发展的有利条件，同时该模式的发展对提升就业岗位、对冲经济增速放缓以及人工智能化带来的就业挤压效应有重要弥补作用。

---

① Hamari，J.，Sjöklint，M. and Ukkonen，A.，2016，“The Sharing Economy：Why People Participate in Collaborative Consumption”，*Journal of the Association for Information Science and Technology*，67（9），pp. 2047－2059.

③众包与众创。

在组织方式上，大数据、协同网络与智能技术共同改变了僵化、垂直、等级制的组织模式，取而代之的是网络化、扁平化、“去中心化”的柔性组织方式。以供应链为例，传统企业研发、产品、市场、生产等基本上是相互割裂的，线性沟通指令化合作，协同网络的存在使传统供应链上的各个角色快速有效整合，形成供应链平台，对传统的供应链形成降维打击，传统企业割裂的职能被有机融合。平台经济主体的流行带来合理组织安排资源的依托载体，比如在网络协同下大数据的动态匹配将业务流程与几十个细分市场整合，企业可以将某些业务进行“外包”，以获取更大的利润，数字经济时代商业流程速度、规模和范围的新特点使得流程自动化也成为一种必然——网络协同下大数据的动态匹配及网络效应极大提高了企业组织的运营效率。

5.3　数字技术对经济活动时空边界的契合与超越

在工业经济时代，企业的生产经营活动需要在特定的物理空间中进行，有严格的时间、空间等要素要求，企业只能在特定的范围内为消费者服务。以平台为例，作为一种撮合供需双方的交易形式，平台已经存续了上千年的时间，无论是古罗马集市还是大型商业超市，都属于连接供需两侧的产业组织，但传统的平台受到严格的物理条件约束。以大型商业超市为例，一般商业超市的连接能力受到土地空间的严格限制，同时交通环境、营业时间等均会降低经营者提供服务的便利程度。随着数字技术的冲击，企业的经营环境发生了巨大的变化，其生产、研发、营销等环节不断向数字世界迁移，为企业带来了更多创造和捕获价值的机遇。

5.3.1　数字时空与物理时空的契合

物理时空的重要特征是空间到场硬约束与固定时间规制硬约束要求买卖双方在规定时间、现实空间到场才能完成交易。从需求侧的角度来看，个人消费者要投入大量的成本，比如需要对自己的时间进行重新安排，以防错过规定的交易时间。空间对消费者产生了巨大的阻碍，当消费者进行空间位移时会形成大量的时间成本和机会成本，使得消费者主动中止一些潜在交易。从供给侧的角度来看，企业的店面位置、工厂选址等要素对企业的经营效果会产生极大的影响，但店面位置等约束会造成巨大的成本投入，导致小商户无法承担，无形中降低了供给数量、缩小了供给范围。数字技术的发展放松了物理时空对交易行为的约束，也不断释放生产和消费的潜力。消费者不用再刻意规划消费行为，利用碎片化的时间便可以完成各项活动；供给者也不再受物理条件之困，能够以极低的成本进入市场提供多样化的产品和服务。数字经济为企业和消费者赢得了时间，也打破了空间距离的阻碍，经济时空得以进一步延展。虚拟空间拉近了人与人之间交流的距离，线下交易转移到线上完成，远程办公、在线医疗、网络课堂、社群电商等新业态快速发展，不断释放社会生产和再生产各类环节的潜能。企业利用物联网、云计算等技术记录了大量经济行为的数据，经济行为数据的积累推动数字化、智能化商业模式创新，数据挖掘的结果较为准确、清晰地回顾并预测了需求趋势，便于企业以增长的思维部署产品和服务。数据流通促进新技术应用整合，企业之间线上线下流程的衔接与联动得以加强，敏捷响应、并行制造节省了人流、物流、信息流的时间成本。算法模型得出的精准化、精细化的价值传递路径进一步缩短了等待时间，消费者足不出户便能够享受快捷便利、零接触的服务。根据埃森哲发布的《2020中国企业数字转型指数研究》，得益于数据价值释放对时间的压缩，转型领军企业的营收增长、毛利率、创新增长潜力等经营指标均优于其他企业。因此数字技术打破了人与人、人与物、物与物之间交互的地理界限，为各项经济活动提供了便利，以前所未有的速度解放和发展生产力。

5.3.2 数字时空对物理时空的超越

（1）超越空间边界。

从需求侧的角度来看，数字产品和线上购买实体产品的交通成本均低于线下交通成本，改变了受位置或距离约束的经济活动。Cairncross（1997）提出了“距离之死”，其中最关键的是数字技术对地理空间的突破能够带来经济的普惠性发展，即身处偏远地区的消费者能够获取与大城市相似的数字产品和服务，以极低的价格提高消费者福利。[①] 我国的数字经济发展态势同样印证了这一点。根据北京大学数字金融研究中心和蚂蚁金服研究院联合发布的《数字经济助力中国东西部经济平衡发展——来自于跨越“胡焕庸线”的证据》报告，数字经济跨越了胡焕庸线，东西部电商、物流、普惠金融的发展差距在持续缩小。1935年，著名地理经济学家胡焕庸教授提出“瑷珲-腾冲分割线”，又名“胡焕庸线”。他发现地理位置、气候环境及其带来的农业生产能力的差异带来了人口分布的巨大差异，线以东地区以43.71%的国土面积养育了94.39%的人口，线以西地区占国土面积的56.29%，而人口仅占5.61%。数字经济正在改变这一局面。首先变化的是移动支付，无论是在人口稀疏的西部，还是在北上广深一线城市，人们都获得了相同质量的移动支付服务。同时，移动支付不仅覆盖广，而且使用频率和交易金额也不断提升。报告显示，东西部居民实际使用差异缩小了39%。其次，报告指出，过去8年，以“电商”和“码商”为代表的新群体的出现意味着中小企业的数字化经营程度不断提升，特别是西部地区的小企业获得了比从前更为充分的发展机遇，数字经济的渗透发展成为改变我国不均衡不平等发展现状的关键抓手。

因此，数字经济时代距离将不再成为资源有效配置的关键制约，消费者能够以极低的成本进行跨地域的消费行为，地理位置不再成为限制其消费的主要因素。从供给侧来看，数字技术将实体店面转移到虚拟的网络空间，降低了供给侧小企业进入市场的门槛。同时企业展示的商品种类不再受到物理空间的限制，从而帮助企业更好地应对需求长尾

---

① Cairncross, F., 1997, *The Death of Distance: How the Communications Revolution Is Changing Our Lives*, Boston: Harvard Business School Press.

现象。除零售环节外，数字技术的冲击使得人们的生产、工作、生活、娱乐等各个环节都被数字化空间所中介，各领域细分软件的发展使得经济交易的场所不断突破空间边界，消费场景不再是简单的由线下搬到线上，更关键的是带来了不同虚拟场景的跨界融合。例如抖音、快手等短视频平台便是打破"内容创作"和"电子商务"的线上空间，通过两个空间的连接和融合带来全新的交易空间，为生产力的发展带来了持续的增量贡献。

（2）超越时间边界。

数字技术不仅带来了空间的超越，更是带来了时间的超越：首先，在数字技术的赋能下，单位时间可以同时完成几项工作。例如，普通的劳动力借助工业机器人等基础设施可以在单位时间内释放几倍的劳动力，管理者借助数字管理平台能够同时监控企业各部门的运行状态。在生产环节中，传统的线性分工被拆解为同时性的网络状的协作，时间的边界被不断打破，为生产力发展带来了强烈的溢出效应。其次，数字技术使得原本交易所需的连续"时间段"打散为间断的"时点"，经济行为不需要供需双方确认时间，而是基于数字平台的规则，在任意时点上完成经济行为。以电商平台为例，消费者在利用碎片化时间购物时不需要商家进行 24 小时的回应，购买、付款、发货、确认、售后等全流程均在离散的时间节点进行。在数字化的冲击下，经济社会已经适应数字平台形成的便利交易规则，能够最大限度地提高各经济主体的灵活性，不断优化时间价值，提高了所有参与者的效用。最后，数字经济的发展是不断推动时间"减"史的进程：1 分钟，居家老人可以实现水电煤"掌上"缴费；1 分钟，出行游客可以"刷脸"办理酒店入住；即便是在"双十一"高峰期，1 分钟，智能仓库也可实现包裹打包发送……因为数字化赋能，经济行为的时间"颗粒度"在不断缩短，同时也为人们的生产生活方式带来了深刻的影响。

5.3.3　时空耦合下的全新机制

总的来看，企业之间、产品之间、消费者之间、产品/消费者与企业之间的连接都远比过去丰富。从物质财富的角度看，数据的流通、分享带来了社会分工程度和分工机制的变革。数据带来的信息流通显著降低了市场交易成本，使精细化的专业分工成为可能，从而更好地服务于长尾市场，物质财富更加丰富。根据《湿营销》的记录，2010 年商品数量已经是 1990 年的 500 倍①，阿里巴巴平台目前的商品数量高达十亿级。在分工机制方面，厂商的分工机制由线性的上下游分工转向网络化分工，大规模协同生产有效打破了企业在时间和空间上的产能约束。在数据驱动决策的过程中，原本环环相扣的研发设计、生产组装等生产环节可被无限拆分，通过数据流通实现价值网络全时域的关联和泛在协同，基于"数据＋算力＋算法"的智力积累，实现从"串行生产"的线性分工到"并行制造"的网络化分工的转型，显著提升社会财富的创造水平。

---

① 海斯，马隆．湿营销：最具颠覆性的营销革命．北京：机械工业出版社，2010.

阅读材料

良品铺子：数字化赋能营销、研发、供应、生产等全流程

打造基于“平台电商+社交电商+自营App”三位一体的全方位运营网络

良品铺子不仅在消费者热门的社交网站（微博、小红书等）、短视频（抖音、快手等）中围绕意见领袖建立口碑，构建多样化的消费场景，向消费者传递品牌故事、价值和原创性内容，而且也开始探索在直播（淘宝直播、抖音直播等）领域围绕网络主播与红人进行“带货”，提高品牌知名度与产品销量。

门店先行，打造O2O（线上到线下）融合的新零售布局

为了打造良品铺子的高端零食品牌形象，良品铺子从数量和质量两个方面推动线下门店的发展。在数量方面，截至2019年年末，良品铺子在全国共有2 416家终端门店，覆盖从社区到核心商圈的目标消费群。在质量方面，为了不断保持和优化消费者的体验，良品铺子对门店体系进行了升级改造。2019年上半年，良品铺子推出了全新的五代店。五代店布局在购物中心，从设计理念上更加倾向于高端、专业、简约、商业的风格，打造一个具有沉浸式消费体验氛围的“零食图书馆”。同时，门店业务还将自营App、小程序以及外卖纳入管理范围内，围绕终端门店率先进行O2O融合，提升门店的数字化能力以及单店盈利能力。良品铺子还将门店与美团、饿了么等本地生活平台打通，接入外卖、找美食等消费场景，实现“线上下单快速送达”“线上下单门店取货”等多样化的交易方式，将终端门店在线化，进一步提高了门店的收入和黏住消费者的能力。不仅如此，良品铺子在门店也开始试行与主流线上渠道的融合。2019年，良品铺子在深圳的门店借助阿里巴巴的数字化工具试点进行线上线下全方位融合的“智能店铺”升级项目。这个项目使得消费者能够体验到更为便捷与丰富的消费场景：只要在手机淘宝上搜索良品铺子，就不仅能够体验到线上旗舰店的服务，还能在门店与外卖服务之间进行选择，实现了真正意义上的跨渠道融合。良品铺子也借助热力图等智能工具来确定新店的选址以及预测新店的销售量。

建立渠道间统一的会员运营平台

2019年年初，良品铺子与数字化服务商云徙科技合作，开发打通线下线上会员体系的良品铺子会员中台，建立属于自己的用户“蓄水池”，积蓄私域流量。良品铺子基于会员中台将现有自营渠道（平台电商、门店、App、小程序等）的用户特征、行为数据进行匹配融合，形成自己的数字资产。一方面，通过会员中台，良品铺子能够基于对消费行为的洞察与分析，对会员进行生命周期管理，同时能够通过提供个性化服务提升顾客的活跃度，创造会员价值。另一方面，会员中台系统的建立使得原有的用户画像的工作模式得到了大大优化，从原有的“手动贴标签”变成机器学习自动分析用户画像，不同渠道之间数据的汇集也让用户标签成倍增加，用户画像得以更加精准。

构建数据驱动的产品开发能力

良品铺子会员中台的客户数据资产有助于提升其产品开发能力。一方面，基于

消费者大数据的分析，良品铺子能够针对不同消费群、不同生活状况、不同场景的用户需求进行产品的规划与研发。例如，良品铺子通过对多渠道的用户评论数据进行分析，发现消费者对孕妇零食和下午茶场景有需求，从而研发了针对孕妇群体和下午茶场景的产品。另一方面，由于消费者追求有质量保证、吃起来更加安全放心的食品，良品铺子通过数字化手段不断提升品质把控水平，对食品安全指标进行更加严格的把控。2018年，良品铺子从日本和美国分别引进电子舌设备和质检仪器，对产品的味觉指标等产品质量指标进行标准化检测，不断优化产品口感。同时，良品铺子还搭建了基于产品全流程、全链条的质量信息管理平台，对生产、仓储、物流各个过程中的各个环节进行数据提取和实时监控，实现产品生命周期的数据化和透明化，致力于打造“高品质、高颜值、高体验”的高端零食产品。

提升供应链协同能力

良品铺子的供应链管理部门担负着所有渠道产品的规划、生产、物流配送等职能。良品铺子的供应链部门通过做好利益相关者的协同、提升运营效率来保证各类产品的交付。

在产品规划方面，一方面，供应链端的商品规划团队与各个渠道负责团队之间进行及时沟通，共同组建产品规划小组；另一方面，供应链充分利用良品铺子拥有的数据资产，根据消费者的浏览、消费数据进行偏好甄别，有针对性地对产品进行精准规划。

在产品生产方面，由于市场环境的波动性带来销量的不确定，例如电商或门店促销使得销量激增，这给供应链的生产（数量、质量和交货期）带来了极大的挑战，因此，良品铺子的供应链不仅需要甄别具有高产能、高质量的供应商，更加需要通过自身对于数据资源的应用赋能供应商，在为供应商提供精确的需求信息的同时，提高供应商的产能与产品质量。在与供应商的业务协同中，良品铺子通过搭建B/S系统（浏览器/服务器模式）将供应商的生产计划、质量管理、财务对账和送货仓储等业务进行数据化管理，提高协同效率。

在物流方面，由于食品对于新鲜度有特殊的要求，因此需要良品铺子能够对订单进行快速响应。2017年，良品铺子建立了三级响应的仓储体系——中心仓、区域仓和门店，分别针对不同的渠道（线上线下）进行发货。但随着渠道间的融合，对于消费者体验的要求不断提升，渠道之间的仓储物流也需要更快地响应。因此，良品铺子通过建立立体库和启用自动化分拣系统，构建了高效的物流网络，在订单高峰期能够达到15万～20万单日订单发货量，实现快速响应。

资料来源：胡左浩，孙倩敏．良品铺子：数字化助力渠道变革．清华管理评论微信公众号，2020-11-23.

钉钉：数字化组织运营平台助力中小企业降本增效

成立于2014年的钉钉被称为“企业组织数字化时代的淘宝”，通过人财物事在线数字化、办公移动化、业务智能化，全方位提升企业组织运营效率，大幅降低企业组织数字化成本，以透明化工作方式，激发组织中每个人的自驱力、创新力，实现简单、高效、安全的数字化工作方式。

“五个在线”开启数字化新工作方式

在数字化浪潮下，企业组织需实现内外部数字化协同一体，以满足数字化转型的急切需求。组织在线、沟通在线、协同在线、业务在线、生态在线，钉钉将数字化企业组织工作管理模式归纳为“五个在线”，可有效帮助企业在数字化浪潮中实现数字化转型。

组织在线是实现新工作方式的基础。钉钉开发的企业组织通讯录、智能人事、钉钉智能硬件等产品，构建了权责清晰、扁平透明的在线组织，开创了全新的工作方式，可快速建立属于中小企业的在线办公室。

沟通在线是实现新工作方式的核心。“消息必达，使命必达。”即时沟通、DING消息、钉钉视频会议、钉钉直播等应用，建立起安全在线的信息通道，让组织成员实现高效沟通，构建有温度的在线办公室和企业文化的在线阵地，实现扁平透明。

协同在线可以加速组织变革。钉钉文档、钉盘、钉钉日程、钉钉项目、钉钉任务等功能，帮助企业打破时空限制，做到多人同时在线办公，实现团队任务和工作的高效协同。

业务在线实现业务升级。通过钉钉智能通用OA、钉钉智能通用CRM、钉钉开放平台等应用和服务，为中小企业提供一站式的在线客户管理和在线业务管理服务，帮助企业构建一套从一线到管理中心的神经网络，提高企业管理效率和决策效率。

生态在线帮助中小企业加速进入新工作方式。以组织为中心，用钉钉统一管理各微应用，不断完善组织对外信息，可实现以企业为中心的上下游和客户的在线连接，提升整条产业链的生态协同效率。

六大优势助推企业数字化转型

钉钉不仅提升了中小企业办公效率，改变了其工作方式，还促进了新兴产业的诞生和传统产业的数字化转型。自钉钉成立以来，其服务范围已经覆盖国民经济全部行业门类的96个二级行业。据统计，截至2019年6月30日，钉钉用户数突破2亿，企业组织突破1 000万家。这一成绩离不开钉钉实施的六大措施。

推动企业线上办公，实现降本增效。中国信息通信研究院与阿里研究院联合发布的《钉钉商业生态系统及经济社会价值报告》显示，在钉钉上办公的一天时间内，它可以为1 000万企业用户节省办公费用约191亿元。

助力提高工作效率。钉钉打造的未来医院“排班系统”一年累计节约医护人员超过100万个工作日；钉钉智能薪酬将一个100人的公司人力总监每月出具工资条的工作时间从2天压缩到3秒，达到智能、高效、准确的效果。

帮助降低企业成本。在降低企业成本方面，钉钉起到的作用不容小觑。目前，钉钉平台为2亿个人用户打造了至少8亿平方米的线上办公空间，相当于一年节省租金约5 398亿元。

促进高质量就业。钉钉平台还通过整合碎片化市场、打造新岗位、提升员工综合素质等方式增加就业数量，提升就业质量，改善就业形态。截至2019年6月，钉钉培养了超过100万名数字化管理师，遍布在全国的一二三线等众多城市，分布在互联网、制造业、餐饮、医疗、教育等各行业，其中，87.23%的平均工资为当地薪资的1～3倍，平均提升企业人效35%～50%。

助力创新创业。原有企业组织基于钉钉平台培育出了更多元、更灵活的产品和服务，催生了“平台化就业”。以高端设计公司洛可可为例，基于钉钉打造的洛客众创平台，创新“平台化就业”，汇聚近4万名注册设计师、百万用户，项目平均交付周期缩短2/3，项目经理服务项目数量提升150%。此外，钉钉出台了“春雨计划”，为企服领域优秀创业企业提供10亿元扶持基金。据统计，截至2019年6月30日，钉钉开放平台入驻开发者超过20万人，企业级应用服务数量已超过30万个，开发者服务的企业组织数超过500万家，覆盖各个行业。

推动绿色经济发展。数据显示，2016年6月—2019年12月，钉钉绿色办公已累计减少了317 217吨碳排放量（2019年度减少碳排放量102 709吨），相当于种植了1 772万棵树，占地面积等同于27个西湖的大小。

钉钉的发展为企业实现数字化转型提供了较强的借鉴意义。但不同规模的企业数字化转型需要解决的问题是不一样的，因而需要因地制宜。对于小型企业而言，其主要面临生存问题，产品和销售一般是核心诉求，钉钉等一些免费的数字化工具，可以帮助其实现局部数字化，解决组织在线、沟通协作在线的问题，降本增效，减少差错。对于中型企业而言，其更关注核心业务在线化，实现用即时数据、全域数据做精准决策。例如客户管理、供应链管理、项目流程平台化管理等，结合第三方独立软件开发商或者定制开发解决方案，在钉钉上搭建管理运营平台来构建数字化组织、实施数字化转型。这是数字化转型浪潮下企业顺应时代发展壮大的关键之举。

资料来源：布企轩．“中小企业数字化赋能典型案例”系列报道一 钉钉：数字化组织运营平台助力中小企业降本增效．中国工信新闻网，2020-05-08.

内容提要

数字技术能够广泛降低社会生产、交易、交换等环节的成本，从而为商品和劳动力市场的厚度和广度带来剧烈变革。具体而言，数字技术主要影响搜寻成本、运输成本、追踪成本和确认成本，带来资源配置效率和方式的变革。数字技术能够通过替代效应、渗透效应、协同效应对资源配置进行赋能，通过生产要素优化（数据成为关键生产要素）、市场条件优化（信息不对称性消除）、全要素生产率提升持续提升资源配置的效率。在此过程中，出现了赢者通吃、跨界竞争和长尾市场的全新发展逻辑，形成了平台经济、共享经济，以及众包、众创等新型资源配置方式。

除资源配置方式的变革外，数字技术同时带来对经济活动时空边界的冲击，进一步为资源配置和创新发展赋能。数字化程度的提升打破了传统经济活动的时空要素，实物空间和数字化空间不断耦合，带来了全新的商业模式和机遇。同时，随着数字化程度的提升，经济活动的范围不断超越时间和空间的边界，为各项经济活动提供便利，在实体和虚拟时空耦合和超越的过程中，企业之间、产品之间、消费者之间、产品/消费者与企业之间的连接远远超过传统企业，丰富的连接创造了商业价值，推动了以生态圈为代表的创新商务模式的涌现，以前所未有的速度实现了价值创造与传递。

关键概念

数字化赋能是指数字技术驱动资源配置和创新发展中所带来的变革化效应。

搜寻成本是经济主体在进行各项交易时寻找信息的成本，是决定经济活动顺利与否的关键成本。

追踪成本是记录和追踪异质性消费者信息的成本。

确认成本是确认市场中各类信息有效的费用总和。

利基产品是指该产品表现出来的许多独特利益有别于其他产品，同时也能得到消费者的认同。

引力模型又称重力模型，是应用两区间出行数与出发区的出行发生量和到达区的出行吸引量各成正比，与两区间的行程时间（或费用、距离等）成反比的关系建立的未来交通分布预测模型。

个性化定价是指针对同一件商品，为不同的顾客提供不同零售价的定价策略。

赢者通吃是指在市场竞争中，最后胜利者获得所有的或绝大部分的市场份额，失败者往往被淘汰出市场而无法生存。

柔性组织是指与动态竞争条件相适应的具有不断适应环境和自我调整能力的组织。

开放式问题

1. 阐述数字化赋能的背景及含义。

2. 以某些企业为例，分析数字技术对企业跨界（突破产业条件）、连接（突破资源能力）、赋新（突破优势选择）的关键影响。

3. 选取若干行业，分析数字化赋能的成功经验及失败教训。

进一步讨论的主题

1. 2018年4月20日至21日，习近平在全国网络安全和信息化工作会议上提出：“要发展数字经济，加快推动数字产业化，依靠信息技术创新驱动，不断催生新产业新业态新模式，用新动能推动新发展。要推动产业数字化，利用互联网新技术新应用对传统产业进行全方位、全角度、全链条的改造，提高全要素生产率，释放数字对经济发展的放大、叠加、倍增作用。要推动互联网、大数据、人工智能和实体经济深度融合，加快制造业、农业、服务业数字化、网络化、智能化。”① 结合材料，在制造业、农业、服务

① 敏锐抓住信息化发展历史机遇 自主创新推进网络强国建设．人民日报，2018-04-22.

业中任选典型行业进行数字技术赋能传统产业转型升级的分析。

2. 马克思政治经济学蕴含着大量资源配置的理论，包括资源配置的调节机制理论、资源配置的方式或形式理论、生产要素构成理论、生产要素作为产业资本的循环和周转理论、微观经济活动和宏观经济运行的关系理论等。请选择相关理论，分析数字技术如何改变资源配置，赋能经济高质量发展。

3. 我国目前处于并将长期处于社会主义初级阶段，最根本的任务是解放和发展生产力。当前数据要素在经济生产中的投入数量和配置水平已经成为制约生产力发展的关键问题。为激励和调动数据所有者进行数据交换、交易和共享，就必须在分配结构上给予数据所有者与贡献相适应的报酬。在党的十九届四中全会首次提出将数据纳入生产要素后，2020 年 4 月 9 日发布的《中共中央 国务院关于构建更加完善的要素市场化配置体制机制的意见》明确提出加快培育数据要素市场，充分挖掘数据要素价值。请基于马克思主义生产要素分配理论，分析数据市场化配置的主要矛盾和可行的解决方案。

参考文献及扩展性阅读建议

第6章

数字规则

学习目标

1. 掌握数字规则的基本内涵。
2. 辩证地看待零边际成本社会和垄断问题。
3. 理解数字经济下厂商开展个性化服务的背景及原理。

引入案例

网景（Netscape）这个曾经的股市宠儿为我们提供了一个很好的例证来说明经济规则是如何作为一种早期的预警系统的。我们无法确定网页浏览器会如何发展，但是我们确实知道网景在本质上是很脆弱的，因为它的主要竞争对手微软控制了操作系统，而浏览器只是操作系统的一个组成部分。网景面临的是一个经典的互联问题：网景的浏览器需要在微软的操作系统中工作。那些把网景的股价炒到天价的投资者中，认清网景脆弱的本质者寥寥无几。技术会改变，但经济规则不会改变。仅仅关注技术变革，而忽视决定生死的潜在经济规律是不可取的。通过本章了解数字经济时代的数字规则，我们将能更好地把握发展规律。

随着大数据、云计算、人工智能和区块链等新技术的快速涌现及其与传统行业的深度渗透与融合，世界各国日益重视数字技术及其衍生或蜕变的新技术、新业态，数字经济在企业、产业和国家竞争中日益发挥重要的战略作用。数字经济社会也被称为“零边际成本社会”。数字产品服务本质上是以数字信号形式呈现的知识或信息。从本质上说，任何可被编码成一串字符的事物都是信息，信息具有特别的成本结构。生产或创造第一份新知识信息（如源代码或软件）的代价是高昂的，需要很大的研发和设备投资，还要承担失败和颗粒无收的高风险。而复制第二份、第三份的成本相对于平均成本而言很小。数字信息产品的生产呈现高固定成本和低边际成本的特性，这种近乎零边际成本的特性被 Rifkin（2011）视为合作共赢的新经济、物联网和第三次工业革命的一个重要出发点和切入点。[①] 数字信息具有零边际成本、规模经济、网络效应、网络外部性、正反馈等重要特征。一方面，传统的成本定价原则难以适用于数字经济，数字产品转向价值定价，以价值为基础的定价自然会引起差别定价。另一方面，网络使信息提供者得以从大众传播形式转向一对一营销，通过对用户数据的分析与交互深度了解用户需求，向用户提供个性化定制服务。此外，信息过载导致注意力匮乏，厂家为争夺注意力展开流量大战，暴露出了用户隐私保护和信息安全的问题。

本章首先从零边际成本的概念出发，介绍数字产品的零边际成本特征，随后对网络效应与网络外部性进行介绍和辨析，网络效应会引发需求方规模经济和正反馈，上述数字规则共同引致了数字经济中的指数级效应。最后，本章指出数字经济下的数字规则推动商家开展个性化服务，并依次介绍定价策略、个性化定制与注意力经济。

6.1 零边际成本

边际成本指的是每多生产或者多卖一件产品所带来的总成本的增加。对边际成本的结构性改变是数字经济最重要的特征之一。在对未来社会经济模式的预测中，美国著名趋势学家杰里米·里夫金率先提出“零边际成本社会”的概念[②]，认为未来由通信互联网、物流互联网、能源互联网所构成的超级物联网的无边界覆盖将导致零边际成本社会的形成。而互联网、大数据技术和云计算的应用令基于传感技术的物联网平台正趋向商业化。将整个世界连接到物联网上可以大大提升效率、降低边际成本，并将改变价值链，迎来协同共享的社会运营机制，最终共享协同时代到来，社会也将发生重大变革，最终形成共享经济。

零边际成本理论假设的提出对理解数字经济时代的数字规则有重要的意义。杰里米·里夫金论述零边际成本社会的逻辑起点是技术变革，新一代数字技术和包括企业通用技术平台在内的配套基础设施使得数字产品有典型的零边际成本特征，这些都影响了数字经济的生产和交易规则。与此同时，关于零边际成本与规模经济最终能否实现全社会协同共享，抑或会否引发“赢者通吃”现象，也引起学界关注。

6.1.1 零边际成本社会

（1）杰里米·里夫金与《零边际成本社会》。

在概括了前两次工业革命和资本主义市场经济的兴起后，杰里米·里夫金从“零边际成本”这一概念入手，描绘了新技术革命对资本主义经济模式可能带来的改变，并且对未来社会的发展趋势做出了大胆的预测。在《零边际成本社会》一书中，杰里米·里

---

① Rifkin, J., 2011, *The Third Industrial Revolution: How Lateral Power Is Transforming Energy, the Economy, and the World*, New York: Palgrave Macmillan.

② 里夫金．零边际成本社会．北京：中信出版社，2017.

夫金描绘了新技术集群及其零边际成本的特点。他认为，由于新技术革命带来生产力的巨大进步，经济环境逐渐由稀缺转为丰裕，新技术集群的特殊属性可以使生产的边际成本接近零，并且在零边际成本的社会中，协同共享的经济模式将取代传统的资本主义经济模式。

在提出“零边际成本”概念之前，杰里米·里夫金首先提出了通信互联网、物流互联网、能源互联网三网融合的全球化的超级智能网络——物联网。物联网作为智能基础设施的革命，将推动生产力的巨大飞跃。它将一切都内置到单一的操作系统中。预计到2030年，将会有100万亿个传感器将各种类型的人类发明连接到物联网上，其中包括空中传感技术、软件日志、射频识别阅读器以及无线传感网络等在内的其他传感设备。物联网将协助人们收集更广泛的大数据，同时智能基础设施将反哺每个联网企业提供持续的大数据流，然后利用高级分析方法处理数据，从而创建预测算法和自动化系统，支持经济活动的垂直整合管理，形成开放式、分布式、协作式结构，使准入成本大幅降低。该经济活动在很大程度上依赖点对点网络中数以亿计的个人付费，从而使生产、存储、共享通信、能源以及数量日渐增长的产品与服务的整个价值链边际成本接近零，创造足够的规模经济。

(2) 数字技术构建零边际成本社会。

可以看出，技术变革是杰里米·里夫金论述零边际成本社会的逻辑起点，也是其分析的核心。布莱恩·阿瑟认为，每一项作为解决方式的技术都会带来新的问题，以碳为基础的化石技术导致了全球变暖，核电技术带来了核废料。每项技术都包含着问题的种子是一个基于人类历史普遍性经验的通则。在新一轮科技革命和产业变革背景下，以云计算、大数据、人工智能、区块链为代表的新一代信息技术发展得如火如荼，以数字化、网络化、智能化为特征的信息化浪潮兴起，加速了信息技术与经济社会各领域、各行业的融合创新，推动全球进入数字经济时代。新一代数字技术和包括企业通用技术平台在内的配套基础设施，使生产力的飞跃和经济的跨越式增长成为可能。

数字经济社会也被称作零边际成本社会，数字经济遵循“零边际成本”的规则。数字经济最核心的要素是数据要素。在零边际成本社会下，同一数据要素的重复使用并不会增加成本，但会带来较大的递增价值创造，因此更多人使用同一数据并不会带来资源的过度使用，避免了资源被更多人使用的“公地悲剧”问题。在零边际成本的情况下，如果数据能够被所有主体接入，则数字经济发展将不再受传统资源要素所面临的稀缺性约束，交易成本也随之降低。首先，数字技术的突飞猛进、新型经济模式的出现，加之政府的制度创新，交易成本上升的动力逐渐瓦解，随之而来的是交易活动的成本降低，主要表现为信息获取、信息传输、信息处理成本大幅下降。信息技术的“电子经济”和“电子整合”的功能使得信息传输成本大幅降低，在已有的“信息高速公路”上，通过网络、媒体获取信息、传输信息的成本几乎为零。此外，基于信息处理技术的管理信息系统、智能决策支持系统和谈判支持系统也使得合作伙伴的选择、业务的决策成本进一步降低。其次，数字技术支持平台经济建设，平台延伸了组织边界，更广泛地降低了交易成本。在平台经济模式下，平台为异质消费群体提供了共同的组织制度安排，产品或服务的供给方、需求方等利益相关者同时存在，并按照平台所设定的制度、运行规则进行交易。一方面，平台经济依托其数据优势，为供求双方提供信息空间、撮合市场交易，简化了市场供需的匹配过程，在降低交易成本的同时提升了交易效率。另一方面，平台在部分程度上替代了市场的功能，促进了交易成本在平台上的内化，也能显著降低交易成本。在众多交易成本下降因素的共同作用下，交易成本下降的趋势明显，呈现出“零边际化”的特征。

6.1.2 数字产品的零边际成本

数字产品，如线上音乐、影视、书刊等，也包括专利、版权、商标等知识产权，在使用和传播过程中边际成本等于或接近零。数字产品的核心是数据或信息。数据本身不等于信息，数据只是原始的、简单的、未经组织的数字、观测、特征、符号、话语、图像，只有数据经过加工、解释、组织、结构化，提炼出价值意义时，才称得上为信息。信息对不同人的价值不尽相同，信息的创造和复制存在大小各异的成本。作为数字经济的生产要素，数据、信息具有非竞争性和非排他性的特性，杰里米·里夫金认为在既定的生产投入的基础上，数字产品及其服务的产出数量的增加并不会导致边际成本递增，甚至与传统的排他性产品相比，在经过初始投资后，数字产品后期的生产与消费的边际成本几乎为零，为向消费者免费供应商品或服务提供了重要的成本基础，突破了非数字经济中边际成本递增所带来的供给限制。在零边际成本下，更多人使用数据要素在不增加成本的同时极大地增加产品供应和社会总福利。因此，鼓励数据要素的开放共享和再使用将会极大地释放数字经济的增长潜能。数字经济本质上是“零边际成本经济”，“零边际成本”是互联网经济或数字经济的最典型特征。

数字产品与传统商品和服务的不同之处在于，制作第一版通常需要大量的前期成本，然而第一版生产出来之后的复制成本就变得非常低。用经济学的语言来讲就是高固定成本、低边际成本。高固定成本、低边际成本是数字产品的重要特征。前期研发成本占数字产品成本的主要部分，后期的生产成本主要为复制成本。由于数字产品易于复制，其可变成本几乎可以忽略不计，因此对于一个典型的数字产品来讲，边际成本通常都是非常低的且基本保持不变。数字产品的高固定成本、低边际成本的特点导致了古典经济学中关于供求关系和市场均衡理论的失灵，使产品的边际成本递增变为边际成本递减。

数字产品与数字经济有关的网络效应、规模经济和范围经济等都与数据作用存在较大的关联性。如前文所述，生产第一版数字产品的成本非常高，但复制此后产品的成本几乎可以忽略不计。这种成本结构产生了巨大的规模经济。规模经济又称规模效应，是指通过扩大生产规模，生产的平均成本下降，进而引起经济效益增加的现象，其反映的是生产要素的集中程度同经济效益之间的关系。规模经济与边际成本存在严格的对应关系，规模扩大时单位成本下降就表明存在规模经济。规模经济不是数字经济的专利，事实上，百年的工业经济告诉我们，产品生产过程越标准化、越流程化越好，款式越少越好，规模越大越好。格兰仕由于生产规模较大，它将产品的售价定得比小厂家的产品成本价还低。从 1993 年格兰仕进入微波炉市场到现在，微波炉的价格由当时的每台 3 000 元左右降到现在的每台 300 元左右，可见规模经济的力量。

虽然传统经济活动也有规模效应，不过传统经济的规模效应是有限的。传统经济的边际成本会随着产量和规模的扩大而下降，但难以降到零，甚至到达一定限度后成本还会上行，规模效应也会受限。而数字经济规模效应非常大，可以使边际成本趋近零，多数互联网公司具备边际成本趋近零的条件。这是因为数据的复制成本很低，基本不存在边际成本的限制。比如对于传统的线下书店来讲，因为陈列成本太高，很多图书不能展示出来；而对于电商平台亚马逊来讲，理论上它能够通过网络展示无限多的图书而不需要增加销售成本，它把卖书的边际成本降为零了。当边际成本为零时，平均成本必然有下降的趋势，也就说明规模收益是递增的。如果说在数字经济中普遍存在零边际成本的现象，也就意味着规模收益递增具有普遍性。随着企业、产业和市场规模的扩大和拓宽，在较大的产量规模或产品种类范围内都明显存在规模收益递增的特征，因此数字经济中的规模经济比以往都更加明显。

在成本方面，新的信息技术使竞争方式不同于以往，数据的一个重要属性是复制成本低，甚至是零边际成本，这为数字经济带来了规模效应。数字产品的生产成本与用户数量相比大大降低。数字产品的硬件有一次投入、长期使用的特点。数字产品一旦投入固定成本，就能以可变成本广为传播。庞大的用户规模将促使边际成本呈递减趋势，在固定投资成本收回后，企业边际成本将趋近零。企业所面临的市场规模越大，需求规模也越大，在企业边际成本不变甚至下降的情况下，必然形成边际收益递增。在与之对比的传统工业经济中，因为资源是有限的，当资源存量减少时，无形中会增加企业的边际成本。这种通过规模效应和零边际成本获取企业价值的模式，与工业经济中需要一直对原材料进行成本投入，并以单个产品获取企业价值的情形截然不同。因此，在数字经济中，很多互联网企业产品市场规模的增长往往呈现这样的模式：在起步阶段用户量增长较为缓慢，一旦用户量达到临界规模，市场规模将产生爆发式增长，直到市场趋于饱和。比如搜索引擎服务一旦建立并运行，就能以极低的成本服务于千家万户。虽然它也存在服务成本，但规模扩大时的成本上升与用户人数的上升根本不成比例，往往不同程度地存在零边际成本现象。

6.1.3 规模经济与“赢者通吃”问题

《零边际成本社会》的作者杰里米·里夫金认为，数字商品蕴含着零边际成本的逻辑，这意味着在市场竞争的过程中，价格必须降至与生产成本相匹配的水平，即几乎为零，乃至无法产生利润。随着数字硬件的价格越来越低，以及机器人的应用日益广泛，零边际成本的逻辑从数字经济扩展到几乎所有的行业。此外，随着3D打印、物联网或创客运动的兴起以及生产手段的分散化，在并行生产和共享经济兴起的支持下，“合作共享”最终将成为主导的形式。即便企业可以通过垄断来保持对定价的控制，但这些尝试终将失败，因为企业无法阻止开放资源和并行生产的兴起。但杰里米·里夫金的这一观点引致许多争议。在现实中，大型网络平台形成规模经济，逐渐造就了利益的寡头博弈，此种博弈让市场权力不断固化，逐渐形成了“赢者通吃”的数字生态格局。

在微观经济理论中，高固定成本而低边际成本的成本结构常与自然垄断性相联系。

传统意义上的规模经济伴随着产量的增加，长期平均总成本下降，但到达或者超过一定规模，边际效益即会下降，甚至引发规模不经济。然而在数字经济领域内，平台企业并不受传统规模经济的边界局限，由于零边际成本的特性，只要数据容量允许，算法足够优化，信息的规模经济的边界将无法预期。随着边际成本趋近为零，企业能以相对较低的价格销售大量产品，甚至能将免费分销作为提高长期顾客忠诚度的一种手段。公司规模越大，开发新产品的成本和速度优势就越大，产品组合也就越多样化。此外，在需求侧，数字产品带来的特定网络效应使其用户越来越多，网络收益使得强者更强，弱者更弱。如果网络效应和规模效应同时发生，则会推进垄断或寡头垄断的进程，形成“赢者通吃”的局面。例如，滴滴出行虽然表面上是一个共享出行平台，实质上却是一个城市交通出行的数据平台。再如，相比于零售货物，京东存储的大量物流数据才是其重要的市场竞争优势。这也就意味着，对依托数据而存在的大型网络平台而言，规模不经济的情况很难形成。一旦大型网络平台利用其信息资源占据优势地位，“赢者通吃”现象极易形成。

因此，杰里米·里夫金提出的共享经济概念的流行以及多样化共享经济模式的出现并不意味着零边际成本时代已经来临。事实上，经济的逻辑、运行机制和发展趋势并没有改变。应当说，至少在共享这个概念离真正的分享还有很大距离的意义上，目前有关剩余能力利用、降低商品或服务成本、推动放松管制、弱化劳工力量等市场经济选择，反而因网络技术的迅速发展而在很大程度上真正实现了。

6.2　指数级效应

学界存在对数字经济的一个基本共识：必须正视数字经济与传统经济相比的异质性，才能有效推进数字经济发展，数字经济是不同于传统经济的活动，因而要遵循不同于传统经济运行的基本规律。传统经济遵循边际收益递减规律，而在数字经济中，很多互联网企业产品市场规模的增长往往呈现这样的模式：在起步阶段用户量增长较为缓慢，一旦用户量达到临界规模，市场规模将产生爆发式增长，直到市场趋于饱和。数字经济所依赖的数字技术的发展遵循三个特殊的定律：摩尔定律、吉尔德定律和梅特卡夫定律。这三条规律大体概括了数字产业发展、数字经济收益机制迥异于传统经济的技术基础。上一节从数字产品的成本特性角度介绍了零边际成本与规模效应，本节将介绍数字技术的另外三项重要特征，即网络效应、网络外部性及正反馈。

6.2.1　网络效应

网络效应用于描述对于一个产品或服务，每增加一名用户，都会对该产品的其他用户产生新的价值。当网络效应出现时，产品价值会随着使用人数的增加而增加。信息产品存在互联的内在需要，因为人们生产和使用它们的目的就是为了更好地收集和交流信息。这种需求的满足程度与网络的规模密切相关。如果网络中只有少数用户，他们不仅要承担高昂的运营成本，而且只能与数量有限的人交流信息和使用经验。随着用户数量的增加，这种不利于规模经济的情况将不断得到改善，所有用户都可能从网络规模的扩大中获得更大的价值。此时，网络的价值呈几何级数增长，这种情况被称为网络效应。

一个经典的例子是电话，越多的人使用电话，电话对每个使用者的价值就越大。一部电话的使用者本来无意为其他用户创造价值，但当大家都购买电话时，这个行为就产生了正外部性。像微信、微博、X（原推特）等线上社交网络也一样，随着更多用户的加入，每个用户获得的价值都在增加。当网络的价值越来越大，越来越多的人加入时，网络效应还会带来从众效应，从而形成正反馈循环。

梅特卡夫定律就体现了这种经济学现象：网络的成本会随着网络的规模呈直线形扩张，而网络的价值以节点数平方的速度增长，即网络对每个人的价值与网络中其他人的数量呈指数级增长，用公式表示为 $V=n^2$。数字经济最大的特点是具有梅特卡夫效应，它是一种依靠规模化实现零边际成本的经济形态。互联网企业通常采取免费的模式推出服务，随着用户规模的不断攀升，引发梅特卡夫效应，进而使企业价值实现指数级增长。淘宝、奇虎 360 等公司的崛起都是通过采取免费模式而获取大规模人气和流量的。

从概念上来讲，网络效应和网络外部性并不对等。网络效应是网络市场参与者的行为产生的相互影响，似乎与作为市场失灵源头之一的外部性相对等。网络外部性更强调网络中的消费者行为产生的价值溢出效应。

6.2.2 网络外部性

网络外部性是数字经济中的重要概念。网络效应强调网络价值量随用户数量的增加而增加，而网络外部性强调产品对于用户的价值随着其他用户的增加而不付出任何成本地增加。通俗地说就是每个用户从使用某种产品中得到的效用，与用户的总数量有关。用户人数越多，单个用户得到的效用就越高，网络中每个人的价值与网络中其他人的数量成正比。

（1）直接网络外部性和间接网络外部性。

直接网络外部性是指消费者直接和网络单元相连，可以直接增加其他消费者的使用效用。如 QQ 等即时通信工具，当网络中使用 QQ 的人数增加时，每位用户从中所获取的价值就增加了。间接网络外部性是指随着一种产品使用者数量的增加，市场上出现更多品种的互补产品可供选择，而且价格更低，从而消费者更乐于购买该产品，间接提高了该产品的价值，如硬件和软件。直接网络外部性和间接网络外部性的区别如图 6-1 所示。

（2）正网络外部性和负网络外部性。

一般情况下网络外部性默认为正网络外部性，少数情况下也存在负网络外部性。例如在技术不太先进时，网络所能承载的用户数量是有界限的。由于人们的工作时间、消费习惯和作息习惯不同，一天当中一般晚上 7—11 点上网的人数较多，一周七天里不同时间的上网人数不同。在拥挤的时段，网络系统中每增加一个用户，对于其他用户而言，网速就要下降。逢年过节时人们发送各种祝福短信和拨打祝福电话，会遇到信号不好、电

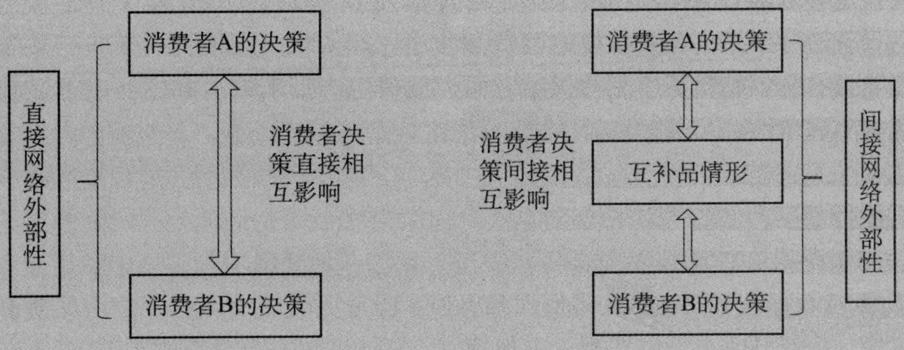

图 6-1 直接网络外部性和间接网络外部性比较

资料来源：芮廷先．网络经济学．2版．上海：上海财经大学出版社，2021.

话打不出去、信息发送迟缓和漏发现象，这就是负网络外部性。这种负网络外部性的产生和技术水平有关，只有在使用人数超过一定临界点时才会产生，现如今负网络外部性越来越少了。

(3) 网络外部性的经济学分析。

从网络系统本身的物理性质来看，影响网络外部性大小的因素主要包括网络的规模和网络内部物质的流动速度。网络规模越大，网络外部性就越明显，并且在网络规模超过一定阈值时网络外部性就会急速增大。网络外部性与网络内部物质的流动速度同样存在着正相关的关系，流速越大，网络外部性越大。下面详细介绍网络外部性所产生的经济影响。

①用户互联性与成本非补偿性。

网络产业中的消费者是相互影响的，即网络中的个体容易形成一个联盟，其经济决策是互动的，有明显的从众现象。例如，新的即时通信用户会选择使用人数最多的软件。成本非补偿性是指在网络经济中，使用者除了购买成本以外还有使用成本。如购买后的软件升级费用、员工培训费用，这些都需要用户自己承担，因此也是用户购买时需要考虑的一个重要因素。

②供给方规模经济与需求方规模经济。

不同于传统市场的边际收益递减规律，网络外部性市场具有边际收益递增的特性，即每增加一单位产品的销售所引起的收益增加值有递增的趋势，这种边际收益递增的特性源自网络外部性市场所具有的供给方规模经济与需求方规模经济的共同作用。网络外部性市场往往表现出供给方规模经济效应，即生产在达到一定规模之后，产品的单位成本将会很低。网络外部性市场，尤其是信息技术产业市场，其产品是高度技术密集型产品，这种产品凝聚了大量技术创新的成果，在前期研发中往往需要巨额研发资本的投入，因此生产产品的固定成本非常高昂，但再生产时，却往往只是复制式生产，边际生产成本非常低，甚至与高额的前期研发投入相比，复制生产的边际生产成本可以小到忽略不计。

与供给方规模经济相比，网络外部性市场的需求方规模经济更为显著，网络外部性就是一种需求方规模经济，使用某一产品或服务的消费者人数越多，消费者从中获得的价值越大。这种需求方的规模经济不同于通过扩大生产规模实现成本下降意义上的规模经济，它只有通过产品拥有大规模的消费和使用才能实现。这种大规模的产品需求显然对生产者非常有利，刺激了产品的供给，而大规模生产带来的边际生产成本递减促使边际收益表现出递增性。

6.2.3 正反馈

正反馈（positive feedback）是使强者更强、弱者更弱的动态过程。正反馈不是数字经济独有的，传统行业也可以实现。一般而言，需求方或供给方的规模经济会产生强烈的正反馈市场。与电信、铁路等封闭性的网络不同，数字技术使得规模效应极为显著，竞争的结果仍然倾向于一种产品主宰市场。即使不同企业各自使用的新技术功能相近，一旦有企业争取到稍多一点的用户，就可能开始正反馈过程，最后主宰市场，例如微软的个人电脑系统。这种正反馈导致网络时代市场垄断力量更为强大，而且大者愈大、强者愈强、富者愈富。

（1）正反馈与网络效应。

在研究中有的学者也容易把网络效应与正反馈混淆。的确，在两者之间有些表现有极大的相似性。比如，正反馈使强者更强，弱者更弱，这与网络效应在表现出正反馈特征时产生的“赢者通吃”相一致。实质上，从经济行为主体来看，经济中的正反馈效应可能产生于供给方，也可能产生于需求方。就供给方来讲，几乎每个产业在发展的过程中都会经过正反馈阶段，这主要是因为存在规模与成本之间的正反馈：规模越大，成本越低；成本越低，规模越大。在数字经济中，这种正反馈以一种新的、更强烈的形式出现，它基于市场需求方，而不仅仅是供给方。网络效应的正反馈源于需求方的效应，它也能够引起产品或服务的用户需求与产品价值之间的正反馈，即需求越大，产品价值越大，进而产品需求越大。网络效应的正反馈过程实质上也是用户需求行为表现出相互影响和相互依赖特征的过程，网络效应产生的效用在这个过程中通过“链”的形式在用户之间互相传递，影响用户收益，而在供给方的正反馈过程中是让单个或几个规模经济的厂商获益，用户则很少获益。因此，我们认为，供给方的正反馈现象不属于网络效应。

（2）正反馈机制。

在正反馈机制的作用下，某种产品市场规模的增长过程常常符合一种可预测的模式，这种典型的模式呈现为图 6-2 所示的 S 形成长道路：缓慢地起步，积累用户基础，达到临界规模后爆炸性增长，然后饱和。所谓临界规模是指促成该种产品或技术标准形成正反馈效应的必要用户数目或采用者群体大小，是维持一个网络成长需要的最小非零均衡规模。图 6-2 中 A 点所反映的产品的用户规模就代表了临界规模。在网络外部性市场中，引发正反馈效应的前提为产品用户安装规模必须达到一定的容量，即临界规模，高于临界规模的产品网络规模有自我强化的趋势，产品的用户规模进一步扩张；而当产品的用户安装规模低于临界规模的时候，则产品的用户规模将不断弱化直到产品退出市场。这是因为，一旦某种产品的市场规模达到临界规模，消费者的预期将向有利于该产品的方向发展，消费者预期其他消费者也会采纳这种产品，在从众心理的影响下，最终市场上所有的消费者都会选择该产品；反之，当某种产品的市场规模未达到临界规模的时候，由于消费者预期其他消费者不会选择这种产品，从而市场上所有的消费者最终都不会选择该产品，该产品不得不面临被市场淘汰的命运，即正反馈具有使强者更强、弱者更弱的特征。

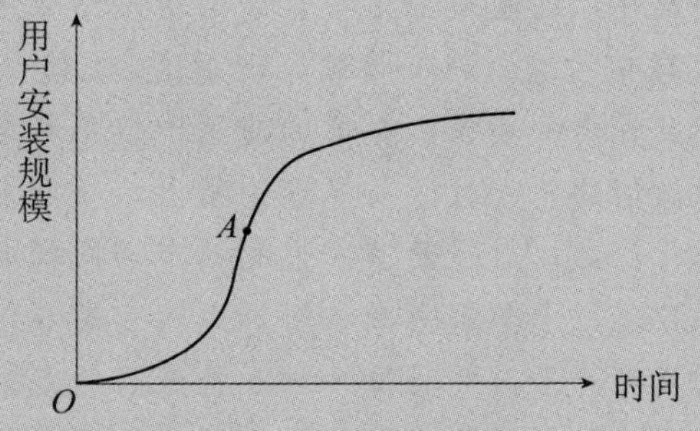

图 6-2 正反馈用户基础

资料来源：芮廷先．网络经济学．2版．上海：上海财经大学出版社，2021.

同时在收益递增的情况下，正反馈会显示出经济中有许多不同的均衡点，没有一种机制能保证在正反馈经济中，从诸多可能结果中挑选出来的结果一定是最优结果，而且一旦某种经济事件选择了某一路径，这种选择就可能被锁定在该条道路上了，而不会改为更先进或合适的道路。如果一种产品在竞争性市场上因为某种机会而领先，它就会一直领先，并扩大这种领先程度，可预测性和市场分享就不再能实现。

阅读材料

微信平台的网络效应

微信作为一款即时通信软件，其庞大的用户群是社会数字化时代完美的营销渠道和电商入口。微信高效运作的原因除了其技术创新下用户的良好体验（如便捷、灵活、精准等特点）外，重要的是用户群贡献的网络效应。根据戴维斯提出的技术接受模型，决定用户使用系统的两个因素是感知有用性和感知易用性，感知易用性又会影响感知有用性。微信便是这两者的结合，既方便灵活、操作简单和资费低廉，又具有语音短信功能和娱乐、社交价值。微信除了具有语音短信、视频、图片和文字功能外，还支持群聊，也可以通过位置服务功能查看附近所有使用微信的人。用户使用微信的更大价值在于周围的人都在使用，个人在群体的压力下会在行为上与多数人保持一致。垄断模型指出，当消费者购买的产品与其他消费者的产品兼容时，消费者所获得的产品效用会更大。当关系网中的QQ好友和通讯录联系人开始使用微信时，对潜在用户有一种辐射作用，潜在用户的社交需求会迫使其也加入这个行列。对微信平台而言，无论是普通用户还是商家，当某一方用户群体随着其他用户的不断加入而扩大时，即直接网络效应扩张了用户规模，并创造了巨大的用户信息资源，这对微信平台的另一方也具有很大的商业价值。在价值网络中，用户是整个商业模式的核心，拥有大量用户资源就能够通过数据挖掘技术掌握用户需求，从而进行客户关系管理，满足用户需求，创造顾客价值，实现盈利。间接网络效应即随着某产品使用者数量的增加，其互补产品会变得更为丰富。它是以市场为媒介的效应，通常把基础产品和互补产品称为硬件/软件范式。微信便是平台类的基础产品，其附加产品可以被称为互补产品。微信用户规模的扩大导致其附加产品种类不断增加，用户的效用也得到提升，这便是微信平台的间接网络效应。截至 2014 年 6 月，微信平台的附加产品有微信红包、AA 收款、理财通、QQ 币充值、腾讯公益、微信支付等。随着附加产品种类的增多，微信的使用价值不断得到提高，同时附加产品的种类又取决于使用微信的总人数。长尾理论指出，当每个人都能得到一样东西时，消费者倾向于多样化产品，对于商家来说利基市场同样有利可图。用户需求的多样化促使产品需求差异化，尤其是当微信用户规模突破 6 亿时，在庞大用户规模的基础上会产生更多的互补产品，并且每一种互补产品的需求规模均相当可观。微信平台为用户群体创造了差异化价值，以此增加用户使用微信的黏性，为其带来了商流和信息流。如用户通过微信公众号能够关注自己感兴趣的订阅号或服务号，获取有价值的信息，并可以通过链接转发分享到朋友圈，实现自己的社交需求。微信平台通过数据挖掘用户偏好和需求就能针对用户属性进行精准化营销，既创造了价值，又提高了用户忠诚度，从而实现了多方共赢。

资料来源：王千．微信平台商业模式创新研究．郑州大学学报（哲学社会科学版），2014（6）：87-91.

6.3 服务个性化

数字时代信息的生产成本很高，但复制成本很低，即信息产品的生产是高固定成本、低边际成本的。同时数字化企业价值增长的指数级效应要求企业前期需快速抢占市场、争取流量。这种成本结构和增长特性决定了数字产品的服务趋于个性化。一方面，数字产品的定价应基于用户价值而非生产成本。例如，当单位成本为零时，占单位成本 10%或 20%的加成毫无意义，此时基于成本的定价失效，厂商转向以价值为基础的定价。由于人们对特定信息产品的评价差别很大，所以以价值为基础的定价会引起差别定价（differential pricing）。另一方面，在产品设计与生产过程中，开始追求以用户为中心的个性化定制。此外，信息可以迅速、便捷、低价地获取，导致信息过载，信息已经不再是一种稀缺的资源，与之对应的是个体的注意力逐渐成为稀缺资源。抢夺用户注意力成为数字时代的营销重点之一。

6.3.1 定价策略

信息产品如何定价？这是 20 世纪 80 年代以后信息经济学、互联网经济学研究的一个重点问题。普遍的观点是，信息产品的特殊成本结构使得经典经济学中的定价方式不再适用。有学者明确提出，由于网络信息产品具有边际成本低至可以忽略不计的特性，所以网络信息产品以成本为基础的定价失去了意义，实行差别定价或以低价出售产品可以获得更高的利润。

传统的价格理论以成本为基础，以趋向均衡为常态。在完全竞争市场中，众多生产者提供大致相似的产品，每个人都没有能力去影响价格。此时均衡价格同时等于边际成本和平均成本，两种定价方式都有效率。但数字产品生产的固定成本和可变成本都具有特殊的结构，信息生产的固定成本绝大部分是沉没成本，即如果生产停止就无法挽回的成本，而当第一份数字产品生产出来后，通常多生产一份的可变成本几乎为零。信息高固定成本和低边际成本的特性意味着数字产品的定价不能完全遵从主流经济学的理论。例如，对数字化消费中的数字产品的定价，不能再使用边际成本定价或平均成本定价。若使用边际成本定价，在短期内诱使有效消费，会导致亏损、扼杀服务提供者留在市场的短期激励，抹杀诱导研发创新投资的长期激励。平均成本定价能克服亏损经营的问题，但通常难以界定和测度固定成本，尤其是研发和营销成本，以及经风险调整的沉没成本。可见，基于成本定价缺乏可行性和可操作性。因此，数字产品不适合采用成本定价法，而更适合根据消费者"按需定价"。企业要想获得更大的利润就要通过产品差别化来实现价格歧视。

以不同的版本向不同的市场提供数字产品。1920年经济学家庇古提出了一、二、三级价格歧视的概念，夏皮罗和范里安[①]将三种类型的价格划分区分开来并赋予它们生动的名字，即个性化定价（以不同的价格向每位用户出售）、版本划分（提供一个产品系列让用户选择最适合自己的版本）、群体定价（对不同群体的消费者设置不同的价格，如对学生打折）。完全价格歧视在传统经济中几乎是不可能存在的，但在网络经济下，企业可以更便捷、更廉价地获取消费者信息，因此个性化定价成功率大大增加，也即点对点、一对一营销。夏皮罗和范里安给出了实施个性化定价的四个要点：将产品和定价个人化、了解顾客、尽可能对价格进行差别化、利用促销来测量需求。个性化定价要求对消费者个人有一定的了解，让用户根据其需求选择最适合自己的版本。一般来说，可以根据数字产品的内容、性能、载体、时效、用户信息需求以及功能的完整性等指标划分版本。比如，软件一般分为标准版、专业版和黄金版，游戏有单机版、联机版和网络版等。如果关于用户个人偏好的信息不完全，就需要根据与消费者偏好相关的其他信息对数字产品进行版本的划分，以不同的版本向不同的群体提供产品。在网络经济下，三级价格歧视也应该引起重视，三级价格歧视能够帮助企业在实现积极正反馈的过程中尽早达到临界容量，同时群体定价可以加速产品成为业界标准。针对不同类别的买主索取不同的价格。比如在线音乐提供者可向学生群体收取一个较低的价格，而向非学生群体收取一个较高的价格。再如会员制营销方法，加入会员将会享受更优惠的价格或更多的服务。厂商往往综合采用上述三种价格歧视政策，如在群体定价中进一步细分消费者群体，在不同的群体内部实行个性化定价等。但同时厂商也应该注意由于价格歧视而给部分消费者带来的不满，注意可能存在的套利行为。产品差别化策略与定价策略联系紧密，有时，

① 夏皮罗，范里安．信息规则：网络经济的策略指导．北京：中国人民大学出版社，2017.

实行产品差别化策略完全是为了达到实行价格歧视的目的。

除了制定不同版本的数字产品，捆绑与分拆也是一种容易操作的产品差别化的方法，而且在网络环境中变得日益重要。捆绑是厂商将两种或两种以上的产品和服务以固定的比例组合在一起销售。捆绑可以分为纯捆绑、混合捆绑和部件销售三种类型。纯捆绑也称整体捆绑，是指只一揽子销售产品或服务而不单独销售其中的部分产品或服务的捆绑。混合捆绑也称非纯捆绑或部分捆绑，是指除了一揽子销售捆绑外也单独销售捆绑产品内的各个部分。部件销售也称拆零销售，指厂商不进行组合销售，但消费者可以通过分别购买两种或多种产品而将购买的产品实现组合。对数字产品进行捆绑销售可以拓宽企业产品的销售范围，从而结合产品差别化策略使得消费者难以转向其他厂商；另外，捆绑销售也可以降低企业的销售成本。

6.3.2 个性化定制

互联网技术的发展与计算机网络的普遍应用，以及消费者个性化需求的增强，迫使制造企业正在进入个性化定制的经济时代。个性化定制是指利用互联网平台和智能工厂，将用户需求直接转化为生产排单，实现以用户为中心的个性化定制与按需生产，有效满足市场多样化需求，解决制造业长期存在的库存和产能问题，实现产销动态平衡。个性化定制是“互联网＋”制造的新热点，正在成为传统制造企业创新的新模式。在大规模定制生产的模式下，新的经济市场被不断细化，消费者的个性化需求也在不断提高，这种大规模定制生产模式显现出了明显的优势，例如减少了库存的占用、提高了用户满意度、减少了资金的占用等。当前，海尔、航天云网、红领等企业基于工业互联网平台打通用户需求与研发设计之间的数据流，构建覆盖产品全生命周期的数据贯通体系，以数据自由流动带动企业内各部门人力、物力、财力等资源协调配置，高效率、全方位地满足了用户个性化、碎片化、多样化的需求，具体体现为用户中心化、数据贯通化、生产柔性化三个特征。

个性化定制模式拉近了消费端与制造端的距离，使制造业具备了消费者视角，可以更好地把控产品的设计和生产，同时在个性化需求的驱动下，工厂自动化和柔性化能力得到提升，通过直连去除流通环节中过剩的产能，使价值回归消费端。为了满足消费者对个性化定制和高性价比商品的需求，电商平台纷纷布局个性化定制模式：消费者可以通过电商平台下单，厂家接受消费者的个性化需求订单，然后根据需求设计、采购、生产、发货。“电竞带鱼屏”就是个性化定制模式的范本。带鱼屏是指长宽比例大约在21∶9的液晶显示器，是目前游戏发烧友们争相购买的“神器”。但很多消费者苦于价格贵而无法购买。通过整个链条的效率优化，京东参与定制的带鱼屏不但为消费者带来了接近50%的价格优惠，也将面板厂、代工厂、品牌方各方的毛利率提升了20%。在技术能力的支撑下，京东个性化定制系统可以使与其合作的新品上市周期比以前缩短80%以上。个性化定制作为一种未来供应链的发展趋势，对产业制造供应链和零售供应链均会产生巨大的、颠覆式的变革，而且这种变革将是不可逆的，将极大提高整个社会的运转效率。[①]

---

① “反向定制”渐成电商新趋势．人民网，2021-01-20.

（1）用户中心化。

用户中心化是个性化定制的本质。当前，企业价值链正加速由以产品为中心向以用户为中心转变，呈现出三个明显特征。一是用户地位由被动变为主动。在个性化定制新模式中，用户由被动接受标准化产品向主动主导产品供给转变，深度参与产品设计、制造和装配等环节，大幅提高消费自由度。二是出售产品由标准化变为个性化。以往制造企业主要面向重点大客户提供统一化、模块化的拳头产品，而长尾经济理论则启示制造企业要同时兼顾具有个性化、定制化需求的用户，挖掘更广阔的市场空间。三是服务边界由销售部门变为企业内所有部门。用户与制造企业分离的边界点由前端销售部门不断向企业内部延伸，研发、生产、运维等部门以用户定制需求信息为依据，合理安排相关工作，全程响应用户需求。

（2）数据贯通化。

数据贯通化是个性化定制的核心。企业基于平台将用户定制数据贯通产品全生命周期，串联研发、生产、运维等部门，为协调各类资源开展个性化定制服务提供重要支撑，具体表现有三点：一是数据准确贯通。企业要准确获取用户对产品原材料、结构、外观和性能等各方面的个性化需求，结合实际使用场景进行数据转化，将定制数据在各业务环节准确贯通，实现各业务部门的一致性、协调性和准确性。二是数据实时贯通。企业要保障用户定制数据和生产能力数据在研发、生产、运维等部门间快速贯通，灵活配置制造资源，及时响应客户需求。三是数据交互贯通。企业要确保数据在各部门之间自由流动，驱动各部门依据定制信息变动进行同步调整，提高企业整体协作水平。

（3）生产柔性化。

生产柔性化是个性化定制的关键。企业基于平台整合用户多样化的定制需求，提升研发设计、生产制造、原料供应等环节的快速响应和柔性切换能力，开展高精度、高可靠、高质量的个性化定制服务，此时重点要把握三项内容：一是设计协同。企业准确识别用户需求，协调材料、结构和性能等设计部门，实时共享设计数据，制定个性化产品设计方案和生产计划，充分响应用户需求。二是柔性制造。企业根据定制产品的加工要求，通过软件控制系统无缝切换刀具、工装、传输设备等产线配置，确保各工序之间紧密衔接，高质量完成定制产品生产，提高企业生产效率。三是敏捷供应链。汇聚和梳理用户定制信息，按产品结构拆分形成原材料需求清单，确定采购计划，减少原材料采购提前期，提高供应链协作水平，保障生产活动的原材料供应。

6.3.3 注意力经济

注意力经济这一概念是由迈克尔·戈德海伯在 1997 年发表的一篇题为《注意力的购买者》的文章中提出来的。戈德海伯指出，在以计算机网络为基础的信息社会中，当人们面对浩如烟海的信息时，信息已经不再是一种稀缺的资源，而是相对过剩的资源，数字时代稀缺的资源是人的注意力。如果说农业社会的核心资源是“土地”，工业社会的核心资源是“能源”，那么数字经济社会的核心资源就是“注意力”。注意力是信息社会虚拟经济的硬通货，是后工业化时期高度信息化的经济现象。注意力经济是指在高度信息化的社会，为了使信息产品能在最大可能条件下获取和保持消费者的注意力，生产者与传播者共同通过信息传递的力量作用于消费大众的注意程度，从而获取效益的一种经济态势。其重要特征是因为产品过剩而注意力稀缺，其核心是保持和获取更多消费大众的注意力。注意力本身并不生产价值，更不构成市场模式。

由于复制和简单修改一份数字信息的成本很低，获取和更新一份信息很迅速便捷，因此信息爆炸、信息极度丰富成为常态。当下，信息可以迅速、便捷、低价地获取，致使信息普遍过载。信息爆炸和过载成为自互联网面世以来几乎无法避免的难题之一。这使得在线者能轻易向所有人提供具有新特性和功能的信息，即便很多人根本不是真的需要这些信息。相对于信息丰富而言，有限的注意力逐渐成了稀缺资源。手握批量用户资源本身就代表着拥有大量的在线注意力。注意力是人们关注某种信息、事件或者行为的持久度，互联网时代的信息过剩促使注意力成为稀缺资源，变成了新经济的硬通货。由于这些注意力是能变现的宝贵财富，企业间出现了针对注意力的竞争。这进一步形成了所谓的注意力经济或眼球经济，在移动互联网时代被别称为流量经济或网红经济等。

注意力经济通过最大限度地吸引、争夺客户或消费者的注意力，可以从传统的大众传播形式转换到一对一营销，实现广告营销层面的个性化服务。企业通过对用户行为数据的分析而深度了解用户需求，进而制作定制化内容，打造完美的产品和服务。这些强大的信息搜寻内容并不局限于用户的当前行为，企业还能得到海量用户的搜索历史及人口统计数据。比如谷歌在帮助用户翻译时并不设定语法和翻译规则，而是直接利用其数据库中手机的用户用词习惯进行比较推荐。随着用户历史行为记录数据的增加，计算机甚至可以在不了解问题逻辑的情况下，提供可靠、有价值的结果。这种新型的一对一营销可以同时有利于交易双方：广告商准确触达了目标市场，顾客也精准浏览了感兴趣的广告。另外，通过收集关于特定消费者需求的更多信息，信息提供者可以设计出定制化程度更高、更具价值的产品。

但是，注意力经济也带来了诸多争议和批驳。一方面，商家争夺注意力带来用户隐私泄露风险。随着数字技术的不断发展，用户的个人信息无论主观上是否公开，均化作后台的一组组数据，商家利用这些数据可以精准地还原用户原型，随时把握用户私人信息，甚至追踪用户的行为轨迹。这导致大数据杀熟现象屡见不鲜，这是因为大数据充分了解用户的消费偏好，可以实现消费者剩余价值的最大化收割，并实现差异化定价。如何确保数据保护和数据安全，尤其是保护用户敏感的隐私信息，成为摆在企业、社会面前的挑战。相关监管部门亟须制定和优化数据开放共享配套法规和安全配套标准，确保数据安全，构建用户隐私的防护技术体系。另一方面，在商家为争夺用户注意力而各显神通的同时，对于作为个体的人来说，自身的注意力是有限的，当个体注意力被各类厂商吸引争抢，忙于“发现更大的世界”“发现更美好的生活”时，专注于当下对个体发展更有意义的事情上的时间势必会受到影响。

阅读材料

苹果、X、脸书等注意力经济亟待改善

脸书或X上新闻源的商业运作模式是每天将数十亿人的注意力视为商品，分

类推文、帖子和群组，以确定哪些能获得最多的参与度（点击量、浏览量和分享量），以及针对哪些内容受众情感反应最强烈。这些平台将注意力视作商品，已经扭曲了集体心理，导致人们的世界观更为狭隘、偏激。

优兔（YouTube）的推荐算法决定了数十亿人每天70%的观看时间用来看什么。算法推荐的内容看似是同类视频，但实际上将观众推向了更极端、更负面或阴谋论成分更高的内容，因为这样观众才能观看更长时间。多年来，优兔一直向观看节食视频的少女推荐瘦身灵感，而这种视频会导致少女更有可能患上厌食症。而人们在观看美国国家航空航天局（NASA）登月的科普视频时，优兔就会推荐关于平地阴谋论的视频。如此反复数亿次。这样的新闻源和推荐系统造成消极、偏执的堕落漩涡，数十亿人对现实的认知慢慢与现实本身脱钩。清晰而真实地看待现实，是我们做任何事情的根本。通过将注意力视为货币和商品，我们已经出售了看待问题和制定集体解决方案的能力。这也不新鲜。每次我们将地球或社会的生命支持系统视为商品，都会推动产生其他断裂。用AI优化的定位广告将政治视为商品，政治就失去诚信。将食物视为商品，就与保持农业可持续发展的生命周期脱节。将教育视为商品，将其打造成数字产品，就丧失了人的发展、信任、关怀和教师权威之间的联系。将爱情视为商品，人就成了约会软件上一张张供摆弄的照片，而这就切断了建立新关系所需的复杂互动。将交流视为商品，将之变成脸书上的帖子和评论互动，就失去了语境、细微差别和尊重。所有这些例子都在有系统地榨取某样事物、将之视为商品，这样的体系在慢慢侵蚀健康社会和健康地球的基础。

著名生物学家威尔逊提出，人类应该只管理地球的一半，放过其余地方。那假设注意力经济也采用类似的做法，我们可以说也应该说，我们要保护人类的注意力，即使这样会牺牲苹果、谷歌、脸书等其他大型科技公司的部分利润。在数字世界的结构性转变方面，数字设备上的广告拦截便是好例子。广告拦截属于人权吗？如果每个人都能屏蔽脸书、谷歌等网站上的广告，互联网行业将无法自筹资金，广告经济将失去大量收入。那这种结果是否否定了权利？人的注意力是权利吗？人拥有注意力吗？要不要给注意力定价？出售人体器官或奴役他人能满足需求、产生利润，但我们说这些事项不属于市场行为。那人的注意力应该像人和人的器官一样，是金钱所买不到的吗？

我们需要更深层次的系统性改革。我们需要改变机构，使之服务公众利益，以足够应对当今挑战的性质和规模。旧金山人文科技中心致力于说服苹果、谷歌和脸书开展“好好利用时间”的运动，即使这违背了它们的经济利益。它们通过广泛的公共媒体宣传活动和倡导发起了这场运动，并获得了科技设计师、相关家长和学生的信任。这一运动呼吁改变数字世界的运转动力，从争夺“花在屏幕和应用上的时间”转变为“竞相保护上层建筑”，帮助人们善用时间。数十亿人已获得切实改变。例如，苹果在2018年5月推出“屏幕时间”功能，所有iPhone、iPad等设备都有该功能。除了向所有用户展示在手机上花费的时间外，“屏幕时间”还有关于父母控制和应用时间限制的分栏，向父母展示孩子在网上花费了多少时间、进行了哪些网络活动。谷歌大约在同一时间推出了类似的“数字健康”倡议，包括许多功能，例如方便人们在睡觉前停止使用软件、限制消息通知。同样，优兔也推出了“休息一下”的通知功能。这些变化表明，即使在价值数十亿美元的行业，公司也愿意做出牺牲。尽管如此，我们还没有改变这些公司的关键逻辑。对于一家公司来说，做一些违背其经济利益的事情是一回事，做一些违背其根本宗旨和目标的事情则完全是另一回事。

我们需要深入系统性改革，改变科技公司，使之以服务公众利益为先。我们必须打开格局，思考还有多少系统性变革能做，思考如何利用人们的集体意志。人类在这方面将扮演重要角色。苹果应用商店收入分配模式可视作注意力经济的央行或美联储。如果该模式的领导者在将收入分配给应用制造商时，不是根据谁的用户购买了最多的虚拟商品或花费了最多时间使用应用，而是根据谁与手机上其他应用合作得最好，以帮助所有社会成员更多按照自己的价值观生活，会怎么样？归根结底还是要制定正确的规则。当参与者还在争夺有限资源和权力时，任何一个参与者都很难最大化人类福祉，也很难遵守社会价值观。如果没有规则、没有屏障，最无情的参与者就会获胜。所以，有必要立法和制定政策，还需要人民的集体意志来执行。但是，建立屏障的民主进程运作速度远远低于技术发展速度，人类又需要技术发展来改变现状，这是更大的根本性危机。技术发展速度将继续快速增长，20 世纪民主机构都来不及完全理解技术发展所造成的危害。科技行业本身需要团结协作，找到相应的运作方式，从而将共同的社会目标置于激烈竞争和利润最大化之上。

最后，我们需要认识到，科技公司对个人和社会都拥有巨大的不对称的权力。科技公司比我们还了解我们自己。任何不对称的权力结构都必须遵循信托或“谨慎责任”模式，也就是必须为权力较小的人服务，任何好教师、治疗师、医生或护理人员都会遵循类似模式。所运作的商业模式不能以压榨为基础。升级后的科技行业商业模式应该是有所贡献的，也就是说，需要把我们当作客户而不是产品，并遵守根本价值观、敬畏人性。

威尔逊曾说：“人类的情感属于旧石器时代，制度属于中世纪，技术像神灵，这是人类的问题。”我们需要接纳停留于旧石器时代的情感，接纳全部固有缺点和脆弱。我们需要升级制度，融入更多智慧、谨慎和爱。而我们需要放慢发展像神一样的技术，我们掌控人类命运之舵的能力已无法与技术的力量匹敌。可能实现的事物正在增多，但具有指数级挑战性的全球问题也随之出现。要解决这些问题，需要更好的信息、更强的领导力和更具实质性的行动。与其接受底层竞争，任之带着我们堕落、分裂，我们不如共同创造实现顶层竞争的技术环境，维持我们之间的联系、文明和高层次智慧。我相信，人类会改变。

内容提要

随着大数据、云计算、人工智能和区块链等新技术的快速涌现及其与传统行业的深度渗透与融合，数字经济在企业、产业和国家竞争中日益发挥重要的战略作用。在数字经济时代，日新月异的数字技术使商业模式不断推陈出新，但经济学的规律仍然不可动摇。数字时代的数字规则与信息经济学、技术变革、博弈论和竞争战略等密切相关，把握数字规则在揭示当今产业发展方面大有裨益。

数字信息具有零边际成本、规模经济、网络效应、网络外部性、正反馈等重要特征。一方面，传统的成本定价原则难以适用于数字经济，数字产品转向价值定价，以价值为基础的定价自然会引起差别定价。另一方面，网络使信息提供者得以从大众传播形式转向一对一营销，通过对用户数据的分析与交互深度了解用户需求，对用户进行个性化定制服务。此外，信息过载导致注意力匮乏，厂家为争夺注意力展开流量大战，暴露出了用户隐私保护和信息安全的问题。

关键概念

零边际成本是指数字产品高固定成本、低边际成本的特性导致了传统经济学（古典经济学）中关于供求关系和市场均衡理论的失灵，使产品的边际成本递增变为边际成本递减，最终使边际成本趋近零。

规模经济即规模效应，是指通过扩大生产规模，生产的平均成本下降，进而引起经济效益增加的现象。

网络效应是指对于一个产品或服务，每增加一名用户，都会对该产品的其他用户产生新的价值。换言之，产品价值会随着使用人数的增加而增加。

网络外部性是指连接到一个网络的用户价值取决于已经连接到该网络的其他人的数量。

正反馈是使强者更强、弱者更弱的动态过程，市场上的正反馈会引发极端的结果——一家公司或一种技术主宰市场。

注意力经济是指在高度信息化的社会，为了使信息产品能在最大可能条件下获取和保持消费者的注意力，生产者与传播者共同通过信息传递的力量作用于消费大众的注意程度，从而获取效益的一种经济态势。

开放式问题

1. 结合社会生活中的现象，解释数字规则的应用体现。
2. 结合数字规则原理，分析阿里巴巴涉嫌垄断的原因。
3. 对比传统经济与数字经济下正反馈效应的异同。
4. 以某个商品为例，讨论如何通过对信息和价格的个性化来对商品进行个性化定制。
5. 在数字经济背景下，企业如何更好地把握和利用数字规则？

进一步讨论的主题

《零边际成本社会》的作者杰里米·里夫金认为，数字产品蕴含着“零边际成本”的逻辑，在并行生产和共享经济兴起的支持下，“合作共享”最终将成为主导的形式。但杰里米·里夫金的这一观点引起了许多争议。在现实中，大型网络平台形成了规模经济，逐渐造就了利益的寡头博弈，此种博弈让市场权力不断固化。也就是说，这种接近零边际成本的动态机制并不能阻止强大垄断的崛起。相反，由于数字产品零边际成本的特性，更易产生垄断行为。因此，杰里米·里夫金提出的共享经济概念的流行以及多样化共享经济模式的出现并不意味着零边际成本时代已经来临。事实上，经济逻辑、运行机制和发展趋势并没有改变。在不远的将来，随着人工智能和网络技术的进一步发展，随着传统社群观念的进一步消失，随着基于特征、技能、爱好类似性的网络分享社群的进一步形成，也许等在我们面前的是网络垄断而非基于个体交往的普遍共享的时代。

请分别分析以上两种不同的观点，提出你所赞成的观点并说明理由，以及从企业、政府角度提出相应的对策，并基于马克思的政治经济学理论分析数字经济垄断的成因。

参考文献及扩展性阅读建议

第7章

数字产业化与产业数字化

学习目标

1. 理解数字产业化的内涵和特征。
2. 掌握ABCD技术的概念。
3. 理解产业数字化的内涵和特征。
4. 熟悉数字化转型的经典案例。

引入案例

小米是在2010年就以互联网产品开发思维为主，以新零售实现手机产品和互联网服务全域营销的新科技企业，并成功跻身世界五百强。小米在高速发展的同时，企业内部自身业务也面临着一些痛点。为提升企业跨职能协同效率，对生态级的供应链协同进行深刻变革，小米选择了思爱普（SAP）的数字化产品与服务。具体来说，基于SAP企业资源计划（ERP），从财务、计划、采购、销售、供应链到人力等关键管理维度，小米在SAP助力下建成了数字化管理平台，加强了对生产经营管控、企业运营决策的管理能力，打造了业财一体化稳态平台，实现了对供应链、费用控制和人员绩效的管理等，从而降低了企业运营成本，提升了管理效率，提升了对关键流程分析与风险识别的能力，全面防范了风险。小米是产业数字化转型的典型代表。那么，什么是数字产业化和产业数字化？它们的特征分别是什么？在这一章，我们将揭晓这些问题的答案。

2021年政府工作报告指出，加快数字化发展，打造数字经济新优势，协同推进数字产业化和产业数字化转型。《中华人民共和国国民经济和社会发展第十四个五年规划和2035年远景目标纲要》指出，充分发挥海量数据和丰富应用场景优势，促进数字技术与实体经济深度融合，赋能传统产业转型升级，催生新产业新业态新模式，壮大经济发展新引擎。针对数字经济的核算统计，国家统计局发布了《新产业、新业态、新商业模式专项统计报表制度》（2016 年）、《新产业新业态新商业模式统计监测制度（试行）》（2017 年）、《新产业新业态新商业模式统计分类（2018）》、《数字经济及其核心产业统计分类（2021）》，各个省份围绕数字经济陆续开始编制统计报表制度、统计监测制度、统计试点方案等细则。不过，由于数字经济涉及诸多领域，与实体经济的融合程度不断加深，在统计方面仍然有待深入探索。

近年来，部分学者在尝试使用新方法核算数字经济。例如，许宪春和张美慧（2020）在梳理信息经济、互联网经济、数字经济演变历程的基础上，提炼数字经济的内涵与形成要素，构建数字经济规模核算框架，界定数字经济核算范围，确定数字经济产品，筛选数字经济产业，对 2007—2017 年中国数字经济增加值与总产出等指标进行测算①；蔡跃洲和牛新星（2021）基于数字技术/ICT 渗透性、替代性、协同性特征，厘清“替代效应”“协同效应”等数字经济价值创造机制，将数字经济划分为“数字产业化”和“产业数字化”两部分，使用国民经济核算、增长核算和计量分析等工具，测算中国数字经济增加值规模并分析其结构特征②；陈梦根和张鑫（2022）基于投入产出序列表数据，结合数字经济内涵、信息经济理论及增长核算方法，建立数字经济规模和全要素生产率测算框架进行分析③；韩君和高瀛璐（2022）通过界定、分离与合并 2007 年、2012 年和 2017 年中国 30 个省份投入产出表各部门数字化和非数字化部分，编制中国数字产业投入产出表，运用投入产出分析方法对中国省域数字经济产业关联效应进行测算和分析④；苏屹、支鹏飞和郭秀芳（2023）界定了区域数字经济的核算范围和相关产业，从数字化赋权基础设施、数字化媒体、数字化交易、数字经济交易产品四个维度系统测算了中国 31 个省份的数字经济增加值⑤；黄浩和姚人方（2024）结合国民账户与增长核算的方法，把数字经济分为创新型和效率型两种增长模式分别核算⑥。有关数字经济的测算，除了运用经典的统计思路之外，可以结合数字经济的特征和规律，进一步探索更加细致的测算方法。

数字产业化是数字经济的基础部分，根据中国信息通信研究院的定义，数字产业化是指信息通信产业，主要包括电子信息制造业、电信业、软件和信息技术服务业等，是国民经济稳步发展的压舱石，是数字经济发展的根基和动力源泉。以人工智能、区块链、云计算、大数据为代表的 ABCD 技术，构成了数字产业的技术基础。发展数字产业化要根据国家的新发展格局，重点提升我国产业链、供应链的稳定性和竞争力，尤其要聚焦 ABCD 技术引申的关键领域，强化精准攻关，加快技术突破，增强自主可控能力。党的二十届三中全会提出：“加快构建促进数字经济发展体制机制，完善促进数字产业化和产业数字化政策体系。”

另外，发展数字经济必须把着力点放在实体经济上，产业数字化的重点就是推动实体行业与数字技术的深度融合。产业数字化是指数字技术应用给传统产业带来的生产数

---

① 许宪春，张美慧．中国数字经济规模测算研究：基于国际比较的视角．中国工业经济，2020（5）：23－41.
② 蔡跃洲，牛新星．中国数字经济增加值规模测算及结构分析．中国社会科学，2021（11）：4－30.
③ 陈梦根，张鑫．中国数字经济规模测度与生产率分析．数量经济技术经济研究，2022（1）：3－27.
④ 韩君，高瀛璐．中国省域数字经济发展的产业关联效应测算，2022（4）：45－66.
⑤ 苏屹，支鹏飞，郭秀芳．区域数字经济规模测算及其对区域创新的影响．科研管理，2023（9）：29－38.
⑥ 黄浩，姚人方．数字经济规模的核算：结合国民账户与增长核算的框架．经济学动态，2024（1）：74－92.

量和效率的提升，包括数字农业、智能制造、服务业数字化等新产业新模式新业态，是国民经济提质增效的驱动力。产业数字化的核心是以数据为核心要素，以科技为支撑，以提高生产效率为主线，对产业链的全要素进行数字化再造，积极推进传统企业的数字化和智能化改造升级，实现制造业基础高级化和产业链现代化，从而推动我国实体经济转型升级。

本章围绕数字产业化和产业数字化展开介绍，首先从培育和发展以人工智能、区块链、云计算、大数据为代表的ABCD技术的角度论述如何推进数字产业化，然后从产业数字化的内涵和特征入手，介绍传统制造业、零售业和农业农村的数字化转型。

7.1　数字产业化

2018年4月，习近平在全国网络安全和信息化工作会议上提出加快推动数字产业化，依靠信息技术创新驱动，不断催生新产业新业态新模式，用新动能推动新发展。“十四五”规划提出加快推动数字产业化。培育壮大人工智能、大数据、区块链、云计算、网络安全等新兴数字产业，提升通信设备、核心电子元器件、关键软件等产业水平。构建基于5G的应用场景和产业生态，在智能交通、智慧物流、智慧能源、智慧医疗等重点领域开展试点示范。鼓励企业开放搜索、电商、社交等数据，发展第三方大数据服务产业。

当前，以互联网、大数据、人工智能为代表的新一代信息技术日新月异，为我们实施创新驱动发展战略提供了难得的重大机遇。数字产业化是数字技术驱动产业升级的直接体现。因此，要确保在新一轮竞争中抢占先机，必须聚焦发展重点，集中力量破解影响数字产业化的关键难题。

7.1.1　ABCD技术

（1）人工智能。

人工智能是研究、开发用于模拟、延伸和扩展人的智能的理论、方法、技术及应用系统的一门新的技术科学。学界和业界对人工智能的理解众说纷纭。根据人工智能的应用，人工智能可以分为专有人工智能、通用人工智能、超级人工智能。根据人工智能的内涵，人工智能可以分为模拟行为结果、模拟大脑运作、不再局限于模拟人等模式。人工智能的驱动因素包括算法/技术驱动、数据/计算驱动、场景和颠覆性商业模式驱动。其承载方式包括技术承载方式：单机智能、平行运算/多核智能、高度分散/群体智能。人工智能表现方式分为云智能、端智能、云端融合三种。其与人的关系分为机器主导、人主导、人机融合三类。

通过总结人工智能的多种内涵，可以看出，现阶段人工智能从专有人工智能向通用人工智能发展过渡，由以数据、算法、计算为支撑的互联网技术群和场景互为推动，协同发展，自我演进。在这个过程中，人是主导者（设计解决问题的方法）、参与者（数据的提供者、数据反馈的产生者，也是数据的使用者），也是受益者（智能服务的接受方）。

人工智能已不再局限于模拟人的行为结果，而是拓展到“泛智能”应用，即更好地解决问题、有创意地解决问题和解决更复杂的问题。这些问题既有人在信息爆炸时代面临的信息接收和处理困难，也有企业面临的运营成本逐步增加、消费者诉求和行为模式转变、商业模式被颠覆等问题，同时还涉及对自然与环境的治理、对社会资源的优化和维护社会稳定等挑战。

（2）区块链。

马尔科·扬西蒂和卡里姆·拉哈尼在《哈佛商业评论》中指出区块链技术的本质是公开分布式账本。由于它具备共识算法、不可篡改性、智能合约等特点，它可以高效记录买卖双方的交易过程，支持查证并且能够永久保存。

区块链技术是一种基于分布式的计算范式，并且需要通过各个块链才能验证数据结构以及存储数据，在底层架构层面重塑共识算法，从而转变数据的存储和编辑模式。该技术可以应用于多方场景，并实现服务和应用模式的创新。这体现为加密技术赋予各台账数据编辑、记录和识别的权利，达到数据记录共享化和透明化的目的，便于信息的全方位追踪和即时查询。区块链的特性如下所示：

①去中心化，不依赖额外的第三方管理机构或硬件设施；

②难以篡改，数据全网传播和同步，篡改成本极为高昂；

③自治性，对“人”的信任改变为对机器的信任；

④智能化，在区块链上部署智能合约，可以执行复杂的业务逻辑；

⑤隐私性，加密技术的使用有利于保护用户的身份或其他隐私信息；

⑥安全性，不会因为某个节点的原因影响整个系统的功能和安全。

区块链技术具有如下不可替代的技术优势：

①业务数据可信化。由于区块链具有不可变性，即不能改变内容，因此存储于区块链系统中的业务数据具有可信度，大大降低了业务主体之间的信任成本。在区块链系统中，每个节点都有一份数字分类账的副本。如果大多数用户认为它是有效的，就把它加到分类账上，这将增加透明度以防腐败。

②权力结构分散化。区块链的网络是分散的，这意味着没有任何管理机构或一个人来管理框架。相反，网络是由一组节点来维护和分散的。用户可以存储任何以加密货币、重要文档、合同或其他有价值的数字资产开头的东西。使用区块链，用户可以使用私钥直接控制它们。因此，用户会看到权力分散的结构重新分配了权力和普通民众的资产。

③参与主体对等化。通常，公共账本会提供有关交易和参与者的所有信息。然而，在这种情况下，许多人仍然可以看到账本的真实情况。这是因为分布式分类账由系统的其他用户维护，可以用一种效率更高的分类账系统取代传统的分类账系统。在不依赖集中系统的情况下，区块链可以帮助很多企业进行多方合作，这是区块链中非常重要的一个特征。

④良好的底层共识算法机制。每个区块链都因共识算法而繁荣。该体系结构设计良好，一致算法是其核心。每个区块链都有共识来帮助网络做出决策。共识是网络上活跃的节点群的决策过程，也是去中心化算法的基础。

（3）云计算。

云计算通过互联网提供计算资源与服务，是技术供给侧创新和大数据计算需求共同激发的全新技术形态。云计算是分布式计算（distributed computing）、并行计算（parallel computing）、效用计算（utility computing）、网络存储（network storage）、虚拟化（virtualization）、负载均衡（load balance）等传统计算机和网络技术发展融合的产物。云计算由一系列可以动态升级和被虚拟化的资源组成，这些资源被所有云计算的用户共享并且可以方便地通过网络访问，用户无须掌握云计算的技术，只需要按照个人或者团体的需要租赁云计算的资源。云计算是继19世纪80年代大型计算机到客户端-服务器的大转变之后的又一个巨变。云计算的出现并非偶然。早在20世纪60年代，麦肯锡就提出了把计算能力作为一种像水和电一样的公用事业提供给用户的理念，这成为云计算思想的起源。在20世纪80年代网格计算，90年代公用计算，21世纪初虚拟化技术、SOA（面向服务架构）、SaaS（软件即服务）的支撑下，云计算作为一种新兴的资源使用和交付模式逐渐为学界和产业界所认知。

云计算的主要部署模式分为4种：一是公有云（public cloud），由云服务提供商拥有和管理，通过互联网向企业或个人提供计算资源。二是私有云（private cloud），单个组织专用的云服务，而无须与其他组织共享资源。私有云可以由内部管理，也可以由第三方云服务提供商托管。三是混合云（hybrid cloud），顾名思义，即同时使用公有云和私有云，允许公司将敏感数据保留在私有云中，以保证安全性，同时使用公有云来运行应用程序，以实现低成本。四是社区云（community cloud），特定组织或行业共享使用的云计算服务方案。社区云由几个具有类似关注点（例如安全性、隐私性和合规性）的多个组织共享。继个人计算机变革、互联网变革之后，云计算被看作第三次IT浪潮，是中国战略性新兴产业的重要组成部分。它将带来生活、生产方式和商业模式的根本性改变，云计算将成为全社会关注的热点。

（4）大数据。

大数据又称巨量资料，是指需要新处理模式才能具有更强的决策力、洞察力和流程优化能力的海量、高增长率和多样化的信息资产。大数据的概念最早由维克托·迈尔-舍恩伯格和肯尼思·库克耶在《大数据时代》中提出，指不用抽样调查的捷径，而是采用所有数据进行分析处理。大数据的特点可以概括为4V：

①大量（volume），表示大数据的数据体量巨大。数据集合的规模不断扩大，已经从GB级增加到TB级再增加到PB级，近年来，数据量甚至开始以EB和ZB来计数。

②高速（velocity），表示大数据的数据产生、处理和分析的速度在持续加快。加速的原因是数据创建的实时性特点，以及将流数据结合到业务流程和决策过程中的需求。数据处理速度快，处理模式已经开始从批处理转向流处理。业界对大数据的处理能力有一个称谓，即“1秒定律”，也就是说，可以从各种类型的数据中快速获得高价值的信息。大数据的快速处理能力充分体现出它与传统的数据处理技术的本质区别。

③多样（variety），表示大数据的数据类型繁多。传统IT产业产生和处理的数据类型较为单一，大部分是结构化数据。随着传感器、智能设备、社交网络、物联网、移动计算、在线广告等新的渠道和技术不断涌现，产生的数据类型无以计数。现在的数据类型不再只是格式化数据，更多的是半结构化或者非结构化数据，如XML（可扩展标记语言）、邮件、博客、即时消息、视频、照片、点击流、日志文件等。企业需要整合、存储

和分析来自复杂的传统和非传统信息源的数据，包括企业内部和外部的数据。

④价值（value），表示大数据的数据价值密度低。由于大数据的体量不断加大，其单位数据的价值密度在不断降低，然而数据的整体价值在提高。以监控视频为例，在一小时的视频中，有用的数据可能仅仅只有一两秒，但是会非常重要。现在许多专家已经将大数据等同于黄金和石油，这表示大数据当中蕴含了无限的商业价值。

7.1.2 数字产业

（1）人工智能产业。

根据中国信息通信研究院发布的《全球数字经济发展研究报告（2024 年）》，截至 2024 年第二季度，全球人工智能企业数量超过 3 万家，其中美国企业占比达到 34%，中国企业占比为 15%。

人工智能的产生具有坚实的科学理论基础。算法、大数据和计算能力三大基础要素共同驱动人工智能的发展。其中算法是机器实现人工智能的核心，计算能力和大数据是人工智能的基础。长期以来，人工智能的突破主要依赖于算法性能的提升，近年来主要有工程学法和模拟法实际应用在人工智能技术中，推动人工智能开始发展至感知智能阶段。而第三次技术革命以来计算机、互联网在数据生成、采集、存储、计算等环节的突破，为人工智能进入高速发展阶段提供了坚实的基础。

2012 年，IBM 公司的沃森一举击败两位人类选手，获得智力挑战赛“危险游戏”（Jeopardy）的冠军。在比赛中，沃森展示了超强的自然语言处理能力，这使它俨然成为当时人工智能的代言人，自此人工智能进入普通大众的视野。2016 年，AlphaGo 打败李世石成为棋王，在社会上引发了人工智能热潮。随后人们发现，原来微软、亚马逊、脸书、IBM 等早已在人工智能领域布局多年，还成立了一个人工智能合作组织（Partnership on AI），来保障人工智能在未来能够安全、透明、合理地发展。另外，国内的 IT 巨头百度、阿里巴巴、腾讯也在奋力直追。

人工智能的现在和未来趋势与智能本身的客观规律相契合。最浅层的智能是专有智能，借助数据科学和数学，实现了解、学习、预测、增强的功能，可以完成具体任务。智能的第二阶段是深度通用智能，智能可以推理、对话、建立规则并在更广的范围运用规则。智能的最高阶段是超级智能，智能可以思考、导演事实走向，改变并增加规则。

人工智能的应用将更加广阔，例如综合天气、土壤变化数据和大宗商品交易行情，人工智能可以帮助做出农业决策，选择当年最有经济效益的种植品种；在图像识别技术有所突破后，机器人可以识别消费者微表情的变化，从而预测消费者的情绪。人工智能的应用将更有深度，产生新的社会、商业和个人生活模式，创造巨大的商业价值。人工智能的发展也将更为融合：实现“感知/交互—正确理解—自主决策—自我学习”的实时循环；数据传输速度实现质的飞跃，云端将无缝融合；介入式芯片等新的硬件形式将出现，甚至实现人机共融。综上所述，服务智能将成为未来 3～5 年内人工智能应用的核心趋势。在服务智能方面，人工智能会取得边际技术进步，如算法突破，小数据训练或分布式算法成为可能；或者，图像识别或自然语言处理技术取得边际突破，对数据结构化的要求降低。

(2) 区块链产业。

近年来，全球区块链产业呈现高速发展态势，各国政府积极推进区块链技术项目落地。根据中国信息通信研究院发布的《区块链白皮书（2020年）》，自2012年至2020年9月，各国政府部门发起或参与的区块链实验项目数量多达236项，主要涉及金融（包括央行数字货币）、公共服务、政府档案、数字资产管理、投票、政府采购、公共投票、土地认证/不动产登记、医疗健康等领域。根据中国信息通信研究院发布的《区块链白皮书（2023年）》，截至2023年12月，全球区块链企业数量达到10 291家，受到各国监管政策趋紧的影响，区块链业务融资数量和总金额较2022年同期分别下降32%和77%。

我国区块链产业链条已经形成。从上游的硬件制造、平台服务、安全服务，到下游的产业技术应用服务，再到保障区块链产业发展的行业投融资、媒体、人才服务，各领域的公司已经基本完备，协同推动区块链产业发展。

腾讯、阿里巴巴、百度、京东等互联网行业巨头纷纷开展区块链技术研发和场景应用。例如，腾讯采用Trust SQL核心技术构建企业级区块链基础服务平台，并在供应链金融、医疗、数字资产、物流信息、法务存证、公益寻人等多个领域进行应用。阿里巴巴利用区块链技术去中心化、分布式存储及防篡改的特性建立了公益、正品追溯、租赁房源溯源、互助保险等多个应用场景，申请专利数量达80多件。百度实施了国内首单区块链技术支持证券化项目和区块链技术支持交易所ABS（资产支持证券）项目。京东建立了京东区块链防伪追溯平台，从解决商品的信任痛点出发，精准追溯到商品的存在性证明特质，解决ABS参与各方的信任问题，在区块链的系统架构上完成交易，确认资产的权属和资产的真实性。

区块链技术具有分布式、防篡改、高透明度和可追溯的特性，非常符合金融机构的业务需求，现已在支付清算、信贷融资、金融交易、证券、保险、租赁等细分领域得到应用。例如，民生银行与中信银行合作推出首个国内信用证区块链应用；中国平安的资产交易、征信两大应用场景都已上线；招商银行推出了国内首个区块链跨境支付应用，微众银行通过基于区块链的机构间对账平台把对账时间从T+1日缩短至T+0日，实现了日准实时对账。在防范和化解重大金融风险、创新金融监管模式等方面，区块链技术可以发挥重要作用。

随着区块链技术和应用的快速迭代，区块链从金融行业扩展到了电子信息存证、版权管理和交易、产品溯源、数字资产交易、物联智能制造、供应链管理等领域。例如，安妮股份基于区块链的版权存证服务已为百万作品提供了确权服务，部分解决了内容创作者的痛点和难点。沃尔玛基于区块链的食品供应链协作模式使农田到门店的追溯过程从26小时缩短到10秒钟。在国际贸易中，商品原产地、检验检疫、通关等系列证明文件的各国标准不一，各国有关部门核验这些证明文件的真实性和准确性的成本和难度都比较高，导致国际贸易商品流通效率低。如果采用区块链技术打通各国商品流通信息，可以实现对国际贸易全程溯源，通过证明文件互认互信实现快速通关，提高国际贸易的效率，促进国际贸易便利化。

区块链产业在快速发展过程中也出现了一些不容忽视的问题。在区块链产业发展初期，一些不法分子通过ICO（首次代币发行）进行非法集资、传销甚至诈骗。2017年9

月，中国人民银行等七部门联合发布了《关于防范代币发行融资风险的公告》，要求各类代币发行融资活动应当立即停止。个别媒体对区块链过分炒作，个别企业对区块链进行虚假宣传，存在投机行为，个别区块链项目不切实际，等等。例如，有的项目从本质上并没有真正利用区块链技术，只是打着区块链的旗号，获得了与实际价值完全不符的估值。有的项目脱离了实际需求和客观条件，纯属欺诈。

（3）云计算产业。

近年来，我国云计算产业快速发展，产业规模不断扩大，市场竞争激烈，技术水平不断提升，云计算产业规模快速增长。根据中国信息通信研究院发布的《云计算发展白皮书（2024年）》，2023年，我国云计算产业规模达到6 165亿元。我国云计算服务提供商众多，主要有中国移动、中国电信、中国联通等基础电信运营商，百度、阿里巴巴、腾讯等大型互联网企业以及浪潮、发展曙光等专业云计算服务提供商，市场竞争较为激烈。云计算技术创新能力明显增强。云计算平台大规模资源管理与调度、运行监控与安全保障等关键技术研发取得突破，云计算相关软硬件产品研发及产业化水平明显提升。云计算应用深入推进，许多政府部门建立了政务云，许多大中型企业建立了私有云，成为信息化应用的重要支撑。许多地方政府提出实施“企业上云”计划，由云平台为当地中小企业提供云计算服务，降低了中小企业的信息化门槛。在企业层面，作为中国云计算领军企业，全球三大云计算提供商之一阿里云，增速领跑全球，在中国市场绝对领先。其面对22个垂直行业，共提供超过108个解决方案。腾讯、百度、奇虎360等也在云计算领域加大投入。

但云计算在发展过程中也存在一些问题，如核心设备和元器件国产化率低。我国许多云计算平台的核心设备服务器都采用IBM、戴尔、惠普等国外厂商的产品，国产化程度低。国产服务器的核心器件即芯片依赖进口，网络安全存在隐患。当前云计算产业规模小，技术产品服务能力弱。中国在全球云计算市场中的份额还不高。国内云计算产业总体能力与国际水平相比还有一定差距，部分关键行业还没有形成成熟的解决方案，产业供给能力有待提升。国内云计算企业规模普遍较小，提供的服务种类有限，缺少综合性的大型云计算服务提供商。此外，云计算产业生态体系不完善，云计算产业发展“重硬轻软”，云计算生态系统有待进一步完善。国内提供服务器、存储设备等硬件设备的厂商很多，而应用开发、系统迁移、标准认证、安全测试等与云计算配套的软件和信息服务业发展滞后，亟待建立技术、应用、产业、安全等协调发展、良性互动的产业生态体系。

阅读材料

阿里云：十年磨一剑，从模仿到超越

经过十多年的发展，IT基础设施建设完善，云计算市场认知度提升，行业飞速发展，部分厂商已实现盈利。行业竞争进入深水区，定制化服务、混合云成为竞争焦点，头部厂商优势稳固，第二梯队厂商探索差异化竞争道路，预计2023年左右迎来业绩拐点，值得关注。

阿里巴巴披露的2020日历年第四季度季报首次实现EBITA盈利，引起市场高度关注。云计算产业壁垒深厚，马太效应明显。当前全球云计算厂商仅亚马逊云

(AWS)、微软云(Azure)、阿里云实现盈利。

阿里云跻身全球头部云计算厂商与公司管理层的战略远见高度一致。在2009年，商业社会与资本界对云计算的认识仍然不足，阿里巴巴却将云计算与大数据作为发展战略，这主要出于以下原因：

(1) 在云服务出现之前，阿里巴巴等科技公司需投入大量IT基础设施支撑业务，对海外厂商的Oracle数据库、IBM/HP的小型机/服务器、EMC的存储产品等依赖度高，资本开支巨大，且后期运维不便；

(2) 电商等业务迅速发展，传统IT架构已无法支撑如此高并发量的处理能力，且资源扩展灵活性差；

(3) 将公司非高峰期的剩余算力开放给客户使用，在投入成本不变的情况下可形成价值增量。

在三代管理层的领导下，阿里云的发展历程大体经历了三个阶段。王坚是阿里云的创始人，2009—2013年他的主要任务是技术攻坚，带领团队自主研发“飞天”操作系统。此外，阿里云发布的产品主要为云主机、对象存储等底层基础设施。2014年11月胡晓明接任阿里云总裁。在2015年左右阿里云参考亚马逊的路径，将虚拟化技术从Xen切换为KVM。

2014—2016年是阿里云的成长期，主要满足互联网企业上云基本需求。张建锋2016年4月出任阿里云首席技术官(CTO)，开启了智能转型阶段，对IaaS做深度定制化，夯实PaaS能力，侧重云钉一体、被集成、产业互联网等方面，战略打法是为行业提供更多的解决方案。2015年前后是公司的重要转折点。每次科技革命分为科技创新、商业创新两个阶段，上半场往往实现某个新兴产业从“0”到“1”的颠覆，下半场则是技术普及，赋能各行各业的商用，加速从“1”到“N”。对应到阿里云和公司总体发展进程，2015年前公司主要提供云计算基础设施产品，解决从无到有的问题。

2015年年底张勇接任首席执行官(CEO)，进行了战略性组织架构调整，从传统的树状结构调整为符合移动互联网时代的网状结构，将为业务线提供基础技术、数据等支持的部门整合成“大中台”，统一为业务线提供支持和帮助。自此业务中台和数字中台并肩构成了双中台，“大中台、小前台”模式得以确立(见图7-1)。

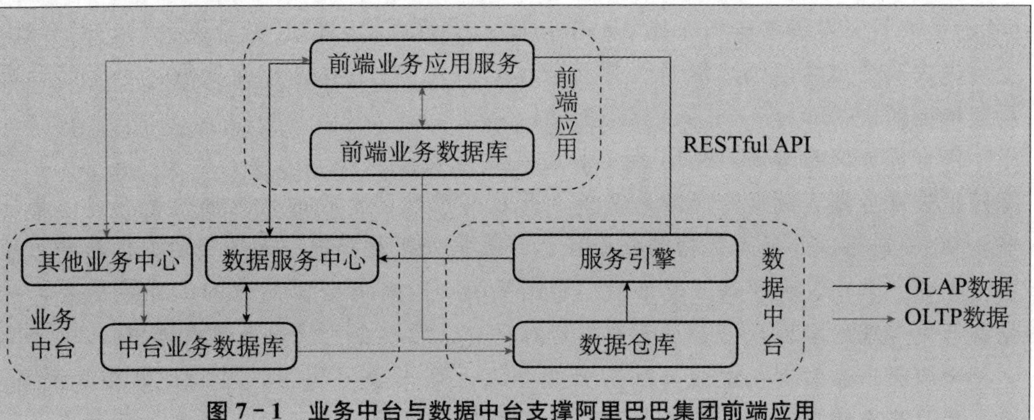

图7-1 业务中台与数据中台支撑阿里巴巴集团前端应用

大中台加快了公司业务孵化速度，并沉淀出了可对外销售的产品。业务中台实现了后端业务资源到前台易用能力的转化；数据中台利用获取的各类数据，对数据进行加工，获取分析结果，提供给业务中台使用。业务中台与数据中台相辅相成、互相支撑，加快公司业务孵化速度，如：聚划算业务从提出到上线仅耗时1.5个月，投入包括设计、运营和开发10多名员工。

之后阿里巴巴的中台架构又孵化出钉钉、飞猪、口碑等一系列创新业务。借助“双十一”场景，数据中台逐渐沉淀出很多过硬的中间件产品，并且将沉淀的业务能力与数据资源开放给企业客户，传统企业“烟囱式”的IT架构被打破，通过企业级分布式应用服务EDAS、分布式数据库DRDS和消息服务MQ等PaaS产品实现数据的跨部门互通。分布式架构如图7-2所示。

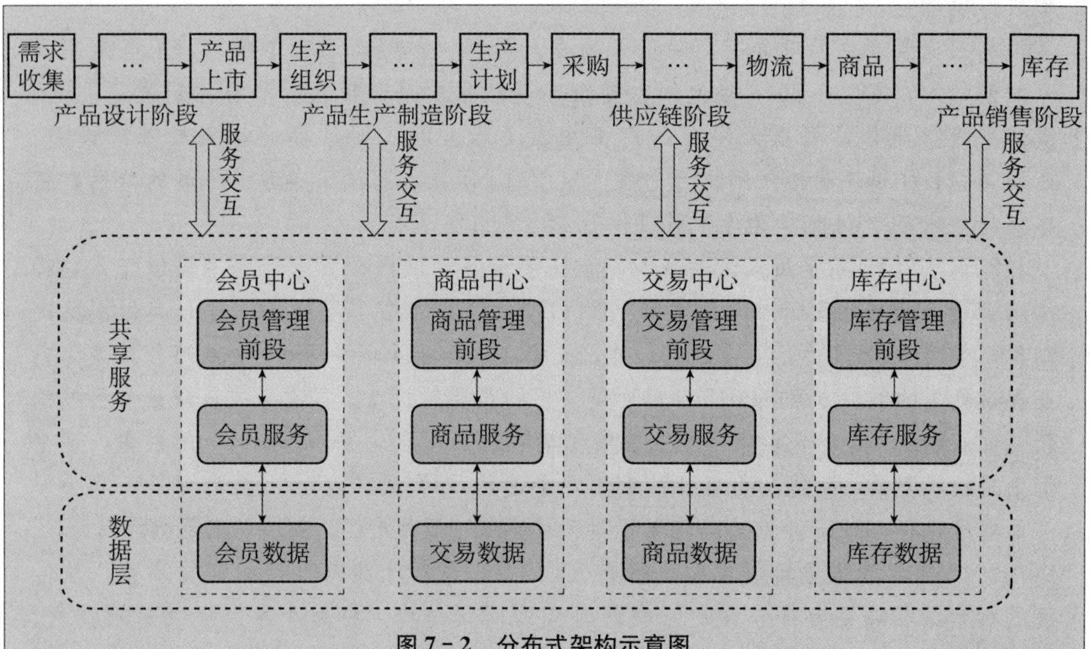

图7-2　分布式架构示意图

2015年以后公司产品发布与迭代主要遵循三条主线，分别为：(1) 将中台能力（特别是数据及人工智能相关技术）输出赋能千行百业；(2) 打造混合云、专有云，主动进攻政企市场；(3) 深耕云原生技术，自研AI芯片、光模块等，不断提升底层架构性能。

中台能力产品举例：2016年1月，阿里云发布一站式大数据平台“数加”。这是阿里云专业做大数据的产品大家族，开放阿里巴巴十年的大数据处理能力，首批亮相20款产品，包括大数据基础服务、大数据分析及应用、人工智能、机器学习等多个方面。其中，大数据开发套件（DataWorks）提供全面托管的工作流服务，一站式开发管理的界面，涵盖八大数据资源平台，帮助企业快速搭建数据中心。

专有云产品举例：中国早期上云企业以互联网公司为主，对云计算接受度高。政企客户资金雄厚，基本已有自己的机房部署，对于公有云的安全性仍存疑虑。阿里云发布的专有云（Apsara Stack）支持企业客户在自己的数据中心部署飞天操作系统，是向传统政企行业进击的重要举措。

阿里云的公共云平台已经过大规模市场服务验证，专有云的设计完全采用相同的技术体系架构，基于阿里云的飞天平台提供云计算服务。基于同一平台，针对企业市场进行了二次优化，适用于50万～100万客户集群规模，使之易交付、易管理，同时满足政企市场的安全合规和可靠性要求。

云原生产品举例：每次“双十一”备战必经全链路压力测试，倒逼阿里巴巴技术持续进化。2020年是“双十一”全面云原生化的第一年，天猫又创新纪录，订单峰值达58.3万笔/秒，销售额达4 982亿元。第三代神龙架构输出千万核CPU计算能力，以保证业务稳定性。神龙架构通过I/O offload芯片加速，对容器等产品高度适配，能高效调度和自动化弹性伸缩的容器化产品，具备在3分钟内启动50万核VCPU的极速弹性能力。

第三代神龙架构全面支持ECS虚拟机、裸金属、云原生容器等，在IPOS（每秒输入输出量或读写次数）、PPS（每秒发包数量）等方面提升5倍性能。全量并顺利承载“双十一”所有业务是神龙架构能力的最佳证明。神龙云服务器还对外支撑各种流量高峰场景，如12306春运抢票、微博热点的暴涨流量、钉钉2小时扩容10万台云服务器等。

（4）大数据产业。

大数据是以容量大、类型多、存取速度快、应用价值高为主要特征的数据集合，正快速发展为对数量巨大、来源分散、格式多样的数据进行采集、存储和关联分析，从中发现新知识、创造新价值、提升新能力的新一代信息技术和服务业态。大数据产业是指一切与大数据有关的经济活动，如数据采集、存储、清洗、加工、可视化、分析与交易。

根据北京大数据研究院发布的《中国大数据产业发展指数报告（2024版）》，中国大数据产业经历了从起步到快速发展再到深度应用的关键阶段，已成为经济社会高质量发展的重要推动力。从省级行政区排名结果看，北京、广东、江苏、浙江、上海持续领跑全国，山东、湖北、安徽、四川、河南紧随其后。

从城市排名结果看，我国大数据产业发展格局基本保持稳定，优势梯队继续领先，新兴梯队快速成长。北京、上海、深圳、杭州、广州五个第一梯队城市连续五年稳居全国前五，优势突出，综合实力强大；第二梯队展现出快速发展的势头，地方特色突出，依次为苏州、合肥、南京、武汉、青岛、成都、天津、济南、无锡和重庆；第三梯队发展潜力十足，主要包括长沙、福州、郑州、厦门、西安、长春、东莞、宁波、哈尔滨和沈阳。

从区域经济圈看，大数据产业发展差异化明显。京津冀经济圈以北京为核心，依托丰富的科研资源和政策优势，产业创新能力强劲，排名第一，总指数排名第二；长三角经济圈不断完善产业链条、实现产业链上下游协同，总指数与产业环境排名均位列第一；粤港澳大湾区以深圳、广州等城市为中心，依托开放的经济环境，探索建设数据特区，大数据产业展现出充沛的活力，各项指标稳居第三；成渝经济圈发展势头迅猛，逐步成为西部地区大数据产业的重要基地。

自党的十八届五中全会提出实施国家大数据战略以来，虽然我国大数据产业快速发展，但依然存在一些亟待解决的问题。例如，①数据不充分不均衡，大数据产业基础不牢。根据《2017 中国地方政府数据开放平台报告》，全国 19 个地方政府数据开放平台中 1/4 的数据机器可读性较差，尤其是在公共服务、教育、就业等领域数字基础设施建设不足，数字化程度亟待提升。②数据质量不高，影响数据应用效果。当前，由于缺乏统一的监管和规范，各行业的数据格式繁多，数据质量参差不齐，从而无法真正发挥大数据的价值。③信息孤岛情况严重，数据整合能力不足。当前国内经济社会大数据领域比较离散，政府部门之间、企业之间、政府和企业之间由于信息不对称、制度法律不具体、共享渠道缺乏等多重因素，大量数据存在“不愿开放、不敢开放、不能开放、不会开放”的问题，造就了一座座企业和政府管理部门的数据孤岛，难以有效、权威地整合经济社会数据资源，无法构建全景的大数据。④大数据平台建设监管不足，数据安全问题频发。由于缺乏统一的监管标准和引导，对于数据使用的权利和义务尚未明确，各类大数据平台的建设者和使用者鱼龙混杂，数据安全常常难以保障。在云安全联盟发布的 12 大安全威胁中，“数据泄露”高居榜首，国际某著名公司数据泄露门事件涉及 10 亿多用户账号被盗。⑤大数据市场竞争不规范，严重影响产业发展。大数据产业参与主体众多，在市场发展过程中过度竞争、无序竞争时有发生，尤其是在以数据传输、存储为主的基础设施领域，造成劣币驱逐良币的恶劣影响。

7.1.3 数字产业创新

数字产业是一国发展数字经济的重要基础，对于实现创新驱动发展战略具有全局性影响。根据中国信息通信研究院发布的《中国数字经济发展白皮书（2020 年）》，数字产业是指信息通信产业，包括电子信息制造业、电信业、软件和信息技术服务业、互联网行业等，旨在向社会提供与数字技术相关的产品与服务。数字产业属于技术密集型产业，数字技术的高渗透性助力数字产业与传统产业的融合发展，增进协同水平、提高技术创新质量。

（1）数字产业创新的内涵与特征。

数字技术应用打破了组织壁垒，实现了组织之间信息互联互通，增加了使用价值的实质供给，重构了产业发展的动力机制，推动了传统产业转型升级。当成本更低、性能更优的新生产工具被大规模使用之后，各类资本存量也会相应提高，推动产业整体跃升到一个更高的生产力水平。数字产业化激发了数据在经济活动中的叠加、倍增作用，加快了知识传播、扩散、转化与吸收，促进了工业企业全要素生产率提升以及实体经济壮大，这种效应呈现出动态增强的趋势。数字产业创新释放出正向的溢出效应，对经济社会其他领域产生了联动作用，促进了数字化、智能化的变革趋势。数字产业创新不仅带来了产出量的增长，而且引发了个体行为改变以及结构性变化，表现出有别于传统产业的新特征。

①数字化连接奠定创新关联基础。

自人类社会出现经济活动以来，信息不对称始终是交易多方关注的重点问题。即使是非常微小的信息误差，都有可能会对交易结果和产业整体效率造成非常不利的影响。那些能够清晰反映经济活动和决策情况的信息能够向市场客观地传递出价值信号，但是信息获取的质量和数量受制于与现实场景的连接情况。通过技术创新增进连接，让信息快速、准确、安全地传播，成为经济主体保障经济活动有序开展的主要抓手，连接方式、连接范围、连接密度以及连接控制力都是反映一国产业体系现代化水平的关键指标。

历次工业革命萌生出新的技术集合，按照“技术—经济”范式演进路径，不断增强了产业部门之间的物理连接和信息连接，持续减少了信息不对称和经济活动的不确定性。例如，第一次工业革命诞生的蒸汽机技术，运用机器手段实现了对生产指令信息的控制，提高了产品制造的可积累、可复制；第二次工业革命诞生的电气技术，实现了机械制造体系的集成化连接，增强了生产环节的同步性、连续性和多样性；第三次工业革命诞生的计算机技术，实现了企业内部、企业之间连接的同步优化，将对经济活动的控制逐渐向产业链层面拓展。20 世纪 90 年代，互联网技术出现，显著地降低了信息搜索成本，将地理上相距较远的资本市场、劳动市场、技术市场进行网络连接，给全球信息传递带来了质的飞跃，实现了同一信息在同一时间多点落地并产生多重价值，促进了市场扩容与商业交易。

当前，数字技术在各个领域的广泛应用，通过“数据＋连接”方式打造一个智能化、全时空、以数据为核心资源的信息管理体系，扩大了信息生产和使用的技术边界。数字技术应用将现实世界复现于虚拟空间，直接增进了物理连接和信息连接在经济主体之间的双向即时流通与反馈，以线上信息传递实时指引线下实体流通，使得每个环节的信息都在平台上进行可视化展示，在一定程度上减少了信息盲区。存在协作隔阂的生产流程受到数字技术的赋能作用，在时间和空间两个维度上得到了不同程度的优化，建立起人与人、人与机器、机器与机器的相互连接，将所有相关事物都整合到一个完整的合作协议中。互联网和数字技术改变了媒介机制，增强了产业创新的联动效应。数字化连接高度连通经济社会各个领域，增强了生产活动的规模效应、范围经济和网络经济，带动了产业体系的一体化发展。

一体化的协作方式改进了各类资源的统筹调度和综合利用，尽可能地降低了经济活动的不确定性。经济主体之间生产合作和技术关联变得更加密切，使得产业活动的系统性特征愈发突出，有力地支持了产业创新。创新是一个系统化过程，不仅包括基础研究工作，而且包括人才培养、加工工艺、应用测试等，需要由相关的经济主体共同完成。产业创新过程是指通过尝试对原子和数据进行新的技术性排列组合，用更少资源或者以更快的速度开展相同的事情，还会伴随有个别、偶然的突破性发现，使得生产活动从不稳定状态逐渐转变为分工更加专业且更加安全可控的相互连接，进而塑造出新型生产体系，铺设了未来一个时期产业发展的关联基础结构。

数字化连接将很多质性元素给予量化测度，实现更加广泛的资源重组与聚合，使得信息生产和使用从直线驱动转换为系统驱动，进一步巩固了数字产业创新的关联基础。每个经济主体都更加专注于深耕和发挥自身的核心能力，与其他主体共同构思、丰富、转化创意灵感，源源不断、可持续地向社会输出价值。数字化转型促进了企业之间的信息传递、技术关联与协同创新，降低了创新合作的不确定性，显著提升了研发投入、创新质量和创新能力。数字化连接增加了组织开放性和需求敏感性，帮助企业更好地融入产业创新网络，让企业有机会从外部获得更多创新的互补资源，满足长期存在却未得到关注的潜在需求，提高经营业绩和市场份额。

②数据流引领创新要素集聚发展。

生产要素组合汇聚了经济社会发展所需要的各类资源，奠定了数字产业创新的资源基础。任一生产要素在产业创新过程中发挥的作用，都会由于其他要素的存在而得到不同程度的加强，而居于核心位置的要素主导着各项要素的配置方式和利用效率。数据是数字经济时代的核心生产要素，数据资本的稳态增速高于其他类型的资本，在经济活动中的地位日益凸显。根据世界银行发布的《2023 年全球数字化进程与趋势报告》，2010—2023 年间，全球数据量从 2 泽字节增长到 120 泽字节，预计 2025 年将达到 180 泽字节。与传统的生产要素相比，数据具有非竞争性、客观性、共享性、低成本、扩散快等特征。同一组数据能够被不同主体进行多次利用，其经济价值的高低主要受到流通范围和流通效率的影响。数据流将知识和注意力引导至最有利于技术创新和商业模式创新的领域，成为引领数字产业创新要素集聚发展的核心作用力。

从直接效应来看，数据的经济价值表现为技术创新嵌入、社会分工深化、经济时空延展，促进了数字产业创新模式智能化升级。随着智能传感设备的广泛部署，数据可用性得以提高、采集渠道更加丰富，数据存储、加工、分析的软件工具都快速升级，经济主体挖掘数据价值并完成商业转化的技术难度明显降低。数据的多源与多维有利于增强一国产业对于当前和未来状态的感知、预判，塑造各类主体的数字化意识。数字化连接有利于降低直觉经验和主观判断可能造成的信息误差，在微观层面改变了经济主体的思维偏好、认知逻辑以及行为方式，推动经济社会向着“数据与数据对话”版本过渡。区别于传统的经验性决策，数据应用突出了实证证据和经济变量之间的相关性关系。基于实时数据而建立的算法模型，具备了自主挖掘信息并生成解决方案的学习能力和表达能力，极大地提高了创新决策效率和预测准确性。随着数据量逐步积累，算法模型在持续捕捉和学习数据价值之余，计算精度、稳健性和抗干扰能力得到不同程度的增强，可以更好地应对复杂多变的现实场景。此外，算力设施作为数据流通与算法模型运行的基础保障，决定了结果输出、特征提取、模型收敛的计算速度，直接关系到算法模型的能力边界与应用范围。高质量的算力设施有助于推动产业链、供应链、价值链、创新链、人才链的汇聚融合，进一步提高现有资源的变现能力和闲置资源的可供利用性，增进数字产业创新的协同与互动。数据、算法与算力三者之间相互依存，共同打造出的自组织机制在与市场保持密集互动的过程中，实现连续迭代与自我进化，奠定了数字产业创新的智能基石。

从间接效应来看，数据流通加快有利于提高生产、流通、创新等活动以及数字产业体系循环的效率，促进资本、劳动等传统要素在全球范围内的配置优化，推动数字产业效率提升以及跨界融合，为数字产业创新注入新的发展活力。数字技术和大数据分析的综合运用帮助企业创造性地整合各类资源和业务流程，减少了低效和无效的循环冗余，达到降本增效、扩大产能和市场份额的目的。企业与顾客、科研院所、政府以及其他利益相关方之间数据互通，有助于提高应对未知和外部威胁的能力，降低经济活动的不确定性，实现精准推荐和敏捷供应，从被动应对市场变化转变为主动创造市场需求。与此同时，数据与其他要素集聚发展形成的“数据反馈循环”，将各类要素配置到生产效率更高的环节，给传统的产业格局带来新的机遇，加快数字产业创新模式变革。由于这个过程中还需要完成协作方式沟通、战略规划协调、经济利益分配等配套任务，因而在营造环境方面不得不付出一定成本，短期内可能会对数字产业发展产生一定抑制作用。不过，随着数据的应用广度和深度持续增加以及应用范围不断拓展，数据流对经济增长和数字产业创新的乘数效应得以持续放大。

③标准化管理推进产业融合创新。

数字产业创新离不开互联网的底层架构支撑。互联网由互补节点与网络连接组成，网络系统性和组成部分之间互补性使得数字产品推广存在网络外部性，在较短时间内即可覆盖到数量众多的顾客群体。为了扩大软件系统、硬件设施和创新参与者之间的网络连接，更好地利用网络外部性，数字产业内部必须确定有竞争力的技术标准，对常见问题达成共识，提高安全性、兼容性和互用性。数字经济带来了人类文明的连接变革，本质上是一种网络经济，兼容则能够为数字产业创造可观利益。技术标准的确立便于经济主体之间以较低的融合成本进行产品的合作开发，在不可见的条件下便可实现产品兼容，让更多的主体可以接触、吸收先进知识，减少资源消耗。在技术标准较多的产业中，存在技术关联的合作方之间更有可能发现高影响力的创新成果。一些实力雄厚的大型企业纷纷推出了标准化的开源项目，例如百度“阿波罗”（Apollo），为各类主体进入产业搭建了数字平台，较好地促进了技术多元化。对于新进入者而言，技术标准能够提供有用信息，帮助他们熟悉已被公认并接受的专有知识和质量准则，规避来自技术研发和法律监管方面的不确定性，快速适应并融入数字产业创新格局。

数字技术向各行各业广泛渗透，增进了数字产业创新对经济社会发展的全方位赋能。技术标准预设了产品开发和创新扩散的技术路径，更好地助力了模块化的制造思路。模块化的设计理念对数字产业创新的过程和主体进行分割，区分出设备、网络、服务和内容四个层面，有利于发挥每个主体的核心优势，促进对应模块的升级优化。为了保障不同模块相互适配，模块规格的参数误差必须控制在合理范围之内，这就需要有统一的技术标准作为具体参照。技术标准作为一种显性知识，以文本形式明确了产品、流程、工艺等系列的操作规范，有助于解决技术不连续问题，促进知识传递与整合，降低数据和信息的获取成本以及产品失败风险。在数字产业内部，技术标准可以将经济活动在较长的一个时期内绑定于特定的技术方案，维持产业内部合作的正常秩序。

随着全球数字产业化进程的持续深入，数字产业创新表现出迭代快、开放化、泛在融合等趋势。如今，标准化管理成为数字产业创新的一个核心技术点，被列入评价创新活动的核心指标体系。技术标准能够增进产业融合创新以及技术交互支撑，同时也需要根据数字技术的迭代演变进行及时修订和完善，避免由标准锁定导致错失发展机遇，更高的技术标准有利于增加产业创新的激励力度。技术标准作为产业协同、技术迭代的重要依据，其修订的实质在于实现产业组织内部知识创新的外显化，涉及知识重组、创新协作等内容，需要相关主体的深度参与和同步适应。新技术标准的适用往往要求相关主体对产品组件、机器设备和应用程序进行升级和替换，或者调整操作规程，可能增加成本支出，阻碍经济效益。但是，长期来看，新的技术标准有利于提高数字产业创新的整体效能，更好地迎合技术趋势。已有研究表明，虽然新的技术标准在短期内会给现有技术体系带来冲击而降低全要素生产率，但是随着相关的经济主体逐渐适应与现有技术不兼容的新技术，全要素生产率会逐渐回升到一个更高的水平。

（2）数字产业创新的驱动机理。

全球生产网络体系中，不同生产要素投入生产活动之后产生的关联与互动决定着生产率变化以及总产出水平。伴随着数字经济高速发展，数字产业成为技术进步最快、创新效率最高的产业之一，是长期经济增长的重要引擎。数字产业创新在增加自身产出的同时，借助数字化连接、数据流与标准化管理的中介传导作用，不断拓展数字技术渗透范围和应用边界，使得下游的其他产业从中受益。数字技术应用通过对传统生产要素进行一系列新组合，转化出更多价值，打开产业发展新空间，倒逼产业创新模式的根本性变革，给传统生产活动带来颠覆性影响。各类生产要素之间是否能够相互作用，形成网络外部性和“正反馈”的循环机制，是数字产业创新实现可落地、可持续、可推广的基本条件。不过，数字产业创新显然不是生产要素投入的单向线性函数，而是基于一系列非线性关联的复杂化、系统化过程。数字产业创新不仅受到智力资本和创意融合带来的灵感启发影响，而且与技术组合、价值网络等因素直接相关，还需要创新生态在商业化和市场建设方面的必要保障。数字产业创新表现出的新特征，使得其背后的驱动机理与传统产业之间存在本质区别，下面从产业组织内部寻找理论线索，结合数字经济规律和颠覆性创新视角进行分析。

①智力资本汇聚涌现出创意灵感。

数字产业创新能力建立在组织对知识进行发现、整合、吸收与利用的基础之上，各种各样的现实问题驱使经济主体不断探索新的知识，运用成本更低或者效益更高的方式替代传统做法。知识在产业创新中的作用日益突出，组织发展越来越重视人本管理，智力资本引起广泛关注。智力资本作为一种战略性的无形资源，不仅包括静态的、文本形式的知识，而且包括动态的、能够被有效利用的知识，后者主要产生于组织“干中学”的自主探索过程。从实际表现来看，智力资本在价值创造、竞争优势构建等方面已经远远超出财务资本，逐渐成为企业发展与数字产业创新的主导力量。

智力资本可以细分为人力资本（员工资质）、关系资本（利益相关方）和结构资本（组织结构、基础设施等）。三者密切联系、相互影响，汇聚起产业内部创意灵感涌现的知识源泉。创意灵感是个体思维碰撞的结果，个体之间的沟通与互动有助于凝聚新的思想。数字化连接将经济主体从现实世界迁徙到虚拟空间，改变了企业协作规则和产业组织方式，形成更高效的结构资本，极大地提升了资源配置质量和产业整体效益。利益相关方之间实现了数据流通与实时共享，保持认知一致和信息同步，有助于提高合作深度和关系资本，进一步增加知识学习与信息交互的频率，以数据流为指引，共同推进创新项目。另外，企业可以在虚拟空间中寻求获得外部支持，丰富人力资本存量，不断把握新的机会，也为后续把握更多的机会埋下了种子。

根据梅特卡夫定律，某个网络所能释放的价值大致是网络节点数的平方，新的节点蕴含着可观的价值空间。在网络外部性的作用下，网络连接的个体数量越多，越有机会涌现出更多的创意灵感。这些创意更多针对那些被领先企业所忽视的低端市场，虽然存在不完善之处，但是萌生起颠覆性创新的"点点星光"。除了专门的研发部门和内部员工之外，位于网络节点上的所有个体均有机会参与企业创新活动并贡献智慧，配套服务机构、互补品供应商、顾客等重要的合作伙伴都可以为产业创新提供思路启发与建言献策。谷歌公司下属的谷歌X实验室为有想法的员工提供产品优化的试验条件，支持在核心业务之外尝试跨界探索，减少对已有成果的复制，以此来激发员工创意，用这些新创意推动公司向着更高的目标迈进。特斯拉从互联网思维的角度出发，自2013年起面向全球陆续开源核心专利，降低电动汽车领域技术研发的准入门槛，让更多的技术爱好者可以加入电动汽车产品创新团队，汇聚众人的思想合力，克服技术瓶颈，健全配套设备与服务，扩大电动汽车产业规模。

②创意灵感融合加快技术组合创新。

技术是创意实现的主要工具，技术组合推进了创意从构想向现实的转化与落地。人类文明的进步总是会出现各种各样的新需求，使得将新技术应用于解决现实问题变得越来越有利可图。新技术不断增强人类对自然进行利用改造的能力，以组合体的形态来帮助人类克服现实困境，更好地适应外部环境。新的技术组合不是凭空而生，而是对旧组合进行借鉴和扬弃，经历竞争之后才脱颖而出。所有现代的复杂性技术都是由简单技术之间协同演化发展而来，这个过程强调了技术组合创新的非线性关联、适应性和动态性，根植于其中的则是形形色色的创意。创意融合的变化，对产品属性和服务内容提出了新的改进方向，通过内部替换和结构深化两种机制，打破传统组合模型，持续加快技术组合创新和技术跃迁，巩固着颠覆性创新的源头活水。

技术组合创新受到三个条件约束，分别是人类应用技术创新成果的意愿、有组织的社会系统以及能够改进新组合的技术基础形态。第一个条件反映了需求牵引的作用，"社会一旦有技术上的需要，这种需要就会比十所大学更能把科学推向前进"①。虚拟空间中涌现出的众多创意正是出于个体对现实问题的反思与探索，试图让顾客把内心的模糊需求进行清晰表达，体现着人类追求技术创新的强烈意愿，创意融合使得这些意愿变得更加切实可行。诚然，技术组合创新并非单纯的功能叠加，集成化设计就是其中必不可少的一项任务，即在共性技术的基础上，将众多技术聚集在一起，构建相互支持、局部整合、互为依托的数字技术体系，既要考虑到软件方面的兼容性，也要处理好硬件方面的适配性，既要维持结构特征的合理性，也要提升品质质量的可靠性。如今，数据流为集成化设计提供了即时性、可视化的信息反馈，促进了各类资源配置重组优化，提高了技术组合创新的组织效率；数字化连接和标准化管理贯穿数字产业创新的所有环节，降低了协同成本，在数据流的引领下不断修正技术组合边界，演变出最有利于技术组合创新的技术基础形态。智能手机作为每个人随身携带的常用物品，其核心创意在于将手机通信、数码拍照、随身听、游戏娱乐、文档编辑、安全防护、金融交易等众多功能集成于一部电子设备，改变了通信联络和日常生活方式，也颠覆了传统手机市场。随着量子时

① 马克思，恩格斯．马克思恩格斯选集：第4卷．3版．北京：人民出版社，2012：648.

代的来临，电子元器件的规格和性能取得革命性突破，智能手机迎来新一轮发展。一方面，智能手机已有功能之间按照技术组合创新模式，持续地进行整体迭代升级；另一方面，有越来越多的新开发者加入操作系统平台，拓展和丰富新的功能。

③数字技术升级变革价值体系维度。

集成化设计没有对某个部分赋予特殊地位，而是更加注重所有环节的一致性。技术升级的整体效果取决于每个生产环节的技术效率以及彼此交互情况，纵向、横向或者斜向的交流就显得十分有必要。个别环节的独立升级在系统层面不会产生明显的变化，反而会因为兼容适配不足，造成性能失衡甚至系统崩溃。数字技术是数字经济时代的通用技术，其应用改变了传统的技术架构。经济主体之间可以基于数字化连接的网络组织结构，对不断涌现的、多元化的创意进行融合，加快技术组合创新，有助于在数字产业内部形成创新的正反馈循环，推动技术升级，面向低端市场和新市场逐步开发出较为稳定的顾客群体。

在产业创新过程中，技术和组织是一组不可分割、相互建构的组合。要在竞争中最终胜出，必须处理好技术升级与组织模式的协同关系。技术解构了组织刚性，技术细节的可塑性使得组织具有一定弹性。反过来，技术效率受到组织的影响。技术升级过程中随时会出现的风险隐患、多路径的信息反馈、各类突发事件以及利益相关者的同步作业，都需要利用组织模式加以防范和约束。

从技术和组织的辩证关系来看，数字技术升级改变了数字产业创新的组织基础，对价值创造与价值传递产生影响，使得传统的价值关系发生变化，催生出对数字技术进行升级的新意愿。数字产业创新的组织模式是以数据流为指引，在灵活地应对现实问题的同时，不断产生新的价值主张，推动技术创新成果应用以及价值体系维度变革。一系列新的价值维度引起了广泛重视，例如质量合意性、性能稳定性、个性化定制、时效性以及性价比。过去以价格为主指标的评价标准向着多元维度的价值体系转变，旨在从市场视角反向评估技术创新成果与顾客需求之间的匹配程度，增强颠覆性创新的市场信号，倒逼技术从低端市场向高端市场进行延伸和跃迁。

拼多多是电商行业的后来者，面对激烈的行业竞争格局，最初选择不被电商巨头重视的下沉市场作为业务突破口。在成立之后不到5年的时间里，拼多多采用低价拼团和消费补贴的模式，凭借“性价比”优势，在低端市场快速地获得了大量的顾客基础。为了增强顾客体验，继续做大交易额和流量，拼多多与拼好货进行合作，对前端技术开发与物流保障进行综合管理和组合创新，综合运用无人机、货运机器人等技术打造智慧供应链，尝试利用数据分析结果，在服务时效性、体验满意度、运输可靠性等维度做加法，推动技术向高端市场跃迁。另外，拼多多还自建快递业务，布局“最后一公里”，完善数据流和价值闭环。根据拼多多发布的财务年报，2018—2023年间，公司年度营收从131.2亿元增长至2 476.39亿元，增幅达到1 787.49%。

④价值网络再造共创产业创新生态。

当新的价值维度出现时，技术组合创新成果初具规模，尚处于边缘地位，不足以撼动主流市场。后发企业试图颠覆领先企业的过程，必然会面临强大的竞争压力，不得不借助外部力量，以获得更多的资源支持和顾客认可。利用组织网络力量和技术性互补关系，凝聚发展合力，成为后发企业推进创新成果商业化的主要途径。产业分工持续深化，使得任何一个独立的组织都无法具备在所有商业化领域保持领先地位的综合能力。价值网络的维系与再造需要相关主体之间进行密切交流与协调，保持思想开放和共生关系，以此来强化网络的自组织能力。当外部环境发生变化时，所有主体共同推动价值网络协同演化，逐步建立并共创数字产业创新生态。每个主体的功能、行为和结构特征均存在差异，都拥有特定的技术生态位，且以不同的强度影响价值创造，主体多样性和协调性是决定整个创新生态效率的关键因素。

数字化连接扩大了创新生态的开放性，所有能够提供知识和技术并可以适应生态协作的主体都有机会参与其中，无形中加剧了生态内部竞争的激烈程度。核心企业承担着功能整合、价值传递、行为协调等责任，通过自身创新带动其他企业的同步改进，并且会从价值网络再造和创新生态发展的角度，运用标准化管理和平台接口，激励和约束其他企业的组合创新行为。其他企业主要致力于深耕某个领域，提供互补资源、价值创造以及专业化服务。凡是在功能供给、价值创造、技术互补等方面表现不尽如人意的主体都会被新的进入者所替代，达到创新生态自我修复与自我调节的目的，保持整体效率最优。数字技术应用增强了数字产业创新的模块化特征，简化了技术组合创新的操作难度，产品功能组合多元化能够创造出更多独特价值，有效地匹配需求与供给。

塞班（Symbian）系统曾经是市场上出现较早的智能手机操作系统。在智能手机推广初期，塞班系统凭借先进入者优势，占据了有利的市场地位。不过，塞班系统坚持以传统手机为中心，忽略了可供借助的组织网络力量，并没有向开发者授予专利使用权限和足够的技术支持，导致插件更新和调试进度缓慢、产品界面的使用体验不佳、应用社区的选择范围有限等问题。苹果的移动操作系统（iOS）和谷歌的安卓（Android）系统先后问世给塞班系统带来了强烈冲击，塞班系统的市场份额快速下跌，最终消失在市场的浪潮中。苹果的移动操作系统和谷歌的安卓系统则都采用开放化、开源化的开发模式，吸纳了更多的开发者入驻，培育了创新生态，有助于加快插件更新迭代，提高顾客认可度。

⑤创新生态循环推动市场纵深拓展。

数字经济时代，产业层面的竞争关系主要发生在生态与生态之间，“单兵作战”显然无法与“抱团取暖”抗衡。数字产业创新生态建立初期，结构模糊，生态链成员严重缺失，没有达成稳定的组织网络，竞争力有限。随着参与主体数量的增多，各类主体在虚拟空间中自组织地制定交易规则、连接标准、角色定位、价值流通、融合发展等制度框架，成员动态性和相互依赖性日益增强，从非正式网络向正式结构过渡，不断筑牢合作关系，凝聚发展合力。每个主体的核心业务都深深根植于组织网络，在相互提供技术架构支持的同时共享创新成果，共同做大做强。主体之间相互信任、互利互惠的协同关系也将伴随生态系统的全生命周期而存在，各类知识的传播与扩散有利于创造更高的协同价值和质量价值。由此而形成了新的商业模式，吸引了更多顾客关注和购买行为，逐渐从商业活动的边缘地位走向主流地位，塑造了新的商业规则，迸发出颠覆性创新的增长势头。

另外，创新生态自身还保持着稳定循环和持续演化，凭借适宜的体系结构和自组织机制，促进知识的创造与流动，从外部获取更多的互补资产，增强生产、科技、服务、劳动、设施等多维助力，扩大生态系统的多样性和整体规模。后发企业借助创新生态的组织助力，不断提高自身的核心能力和改进互补资产，对商业模式进行系统化升级，洞察、捕捉、转化新机遇并从中获利，推进创新成果商业化和市场纵深拓展，进而对领先企业发起挑战，颠覆市场格局。

微信是一款常用的通信软件，在初始阶段凭借QQ的顾客基础和市场影响力顺利地进入市场，但是刚推出时的产品功能较为简单，仅仅提供文字、语音和图片的即时传递，只是处于低端市场和边缘地位。随着顾客数量越来越多，腾讯公司不断将数据库管理、安全加密、前端界面开发等新技术嵌入微信的底层技术架构，陆续推出朋友圈、公众号、视频号、看一看等功能，利用交流沟通和信息接收的便捷优势，推动微信向高端市场进行延伸，逐渐颠覆了传统的短信业务。同时，腾讯公司在通信功能之外，还继续绑定了叫车、购物、订餐、酒店预订、金融支付等服务，构建微信生态，同样以生活服务的便捷优势，从商业活动的边缘地位走上主流地位，颠覆了传统商业银行的零售业务。从生态体系的角度来看，微信始终维持着连续迭代与优化，提高技术性能和生态主体数量，丰富顾客体验和价值供给。根据腾讯公司发布的财务年报，截至2023年底，微信的全球月活跃账户数已达到13.43亿。

（3）中国推动数字产业创新的现实路径。

数字产业创新快速发展，降低了数字产业获取配套投入品和配套服务的现实难度，形成的一套复杂自适应系统有助于增强产业发展韧性，更好地推进产业现代化水平，加快打造新质生产力的产业载体。为了维持数字产业创新的向上趋势，有关部门需要继续增加人才招募、质量检测、项目落地、融资支持、数字治理等配套制度供给，提供更有针对性的公共服务，精准施策，最大限度地降低创新阻力。企业的研发工作主要是以现实应用为导向，着眼于那些有利于自身发展、可预测并且在经过一定时期探索后大概率能够获得的创新成果，需要进一步发挥企业的综合优势，围绕校企合作、校地合作、产学研合作、成果对接、价值评估等组织机制进行多元化探索，不断激发大企业对于价值获取、技术推广与商业化的规模经济效应，挖掘中小企业对于细分领域持续深耕的专精特新之长。

①适度超前布局新型基础设施。

基础设施与相关产业之间的技术经济关系，决定了其在一国产业发展顺序中处于先行位置。网络基础设施促进了经济主体之间的资源配置重组，从信息规模化传送、创新成果共享和前沿知识外溢三个方面，增强产业创新的兼容性和延展性。提高对网络基础设施的投资，扩大市场覆盖和数字化连接，有助于汇聚虚拟空间中广泛分布的创意灵感，提高一国数字产业创新水平。与数字经济相匹配的新型基础设施在网络连接的基础上放大了数据要素价值，赋予机器设备更加强大的智能属性，从供需两侧同时促进了产业转型升级。

面对新一轮科技革命的发展机遇以及科技竞争的“无尽前沿”，全球主要国家纷纷调整基础设施建设规划，围绕5G、半导体、量子计算等尖端技术做出新的部署。2018年

12月，中央经济工作会议提出，加快5G商用步伐，加强人工智能、工业互联网、物联网等新型基础设施建设。2020年5月，美国国家科学委员会发布的《2030愿景报告》提出，要加大数据、软件、算力、网络等基础设施的建设力度，扩大区域之间、机构之间的连接，增进设施互补。2021年3月，欧盟委员会发布的《2030数字罗盘：未来10年欧洲数字化道路》提出，到2030年要实现数字基础设施全覆盖，有75%的企业运用数字技术，中小企业数字化转型率也将达到90%以上。预计到2030年，全球万兆企业和万兆家庭的WiFi渗透率将分别达到40%和23%，全球总连接数将达到2 000亿。

2024年7月党的二十届三中全会审议通过的《中共中央关于进一步全面深化改革 推进中国式现代化的决定》提出："构建新型基础设施规划和标准体系，健全新型基础设施融合利用机制，推进传统基础设施数字化改造。"截至2023年年底，中国移动通信基站达到1 162万个，其中5G基站约有338万个，互联网宽带接入用户数达到63 631万户，蜂窝物联网终端用户数量为23.32亿户，互联网普及率为77.5%。从数据上看，中国的传统通信基础设施还有一定建设空间，新型基础设施建设刚刚起步，对数字产业创新的促进效应在短期内难以充分释放，需要更好发挥政府引导作用，发展耐心资本。考虑到数字技术快速迭代的现实情况，新型基础设施建设应秉承适度超前原则，聚焦纳米传感、智慧中枢、超算中心等一批前瞻性应用场景进行重点培育，打通感知、连接、存储、运算、处理等环节，统筹协调好全国布局和区域发展之间、短期需求调控和长期供给管理之间的平衡，既要追求效益提高，发挥各地区资源优势和协同效应，也要守好风险底线，避免企业"跑马圈地"和区域之间过度竞争。

②健全数据价值链治理机制。

数据要素的价值在流通过程中得到渐次积累和释放，从需求定义到价值落地，主要经历数据发现、数据集成和数据探索三个阶段，构成了数据价值链。数据价值链描绘了数据的价值来源、价值创造、价值交换、价值传递等信息，勾勒出数据从采集、清洗、分析、挖掘、可视化、传播到销毁的全生命周期，为实施数据治理以及价值评估提供了参考依据。

2023年，中国数据生产总量达到32.85泽字节，同比增长22.44%，存储总量为1.73泽字节，其中新增存储量0.95泽字节，数据总流量同比增长7.6%，不过有将近97.1%的原始数据没有被保存，有40%左右的存储数据没有得到利用，仅有8.3%的大型企业能够从数据的重复利用中收获更多价值。[①] 数据结果显示，中国的数据生产和流量保持高速增长，存储能力和数据利用水平也在逐渐提升。加强数据价值链治理，保障数据流通和数据安全，是推动数字产业创新的关键一环。

《中共中央关于进一步全面深化改革 推进中国式现代化的决定》提出："建设和运营国家数据基础设施，促进数据共享。加快建立数据产权归属认定、市场交易、权益分配、利益保护制度，提升数据安全治理监管能力，建立高效便利安全的数据跨境流动机制。"数据价值链与经济社会各个领域高度融合，仅靠政府监管不足以形成有效的约束，需要多方参与共治。在治理思路上，可以结合不同的应用场景，开发有针对性的解决方

① 参见全国数据资源调查工作组于2024年5月发布的《全国数据资源调查报告（2023年）》。

案，推出具有行业异质性的配套制度，更好地释放数据的潜在价值。按照安全防范、弹性包容的思路，明确相关主体的权利、责任和义务，稳步推进公共数据和产业数据有序开放，健全数据价值链治理机制。

目前，制约数据流通的卡点堵点问题仍然较为突出，迫切需要对基础制度加以完善。国家层面针对数据要素出台的现行法律文件有《中华人民共和国网络安全法》《中华人民共和国数据安全法》《中华人民共和国个人信息保护法》《中华人民共和国电子商务法》《关键信息基础设施安全保护条例》《网络数据安全管理条例》，各省也相继出台了数字经济促进条例、数据条例等文件。数据要素相关法规涉及多方权益，有关数据产权、数据交易、收益分配、数据隐私等问题还有待推出更加具体的实施细则，才能够真正实现"供得出""流得动""用得好"。例如，数据生产过程的复杂性、多重性，使得产权归属需要进行分类分级认定；数据交易的授权、定价、收费等办法，需要配合可信管理技术，根据使用情况进行设计。

③持续完善和推广标准化管理。

建设可靠、高质量的新型基础设施和数据价值链治理机制是数字产业创新的必要条件，同时也要保证相关企业都能够有效利用数字技术。进入 21 世纪以来，各国互联网应用程度逐渐提高，但是在利用互联网增强竞争优势和业务协同发展方面，不同地区、不同企业之间均表现出明显差异，主要原因之一是标准多元化提高了连接成本，阻碍信息共享和协同效应。数字化连接红利的高低由经济主体在学习知识之后所掌握的实用性和灵活性来决定。提高标准化管理水平有利于降低知识接收难度，提高创新产出和利益预期，是解决上述问题的一个有效思路。近年来，数字技术推广以及丰富的现实应用场景强化了创新活动的范围经济和多路径探索，全球数字产业创新的竞争重点转向技术标准和企业协作。一国拥有数字产业创新的技术标准主导权，意味着在后续竞争中占得有利地位。就不同发展阶段而言，当一国产业处于起步阶段时，更加宽泛的技术经验广度有利于各类主体更好地把握稍纵即逝的新机遇，直接影响着产业整体的灵活性。随着产业日臻完善，各项技术逐渐趋于稳定，技术经验广度的影响不断削弱，技术经验深度将成为所有主体深耕某一专业领域资源的重要保障，并且决定着它们是否能够在一次又一次技术转型过程中幸存下来。此时，完善和推广标准化管理，成为产业内部降低协同成本、凝聚发展合力、增强抗风险能力的必要措施。

技术标准决定了一国数字产业的现代化水平。技术标准要求一国在特定的技术思维模式下开展技术研发活动，技术标准的优劣则取决于其在市场竞争中的有效性。当某一项技术标准被市场广为接受时，它会对市场产生锁定效应，并且主导着新技术和新产品的开发与应用。长期以来，发达国家利用知识产权诉讼和专利墙制度，较好地维持了数字产业技术标准的领先地位，发展中国家普遍缺乏技术标准的相关经验。中国已经投入大量资源向全球推广技术标准，但是与发达国家之间存在着标准化差距，增加了追赶的时间成本和经济成本，面临着较高的难度。随着越来越多的中国企业走向国际市场，融入国际标准体系显然是一个亟待突破的发展难题。

作为后发国家，中国在完善和推广标准化管理的同时，可以通过与标准化经验更加丰富的一些地区开展战略合作，不断提高技术标准的国际影响力，缩小标准化差距。从数字产业的总体角度，系统化布局技术标准体系，加大前沿技术标准的研发力度，整合科研机构、高校、企业、政府等多方合力，夯实技术标准的研发基础和市场基础，共同推进标准的出台与修订。支持产业技术联盟和企业协同参与国际标准修订，深化区域标准化合作，加强国际标准化人才队伍建设，探索建立标准合作的新机制。

④建设具有国际竞争力的数字产业集群。

工业经济时期，开展区域化生产活动而产生的凝聚效应在现实中形成了产业集群，帮助企业降低了获取熟练劳动力的现实难度，加快了技术知识和创新成果的共享与扩散。技术创新是一项涉及多个主体的复杂活动，其间需要集聚大量的生产要素、零部件和工艺流程，只有具备了一定规模，才有机会爆发出可观的技术成果。数字经济快速发展，从供需两侧推动产业的协同集聚以及空间非一体化发展。数字技术开启了虚拟空间的大门，数据流促进信息的传递与共享，互联互通的网络环境为风险的感知、预判与应对提供有力的技术支撑，数字产业集群成为数字产业创新的新业态。

数字产业集群以数据为核心媒介，按照“终端—传感器—网络—服务”的技术路径，将地理上分散的主体复现于虚拟的新空间，贯通现实世界与虚拟空间的对应连接，拓展了数字产业创新的组织范围，所有活动都可以在更加广阔的领域内捕捉新的创意。随着子技术集合和各项配套机制的持续升级，数字产业集群将从数字孪生向数字伴生、数字原生的方向不断演变，在虚拟与现实之间逐步建立双向交互连接，以虚补实、以虚优实，即在虚拟空间中辅助现实世界解决具体问题，以线上的相互依赖关系引导线下的要素汇聚共享。合作主体之间将建立数据与数据直接对话的敏捷合作模式，以三维立体化的视角，锚定数字产业创新的薄弱环节，设计一体化解决方案。

《中共中央关于进一步全面深化改革　推进中国式现代化的决定》提出：“加快新一代信息技术全方位全链条普及应用，发展工业互联网，打造具有国际竞争力的数字产业集群。”数字产业集群推动了产业体系扩容，带来了前所未有的发展契机，但是这一切都要建立在扎实的技术基础之上。与全球前沿技术相比，中国在高端芯片、图形渲染、数据管理等关键技术上还面临着较为突出的技术瓶颈，能源结构和算力条件尚不足以提供稳定的运行环境，这些都制约着数字产业集群的发展。鉴于各项技术都具有较高的知识复杂度，研发过程需要协调好各类资源，建立协同攻关的技术联合体或者开放合作模式，探索分阶段、多样化、多维化的激励办法，对标国际领先水平。值得注意的一点是，为数不多的共性技术适用于多个领域，能够被众多主体共享，为其他技术涌现创造条件，主导着数字产业创新的方向。围绕技术开发所需的共性技术，可以成立专门的共性技术供给机构，负责组织协调技术攻关与推广，解决数字产业集群内部跨行业、跨领域的普遍性难题。

⑤打造自由灵活的创新协作机制。

产业发展需要依托持续不断的创造性努力，以促进生产活动的边际收益递增以及新技术出现，从而扩大生产力量。数字产业创新通过尝试对原子和数字信息进行新的排列组合，用更少资源或者以更快的速度开展相同的事情，还会伴随有个别、偶然的突破性发现，使得生产活动从不稳定状态逐渐转变为分工更加专业且更加安全可控的相互依赖，进而塑造出新型生产体系。数字技术应用有助于完善对市场主体的激励机制，致力于打造一个公开透明、彼此信任的虚拟空间，在各类主体之间建立起较为可靠的信任基础。现实世界的“数字迁徙”重塑了数字产业的要素体系，引领产业系统中“场、人、物”的结构性变革，对物理实体进行全生命周期的数字记录，支撑起嵌套、逼真的泛工业应用场景，多尺度、多维度、多物理量、多概率地展示了现实物体的基本属性。去中心化的技术环境放松了主体行为约束，有利于激发陌生人之间出于利益动机而开展的合作性行为，放大了主体的主观能动性。每个主体都可以摆脱地理环境、社会因素的束缚，从双赢乃至多赢视角，自主地寻找最佳的合作伙伴，在更加微观层面开展技术探索与创新协作。由此而形成了公共自治、同步关联的多元合作模式，具有典型的关系网络特征，兼备市场属性与社会属性，放大了数字产业创新对经济社会发展的推动作用。

《中共中央关于进一步全面深化改革　推进中国式现代化的决定》提出：“发挥我国超大规模市场引领作用，加强创新资源统筹和力量组织，推动科技创新和产业创新融合发展。”市场在消费的结构和总量上影响着生产活动规模，市场规模扩张会促进扩大再生产，所有技术创新都是以市场需求结构变迁为导向。国内超大规模市场蕴含着巨大的需求规模和经济增长动能，消费结构呈现多元特征，消费潜力还在释放，为经济主体实施创新行为和技术学习提供了丰富机会。创意源泉蕴藏在虚拟空间中，可以推出自由灵活的创新协作机制，降低创新参与门槛，破除不合理的刚性制度和障碍束缚，激发所有主体的创新热情。注重运用数字化手段全面促进数字产业创新，加强颠覆式技术攻关与市场布局，突出创新的系统性和协同性，从传统强调成果数量产出转向关心成果质量和社会影响力。以技术创新带动组织创新和商业模式创新，增进主体之间创新互动和全要素生产率的提高。以产业应用反哺技术创新，增进新技术与实践活动之间的衔接，为创新输入更多来自应用端的启发，化解创新成果转化过程中面临的“技术荒”和“应用荒”。

⑥营造鼓励原创性探索的制度环境。

发达国家凭借在工业化进程中对各类知识的持续探索和归纳，建立起较为完整的知识框架，为技术创新提供核心助力。发展中国家普遍作为知识接受方，将发达国家的知识经验直接应用于产业实践，加快经济发展步伐。然而，从海外大量引进领先技术和生产设备，一味追求快速发展，只会日益加剧一国产业现实与发展潜力之间的鸿沟。对于一个依靠别国获得技术和知识的国家而言，即使它的机械技能可以保持全球领先，它的产业发展进程也势必步履维艰，在全球产业竞争格局中处于劣势。

过去，中国与全球前沿技术水平差距较大，可以通过技术引进和应用改良快速追赶。随着技术差距逐渐缩小，直接引进的难度加大、成本提高。为了保持追赶姿态，中国必须从模仿追赶转向前沿创新，走出一条不同于以往的自主创新道路。中国要实现自主创新，必须在知识创造、知识积累以及知识应用方面投入更大力度，营造鼓励原创性探索的制度环境，逐步建立具有本国特色、符合本土国情的知识体系。这里所讲的原创性探索是指在产业生态基础之上，立足于现实情况而开展的复杂社会活动，既包括在实验室条件下的基础研究工作，也涉及产品设计、技术工艺等应用环节，旨在发现可供实际操作的新知识和新理论。随着一国数字产业的知识储备持续增加，创意灵感逐步转变为更加高效、更加有力的技术工具，使得累计投入生产性活动的劳动的经济效率和边际收益逐渐提高，从而能够更好地回应现实需求，不断增强自主创新能力。

在人类创新的历史长河中，知识产权一直被视为激励原创性探索的有效制度。但是，数字产业创新需要经济主体之间保持高频的信息沟通，对于知识产权的关注可能会因为知识共享带来的协同利益而被置于次要地位。为了更好地保护原创者的基本权益，可以运用以区块链技术为支撑的数字凭证，对各类资产的所有者、历史交易情况进行标记，所有权的交易和流转都由二进制的唯一编码进行确认。资产通证化明晰了产权归属，凸显了资源的稀缺性与交换价值。原创成果完全由创作者所有，受到严格保护，有助于实现知识产权价值最大化。对于创新行为而言，资产通证化使得每一项原创成果的使用都会留下痕迹，使用者则需要按照使用情况进行相应付费。即使是高度复杂的群体性创新成果，每个参与者也能够依据所做贡献获得相对应的权益。资产通证化的技术实现在一定程度上降低了侵权、抄袭的可能性，增强了创新行为激励与成果推广，带来了知识产权保护与成果收益分配的双重利好。

7.2　产业数字化

数字产业化和产业数字化是实现数字经济的主要模式。“十四五”规划指出，推进产业数字化转型，实施“上云用数赋智”行动，推动数据赋能全产业链协同转型。在重点行业和区域建设若干国际水准的工业互联网平台和数字化转型促进中心，深化研发设计、生产制造、经营管理、市场服务等环节的数字化应用，培育发展个性定制、柔性制造等新模式，加快产业园区数字化改造。产业数字化是指在新一代数字科技的支撑和引领下，以数据为关键要素，以价值释放为核心，以数据赋能为主线，对产业链上下游的全要素进行数字化升级、转型和再造，是推动数字经济发展的主要手段。与数字产业化相比，产业数字化涉及产业领域更多、市场规模更大，是未来数字经济发展的主攻方向。产业数字化是指这些产业原本就存在，但是利用数字技术后，带来了产出的增长和效率的提升。截至2022年年底，我国中小微企业数量已经超过5 200万家，如果全部进行数字化改造，可以带动巨大的投资需求，并大幅度提高企业经营效益。产业数字化如果能扩展到整个传统产业，将打响数字经济当头炮，彻底改变中国数字经济面貌。

7.2.1　产业数字化转型的内涵和特征

（1）产业数字化转型的内涵。

不同国家和不同行业对数字化转型有不同的定义。美国的数字化转型主要是通过将虚拟网络与实体连接来形成更有效率的生产系统。软件和互联网经济发达的美国更侧重于在“软”服务方面推动新一轮工业革命，希望借助网络和数据的力量提升价值创造能力，保持制造业的长期竞争力。德国的数字经济战略集中体现在“工业4.0”的战略布局中，其首要目标是借助智能工厂的标准化将制造业生产模式推广到国际市场，继续保持德国工业的世界领先地位。2016 年，德国发布《数字化战略 2025》，从国家战略层面确定迈向“数字德国”的 10 个行动领域，包括：构建千兆光纤网络；支持创业；建立投资和创新领域监管框架；在基础设施领域推进智能互联；加强数据安全，保障数据主权；促进中小企业商业模式数字化转型；落实“工业 4.0”；加强数字技术研发与创新；实现全阶段数字化教育；成立联邦数字机构。2017 年，英国发布《英国数字化战略》，主要包括连接性、技能与包容性、数字化部门、宏观经济、网络空间、数字化治理、数据经济七个方面的战略任务。2019 年，日本提出“社会 5.0”，旨在通过人工智能、物联网和机器人等技术，以数据取代资本连接并驱动万物，将数字化渗透到经济、社会、生活的各个层面，催生新价值和新服务，最终实现虚拟空间与现实空间的高度融合，实现“超智慧社会”，这是数字化转型的终极模式。

数字化转型是指利用新一代信息技术，通过构建数据采集、传输、存储、处理和反馈的闭环，打通不同层级与不同行业间的数据壁垒，促进供给侧提质增效，创造新产业、新业态、新商业模式不断满足需求侧改善体验的新需求，形成全新的数字经济体系。数字化转型要求企业将信息技术集成到业务的所有领域，增强自身产品研发、流程和业务决策制定能力，从根本上改变经营方式和为客户创造价值的方式。产业数字化转型的贡献主要体现在两个方面：一是为传统产业带来存量增加，即凭借信息技术引发的效率和产出的提升；二是为传统产业带来增量拓展，即在数字化背景下由新商业模式产生的业务拓展引发的产出增加。产业数字化转型的内涵是围绕业务流程将大数据、云计算、人工智能、物联网、先进生产方法等前沿技术与生产业务相结合，打通不同层级与不同行业间的数据壁垒，使产业实现更高效的业务流程、更完善的客户体验、更广阔的价值创造，改变产业原有的商业模式、组织结构、管理模式、决策模式、供应链协同模式、创新模式等，推动垂直产业形态转变为扁平产业形态，打造出一种新兴的产业生态，实现产业协同发展，达到产业生产模式的转型升级。

（2）产业数字化转型的特征。

①数据成为新的生产要素。“数据”作为一种新型生产要素被写入中央文件，与土地、劳动、资本、技术等传统要素并列为生产要素之一。同时数据的价值已在不同行业领域得到充分展现，运用数据驱动的思想和策略在实践中也逐渐成为共识。数字化转型不仅仅是将新技术简单运用到生产过程中，更应该在转型过程中不断积累并形成数字资产，围绕数字资产构建数字世界的竞争力，为企业不断创造价值。大数据与云计算、人工智能、物联网的结合，有效实现了数据到价值创造的有效转化。

②消费者需求成为商业模式的新动力。产业数字化转型驱动商业模式的智能化变革，传统产品驱动的商业模式被颠覆，生产端企业直接触及消费端用户，消费者需求或体验成为驱动企业生产的新动力，形成生产商、中间商、消费者的信息互联互通，为企业创新驱动提供新方向。

③快速、敏捷、开放成为产业运行新常态。数字化转型加速产业和企业运行效率，整个企业乃至产业各个环节都在数字化转型中实现快速迭代和自组织适应，同时数字化转型打破传统封闭的运营模式，基于大数据、物联网移动化与云服务，企业与企业之间、行业与行业之间形成互联互通的开放产业生态。

7.2.2　传统制造业数字化转型

在过去几十年间，我国制造业得益于资源成本优势、人口红利及改革开放政策，书写了举世瞩目的增长传奇。进入经济新常态以来，红利效应的衰减、国内外政治经济格局和产业分工的改变给我国制造业的固有发展模式带来了一定的冲击，但伴随云原生、物联网、人工智能、传感器等数字技术的广泛应用，以及国产工业软件的不断进化，我国制造企业数字化转型浪潮依旧势不可当。在国家层面，建设制造强国成为当下紧抓的战略机遇；在企业层面，深度应用数字技术的制造企业将赢得显著的竞争优势。但面对数字化时代产业链、价值链、基础科学乃至底层方法论的颠覆式变革，我国制造业数字化转型道路依旧任重道远。

制造业数字化转型是以数字技术为手段促进制造业价值链提升的过程，以提升产品和服务模式的持续创新能力为最终导向。长久以来，以制造业为代表的实体经济是国家经济发展的根基，对经济发展起到了重要的推动作用。根据《中国两化融合发展数据地图（2020）》，"十三五"期间，信息技术的应用已广泛覆盖我国制造业各个业务环节，共计49.3%的企业在研发设计、生产、采购、销售、财务、人力、办公等环节实现数字化工具的全面覆盖。其中，办公、财务、销售、采购、人力环节的数字化工具应用普及率较高，分别有超过90%的企业能实现财务、办公的在线管理，80%以上的企业能在原材料采购、成品销售环节实现线上成本、计划、合同管理，但在研发和生产环节，我国制造企业的数字化能力存在明显短板。

中国正加快推动新一代信息技术和制造技术融合，核心是智能制造，重点发展智能装备和智能产品，推进生产过程智能化，培育新型生产方式，全面提升企业研发、生产、管理和服务的智能化水平。数字技术的改造进程贯穿研发、工艺规划、生产制造、采购、仓储、营销、服务等各个环节，在产品设计、制造、推广、应用、反馈的生命周期中，提升产品和服务模式的持续创新能力成为最终导向。在这一进程中，制造企业应重点实施重构IT基础设施、建设数字化平台、探索服务型制造以及落实数字化管理等举措。

（1）构建强大的IT基础设施，在制造流程中积极融入新技术组合。

区别于第一次、第二次基于能源技术的工业革命，新一轮工业革命主要体现为信息技术与传统产业的融合，其中，信息技术与传统制造业生产技术、管理模式的相互映射与融合正在释放出巨大价值，将数字技术融入整个生产制造价值链是数字化转型的基本前提。增材制造、人工智能、自动化、云计算、数字孪生、边缘计算、5G、物联网等前沿技术可通过不同的组合方式实现对研发、生产运营、销售、职能等环节的全方位赋能。如在研发环节中，基于人工智能的预测性分析技术将支持产品组合分配决策以及产品开发生命周期优化；在生产运营环节，5G、云计算将为本地优化和互联资产提供算力、网络支持，互联设备和物联网技术带来了大量原始数据，促进了自动化、远程监控甚至新型合作关系，同时也推动了机器学习技术辅助实现智能决策；对于财务等职能岗位，基于云计算、人工智能等技术的ERP、BI工具也实现了大量常规工作的自动化。

（2）构建基于数字化平台的新生态体系，推进生产制造模式变革。

我国制造业数字化建设正由过去以ERP为中心的信息化管理系统，转向覆盖生产全链条、支撑外部新生态的综合数字化平台。数据要素将供应链管理、资源配给、生产管理、运营管理等打通，在连接生产制造业务环节的基础上，推动制造业价值链协同进入数字形态，衍生出新模式、新场景、新生态。在数字化平台广泛应用的基础上，以用户为中心的生产模式变革正推动制造业形成新的生态体系，新的设计生产模式正围绕个性化设计、柔性化生产、敏捷运营、浸入式体验等关键环节渐次展开，并最终构建共创共赢的制造业新生态体系。

（3）以丰富的知识资产为基础，探索服务型制造新模式。

随着内容市场的人力、运营、原材料等成本不断升高，制造业面临产品利润不断下降的窘境，制造业服务化成为我国制造业转型升级的重要方向和途径。制造业服务化转型过程表现为服务内容由简单到复杂、由低端到高端的过程，知识、信息等要素逐渐成为创造新价值的主要因素，知识资产的不断积累至关重要。一般来说，制造企业的知识资产由数据资产转化而来，企业生产、经营数据进入数据湖和基于业务场景主题的数据集市，在多样化的用户运营场景中挖掘价值。一方面，系统化的知识作为组织智慧嵌入企业内部业务流程；另一方面，知识资产帮助服务业务向智能化、生态化发展，对外实现智能互联服务。

（4）落实生产、运营全过程的数字化管理模式。

制造业数字化管理是应用信息化系统，根据业务需求和策略，进行生产、运营过程的全链条管理活动。具体来说，制造企业的数字化管理可拆分为设计和制造协同、流程和质量改进、资源优化与协同、供应链管理四个方面。

阅读材料

海尔卡奥斯：建设中国特色工业互联网体系　助推实体经济高质量发展

海尔集团积极探索建设具有自主知识产权、自主可控的工业互联网体系，打造中国经验、中国特色、中国模式，持续赋能千行百业，助力中小企业数字化转型，激发发展活力，为形成以国内大循环为主体、国内国际双循环相互促进的新发展格局探索“海尔答案”。

用户驱动：工业互联网融通消费互联网

新工业革命与互联网创新迎来历史交汇期，发达国家纷纷抢入工业互联网赛道。从全球范围来看，通用电气的Predix工业互联网平台代表着美国的工业互联网水平，可将各种工业资产设备和供应商相互连接并接入云端；而西门子的MindSphere平台则代表着德国的工业互联网水平，可作为工业企业实现数字化服务的基础。海尔早在2012年就开始进行智能化、数字化的探索，并于2017年正式推出卡奥斯工业互联网平台，这也是全球首家引入用户全流程参与的大规模定制平台。像威海的房车品牌康派斯，通过平台赋能实现了产品溢价63%、订单量提升62%、综合采购成本降低7.3%。把用户带到工业互联网，让用户参与全流程设计，能够实现中国工业互联网的差异化。卡奥斯已形成了较为完善的赋能生态，成为以用户体验为中心的大规模定制和开放的多边交互、增值分享的生态平台。

场景丰富：立足场景构建生态体系

建设中国特色的工业互联网就要推动企业内网由“单环节改造”向“体系化互联”转变。让哑设备“活起来”，把工业全流程都“连起来”，让以前难交互、难集成的异构数据都“动起来”。推动企业外网由“建网”向“用网”转变，让企业外网真正“用起来”。

卡奥斯面对千企千面的复杂需求，打造了“大企业共建、中小企业共享”的生态赋能模式，为不同企业“对症下药”，提供差异化、一站式的全流程解决方案。在横向能力方面，卡奥斯携手国际头部企业共建平台能力，搭建更多应用场景。卡奥斯已连接超百万级生产设备，吸引开发者与平台生态合作，研发了供应链管理、仓储物流、安全生产等众多新型工业App，能够满足不同企业的数字化转型需求。

在纵向能力方面，卡奥斯与各大企业共同打造垂直行业工业互联网平台，在充分发挥链主企业产业链优势的同时，连接上下游企业，推动产业链整合与产业结构升级。例如，在与大企业共建方面，卡奥斯与青岛啤酒合作共建啤酒饮料行业工业互联网平台，加速啤酒行业从制造业向生态圈的转型；在与小企业共享方面，卡奥斯通过定制、采购、制造、销售等多模块赋能，助力企业从大规模制造向大规模定制转型。以胶州环球为例，赋能后其生产效率提高28%、库存降低35%、定制产品毛利率提升至30%以上，在同行业产值整体下滑5%的背景下，实现逆势增长9%。

一个有中国特色的工业互联网体系平台是价值创造的主体和载体，向下可无限接入工业设备进行价值传递，向上可无限生长工业软件进行价值分享，能够很好地提升产业链现代化水平、促进实体经济高质量发展。

点高面优：构建开源联盟抢占全球先机

当前全球工业互联网竞争进入关键时期，留给我国抢占工业互联网主动权和话语权的时间窗口非常有限，中国特色工业互联网体系建设势在必行。我国既有工信部发布的15个双跨平台，也有数百个专注各自行业的特色型、专业型平台，因此中国的工业互联网平台建设不能“一刀切”，既要发挥双跨平台的优势，又要发挥垂直行业的个性化特点，适应工业互联网的千企千面，让“点高面优”成为中国工业互联网的特色。

一方面，要充分发挥双跨平台的引领作用，打造引领全球的工业互联网平台。在强化网络安全和数据安全的前提下，构建平台企业开源的产业联盟，在平台、网络、安全、数据等基础共性方面进行分布式创新，持续拓展平台能力建设，并打消企业对上平台后数据安全的担忧。另一方面，要做透一个垂直行业，把一个垂直行业从上下游（包括用户、供应链）做透、做穿，形成一个生态体系，并将这一模式复制到一个个其他行业，打造全面发展的工业互联网生态。

纵观全球产业竞赛，中国最初多以“跟跑者”身份入局，如今面对新一轮全球工业竞赛，国内商业环境不断好转、政策持续加码领航，中国特色工业互联网体系的建设，或将推动中国成为新时代的全球“领跑者”。卡奥斯在大规模定制领域已经成为全球公认的标准制定者和主导者，目前主导了国际标准化组织（ISO）、电气电子工程师学会（IEEE）、国际电工委员会（IEC）三大国际标准组织关于大规模定制方面的全球标准制定，为中国工业互联网在标准领域赢得了全球话语权。同时，卡奥斯还正式加入欧洲联邦云（GAIA-X），这是中国第一个也是唯一加入该项目的工业互联网平台，是欧盟外首个将平台架构融入欧洲数据和云主权中的工业互联网平台。

通过工业互联网打造各个行业的样板，会让中国在无数个细分行业诞生更多隐形的世界冠军，从而形成具备中国特色的工业互联网体系。相信在国家政策的持续推动下，未来3～5年，中国必将在中国特色工业互联网的建设中形成差异化全球竞争力，更好地承接双循环发展战略，为全球产业变革带来共创共赢的“中国范式”。

资料来源：数字化未来｜海尔周云杰：建设中国特色工业互联网体系　助推实体经济高质量发展．中国工业新闻网，2021－03－08.

7.2.3 零售业数字化转型

零售业作为创新最活跃的领域，在新一轮科技革命加速演进、消费主权意识逐渐崛起、零售业市场竞争日趋激烈等因素的推动下，正在发生前所未有的根本性变革，数字化转型已成为零售业可持续发展的必然趋势。近年来，我国大多数零售企业纷纷进行数字化转型，这主要受到以下几个方面的影响。

（1）新的商品生产方式。

首先是柔性化生产。大规模制造时代的商品是标准化的，用户和厂商不直接发生关系，现在因为有个性化需求，用户需要直接和厂家进行沟通，即“产消合一”，这就需要零售商与制造商合作，为用户提供一个可体验、能参与的接口或者场景，零售成了体验渠道。其次是分布式生产。过去是产业集群，一件商品从原材料到中间件再到成品，可以在同一个区域内完成，现在是分布式生产，出现了所谓的“都市型工业”，进而出现了所谓的“前店后厂”。最后是寻源式生产。用户对于某类商品有特定的原产地偏好，过去这种需求可能是零散和碎片化的，作为零售商无法满足，或者满足的成本很高，但现在这类用户群体可以在电商平台上聚合，形成规模化的市场需求，从而倒逼零售商往上游迈出一步，直接参与生产。

（2）人口社会结构的变化。

随着城镇化的进一步深入，人口将进一步集聚，有效消费市场将继续扩大，这也将对零售业产生非常重要的影响。零售业在结构上将发生变化：一是会出现以品类为维度的垂直型零售；二是会出现以人群为维度的集合店，关注的是某一类人群长周期、多方面的需求和终身价值。另外，消费方式和零售本身的组织形式也在影响零售业态的变化。

（3）技术因素。

对零售影响最大的，主要还是科学技术，尤其是数字化技术。数字化技术像是一条看不见的生产线，和工业生产的流水线一样——后者带来了工业革命。零售的革命，也在受到这种看不见的、信息化的生产线影响。技术将整个渠道的空间进行了数字化再造。

在数字经济时代，数字化转型是零售业发展的必然选择，零售业数字化转型的本质是数字技术驱动的以消费需求为核心的生产供给体系和流通供给体系的变革。这种变革通过零售企业推动战略思维、数字化能力、业务流程、组织架构、商业模式、合作伙伴关系等全方位变革，构建整合内外部相关资源的数字化商业生态网络，解决商品生产和消费之间的空间与时间矛盾，提高生产和流通效率。无论目前我国零售企业数字化转型处于何种阶段，最终转型的方向必然是数字化商业生态系统。因此，从推动零售业整体数字化转型来看，应鼓励有实力构建数字化商业生态系统的企业结合自身业务全面系统地对数字化转型进行规划，推动中小零售企业积极融入大企业构建的数字化商业生态系统，形成大中小企业协同发展的数字化转型格局。

阅读材料

永辉超市：极致的用户体验是企业数字化转型的抓手

2020年10月30日，永辉超市发布2020年三季度财报，前三季度实现营业收入726.70亿元，同比增长14.36%；归属于上市公司股东的净利润为20.28亿元，同比增长31.86%；在到家业务方面，永辉超市2020年前三季度实现销售额65.35亿元，同比增长180%，占主营收入比重达9.7%，其中永辉生活App占到家业务的比重达50.7%。

截至2020年10月30日，永辉超市已开业门店达970家，筹备中门店达217家。

据了解，永辉生活App到家服务贴近居民的生活，目前永辉生活App到家卫星仓从接到小程序的订单开始，到触发拣货、流转、打包，平均仅需3分钟，包括配送在内的流程也只需要30分钟。其卫星仓从选址、地推时就引用了腾讯智慧零售的圈层咨询功能。除智慧助力工具外，永辉超市还采用了三大数据精准服务：优品，精准预测销售情况及消费者商品偏好；优客，为线下门店洞察用户购物意向，识别目标客户群，优化每个转化环节；优Mall，以人工智能助力门店，提升消费者购物体验，实现对人货场的全面数据分析。

针对疫情期间用户暴增的需求，永辉超市对用户画像、流向、渗透率等进行分析，提前分析预测可能爆发的商品需求与区域，提前做好商品在不同仓之间的分配、运力调配、仓储方案等方面的统筹安排，有效提升到家服务订单履约能力与消费者满意度。

此外，永辉超市的全国化采购体系和区域化采购体系早已建立，而且具有明显的供应链分层：上游做特色农业，中游做大件物流，下游做业态创新，最后整合成一个全产业链采购体系；从一开始，永辉的供应链走的就是全球商品对接、仓储物流、支付金融等大通路。疫情严重期间，永辉超市在全球五大洲共35个国家直采的国际供应链体系优势也一下子体现出来了，而永辉超市一线采购人员全体停休，启动“田间寻货源”“田间现采”的方案组织采购，第一时间保障了货源的充足和质量，从而在竞争激烈的市场中屹立于不败之地。2020年8月，永辉超市控股永辉云创，聚焦线上业务和科技中台发展，推进到家与到店业务的融合发展以及线上线下一体化进程，不断提升管理效率、降低后台成本，进一步加速永辉超市数字化转型步伐。

在永辉超市彩食鲜CTO乔新亮看来，极致用户体验的本质是永远提供超出用户预期的价值，目前市场环境从供不应求向供大于求变化，业务增长由来自增量用户向来自存量用户变化，并且信息化时代的传播速度和传播范围都远胜从前，通过极致的用户体验才能打造病毒式裂变的正向飞轮。企业的数字化转型首先要使用VOC（客户声音）反馈，作为CX（客户体验）战略的指南针；其次要用清晰的战略设计和执行框架逐步提升CX；最后要创建一个敏捷的生态系统，将最新的技术、数字业务方法和分析结合在一起。乔新亮认为极致的用户体验是企业数字化转型的抓手，将持续驱动企业内部运营管理完善，外部更加灵活地响应市场和用户的需求。

资料来源：2020零售商超数字化实践案例盘点．搜狐网，2021-01-24.

7.2.4 农业农村数字化转型

农业农村农民问题是关系国计民生的根本性问题，必须始终把解决好“三农”问题作为全党工作的重中之重。党的十九大报告提出实施乡村振兴战略。推进农业农村数字化转型，是实施乡村振兴战略的重要内容。

根据农业农村部信息中心牵头编制的《中国数字乡村发展报告（2022年）》，近年来乡村数字基础设施建设加快推进，截至2022年年底，5G网络覆盖所有县城城区，实现“村村通宽带”“县县通5G”；乡村新业态新模式不断涌现，农村电商继续保持乡村数字经济“领头羊”地位，2022年全国农村网络零售额达2.17万亿元；从2022年试行开展的数字乡村发展水平评价结果看，智慧农业建设快速起步，农业生产信息化率提升至25.4%；乡村数字化治理效能持续提升，全国六类涉农政务服务事项综合在线办事率达68.2%；数字惠民服务扎实推进，利用信息化手段开展服务的村级综合服务站点增至48.3万个，行政村覆盖率达到86.0%。

对于地方政府来说，在实施乡村振兴战略过程中，要大力发展农业互联网和设施农业，提高农业生产效率；大力发展精准农业、智慧农业、“互联网+农业”、农业农村大数据，促进农业农村现代化；大力发展“互联网+旅游”，促进全域旅游发展；大力发展农村电商推进农产品上行，让农民不但把农产品卖出去，还能卖个好价钱。

（1）农业农村大数据。

在农业领域，大数据可以应用于农产品产量预测、农业病虫害预警、农产品价格走势分析等领域，有利于精准农业和智慧农业的发展，促进农业组织化、规范化、品牌化。我国已进入传统农业向现代农业加快转变的关键阶段。突破资源和环境的制约，需要运用大数据提高农业生产精准化、智能化水平，转变农业生产方式。突破成本“地板”和价格“天花板”双重挤压的制约，需要运用大数据推进农业供给侧结构性改革，提高农业全要素生产率。提升我国农业国际竞争力，需要运用大数据分析全球农业发展情况，增强我国农业在国际市场上的话语权、定价权和影响力。引导农业发展，需要运用大数据提升农业综合信息服务能力，让农民有更多的获得感。推进农业主管部门的治理能力现代化，需要运用大数据分析掌握农业经济运行情况，促进决策科学化。

我国农业农村数据历史长、数量大、类型多，但长期存在底数不清、核心数据缺失、数据质量不高、共享开放不足、开发利用不够等问题，无法满足农业农村发展需要。随着农村网络基础设施建设的加快和网民人数的快速增长，农业农村数据载体和应用市场的优势逐步显现，特别是"互联网＋农业"、农业物联网的快速发展，各种类型的海量数据快速形成，发展农业农村大数据具备良好基础和现实条件，为解决我国农业农村大数据发展面临的困难和问题提供了有效途径。

（2）农村电子商务。

农村电子商务是指农产品、农业生产资料、农民消费品和服务的网上交易活动。农村电子商务是转变农业发展方式、促进农业现代化的重要手段，是精准扶贫的重要载体。发展农村电子商务，可以推动农民创业就业、开拓农村消费市场、带动农村扶贫开发，有利于推动农业升级、农村发展、农民增收，破解"三农"问题。

在发展电子商务方面，与城市相比农村有许多特殊以及不便之处。例如，农村缺乏电子商务人才。许多农民不会使用电脑。许多农民家庭没有电脑，没有接入互联网。许多快递公司在许多地区的物流配送业务只到县里，到不了村，农村电商物流存在"最后一公里"问题。农村地广人稀，农民网上购物或销售农产品比较分散，缺乏规模效应。许多农民对商品价格比较敏感。在农村电商领域活跃着多股力量，如阿里巴巴、京东等大型电子商务平台运营商，乐村淘等专业农村电商企业，供销社、邮政等传统力量。不少地方虽然建立了县级电商运营中心、乡镇电商服务中心和村级电商服务站，但没有形成合力。需要建立县、乡、村三级电商服务信息平台，整合产品农村电商资源，以信息流带动订单流、物流、资金流、人才流等。

开展农业数字化转型，还应与当前乡村振兴战略、创新创业、全域旅游、"一带一路"等相关政策倡议结合起来。积极发展全域旅游。把农村电商和"互联网＋旅游"相结合，可以带动农产品的线上和线下销售。把农村电商和"互联网＋农业"相结合，可以实现农产品产供销一体化，发展订单农业。农村电商的发展需要有物流配送、电子支付、人才培训、品牌营销、标准认证、质量安全、包装、信用等的配套支撑。建设电商产业园并不是简单地盖一栋楼或几栋楼，而是要通过良好的配套、优质的服务等吸引电商企业以及提供电商配套服务的企业入驻。要完善当地农村电商产业链、生态圈，培育和发展农村电商服务业。鼓励有条件的农村结合"一带一路"倡议，发展跨境电商。

内容提要

数字产业化和产业数字化是实现数字经济的主要模式。数字产业化是数字技术驱动产业升级的直接体现。以人工智能、区块链、云计算、大数据为代表的ABCD技术构成了数字产业的技术基础。产业数字化是在新一代数字科技的支撑和引领下，以数据为关键要素，以价值释放为核心，以数据赋能为主线，对产业链上下游的全要素进行数字化升级、转型和再造，是推动数字经济发展的主要手段。与数字产业化相比，产业数字化涉及产业领域更多、市场规模更大，是未来数字经济发展的主攻方向。

本章围绕数字产业化和产业数字化展开介绍，首先从培育和发展以人工智能、区块链、云计算、大数据为代表的ABCD技术的角度论述如何推进数字产业化，然后从产业数字化的内涵和特征入手，介绍了传统制造业、零售业和农业农村的数字化转型。

关键概念

数字产业化是指信息通信产业，主要包括电子信息制造业、电信业、软件和信息技术服务业等，是国民经济稳步发展的压舱石，是数字经济发展的根基和动力源泉。

产业数字化是指数字技术应用给传统产业带来的生产数量和效率的提升。

大数据的4V特点包括大量、高速、多样和价值。

人工智能是研究、开发用于模拟、延伸和扩展人的智能的理论、方法、技术及应用系统的一门新的技术科学。

区块链是指按照时间顺序将数据区块组合成一种链式结构，并利用密码学算法，以分布式记账的方式，集体维护数据库的可靠性。

云计算是指通过网络“云”将巨大的数据计算处理程序分解成无数个小程序，然后通过多部服务器组成的系统进行处理和分析，这些小程序得到结果并返回给用户。

大数据又称巨量资料，是指需要新处理模式才能具有更强的决策力、洞察力和流程优化能力的海量、高增长率和多样化的信息资产。

开放式问题

1. 数字产业化和产业数字化的异同是什么？二者之间有无融合之处？
2. 讨论在数字产业化和产业数字化过程中创新的作用。
3. 对比企业数字化转型前后生产活动的相同与不同之处，以具体某项业务为例分析上述二者的生产效率变化。
4. 企业如何在数字经济发展大潮下顺利实现数字化转型？

进一步讨论的主题

数字产业化与产业数字化不是两个平行的进程，而是会彼此叠加、相互促进。只有推动数字产业化与产业数字化的交叉、融合和协同，才能更好地促进数字经济与实体经济的深度融合，更好地推动数字经济发展、释放数字经济价值。因此，要打造数字经济新优势，一定是数字产业化和产业数字化双轮驱动，协同并行发展，这样才能赋能传统产业，特别是赋能我国制造业转型升级，然后形成更广泛的以数字经济为创新驱动力和实现工具的经济发展新产业、新业态、新模式，不断壮大我国经济发展的新引擎。

数字产业化是数字经济发展的根基和动力源泉。在数字产业化方面，要根据国家的

"新发展格局"，重点提升我国产业链、供应链的稳定性和竞争力，尤其是要聚焦5G、人工智能、工业互联网、高端芯片、高端工业软件等关键领域，强化精准攻关，加快技术突破，增强自主可控能力。发展数字经济必须把着力点放在实体经济上。在产业数字化方面，应当加快实体经济数字化转型，尤其是制造业的数字化转型升级，全方位推动数字技术与实体经济深度融合，积极推进传统企业的数字化和智能化改造升级，实现制造业基础高级化和产业链现代化，提高我国实体经济的质量效益和核心竞争力。

数字产业化和产业数字化两化深度融合已成为提高企业生产效率和经济效益的重要手段。那么未来企业在推进数字产业化和产业数字化两化深度融合的过程中需要注意哪些问题？如何发挥好数字产业化和产业数字化的协同作用？

参考文献及扩展性阅读建议

第8章

平台化、服务化和智能化

学习目标

1. 掌握平台经济的定义和基本特征。
2. 理解平台经济的形成机理及其效应。
3. 了解服务化现象的产生及其成因、智能制造。
4. 运用智能经济相关知识解释当下的市场现象。

引入案例

贝壳找房在整个互联网房产服务行业中是一个非常年轻的平台，在房产服务市场的寒冬时期诞生自链家网，采用与链家网截然不同的商业模式，构建了一个开放共享的互联网房产服务平台。仅仅一年的时间，贝壳找房就创造了非常惊人的成绩：覆盖全国98个城市，吸引超160个新经纪品牌入驻平台，囊括超过21 000家线下门店。同时，20万名以上的经纪人在贝壳找房为用户提供服务。贝壳找房平台每天都在为超过3 000个家庭寻找理想居所，以至“贝壳式成长”在整个行业中已经成为一个专有名词。贝壳找房能真正实现合作共赢的良性生态，离不开平台化、服务化和智能化。

数字技术正在加速创新，以数字知识和信息为关键生产要素的数字经济欣欣向荣。新技术、新业态和新模式源源不断地涌现，成为新时代全球经济的新引擎。主要国家将采取数字经济发展战略作为促进实体经济提质增效、重构核心竞争力的重要举措，进一步推动数字技术创新成果融入各领域的实体经济，围绕新一轮技术和主导产业高度积极展开竞合。产业间竞争的焦点正逐渐从技术竞争、产品竞争和供应链竞争转向基于平台的生态系统竞争。一群拥有庞大用户基础、丰富技术积累和强大财务实力的行业领导者走在了前面。通过提供开源系统、创建开放环境、促进行业整合、改变组织结构、重塑商业模式、培育创新团队等，继续构建和改善资源聚集和合作共赢的生态模式。

《中华人民共和国国民经济和社会发展第十四个五年规划和 2035 年远景目标纲要》提出："充分发挥海量数据和丰富应用场景优势，促进数字技术与实体经济深度融合，赋能传统产业转型升级，催生新产业新业态新模式，壮大经济发展新引擎。""培育壮大人工智能、大数据、区块链、云计算、网络安全等新兴数字产业，提升通信设备、核心电子元器件、关键软件等产业水平。构建基于 5G 的应用场景和产业生态，在智能交通、智慧物流、智慧能源、智慧医疗等重点领域开展试点示范。鼓励企业开放搜索、电商、社交等数据，发展第三方大数据服务产业。促进共享经济、平台经济健康发展。"党的二十届三中全会提出："促进平台经济创新发展，健全平台经济常态化监管制度。"

同时，飞速发展的新一代信息科技、在线社交，以及渐趋完善的信用评价体系，为大量未能得到完全有效配置的资源提供了成本趋近于零的共享平台和渠道，吸引了共享者以指数级的数量集聚，弱化了生产生活资料的"所有权"而强调"使用权"，逐步创造出新的供给和需求，促使平台经济快速兴起。计算机技术带动信息技术、移动互联网、大数据、云计算、机器学习等人工智能技术发展迅速，人工智能被广泛应用于经济社会，使人类社会生活发生了翻天覆地的变化。人工智能被应用于国民经济，催生了智能经济，由此产生了新的生产方式和产业模式，出现了智能产业和智能劳动。

8.1　平台经济

商品市场平台是指促进商品买卖双方或多方之间交易的场所，这个场所可以是实体的，被称为实体商品市场平台（又称线下平台）。在现实经济活动中，平台运营商（交易场所提供者和运营者）提供一个或者多个线上或线下平台，通过向买卖双方提供服务，促成买卖双方或多方之间交易，进而通过收取费用、赚取差价等方式获得收益。平台是一种虚拟或真实的交易场所，平台本身不生产产品。

平台经济是一种基于数字技术，由数据驱动、平台支撑、网络协同的经济活动单元所构成的新经济系统，是基于数字平台的各种经济关系的总称。国外学者对于平台经济的研究始于双边市场理论，最初关注信用卡购物平台、报刊类平台。双边市场能够通过增加市场一方的费用，同时等量减少另一方收费的方式来影响交易量。平台可以限制最终用户定价，双边市场必须精心设计一个能吸引足够双边用户的价格结构，确保双边用户都能够获得收益，以增加平台的竞争力。

平台经济的产生有其必然性（见图 8-1）。在当今环境下，经济呈现出复杂化和多样化。这些复杂多变的外部环境因素驱动企业进行快速反应，实行专业化分工，通过价值链进行合作，创新发展新模式和新应用，产生空间转移、组织变革，开展多重风险的控制，从而催生了平台，进而推动平台经济发展。习近平在 2021 年 3 月召开的中央财经委员会第九次会议中指出："近年来我国平台经济快速发展，在经济社会发展全局中的地位和作用日益突显。平台经济有利于提高全社会资源配置效率，推动技术和产业变革朝着信息化、数字化、智能化方向加速演进，有助于贯通国民经济循环各环节，也有利于提高国家治理的智能化、全域化、个性化、精细化水平。”①

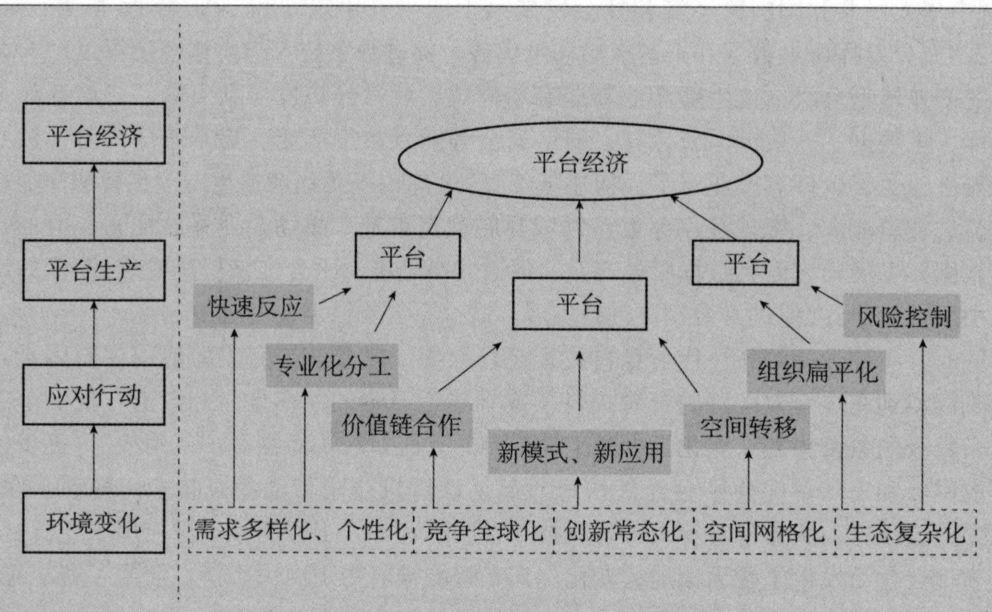

图 8-1　平台经济产生的必然性

资料来源：阿里研究院．平台经济．北京：机械工业出版社，2016.

8.1.1　平台经济的基本性质

（1）双边市场的特征。

不同于传统单边市场模式中企业间普遍存在的竞争关系，平台经济是一种双边市场的概念。双边市场是指平台企业的买卖双方相互吸引，平台可以整合具有互补需求的双边用户，平台企业的双边用户履行各自的责任，为平台的正常运转做出贡献。平台企业是其中的运营核心，在创业初期平台针对不同类型的潜在用户制订营销方案，通过推广活动获取双边的用户群体，同时通过整合社会资源、协调各参与方关系，为双边用户提供好的服务，使各参与方皆能获取利益，从而提升平台价值。平台通过共享的方式为利益相关方创造价值，并在共赢的基础上提升自身价值。

（2）网络外部性。

平台的网络外部性是指平台一边用户的数量显著影响该平台对于另一边用户的价值。用户使用平台的效用取决于另一边用户的规模及交易量。平台一边用户的规模越大，对另一边用户来说越具有吸引力，另一边的注册用户会增加，平台规模也就随之扩大，品牌效应越来越明显，平台运营会进入一个良性循环。这种平台用户双方之间相互影响的现象就是平台经济网络外部性属性的具体表现。比如，网络购物平台淘宝网的消费者越多，淘宝网这一网络购物平台对于其驻店商户的价值就越大；而注册淘宝店铺的商户越

① 推动平台经济规范健康持续发展　把碳达峰碳中和纳入生态文明建设整体布局．人民日报，2021-03-16.

多，淘宝网的产品就越丰富，商户之间的竞争使得商品更具性价比，消费者有了更多的购买选择，交易量便随之增大；反过来消费者的踊跃参加也就吸引了更多商户选择在淘宝网上开设店铺。

（3）开放共享性。

平台经济的研究始于双边市场，起初平台主要连接上游的供应商和下游的客户，比如最典型的苹果手机应用商店，一端连接各类手机软件研发企业，另一端连接苹果手机用户，为用户提供丰富的应用软件。随着平台经济的研究和实践不断深入，平台不再局限于双边市场，而是通过整合第三方服务主体的资源，致力于建立一个共赢、高效的商业生态系统。第三方服务主体加入平台的商业生态系统，能够提供更加丰富、快捷、多元的服务，所以势必会增强平台的服务能力，为平台吸引更多的用户，提高平台的竞争力。

8.1.2　平台的分类与业务模式

（1）平台的分类。

依据开放程度，平台可以分为开放平台、封闭平台和垄断平台。

在开放平台中，市场买方与卖方各成员可以自由进入平台市场；在封闭平台中，现有成员可以阻止后来者进入；而在垄断平台中，所有市场位置均由一个垄断者控制。同时，根据一体化的程度，可以进一步区分出开放一体化平台、封闭一体化平台。开放一体化平台与开放平台之间、封闭一体化平台与封闭平台之间的区别在于平台提供者往往是卖方，由卖方向下一体化。

依据连接性质，平台可以分为纵向平台、横向平台和观众平台。纵向平台促进卖家和买家形成交易。纵向平台的一个直观的例子是购物中心，它通过提供具体的场所促进交易的形成。而银行卡则是另外一类例子，通过一种技术平台（而非具体的场所）促进卖家和买家形成交易。其他例子包括，游戏控制台连接游戏开发商（卖家）和玩家（买家），医疗服务匹配系统连接居民和医院，以及B2B网络连接供应商和买家。横向平台促进不同组成员的相互交流和组合。横向平台的一个典型例子是电子邮件系统，使用系统的各个用户之间地位相同，不存在明显的买卖关系。但是，他们之间存在相互交流与组合的需求。观众平台通过给予观众（免费）服务和商品来捕捉目标客户，而这种（免费）服务与商品往往受到商户资助。观众平台的例子包括报纸、（免费）电视频道、（免费）网络搜索引擎和文件共享技术。观众平台的业务模式受到内容提供者的欢迎，虽然内容的生产成本很高，但是，只要能够获得观众注意力，就能将成本转嫁给广告商。在信息时效性强的年代，观众平台的模式尤其受欢迎。内容提供者可以将取自广告商的收入用于补贴内容生产，广告商也乐意进行投资。平台市场中经常由一方补贴另一方。例如，在某些观众平台中，广告商补贴内容提供者。在某些纵向平台中，卖家补贴买家，如购物商场为消费者提供多种津贴或免费服务：停车场、中央空调、休息室等。这些服务的成本转移至卖家身上，而卖家则从与消费者数量相关的间接外部性中受益。在其他纵向平台中，买家可能补贴卖家。例如，软件平台如操作系统，经常补贴软件开发商，而向最终用户收费。当供求不对称时，横向平台经常通过对某些成员进行补贴来调节供求，以此获得动态平衡。

依据平台功能，平台可以分为市场制造者、观众制造者和需求协调者。这种分类非常有助于理解平台的主要优点：平台提供廉价的实体环境或虚拟的贸易环境，从而降低市场各方寻找贸易伙伴的交易成本。市场制造者使得不同市场方的成员互相交易。其他市场方的成员越多，则某市场方内的成员便越看重这项业务——因为这会增加互相匹配的机会以及减少寻找配对所需的时间。观众制造者匹配广告商与观众。观众越多，对广告信息做出越正面的反应，广告商就越看重这项服务；有用的信息越多，观众就越看重这项服务。依赖于广告支持的媒体，如杂志、报纸、免费电视、黄页和众多网络门户皆是观众制造者。需求协调者制造产品和服务，这些产品和服务能引起两个或多个市场方客户之间的间接网络外部性。需求协调者属于特殊的少数类别，但在经济学上最为有趣、最少被研究。这些平台并不严格地像市场制造者那样出售交易机会或像观众制造者般出售信息。属于需求协调者的例子有软件平台、支付系统和移动通信等。

（2）平台的业务模式。

平台市场中经常出现以下几种业务模式：客户召集、利益平衡、规模化和流动性。

①客户召集。

平台的一个重要特征是，无论平台如何收费或定价，只要没有另一方的需求，则这一方的需求也会消失。平台业务必须设法召集双边客户。而在召集双边客户的过程中，平台投资和定价策略是至关重要的。召集双边客户的方法之一是，首先获取市场某一方的大量客户，免费为他们提供服务，甚至付费让他们接受服务，因为这样鼓励了受益一方参与平台的积极性。通过这样的投资方式，双边平台能够为市场培养（甚至在最初提供）一边或双边的客户，以推动平台获得全面的成功。

②利益平衡。

多边市场中成熟的平台企业仍需要制定和维持一个最优收费结构或价格结构。双边客户都着眼于自身利益而要求对方支付高价，在大部分多边市场中，平台的定价结构似乎都严重倾向于市场的某一方，这一方的边际效用远低于市场的另一方。例如，微软的绝大部分收入来自给予最终用户和计算机生产商授权许可。

③规模化和流动性。

成功的多边平台企业，如微软、阿里巴巴、谷歌等，在做主要投资扩大规模之前，都花费时间测试和调整平台以增加流动性。这些企业先在小型市场中试运行，反复试验并找到值得投资的适当技术与设施。这些成功的平台企业都采取了循序渐进的市场进入策略，经过一定的时间再逐渐扩大规模。与传统的网络效应经济理论不同，没有证据表明可以通过迅速占据市场份额达到控制平台产业市场的目的。许多较早进入市场的平台企业最终都不能保持在产业内的领先地位。

8.1.3 平台的竞争模式

（1）平台竞争的形成。

不同类型的平台竞争都可能影响双边市场，竞争可以是自然形成的，也可以是市场一方积极行为的结果。同一平台的主体之间存在内部竞争，2个或2个以上的平台之间存在外部竞争。平台竞争的最大特点是多面性。在传统市场中，吸引顾客的手段可以是在一个市场中以较低的价格提供较高的实用性，而在双边市场中，市场的双边都可以出现竞争。在市场内引入竞争（例如在一个垄断市场中建立双头垄断）会产生两种效果：固有平台市场力量被削弱；平台为市场双边制定的价格结构发生变化。垄断平台通过网络外部性的内在化来平衡市场的双边利益，并且这种行为原则上与社会福利最大化一致。但是引入竞争后，总体价格和相对价格都会受到竞争压力，相对价格会因为市场某一边的竞争压力较强而改变，这种平台竞争就导致了平台最终目标与社会福利最大化之间的矛盾。

（2）平台竞争的主要表现。

①服务差异化。服务差异化是平台竞争的一种重要手段。客户会认为双边平台提供的是多种不同服务。一般来说，双边市场的服务差异化所产生的效应与传统市场双头垄断定价模型所显示的结论并没有质的区别。这就导致一种特别的伯特兰价格战出现，导致平台的利润损耗。但是，与基础模型的一个根本区别是，价格平衡并不与边际成本一致。这是非合作博弈的结果，就是在无负利润前提下消费者使用价值的最大化。鉴于使用价值也会影响市场的另一边，即使平台利润为零，价格平衡的问题也会出现，以至发生典型的市场一边补贴另一边的现象。

②客户差异化。之前我们已经注意到，竞争平衡价格取决于市场双边竞争的强度。然而，竞争平衡价格也跟双边平台涉及的客户差异程度有关。假设卖家并不在乎由两个不同平台提供服务，买家却不然。我们先不讨论卖家同时采用两个平台的可能性，不难看到，中介激烈争夺的是卖家。要说服卖家可有两种途径：低平台收费（甚至为零或负）或平台拥有较多的潜在客户。引入竞争会导致减价，但哪一方市场会获益更多呢？这由客户差异化的程度决定。当双边市场的客户有差异时，通过一些选择机制，定价原则可以对使用价值发生影响。

③多属现象。“多属”本是互联网的技术术语，现普遍意指市场一边或两边采用一个以上的平台的情况，这样，通过一系列的不同途径，会出现互动。当加入平台的固定费用很低或为零时，多属很容易出现。多属现象的存在使得对双边市场的分析和推导公式变得相当复杂。为了使分析易于处理，很多文献只是在现有的某些市场特征的基础上，假定市场某一边出现多属；还有一些文献采用特定假设，即假设事先知道平衡中的哪一边最终会采取多属策略。处理多属的一个主要困难是市场的一边会主导另一边的可能选择。例如，一个商户可以接受一种信用卡或一种借记卡。如果只是证明两种系统都各有优势，所以两种卡商户都会接受，这显然缺乏说服力。但如果说信用卡的交易费用明显高于借记卡，则商户会拒绝信用卡，迫使消费者使用商户首选的支付手段。显然，市场一边出现多属会影响竞争的强度。

④内生性。市场双边客户是否选择加入一个或多个平台，原则上是由一个平台竞争结构内生决定的。Hermalin和Katz（2006）提出了一个模型[①]，模型中不存在网络

---

① Hermalin, B. E. and Katz, M. L., 2006, “Your Network or Mine? The Economics of Routing Rules”, *The Rand Journal of Economics*, 37 (3), pp. 692－719.

外部性，平台服务对于异质客户具有横向差异，并且存在可变的使用费，没有会员费，那么（市场双边的）交互多属（reciprocal multi-homing）是平衡的一个可能结果。Gabszewicz 和 Wauthy（2004）则相反地设定了在网络外部性、会员费（没有可变的使用费）、网络外部性敏感度方面异质的客户，结果表明在平台竞争中可以存在多种平衡，但只有一种平衡使所有平台都有正利润。[①] 一个具有内生多属行为的银行卡竞争模型研究表明，在竞争性平台给定的（会员费和使用费）价格基础上，消费者和商户进行协调博弈，市场双方的选择是独立的，而且能够存在多种平衡以使所有平台都有正利润。

⑤动态性。要创建一个双边市场，必须解决“鸡与蛋”动态博弈的问题：要说服买家采用某个平台，就必须首先说服一部分卖家，使卖家相信一定会有买家参与市场，反之亦然。大多数模型都只是假定市场处于一种理性预期平衡，双边同时有用户进入，从而回避了这个问题。然而，在很多情况下，一方用户比另一方更早介入市场。根本性的问题是平台是否有能力影响用户对于未来交易量或外部性的预期。尤其是平台对未来价格策略的承诺是否可信，可信的承诺能充分地影响动态博弈。

阅读材料

小红书，“平台＋价值”共创

小红书是 2013 年 6 月成立的社区型跨境电子商务平台，定位是一个针对海外购物的移动垂直类社区，允许用户、自媒体、机构等在社区中分享消费经验与体验。在此基础上，小红书对内容数据进行了标准化、结构化和标签化，为内容分享者的购物笔记在编辑中提供各类选项，从定位、来源、品类、样式等方面进行标准化分类，形成可供查阅的数据库，实现定制性搜索，提高用户购物决策信息的有效性。小红书的搜索版块集中了各个地区意见领袖的分类信息，提高了购物者查阅信息的速度。

作为双边平台，小红书通过社交环境与激励机制引导发布者与浏览者对产品价值的共创行为。具体来说，当一个用户的分享为其他人带来更多价值时，小红书会从产品功能上为其提供特殊的专属权限，开放所有用户的心得经验分享，重视用户之间的社交互动，比如点赞、评论、关注等，以鼓励每个用户在社区发表自己的观点，引起其他用户的夸赞、学习、评论等，增强用户在平台上的活跃度。

资料来源：王舒婷，林明．平台经济下零售业资源整合的实践形态与案例研究．商业经济研究，2020（3）：100－102.

8.1.4 全球平台经济发展

1998 年，美国商务部发布《新兴的数字经济》报告，揭开了数字经济 1.0 的大幕。

① Gabszewicz，J. and Wauthy，X.，2004，“Two-sided Markets and Price Competition with Multi-homing”，CORE Discussion Papers.

随着数字技术的飞速发展、全球化生产与分工的进一步深化、商业创新和生态演化的出现，以平台经济为代表的双边市场和多边市场迅速崛起，数字经济的发展正在迈入以互联网平台为载体、以数据为驱动的2.0时代。其中，平台经济逐渐成为数字经济乃至整个经济发展的新引擎，它不仅改变了传统的贸易模式、合作分工方式、价值创造与分配形式，也拓展了经济理论框架，催生出新分析范式，是一场经济社会理论与实践的整体变革。因此，亟须把握全球平台经济发展的规律和我国平台经济的特征，积极面对平台经济时代的新机遇与挑战。

(1) 全球平台经济发展集中于少数经济体。

一项对全球具有代表性的包括176个平台企业的调查数据显示，在企业数量和规模上，平台企业的数量增长迅速，不同的企业规模（主要是上市大型企业和规模较小的初创企业）都有相对程度的扩张。在商业价值上，平台企业的总价值在2015年已超过4.3万亿美元；在区域分布上，平台企业的地理分布和价值水平差异很大，其中亚洲拥有最多的平台企业（82个），其次是北美洲（64个）。但北美洲平台企业的总价值占比为72%，远高于亚洲的22%。①

欧洲已经成为全球平台服务的主要消费者，然而诞生于欧洲的平台企业相对较少，占比约为15%，其市场价值仅占4%左右。南美洲近几年涌现出很多平台，但多为小规模平台。平台经济对各国就业产生了显著影响。从上市平台企业显示的数据看，其直接雇佣人数达到130万人。

亚洲拥有最多的平台企业。其中，中国有64家平台企业，印度有8家，日本有5家，其余分布在韩国、马来西亚和新加坡等国。北美洲的平台企业主要分布在美国，达到63家。欧洲共有位于10个国家的27家平台企业，其中英国有9家，德国有5家。拉丁美洲的2家平台企业分别位于阿根廷和巴西。非洲也拥有1家位于南非的平台企业。另外，从这些平台所依托的城市来看，平台总部集中度最高的是旧金山湾区（44家），其次是北京（30家），上海紧随其后，共有15家，伦敦和纽约各8家。杭州和深圳分别诞生了5～6家平台企业，东京、柏林、新德里、西雅图、班加罗尔、莫斯科和南京等城市，均有3～5家。

(2) 主要经济体的平台经济发展程度不一。

由于互联网具有高效性、规模化和普惠性等优势，能实现更加有效的资源配置，因此平台经济也多借助互联网发力于资源较为分散的领域。美国的平台经济起步较早，微软操作系统可看作是现代意义上最早的平台，美国平台经济以脸书、苹果、亚马逊、网飞、谷歌五家企业为主要核心力量，在全球都有很大的影响力，根植美国服务全球的特征明显，加之美国高科技公司在云计算、大数据、人工智能等领域的领先地位，保证了美国在平台经济领域的优势。

近年来，中国的平台经济发展较快：一是中国的互联网市场广大，网民数量世界第一，超过十亿人，这也衍生出广阔的商品和服务市场，为平台经济发展提供了肥沃的土

---

① 周毅．全球平台经济的发展、问题与建议．发展研究，2019（10）：4-9.

壤；二是中国的互联网企业众多，阿里巴巴、腾讯等大型平台企业开始布局国外市场，也有一些企业专营跨境电商业务，拉动中国平台经济快速发展；三是中国在人工智能、大数据、云计算等技术领域发展较快，有力地支撑了平台经济较好发展。

（3）全球平台经济发展呈现出趋势性特征。

平台经济从产生到现在虽然只有短短数十年，但在规模和影响方面发生了翻天覆地的变化，已深刻改变了全球产业布局、人类活动方式乃至全球竞争格局。平台经济呈现出以下几个趋势性特征：

①平台经济规模庞大且有延续之势。平台企业由于网络效应的存在，当积累到一定用户数量后，会呈现井喷式发展，其规模也会比传统企业大很多。近年来，全球上市公司市值前五名榜单上的平台企业越来越多。2024年年末市值前五名为苹果、英伟达、微软、谷歌和亚马逊，均为平台企业。

②平台经济发展快速。互联网平台的发展呈加速态势。据阿里研究院的数据，在当地市场的用户渗透率从0攀升到50%，亚马逊花费了14年，淘宝花费了9年，爱奇艺花费了6年，而腾讯和滴滴仅用了3年。以上互联网平台的快速发展归功于两大因素：一是互联网及移动互联网的快速发展，这使得大量潜在用户得以进入市场；二是技术的推动，人工智能、云计算、大数据等技术为平台撮合机制的顺利实施提供了基础性保障。

③平台经济吸纳就业能力强。平台存在跨边网络效应，在积累一方用户的同时，也吸引着商品和服务提供者入场。高质量的新就业形态成为越来越多人的就业选择。

④平台经济细分领域不断扩大。平台经济初期主要聚焦于商业、社交等资源配置不合理领域，针对传统领域供需匹配不畅和交易成本太高等痛点而产生。随着平台经济进一步发展，平台的网络效应开始发挥作用，平台向传统经济模式不断渗透，更多场景被搬上了互联网平台。

⑤多元生态化发展趋势明显。平台往往从本身核心业务出发，或为巩固核心业务优势地位，或为增加用户黏性，倾向于引入多边或多样化场景，例如将社交、直播引入购物环节，携程在卖机票的同时提供租车服务等。

⑥平台与平台之间的竞争越来越激烈。平台具有网络效应，在平台起步阶段培养用户黏性以获得足够多的用户至关重要，加之平台生态化发展趋势明显，以往企业间竞争如果算是一棵树与一棵树竞争的话，现在平台与平台之间的竞争变成了一片森林与一片森林之间的生态竞争。平台的国际化发展特征明显。现在的知名平台企业，虽其总部具有国别性质，但其国家属性已十分模糊。一方面，各平台企业在某一地区达到市场饱和后，开始寻求更大规模的市场，于是收购国外同类型企业，或者直接出国开展业务，如滴滴通过收购印度的Ola、新加坡的Grab和巴西的99 Taxi等类似平台企业进军当地市场，阿里巴巴则自设跨境平台进军国际市场等。另一方面，各大企业在国外建立研究院，如微软和谷歌均在中国设有研究院，这也是平台企业国际化的一个重要原因及表现。

8.2 服务化

8.2.1 服务化的概念、内涵和外在表现

(1) 服务化的概念和内涵。

从 Vandermerwe 和 Rada (1988) 最早提出"服务化"一词以来[①]，制造业服务化引起了研究者的重视。随着数字技术的发展和人们对服务要素在经济中所起重要作用的认识逐渐加深，自 20 世纪 90 年代以来，学者们对制造业从以产品为中心转向以服务为中心的现象产生了浓厚的兴趣，纷纷从各个角度进行研究，并在学术文献中用"服务化"这个术语专门指称这一现象。实际上，制造业服务化概念是一个复杂的概念集合，其内涵与外延包含多个层次。

从内涵来看，制造业服务化是服务要素在制造业投入和产出活动中比重日益增加的一种经济趋势；在微观层面上，是制造企业满足市场需求，实现产品差异化，赢得竞争的经营策略；在中观层面上，是制造行业实现产业转型，向价值链两端延伸的一种升级战略；在宏观层面上，是知识经济发展到一定阶段的产物，代表着经济增长的新趋势。

从企业经营的微观角度来看，服务化制造模式是指企业在价值链的各个阶段（包括研发设计、制造装配、销售、物流、运行维护、回收等）通过产品与服务的融合，实现资源整合，达到提高效率和创新的制造模式。这是与传统制造模式相对应的一个概念。两种模式的区别体现在三个方面：①在价值实现上，传统制造通过有形产品实现价值增值，而服务化制造则强调通过向客户提供整体解决方案来实现价值增值；②在工艺流程上，传统制造仅关注产品本身的制造，而服务化制造强调以人为中心，重视知识的积累和传递；③在组织模式上，传统制造常常通过纵向或横向一体化来实现规模经济，而服务化制造则强调通过网络协作关系来实现知识的共享，在协作中实现资源的优化配置。

从产业层面来看，众多采取了服务化制造模式的企业的集合则构成了"服务化制造业"。而依旧遵循传统制造模式，主要以有形要素投入和有形产出为中心的企业的集合可以称为传统制造业。两类企业集合都属于制造业的一个部分。

从产业发展的宏观趋势来看，在欧美发达国家的制造业中，实施服务化的企业数量在企业总量中的占比日益增加。因此制造业服务化又是一种经济现象，它表现为服务要素在制造业投入和产出活动中的比重增加。

(2) 服务化的外在表现。

服务化通过四个紧密联系的概念体现出来：产品服务系统；服务化战略；实施服务化战略的组织；产品服务系统所处的全球价值链。

产品服务系统是对产品概念的延伸，它通过将有形产品和无形服务有机组合在一起

---

① Vandermerwe, S. and Rada, J., 1988, "Servitization of Business: Adding Value by Adding Services", *European Management Journal*, 6 (4), pp. 314 - 324.

的方式实现了效用或价值的直接让渡。这有别于通过对有形产品的流通和消费来实现效用或价值的间接让渡的传统模式。

服务化战略又可分为企业层面和产业层面的战略。企业层面的服务化战略是指制造企业通过知识的积累实现创新，从单纯提供有形产品转向提供产品和服务的转型过程。产业层面的服务化战略是指在产业间的投入产出关系上，服务要素在制造业投入和产出活动中比重日益增大，制造业从加工制造环节向价值链的研发和销售环节有序延伸的产业升级过程。

实施服务化战略的组织是指设计、制造并交付各种产品和服务的组织。在这里，制造企业成了服务化模式的实施平台，对服务化起着支撑作用。

在经济全球化条件下，生产商、采购商、消费者常常分属于不同国家，价值与效用的生产、流通和分配等环节跨越了国界。在这一背景下，制造业服务化现象的影响将通过全球价值链传递到各个国家的生产与消费节点。另外，在经济一体化时代，跨国公司在全球价值链中处于控制地位，而跨国公司又往往是实施服务化战略的主体，因此跨国公司的服务化转型对一国制造业的转型升级战略具有明显的影响。

阅读材料

中钢集团：集成整个炼钢流程的制造服务型企业

20 世纪 90 年代后期，在全球化经济背景下，制造企业面临着成本压力上升、盈利下降、节能环保要求提高等诸多压力，制造企业依靠市场份额领先已无法保证利润来源，价值增长的潜力已转移到下游服务和融资活动中，于是制造业服务化成为制造企业转型的一致行动。

中国中钢集团有限公司（下称“中钢集团”）是一家为钢铁企业提供全流程服务的企业。中钢集团最初是由原属于冶金部的几家贸易和生产企业合并设立而成的。

在 2004 年之前，中钢集团所属的二级公司多达 76 家，每家都有自己的专业化分工，分别为钢铁生产企业提供点对点服务。二级公司之间存在业务交叉、相互竞争的现象。它们看似各不相关，是孤立的，但是有着很强的内在逻辑联系——有为钢铁生产企业提供原料的，有提供设备制造的，有提供研究设计的，有提供进出口渠道的，也有提供销售服务的，这些公司各自的专业特征很明显，且都与钢铁生产有关，但又都不是钢铁生产本身。

于是中钢集团就尝试把这些业务串起来，成为一个紧紧围绕钢铁生产，但不是钢铁生产本身，而钢铁生产企业又离不开的企业。

整个钢铁产业链条包括资源开发、物流运输、原料供应、焦化烧结、炼铁、炼钢、连铸轧钢、产品销售、服务社会九个环节，在 2005 年实施并购重组战略之前，中钢集团在资源开发、物流运输、原料供应、产品销售、服务社会这五个环节已经初步具备服务能力，但在焦化烧结、炼铁、炼钢、连铸轧钢四个环节尚不具备服务能力，也就是说尚不能提供全链条的专业化服务。

经过 2005 年的并购重组，中钢集团投资控股了西安冶金机械有限公司、洛阳耐火材料集团有限公司，重组了衡阳有色冶金机械总厂、吉林炭素股份有限公司、邢台机械轧辊集团有限公司、吉林新冶设备有限公司、吉林铁合金股份有限公司，逐渐具备了在焦化烧结、炼铁、炼钢、连铸轧钢四个环节的服务能力，成为一个能够为钢铁生产企业提供全过程的综合配套、系统集成服务的全供应链生产性服务企业。

8.2.2 服务化的特征

既然服务化现象对制造业具有重要影响，我们应该如何判断一种经济或产出是否发生了服务化呢？通过对前人研究的梳理，制造业服务化现象可以通过投入和产出角度的一些特征加以识别。

（1）从产出的角度看。

从产出的角度看，服务化的过程就是最终产品中有形部分的比重逐渐减小，无形部分的比重逐渐增大，直至为顾客提供整体解决方案的转化过程。我们可以用图8-2来表示这个过程。

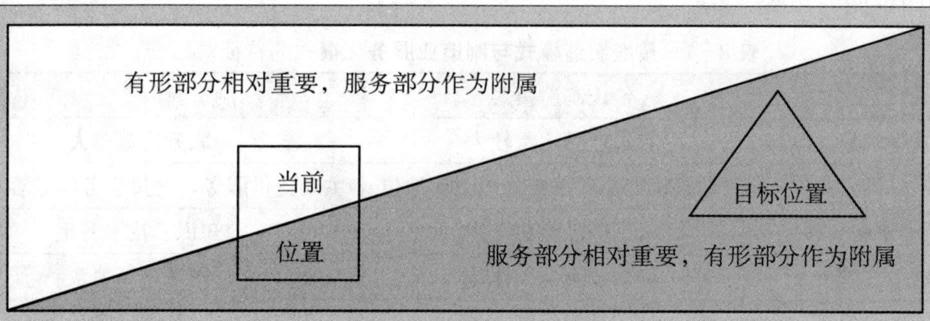

图8-2 服务化的转变过程

资料来源：Oliva，R. and Kallenberg，R.，2003，“Managing the Transition from Products to Services”，*International Journal of Service Industry Management*，14（2），pp. 160-172.

在图8-2中，空白区域表示最终产品中有形部分的比重，阴影区域表示服务部分的比重。从图中可以看出，传统的制造业主要以提供产品为主，服务处于附属地位。随着制造企业对服务的重视，现在的制造企业纷纷增加了服务的供给，所以现在的制造业处于图中方块所示的位置。服务化的最终结果是使企业以主要提供产品的功能或效用为主，有形产品处于附属地位，因此理想化的制造业处于图中三角形的位置。

（2）从产品和服务提供方式看。

从产品和服务提供方式看，服务化的过程是制造企业向客户主动提供相关服务的过程。它要求制造企业深入研究客户需求，发现现有产品在满足客户需求中的不足。通过主动提供个性化的服务，甚至是签订长期的服务合同的方式，为客户带来更大的效用，减少有形产品的消耗。这不仅帮助客户节约了成本，也带来了更多的环保效益。

（3）从投入的角度看。

与劳动密集型传统服务业服务不同，制造业生产所需的服务要素往往具有知识密集、技术密集的特征。投入上从以资本、劳动为核心转向以知识为核心，通过知识要素来组织资本、劳动、原材料等其他生产要素。在产业链上下游关系上，采用制造业服务化模式的企业之间倾向于采取网络化的对等结构，各自通过提供服务要素实现整个产业链的协作共存，并实现资源的优化配置。这与传统制造业通过横向或纵向一体化实现规模经济的模式是不同的。具体表现如下：

①从生产要素来看，传统制造模式主要以资本、劳动、土地等三大生产要素为主。制造业服务化强调知识要素的投入，而且要以知识为主导，有机地将三大传统要素组织起来，提高传统要素的使用效率，因此表现为范围经济，而且知识、技术、管理等服务要素在最终产品中的密集度要高于传统制造模式。

②从产业链上下游关系来看，传统制造企业往往是通过横向或纵向一体化方式形成一个行业系统；而在制造业服务化模式下，由于各个企业掌握的专业知识具有较大的差异，上下游企业间相互协作、相互依赖的程度要大于相互竞争或管理控制的程度，因此更多地表现为平行的网络对等关系。

我们可以通过表 8－1 对上述制造业服务化模式和传统制造模式在投入和产出上表现出的不同特征加以总结。

表 8－1 传统制造模式与制造业服务化模式的特征对比

	传统制造模式	制造业服务化模式
最终产品	有形产品比重较大	服务比重较大
产品提供方式	主动提供产品，服务处于附属地位	主动提供服务，通过服务满足客户需求
服务的要素密集程度	劳动密集	知识、技术密集
产业链上下游关系	横向或纵向一体化	网络对等关系
投入产出关系	规模经济	范围经济

资料来源：周大鹏．服务化：制造业的创新之路．上海：上海社会科学院出版社，2016.

8.2.3 制造业服务化的成因

制造业服务化的成因主要分为市场效用满足、厂商利润驱动、产业优势重塑和数字经济推动四大方面。

首先，市场效用满足是为了满足消费者对差异化、多元功能性产品的需求。传统的厂商与消费者之间的经济关系表现为为厂商生产并提供制成品，满足消费者的需求，它们是生产、消费链条的开始与结束。然而，随着知识对产品的嵌入，消费者得到厂商所提供的制成品时，开始寻求更大程度的后续辅助。例如，消费者在购买汽车时，需要后续的维修咨询与保养服务功能，而汽车厂商单纯地提供汽车制成品已无法满足消费者长久的诉求。因此，需求驱动打破了传统产业链的节点，促使生产、消费链条延伸与厂商业务扩展。顾客需求的变化从产品导向逐渐转向产品与附加服务或以效用满足为中心，从而对市场经营者具有更加全面与综合的要求。

其次，从厂商利润驱动视角来看，消费者对产品与附加服务的驱动延长了整个生产服务的生命周期与价值链条。产品生命周期与价值链条的延长拓展了厂商业务模块，激发了知识与创新要素的学习与培育，在一定程度上提升了企业的规模与产值。而知识要素具有集约性好、收益见效快等特点，相较于土地、机器设备固定资产等要素投入具有附加值高的特点。因此，从企业长远规划和战略实施上，厂商对于知识与附加服务的关注与投入能够提高自身产业附加值、利润与绩效。

再次，从产业优势重塑视角来看，企业附加值的提高能够区别于市场其他竞争对手，使产业更有实力去扩张辅助自身产业发展的其他附加业务，打造全新的“蓝海市场”。利润与差别化产业能够重塑企业的比较优势，帮助企业更加精准地识别自身优势，屹立在不败的市场上，实现“基业长青”的终极目标。

最后，从数字经济推动视角来看，大数据信息时代的企业经营模式变化是推动制造业服务化的外在动力。在数字时代，制造业的销售渠道不再局限于线下销售，越来越多的企业销售是在线上完成的。企业还可以通过大数据技术分析消费者的消费偏好，从而实现精准营销。

8.2.4 服务化的经济效应

（1）服务化的产业转型效应。

服务活动拥有的创新能力使其成为“创新之桥”，制造业通过服务化转型，增加产品中知识型服务要素的密集度，可以带来产品种类增加，实现范围经济，同时降低价值链各环节间的协调成本，提高利润水平，实现产业从低端向高端的升级。

（2）服务化的就业效应。

制造业的服务化水平与行业中生产者服务业从业人口的比重存在显著正相关性，全球金融危机过后，我国制造业中的劳动需求逐步从产品制造等领域转向技术研发等服务部门，这就为金融保险、技术信息以及物流配送等生产者服务业带来了发展契机。

（3）服务化的环境效应。

由于基于产品的服务（product-based services）和结果导向服务（result-oriented services）是制造商在产出服务化活动中采用的主要业务形式，制造业服务化的环境效应也主要由二者集中反映出来。

①基于产品的服务的环境效应。

在制造业服务化背景下，越来越多的传统制造商围绕着产品展开服务活动。它们以产品为工具或平台，向顾客提供与之相关的服务，包括产品的修理、保养、升级和回收，产品的出租服务和产品的管理服务（如化学品管理服务）。这些服务通常被称为基于产品的服务。它们的出现意味着劳动在服务提供者和消费者之间重新分配，以前由消费者进行的劳动现在由专业的服务提供者来完成，这无疑提高了资源的使用效率，在满足人们需求的同时减少了对资源的消耗。

②结果导向服务的环境效应。

在制造业服务化背景下，一些大型制造商甚至转型为服务商。它们通过与消费者间的服务合同关系提供专业服务（例如设备管理服务）以满足消费者的需求。由于具有很强的针对性，而且提供这种服务的企业更注重服务达到的结果，这类服务通常也被称为结果导向服务。由结果导向服务带来的改变主要体现为以前由消费者进行的活动现在由专业的服务人员来提供。由于在规模上存在优势，这些专业服务的提供商可以获得组织上的优势。显然，与消费者相比，专业服务提供商可以投资技术性能更高的器械，能够采用更好的设备并且提供更加熟练和专业的操作，这些是家庭和小规模的企业无法比拟的，所以专业的服务可以通过消耗较少的资源而达到预期的效果。

③投入服务化的环境效应。

在制造业服务化过程中，制造商投入服务化与其产出服务化一样，也产生了具有生态效益的环境效应。制造业的中间投入包括能源、原材料和服务，都是企业生产经营不可或缺的要素。由于资源生产效率不高，传统的制造业生产活动大量消耗土地、矿石、森林、油气等自然资源。但随着信息、金融保险、物流、技术、商务等多种生产性服务以无形生产资料的角色参与到企业生产过程，制造商的整个生产过程得以更有效率地运行。由于生产性服务提供者更全面地参与到经济发展的各个层面，实际上已成为新型技术和创新的主要提供者和传播者，制造商生产性服务的投入把日益专业化的人力资本、知识资本和技术资本引入了企业的生产过程。这就加强了企业内部以及企业与外部的联系和协调，改进了企业内部运作效率，提高了自然资源的生产效率。

阅读材料

通用电气服务化转型

1980 年，通用电气（GE）收入的 85%来自制造业，只有 15%来自服务业，且主要以售后服务为主。20 世纪 90 年代，GE 的金融业务得到了强劲的发展，公司逐渐从一个以制造业为主的经济主体转变为以服务业为主的经济主体。2003 年，GE 金融业务销售收入达到了 642.79 亿美元，占集团总收入的 45%。利润额为 7 415 亿美元，占集团总利润的 1/3。

GE 的金融业务涉及抵押贷款、个人信用卡、设备租赁和房地产等众多领域。2008 年的全球金融危机给 GE 的消费信贷和住宅抵押贷款业务造成了沉重的打击。公司股价从最高的每股 38 美元跌至 2009 年 3 月初的每股 5.87 美元。为了应对危机，GE 实施了一系列业务重组。一方面大幅度缩小了住宅抵押贷款业务，下一步还准备将资产总额达 900 亿美元的抵押贷款业务剥离并出售出去；另一方面加大了对 GE 航空、医疗、交通和能源等领域的中间市场客户的贷款支持，2009 年全年计划对这类客户发放 1 800 亿美元的新贷款。调整后的 GE 金融业务利润额预计将占到集团利润总额的 30%左右。

除金融服务外，GE 还推出了“绿色创想”（ecomagination）的概念，即通过技术创新服务帮助客户节约成本，创造就业岗位。这一服务的效果是非常显著的，GE 与绿色创想服务有关的产品收入从 2005 年的 50 亿美元增加到了 2009 年的 180 亿美元。

GE 的金融业务在全球金融危机前后的扩张与收缩过程很好地说明了知识价值链对实体价值链的支持作用。在制造领域长期的经验积累使 GE 拥有了丰富的隐性知识和显性知识储备，GE的优势在于与制造业务密切相关的大型设备租赁服务和技术服务，因此GE将战略重点放在这些环节，就能使企业保持竞争优势，不断创造价值。但是在普通消费信贷和住宅抵押贷款领域，GE虽然拥有较为雄厚的资金实力，但并不比银行或非银行金融机构拥有更多的知识积累，因而在这些领域没有竞争优势，因此在全球金融危机来临时，就会和所有金融机构一样遭受重创。GE的案例提醒我们，服务化并不意味着盲目扩大服务业务的比重，而一定要围绕企业自身的竞争优势有重点地进行，其中取舍的关键原则在于看企业是否掌握提供相关服务所需要的知识。

资料来源：通用电气网站。

8.3 智能经济

每一次重大的技术进步都会带来生产生活的巨大改变，而这些改变最终也会体现在经济学上。第一次工业革命带来的生产方式和阶级结构的变化为李嘉图、马克思等经济学家的研究提供了鲜活的素材；第二次工业革命带来的经济结构变化和社会结构变化催生了宏观经济学、产业经济学、发展经济学等经济学分支；信息革命则为产业组织理论、信息经济学、网络经济学的应用提供了用武之地。相比于之前的历次技术进步，人工智能革命所引发的冲击更为巨大，其对经济学造成的影响也将更为广泛和深远。

习近平高度重视科技创新，多次为人工智能发展把脉定向。2018年9月17日，习近平曾向2018世界人工智能大会致贺信。在贺信中，习近平深刻指出："新一代人工智能正在全球范围内蓬勃兴起，为经济社会发展注入了新动能，正在深刻改变人们的生产生活方式。"① 2018年10月31日，中共中央政治局就人工智能发展现状和趋势举行第九次集体学习，习近平主持学习并发表重要讲话，强调要深刻认识加快发展新一代人工智能的重大意义，加强领导，做好规划，明确任务，夯实基础，促进其同经济社会发展深度融合，推动我国新一代人工智能健康发展。2019年5月16日，习近平在向国际人工智能与教育大会致贺信中提到："把握全球人工智能发展态势，找准突破口和主攻方向，培养大批具有创新能力和合作精神的人工智能高端人才，是教育的重要使命。""中国高度重视人工智能对教育的深刻影响，积极推动人工智能和教育深度融合，促进教育变革创新，充分发挥人工智能优势，加快发展伴随每个人一生的教育、平等面向每个人的教育、适合每个人的教育、更加开放灵活的教育。"② 2020年3月2日，习近平在清华大学医学院主持召开座谈会时指出："利用人工智能、大数据等新技术开展流行病学和溯源调查，搞清楚病源从哪里来、向哪里去，提高精准度和筛查效率。"③

---

① 习近平致2018世界人工智能大会的贺信．中国政府网，2018-09-17.

② 习近平向国际人工智能与教育大会致贺信．中国政府网，2019-05-16.

③ 协同推进新冠肺炎防控科研攻关　为打赢疫情防控阻击战提供科技支撑．人民日报，2020-03-03.

8.3.1 人工智能和智能经济

从经济学角度看，人工智能具有十分鲜明的性质。首先，人工智能是一种通用目的技术，可以被应用到各个领域，其给经济活动带来的影响是广泛和深远的。在分析经济增长、收入分配、市场竞争、创新问题、就业问题甚至是国际贸易等问题时，都很难回避人工智能所造成的影响。其次，人工智能是一种强化的自动化，会对劳动力产生替代，并造成偏向型收入分配结果。最后，当前的人工智能技术发展强烈依赖于大数据的应用，这就决定了它具有很强的规模经济和范围经济，这两个特征对产业组织、竞争政策、国际贸易等问题都会产生重要影响。以上特征共同决定了分析和评估人工智能对现实经济造成的影响应当成为经济学研究的一个重要话题。

（1）人工智能的相关概念。

在正式展开对人工智能经济学的讨论之前，这里先对文献中经常提及的几个概念——人工智能、机器学习和深度学习进行一下解释。粗略来讲，人工智能的概念是最大的，机器学习是它的一个分支，而深度学习又是机器学习的一个分支（如图 8－3 所示）。在最广的意义上，人工智能是让智能体在复杂环境下达成目标的能力。

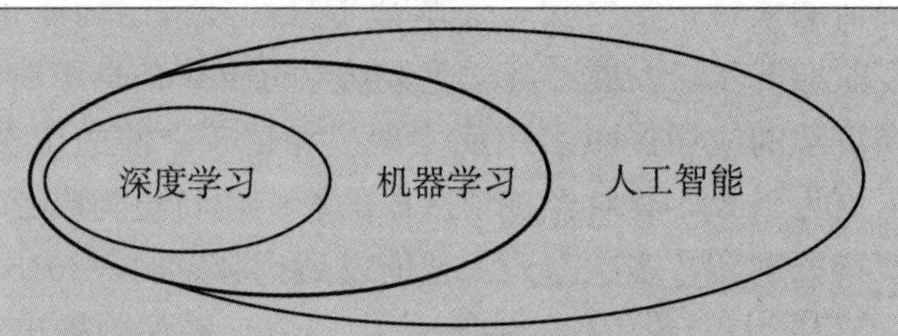

图 8－3 人工智能、机器学习和深度学习的关系

机器学习（machine learning）是人工智能的一个分支，是实现人工智能的一种方法。它使用算法来解析数据、从中学习，然后对真实世界中的事件做出决策和预测。和传统的为解决特定任务而专门进行编程的思路不同，机器学习让计算机拥有在没有明确编程的条件下进行学习的能力，并通过对大量数据的学习找出完成任务的方法。根据学习的特征，机器学习可以分为三类：有监督学习（supervised learning）、无监督学习（unsupervised learning）和强化学习（reinforcement learning）。

近年来备受关注的深度学习（deep learning）是机器学习的一个研究分支，它利用多层神经网络进行学习，通过组合低层特征形成更加抽象的高层表示属性类别或特征，以发现数据的分布式特征表示。在传统的条件下，由于可供学习的数据过少，深度学习很容易产生过度拟合等问题，因而影响其效果。但随着大数据的兴起，深度学习的力量就开始体现出来。近年来人工智能的迅速发展很大程度上是由深度学习的发展推动的。

（2）智能经济。

智能经济是以效率、和谐、持续为基本坐标，以物理设备、电脑网络、人脑智慧为基本框架，以智能政府、智能经济、智能社会为基本内容的经济结构、增长方式和经济形态。2017 年 7 月，国务院印发《新一代人工智能发展规划》，提出培育具有重大引领带动作用的人工智能产业，促进人工智能与各产业领域深度融合，形成数据驱动、人机协同、跨界融合、共创分享的智能经济形态。

百度创始人李彦宏在2019年第六届世界互联网大会上系统阐释了智能经济。他表示，智能经济将给全球经济带来新的活力，是拉动全球经济重新向上的核心引擎。他认为，人工智能驱动下的智能经济将在三个层面带来重大的变革和影响：首先，智能经济会导致人机交互方式的变革；其次，智能经济也会给IT的基础设施层面带来巨大的改变；最后，智能经济会催生很多新的业态。智能经济的这三个方面不是割裂的，它们相互影响，并且产生化合反应。

数字经济经历了从个人计算机（PC）的发明和普及到PC物联网，再到移动互联网的发展过程，今天已经进入了以人工智能为核心驱动力的智能经济的新阶段。智能经济将给全球经济带来新的活力，是拉动全球经济重新向上的核心引擎。

阅读材料

人工智能是否会带来经济奇点

奇点（singularity）最初是一个数学名词，指的是没有被良好定义（如趋向于无穷大）或出现奇怪属性的点。未来学家库兹韦尔在自己的书中借用了这个名词，用来指人工智能超越人类，从而引发人类社会剧变的关键时刻。而所谓经济奇点，则是指一个关键的时间点，当越过这个时间点后，经济将保持持续增长，并且增长速度会持续加快。

在历史上，有不少经济学大师曾对经济奇点有过憧憬，宏观经济学的创始人凯恩斯、诺贝尔经济学奖得主西蒙都是其中的代表。尽管截至目前这些憧憬都没有变成现实，但随着人工智能技术的发展，关于经济奇点的讨论又开始高涨。一些技术乐观派研究者认为，由于人工智能可以大幅提升生产率，并可以完成很多人类无法完成的任务，因而经济奇点不久就会到来。这种技术乐观派的观点引发了很多争议。对此，诺德豪斯从经验方面给出了质疑。诺德豪斯指出：首先，随着新技术的发展成熟，它们的价格急剧下降，因而它们的相关产业对经济的贡献也迅速下滑。这意味着相对落后的产业将成为经济增长的关键，而非新产业。其次，尽管人们给予了互联网、人工智能等新技术很多希望，但它们并没能切实带来生产率的大幅度提高。再次，至少从美国的现实看，目前投资品的价格并没有出现急速下滑，投资也没有出现迅速增长的势头。综合以上分析，诺德豪斯认为经济奇点可能还只是一个遥远的梦想。阿吉翁等从理论上对经济奇点进行了分析。他们认为，经济奇点是否能到来，主要看知识增长的瓶颈能否被打破。尽管内生增长模型已经说明了知识作为一种产品是可以生产的，但这个过程需要人的参与。随着经济增长的进行，人口增长减缓，能作为生产要素投入知识生产过程的人力也会减少。除非人工智能可以替代人类从事创意工作、进行知识生产，否则这一重要瓶颈就很难被突破。至少在现在，人工智能还没有发展到这一水平。

资料来源：陈永伟．人工智能与经济学：近期文献的一个综述．东北财经大学学报，2018(3)：6-21.

8.3.2　智能经济的主要特征

（1）人机交互方式的变革。

在智能经济时代，智能终端会远远超越手机的范围，包括智能电器、各种可穿戴设备、无处不在的智能传感器等等，应用和服务的形态都会发生相应的变化，人们将会以更加自然的方式与机器和工具进行交流。

（2）基础设施层面的巨大改变。

传统的CPU、操作系统、数据库将不再成为舞台的中央，新型的AI芯片、便捷高效的云服务、在各种各样的应用开发平台开放深度学习框架、通用的人工智能算法等都将成为这个时代新的基础设施。

（3）催生新的业态。

交通、医疗、城市安全、教育等各个行业正在快速实现智能化。新的消费需求、新的商业模式将层出不穷。人工智能正在渗透到各个不同的产业，切切实实地融入我们的生活、生产，看得见，摸得着。

8.3.3　人工智能的经济效应

（1）人工智能与经济增长。

从理论渊源来看，关于人工智能对经济增长影响的讨论其实是关于自动化对经济增长影响讨论的延续。泽拉（Zeira）曾提出过一个理论模型，用来分析自动化增长效应。在这个模型中，某一产业的产品可以通过两种技术——手工技术和工业技术进行生产。在这两种技术中，手工技术所需的劳动力投入更高，但所需的资本投入更低。究竟两种技术中的哪一种被用来进行生产，取决于技术水平。如果生产率很低，那么更多依靠手工技术进行生产就更有利；而当生产率突破了一定的临界点时，转而采用工业技术进行生产就会变得更合算。这样，技术进步就会产生两个效应：一是直接对生产效率的提升，二是通过自动化来实现生产方式的改变。一个经济中有很多产业，不同产业实现自动化的临界条件不同，因而生产率的增长和自动化的程度将呈现一种连续函数关系。当自动化程度较高时，经济中的资本回报份额也就较高，因而当经济处于最优增长路径时，增长率将主要取决于两个条件：生产率的增长速度及经济中的资本回报份额。更高的生产率及更高的资本回报份额都会让经济获得更高速的增长。

阅读材料

大疆公司如何走向“智能空间”

创立15年后，大疆成了民用无人机的代名词，全球市场占比超八成，行业“老大”地位无可撼动。高光之外，深圳市大疆创新科技有限公司（简称“大疆”）也迎来了更多审视。市场见顶的忧虑，增收乏力的猜测，国外“制裁”的威胁，都和这家明星企业交织在一起。外界希望了解大疆如何设定未来的前进方向。

在大疆定义的“使命”中有两个关键词：“空间智能”与“科技之美”。显然，大疆的野心并不在“飞”，而在“智能”。大疆创始人汪滔曾表示，如果大疆在机器人视觉方面取得突破，应用范围将非常广阔，无人驾驶、工业制造、家庭机器人等，都将成为大疆的用武之地。大疆总裁罗镇华的解释更为具体，如果智能化水平与技术可靠性再提高一个级别，那么大疆所提出的“空间智能”时代可能就到来了。“未来，可能人们日常生活中的大部分设备都是机器人，具有感知环境并与环境精细互动的能力，能完成很多复杂的工作。大疆储备了许多技术来为迎接这个时代做准备。”

在“空间智能”时代到来之前，大疆正努力在固有的业务版图上探索更多可能性。有价值的产品一定是实现某种功能的载体。从这个维度看，无人机正是实现对低空资源有效利用的载体，大疆可以在很多领域大显身手。在消费领域，大疆以不断优化的产品巩固市场优势。罗镇华表示，大众视频创作与视频消费是一个刚刚步入快车道的领域，视频设备的性能提升与视频传播观看平台的爆发，吸引了许多新用户，大疆正在面临快速增长的市场需求。与此同时，在农业、能源、安防等行业领域，无人机技术解决方案带来的价值正得到越来越多的认可，许多行业具备了将量化产品推入市场的条件。

在广东，七成电网巡检工作已通过大疆无人机完成。工人们从钻山林、爬铁塔的风险中解放出来，只需坐在指挥大厅里，就能通过无人机传回的故障隐患图片做出判断和处理。

2020 年 11 月，大疆发布了最新植保无人机 T30 和 T10。早在 2015 年，大疆就开始探索以农业无人机为基础，开展农业数字化信息平台建设。大疆农业全球市场销售总监陈韬说：“大疆农业已在全球 40 余个国家和地区设立服务中心。截至 2020 年 10 月，全系列植保无人机全球销量超过 7.5 万台，在中国、日本、越南等国家的市场保有量超过 70%。”

资料来源：大疆公司如何走向“智能空间”．中国经济网，2020－12－13.

（2）人工智能与就业。

技术的进步在推进生产率提升的同时会带来技术性失业。作为一项革命性的技术，人工智能当然也不例外。与以往的历次技术革命相比，人工智能革命对就业的冲击范围将更广、力度将更大、持续时间也将更长。ALM 模型是研究人工智能和自动化的就业影响的基准模型。在 ALM 模型中，生产需要两种任务——程式化任务和非程式化任务，其中程式化任务只需要低技能劳动，而非程式化任务则需要高技能劳动。智能化通常只能用来完成程式化任务，而不能用来完成非程式化任务，因而自动化对低技能劳动形成了替代，而对高技能劳动则形成了互补。在分析人工智能的就业影响时，还应当综合考虑其他各种因素，如价格因素、调整成本、时间因素等。

（3）人工智能与收入分配。

人工智能可能通过多个渠道对收入分配产生影响。第一，从理论上讲，人工智能是一种偏向性的技术，它的使用会对不同群体的边际产出产生不同的作用，进而影响他们的收入状况。这种效应体现在两个层次上：第一个层次是在不同要素之间，这主要会影响不同要素回报的分配；第二个层次是在劳动者内部，这主要影响不同技能水平劳动者的收入分配。第二，人工智能的使用还会对市场结构造成改变，让一些企业获得更高的市场力量，进而让企业拥有者获得更多的剩余收入。当然，以上这些效应最终如何起作用，还和相关的政策有很大的关系。

（4）人工智能与产业组织。

毫无疑问，人工智能技术的发展将对产业组织和市场竞争产生极为显著的影响。它将通过影响市场结构、企业行为，进而影响到经济绩效，而所有这些现象都将对传统的规制和竞争政策提出新的挑战。

（5）人工智能对市场结构的影响。

人工智能对市场结构的影响是通过两个渠道进行的。第一个渠道是技术的直接影响。使用人工智能技术的企业可以获得生产率的跃升，这将使它们更容易在激烈的市场竞争中胜出。同时，由于人工智能技术需要投入较高的固定成本，但边际成本较低，这就让使用人工智能的企业具有了较高的进入门槛。这两个因素叠加在一起，导致了市场变得更为集中。第二个渠道是技术引发的企业组织形式变革。企业的组织形式是随技术的变化而变化的，在人工智能技术的冲击下，平台正在成为当今企业组织的一种重要形式。由于平台通常具有“跨边网络外部性”，因而会导致“鸡生蛋、蛋生鸡”似的正反馈效应。这让平台企业可以迅速膨胀以占领市场，并形成一家独大的现象。综合以上两种因素，人工智能技术的迅速发展推动了一批超级明星企业的出现，并让市场迅速变得高度集中。

（6）人工智能对企业行为的影响。

人工智能技术的发展将会对企业的不少行为产生影响。很多以前难以采用的策略将会变成现实。一个例子是算法歧视。在传统的经济学中，由于企业的信息受限，一级价格歧视只在理论上出现，而在人工智能时代，借用大数据和机器学习，企业将有可能对每个客户精确画像，并有针对性地进行索价，从而实现一级价格歧视，获得全部的消费者剩余。即使企业不进行一级价格歧视，人工智能技术也能够帮助它们更好地进行二级或三级价格歧视，从而更好地攫取消费者剩余。另一个例子是算法合谋（algorithmic collusion）。合谋一直是产业组织理论和反垄断法关注的一个重要问题。企业可以通过合谋来瓜分市场，从而提升企业利润。产业组织理论认为，企业的这种合谋会导致产量减少、价格上升、消费者福利受损。但是，在传统的经济条件下，由于存在信息交流困难及囚徒困境等问题，合谋是很难持久的。尽管从理论上讲，重复博弈机制可以帮助企业实现合谋，但事实上由于难以监督违约、难以惩罚违约以及难以识别经济信息等问题的存在，合谋很难真正达成。随着人工智能技术的发展，过去很难达成的合谋将会变成可能。与过去不同的是，企业之间的合谋不再需要相互猜测合谋伙伴的行动，也无须通过某个信号来协调彼此的行为。只要通过某种定价算法，这些问题都可以得到解决。在这种背景下，企业数量的多少、产业性质等影响合谋难度的因素都变得不再重要，在任何条件下企业都可以顺利进行合谋。

除了算法歧视及算法合谋外，人工智能技术的发展还会引发很多新的竞争问题。例如，平台企业可以借助搜索引擎影响人们的决策，或通过算法来影响人们在平台上的匹配结果。

（7）人工智能与贸易。

人工智能对贸易产生的影响将是多方面的：第一，作为一种重要的技术进步，人工智能对要素回报率产生重大影响，并改变不同要素之间的相对回报状况，这会让各国的动态比较优势状况发生明显的变化。第二，作为一个新兴的产业，人工智能的相关技术和人才也成了贸易的重要对象，而各国的战略性贸易政策将会对该产业的发展发挥关键作用。第三，在微观上，人工智能的使用也将影响企业的生产率状况。根据新新贸易理论，这将会影响企业的出口决策。

（8）人工智能与法律。

人工智能的兴起带来了很多新的法律问题。例如，人工智能在一定程度上可以替代或辅助人们进行决策，那么在这个过程中人工智能是否应该具有法律主体地位？在应用中，人工智能需要利用其他设备或软件运行过程中的数据，那么谁是这些数据的所有人，谁能够做出有效的授权？在遭遇人工智能造成的事故或产品责任问题时，应该如何区分是人工操作的问题还是人工智能本身的缺陷？对于算法造成的歧视、合谋等行为应当如何应对？如此种种问题都十分实际，但充满了争议。

阅读材料

智能世界2030

站在智能世界的入口，眺望2023年：人们希望进一步提升生命质量，普惠绿色饮食，改善居住体验；不再受出行拥堵和城市环境污染的困扰，无顾虑地使用绿色能源、享受各种数字服务；放心地将重复性的、危险的工作交给机器人来完成，从而把更多时间和精力投入有意义、有创意的工作和兴趣中去。为此，如何更好地满足人类社会发展的需求，成为各行各业持续探索的动力。

展望一：让健康可计算，让生命有质量；

展望二：用数据换产量，普惠绿色饮食；

展望三：新交互体验，让空间人性化；

展望四：智能低碳出行，开启移动第三度空间；

展望五：城市新基建，让城市有温度更宜居；

展望六：新生产力重塑生产模式，增强企业韧性；

展望七：绿色能源更智能，呵护蓝色星球；

展望八：数字技术与规则塑造可信未来。

资料来源：华为发布的《智能世界2030》报告。

8.4　智能制造

制造业奠定了实体经济的根本条件，直接决定着一国综合实力和国际竞争力。近年来，以人工智能、区块链、物联网、云计算为代表的数字技术打破了传统的产业竞争格局，从根本上重构了制造业的运行规则，并且带来了新的发展机遇。发达国家纷纷出台具有针对性的发展规划，不断加大制造业的投入力度，运用数字化的泛在连接和智能化的技术工具，赋能传统业务优化以及新兴业态塑造，试图培育经济增长的新动能，抢占全球产业竞争的主动权。例如，美国于2022年颁布了《国家先进制造业战略》，德国于2022年出台了《数字化战略：共同创造数字价值》，日本于2021年推出了第6期《科技创新基本计划》。

党的二十大报告提出："实施产业基础再造工程和重大技术装备攻关工程，支持专精特新企业发展，推动制造业高端化、智能化、绿色化发展。"2024年1月，习近平在中共中央政治局第十一次集体学习时指出："要围绕推进新型工业化和加快建设制造强国、质量强国、网络强国、数字中国和农业强国等战略任务，科学布局科技创新、产业创新。"① 在新一轮科技革命的时代浪潮之下，加快制造业转型升级和新型工业化建设，夯实智能制造的发展基础，推动效率变革与质量变革，亦是中国经济实现高质量发展的必要之举。

8.4.1 全球智能制造主要趋势

目前，发达国家普遍将智能制造作为提振经济活力的重要抓手，在克服制造业传统困境的同时，也打开行业增长的新局面。在实践方面，发达国家主要着眼于三个发力点：第一，将光纤传感、数据处理等基础技术全方位地嵌入生产环节，最大化地提高程序性业务的自动化水平，减少人为延迟和操作失误；第二，利用机器学习、算法分析等高阶技术，赋予计算机一定的自主学习能力，灵活地应对非程序性业务的多变性，增强对复杂应用场景的主动解读和有效回应；第三，发挥产业链供应链的整合优势，提高能源使用效率和绿色管理效度，既要追求业务能级跃迁，也要致力于解决"绿色悖论"的客观难题。

（1）数字技术深层嵌入。

数字经济开启了人类借力虚拟世界的新纪元，数据快速流通打破组织壁垒，有利于降低各类主体之间的信息不对称。传统的经济活动不再拘泥于时空约束，向着更加立体化的网络空间进行延伸，交易便利性和合作深度都得到显著提升。得益于数字技术的底层驱动作用，企业生产模式趋于模块化、柔性化。模块化设计理念降低了生产制造的协同成本和衔接难度，各个环节之间的技术连接变得更加紧密，为智能制造创造了有利条件。所有的零部件都遵循统一的技术标准体系，并且可以依据定制要求进行多元化的功能性组合，精准匹配个性化的消费需求。

区别于传统的工业技术，数字技术能够基于数据池进行反复的自我训练和学习，锚定应用场景的自然变化而完成快速迭代，智能化水平不断提高，并且逐步具备了"类脑"思维，因而成为各国竞相争夺的热门领域。早在2009年，美国就提出了"再工业化"计划，将发展先进制造业以及制造业智能化作为主要目标，促进信息技术和智能技术在传

① 习近平在中共中央政治局第十一次集体学习时强调：加快发展新质生产力 扎实推进高质量发展．中国政府网，2024-02-01.

统制造业务的应用，巩固其在全球产业链上的高端地位，这也成为美国制造业的核心发展思路；2013 年，德国发布了“工业 4.0”计划，围绕工业制造单元模块、工业制造系统等智能制造的关键环节进行重点建设，贯通业务部门之间的衔接，推广智能化的全流程管理；2013 年，英国在高价值制造战略的基础上，又推出了“工业 2050”战略，充分考虑子行业之间技术体系和规模形态的差异，按照“服务加再制造”理念对价值链进行重塑，推动智能技术向制造业所有领域的深层嵌入。

（2）基于数字平台的一体化管理。

随着数字技术深层嵌入，平台作为数字经济的典型业态，对加快智能制造建设起到关键的驱动作用。平台利用数字技术建立的网络连接，将相关业务部门汇聚到虚拟化组织中，以数据流带动信息流、物流、资金流的协同融合，推动线上线下的一体化管理。从实际效果来看，一体化管理有助于降低企业之间开展技术合作的交易成本，能够在一定程度上避免由于技术社群孤立而造成的技术退化现象。智能制造将数字技术和制造技术进行融合与应用，离不开科研院所和高校的实验室研发所提供的有力支持，政府、企业、用户也都深度参与其中。所有主体都能够在线上了解各项业务的进展，保障主要业务的稳定运行，针对突发状况及时地采取应对措施。虚拟化组织形态中，每个主体都拥有充足的流动性，可以自由地选择合适的业务伙伴，灵活地调整合作模式。

全球经济环境复杂多变，使得各国越来越重视关键原材料、核心零部件以及核心工艺的可靠供应，从单纯地追求量的目标，逐渐转向关注韧性、安全、可持续等质的问题。采用一体化管理，有利于从整体系统视角加强制造业本身的抗风险能力，在规模经济、范围经济的基础上，进一步发挥网络经济效应，是当前各国竞争的重要领域。

长期以来，美国政府向多所研究院提供经费与人员支持，例如美国国家标准与技术研究院（NIST）、美国国家制造业创新网络（NNMI）专门从事前沿尖端技术研发与测试，抢占科技领域竞争先机。这些研究院借助数字技术赋能，不断扩大合作网络，以一体化管理模式推动新兴制造技术的探索与实践。德国企业不断提高自动化和一体化管理水平，所有工艺都由操作平台发布指令，工人则是负责监督和排错。针对制造技术升级与应用，德国国家工程院（acatech）、弗劳恩霍夫应用研究促进协会（Fraunhofer-Gesellschaft）等一批机构扮演着关键角色。

（3）增进智能化与绿色化的同步同频。

智能制造不仅是指每家企业突破技术瓶颈以及对技术进行协同升级，而且要求其他机构立足于整个系统层面对各项业务进行相应的优化，加强企业之间的全面协同。智能制造将依托越来越多的数字传感设备和数据处理工具，进一步加大了电能需求，对能源供给质量提出了更高的要求。工业化时期，制造业快速扩张，给人类生活带来了丰富的物质财富，也加重了自然环境负担。1990—2020 年，全球二氧化碳的年度排放量从 2 128.4 万吨增加至 3 356.64 万吨，增幅达到 57.71%。① 如今，智能化与绿色化之间如何保持同步同频，是各国推进智能制造所关注的又一个问题。

美国总统拜登上台之后，美国重返《巴黎协定》并提出“3550”碳中和目标，以

① 参见世界银行网站。

《清洁空气法》《通胀削减法案》《清洁电力计划》《清洁经济就业与创新法案》为框架，在制造业内部实施绿色节能、低碳转型的联合行动，全面推进碳中和目标。欧盟历来将绿色环保作为约束制造业发展的评价指标之一。2023 年至今，欧盟理事会先后通过了《欧盟电力市场设计改革方案》《关键原材料法案》《净零工业法案》，将扩大碳中和关键技术与关键零部件的应用规模作为实现碳中和的主要手段，提高净零技术水平和净零排放能力。

中国在推进制造业转型升级的同时，围绕“双碳”战略目标做出了部署。2023 年 12 月出台的《中共中央　国务院关于全面推进美丽中国建设的意见》提出：“到 2035 年，广泛形成绿色生产生活方式，碳排放达峰后稳中有降”。以海尔、海信、伊利等为代表的领先企业，已经面向全产业链推出了智能协同平台，以加快各类企业之间融通发展与绿色转型。

8.4.2　发展智能制造的基本思路

智能制造是将智能化的技术工具运用于制造活动，通过持续的技术创新，不断对传统劳动进行替代，与人形成新的分工合作体系，从根本上拓展了制造深度与宽度。随着数字技术的深层嵌入，数字技术对制造活动的影响力和影响范围得到更加有力的彰显，让更多主体有机会共享数字红利。相较于传统制造，智能制造更加重视用户参与和反馈，突出生产方式的柔性化、集成化、定制化与绿色化，精准提高产品质量和服务水平，所形成的协同机制与融合机理有利于凝聚智造合力、释放智造潜能。

（1）数字协同凝聚智造合力。

在人类社会发展进程中，系统动力学和技术进步加快了知识碎片化趋势，知识在产品中的价值不断提高。技术改进使得技术本身具备了可分离性。高科技产品的设计工艺日趋复杂，任何一家企业都无法具备完成产品生产的所有能力。为了完成产品和服务的有效供给，企业必须与其他企业进行合作，借助彼此的专业化优势，共同促进产能增长和质量提高。合作主体之间利用数字技术建立起互联互通的敏捷合作模式，以三维立体化的视角全域监督所有环节，设计一体化管理方案，弥合技术断层，缩短对机会利基的响应时间。任何主体都可以找到匹配的技术生态位，融入产业运行机制，将创意构想转化为实际产出。同时，空间制度、运行环境、治理机制等外部措施随着主体之间的持续互动而得到修正与优化。政府部门也有机会参与其中，除了做好监管工作之外，可以更深入地了解产业基础动态，在政策引导、生活配套、资本融入、标准认证以及其他服务等方面提供可靠的外部保障。

数智经济通过“数据＋连接”方式，延展了制造活动的时空范围，增强了主体控制信息的能力，在更广泛的经济主体间减少了生产活动的不确定性。根据华为预测，到 2030 年，全球连接总数将达到 2 000 亿，虚拟现实与增强现实的用户数将达到 10 亿，每年产生的数据总量将达到 1 尧字节。① 越来越多的主体有机会通过线上连接进行直接交

---

① 参见华为发布的《智能世界 2030》。

流，减少了中介环节的价值耗散和验真费用，由此而建立的数字协同在网络空间中凝聚智造合力，大规模定制、柔性制造、全供应链管理逐渐成为新的技术趋势。依据技术标准和网络协议设计了通用的模块化代码，放松了地理分割、流通媒介、兼容性等因素的制约，多模态智能体模型明显加快了数据积累、吸收与转化。例如，物联网和泛在感知设备获取了生产组织的实时数据，在线上同步勾勒出设计、制造、调试等业务流程状态；空间计算、全域标识与多传感器融合技术能够可靠地测量、捕捉各项参数的发展变化，在空间中生产组织的每个细节都拥有清晰展示；生成式人工智能塑造了搭载着语音识别、语义理解、知识图谱、语音合成、语音动画等底层技术的虚拟人角色，推动数据建模从真人手动操作向系统自动测试过渡，实现千人千面的需求预测与个性化匹配。

（2）数实融合释放智造潜能。

数字技术放大了主体的主观能动性，使得每个主体都可以摆脱地理环境、社会因素的束缚，在更加微观的层面对原子和数据信息进行排列组合，尝试技术探索与创新协作。数字技术集合受到数据驱动作用，按照“终端—传感器—网络—服务”的技术路径，将地理上分散的主体复现于虚拟的新空间，贯通现实世界与虚拟空间的对应连接，所有主体可以在更加广阔的领域内捕捉新的创意和线索。数实融合促进了虚拟资产与现实资产的双向流通，重组制造业运行模式，促进生产环节和交换环节的经济循环，加快释放智造潜能。现实世界的“数字迁徙”重塑了要素体系，引领经济系统中“场、人、物”的结构性变革。数实融合水平的提高，促进了要素重组升级，在创新、效率、协同三个方面产生正向影响。在“机器智能＋人类智慧”的人机协作模式下，所有资源都按照合理的方案进行配置，低效或者无效环节将被及时纠错。虚拟空间与现实世界之间从数字孪生向数字伴生、数字原生的方向不断演变，以虚补实、以虚优实，即在虚拟空间中辅助现实世界解决具体问题，以线上的相互依赖关系引导线下的要素汇聚共享。智造潜能释放为传统制造活动创造了更多价值空间，例如生产效率与资源利用率分别提升了32％、28％，研发周期、运营成本、产品不良率也都得到不同程度的优化。[①]

智能系统经过数学建模、图形渲染、仿真计算三个阶段的技术处理，对物理实体进行全生命周期的数字记录，构筑起嵌套、逼真的泛工业应用场景，为组织学习配套了现实素材。虚拟成像立足于追求“所见即所闻”的目标，多尺度、多维度、多物理量、多概率地展示了现实物体的几何拓扑属性，加快了技术扩散。这种虚实相生的技术关联，构建了虚实映射、虚实交互、虚实联动的仿真场景和经济社群，促进了相关主体之间的技术交互、知识共享与协同应用。全景式数字沙盘能够为研发人员带来沉浸式体验，增强对创新过程的全方位感知。研发人员能够以较低的试错成本，推动创新成果的增量式修补与迭代更新，围绕经济附加值做加法，增进经验借鉴、技术学习与产业实践之间的融合。

8.4.3 推进智能制造的关键维度

数字经济改变了传统制造范式，对制造业活动赋予新的时代蕴意。智能制造是基于

---

① 参见新华网、中国电子信息产业发展研究院编制的《数字经济和实体经济融合发展报告（2023）——数字化赋能新型工业化创新实践》。

新一代信息技术与先进制造技术深度融合，贯穿于设计、生产、管理、服务等制造活动各个环节，具有自感知、自决策、自执行、自适应、自学习等特征，旨在提高制造业质量、效益和核心竞争力的先进生产方式。《国家智能制造标准体系建设指南（2021 版）》基于标准化视角，将智能制造体系架构区分为生命周期、系统层级和智能特征三个维度；刘建丽等基于系统构成视角，将智能制造系统细分为技术、空间载体和产业链三个维度。

（1）推进产业基础现代化。

传统制造业是实体经济的根基，是发展智能制造的重要领域。2023 年 12 月工业和信息化部等八部门联合印发的《关于加快传统制造业转型升级的指导意见》提出："实施制造业技术改造升级工程，加快设备更新、工艺升级、数字赋能、管理创新，推动传统制造业向高端化、智能化、绿色化、融合化方向转型，提升发展质量和效益，加快实现高质量发展。"中华人民共和国成立以来，以工业体系为载体的有用知识体系和社会能力不断积累，为中国国民经济增长奠定了大国基础结构，是中国经济保持增长的主要动力。当前，中国传统制造业仍然较为薄弱，面临"大而不强""全而不精"的现实困境，具体表现为产业整体附加值还较低，一些关键技术主要依赖进口，对外依存度较高。未来，传统制造业转型升级除了继续调整供给结构、增强创新动能之外，也要致力于系统化地推进产业基础现代化，逐渐摆脱对发达国家的技术依附，更好地适应产业高质量发展和全球产业竞争格局的新形势。产业基础是由存在一定技术关联的企业之间组合形成的一套复杂网络系统，可以延伸为技术基础、组织基础、创新基础和服务基础四个方面。产业基础现代化应立足于顶层设计，从复杂系统化和组织协同化出发，重视产业链、企业主体、数实融合、产业集群、质量提升之间的协同机理。在数字经济的发展情境下，推进产业基础现代化意味着要融入更多智能化元素，围绕效率和质量做加法，为传统制造转型升级和推进智能制造提供可靠支撑。

（2）加快新兴业态应用落地。

进入数字化时代，越来越多的新兴业态开始涌现。加快新兴业态应用落地，有助于给传统制造业注入新的发展活力。数据作为核心生产要素，得益于算力与算法的协同助力，释放出叠加与倍增作用，从时间和空间两个维度促进生产力水平的显著提升。数据、算法与算力三者之间相互依存，共同打造出的平台经济模式在攻克一个又一个现实难题、突破技术瓶颈的过程中，建立起协同创新的正反馈机制，实现连续迭代与自我进化，奠定了数字化时代制造业的智能基石。技术平台提供了一组产品进行设计、生产、开发等环节所需要的通用要素集合，包括知识、零部件、工艺、集成等，成为制造业发展所依托的重要资源。数字技术嵌入增强了技术平台的数据流通与个性化服务功能，创造的线上开源社区更好地促进了知识资产共享以及通用技术推广应用。技术平台以及丰富的应用场景强化了创新活动的范围经济和多路径探索，让更多主体有机会以较低的成本获得技术以及相关服务，增强技术创新赋能。

如今，基于数字技术而诞生的虚拟集群业态实现了技术创新在虚拟空间的同频同步。随着数字技术与实体经济融合进程稳步推进，企业之间协同的深度与广度得到增强，生产分工和专业化水平也随之提高。在虚拟集群内部，大型企业主要承担着生产协调、产品集成等任务，提供必要的基础设施，侧重于技术价值实现；中小企业在细分领域持续深耕，逐渐培养起专业化、精细化、特色化、新颖化的技术能力，致力于突破“卡脖子”技术，加强细分领域的自主研发和技术升级，扮演保障产业链供应链韧性的角色。大型企业与中小企业之间基于数字技术和新兴业态，展开深度合作并形成技术创新合力，有助于夯实智能制造的创新根基。

（3）抢占前沿科技战略先机。

传统制造业的智能化升级是基于软件技术的开发与应用，技术、知识、经验等则是保障智能制造稳定运行的关键要素。在这个过程中，智能化通过计算机的拟人化设计来进行类脑活动，主要依托人工智能技术而实现，辅之以云计算、物联网、大数据等前沿科技。具体而言，智能制造向传统生产车间布局传感设备并且嵌入数据密集型技术，在操作系统平台上实现业务环节之间的高效协同和敏捷响应，灵活、柔性地应对全球市场变化。相关领域的前沿科技反映了智能制造和产业发展的趋势与方向，例如生成式人工智能、量子科技、大模型、沉浸式界面，是当前各国产业竞争的焦点。

实践中，数字技术应用范围持续扩大，其本身保持着较快的迭代速度，人类社会已经进入后摩尔时代。以聊天机器人程序为例，2018 年开放人工智能公司（OpenAI）利用约 1.1 亿个参数设计出 GPT－1 模型，2019 年推出的 GPT－2 模型将文本数据扩大至十亿级且性能有了质的提升，2020 年推出的 GPT－3 模型将参数提升到 1.75 万亿进而拥有了更好的运算能力和学习能力，之后陆续推出的 ChatGPT、ChatGPT Plus、InstructGPT 在引入更多训练数据的基础上都具备更强性能，迭代升级效率越来越高。

针对智能制造的前沿科技，各国纷纷加大了投入力度，组建多个实验室进行基础研发与应用测试。对此，中国科研机构要继续加大对前沿科技的研发投入和攻关力度，联合产业界、政府部门等多方力量，抢占前沿科技战略先机。

8.4.4 中国做强智能制造的现实路径

在新型工业化的发展蓝图中，智能制造无疑是一块重要拼图。2023 年 9 月，习近平就推进新型工业化做出重要指示强调：“把高质量发展的要求贯穿新型工业化全过程，把建设制造强国同发展数字经济、产业信息化等有机结合，为中国式现代化构筑强大物质技术基础。”① 与发达国家相比，中国企业还处于数字化探索的起步阶段，缺少有关智能制造的战略认知和技术标准，面临着数实融合的技术瓶颈和现实障碍。尽管已有一些大型企业推出了部分示范项目，例如三一重工“18 号厂房”、海尔集团“虚拟工厂”、研华科技钢铁智造，但是中小企业普遍存在技术能力有限、人才储备不足等难题。面对日益激烈的全球产业竞争格局以及现实挑战，中国可以按照筑牢体系根基、关键技术攻关、配套服务保障、智能制造生态的现实路径，持续且稳步地做强智能制造。

---

① 习近平就推进新型工业化作出重要指示强调：把高质量发展的要求贯穿新型工业化全过程 为中国式现代化构筑强大物质技术基础．中国政府网，2023－09－23.

（1）筑牢制造体系发展根基。

党的十一届三中全会之后，中国经济增长主要受到高投入和高效率的双轮驱动作用，并且随着技术升级、人力资本提升以及要素配置优化，“灵感”因素逐渐扮演起主导角色，为经济可持续增长注入活力。如今，中国已经建立了强大的工业生产体系，成为目前全球唯一拥有全部工业门类的国家。目前中国经济从高速增长转向高质量发展，产业发展模式从粗放式增长逐渐向内涵式增长转变，追求质与量的双重提高，更加注重筑牢制造体系发展根基，不断完善基础领域布局以及配套设施建设。过去专注于增加供给量、收入、GDP 等交换价值的做法正在被使用价值和质量合意性等新的目标所替代，致力于培育新的发展模式与动力机制。2023 年，全国装备制造业和高技术制造业的增加值分别增长 6.8%、2.7%，在规模以上工业增加值中的占比达到 49.3%，制造业技术改造和高技术产业投资分别增长 3.8%、10.3%。[①]

在新的全球科技浪潮之下，中国可以运用数字化力量提高效率、安全与可持续性，增强制造业综合能力、发展韧性与稳定性。做强智能制造既与资本、劳动等要素投入的外在因素相关，也受到技术进步、人力资本提升等内生因素的影响，更离不开外部制度环境的有力保障。一国若是单纯地增加要素投入力度，并不必然会带来较强的生产能力，还需要具备知识积累、技术学习、自主创新、政策支持等配套条件，其间充满众多复杂性和不确定性。有关部门需要加强规划引导与政策支持，从顶层设计视角健全政策体系，促进生产要素流通，提高资源综合利用效率。在宏观层面，统筹部署重点产业发展规划，明确阶段性任务与目标，有序布局建设项目，在充分发挥并高效利用各地区要素资源的同时，避免盲目投资、低水平重复建设等问题。同时，关注各地发展实际情况，因地制宜地出台实施细则，增进区域之间协同，关注发展过程中可能出现的各类问题，精准施策，加快推进目标落地。另外，政策内容的修订应该聚焦中国产业实践，立足于从源头上解决各类现实问题。

（2）加大关键技术攻关力度。

技术应用具有幂律分布特征，即关键少数技术会产生巨大的经济价值，左右着整个社会在一段时间内的发展与变革，并且延伸出众多技术创新成果。这些关键少数技术的广泛应用有助于在产业内部形成创新的正反馈循环，其价值在于为企业和个人打开更多的新机会，以此推动技术升级，而非直接提供完整、可行的解决方案。历史上，每一次新的通用技术出现都会带来全球产业格局大调整。例如，英国凭借蒸汽机技术，完成了从一个落后农业国向先进工业国的转变；德国把握住了电气技术带来的时代机遇，建立起全球领先的机器制造业；美国则是利用计算机技术优势，一跃成为全球信息中心。

改革开放以来，中国经济依靠技术引进、吸收模仿等方式实现了高速增长。“造不如买”的惯性思维造成“缺芯少魂”“大进大出”“两头在外”的产业发展现状，导致技术密集型产业的对外依存度长期走高，“以市场换技术”策略已然使得国内企业疲于应对美国等发达国家实施的技术制裁。1995—2019 年，中国持续追赶全球技术前沿，但是追赶

① 参见国家统计局发布的《中华人民共和国 2023 年国民经济和社会发展统计公报》。

速度有所放缓。目前，发达国家经济增长过程中技术贡献度能够达到80%，中国经济增长过程中技术贡献度约为60%，与发达国家存在明显差距。中国要向全球产业链中高端迈进，就必须培养自主创新能力，加大关键技术攻关力度。

发展智能制造离不开数字技术的全方位赋能，自主掌握芯片、操作系统、数据库等关键技术显得尤为重要。有关机构可以从两方面着手加大工作力度：一方面，继续加大自主创新支持力度，鼓励围绕本土技术问题，开展自主探索、自主研发，不断提高自主保障能力。另一方面，以产业应用反哺技术创新，增进新技术与实践活动之间的衔接，为自主创新输入更多来自应用端的灵感与创意。注重运用数字化手段全面赋能创新链建设，从传统的强调成果数量产出转向关心成果质量和社会影响力。

(3) 健全各项配套服务保障。

做强智能制造是一项系统工程，在打造技术自主创新能力之余，还应推出人才招募、质量检测、项目落地、融资支持等各项配套服务，加强标准引领和质量支撑，提高精细化管理水平。

生产要素的区域性集聚需要辅之以配套设施与利好措施的支持。目前，全球优秀生产要素仍然主要聚集在发达国家，尚未向发展中国家进行大规模流动。主要原因在于发达国家，例如美国旧金山湾区和日本东京湾区，都推出了居住、休闲、生活等配套政策，让人才、资本、技术等要素都深深地融入并整合到这些地区的经济模式中，形成了一种嵌入式发展关系。一旦离开这个地区，这些要素发挥的作用可能大打折扣，甚至会因为难以适应新的环境而产生其他新的问题。随着全球产业竞争加剧，发达国家的技术领先企业普遍采用人才圈定策略，或者刻意地申请并搁置专利等做法，旨在阻止发展中国家企业进行技术追赶。对此，我国要进一步完善配套设施建设，并且推出更多有针对性的利好措施，营造有利的发展环境，面向全球吸引更多的生产要素向国内集聚。与产业分工类似，人才技能很少孤立地应用于生产实践，技能价值取决于其在应用时能够结合的高价值技能数量。有关人才队伍建设的问题，除了要加大技术人才培养力度之外，也要从技能互补的角度出发，增加数字化、智能化等高价值技能学习。

产品零部件的互换性使得彼此之间可以进行任意的排列组合，这是生产规模化的前提。为了实现这个目标，零部件的参数误差必须控制在合理范围之内，技术标准的重要性日益突出。随着数字化转型持续深入，标准控制成为产品开发的技术核心点之一。虽然新的技术标准在短期内会降低全要素生产率，但是随着企业逐渐适应与现有技术不兼容的新技术，从长远来看仍然有利于提高全要素生产率。对于新进入者，技术标准能够提供有用信息，帮助他们熟悉已被公认并接受的专有知识和质量要求，规避来自技术研发和法律监管方面的不确定性，尽快适应产业基础的发展格局。为了增进产业组织内部协同，有关部门可以牵头制定技术标准，吸纳相关主体共同参与制定过程。根据技术创新情况以及国际标准动态，对技术标准进行不定期的修订，扩大全球影响力。

发达国家凭借在工业化进程中对各类知识的持续探索和归纳，建立起较为完整的知识框架以及“专利墙”制度，为技术创新提供有效助力。发展中国家要实现自主创新，同样要在知识创造、知识积累以及知识应用方面加大投入力度，打造具有本土特色的知识体系。长期以来，发达国家利用知识产权诉讼，较好地维护了本国企业的技术领先地位，限制了发展中国家的自主创新进程。针对这个问题，国内有关部门要持续推进知识产权的全球布局与战略实施，帮助更多的中国企业融入全球产业竞争格局，不断提高我国的全球话语权和影响力。

（4）培育智能制造融通生态。

技术平台为虚拟集群的出现创造了条件，各类主体在平台上展开深入合作，形成技术性的互补关系。每一次改进都伴随有整体性创新，主体之间知识学习与技术交互的频率增高，共同推动组织网络协同演化，建立起基于技术合作的融通生态。对于生态本身而言，主体多样性和协调性是决定技术创新和价值创造的关键因素。任何能够提供知识和技术并可以适应生态协作的主体都应该获得参与机会，因此有必要保持生态开源、开放。在协同演化中，围绕使用价值和质量合意性等新的目标，实现各类主体新旧更迭以及技术升级换代，保持基本的动态平衡，也是生态自我修复、自我调节的主要特征。智能制造融通生态覆盖技术能力、创新研发、政策体系、生产要素、知识产权等所有相关活动，只有将这些环节都紧密地结合起来，才能够释放出强大的发展潜能。智能制造融通生态的不断完善，降低了我国产业获取配套投入品和配套服务的现实难度，由此而形成的一套复杂自适应系统也有助于增强产业韧性，进一步做强智能制造。针对数字技术应用引发的新型监管问题，例如平台经济、虚拟集聚、数据扩散，有关部门需要尽快出台监管细则，健全对相关主体行为的约束与指引。此外，监管工作和治理机制也需要根据智能制造推进的实际情况加以完善，在法律法规和实施细则方面切实帮助企业减负增效，不断优化营商环境。

内容提要

习近平强调："我们要顺应第四次工业革命发展趋势，共同把握数字化、网络化、智能化发展机遇"①。数字技术加速创新，以数字化的知识和信息作为关键生产要素的数字经济蓬勃发展，新技术、新业态、新模式层出不穷，成为新时期全球经济复苏的新引擎。

随着新一代互联网信息技术的发展，商品交易、平台经济及外部性对整个经济形态及旗下的产业体系、产业结构、相关产业产生了重大的影响。平台经济属于新产业体系的组成部分，是一种新的交易组织模式。它已改变了传统交易供需双方的模式，改变了生产与分销的组织形态，对供给与消费的连接产生了新的影响。

服务作为一种经济活动而创造价值，随着其在企业经营中变得越来越重要，通过服务来竞争的局面已经不再仅仅局限于服务业。这一现象的产生有着复杂的经济背景，这是劳动分工发展到全球价值链分工阶段在产业层面上的反映，实质是服务要素在生产要素中的比重日益增大，以及无形的服务环节在价值创造中所扮演的角色越来越重要所形成的结果。服务化创新将促进产业结构升级，优化人力资源配置，增加中间品贸易利得，缓解资源环境约束，实现可持续发展。

在大数据、移动互联网、物联网以及脑科学等新理论新技术驱动下，人工智能呈现

① 习近平在第二届"一带一路"国际合作高峰论坛开幕式上的主旨演讲（全文）. 中国政府网，2019-04-26.

出深度学习、跨界融合、人机协同、智群开放、自主操控等新特征，将对经济发展、社会进步、国际政治经济格局等产生深远影响。

关键概念

双边市场是指平台企业的买卖双方相互吸引，平台可以整合具有互补需求的双边用户，平台企业的双边用户履行各自的责任，为平台的正常运转做出贡献。双边市场能够通过增加市场一方的费用，同时等量减少另一方收费的方式来影响交易量。

平台经济是一种基于数字技术，由数据驱动、平台支撑、网络协同的经济活动单元所构成的新经济系统，是基于数字平台的各种经济关系的总称。

多属本是互联网的技术术语，现普遍意指市场一边或两边采用一个以上的平台的情况，这样，通过一系列的不同途径，会出现互动。

制造业服务化是服务要素在制造业投入和产出活动中比重日益增大的一种经济趋势；在微观层面上，是制造企业满足市场需求，实现产品差异化，赢得竞争的经营策略；在中观层面上，是制造行业实现产业转型，向价值链两端延伸的一种升级战略；在宏观层面上，是知识经济发展到一定阶段的产物，代表着经济增长的新趋势。

全球价值链是指由全球的生产商、采购商、消费者构成的价值生产与价值增值链条。

人工智能是指让智能体在复杂环境下达成目标的能力。

机器学习是人工智能的一个分支，是实现人工智能的一种方法。它使用算法来解析数据、从中学习，然后对真实世界中的事件做出决策和预测。

深度学习是机器学习的一个研究分支，它利用多层神经网络进行学习，通过组合低层特征形成更加抽象的高层表示属性类别或特征，以发现数据的分布式特征表示。

开放式问题

1. 简要阐述平台经济产生的必然因素。
2. 以某个平台企业为例，简述其运营模式。
3. 为什么说服务化是经济现代化的必由之路?
4. 谈谈某项人工智能技术的发展现状及其应用场景。

进一步讨论的主题

2020 年人工智能核心产业规模超过 1 500 亿元，预计在 2025 年将超过 4 000 亿元（如图 8-4 所示）。中国人工智能产业在各方的共同推动下进入爆发式增长阶段，市场发展潜力巨大。未来中国有望发展为全球最大的人工智能市场。同时，近六成企业表示未来会部署人工智能，超八成中国网民看好其未来发展前景。这是因为国家政策环境的利好，以及人工智能商业化发展的经济环境近年基本处于稳定状态。随着人口结构的变化和社会的发展，企业的用工成本逐渐攀升，企业正在寻求数字化转型，希望通过应用人工智能来降低用工成本，这些都为人工智能的商业化发展提供了有利的社会环境。2020年中国人工智能产业融资规模为1 402亿元（如图8－5所示），资本也持续看好中国人工智能产业发展。

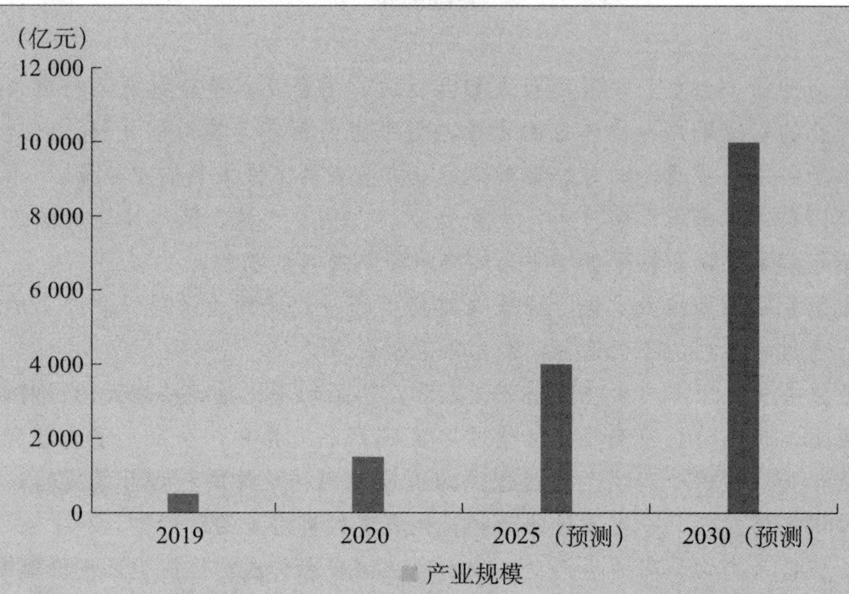

图8－4　2019—2030年中国人工智能核心产业规模及规划

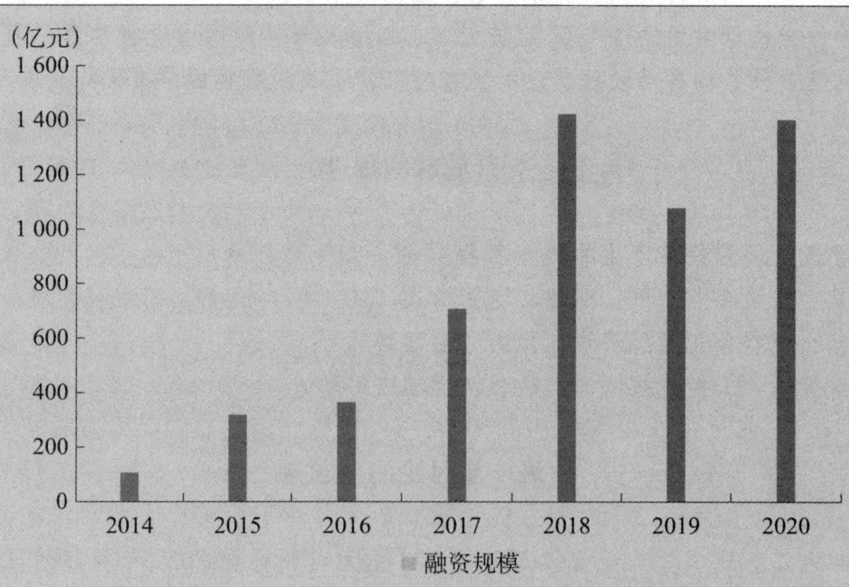

图8－5　2014—2020年中国人工智能产业融资规模

未来人工智能的应用场景范围将持续扩大，深度渗透到各个领域，引领产业向价值链高端迈进，同时也为改善民生起到重要作用。请结合当下人工智能发展现状，谈谈我国实现人工智能产业化面临哪些挑战。

参考文献及扩展性阅读建议

第9章
数字生态

学习目标

1. 了解数字生态的内涵及构成。
2. 理解企业生态位及生态位宽度的现实意义。
3. 运用工业共生理论的基本内容，分析相关的经济现象。
4. 熟悉竞合的原因、过程和结果，并用以分析当下企业间的竞合现象。
5. 了解灯塔工厂的发展现状及其先进性。
6. 了解元宇宙视域下产业的集聚机理、效应与机制。

引入案例

阿里云创立于2009年，经过几年的发展，逐渐成为全球领先的云计算服务商，在阿里巴巴的整个生态体系里占据着越来越重要的地位。根据阿里巴巴发布的2019财年年报，阿里云的收入为247亿元，增速达84.5%，收入占比由2014财年的1.5%提升至2019财年的6.6%。阿里云的成功离不开以“云合计划”为核心的生态战略，阿里云向合作伙伴高度开放及深度赋能，采取低门槛入云、一亿元扶持计划、开发全新开发者服务平台等多项策略吸纳合作伙伴提供行业应用、行业解决方案、IT服务、硬件等，构建了以阿里云平台为核心的超级生态圈，并处于主导者地位。

在数字经济时代，技术、服务、商业模式等方面都经历了大规模的创新，在移动互联网、大数据、云计算、物联网、人工智能的推动下，我们已经进入技术范式快速迭代、产业深度融合、平台全面网络化的新阶段。数字生态这一提法创造性地以生态学的视角分析数字经济。在数字经济时代，流程的非线性变化使其具有了生态系统的各种特征，开放的数字经济生态容纳了海量主体参与市场的竞合，线上线下相互渗透成为常态，跨行业跨区域竞争日益激烈，行业组织共生，生态种群互相嵌入，数字经济引领创新发展，成为各国经济发展的重要引擎。

《中华人民共和国国民经济和社会发展第十四个五年规划和2035年远景目标纲要》列专章阐述了营造良好数字生态的途径与规划，指出要坚持放管并重，促进发展与规范管理相统一，构建数字规则体系，营造开放、健康、安全的数字生态，建立健全数据要素市场规则，营造规范有序的政策环境，加强网络安全保护，推动构建网络空间命运共同体。

伴随数字技术的日新月异，企业所面临的外部战略环境不断变化，市场不确定性、竞争性日益增强，“开放边界、协同共生”是企业更好应对多方面压力的必要和有效措施。试图了解数字生态，必须具备系统论的思想。数字生态论的研究内容是把大量离散的生产单元以及为这些生产单元提供各类服务的组织、机构等有效联结起来，形成一个相互依存、共同发展的整体。这些联结在一起的对象组成了一个复杂的体系，我们称之为“生态”。正确认识数字生态，了解其底层思想，是本章的主要内容。

9.1 数字生态概述

在数字经济的浪潮下，互联网和数字化的渗透率不断提高。同时，在新一代数字技术的加持下，商业元素间基于数据要素的可连接性大大增加，行业边界趋于模糊甚至消失，越来越多的企业正加速抱团实现数字化生态式发展。

首先，融合成为数字经济发展的必要基础。随着数字化、网络化和智能化进程的加快，客户需求加速升级，对一体化的要求越来越高，相较于工业经济的产品时代，数字经济时代是体验为王的消费者时代，客户需求越来越多样化，响应速度越来越快，竞争越来越激烈。在这样的供需背景下，企业要想生存下去，就得转变传统竞争思维，摆脱传统“供—产—销”的内部价值链条，不断融合上下游生态伙伴以构建更为全面、强大的竞争能力。融合创造是数字经济时代的主旋律，一方面，协同产业合作伙伴，基于全量数据的融合创新和价值挖掘能使企业价值倍增；另一方面，产业链的立体化会增大与其他产业链重叠的概率，使企业可以从更细分或更新颖的竞争领域找到机会。以阿里巴巴新零售商业帝国为例，其以消费者为核心，贯通线上、线下零售数据，纳入产业链各参与者（线上以淘宝平台和商家为主体，线下以线下百货和盒马为主体），并借助门店数字化、移动支付、物流大数据等完成交易。

其次，共生是数字经济可持续发展的关键。在融合的基础上，企业要实现可持续的增长，还需要培育健全可靠的共生环境，打造数字生态共同体，让各参与方能持久追随企业创造价值。目前，共生的趋势在数字经济中已然显现：根据德勤对沪深300指数和恒生100指数的上市企业进行的财报分析，企业生态环境中与外界的连接更加频繁，近80%的企业的外部费用（如外包、中介、咨询等的费用）超过内部费用。同时，根据对近百家企业进行的商业生态圈治理问卷调查，以前仅有不到20%的企业表示对合作伙伴会高度依赖；而如今有超过50%的企业表示会对合作伙伴高度依赖。另据CB Insights研究发现，行业价值链加速向异质化转变，打破了原有的线性价值链，涵盖了金融、零售、汽车、医疗保健等行业，所有行业无界不破，而数字化是行业重塑中创造全新价值的原动力。正如廖建文教授所发出的产业竞争变革的呼声："数字经济时代，产业已经从线性零和竞争的 1.0 时代进入生态共生竞争的 2.0 时代。"也正如马化腾早在 2017 年全球合作伙伴大会上发出的呼吁："在整个社会迈向全面数字化的进程中，要加快从零和博弈转向共赢共生，形成一个数字生态共同体。"

最后，在数字经济时代，以融合和共生为特征的数字生态圈建设将变得更加关键和成熟，同时也更加复杂多变。需要说明的是，生态圈并不是一个全新的概念，其实早在工业经济时代就已出现，数字经济生态圈是一个升级版的生态圈，它是数字化的生态圈，数据在其中发挥着无可替代的关键作用：一方面，数据成为连接内外因素、形成融合和共生业态的根本生产要素；另一方面，数字技术的赋能以及产业数字化程度的加深使单位数据发挥更大的价值。生态圈在升级演进的同时，也使其组成更为多元复杂，变化空间也更大。

9.1.1 数字生态的内涵及构成

数字生态是数字时代下，政府、企业和个人等社会经济主体通过数字化、信息化和智能化等技术，进行连接、沟通、互动与交易等活动，形成围绕数据流动循环、相互作用的社会经济生态系统。可以说，打造理想的数字生态，是推动数字经济与实体经济深度融合的必由之路。

首先，数字生态由多个主体构成，包括企业、学研机构、政府、消费者、产消者等。主体之间基于互惠共生的关系，围绕创意、信息、资金等进行互动与合作，形成了生态化的组织体系。其次，数字生态同时运行于物理空间和赛博空间，是一个线上线下相结合的社会生态系统。其中，物质资源的转移、生产、交换等活动发生在物理空间中；知识传递、信息交互等活动则发生于赛博空间。两个空间发生的活动具有协同耦合关系，赛博空间接受和处理来自物理空间的信息，并为物理空间提供信息指引。最后，数字技术是数字生态系统中最重要的支撑。数字技术是典型的使能技术，具有强烈的带动性和衍生性，会深刻影响主体的技术方向选择和关键技术开发，并为主体之间的交互提供共性的技术范式。与此同时，大量互联网用户的存在使得数字技术的使用成为一种社会惯例和文化现象，成为数字生态重要的发展环境。

与自然生态相似，数字生态主要包括生产者、消费者、分解者和生态环境四个部分。其中生产者、消费者和分解者之间建立紧密的合作博弈关系，共担风险、共享收益，并且不断地与生态环境之间进行物质、能量和信息的交换。

数字生态中的生产者主要指以信息通信业、互联网、物联网、电子信息制造业、软件服务业等为基础的信息产品和服务。通过平台或系统集成商发挥作用，产生大量数据，用以满足自身行业需求，同时为整个生态系统提供数据来源。

数字生态中的消费者主要指数字产业与一、二、三产业的深度融合和应用。充分挖掘数据要素的生产力，从而不断提高自身竞争力。在价值共创的驱动下，供需双方信息交流更加便捷及时，企业边界扩大，呈现出协同共生的关系。

数字生态中的分解者主要指大数据、云计算、人工智能等提供数据增值服务的产业，如数据存储、处理和分析业务。以生产者群体和消费者群体为分解对象，将加工所得的知识化的数据和信息反馈给生产者和消费者，并与生态环境相适应，完成生态系统中能量与物质的循环流动。

数字生态环境主要包括数字基础设施、创新、资本和数字经济治理四个方面。完善的数字基础设施是发展数字经济的基础和先决条件；创新是数字经济发展的最根本动力，开放包容的创新环境是数字生态产生和延伸的必要条件；资本是数字生态系统发展的主要能量来源；数字经济治理通过构建与数字经济特征和规律相适应的治理体系，扫除数字经济发展的制约和阻碍因素。

阅读材料

“新华三”致力于打造“数字生态共同体”

在物联网时代，连接是基础，但网络部署只是物联网“万里长征”的第一步；激活应用落地的物联网平台，是推动物联网市场成熟的关键所在。在数字经济新跑道上，位于浙江杭州的新华三集团已经冲在前面，它致力于打造高度融合的数字化生态圈，推动全产业链的转型、升级与变革。

走进新华三集团，上下两层展厅显现出其强大的物联网平台建设能力和广泛的应用范围领域。工作人员介绍，集团拥有自主品牌的全系列服务器、存储、网络、安全、超融合系统和IT管理系统等产品，能为客户提供包括云计算、大数据、大互联、大安全和IT咨询服务在内的一站式、全方位数字化解决方案。

在教育、工业、农业、医疗和智慧城市等多个领域，新华三集团已经推出相关的解决方案。相关负责人表示：“新华三医疗物联网的特点是多网合一，一张网融合多种物联业务和WiFi业务，大大降低了医院的管理成本和人力成本。”

在工业互联网领域，新华三集团推出的工业互联网解决方案旨在通过低功耗广域网LPWAN技术和工业网关将机器和工业设备接入网络，包括车间的产线设备、人员定位、车间监控以及仓储货物定位，兼容各类协议接入并满足工业的复杂环境，进而实现IP化和无线化，数据上传至工业引擎和绿洲工业云平台，从而实现人机结合。海尔胶州空调互联工厂采用的就是新华三集团提供的智能工厂网络解决方案。通过一张网连通80%的设备节点，互联工厂全程可视，助推海尔集团实现数字化转型。

据了解，新华三集团拥有北京、杭州两大研发中心，每年将15%的年销售额投入研发。“我们的研发人员有6 000人，占员工总数的50%。”集团无线产品部总监刘晨介绍：“截至今年6月底，集团专利申请总量达到了8 865件，其中90%以上是发明专利，平均每个工作日超过4件。”

新华三集团产品已广泛应用于近百个国家和地区。“融绘数字未来，共享美好生活。”新华三集团总裁兼首席执行官于英涛表示，他们将服务于更多行业领域，帮助客户实现传统IT向数字化的融合与演进，引领数字化打造经济发展的新动能。应用感应控制、语音控制、远程控制等技术手段，发展智能家电、智能照明、智能安防监控、智能音箱、新型穿戴设备、服务机器人等。

资料来源："新华三"致力打造"数字生态共同体". 中国江苏网，2018-08-21.

9.1.2 数字生态效应

首先，数字生态可重构主体关联模式，发挥网络效应。实体经济要实现数字化转型，不是单个企业的"孤立"行为，而是需要政府、企业、服务商等多方协作。数字生态为转型相关主体之间的协同发展提供了新空间。通过构建数字生态系统，龙头企业数字化转型的经验得以固化、推广、复制；中介服务商通过识别共性需求并提供模块化解决方案，帮助企业和产业突破数字化转型技术壁垒，降低转型成本；政府以数字生态为依托提供更多、更完整的具有公共物品属性的数字基础设施，服务实体经济数字化转型。

其次，数字生态可重构产业链关系，优化资源配置。传统链条式的产业链、供应链关系在数字生态中由于各主体的关联模式重构而随之发生改变，形成网络结构下的短链模式，以高效的业务协同、数据协同、要素协同，实现价值共创、利益共享。对于产业链上游，数字生态助力企业实现智能化供给，保证产业链供给安全；对于同类型企业，借助数字生态下知识共享、技术共享、产能共享、订单共享、员工共享等多种数字化模式创新，实现优化资源配置，提升竞争优势；对于产业链下游，数字生态打破生产与消费相互割裂的状态，将生产、商业、消费、社交有机融合，借助数据分析优化产品设计、产能投放，精准匹配用户需求，提高有效供给。

最后，数字生态可对接全球市场，助力支撑双循环。当前国内外经济形势复杂多变，党中央提出要加快构建以国内大循环为主体、国内国际双循环相互促进的新发展格局。数字生态为企业特别是中小企业拓展全球化市场建立了新通道，提供了信息展示、贸易洽谈、支付结算、税收通关等各环节的全面数字化服务，大幅降低了交易成本，提高了交易效率。通过基于数字平台的供需对接，为企业精准定位海外需求、融入全球产业链供应链提供新途径，是新时代背景下实现双循环的有力支撑。以"丝路电商"为例，2019 年我国与 22 个伙伴国家的跨境电商进出口额达 245.7 亿元。

数字生态是数字化发展中各参与方共建共治共享的利益共同体。但目前我国基于产业互联网平台的数字生态建设仍处于初级阶段，存在发展、融入、评价等多方面的挑战。

9.2 企业生态位

9.2.1 企业主要生态关系

在自然生态系统中，物种之间存在着相互竞争、寄生、中性、合作、共生、偏利、偏害等相互制约、相互影响的关系，物种通过这些关系而相互作用。生物物种间的相互作用可以分为两类：一类是负相互作用，包括捕食、寄生、抗生作用；另一类是正相互作用，包括偏利、合作和互利共生。其中，互利共生是各种相互作用中最有利的作用方式。

在市场环境中，企业之间也会形成类似的相互关系。企业间生态关系是指企业与其生存环境之间具有生物种群关系特点的相互关系。企业之间通过相互关系而相互作用，可以彼此影响，也可以互不干扰，可以是有利或有害的。借鉴自然界生物种群的各种关系，企业间生态关系主要有：竞争、合作、竞合、寄生、偏利共生和互惠共生。

（1）竞争。

在以上几种企业相互关系中，以竞争关系最为常见。两个企业的竞争通常发生在两个企业共同需要同一稀缺资源的情况下，例如两个企业生产相似的商品，需要相同的客户，此时一个企业的存在会妨碍另一个企业的发展。当两个企业生产同种产品时，竞争关系表现为直接对抗竞争；当两个企业生产替代产品时，竞争关系就比较间接和隐蔽。

（2）合作。

为了更好地竞争，企业之间还可以通过合作来优势互补，增强彼此的竞争力。企业之间的竞争与合作是现代市场竞争的最普遍、最基本的关系。

（3）竞合。

企业之间的关系是复杂的动态关系，有时是合作，有时是竞争。随着市场不断地网络化、动态化，越来越多的企业把竞合视为企业长期发展的战略之一。

（4）寄生。

寄生关系中有寄生企业和寄主企业，这是企业之间的一种特殊共生形式。寄生企业从寄主企业身上获得收益而生存，寄生企业离不开寄主企业。如果寄主企业收益降低或衰亡，寄生企业也就失去了生存条件，因而寄生企业有与寄主企业长期共存的愿望，而寄主企业不需要寄生企业。寄生关系在市场竞争中很少见，如基于人际关系而关照的业务联系，或子公司对母公司的寄生，或政府强制规定的寄生关系等。

企业的寄生具有以下三个特点：①寄生企业依赖寄主企业维持生存，而寄主企业并不依赖寄生企业；②寄生企业因靠获取寄主企业的利益而存在，所以有害于寄主企业；③一般来说，寄主企业在规模上要大于寄生企业，寄生企业从寄主企业身上获取的利益只占寄主企业利益的一小部分。

（5）偏利共生。

偏利共生是指共生关系对一方有利，而对另一方无害也无利。例如沃尔玛与其供应商就是这种关系。偏利共生是介于寄生和互惠共生之间的过渡类型，共生双方对对方的依赖程度及创造与分享共生价值的程度介于寄生和互惠共生之间。企业偏利共生作用的核心是偏利性，其主要特点是：偏利共生的双方通过共生而创造新的价值，但这种新价值主要分配给共生关系中的某一企业，使这一企业获得了全部新价值。

（6）互惠共生。

互惠共生是指企业之间相互依存，彼此对对方的依赖程度较大，离开对方则双方都不能生存。如联想集团与IBM的关系就是互惠共生，联想可在5年之内无偿使用IBM品牌，并永久保留IBM的全球著名的Think商标权，同时IBM将持有联想18.9%的股份。

互惠共生可分为非对称性互惠共生和对称性互惠共生两种。对称性互惠共生是指共生双方在共生关系中的地位是相等的，双方对对方的依赖程度是相等的，对共生价值创造的贡献和对共生价值的分配也是相等的。而非对称性互惠共生则是指共生双方在共生关系中的地位不同，一方居于主要地位，另一方居于从属地位，互惠共生中最普遍的是非对称性互惠共生。互惠共生的主要特点是：互惠共生企业以分工为基础进行合作，通过合作产生新的价值增值，双方分享新的价值。

9.2.2 企业生态位概述

生态位是生态学中一个抽象但内涵丰富的概念。Whittaker（1975）提出生态位的概念，将其定义为每个物种在群落中时间和空间上的位置及其技能关系。① 具体来说，生态位是每个物种对资源（如食物种类）及环境变量（如温度）的选择范围所构成的集合，因为资源及环境变量是多维的，所以一个物种的生态位也是多维的。

1989 年，汉南和弗里曼在研究组织生态学时就探讨了企业生态位，认为企业生态位是由环境资源决定的多维空间，企业种群可以看作是由处于多维资源空间的相似企业生态位簇组成。20 世纪 90 年代，鲍姆等人认为，企业生态位是企业资源需求和其生产能力的交集，它取决于企业所处的位置以及它做什么，如企业的目标顾客是谁，它怎样与环境互动。所以，企业生态位是一个动态的概念，是企业适应环境的结果而不是原因，不同生态位的企业生存空间不同，资源需求和生产能力相似的企业有相同的生态位，环境规制和竞争、政治、技术等生态要素影响企业生态位。

根据前人对企业生态位的阐述，我们定义企业生态位为企业在特定市场环境中所占据的位置和所发挥的作用，类似于市场定位的概念，但比市场定位多了生态的内涵。企业生态位概念主要包括以下两个方面的内容。

（1）企业的基本特征，包括企业所处的地点、时间、企业规模、发展阶段，以及企业所控制的资源等，通常企业的地理位置与企业的可利用资源之间具有很强的相关性。企业所控制的资源包括消费者资源（如客户、市场份额和品牌忠诚度等）、利益相关者资源（如供应商、供应的原料、销售商、政府、股东，以及企业与利益相关者的关系等）、知识信息资源（包括人力资源、知识、信息、企业文化等），以及物质资本资源（包括设备、厂房、资金等）。

（2）企业承担的市场功能和价值。企业的功能是为用户提供价值，而任何企业都难以完成某个市场的全部功能和价值，往往只承担部分功能和价值。企业的价值是企业在价值网络中的地位，它包括企业处于哪些价值链的交点或在一条价值链的哪个位置。

9.2.3 企业生态位的维度

企业生态位可以划分为宽度、密度和重叠度三个维度。生态位宽度是指企业可以利用的所有市场资源的总和，反映了企业适应能力的大小。企业生态位宽度越大，越容易

① Whittaker，R. H.，1975，*Communities and Ecosystems*（*2nd Edition*），New York：Macmillan Publishing Co.

获得各种异质性资源，从而在市场上的适应能力越强、多元化趋势越明显，但适应效率会有所降低。生态位密度是在生态系统中共同生存的个体数量，反映了个体间竞争的程度。生态位密度小，则相互竞争的企业少，相应地，企业生存空间就大。生态位重叠度反映了企业间生态位的类似程度。生态位重叠度与企业的竞争程度正相关。系统中的企业数量少，资源相对充足，企业间竞争程度弱，因此生态位不存在重叠或较少重叠。企业数量的增加必然会带来资源的共享，生态位的重叠度会加大，这时企业共存的前提就是一定程度的生态位分离。

对企业来说，最理想的市场环境是没有竞争者，且所有条件都适宜企业发展，此时企业处于理想的生态位，可以充分发挥自身的潜力。然而现实中往往存在各种制约企业生存和发展的因素，企业的现实生态位一般会小于理想生态位，如图9-1所示。

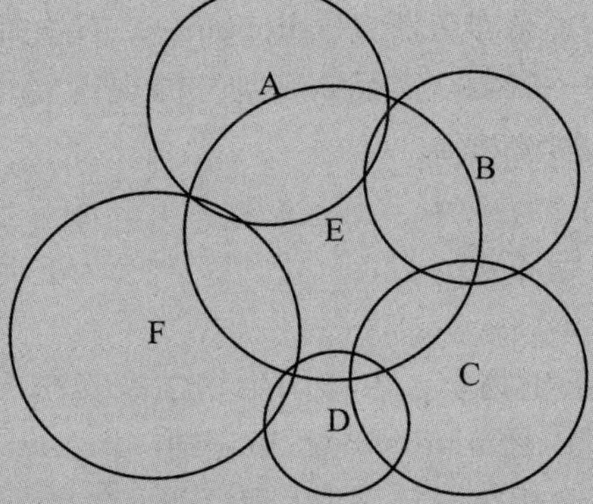

图9-1 企业E的理想生态位和现实生态位

资料来源：蔡晓明，尚玉昌．普通生态学：下册．北京：北京大学出版社，1995.

在图9-1中，企业E与五个企业A、B、C、D、F发生竞争关系，其中企业E的理想生态位用圆形面积E来表示，而现实生态位则是中间类五角形的区域。受A、B、C、D、F五个企业的影响，E压缩了自己的生态位空间。

(1) 企业生态位宽度的含义。

在自然生态系统中，生物的多样性与物种生态位宽度有关，物种生态位宽度是物种所利用的各种环境资源的总和，即所利用的环境资源的多样化程度。如果实际被利用的资源只占整个资源谱的一小部分，则这个物种的生态位较窄；如果一个物种在一个连续的资源序列上可利用多种多样的资源，则它具有较宽的生态位。

企业生态位宽度可以定义为一个企业所利用的各种市场资源的总和，即企业对市场资源适应的多样化程度。例如，虽然都生产电器，科龙公司主打制冷空调，企业所需的消费者资源类型较单一，生态位较窄；海尔公司产品线较宽，企业所需的消费者类型较多，生态位很宽。再如，宝洁公司有一个很宽的生态位，它的产品品种多，顾客种类也多，而可口可乐公司的生态位较窄，产品品种单一，顾客主要针对年轻人。一般来说，随着企业的发展和产品品种的增多，企业生态位会加宽。

(2) 企业生态位重叠。

在自然界，当两个物种需求同一环境资源时，就会有一部分生态位空间为两个物种所共有，就会出现生态位重叠现象。类似地，如果两个企业的产品和目标客户是相似的，两个企业的生态位就重叠了。假如两个企业具有完全一样的生态位，就会发生百分之百的重叠。如果两个企业拥有一部分共同的消费者，且各自拥有其他不同的消费者，则两个企业的生态位部分重叠。

9.3 工业共生

随着工业化进程不断推进，日益严重的资源危机与环境污染已对人类的生存和发展构成了严重威胁并迫使人类对工业发展模式进行深刻反思。20 世纪 80 年代，可持续发展成为世界各国探索的方向。人类在开发自然的同时，也要承担维护自然的责任与义务。1989 年弗罗施（Frosch）和加劳布劳斯（Gallopoulos）首次提出了“工业生态学”的概念，为从传统的工业生产的“资源—产品—废物”的现行模式向“资源—产品—再生资源”的循环模式转变奠定了理论基础。

9.3.1 工业共生的内涵与本质

“共生”一词最初来源于生物学，由德国生物学家安东·德巴里（Anton de Bary）于 1879 年提出，后经范明特（Famintsim）、布克纳（Prototaxis）发展完善。它指的是不同物种按照某种物质联系生活在一起。共生理论和方法自 20 世纪中叶开始应用于社会学领域，将生物群落内物种之间的上述关系应用到工业体系中去，就是寻找多个企业构成生物群落，群落内企业间是共生关系，它们模仿自然生态系统的食物链结构，一种企业的废物可以用作另一种企业生产的原材料，使物质和能量得到循环利用。它是借鉴自然生态系统的共生含义逐渐丰富而来的。1989 年弗罗施和加劳布劳斯提出“工业生态学”和“工业生态系统”。由此，工业生态学迅速发展起来。随后，人们发现了 20 世纪 70 年代出现的丹麦卡伦堡工业共生体，从卡伦堡工业共生体中，人们看到“工业共生”不仅可以给企业带来经济效益，还可以实现环境质量的改善，“工业共生”概念被正式提出，由此，工业共生的相关研究广泛开展起来。工业共生理论的发展如图 9 - 2 所示。

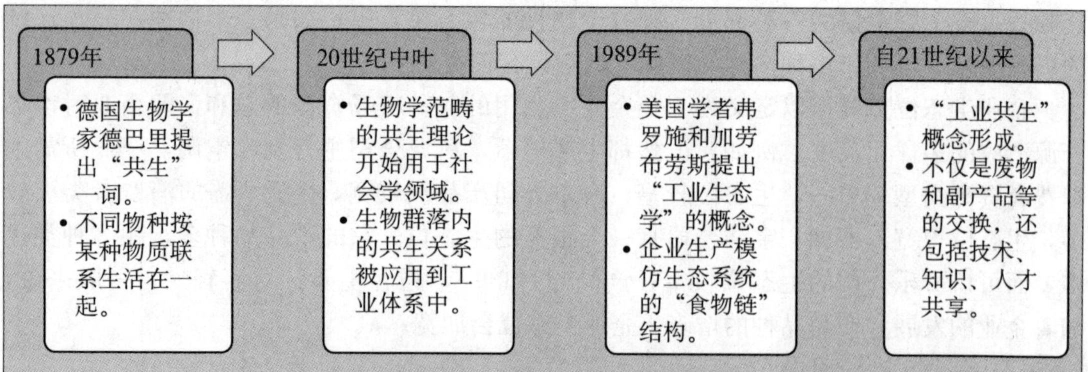

图 9 - 2 工业共生理论的发展

丹麦卡伦堡公司出版的《工业共生》一书对“工业共生”给出了较为完整的定义：“工业共生是指不同企业之间的合作，通过这种合作共同提高企业的生存和获利能力，同时，通过这种共生实现对资源的节约和对环境的保护，在这里，这个词被用来说明相互利用副产品的工业合作关系。”

由此可知，企业共生的本质就是企业间的合作，只是这种合作是以副产品的交换为纽带，以提高资源利用效率和保护环境为目标而已。随着研究的深入，一些学者对这一概念的内涵进行了进一步探究。企业共生的内涵主要包括以下主要内容：第一，工业共生是现代工业企业模仿自然生态系统的组织创新模式。它模仿自然界生物种群的共生关系交互作用原理，在企业之间建立起“生产者—消费者—分解者”生态产业链，彼此之间通过废弃物交换而达到资源循环利用、物质使用的减量化和低污染低排放甚至零排放。第二，工业共生是指企业之间的竞合关系。它不仅包含合作，同时包括竞争和优胜劣汰；企业之间不仅包含物质流、能量流之间的副产品利用，而且包括信息流、人才流、技术流和创新流等方面的全面合作。第三，工业共生是一个更大空间的合作网络。它由企业之间生产过程中的副产品合作，跨越到企业之间的全方位合作，以及由企业之间扩大到企业、社区与政府公共部门之间更广泛的合作，通过这种合作，共同提高企业的经济效益与生态效益。

9.3.2 工业共生的主要特征

(1) 共生的群落性。

工业共生具有类似生物群落的特征，由彼此关联的企业通过产业系统内物质封闭循环、物质减量化和碳减排等方法实现产业重组，使得群落内的总体资源得到最优化利用。

(2) 以融合为前提。

关注产业创新及其价值增值中的业务连接关系，技术的互补、产品的供需、业务模块的组合等方式都可以促进共生视角下的融合。

(3) 资源使用的循环性。

把传统的“资源—产品—废物”物质单向流动生产过程重构为“资源—产品—再生资源—再生产品”的反馈式流程和“低开采、高利用、低排放”模式。

(4) 上下游的整体性。

上游并非可以随意生产废物，而是要考虑共生链对资源的需求程度与对排污量的接纳能力，每个环节都要注重资源消减。

(5) 经济与环保的有机结合。

摒弃传统发展模式中将经济与环保分离的做法，使发展经济与环境保护有机结合，所产生的实质性的环保和经济效率是其得到推崇的根本原因。

9.3.3 工业共生的意义

(1) 促进各产业协同进化。

企业间开展生产、经营、资本、技术等多方面协作，上下游产品连成一条条产业链，能够充分协调产业群落各组成部分的行为，使之更有效、更合理地处理共生单元和系统的共存关系，选择更好的方式，实现协同进化。

（2）促进资源充分共享，合理利用。

企业间通过共生关系合作，使各类资源在企业群体内外合理配置和流动，并被有效运用。通过共生战略、分工协作、优势互补，提高企业抵抗冲击的稳定能力。

（3）促进竞争由“排他性”转为“排劣性”。

工业共生并不排斥竞争，受数字信息技术和市场经济法则的共同作用，工业共生的内外竞争形势将更趋于“排劣性”，并具有更为公平、公正和合理的共生文化。

阅读材料

丹麦卡伦堡生态工业园

丹麦卡伦堡生态工业园以园区内发电厂、炼油厂、制药厂和建材厂等为核心形成共享资源和互换副产品的工业共生系统，如图 9－3 所示。

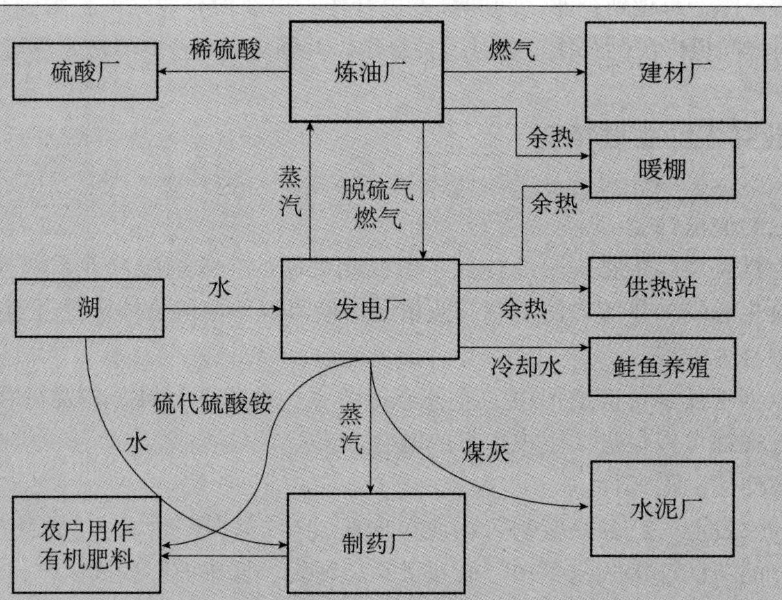

图 9－3 丹麦卡伦堡生态工业园流程示意图

资料来源：Ehrenfeld，J. and Gertler，N.，1997，“Industrial Ecology in Practice：The Evolution of Interdependence at Kalundborg”，*Journal of Industrial Ecology*，1（1），pp. 67－79.

发电厂的余热为周边约 5 000 个家庭提供热能，为炼油厂和制药厂提供蒸汽，冷却水用于当地鲑鱼养殖，产生的煤灰供水泥厂作为原料使用，脱硫设备产生的硫代硫酸铵转化为液体化肥，供周围农户使用。

制药厂土豆粉、玉米淀粉发酵产生的有机废物经杀菌消毒后，作为有机肥料供周边约 600 户农户免费使用。

炼油厂产生的多余燃气通过管道输送到建材厂和发电厂供生产使用，产生的脱硫气供发电厂燃烧，酸气脱硫产生的稀硫酸供附近硫酸厂作为原料使用。

9.4 竞争与合作

在竞合概念出现之前，竞争与合作被单独用来描述企业之间的关系。竞争是为了各自不同的利益，合作是为了共同的利益——通过战略联盟、企业网络、供应链等形式寻求提高绩效。但是这两种视角各有缺陷，导致了不能全面理解企业之间实际的相互依赖关系。在战略和管理研究领域，竞合概念最早出现在20世纪80年代，将竞争与合作结合在一起看待，描述了企业如何同时追求竞争与合作、如何寻求竞争与合作的平衡。布兰登勃格和内勒巴夫认为企业间的合作是一种可以实现双赢的非零和博弈。他们创造了“Co-opetition”（竞合）一词，概括了企业之间既竞争又合作的现象。众多企业都通过竞合战略，实现互通有无、资源共享，最终取得双赢。例如飞利浦和索尼共同研发娱乐播放器，IBM和苹果公司共同研发PowerPC芯片等。

9.4.1 竞合的驱动因素

竞合的驱动因素包括外部因素、内部因素和关系因素。

（1）外部因素。

外部因素主要是指一些环境条件，如行业特征、技术需求和利益相关者。集中的、规范的、规模较小的行业较容易使企业进行竞合，行业不确定性也促使企业进行竞合，边界较为模糊的行业也会促进竞合。复杂的、快速变化的技术需要使得企业很难独善其身，在这种情况下企业更希望进行竞合。另外，一个有影响力的买家更希望互为竞争者的供应商之间进行合作，有时候甚至会逼迫卖方进行合作。

经济全球化、竞争加剧、经营环境的不确定性等促进了企业之间的竞合。企业面临的外部环境变化非常快，为了跟上这些变化，与竞争者的伙伴关系将变得十分有价值。考虑到经济全球化，Luo（2007）发现企业面临更大的竞争压力，同时也有更多的合作动机。[①] 知识密集、动态、复杂的行业，如生物技术、IT等高科技行业，其产品生命周期短、多种技术融合、研发高投入、资本支出高等特点促使企业参与竞合。竞合提供了共享风险和成本的机会，提供了应对技术动荡的专业技能和知识。

（2）内部因素。

内部因素包括动机、资源和能力等。企业为了长远战略总是主动地扫描环境，寻找强有力的伙伴，以便弥补自身的弱点、进入新的市场或向高端价值链进阶等。同样，企业在缺乏资源、能力时也会倾向于与竞争者进行合作，将其自身的知识、资源和能力融入新的竞合关系，获取更多的价值。企业为了创造更大的市场会倾向于与竞争对手合作。

---

① Luo，Y.，2007，“From Foreign Investors to Strategic Insiders：Shifting Parameters，Prescriptions and Paradigms for MNCs in China”，*Journal of World Business*，42（1），pp. 14－34.

（3）关系因素。

关系因素则与伙伴特征、关系特征紧密相关。首先，合作伙伴特征影响竞合关系。企业愿意与拥有优质资源和能力或者拥有独特且互补的资源的竞争者进行合作，而掌握关键资源、市场权力大、保护意识强的企业则常会选择与竞争对手发展竞争关系。伙伴之间较大的知识距离（如科技知识背景、组织系统、业务领域等的不同）会促使竞争者进行合作，以获得创新收益。其次，合作关系特征，如网络结构的特征（网络中心性、网络自治性）以及网络成员之间的相互依赖，影响着企业的竞合战略。企业往往嵌在各种网络中，企业在网络中的中心性越高、网络自治性越好，越会促进其竞合行为，灵活的网络结构与竞争正相关，刻板的网络结构则与合作正相关。此外，网络的社会属性，比如互惠交换、人际信任等，都是促进合作的重要因素。垂直网络对于本地企业获取资源很重要，而水平网络对于跨国企业获取物理的、组织的、技术的、信誉上的资源更有效。

综上所述，影响企业参与竞合的驱动因素包括外部因素（行业特征、技术需求和利益相关者）、内部因素（动机、资源和能力等）和关系因素（伙伴特征、关系特征等）。

9.4.2 竞合策略分类

在上述驱动因素的影响下，企业做出竞合决策，此时需要确定采取何种竞合策略，把握竞争与合作的平衡。学者们常常将竞合视作结构变量，采取二分法（高-低），根据竞争、合作水平的高低，区分出了四种竞合策略，即竞争寻租、垄断寻租、合作寻租和协同寻租，如图 9-4 所示。

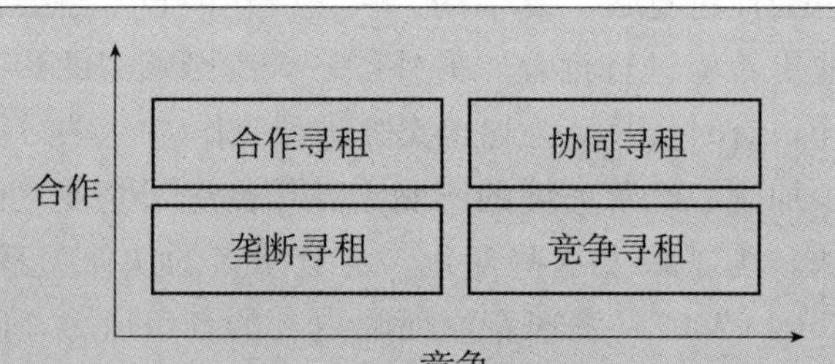

图 9-4 竞合的二分法

（1）竞争寻租策略。

高竞争低合作的情况。个体争夺稀缺资源、追求个体利益最大化。优点是促使企业减少组织冗余，降低交易成本和生产成本，提高生产率，寻找新的方法、系统和流程对资源进行重新组合。缺点是持有零和博弈的思想，企业忽视通过有效的合作构建特定关系资源，难以实现长期效益。

（2）垄断寻租策略。

低竞争低合作的情况。制定政策限制新成员进入，运用市场权力控制竞争对手。虽然短期内使核心企业受益，但长期而言，势必降低社会总体福利，甚至会慢慢蚕食企业的长期生存能力，因为垄断寻租策略可能造成核心刚性。

（3）合作寻租策略。

高合作低竞争的情况。通过共享资源追求集体利益，强调互惠交换，并不一定追求超过其他利益相关者的竞争优势和利益，而是通过培育和维护相互依赖关系，寻求共同合作和共享价值。优点是利他主义、集体主义范式能使企业关注长期利益，发现并利用新机会，找到值得信任的伙伴。缺点是在一个充满利己主义的世界里，无节制的合作会使机会主义的负面作用超过合作带来的收益。对于专注于合作的企业而言，还有可能产生沉没成本。

（4）协同寻租策略。

高竞争高合作的情况。在竞争与合作之间寻求动态平衡，强调竞争与合作的正和效应、效率提升效应。优点是通过协同寻租，企业可以构建新的更强的能力，与其他企业共享成本和风险，快速且低成本地应对变化，从而最终提高其竞争地位。缺点是在同时追求竞争与合作时，维护和实施这一战略的成本可能大于收益，协同寻租行为可能无法提高企业的竞争地位。这些成本的产生是因为参与竞合需要保持更大和更多样化的认知地图、行为惯例、组织资源等。

9.4.3　竞合过程的特征

由于竞争与合作之间固有的矛盾，竞合过程表现出了动态性和复杂性。

首先，竞合过程的动态性表现在竞合网络的变化，以及竞争与合作的互动变化上。竞合发生在多个参与者形成的网络中。在竞合过程中，企业不断调整和重新配置相互间的关系，网络也不断变化，如新的成员加入，旧的成员退出，有些成员进行额外投资，而有些成员减少他们的承诺等。显然，由于产业融合、环境快速变化，以及客户对复杂的、集成的、非标准化的产品和服务的需求增加，企业必须调整它们与其他企业的相互角色和关系。竞争与合作之间的互动可能使它们此消彼长或共同减弱（或增强）。此消彼长是指竞争与合作可能相互替代，竞争可能会削弱伙伴间的合作倾向，合作也可能使伙伴降低竞争倾向。共同减弱（或增强）是指竞争与合作存在同方向演化的可能性，如竞争的增强可能意味着存在合作潜力，而合作的增强也可能意味着风险，从而导致竞争进一步加剧。竞争与合作就像是一条线的两端，有时候竞争压过了合作，有时候合作压过了竞争，或者两者均处在比较折中的状态。竞争与合作之间的演化存在时间和空间上的差异性。时间上的差异性体现为：当共同创建新市场时表现为合作，而当分享市场利益时则表现为竞争。空间上的差异性表现为：竞争者在某些经营领域和经营环节进行竞争，而在另一些领域进行合作。例如，索尼和三星为了研发液晶显示屏电视面板而建立了合资企业，但是在其他产品市场上进行竞争。

其次，竞合过程的复杂性表现为竞合网络中参与方的角色多样化和角色冲突，也包括竞合关系本身固有的矛盾性。企业在网络中扮演着多种角色，有时甚至是冲突的角色。同一个参与者有时会同时扮演供应商、顾客、竞争者、伙伴等看似矛盾的角色。网络中的企业也会努力获得核心位置，处在网络中心的大企业能够更好地管理整个网络，联合那些较小的企业一起创造新机会。小企业也希望在网络中学习到更有用的知识，但很难在网络中获得中心位置。竞合关系中的核心问题是竞争与合作的潜在冲突。如果合作伙伴采取更为合作的导向，则它们更愿意维持和发展当前的合作关系。然而，无论合作程度有多高，每个合作企业仍然会追求自我利益，并企图以牺牲其他伙伴或合作利益来获得更大的竞争优势，此时，企业间的竞争就会出现。潜在的竞争鼓励了机会主义，并因此导致了利益冲突。

9.4.4 竞合的经济效应

（1）规模效应。

竞合战略给企业带来了规模效应。单个企业的相对优势在竞合条件下得到了更大程度的发挥，降低了企业边际成本。合作使专业化和分工程度提高，对价值链当中各个企业的优势进行优化组合，放大了规模效应。同时，企业通过竞合战略有助于联合制定行业技术标准，形成标准化系统。

（2）成本效应。

竞合降低了企业的外部交易成本和内部管理成本。企业通过相关的契约建立起稳定的交易关系，降低了因市场的不确定和频繁的交易而导致的较高交易费用，同时，缓解了信息不平等的现象，信息搜寻费用减少。竞合企业间的知识共享也有助于降低内部管理成本，提高组织效率。

（3）协同效应。

同一类型的资源在不同企业中表现出很强的异质性，竞合扩大了企业的资源边界，不仅可以充分利用对方的异质性资源，而且可以提高本企业资源的利用效率。此外，竞合节约了企业在资源方面的投入，减少了企业的沉没成本，提高了战略灵活性，通过双方资源和能力的互补，产生 1 加 1 大于 2 的协同效应，提升了企业整体的竞争力。

（4）创新效应。

竞合有利于企业间信息和知识的传递、创新和应用，同时也有利于企业间技术的转移和迭代。此外，企业对行业动向和产业发展动态认识水平提高，有助于快速跟踪外部技术、变革管理模式等，增强企业的创新能力和应对外部环境的能力。

然而，竞合是一把双刃剑，既有积极影响，也存在负面效应。例如机会主义行为、资源溢出、角色冲突（既扮演合作者又扮演竞争者）、自由度和灵活性降低等。因此在竞合过程中，企业要树立正确的竞合理念，把握竞争与合作的平衡。

9.5 灯塔工厂

灯塔工厂是指成功将第四次工业革命中的核心技术从试点阶段推向大规模整合阶段，并借此实现了重大财务和运营效益的工厂。世界经济论坛和麦肯锡咨询公司共同遴选“数字化制造”和“全球化 4.0”的示范者，截至 2025 年 1 月 14 日，累计公布了 13 批、共计 189 家灯塔工厂。该评判基于第四次工业革命中新型技术的应用和创新，包括自动化、工业物联网、数字化、大数据分析、第五代移动通信技术等。

9.5.1 灯塔工厂的先进性

（1）人力资本注入器。①

很多人都担心机器会替代人工。然而，这些灯塔工厂部署第四次工业革命技术的本意并非取代人类操作员。麦肯锡的一份报告指出，基于当前的技术，只有不到5%的职业会百分之百地实现自动化，还有60%的职业至少有30%的任务可以实现自动化。因此，生产部门员工的工作方式会得到改变：重复劳动会减少，工作的趣味性、多样性和生产率会提高。随着周围环境的变化，各个职业阶段的员工都会肩负新的任务和职责，利用人类独有的技能去做出动态决策。

（2）重设标准的行业领导者。

过去几十年来，工厂一直在不断推进改进措施。然而，第四次工业革命超越了这种渐进式转变，直接重设了行业标准。灯塔工厂采用了不同的用例来改变运营方式。平均来看，每个灯塔工厂都拥有10～15个先进用例，并且有10～15个用例还在开发中。它们正在重设运营和财务关键绩效指标（KPI）的行业基准。有的灯塔工厂甚至拥有超出内部预期两倍之多的绩效。借助这种革命性方法，灯塔工厂大幅调整了自身的运营模式，绩效也上了一个台阶。在此之后，它们便可借助第四次工业革命的新技术和新能力加快持续改进速度。

（3）开放的创新者和协作者。

灯塔工厂隶属于一整套创新体系，其成员还包括高等院校、新创公司和其他技术提供商。灯塔工厂筛选了数以千计的技术提供商，最终确定了一套能与之开展密切协作，并在生产车间开发解决方案的系统。在一个日益数字化的世界中，企业理应管理和保护自身所有的系统和技术。但是，敞开大门所能带来的利益和增长机会要远超竞争构成的潜在威胁。通过开发优秀的知识产权及网络安全政策和协议，灯塔工厂有效地保护了自身安全，能够在促进协作的同时最小化风险。它们不仅向亲密的合作伙伴开放大门，每年还会热情接待成千上万的参观者。

（4）大企业和中小企业。

值得注意的是，第四次工业革命的创新成果并非只为大企业独享，通过关注不需要大笔投资的务实性方案，中小企业也能实现革命性转变。海纳中小企业的重要意义体现在两方面：首先，中小企业为国家创造就业岗位。数据表明，中小企业在创造就业岗位上发挥着无可比拟的作用。在多数经济合作与发展组织成员中，60%～70%的就业岗位都来自中小企业。其次，中小企业是供应链的核心组成部分。因此，若能将它们纳入数字化进程，整个行业的供应链就会得到优化。

（5）新兴和发达经济体。

很明显，第四次工业革命的技术成果并不只为发达经济体独享。事实上，中国在这

---

① 王彰彰．“灯塔工厂”的创新与管理．中国工业和信息化，2019（7）：82-88.

方面体现了绝佳的领导力，因为其灯塔工厂的数量领先全球。剩下的灯塔工厂则基本都在西欧。这表明，与降低劳动力成本相比，通过第四次工业革命获得其他财务和运营效益要更加重要。

（6）以最少的设备替换实现较大的影响。

人们常有这样的误解，认为传统陈旧的设备会成为第四次工业革命的障碍。但实际上，大多数灯塔工厂都是通过对现有老工厂的运行进行转型提升实现的。它们会连接和优化现有的基础设施，并配备新的机械装置来强化其能力，这样便可实现很多与第四次工业革命有关的效益。与第一次工业革命和第三次工业革命不同，第四次工业革命仅需替换较少的设备，就能实现较大的影响。

9.5.2 灯塔工厂的增长路径

通过在运营中融入数字化技术，灯塔工厂不仅成功提升了生产力，还为可持续的盈利增长奠定了基础。数字化设备和管理应用在工厂层面提高了产出和生产力。除此之外，还有三项因素也在推动增长的过程中发挥突出作用：一是采用新型商业模式；二是释放潜能；三是实现可持续增长。

（1）采用新型商业模式。

在数字化技术飞速发展的当下，墨守成规只会抑制增长。即便市场环境动荡不安，客户对定制化产品的需求也不容忽视。为此，灯塔工厂视依托第四次工业革命技术的商业模式创新为第一要务，并相应收获了诸多重要优势，如深入了解购买行为和客户选择等。考虑到客户的偏好日新月异、各不相同，企业唯有及时跟进，才能成为客户的首选。它们深知大规模定制能力的重要性。通过创新转变其商业模式，企业能够物尽其用，以空前的速度推出定制化产品。

（2）释放潜能。

第四次工业革命技术释放的潜能可以促进产量和销量的双重增长，且成本合理。传统观点认为，要想实现可观增长，企业就必须大力扩建实体工厂和基础设施。但灯塔工厂提出了另一种方案：通过将先进的数字化工具与柔性生产系统相结合，领先企业在不需要大量资本投入的情况下也可以实现生产力的提高。

数字化技术有助于优化绩效管理。设备综合效率数据收集系统可以在几乎无人为干预的前提下记录和归类所有绩效损失。与此同时，设备之间的互联互通和数字绩效看板可以实时为员工提供数据。对系统设置进行自动化测试能够缩短停机时间，而基于机器学习技术的系统则能实现设置最优，跟踪变化，并提供分析。

实时跟踪能使规划体系深入每一个细节，提升系统的调度能力；与此同时，机器、操作员和技术员端的输入则能优化整个生产规划。基于此，资产和资源得以实现最优分配和调度，避免资产规划运行期间的资源浪费。此外，系统还能实时跟踪生产进程，在出现异常时发出警报。第四次工业革命技术能够显著改善工作体验，其中一大表现就是一线员工开始直接参与数字应用的开发。

第四次工业革命转型影响深远，横跨十个 IT 系统及三大数据平台。它不仅能提高生产线的设备综合效率，减少非计划停机，提高员工效率，还能创造新的数字工作岗位。

（3）实现可持续增长。

传统观念认为，企业若想提升生产力和盈利能力，只能以牺牲环境为代价。但是，领先企业在提高生产力的同时改进了资源使用效率，进而促进了环境保护。事实上，许多措施在提高生产力的同时也在提升资源使用效率，促进绿色发展。深知并秉持这一理念的企业正在斩获双重效益：降低成本，提升可持续发展能力。

阅读材料

青岛啤酒，数字技术助力商业模式创新

在第四次工业革命技术的帮助下，青岛啤酒成功转变其商业模式，实现业绩增长。青岛啤酒是中国第二大、全球第六大啤酒企业。面对消费者日益攀升的个性化、差异化和多元化需求，青岛啤酒采用了新型商业模式，在整个价值链上下游重新部署了智能数字化技术，从而实现了对客户互动、产品开发、生产和分销的优化（见图 9-5）。

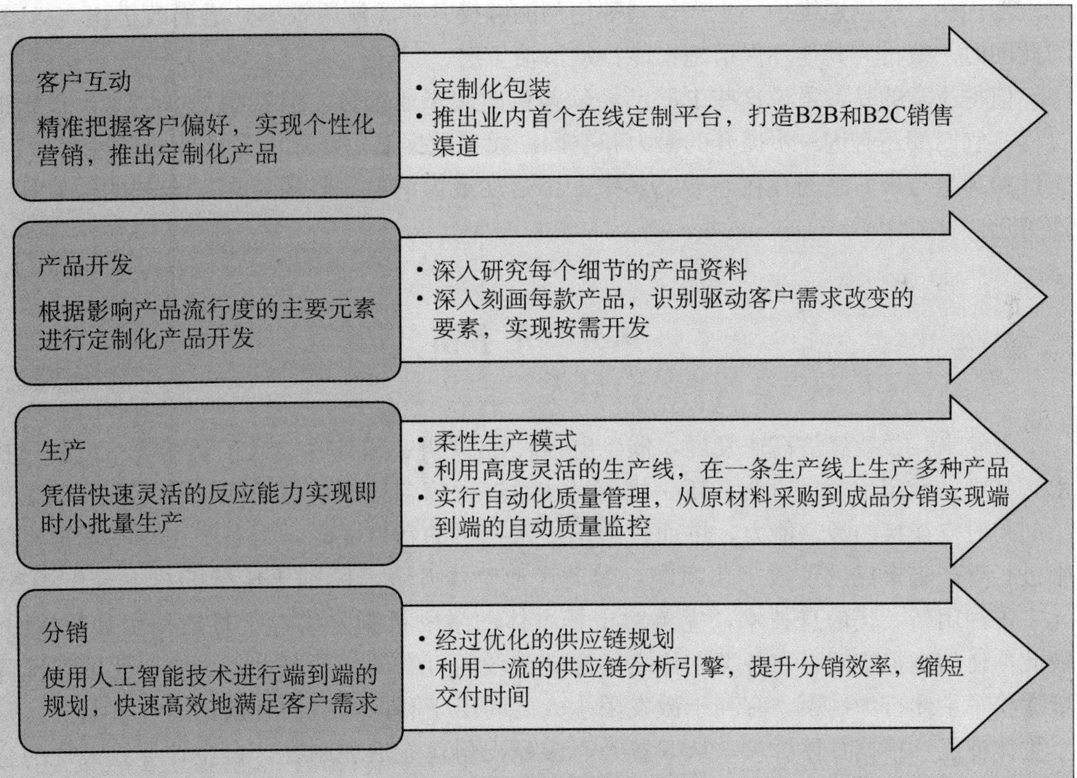

图 9-5　青岛啤酒新型商业模式

通过精准把握客户偏好，青岛啤酒实现了个性化营销。该公司推出了业内首个在线定制平台，为 B2B 和 B2C 销售渠道提供定制化包装。通过锁定影响产品流行度的主要元素，青岛啤酒在产品的定制能力上取得了重大突破。通过深入“刻画”每款产品，青岛啤酒得以实现按需开发。

在柔性生产模式与自动化质量管理的“双向加持”下，青岛啤酒快速灵活地实现了小批量生产。依托优化后的供应链规划体系，以及一流的供应链分析引擎，该公司成功提升了分销效率，缩短了交付时间。此外，人工智能驱动的端到端的规划体系也让青岛啤酒快速高效地满足了客户需求。

借助数字化赋能的柔性制造体系，青岛啤酒缩短了交付时间和生产调度时间。精准预判需求走向后，产品变化次数减少，设备综合效率得以提升。得益于大规模定制和 B2C 在线订购，最低起订量降低了 99.5%。通过加强对客户偏好的认知和响应能力，青岛啤酒不仅实现了真正意义上的增长，还提升了其品牌偏好度。

资料来源：麦肯锡与世界经济论坛携手撰写的《全球灯塔网络：重构运营模式，促进企业发展》。

绝大多数灯塔工厂都在借助第四次工业革命技术提升可持续发展能力。虽然此前可持续性的提升几乎都是第四次工业革命转型中的“无心插柳”，但企业开始更多关注专项环保举措，如减碳和节水等。两种举措的结合大大提振了行业信心。数字化赋能的流程和机器优化、预见性维护、生产规划等用例能够提升资源使用效率，进而改进生态效益；与此同时，减排和其他环保措施也能推动清洁生产。

值得注意的是，虽说这些工厂已经领跑第四次工业革命，但转型是一个永不停歇的过程，它们都还有进一步提升的潜力和空间。而且数据显示，就许多商业驱动因素而言，工厂的理想与现实之间存在差异，其中上市速度最为明显。灯塔工厂对未来的探索任重而道远。

9.6 元宇宙

近年来，数智经济高速发展，催生出 5G、区块链、云计算、人工智能等一批新兴技术。其中，元宇宙通过对众多新一代信息技术进行综合集成，打通线上线下次元壁，集结起跨时空连接的数字能力，进而打造出虚实相生的新型业态，为各类主体在虚拟空间中进行生产集聚提供了数字化赋能，带动产业整体升级。区别于传统的线上合作场景，元宇宙利用新一代信息技术，完善对市场主体的激励机制，致力于打造一个公开透明、彼此信任的虚拟空间，在各类主体之间建立起较为可靠的信任基础。去中心化的技术环境放松了主体行为约束，有利于激发陌生人之间出于利己动机而开展的合作性行为。每个主体都能够根据具体诉求，从双赢乃至多赢视角建立治理制度，自主地寻找最佳的合作伙伴。由此而形成了公共自治、同步关联的治理体系，具有典型的关系网络特征，兼备市场属性与社会属性，放大了经济活动对社会发展的推动作用。

9.6.1 元宇宙视域下产业集聚机理

随着经济社会发展，技术复杂度持续提高，超出了任何一个人的理解能力。技术创新只有在众人的共同努力下才会有实质性突破，对于生产集聚的现实需求越来越强烈，元宇宙技术的出现为集聚问题提供了新的技术方案。从本质上讲，元宇宙具有开源社交、沉浸体验、虚实交互、空间拓展的特点。作为现实世界的镜像，元宇宙技术放大了主体的主观能动性，使得每个主体都可以摆脱地理环境、社会因素的束缚，在更加微观的层面对原子和数据信息进行排列组合，尝试技术探索与创新协作。元宇宙的空间计算模型促进了虚拟资产与现实资产的双向流通，重组产业运行模式，加快生产环节和交换环节的经济循环。在新一轮科技革命的技术浪潮之下，数字化生存的"元宇宙转向"开启了人类叙事新可能的生存创新机理，从根本上改变了产业表现形式，在生产性集聚维度上为实施产业升级注入了新活力。

（1）拓展产业新空间。

技术创新是一项涉及多个主体的复杂活动，其间需要集聚大量的生产要素、零部件和工艺流程，只有具备了一定规模，才有机会爆发出可观的技术成果。然而，现实世界中总是会有各种各样的外在因素，使得集聚面临着较大难题。互联网快速发展，从供需两侧推动产业的协同集聚以及空间非一体化发展，为实施产业升级打开了新的空间构想和无限可能。

如今，元宇宙依托子技术集合，以数据为核心媒介，按照"终端—传感器—网络—服务"的技术路径，贯通现实世界与虚拟空间的对应连接。例如，物联网和泛在感知设备获取了生产组织的实时数据，在线上同步勾勒出设计、制造、调试等业务流程状态；自动立像镜、空间计算、全域标识与多传感器融合技术可靠地测量、捕捉各项参数的发展变化，在空间中生产组织的每个细节都拥有被给予唯一定位与姿势的数字虚拟体；生成式人工智能塑造了搭载着语音识别、语义理解、知识图谱、语音合成、语音动画等支撑技术的虚拟人角色，推动数据建模从真人手动操作向系统自动测试过渡，实现了千人千面的需求预测与个性化推荐。

元宇宙的众多子技术将地理上分散的主体复现于虚拟的新空间，拓展了产业组织范围，技术创新、生产协作、工艺改进等活动都可以在更加广阔的领域内捕捉新的创意和线索。随着子技术集合和各项配套机制的持续升级，元宇宙将从数字孪生向数字伴生、数字原生的方向不断演变，在虚拟与现实之间逐步建立双向交互连接，以虚补实、以虚优实，即在虚拟空间中辅助现实世界解决具体问题，以线上的相互依赖关系引导线下的要素汇聚共享。

（2）塑造产业新业态。

元宇宙运用了以区块链技术为支持的数字凭证，对各类资产的所有者、历史交易情况进行了标记，所有权的交易和流转都由二进制的唯一编码进行确认。资产通证化明晰了产权归属，凸显了资源的稀缺性与交换价值。原创成果完全由创作者所有，受到严格保护，有助于实现知识产权价值最大化。对于创新行为而言，资产通证化使得每一项原创成果的使用都会留下痕迹，使用者则需要按照使用情况进行相应付费。即使是高度复杂的群体性创新成果，每个参与者也能够依据所做贡献获得相对应的权益。资产通证化的技术实现在一定程度上降低了侵权、抄袭的可能性，增强了创新行为激励与成果推广，带来了知识产权保护与成果收益分配的双重利好。

数智经济驱动生产方式的网络化协同，降低了地理空间对生产活动的约束，大规模定制、柔性制造、全供应链管理逐渐成为新的技术趋势。元宇宙为各类主体在线上协作创造了便利，从底层技术、应用场景和数字平台三个方面，推动了产业的虚拟集聚与统合综效，加快了“元宇宙＋”产业和产业数字化的进程。在加快数据流通与共享之余，元宇宙赋能合作主体之间建立数据与数据直接对话的敏捷合作模式，以三维立体化的视角，锚定产业薄弱环节，设计一体化解决方案。信息不对称得到一定解决，有利于相关主体弥合技术断层，缩短对机会利基的响应时间。面对复杂多变的外部环境，网络化协同制造帮助相关主体推出统一的技术标准，加强质量检测与问题溯源，预判、识别潜在风险源，提高整体抗风险能力。当风险爆发时，数字主线使得每个主体都能够以线上标记为线索，快速地追溯各种负面影响的扩散路径，对线下环节实施精确管控。

(3) 凝聚产业向心力。

在元宇宙中，每个主体都拥有自主构建数字身份的权利，可以根据不同情境自由定制多元化、立体化的角色。产业组织各项业务都具有较高的精细度，不同环节均涉及多个合作伙伴，业务之间交叉重叠对每个主体都提出了更高的要求。通过对角色的细分与定位，每个主体能够对相关信息和资源建立专属分类标记，聚焦主业，更加专注于针对具体细节的深入思考和价值对齐，避免角色冲突造成的决策干扰，从而更好地应对现实问题。同时，这种个性化的数字身份对每个主体的经营情况给予了更加系统、全面的呈现，降低潜在合作伙伴之间的交易成本，使得多方虚拟协作具有了更强的技术可行性和经济合理性。

新技术的成功取决于产业组织生态系统。元宇宙基于算力、算法以及数据而形成的底层技术动能，为虚拟集聚创造了开源途径，改变着生产力的结构、形态、品类与功能，不断吸纳越来越多的开发者参与空间建设进程，推动着技术生态圈的快速拓展。从演进机制来看，元宇宙是以技术体的形式凝聚产业向心力，推动新一代信息技术的组合式创新，通过技术-经济系统循环互塑实现边际收益递增，形成自适应的螺旋式发展模式。任何主体都可以借助元宇宙的赋能，找到匹配的技术生态位，融入产业运行机制，将创意构想转化为实际产出。同时，空间制度、运行环境、治理机制等外部措施随着主体之间的持续互动而得到修正与优化。政府部门也有机会参与其中，除了做好监管工作之外，可以更深入地了解产业动态，在政策引导、生活配套、资本融入、标准认证以及其他服务等方面提供可靠的外部保障。

9.6.2 元宇宙视域下产业集聚效应

数智经济通过“数据＋连接”方式，延展产业组织的时空范围，在更广泛的经济主体间减少生产活动的不确定性。根据华为公司发布的《智能世界 2030》，到 2030 年，全球联网人与物的总数将达到 2 000 亿，虚拟现实与增强现实的用户数将达到 10 亿，每年产生的数据量将达到 1 尧字节。元宇宙既促进了生产性部门的虚拟集聚，也推动了共性技术平台、公共服务、政府等其他机构深度融入产业升级进程，建立互惠信任的协作网络，做大集聚规模。网络价值的高低恰恰取决于已经连接进入该网络的主体数量。虚拟集聚增强了主体控制信息的能力，有利于发挥网络经济优势，在规模经济、范围经济的基础上释放出更强的集聚效应。

（1）促进生产要素流通。

现实世界的“数字迁徙”重塑了产业组织的要素体系，引领经济系统中“场、人、物”的结构性变革。鉴于所有权交易的烦琐流程以及高昂的沉没成本，以使用权为标的的线上交易活动变得日益普及。在资源的增量式供给持续承压的背景下，交易标的转变带来了存量式调整机遇。现实世界中大量闲置要素被激活，也降低了主体维护固定资产的成本负担。供需双方在元宇宙中进行直接对接，减少了中介环节的价值耗散和验真费用。数字化身的虚拟存在让每个人在有限空间内即可身临其境地感知产业组织的方方面面，足不出户亦能远程操作完成要素选配和技术服务。互联互通的网络环境打通了经济体系的循环梗阻，串联起虚拟空间的统一大市场，要素流通与配置效率得到明显提升。

计算机利用算法模型实现了在机器语言和人类语言之间的自由切换，初步具备机器学习技能，智能化水平有所提高。计算机能够结合现实场景特征，设计出产业链上下游要素整体配置的一站式融合方案，集中力量去重点攻克技术薄弱环节与“卡脖子”难题。数实融合水平的提高，促进了要素重组升级，在创新、效率、协同三个方面产生正向影响。在“机器智能＋人类智慧”的人机协作模式下，智能合约按照方案包含的所有细节性条款对实施效果进行智能监督，降低了人工审核复杂度，人类的创造性潜能将得到进一步激发。针对实际过程中出现的低效、无效环节，计算机将在比较各项技术指标之后提出新的方案，及时采取智能纠错或者流程改造，灵活调整要素配置。

（2）增强技术知识积累。

创新是产业发展的核心动力，知识积累水平则是创新后劲的直接体现。创新过程离不开资金链、产业链、供应链的相互支撑，需要对每个环节进行深入探索，知识复杂程度已然超出每个个体的能力边界。只有人与人之间产生思想碰撞，才有机会迸发出创意的火花。沟通协作、信息共享，甚至有建设性的意见冲突，都可能带来意想不到的灵感启发。在元宇宙塑造的经济系统中，产业组织内部依据技术标准和网络协议设计了通用的模块化代码，放松了地理分割、流通媒介、兼容性等因素的制约，多模态智能体模型明显加快了知识积累、吸收与转化。其间，各类主体共同解决技术问题，逐步建立信任关系以及知识转移的长效制度。数实融合促进了知识在更大范围的扩散和转移，产生显著的正向溢出效应，有利于拓展企业的知识宽度和创新质量。相关知识在高性能计算集群、神经科学、类脑学习等多元技术的作用下智能化地汇聚于共性平台，对应着应用场景的发展变化而不断迭代更新。这些知识面向产业组织的所有主体开放，有利于降低知识获取成本和技术匹配难度，创新者也可以更加专注于深耕自身所擅长的专业领域。当其他配合技术进步时，创新者能够较快地了解到变化情况，然后从系统视角抽丝剥茧地完成适应性调整。随着各类主体之间交流的持续深入，组织边界和技术边界变得日益模糊化，知识跨界渗透与交叉重组频率增大，新的知识在实践中油然而生，并且嵌入网络组织结构，夯实产业组织的知识储备。

（3）加快创新成果扩散。

过去，创新成果扩散以显性知识为主要载体，大量缄默知识被嵌入创新者的思维中，难以在不同主体之间快速传播，而后者正是影响创新成果的关键因素。这个过程中若伴随有应用场景的推广，则有助于带来知识接收的情境化体验，深化缄默知识理解，优化学习效果。元宇宙经过数学建模、图形渲染、仿真计算三个阶段的技术处理，对物理实体进行全生命周期的数字记录，支撑起嵌套、逼真的泛工业应用场景，为知识学习配套了现实版素材。虚拟成像立足于追求“所见即所闻”的目标，多尺度、多维度、多物理量、多概率地展示了现实物体的几何拓扑属性，加快了创新成果的扩散。

元宇宙的不断外显，构建了虚实映射、虚实交互、虚实联动的仿真场景和经济社群，促进了相关主体之间的技术交互、知识共享与协同应用。这种虚实相生的技术关联，使得虚拟集聚与传统集聚之间拥有紧密关系。已有研究表明，虚拟集聚缩短了分工的空间距离和心理距离，实现了无边界发展，有利于提高技术创新水平，与传统集聚相叠加时对技术创新的影响会更加显著。虚拟集聚产生了市场规模效应、劳动力涵养地效应以及隐性知识显性化效应，借助网络外部性的力量，推动技术升级以及全要素生产率提高。

在创新成果转化方面，元宇宙对产业组织进行统一刻画，全景式数字沙盘能够为研发人员带来沉浸式体验，增强对创新过程的全方位感知。研发人员能够以较低的试错成本，推动创新成果的增量式修补与迭代更新，围绕产品附加值做加法，增进经验借鉴、技术学习与产业组织实践之间的融合。

9.6.3 元宇宙视域下产业集聚机制

得益于子技术集合的同步升级和集体跃迁，元宇宙运用虚拟空间的时空优势、网络优势以及成本优势，加快现实世界中智能制造模式的普及与推广，激发产业组织的系统性变革。与传统集聚相比，元宇宙所引致的虚拟集聚让产业组织深度介入其中，更加强调数字化、智能化发展，呈现出新的集聚机制。

在人类历史长河中，技术被赋予生产工具属性，是产业组织架构形成的基本因素。长期以来，技术创新引领并重构产业组织各个领域，从根本上改变了运行规则。进入数智经济时代，各项技术借助平台连接的网络效应，影响力和影响范围得到更加有力的彰显，让更多主体有机会共享技术契机和数字红利。在数据流通的催化作用下，技术力量被放大，进一步缩短了虚拟空间与现实世界之间的距离。同时，数据蕴含的潜在价值不断被算法模型所挖掘，并转化到产业升级的实践之中。然而，新技术可能引发的负面连锁效应同样值得社会关注，技术治理亦是产业升级的重点问题之一。元宇宙是一项新兴技术，很多细节都有待挖掘和建设，需要所有相关主体协同参与治理。

（1）技术创新引领。

技术的本质是实用主义的。每一项技术都对应于解决某一类具体问题，系统地被应用于生产性活动，共同塑造了产业组织形态与分工。技术创新增强了人类探索、利用自然的能力，帮助人类与物质环境之间达到一个更高层面的动态平衡，为实施产业升级打开新的发展格局，不断引领着产业组织现代化。任何技术的重大进步都是源自最基础的子技术的发展。当所有子技术以集合的形式积累到一定程度而发生同步变革时，更高一层的技术创新往往也就呼之欲出。元宇宙的稳定有序运行取决于算力网络、数字孪生、数字原生、扩展现实等子技术的发展水平，以及彼此之间协同的综合能力。不过，这些子技术尚处于起步阶段，虽已拥有雏形，但还是要在产业组织生态的实践中进行迭代式改进。技术升级面临着较高的现实复杂性和不确定性，需要反复试错与改进，以及对技术架构、关键性能进行局部学习和鉴定反思，系统性地归纳技术知识。虚拟空间集聚具有典型的社群模式特征，有赖于所有成员共同努力，运用开源软件，一致行动、抱团成长。随着知识储备的持续增加，创造性灵感逐步转变为一种有利可图的技术工具，使得累计投入生产性活动的劳动的经济效率和边际收益逐渐提高，更加有效地回应现实需求。

对于任何一国而言，技术创新过程既有助于优化现有的技术体系，也是在培育可持续的自主技术能力，降低对外依存度，维护产业链供应链安全可控。发达国家凭借技术优势，在全球产业竞争中处于领先地位，试图通过向发展中国家提供免费或者低收费的底层基础设施服务以形成技术垄断，主导并锁定元宇宙的技术体系，为后续可能实施的技术霸权行为和技术制裁抢得先机。虚拟空间的技术创新活动离不开应用场景的支撑，大量的应用机会将为技术创新引入源源不断的市场助力和集聚势能。中国具有超大规模的市场优势，消费结构呈现多元化特征，消费潜力还在释放，能够为元宇宙技术创新以及产业升级提供丰富的实践素材。这一点恰是发达国家所不具备，也是中国加快技术追赶，尝试实现换道超车的有利条件。

(2) 共性技术平台赋能。

回顾科技发展史，技术进步服从幂律法则，即为数不多的共性技术对产业组织产生深刻影响，为其他技术涌现创造了条件，主导着产业变革的方向。共性技术包含众多知识，适用于多个领域，能够被众多主体共享，蕴含着广泛的经济和社会价值。共性技术具有基础性、关联性、系统性、开放性等特点，投资需求大、研发周期长、试错成本高，其供给若是仅依靠个别主体，在产品离散化、分工专业化、技术精细化的现代制造体系下总是会显得力不从心。共性技术并不具备商业上的独占性，所以可能面临无人供给的市场失灵和组织失灵局面。因此，有必要成立专门的共性技术供给机构，负责组织协调技术攻关，推动共性技术开发与推广。国际上著名的共性技术供给机构，例如美国国家标准与技术研究院、德国弗劳恩霍夫应用研究促进协会、日本产业技术综合研究所，都为本土夯实共性技术基础做出了可观贡献。根据发达国家的产业组织实践，共性技术开发主要采用技术联合体形式，除了企业之外，高校、科研院所、政府都在其中扮演着重要角色。要让各类主体之间产生更强的化学反应，频繁的知识交流、技术互动必不可少。搭建共性技术平台，增强共性技术供给合力，有助于更好地解决虚拟集群中跨行业、跨领域的普遍性难题，加快技术突破与技术扩散，提高产业链供应链增加值，为实施产业升级提供有效赋能。中小企业的技术能力有限，通过融入共性技术平台，可以较为便利地获得更多技术助力，致力于优势领域的精益求精，专注提供产业链供应链的配套服务。

(3) 动态数据驱动。

传统经济学理论主要从供给角度分析市场行为，构建总量生产函数模型来分析增长问题，仅仅将需求视为短期扰动因素而没有给予足够关注，导致在解释数智经济与产业组织发展的现实问题时缺乏说服力。数据清晰地记录着需求在每个时点的表现特征，反映了市场变化趋势。数据要素应用有助于加快数实融合，维持供需动态匹配。把数据纳入总量生产函数，在一定程度上可以弥补需求分析的缺失。元宇宙对动态数据的采集汇总，为产业组织的各个环节提供了实时依据，有助于所有主体提供高质量且最佳适配的产品和服务，增强虚拟集聚效应。随着数据量的增加，算法模型精确度以及分析结论可靠性都会得到显著改进。

当前，数据已经成为各国竞争的新高地。美国本着数据自由主义的理念，鼓励地区之间、部门之间数据流通与再利用，以谷歌、脸书、苹果等高技术企业为代表，打造数据生态联盟；欧盟侧重加强数据保护，在出台《通用数据保护条例》《数据治理法案》等法规的基础上，着力提高在国际数据治理体系中的地位和话语权。根据中国信息通信研究院发布的《中国数字经济发展研究报告（2023年）》，2022年，中国数据产量为6.6泽字节，占全球数据总量的9.9%，是全球第二大数据生产国。要构建开放共享的数据市场体系，健全法规制度，参与全球数据治理，增强产业相关主体的数据利用能力。

（4）打造新的规则秩序。

虚拟集聚给实施产业升级带来了新的技术利好，但是也引发了新的经济问题，需要在监管治理方面做出必要调整，围绕元宇宙建立新的规则秩序。数据是维持元宇宙运行的核心要素，数据采集范围覆盖了生产制造、技术测试、流程进度等基本环节以及购买偏好、表情变化、脑电波等个体情况。个体数据属于敏感信息范畴，据此可以得出个人行为画像，一旦被泄露或者被用于违法犯罪，将产生严重的社会负面影响。总体来看，元宇宙治理应该立足于三个基本的技术点，即隐私保护、合规利用、协同治理。首先，数据在全生命周期的安全可信决定了所有工作开展的基础，从采集、存储、传输、使用、转让到销毁，所有环节都应当设计具体的操作规范和分级分层管理办法，第三方操作主体必须事先获得授权且留下可追溯的技术痕迹；其次，赋予每个个体自主控制数据用途以及从数据利用中获益的权利，推出并不断完善数据用途负面清单，明确列示违规利用情形，要求数据机构定期披露数据利用与收益情况；最后，虚拟空间的复杂程度远远超过了现实世界，单纯依靠监管机构的外监管，无法为元宇宙运行提供全面保障，因而需要多方主体参与共建，运用区块链、隐私计算等技术开展分布式协同治理，发挥社区的自组织力量，让多源数据可流通、可识别、可信赖，并且给予每位贡献者相应的激励。

内容提要

随着我国经济逐步迈向高质量发展阶段，国家对工业绿色发展提出了更高的要求，节能减排、绿色转型成为工业生产的重要目标，构筑共生系统是工业企业实现循环经济、低碳增长、绿色增长的必要途径和重要载体。工业共生不仅是未来企业及产业园区发展循环经济的本质特征和必要实现方法，还是企业间实现资源共享、优势互补、协同进步的重要路径。

数字化创新已逐渐成为企业的必经之路。全球层面的动荡既是机遇又是挑战，面对供求端对数字化体验的紧迫需求，企业必须同时追求量变与质变。为了保持竞争力，企业必须不断推出新的客户体验，拓展自身价值。事实上，成为业内数字化先驱的一大前提就是找到能够推动业务目标的可扩展技术。灯塔工厂正在依托第四次工业革命技术推动商业模式创新，并不断提升“以人为本”在企业价值中的重要性。

新一轮科技革命的技术浪潮之下，数字化生存的“元宇宙转向”开启了人类叙事新可能的生存创新机理，在生产性集聚维度上为实施产业升级注入新活力，表现为拓展新空间、塑造新业态、凝聚向心力。数智经济通过“数据+连接”方式，延展产业组织的时空范围。虚拟集聚增强了主体控制信息的能力，从生产要素流通、技术知识积累、创新成果扩散三个方面释放出更强的集聚效应。与传统集聚相比，元宇宙所引致的虚拟集聚让产业组织深度介入其中，更加强调数字化、智能化发展，呈现出新的集聚机制。

关键概念

企业生态位是指企业在特定市场环境中所占据的位置和所发挥的作用，类似于市场定位的概念，但比市场定位多了生态的内涵。

生态位宽度是指一个企业所利用的各种市场资源的总和，即企业对市场资源适应的多样化程度。

工业共生是指不同企业之间的合作，通过这种合作共同提高企业的生存和获利能力，同时，通过这种共生实现对资源的节约和对环境的保护，在这里，这个词被用来说明相互利用副产品的工业合作关系。

工业生态是模拟生态系统的功能，建立起相当于生态系统的“生产者、消费者、还原者”的工业生态链，以低消耗、低（或无）污染、工业发展与生态环境协调为目标的工业。

竞合是指两家经营同类产品或技术、互相竞争的企业意识到双方合作会有更多收益后转竞争为合作的情况，双方销售额都会因此有所增加。

灯塔工厂是指成功将第四次工业革命中的核心技术从试点阶段推向大规模整合阶段，并借此实现了重大财务和运营效益的工厂。

开放式问题

1. 简述数字生态的内涵及构成。

2. 随着国家大力推动产业集群发展，打造内外循环、链条完整、功能齐全的“大共生”系统对于推动产业集约集聚、协同进步有重要意义。讨论在产业内部、产业之间和区域内部如何实现共生。

3. 举例说明竞合战略面临哪些挑战。

4. 试述灯塔工厂如何实现大规模扩张。

进一步讨论的主题

苹果公司的辉煌引来全球众多企业的争相效仿，一时间涌现了各类“乔布斯接班人”。在国内，如果要选出一家最像苹果公司的企业，笔者给出的答案是小米公司。自

2010年创立，经过短短8年时间，小米公司成功上市，成为一个市值近千亿美元的超级独角兽。传奇的背后是其与苹果公司极其相似的生态圈打造史。截至2018年上市前，小米公司通过投资和管理建立了由超过210家公司组成的生态系统，形成了“硬件＋软件＋平台”的闭合商业生态，其中，硬件无疑是根基和主角，有超过90家公司专注于研发智能硬件和生活消费产品，并且华米科技、紫米科技等四家企业估值超过10亿美元。

为了更好地分析小米生态圈的成功秘诀，我们将小米生态圈拆分成商业模式生态和产品链生态，从品牌运营和产品技术两个视角进行分析。小米公司其实构建了一种类似“加盟连锁”的品牌整合性生态系统，这个系统由智能硬件、移动互联网、电商平台3个部分组成（如图9-6所示）。系统起始于智能硬件品牌，并借助MIUI系统在小米公司的设备上创建了移动互联网软件生态，以应用商店和小米信息推送为主体，逐步整合各类高频生活服务，如打车、充值、订餐、叫外卖、订机票等，加快推进软件向服务方向转变。高科技IT公司是人们对小米公司的一贯认知，而其电商平台往往被人们忽视。当前小米电商已成为中国第三大电商平台，平台销售各类智能硬件，是智能硬件生态的关键变现渠道。例如，平台上的华米科技是全球最大的智能手环出货商，另一家移动电源公司紫米科技也发展迅猛，很有可能在小米公司的助力下成为中国销售量最大的移动电源厂商。此外，小米生态圈投资的一家耳机厂商在平台上一年卖出的耳机数量多达400万副。让人惊叹的是小米平台上还销售方便面，据网友反馈，体验相当不错。

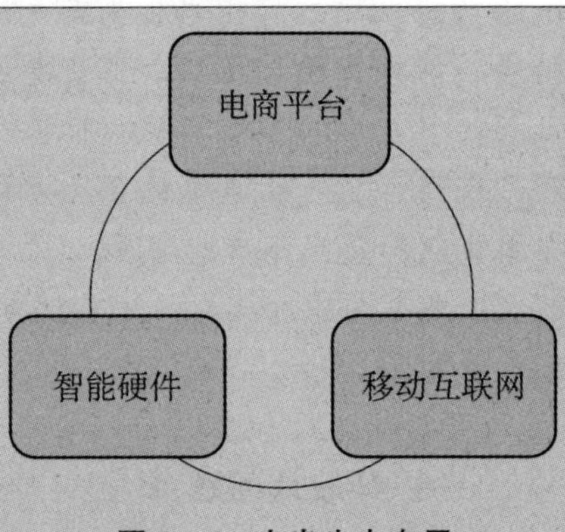

图9-6　小米生态布局

资料来源：唐汝林，徐冬冬，胡维佳，等．数字化＋生态圈运营商转型实战．北京：人民邮电出版社，2020.

讨论小米如何通过智能硬件、移动互联网、电商平台这三大投资领域构建产业生态。

参考文献及扩展性阅读建议

第10章 数字贸易

学习目标

1. 掌握数字贸易的历史沿革与基本概念。
2. 熟悉数字经济时代数字贸易的发展现状。
3. 熟悉常见的数字贸易壁垒。
4. 了解数字贸易争端解决机制。
5. 了解数字贸易生态。

引入案例

2021年4月13日，海关总署发布的统计数据显示，第一季度，我国货物贸易进出口总值为8.47万亿元，同比增长29.2%；出口额为4.61万亿元，同比增长38.7%；进口额为3.86万亿元，同比增长19.3%。其中，跨境电商进出口额为4 195亿元，同比增长46.5%；出口额为2 808亿元，同比增长69.3%；进口额为1 387亿元，同比增长15.1%。数字经济时代，各国正在加快贸易数字化转型，那么，数字经济时代数字贸易的历史沿革、发展现状是什么？有哪些贸易壁垒和贸易争端解决机制？在这一章，我们将揭晓这些问题的答案。

2019年11月，《中共中央　国务院关于推进贸易高质量发展的指导意见》正式提出要加快数字贸易发展，提升贸易数字化水平，推进文化、数字服务、中医药服务等领域特色服务出口基地建设。2020年9月，习近平在中国国际服务贸易交易会全球服务贸易峰会上指出："我们要顺应数字化、网络化、智能化发展趋势，共同致力于消除'数字鸿沟'，助推服务贸易数字化进程。"① 伴随着全球贸易数字化发展，人类社会正迈入以数字

① 习近平在2020年中国国际服务贸易交易会全球服务贸易峰会上的致辞（全文）. 中国政府网，2020-09-04.

贸易为突出特征的第四次全球化浪潮，对全球供应链、产业链、价值链产生了巨大的影响，国家间经济分工、贸易利益分配面临巨大的挑战，新的国际规则、国际治理挑战正在到来。尤其是新冠疫情对国际贸易造成严重冲击，外贸需求萎缩，保护主义盛行，经济全球化面临严峻挑战。因此，深入研究数字贸易发展规律对我国中长期经济增长、国家竞争力提升有着重大意义。

当下，数字经济成为拉动经济增长的重要引擎，各国正在加快贸易数字化转型以提升竞争力。党的二十大报告提出："推动货物贸易优化升级，创新服务贸易发展机制，发展数字贸易，加快建设贸易强国。"根据商务部于2023年11月发布的《中国数字贸易发展报告（2022）》，2022年，中国可数字化交付的服务进出口额为3 727.1亿美元，同比增长3.4%，规模再创历史新高。其中，出口额为2 105.4亿美元，同比增长7.6%；进口额为1 621.7亿美元，同比下降1.6%；实现顺差483.7亿美元，比上年增长175.4亿美元。跨境电商进出口额达2.11万亿元人民币，同比增长9.8%。其中，出口额达1.55万亿元，同比增长11.7%。党的二十届三中全会提出："创新发展数字贸易，推进跨境电商综合试验区建设。"当前我国数字贸易与发达国家相比尚有差距，提升潜力巨大。应把握有利时机，充分发挥电子商务先发优势，加快数字贸易布局和建设，推动企业和产业数字化转型，掌握国际贸易主动权和主导权，实现数字贸易跨越式发展。

10.1　数字贸易的兴起

10.1.1　世界贸易的发展阶段

随着第四次工业革命的推进，全球交易的数据量急剧增加，处理速度也大幅提升。现在，互联网和移动电话的普及已经蔓延到世界的各个角落，包括新兴国家，数字市场正在迅速扩大。网络空间不仅被认为是经济中不可或缺的领域，而且也被认为是世界各国政治和安全等各方面不可或缺的领域。世界贸易的发展可以分为三个阶段。第一个阶段是传统贸易扩大阶段。随着运输成本的降低，逐步将生产的产品运往边境消费区。在这个阶段，交易的物品主要是最终产品，消费者可以轻松地以较低的价格获得新产品和更便宜的产品。第二个阶段是全球价值链贸易阶段。通过缩减运输成本和各种可调整的成本，细分生产工艺，跨越产品边界，增加中间产品的贸易。全球价值链向包括新兴国家在内的世界各地蔓延。第三个阶段是数字贸易阶段。分享想法，传输数据，大幅降低信息沟通成本。随着数字贸易的扩展，世界连接性得到了显著改善，有助于创新商业模式，提高生产力，如图10-1所示。

10.1.2　数字贸易的历史沿革

数字贸易是商贸活动发展的一个新阶段，其概念的产生并非一蹴而就。从传统商务和贸易到电子商务，到跨境电子商务，再到现在的数字贸易，随着信息技术在商贸活动中应用的日渐深入，涌现出许多新的名词、新的概念，所描述事物的内涵特征不断演进升级。

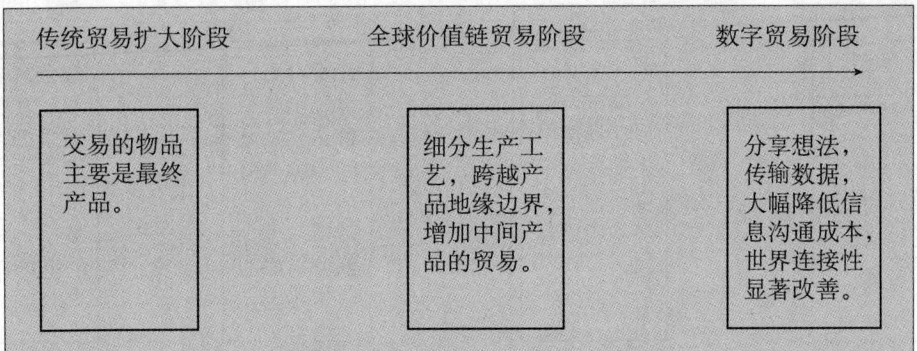

图 10-1　世界贸易的发展阶段

传统商务和贸易主要是指以货币为媒介的一切交换活动或行为。其活动范围不仅包括商业所从事的商品交换活动，还包括商品生产者或他人所组织的商品买卖活动；不仅包括国内贸易，还包括国与国之间的国际贸易。传统商务和贸易是四个术语中范围最大的，从人们日常生活中的消费交易到企业间的跨境贸易均归属其中。

电子商务是指商务活动的电子化、网络化，即借助信息技术开展商务贸易活动，如线上推广、网络零售、移动支付等。联合国贸易和发展会议（UNCTAD）将电子商务定义为通过计算机网络进行的购买和销售行为。欧洲经济委员会对电子商务的定义是，参与方之间以电子方式而不是以物理交换或直接物理接触方式完成任何形式的业务交易。美国政府在《全球电子商务纲要》中将电子商务描述为通过互联网进行的各项商务活动，包括广告、交易、支付、服务等活动。我国国家发展和改革委员会、国务院信息化工作办公室联合发布的《电子商务发展“十一五”规划》首次明确了电子商务是网络化的新型经济活动，即基于互联网、广播电视网和电信网络等电子信息网络的生产、流通和消费活动，而不仅仅是基于互联网的新型交易或流通方式。

跨境电子商务是指跨越国境开展的电子商务活动，是由于电子商务活动范围扩大而衍生出的概念。阿里研究院发布的《2016 中国跨境电子商务发展报告》认为广义的跨境电子商务是指分属不同关境的交易主体通过电子商务手段达成交易的跨境进出口贸易活动；狭义的跨境电子商务概念特指跨境网络零售，指分属不同关境的交易主体通过电子商务平台达成交易，进行跨境支付结算，通过跨境物流送达商品，完成交易的一种国际贸易新业态。

数字贸易是由于信息技术对贸易影响的进一步深化所产生的概念，是电子商务的发展与延伸，如图 10-2 所示。相比以上两个概念，数字贸易更突出数字化的产品和服务贸易，但国际上对数字贸易的讨论和谈判大多仍在电子商务框架基础上展开。各国对数字贸易的认识尚不统一。美国政府认为数字贸易不仅包括网上消费产品的销售和在线服务的供应，还包括使全球价值链成为可能的数据流、使智能制造成为可能的数字服务以及无数其他平台和应用。澳大利亚政府认为数字贸易不只是在线上购买商品和服务，还包括信息和数据的跨境流动。经济合作与发展组织认为数字贸易是指数字技术赋能于商品和服务贸易，同时涉及数字的和物理的传输。

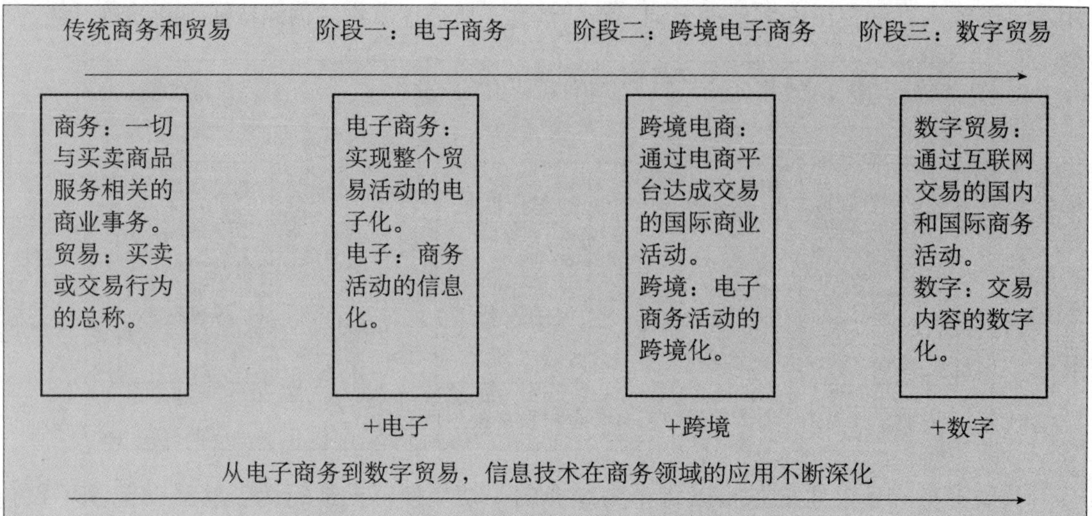

图 10-2 数字贸易是电子商务的发展与延伸

10.1.3 数字贸易概念的演进

关于数字贸易的定义，尚无一个统一的共识，美国国际贸易委员会在 2013 年、2014 年和 2017 年分别发表数字贸易报告，在其中对数字贸易进行了定义。2013 年《美国与全球经济中的数字贸易Ⅰ》指出数字贸易是指在国内和国际贸易中，通过互联网交付的产品和服务。报告认为数字贸易可以分为不同的类别，具体见表 10-1。2014 年《美国与全球经济中的数字贸易Ⅱ》对数字贸易的定义进行了修正，将其定义为“依赖互联网和互联网技术建立的国内贸易和国际贸易”，其中互联网和互联网技术在订购、生产以及产品和服务的交付中发挥关键作用。2017 年 8 月发布的《全球数字贸易的市场机遇与主要贸易限制》将数字贸易定义为“通过固定网络或无线数字网络传输的产品和服务”。该报告描述了不同行业使用的数字产品和服务，包括通过电子商务平台销售的数字产品和服务，还包括实现全球价值链的数据流，众多的应用和平台。数字内容主要包括视频游戏、视频点播、数字音乐和电子出版业。

表 10-1 数字贸易的类别及其所包含的产品与服务

数字贸易的类别	类别中所包含的产品与服务
数字交付的内容	音乐、游戏（包括全格式游戏和手机游戏、附加内容下载、游戏订阅、社交网络游戏和多人在线游戏）、视频（包括互联网电视、电影和其他视频）、书籍（包括电子书、数字课程材料和有声读物）
社交媒体	社交网站、用户评论网站
搜索引擎	通用搜索引擎、专用搜索引擎
其他数字产品和服务	软件服务，包括移动应用和通过云传送的软件；通过云提供的数据服务，包括数据处理和数据存储；通过互联网传送的通信服务，包括电子邮件、即时通信和互联网语音；通过云提供的计算平台服务

资料来源：United States International Trade Commission，2013，“Digital Trade in the U. S. and Global Economics”，Part 1，pp. 2-1.

经济合作与发展组织将数字贸易的概念从三个维度加以解释：交易的本质、产品、参与的合作伙伴。从统计角度看，只要满足下列三个条件之一，就可以称为数字贸易：数字订购交易（digitally ordered transaction）、数字（平台）促成的交易（digitally enabled/ facilitated transaction，platform enabled/ facilitated transaction）、数字交付的贸易（digitally delivered transaction）。此外，其他组织机构也对数字贸易进行过阐释，如表10-2所示。

表10-2 其他组织机构对数字贸易的相关定义

组织机构	概念名称	概念内容	提出时间
世界贸易组织	电子商务	通过电子方式生产、分销、营销、销售或交付货物和服务。	1998年
联合国贸易和发展会议	电子商务	通过计算机网络进行的购买和销售行为。对联合国贸易和发展会议而言，电子商务涉及搭配实物商品以及数字方式提供的无形（数字）产品和服务。	2015年
欧盟	数字贸易	个人和企业可以在公平竞争的条件下无缝访问和开展在线活动的区域，无论其国籍或居住地。	2016年
美国贸易代表办公室	数字贸易	数字贸易应当是一个广泛的概念，不仅包括个人消费品在互联网上的销售以及在线服务的提供，还包括实现全球价值链的数据流、实现智能制造的服务以及无数其他平台和应用。	2017年
浙江大学“大数据+跨境电子商务”创新团队	数字贸易	数字贸易是以现代信息网络为载体，通过信息通信技术的有效使用实现传统货物、数字产品与服务、数字化知识与信息的高效交换，进而推动消费互联网向产业互联网转型并最终实现制造业智能化的新型贸易活动，是传统贸易在数字经济时代的拓展与延伸。	2018年

资料来源：尹丽波．数字经济发展报告（2018—2019）．北京：社会科学文献出版社，2019.

通过上述各个组织机构对数字贸易的定义，可以看出数字贸易概念蕴含丰富的内涵，需从多方面深刻认识：

第一，数字贸易的突出特征是贸易方式的数字化和贸易对象的数字化，如图10-3所示。其中，贸易方式的数字化是指信息技术与传统贸易开展过程中的各个环节深入融合渗透，如电子商务、线上广告、数字海关、智慧物流等新模式和新业态对贸易的赋能，从而带来贸易效率的提升和成本的降低，表现为传统贸易方式的数字化升级；贸易对象的数字化是指数据和以数据形式存在的产品和服务贸易：一是研发、生产和消费等基础数据；二是图书、影音、软件等数字产品；三是通过线上提供的教育、医疗、社交媒体、云计算、人工智能等数字服务，表现为贸易内容的数字化拓展。

第二，数字贸易的产生源于数字经济的发展和全球化分工。新一代信息通信技术的发展使得不同经济主体间紧密联系，形成更高效、更频繁的分工、协同和共享关系。物理商品交易变得更加高效、有序、广泛，中小企业获得了更多参与贸易的机会；数字商品的可贸易程度大幅提升，催生出一系列新模式和新业态，如图10-4所示。

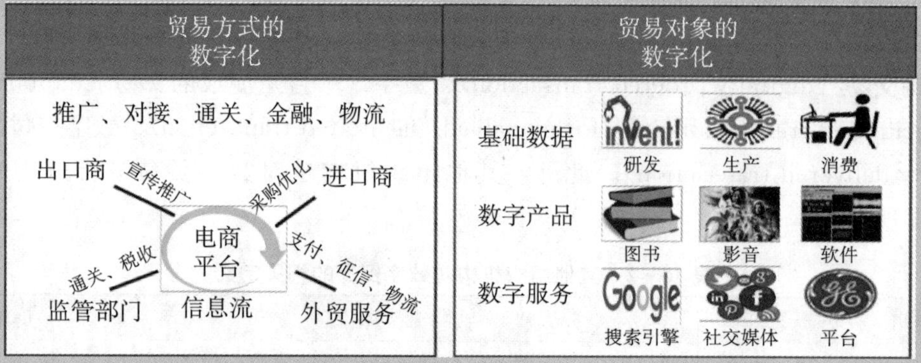

图 10-3　数字贸易的突出特征

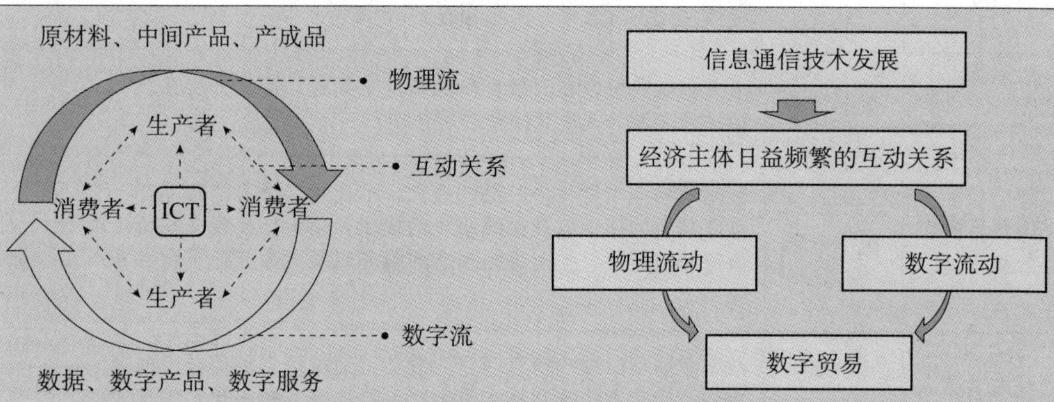

图 10-4　信息技术、互动关系和商品流动

第三，对数字贸易的认识根据贸易商品的类别可分为三个层次。国际上对数字贸易尚未形成统一的认识，数字贸易的议题时常出现在电子商务、数字经济等会议和谈判中。例如，2019 年 76 个世界贸易组织成员宣布启动电子商务议题谈判，其中就包含大量涉及数字贸易的内容。此外，由于各国数字经济、数字贸易的发展水平不一，对数字贸易商品范围的接受程度也存在差异。根据接受的程度，数字贸易涉及的贸易品可以分为三个层次：第一层，以货物贸易为主，认为数字贸易等同于电子商务；第二层，加入了图书、影音、软件等最常见的数字产品，开始涉及服务贸易领域；第三层，加入了“数字赋能服务”，如电信、互联网、云计算、大数据等数字经济时代的新兴产业。

10.2　数字贸易的发展现状

10.2.1　贸易方式的数字化

贸易方式的数字化是数字贸易的第一大特点，信息技术在贸易各环节中的广泛应用催生出了新模式和新业态，有效降低了国际贸易中的信息不对称程度，极大地推进了跨境电子商务的发展。

全球跨境电子商务保持高增长态势。信息通信技术推动传统货物贸易方式升级改造，跨境电商平台、智慧物流、智能监管等新模式和新业态给国际贸易注入了新的活力。

从电子商务国别发展看，发达经济体电子商务发展较成熟，但发展中国家潜力巨大。一是发达国家电子商务发展环境更佳。联合国贸易和发展会议发布的电子商务指数是国际上反映电子商务服务体系的重要指标。二是电子商务市场规模相对均衡。三是发展中国家展现出极高的增长潜质。

从电子商务交易主体看，企业与企业（B2B）之间的交易额占绝大多数，企业与消费者（B2C）之间的交易额影响相对有限。虽然全球范围内的 B2B 电商平台仍然较少、交易频率也更低，但是企业间线上交易规模巨大，一笔 B2B 交易额可能超过 1 亿笔 B2C 交易额。随着企业管理者越来越善于使用信息化手段进行交易，整个价值链被更紧密地联系在一起，带来了电子商务交易额的高增长率。

10.2.2 贸易对象的数字化

贸易对象的数字化是数字贸易的第二大特点。信息技术的发展使得一些产品和服务开始以数字的形式存储、传输和交易，超越物理的束缚，可贸易程度大大提升。服务贸易迎来了新发展机遇。服务业是现代产业体系的重要组成部分，在经济增长、稳定就业方面发挥着巨大作用。当前，全球经济总量中服务业增加值占 GDP 的比重超过了 60%，主要发达经济体在经历工业化阶段以后普遍进入以服务业为主导的经济形态，美国、新加坡、荷兰、法国等发达国家服务业增加值占 GDP 的比重甚至超过了 70%。服务业创造了超过三分之二的经济产出，吸引了超过三分之二的外国直接投资，为发展中国家提供了近三分之二的就业机会，为发达国家提供了五分之四的就业机会。

数字服务贸易快速增长为全球服务贸易注入新动能。数字服务是指可通过互联网进行远程交付的产品和服务，不仅包括 ICT 服务产业、数字媒体产业等几乎全部通过数字化手段进行交付的服务，还包括养老、金融、知识产权等可数字交付程度较高的服务。近年来，数字服务增长迅猛。

全球数字服务贸易增速领先，构筑全球贸易新增长引擎。自 2008 年全球金融危机爆发以来，经济全球化遭遇逆流，保护主义、单边主义抬头，全球贸易增长趋于平缓，数字贸易成为驱动贸易增长的关键。在全球数字经济蓬勃发展的大背景下，基于数字技术开展的线上研发、设计、生产、交易等活动日益频繁，极大促进了数字服务贸易的发展。

阅读材料

中国跨境电商增长迅猛，速卖通海外买家数累计突破 1.5 亿

跨境电商正在加速“中国制造”，掘金全球市场。特别是随着中国疫情的快速恢复，全球的采购订单很多都转移到了中国，按下了中国外贸的增长引擎。中国制造拥有全球规模最大、门类最齐全、装备最完善的供应链制造业体系，能提供品类丰富的商品。而跨境零售电商方便快捷的购物体验也让“中国式网购”在海外市场广受欢迎。海外市场对中国制造的依赖不断加强。

位于汕头的玩具企业 Mould King 原本以线下出口为主，2020 年 3 月全球疫情期间，开始入驻速卖通转型做跨境零售。在“宅经济”的浪潮之中，Mould King 发掘到了跨境零售电商的第一桶金。2020 年“双十一”订单增长 100%，其中西班牙市场达到 300%的增长，德国市场增长 500%。位于东莞的凌度是中国最大的行车记录仪生产厂家，本来以代工为主，入驻速卖通后开始做自主品牌 AZDOME，迅速打开海外市场，2020 年销售额同比上一财年增长超过 60%，在九国海外仓备货，仓发渗透率达 80%以上。“去年 3 月全球受疫情影响，经济比较低迷，传统贸易出口基本上订不到柜，于是我们选择了跨境电商的模式，入驻了速卖通这个平台。”Mould King 总经理谢伟纯对包括界面新闻在内的多家媒体表示。线上消费习惯养成后是不可逆的，跨境零售出口已经从可选项变成了必选项。类似速卖通这样的跨境出口零售平台也在中国迎来了属于它们的黄金时代。

据光大证券研报总结，中国跨境电商在 2014 年进入了 3.0 阶段，前两个阶段分别是：1999 年以阿里巴巴成立为代表，开始了线上展示、线下交易的信息服务模式；2004 年实现了跨境电商在线交易，B2B 模式兴起。速卖通便是在 2010 年孵化自阿里巴巴传统 B2B 业务。2008 年全球金融危机发生后，传统出口贸易受到冲击。当时很多海外企业买家的订单量急剧变小，催生了个人买家的业务。创建之初的两三年是速卖通发展的第一个阶段，主要是从小额批发 To B 的业务向 To C 的业务转型的阶段。2013—2016 年是第二个阶段。从 2013 年开始，速卖通全面转向 To C 业务。平台大量招募中国品牌，并在俄罗斯等重点国家做本地化的投入，增强当地物流、支付等电商基建能力。在速卖通的推动下，俄罗斯邮政配送时间从几十天缩短到了最快 5～7 天。第三个阶段是从 2017 年到现在，速卖通开始探索利用阿里巴巴的技术能力满足不同国家用户的差异化消费需求，提供“类本地化”的服务，业务更加多元化。

时至今日，速卖通已经开通 18 个语种的站点，覆盖全球 200 多个国家和地区，海外买家数累计突破 1.5 亿，成为“中国制造”走向全球重要的跨境出口 B2C 零售平台。4 月 13 日，阿里巴巴集团副总裁、速卖通总经理王明强透露，上一财年，速卖通持续保持高增长，近 6 个月增长尤其强劲。在第一大市场俄罗斯，速卖通的用户渗透规模继续保持领先优势。在重点国家市场西班牙和法国，以及新兴市场日韩、中东和拉美，速卖通增速达到近三年最高水平。中国国际经济交流中心副理事长黄奇帆曾在 2020 年 6 月提出，十年以后，全球贸易中的 1/3 是跨境电商。20 年后，通过跨境电子商务平台完成的贸易预计会占到 50%。速卖通为中国企业提供了一种简单、轻量化的出海方式，无须采用线下传统渠道，不用开设办事处，也不用在当地寻找合作伙伴。它能快速地利用线上渠道让中国制造触达全球 200 多个国家和地区的消费者。

资料来源：中国跨境电商增长迅猛，速卖通海外买家数累计突破 1.5 亿．界面新闻，2021-04-15.

10.2.3　数字贸易的典型应用场景

（1）制造领域应用：服务型制造。

服务型制造是制造与服务融合发展的新型制造模式和产业形态，是先进制造业和现代服务业深度融合的重要方向。工业化进程中产业分工协作不断深化，催生制造业的服务化转型；新一代信息通信技术的深度应用进一步加速了服务型制造业的创新发展。制造企业通过创新优化生产组织形式、运营管理方式和商业发展模式，不断提高服务要素在投入和产出活动中的比重，进而导致数字服务贸易的需求。例如，我国制造业广泛使用的许多工业软件来自美欧等发达经济体。从投入角度看，以 ICT 服务为代表的生产性数字服务被广泛应用于制造企业的研发设计、生产制造、经营管理等环节，提高制造企业全要素生产率、产品附加值和市场占有率。从产出角度看，制造企业将生产过程中积累的专业工业知识转化为各类型数字服务，由提供产品向提供全生命周期管理转变，由提供设备向提供系统解决方案转变。

（2）商务领域应用：跨境电商。

跨境电商不只是货物贸易，还有围绕货物贸易开展而形成的一系列数字服务和数字服务贸易，其中最主要的是跨境电商平台企业提供的跨境贸易数字平台服务，此外还包括跨境电商生态中的市场信息服务、支付结算服务、物流信息服务等。在跨境贸易数字平台服务方面，阿里巴巴、亚马逊等超大型跨境电商企业纷纷开拓国际市场，将服务对象从国内企业延伸至国际企业。在市场信息服务方面，在跨境电商的发展中，由于市场的国别差异和空间距离等因素影响，数据的作用显得尤为重要，专门提供数据对接、数据分析等大数据服务的企业或平台应运而生。跨境电商大数据既可以帮助企业及时掌握市场信息、提高生产经营效率，又能够帮助企业通过大数据进行高效选品和提升销量，抢占全球市场。例如，2020 年 9 月 18 日，由中国人民银行武汉分行、外汇局湖北省分局、湖北省商务厅、武汉海关等单位共同搭建的湖北跨境电商数据共享平台正式上线。企业仅需要提供海关清单编号，银行即可通过平台实现批量自动审核，业务办理耗时不到半个小时。在支付结算服务方面，可为企业提供收款、换汇、支付、融资等一站式金融服务。在物流信息服务方面，可为企业提供全程物流跟踪、仓储、配送等一站式物流服务。

（3）金融领域应用：金融科技。

金融行业天生具备较强的数字化发展潜力，与互联网、大数据、区块链、云计算等数字技术和服务的融合渗透程度超过大多数传统服务行业。在国际结算方面，环球银行金融电信协会是出现最早、影响最大的数字金融服务提供者之一。该协会是一个国际银行间非营利的合作组织，总部设在比利时的布鲁塞尔，同时在荷兰阿姆斯特丹和美国纽约分别设立交换中心，运营着世界级的金融电文网络，银行和其他金融机构通过它与同业交换电文来完成金融交易。在国际支付方面，许多国家尝试发行主权数字货币，这可能给国际支付体系带来一定影响。2020 年 8 月中国商务部印发的《全面深化服务贸易创新发展试点总体方案》指出，将在京津冀、长三角、粤港澳大湾区及中西部具备条件的试点地区开展数字人民币试点。在机构金融业务开展方面，跨国金融机构纷纷加大 ICT 投入，拓展金融科技市场。高盛开启了科技赋能打造现代全能银行战略，扩大科技、数理相关专业人才在招聘中的占比，持续性地对人工智能和区块链等前沿科技进行研究，自营打造互联网直销银行 GSBank、网贷平台 Marcus 等自营互联网金融机构，以及加大对金融科技初创企业的战略投资。

（4）生活娱乐领域应用：在线视频、游戏。

视频、影音和游戏等数字内容是数字服务贸易的重要组成部分。在视频服务方面，奈飞等美国在线视频企业国际化发展走在前列。奈飞是一家会员订阅制的流媒体播放平台，总部位于美国加利福尼亚州洛斯加托斯，早期仅在美国、加拿大等地区提供定制 DVD、蓝光光碟在线出租服务。自 2010 年以来，奈飞进入了国际化快车道，通过实施内容本土化嫁接、本土化内容创作、本土化资本引入的“本土化战略”，短短八年内业务迅速扩张到 190 多个国家和地区。在游戏服务方面，游戏类 App 的跨国交易已经非常常见。腾讯游戏是全球知名的游戏开发与服务运营商，目前已在网络游戏的众多细分市场形成专业布局，打造了涵盖所有品类的产品阵营，为全球玩家提供大型网游、中型休闲游戏、桌游和对战平台，全球化战略取得了显著成效。

（5）传统服务领域应用：在线教育、医疗。

教育、医疗等传统服务因数字化转型变得可数字交付，跨境贸易可能性大大提升。在远程教育方面，运用互联网等技术，改变传统教育以教师为主导的课堂模式，打破了时间、空间、主体等限制，促进了教育资源的全球流动与有效分配。例如，我国网龙网络公司在数字教育领域的国际化服务已经覆盖 190 多个国家和地区，与俄罗斯、埃及等 20 多个“一带一路”共建国家建立了深度合作。在智慧医疗方面，在全球医疗行业面临医疗成本居高不下、医疗资源分配不均等问题的背景下，互联网、人工智能等技术打通医疗体系各环节、各链条，推动医疗资源的跨国界共享。比如，针对新冠疫情在全球蔓延，由我国专家团队自主创新研发的疫情防控人工智能诊疗系统全部无偿提供国际社会共享应用，以高科技的中国系统助力全球战“疫”行动。其中，新冠病毒感染自测评估系统通过民众回答问卷，智能化分析测评人感染风险，并提供是否就医建议，该系统提供英语、日语、韩语、意大利语等多国语言版本。新冠肺炎人工智能诊断系统则是以中国确诊病例资料为基础，攻克特殊算法和病变范围立体定量等关键技术研发而成，该系统后来被分享到韩国、美国等国家，为全球抗疫起到了巨大作用。

10.3 数字贸易壁垒

美国是数字经济发达的国家，对数字贸易壁垒的研究较为全面，其对数字贸易的研究细分到了国家和行业，并对各主要经济体相关的法律法规做了细致的梳理。欧盟目前主要致力于解决欧盟内部的“碎片化”问题，以防止欧盟在数字经济时代被边缘化。为了发挥欧盟的数字经济潜力，保持欧盟企业的竞争力，欧盟对内要求统一规则、强调消费者保护和建立单一市场，对外则要求市场开发。而美国在搜索引擎、电子商务、云计算、大数据、人工智能等方面具有全方位的优势，其目标主要在于开拓外部市场，追求互联网的开放和自由，维护美国的领先优势，任何规范数字市场的措施都有可能被美国视为障碍。

国内介绍数字贸易壁垒的文献不多。比较有代表性的是伊万·沙拉法诺夫和白树强（2018）发表在《国际贸易问题》上的一篇论文，文中将数字贸易壁垒分为关税壁垒和非关税壁垒，并提出数字保护主义政策会造成网络化的“巴尔干化”，减少数字经济所带来的经济利益。① 在关税壁垒方面，欧盟的关税政策和制度比美国严苛，但并未对数字产品和服务征收关税，而东亚和太平洋地区的发展中国家由于自身在数字贸易上处于劣势，都主张对数字产品和服务征收关税。在非关税壁垒方面，文章将其分为四类：其一，替代性本地政策；其二，外商直接投资限制；其三，跨境数据流限制、强制性的数据及IT基础设施本地化政策；其四，数据源代码和加密要求。根据数据、信息、管理和处理模式，文章将数据禁止分为三类：一是重要的数据禁止流动；二是政府和公共部门的一般数据和相关行业技术数据有条件地限制跨境流动；三是普通的个人数据允许跨境流动，但应满足相关的管理要求。综合已有研究，本书认为构成数字贸易壁垒的措施主要有：本地化要求，数据源代码和加密要求，审查、市场准入和最低豁免额，以及限制信息自由流动。

阅读材料

跨越壁垒，打通循环，共赢共享数字贸易发展新机遇

2020年9月5日，中国国际服务贸易交易会（服贸会）数字贸易发展趋势和前沿高峰论坛在国家会议中心举行。

在疫情期间和复工复产上大放异彩的数字经济再次成为服贸会上各方关注的焦点。在5日举办的数字贸易发展趋势和前沿高峰论坛上，与会嘉宾围绕数字经济与服务贸易展开了深入对话。

一边是近年来势头强劲的数字经济。自党的十八大以来，中国数字经济规模从11万亿元增长到35.8万亿元，占GDP的总量达到了36.2%，已经成为经济高质量发展的重要支撑。一边是占据中国经济半壁江山的服务业。自2013年首度超过工业以来，服务业已成为第一大行业部门和经济增长主动力。2019年，以服务业为代表的第三产业增加值占GDP的比重已达53.9%，较上一年提高0.6个百分点。中国经济的两大“车轮”如何互相给力借力，实现共同发展、共同繁荣？在数字贸易发展趋势和前沿高峰论坛上，监管机构的顶层设计、经济学家的真知灼见、企业家的实践感悟激荡在5个小时的思想盛宴中。

挖掘数字经济“石油”

“当下我们已经步入大数据时代，数据已经成为重要的生产要素，成为推动经济发展、质量变革、效率变革、动力变革的新引擎。”数据流带动技术流、资金流、人

---

① 伊万·沙拉法诺夫，白树强．WTO视角下数字产品贸易合作机制研究：基于数字贸易发展现状及壁垒研究．国际贸易问题，2018（2）：149-163.

才流，促进资源配置优化和全要素生产率提升，对经济的发展、社会的进步、民生的改善和国家治理将产生更加深刻的影响。“高质量编制‘十四五’大数据、软件、信息通信等产业规划；深入实施工业互联网创新发展战略，加快制造业转型升级；优化数据要素市场化配置，提升数据和网络安全保障能力；持续深化开放合作，为发展数字经济贡献中国智慧和中国方案。”这将成为工业和信息化部全面贯彻新发展理念，推动我国数字经济高质量发展的四大抓手。

中国科学技术协会党组书记、常务副主席怀进鹏在致辞时表示，数字贸易是数字时代的象征，是科技赋能的标志，是未来贸易发展的方向。数字化成为降低疫情影响、对冲经济下行的希望所在。全球信任合作是数字贸易的基石，要共建数字治理体系，推动多边、区域等层面数字贸易规则协调，强化组织与制度创新，共促开源开放，共享数字贸易成果。“作为全国科技创新中心，2019 年北京市数字经济增加值占 GDP 的比重超过 50%，在全国位居首位。北京已成为全国数字经济创新发展高地。”北京市政协主席吉林介绍说。在新冠疫情危机之中，网络购物、网络教育、网络医疗、网络娱乐等领域实现了快速增长，数字技术解决方案和数字贸易逐步普及，为经济恢复注入了新动能，开辟了新空间，同时也改变了寻常百姓的消费和生活习惯，推动了以数字贸易为核心的数字全球化时代的加速到来。他透露，9 月 7 日，北京将在服贸会上重磅发布促进数字经济、创新发展政策体系，并明确下一阶段北京数字经济发展的重点与方向。对于这些已经出台或正在出台中的政策措施，他认为：“相信北京会为全国数字经济和数字贸易的发展发挥良好的示范效应和带动作用。”

“在此次应对新冠疫情的过程中，数字办公、数字医疗、数字政务、数字教育和数字娱乐等领域对保障民众生产生活，防范疫情传播扩散，加强全球经贸合作发挥了重要作用。”商务部副部长王炳南表示：“未来数字贸易必将成为我国对外开放，向格局更优、层次更深、水平更高方向发展的重要抓手。”王炳南表示，商务部将进一步明确中国数字贸易的发展定位，研究提出适合我国国情的数字贸易战略和工作举措，积极营造有利于数字贸易发展的治理环境，抓紧形成数字贸易的中国方案。“媒体既是数字化见证者和参与者，也是推动者和受益者。”人民日报社副总编辑赵嘉鸣在致辞时从媒体角度分享了他的思考：“以创新驱动为数字贸易注魂，以开放合作为数字贸易赋能，以服务民生为数字贸易立心。”赵嘉鸣表示，媒体是信息交汇的平台，是价值传播的载体，也是数字贸易领域的重要主体之一。期待同相关的部门和行业开展更加紧密的交流合作，共同推动数字媒体和数字贸易形成相互促进、共同发展的格局。

跨越数字贸易“壁垒”

有贸易的地方就有摩擦，尤其是面对近年来贸易保护主义和逆全球化思潮的泛起，数字贸易屡屡“碰壁”。以互利共赢还是零和博弈的思维看待数字贸易，考验各国政策制定者的眼光。诺贝尔经济学奖得主、世界银行前资深副行长兼首席经济学家斯蒂格利茨表示：“我们面临的挑战是如何在贸易中共同获益，要做到这一点，我们必须避免所谓的零和思维，即认为如果我要得到什么好处，必定意味着对方的损失。”他直言，当前，数字贸易发展的真正障碍是越来越严重的人为造成的壁垒。“这些障碍大多反映了政策制定者的关切点，比如税收、竞争以及安全问题。如果数字贸易要充分发挥其潜力，我们必须解决这些隐患。”斯蒂格利茨认为，要解决这些隐患，需要增加全球合作、多边主义，发挥多边机构的作用。“如果我们要成功促成全球合作，在平台、平台算法以及数字贸易需要遵循的规则的制定过程中，需要展现更大的透明度。”他表示，这是可以实现的，但是需要一个包容、开放、合作的环境。

清华大学中国经济思想与实践研究院院长李稻葵在发言时表示，中国经济已进入双循环的发展阶段，本质是以国内的市场、生产要素和技术为基础，加上高质量对外开放，相互协调、共同推动经济发展的新阶段。在李稻葵看来，国内服务行业增长的潜力非常大，服务贸易高质量开放将是下一阶段高质量开放的重中之重，而数字贸易又将是“双循环”时代服务贸易高质量开放的亮点。“保险、证券基本已经放开了，经过二十多年进入世界贸易组织的洗礼，我们有信心、有底气放开。”李稻葵也提到数字贸易面临的挑战：“一是产权保护，二是隐私保护，还有更值得关注的是公共安全。”李稻葵表示，这三个矛盾如何解决好，需要企业、用户、国家领导部门一起来协商共同探讨。

打通数字经济“循环”

如何让数字经济循环流动起来，身处经济一线的企业家们在实践中摸索出了各自的发展之路。

“高水平开放能够促进数字文创产业高质量发展。”腾讯首席运营官任宇昕发表主题演讲时表示，腾讯在国内努力打通数字文创生态“大循环”的同时，也通过“引进来”与“走出去”，积极探索国内国际“双循环”相互促进的高质量发展之路。他认为，数字技术正在促成文创产业融合发展，网络文学、动漫、影视、游戏等跨领域的生态联动会产生出单一内容所无法创造出来的巨大影响力和新价值。“保护好版权是腾讯一条重要的生命线，也是鼓励中国原创精神的基础。”任宇昕还强调，数字文创产业发展需要“两个保护”：一个是保护版权，一个是保护用户。保护版权，归根到底是维护原创作者的利益，保护健康的原创生态。

高通中国区董事长孟樸分享了高通公司与中国企业密切合作推动通信产业进步的实践。“2018 年年初，我们看到 5G 给全球市场带来的巨大变化和机会，那时候我们便和领先的合作伙伴在北京宣布成立 5G 领航计划。这一计划是以高通公司先进的技术和全球的资源，支持和服务于中国合作伙伴的产品开发，使得在全球发动 5G 的时候，中国的智能手机、5G 产品能出现在全球的第一批运营商发布的领先产品当中。”“这一合作已经开始结出丰硕的成果。中国的 5G 产品不仅在中国市场服务于中国消费者，而且在欧洲、澳大利亚、日本、美国，几乎所有 5G 市场的第一批首发阵营里，都有中国厂商的身影。”他表示，今年 7 月，为了加速物联网产业生态系统的建设和发展，使得中国厂商更好地把握国内国外市场机遇，高通公司联合 20 多个合作伙伴，共同倡导发起了5G物联网创新计划，致力于生态合作和数字化提升推动物联网产业的创新共赢，一起共绘5G时代的生态蓝图。

百度首席技术官王海峰则分享了百度作为一家平台型公司的规划和布局。王海峰表示，作为人工智能平台型公司，百度将持续加大在人工智能等前沿领域的技术研发与落地实践，进一步携手服务业等产业发展新业态、新模式，加强在国际贸易中的竞争力与吸引力，有效带动国内国际经济发展的“双循环”，在助力中国经济实现高质量发展的同时，为推动世界经济复苏贡献力量。他认为，作为第四次工业变革的核心驱动力量，人工智能技术日趋成熟，呈现出很强的通用性，具备标准化、自动化和模块化的工业大生产特征，已在很多行业发挥了重要作用。而国家推进的新基建正在加速推进各行各业的产业智能化转型升级，人工智能是新基建的重要篇章。

资料来源：跨越壁垒　打通循环　共赢共享数字贸易发展新机遇．人民网，2020-09-06.

10.3.1　本地化要求

本地化要求是指企业在特定国境内从事数字贸易相关的活动时，应使用当地数据服务器、技术或投入，提供的产品和服务应有一定比例的本地内容，政府采购和技术标准也要有利于本国数字化企业。

数据本地化要求，从广义上来讲，是限制数据在全球范围内流动，使数据留在本地的一种法律或政策。政府政策和立法主要分为两种做法：一种做法是禁止数据转移到领土之外；另一种做法是并不完全限制信息流动，但是要求备份数据存储在本国领土范围之内。政府希望这些措施能够保护本国公民数据，或在执法时能随时获得相关数据。但对国外企业来说，数据本地化要求可能会像保护主义政策一样，其后果都是提高了信息全球流动的成本，而成本提高可能会打消一些企业在特定国家提供服务的意愿。

数据本地化措施会影响到包括电子商务、互联网通信、云计算和物联网在内的所有行业，对中小企业尤其不利，而大企业受益于规模经济，常常能针对特定国家采取相应措施。对数据本地化做出规定的法律有2018年5月生效的欧盟《通用数据保护条例》。另外，澳大利亚法律禁止数字健康数据传到国外，印度尼西亚要求企业建立数据中心。

10.3.2　数据源代码和加密要求

一些国家要求数字产品和服务提供商提供源代码，以保证产品和服务不对国家安全构成威胁。源代码作为最重要的知识产品和商业机密，公开后可能会出现失窃或盗版等风险，这可能会迫使供应商退出某些市场，或者提供较次的产品和服务。《全面与进步跨太平洋伙伴关系协定》（CPTPP）规定：“任何一方都不能将强制转让或获得另一方的个人拥有的源代码，作为另一方在其领土之内进口、分销、销售和使用该软件，或者产品包含该软件的前提条件。”但这个限制只适用于“大众软件或包含这类软件的产品”，并不适用于“关键基础设施”，但对于什么是“关键基础设施”，并没有明确说明。中国目前对获取软件源代码的要求主要针对金融机构和金融部门的电子商务企业。

有些国家出于国家安全或网络安全的考虑，要求企业只能使用特定的加密算法或强迫使用本国的加密标准，企业很可能被迫使用过时的加密算法，反而会增加网络失窃和不安全的风险。

10.3.3　审查

网络审查是世界上很多国家普遍采取的措施之一，也被认为是数字贸易最主要的壁垒，一些国家出于维护公共秩序、保障国家安全、保护本国企业的需要，完全屏蔽或过滤某些内容和平台。相对来说，发达国家除了对宣传恐怖主义或包含某些特定成人内容的网站进行屏蔽或过滤外，一般较少采取屏蔽或过滤措施。在很多国际贸易协定中，对互联网进行审查是可以接受的，但规定了适用范围，例如世界贸易组织的《服务贸易总协定》(GATS) 规定的为保护公共道德或维护公共秩序，为保护人类、动物和植物的生命健康，或是为防止欺诈等。

10.3.4　市场准入和最低豁免额

许多规则和政策可能会影响到数字贸易，最常见的是最低豁免额、对电子支付系统的限制，某些国家有专门的软硬件技术标准，这些都可能构成市场准入壁垒。

当出口价值低于某个额度时，不需要交关税，一旦超过某个设定值，出口商就必须交税。这个值就是最低豁免额。一旦涉及海关，程序就变得复杂。在全球跨境电子商务，尤其是 B2C 电子商务交易中，很大一部分为小额交易，如果最低豁免额过低，复杂的海关手续和文书工作必然给从事跨境电子商务的中小企业带来极大的负担。世界各国最低豁免额各不相同，从最高的 800 美元到最低的 5 美元不等。欧盟有两个豁免额：一个是 25 美元，超过此数值时需要缴纳增值税；另一个是 170 美元，超过之后需要缴纳增值税，也要缴纳关税。

对于电子支付系统，一些国家要求电子支付公司在其国内开展业务时需要获得银行牌照，有些规定还要求电子支付公司核实客户信息以防止洗钱。这两项措施在保护消费者、打击金融犯罪方面都有其合理性，但是由于申请银行牌照在各国都不是一件容易的事情，外国电子支付公司往往没有足够的能力来收集用户信息以核实用户身份，这两项措施事实上也构成了一种壁垒。

10.3.5　限制信息自由流动

跨境信息流动对电子商务和数字贸易至关重要。随着物联网、人工智能、无人驾驶汽车的发展，越来越多的生产商和消费者越来越依赖云服务，数据流动问题变得越来越重要。但是斯诺登事件之后，各国在注重经济利益的同时，也越来越强调数据保护和公民隐私，最普遍的做法是加强安全监管。政策设计目标，一方面应促进数据自由流动以鼓励数字贸易，另一方面也应当采取措施完成国家公共政策目标，如何权衡取舍需要政策制定者综合考量。

以上五方面是较为常见的数字贸易壁垒分类方法，随着互联网创新的不断发展，以及新的贸易形式的出现，会不断衍生出新的贸易壁垒。

10.4 数字贸易规则

互联网的快速发展和信息通信技术革命促成了数字贸易的增长，跨境电子商务和服务在国际贸易中所占份额越来越大。尽管区域贸易协定逐渐纳入电子商务、跨境电子服务，以及与互联网有关的知识产权保护条例，但在多边层面仍然没有形成统一的共识。更多的双边或多边协定开始全面解决数字贸易问题，双边或多边数字贸易谈判中的条款可能有助于未来世界贸易组织（WTO）形成统一的框架。

国内对数字贸易规则和政策的研究相对较多，主要分为三类。

第一类主要介绍 WTO 规则以及 TTIP 和 TISA 等贸易协定中有关数字贸易的条款。例如，陈靓（2015）介绍了美国的贸易自由化主张，并从美国和欧盟在 TTIP 和 TISA 谈判的主张中，分析了美国和欧盟的原则性分歧。[①] 沈玉良和金晓梅（2017）分析了数字产品和价值链之间的关系，提出中国要加快建立数字产品的国内贸易规则体系。[②] 李墨丝（2017）探讨了超大型自由贸易协定的数字贸易规则建立的原因，并分析了 TPP、TTIP 和 TISA 中数字贸易谈判的核心内容，指出中国应该抓住全球数字贸易规则处于起步阶段的机遇，积极参与双边、区域和多边数字贸易规则的谈判和制定。[③]

第二类在介绍了国外情况的基础上，总结了中国的关切点，提出了符合中国自身发展利益的规则建议。例如李杨、陈寰琦和周念利（2016）提出了数字贸易的“美式模板”一词，详细分析了美国的数字贸易政策主张，并分析了中美在规则领域的主要分歧。[④] 周念利、陈寰琦和黄建伟（2017）从产业优势角度分析了中美两国在全球数字治理体系构建中的差异，指出了数字贸易规则“美式模板”的主要特征，在此基础之上构建了数字贸易规则的“中式模板”框架。[⑤]

第三类文献主要分析数字贸易某一具体内容。如王慧敏和张黎（2017）[⑥] 全面分

---

① 陈靓．数字贸易自由化的国际谈判进展及其对中国的启示．上海对外经贸大学学报，2015（3）：28－35.

② 沈玉良，金晓梅．数字产品、全球价值链与国际贸易规则．上海师范大学学报（哲学社会科学版），2017（1）：90－99.

③ 李墨丝．超大型自由贸易协定中数字贸易规则及谈判的新趋势．上海师范大学学报（哲学社会科学版），2017（1）：100－107.

④ 李杨，陈寰琦，周念利．数字贸易规则“美式模板”对中国的挑战及应对．国际贸易，2016（10）：24－27，37.

⑤ 周念利，陈寰琦，黄建伟．全球数字贸易规制体系构建的中美博弈分析．亚太经济，2017（4）：37－45.

⑥ 王慧敏，张黎．电子商务国际规则新发展及中国的应对策略．国际贸易，2017（4）：51－56.

析了电子商务的国际规则，并提出了中国在国内和国际层面的应对措施和建议；李斌（2016）[①] 分析了跨境数字产品估价征税问题。

综合国内文献来看，国内研究视点主要集中在国际比较重要的贸易协定上，以WTO规则、TTIP、TISA为主，且主要聚焦于美国的观点，很少关注美国以外的国家或经济体的主张，同时，大多数研究缺乏长期视角，忽视了美国从WTO规则到TTIP政策思维的转变。有鉴于此，本书将在介绍多个国际自由贸易协定的基础上，分析美国从最初的自由贸易协定（FTA）到TTIP制定数字贸易规则的转变逻辑，并重点介绍欧盟的战略主张及其政策措施，以及数字贸易中的争端解决方式。

10.4.1 WTO中的数字贸易规则

《全球电子商务宣言》是WTO框架下第一份有关电子商务的正式文件，它于1998年5月在日内瓦第二次部长级会议上通过，各成员同意不对电子传输（electronic transmission）征收关税，这一措施一直持续到2017年内罗毕会议。宣言留下一些悬而未决的问题：首先，“电子传输”没有一个清晰的定义，未指明它是电子商务媒介还是传输的内容。其次，如果它仅指电子商务媒介，那是否意味着通过传统媒介提供的数字产品需要征收关税。再次，宣言禁止征收关税，那么是否可以对数字产品征收其他费用。最后，禁止征收关税是否只适用于进口。

基于这些疑问，WTO总理事会同年对“电子商务”下了一个宽泛的定义——以电子方式生产、配送、营销、销售或交付的产品和服务，并将与电子商务有关的基础设施发展问题纳入工作范围中。由于电子商务涉及的领域太多，总理事会将不同的问题划分给WTO不同的机构处理。服务贸易理事会专门审查在GATS框架下电子商务的处理办法，如行业分类、通信网络、最惠国待遇和透明度原则，以及市场准入、国内监管、隐私保护及预防诈骗等。货物贸易理事会审查《关税及贸易总协定》（GATT）中与电子商务有关的条款，包括关税问题，如分类、关税和市场准入，以及非关税问题，如原产地规则、海关估价进口许可证和标准。与贸易有关的知识产权理事会审查与电子商务有关的知识产权问题，包括版权和商标的保护与执行。贸易和发展委员会审查并报告电子商务发展的意义，将电子商务纳入发展中经济体的经济、金融和发展需要。

（1）《服务贸易总协定》。

从1998年《全球电子商务宣言》获得通过之后，WTO成员对电子商务进行了多次讨论，但是直到2015年的多哈回合贸易谈判，成员也未达成实质性的准则。由于缺乏国际准则，WTO框架下对电子商务的监管主要依据GATS中的电信附件，GATS成了电子商务最主要的国际准则。GATS包含非歧视和透明度原则，适用于所有服务业。由于GATS是在1995年正式生效的，早于全球互联网爆发式增长之前，它的很多分类标准及涵盖对象已经不能反映电子商务的发展。在WTO的框架下，除了最惠国待遇之外，GATS中的大部分义务仍适用于电子商务，成员将根据自身状况选择市场准入条件和国

① 李斌．互联网环境下跨境数字化产品海关估价征税的问题研究．北京：对外经济贸易大学，2016.

民待遇程度。总的来说，GATS已经不适用于目前的电子商务发展，特别是分类、义务和例外等重要问题。

（2）《信息技术协定》。

《信息技术协定》（ITA）是WTO项下的多边协定，于1996年正式达成，并于2015年进一步扩大。新扩大的ITA在原来的基础上对价值1.3万亿美元的201种IT产品免除关税，新增加的免关税的产品包括许多消费电子产品、新一代半导体和医疗设备。一些ITA原成员，如印度和越南，并没有加入2015年新扩大的ITA。

10.4.2 美国的双边和多边协定

如上所述，WTO的协定涉及数字贸易的极少，且进展极为缓慢，这是一些国家摆脱WTO限制，开展多边和双边协定谈判的重要原因。美国已经在多边和双边协定谈判中将数字贸易条款纳入进来，并且逐渐增加。

（1）美国自由贸易协定。

美国自由贸易协定中的数字贸易条款在很多方面都借用了WTO规则，包括非歧视原则（最惠国待遇和国民待遇原则）、透明原则和技术中立原则。在美国自由贸易协定中，美国对电子商务采用实用主义的方式，尽量避免将电子商务分类，因为一旦分类被确定为产品或服务，就要受到GATS或GATT的制约。

在电子商务关税问题上，美国重申了《全球电子商务宣言》中禁征关税的原则。例如美澳自由贸易协定规定："任何一方都不能对数字产品的进口和出口征收关税或费用，不论它们是固定在一个载体媒介上，还是通过电子方式传输。"这也就解决了《全球电子商务宣言》遗留的问题，明确说明了禁止原则既适用于关税，也适用于其他费用；既适用于出口，也适用于进口。它适用于数字产品本身，而不论其是通过传统媒介载运还是电子传输。

美国将电子商务看作驱动经济增长的重要推手，并强调消除电子商务贸易壁垒。在美国所有的自由贸易协定中，有关电子商务问题最为全面的是美韩自由贸易协定，共有9篇，内容涵盖服务的电子供应、数字产品、电子认证、电子签名、线上消费者保护、无纸贸易、电子商务互联网连接、跨境信息流等方面。

（2）《国际服务贸易协定》。

《国际服务贸易协定》（TISA）于2012年发起，包括23个WTO成员，谈判方贸易占世界服务贸易总量的70%。谈判方既包括美国、欧盟国家、日本和澳大利亚等发达国家，也有哥伦比亚、秘鲁和巴基斯坦等发展中国家，但目前一些新兴市场如巴西、中国和印度都未加入。TISA独立于WTO框架之外，其谈判也不以最惠国待遇为基础，但是所有WTO成员都可以申请加入。

TISA的谈判范围广泛，包括自然人流动，透明制度，国内监管，金融业，电信业，电子商务，本地化、专业化服务，快递服务业，能源及矿业相关服务业，海运、陆运和空运服务业，直销，政府采购，出口补贴，投资本地化要求和国有企业等。尽管TISA最终协议尚未达成，但是制定数字贸易规则事关重大利益，其中包括解决跨境信息流动壁垒、线上消费者保护、互操作性，未来也可能纳入网络安全国际合作规则、支持中小企业等问题。

(3)《跨大西洋贸易与投资伙伴关系协定》。

《跨大西洋贸易与投资伙伴关系协定》(TTIP)旨在减少或消除商品、服务、农产品贸易关税或壁垒。由于通过网络传输的服务占据美欧服务贸易的多数份额，因此数字贸易是谈判的重点。除了数字产品市场准入、透明度机制外，TTIP 还有可能将数字贸易关税壁垒和非关税壁垒等问题纳入进来。另一个重要议题是数字贸易治理，例如促进信息跨境自由流动，解决数据存储及服务器本地化要求等问题。其他方面还包括强化知识产权和版权保护，这一措施有助于建立网络犯罪合作机制；源代码强制公开这一问题更有利于美国企业。

总体而言，美国早期的自由贸易协定主要关注贸易领域，试图将数字贸易纳入 WTO 现有框架，其中很多条款借用了 WTO 规则。进入 TPP 谈判① 之后，美国开始意识到数字贸易的独特性，着手制定数字贸易规则，并将其引入双边和多边自由贸易协定之中。同时，由于数字贸易发展太快，私人公司（如谷歌）掌握了大量信息和数据，政府现有的监管远远跟不上，私人公司实际上比政府更加强大，TPP 将监管的责任转交给私人公司。了解美国数字贸易的演进能告诉我们美国未来的政策方向，未来中国在 TISA、《区域全面经济伙伴关系协定》(RCEP)或者自由贸易协定中均可能遇到类似的问题。

10.4.3 欧洲单一数字市场战略

鉴于全球经济正迅速数字化，ICT 不再只是一个具体部门，而是所有现代创新经济体系的基础。欧盟于 2015 年提出了“欧洲单一数字市场战略”，通过建立一个互联互通的市场，保证商品、服务、人员和资本的自由流动，在公平竞争条件下，为消费者和个人数据提供高水平的保护，促进信息通信技术标准化，打破各国各自为政的监管条例，最终让 28 个成员② 形成一个单一数字市场。单一数字市场预计每年为欧盟贡献 4 150 亿欧元，创造数十万个就业机会。

欧盟的单一数字市场建立在三大基础之上：一是接入，更好地接入欧盟范围内的数字产品和服务；二是环境，为数字网络和创新服务的繁荣发展创造一个公平竞争的条件和合适的环境；三是经济与社会，将数字经济的增长潜力最大化。

促进跨境电子商务发展是单一市场的主要目标之一。一套简单、相同的规则有利于增强消费者和企业的信心，促进欧盟内部跨境线上线下交易。为此，欧盟协调数字合同规则，减少各成员数字合同法的差异，强化消费者保护机构的跨国合作，提升消费者保护水平，简化增值税规则，去除不合理的地理限制，使得消费者和企业，尤其是中小企业，能够更容易地在线销售产品和服务。欧洲的跨境快递费用最高达国内费用的五倍，高昂的快递费成为跨境电子商务的一大障碍。

---

① 2017 年 1 月美国退出 TPP，2017 年 11 月除美国之外的 11 个成员国签署新的自由贸易协定，即 CPTPP。
② 2020 年英国“脱欧”后，欧盟成员国从 28 个减少至 27 个。

在个人数据和隐私保护方面，欧盟于 2016 年通过了《通用数据保护条例》，该条例于 2018 年 5 月 25 日正式生效。条例禁止限制个人数据在欧盟范围内自由流动，成员和产业界应以数据在欧盟范围内自由流动为指导原则，禁止数据本地化要求，禁止数据的存储和加工与特定领土挂钩（除少数情况外，如国家安全）。目前，条例规定的数据流动主要指个人数据，不包括非个人数据。但是，由于非个人数据，如公共数据和公共资助的数据，是创新活动和科学研究的重要数据来源，欧盟委员会将对其进行评估，并对数据自由流动合作框架制定一项立法提案，探讨涉及公共利益的私人持有数据问题，并进一步对数据访问权限等新出现的问题进行评估。

在创建欧盟数字经济方面，由于工业是欧洲经济的关键支柱，欧洲制造业有 200 万家企业，并提供 3 300 万个就业机会，欧盟委员会希望所有工业部门都融入新技术，并逐渐向智能工业系统转变，也就是工业 4.0。为了保持欧洲的竞争力，确保新技术的互操作性，欧盟委员会制定了“欧洲云”，为不同学科跨境存储、共享和再利用提供一个虚拟环境。大数据需要高性能计算机，欧洲议会和欧盟委员会除了发展超级计算机之外，已经着眼布局下一代计算机——量子计算，认为量子计算有潜力解决现有超级计算机解决不了的问题。在对外方面，将与欧盟主要贸易伙伴加强网络安全合作，利用数字技术和服务支持非洲发展，将内部考量融入欧盟的对外发展政策中。

10.4.4 数字贸易争端解决机制

在互联网出现之前，国际贸易主要发生在企业之间，或者企业与政府之间，通常交易额度较大，争端解决机制主要依靠多边平台，如世界贸易组织，或者双边贸易协定。在对消费者保护方面，虽然国际组织及各国都制定了诸多保护消费者的法律，但是由于各国法律、标准不同，监管、执行层面遇到诸多障碍。在互联网时代，与数字贸易相关的国际争端解决机制目前尚处于空白，现有的争端解决机制均只是为了解决商家与消费者之间可能出现的纠纷。

（1）替代性争议解决机制。

由于通过诉讼解决纠纷耗时耗力，所以选择法庭外解决纠纷成为人们的选择，所有不包括法庭解决争端的方式都成为替代性争议解决机制（ADR）。它主要包括调节、仲裁、谈判三种形式，具有简单、快速和低成本的特点。争议双方同意使用的 ADR 是独立于各国司法程序外的一套体系，其统一适用避免了因适用不同法域的法律而导致的不确定性。

（2）平台内部解决机制。

随着跨境电子商务的发展，国际贸易的参与者逐渐增多，交易方式逐渐转向 B2C、C2C，越来越多的个人（家庭）直接通过网络平台全球购买，低价值的交易逐渐增多，摩擦冲突也呈几何级数增长，每年的纠纷数量以百万、千万计。如果按照传统的方式解决，即法庭诉讼，不仅程序繁杂，还耗时耗力，出现纠纷之后，绝大多数消费者往往选择忍气吞声。对线上平台缺乏信心，成为电子商务发展的一个重要障碍。为此，大多数线上平台都会设立接受消费者投诉，与消费者沟通协商解决纠纷的制度。绝大多数消费者争端主要通过平台内部解决，如淘宝、亚马逊等。

(3) 线上纠纷解决机制。

当平台内部无法解决纠纷时，消费者可求助线上纠纷解决机制（ODR），它是ADR与互联网的融合。联合国国际贸易法委员会将其定义为“借助电子通信和其他信息通信技术解决争议的一种机制”。国际消费者协会认为，它是完全利用电子手段，争议方解决纠纷无须离开家或办公室的替代性争议解决方案。ODR包括线上协商、在线仲裁、在线调解三种方式，具有简单、快速、灵活和安全的特征，节约时间成本和金钱成本，是解决小额跨境电子商务纠纷最有效的方式。ODR不仅适用于小额索赔和线上争议，也适用于大额线下纠纷，是B2C电子商务中重要的解决方案，有利于实现高水平的消费者保护。

需要说明的是，ADR、ODR和平台内部解决机制都是解决纠纷的方式之一，替代不了司法程序，消费者遇到纠纷时可采取这三种之外的其他解决方式。中国解决消费者与商家之间纠纷的ODR机构主要有两家：一个是中国国际经济贸易仲裁委员会（CIETAC）；另一个是中国在线争议解决中心（China ODR）。

10.5 数字贸易生态

数字经济时代，人工智能、区块链、云计算、大数据、物联网等数字技术的应用，加快各行各业数字化转型，也推动传统贸易向数字贸易的过渡。数字贸易作为一种新兴形态，是传统贸易活动在数字经济时代的延伸，在贸易成本优化、业务环节精简、个性化需求凸显、知识传递和信息扩散等方面都拥有更为明显的优势。在全球经济增速减缓、地缘政治局势紧张、大宗商品价格上涨的现实趋势下，数字贸易克服了时间、空间和地理因素的约束，表现出较强的增长活力。根据世界贸易组织发布的《2023年世界贸易统计评论》，2022年全球服务贸易的增速为15%，远远高于同期的商品贸易（2.7%），其中软件服务在全球服务出口中的占比达到54%。随着全球数字化发展进程持续推进，数据流通逐渐打破部门壁垒，数字化手段的普及与推广显著地提高了贸易合作效率和组织效能，串联起互联互通的网络组织架构。如今，数字贸易的开展越来越依赖网络平台力量，在增进相关主体之间技术连接的同时，也构筑起互联互通、互信互利的数字贸易生态。

近年来，受到一系列客观因素的影响，中国在全球贸易体系中的出口份额有所下降，但仍然是最大的商品出口国。数字经济发展浪潮，加快了全球要素流通和集聚，倒逼中国传统比较优势向着贸易竞争优势进行转变。根据国务院发展研究中心对外经济研究部于2023年9月发布的《数字贸易发展与合作报告2023》，2022年中国数字贸易价值为3 710.8亿美元，较上一年度增长3.2%，在进出口总额中的占比达到41.7%。党的二十大报告提出：“推动货物贸易优化升级，创新服务贸易发展机制，发展数字贸易，加快建设贸易强国。”加快数字化转型，继续巩固商品出口优势，深入推动数字贸易做大做强，增强国内市场和国际市场的贸易循环和资源联动，是中国建设贸易强国的必由之路。我国学术界对于数字贸易领域的讨论从2012年左右开始增加，但由于概念界定不清晰等问题，学术界针对这一相关领域的研究与讨论并未得到有效开展。至今国内学术期刊上关于数字贸易生态的文献也较少。因此，针对数字贸易生态这一领域的系统梳理与理论研究具有强烈的现实意义。本书在归纳数字贸易活动时代特征的基础上，揭示与探讨生态组织机理与发展路径，丰富了我国数字经济情境下的理论研究，有助于为中国建设贸易强国提供思路、启发与借鉴。

10.5.1 数字经济时代贸易活动的新特征

根据中国信息通信研究院于2019年12月发布的《数字贸易发展与影响白皮书（2019）》，数字贸易是指运用新一代信息技术来开展贸易活动，既包括通过线上交流而开展的数字货物贸易，也包括以通信网络为载体进行传输、交易的数字服务贸易，例如数据集、程序代码、软件服务等。区别于传统贸易活动，数字贸易广泛地嵌入了数字化元素，知识、信息等无形资产的重要性日益凸显。从活动形式来看，数字贸易发挥了数据和数字技术的赋能作用，全方位地推动贸易活动变革，在交易主体、定价机制、支付体系三个方面都表现出新的特征。

（1）交易主体多元化。

全球数字贸易快速发展，让更多的个体有机会参与贸易活动，交易主体趋于多元化，涌现出B2C、C2C、B2B、C2B、C2M等模式，提高了产品供给的有效性。一方面，数字化连接减少了冗余、复杂的中间环节，实现了供求双方之间的直接对话与密切合作，增进了供需匹配。对于生产者而言，可以不再困惑于烦琐的资质材料认证审核，而将主要资源投入设计和开发环节，致力于打磨产品品质、优化使用体验，3D打印、电子书、数字音乐等新的产品形式可以为消费者提供更多的个性化价值，更好地应对千人千面的需求趋势；对于消费者而言，可以将具体诉求直接传递给生产者，获得更有针对性的服务，在使用过程中通过与生产者的持续互动，形成正反馈效应，加快产品性能的迭代升级。

另一方面，数字化连接实现了价值碎片化供给，降低了中小企业在传统贸易活动中所面临的规模、信息、区位、供应链等壁垒和准入成本，极大地促进了中小企业的贸易参与度。一项针对越南生产企业的研究发现，中小企业参与数字贸易，使得生产效率提高了75%以上。数字化转型从产品竞争力、市场布局、运营效率三个维度为企业提供赋能，有利于提高中小企业在贸易中的经营能力和竞争力。除了中小企业之外，市场上大量的潜在商户以及灵活就业人员同样可以通过贸易平台向消费者提供多元化的产品和服务，进一步丰富了产品价值和服务价值的供给。

（2）定价机制透明化。

成本加成情况直接决定着产品定价，是影响供需匹配的关键因素。传统贸易活动成本主要分为两类，即地理、环境等自然因素成本和制度、操作等人为因素成本。如今，数字化连接贯穿了产业链、供应链的各个环节，计算机对有关成本的具体数据进行实时记录，并反馈给所有交易主体，信息不对称问题得到一定缓解。算法模型依托于智能化的程序设计，能够连续跟踪物流状态，逐渐被应用于数据采集、清洗、挖掘等价值链各个环节，数据利用效率得到大幅提高，也使得过去那些不容易被掌握的信息进入了人们的视野。信息完备促进了定价机制透明化，让市场竞争的焦点逐渐转向追求质量和效率的双重提升，供求双方都有机会从更加合理的产品价格、更加丰富的购买选择、更加适配的产品质量以及更加多样化的产品种类中获益。

在通过线上交流开展的数字货物贸易中，生产者可以及时发布产品的最新信息，根据算法模型基于现实场景对成本变动情况进行模拟预测，对标竞争对手，改进后续业务流程；消费者亦可以较低的搜索成本，较为全面地了解价格结构，通过多维度综合比较，做出恰当的购买决策。

在以通信网络为载体的数字服务贸易中，数字化产品以零边际成本实现快速复制，以较快效率、较低成本进行推广和维护，在较短的时间内便可搭建起线上顾客群体。生产者可以在产品中融入更多的服务化元素，采用SaaS模式嵌入消费者的日常使用过程，在发现问题之后及时提供技术支持和修复方案，缩短服务距离。每一次改进都会留下清晰的数据痕迹，便于消费者随时了解服务参数变更，客观地评估新功能和成本加成情况。

（3）支付体系通证化。

传统贸易活动中，交易双方之间在支付结算时必须解决好权益转换、外汇兑换等问题，权益认证难度、汇率变动都会增加交易本身的复杂性和不确定性。如今，数字贸易所使用的电子化交易是以通证要素流通作为基础，运用多项技术组合对交易环节形成有效监督，强化对相关主体的激励和约束，促进产品价值的转化与交易，进而协调多方利益。这种电子化手段对交易标的权益和价值进行标记，可以及时将汇率变动情况融入计算模型，减少了交易双方的沟通成本和交接成本。根据中国互联网络信息中心于2024年3月发布的第53次《中国互联网络发展状况统计报告》，2023年规模以上相关企业的互联网业务收入为17 483亿元，同比增长6.8%，全国网上零售额增加至15.42万亿元，同比增长11%。

随着越来越多新兴电子交易技术的应用，贸易往来频繁的多方之间也更加倾向于组建数字贸易联盟，立足于贸易一体化的发展理念，在内部推出通证化的权益认证工具，减少外汇结算的频率和频次，进一步促进标的流转速度和交易效率的提升。其中，区块链构成了支付体系通证化的核心技术，能够避免对权益认证的人为主观篡改，并且可以对涉及权益转换的流程和主体进行分布式监测和链条式追溯。支付体系通证化促进了标准统一，有助于提高交易主体之间的信任感和认可度，打造一站式应用方案，保障贸易活动的安全合规。

10.5.2　数字贸易生态的组织机理

数字贸易的出现重塑了全球贸易模式，为各国经济增长注入了新的活力。数字贸易的核心在于跨境数据自由流动，即以数据流带动物流、信息流以及资金流的同步联动，利用数据要素传递的实时信号来提高其他生产要素的整体配置效率。数据类商品作为信息产品虽然拥有较高生产成本，但其复制成本却几乎可以忽略不计。这一经济特征为信息产品的流通创造了天然的优势。其间，数字平台作为主要的数字贸易载体，在为各类主体提供业务交易场所的同时，还扮演着要素融合、资源集聚、价值分配等重要角色。数字贸易所表现出的新特征，尚不足以颠覆传统贸易活动，但是已然对传统经济学的理论假定和分析思路提出了挑战。为了加快推动数字贸易发展，需要经济学界结合数字经济规律，重新认识贸易活动的规律和特征，对相关理论进行必要创新，更为清晰地揭示数字贸易生态的组织机理。

（1）数字贸易平台经济模式。

数字技术重构了传统贸易模式，其中，数字化平台是数字经济中最主要的载体和最具代表性的商业模式，拥有鲜明的独有特性。利用平台经济模式运营的企业在过去十多年中实现了大跨步式的发展，在交通、能源、金融等全球重要领域中逐渐扩大影响力。基于平台模式的数字贸易生态不断发展完善，并在此过程中逐步重塑全球贸易格局。

直观地说，一个平台可以是硬件与软件的任意组合，允许两方或多方接入并提供相应规则与标准，平台中的创新者与其补充者就共同构成了一个初步的生态系统。“平台”一词的释义与用法有很多，这里所强调的平台是指商业贸易中的平台，以及平台所代表的经济模式。最初，企业建立“平台”模式旨在通过降低工作流程中的冗余来降低成本，例如，传统的汽车行业和飞机行业中，具有影响力的品牌公司开始建立平台模式，进行系统集成以优化生产与供应链，实现成本节约与效益提升，目前已经逐渐发展为完善的生态系统。如今，数字技术赋能平台经济模式，其内核是借助互联网对拥有的数据（包括私人数据）进行捕捉、传输及货币化，使平台经济模式创造更多价值。例如亚马逊、苹果、阿里巴巴等平台型企业，借助数字平台，其业务规模与用户群体在过去十年间得到快速增长。

多边市场是数字平台的基本特征，能有效匹配市场上的买卖双方，协调各方间的关系是数字贸易平台创造价值的主要形式之一。当客户关系管理人员、供应商以及其他利益相关者出现在同一个平台中时，业务交易与沟通互动的频率会显著上升，得益于网络效应的正向循环机制，越来越多的客户开始使用平台，该平台就能创造更多价值，类似于亚马逊董事长贝索斯所称的亚马逊飞轮效应。最终，平台企业会寻求建立一个整合的全球生态系统，使网络效应最大化，并吸引来自更多国家和地区的用户。在这一过程中，数字技术带来的便捷性进一步减少了交易双方的摩擦，使得多方之间可以更加便利地展开深入合作。

数字平台具有熊彼特“创造性破坏”的特征和发展规律，创新平台是数字平台创造价值的又一种主要形式。创新平台的本质在于数字平台提供了一个中心枢纽，企业和用户可以围绕这个枢纽共同或单独地进行产品、服务创新，以更有效地吸引潜在用户，逐步形成一个围绕平台的创新生态，从而增加整体系统的价值。苹果公司旗下的插件生态就是一个典型的案例，大量的第三方开发者在这一平台上进行创新，为平台和用户带来了丰富的产品和服务价值。另外，平台管理者也需要提供合适的接口与激励手段，来保持整个生态的活力。平台管理者的活动表明了其对未来生态系统和数字市场的愿景，包括创造价值的形式等，当互补者和消费者认为这些信号有益时，他们就会选择参与平台，从而逐渐形成平台生态系统。

（2）融合发展视角下标准化体系建构。

跨境数据流动逐渐成为贯通数字贸易相关主体的重要线条。根据维奥思社（We Are Social）公司发布的《2023 年全球数字报告》，全球有 51.6 亿互联网用户，47.6 亿社交媒体用户，占全球总人口的 59.4%。全球移动数据使用量也将呈爆炸式增长，预计 2023—2029 年间全球每月的数据流量将增加两倍。全球互联网与电信行业的迅猛发展使得大数据的使用与流动呈现指数级的增长。在互联互通的数字背景下，一国经济的数字化和世界经济的数字化几乎是同步发生的，在同一个国家内的数据流动与跨境数据流动没有太大区别，跨境数据流动规模同步出现了急剧扩大，几乎所有的跨境贸易都存在数字元素，数据的全球流动已经成为不可逆转的时代趋势。

对于企业而言，数据流动带来新的贸易与发展机会。在传统贸易模式下，受制于时间、地域、交易周期等因素，资源在各主体之间的流动阻碍重重，生产与交易效率没有得到充分释放。在数字经济中，数据可以是产品，也可以用于生产数字产品和服务，跨境数据的流动极大地增加了全球范围内可贸易产品和服务的数量，进而重塑国际贸易格局。另外，对数据的分析有助于企业更好地了解国际商业环境和形势，提升企业的动态能力，以应对快速变化的环境。

数字贸易是跨境电子商务的高级存在形式，原来的电子商务规则也逐渐发展至新的数字贸易规则体系。构建一个全面、统一且高效的数字贸易标准化体系能够促进全球数据的安全、合法流动，提升国际贸易的效率和透明度，保障各参与方的权益。虽然世界贸易组织帮助制定了一些数字贸易的标准问题，但是随着全球范围内跨境数据流动规模的扩大，这些相关标准开始显现出局限性。数据隐私与保护问题是数字贸易标准化体系的核心要素之一。2007 年亚太经济合作组织（APEC）针对跨境数据流动问题创立了跨境隐私的规则框架，以支持建立整体的数据跨境流动机制。2016 年欧盟通过了《通用数据保护条例》这一个人数据的保护法律文件。国际数字贸易中的协作、公平性问题也为构建数字贸易标准化体系带来了一系列挑战。例如，欧盟通过制定《数字市场法》（DMA）和《数字服务法》（DSA）规范数字贸易，推动区域内标准的统一。联合国通过设立互联网治理论坛（IGF）来推动多方协作，制定网络和数据流动标准。全球数据流动背景下的数字贸易标准化体系建设是一个复杂且多层次的过程，目前国际规则的不完善以及由此形成的各国贸易壁垒在一定程度上限制了数字贸易生态的发展。

（3）全球资源配置与集聚发展。

在全球化的经济结构中，数字贸易正在成为推动产业资源全球配置的重要引擎。其核心是利用网络平台的无边界特性，实现资源跨境流动的最优化，从而促进全球产业链的高效整合与协同发展。数字贸易通过打破传统贸易模式的限制，为技术、信息和人才等资源的全球流动提供了无缝的平台。这种流动性不仅加速了全球产业的结构调整，也使得资源能够在全球范围内更加灵活地被配置到最能发挥其价值的领域。数字贸易对全球产业资源配置的影响体现在全球经济的动态优化与创新驱动发展两方面。一方面，通过数字贸易平台，企业能够实时捕捉全球市场动态，快速响应消费需求变化，这不仅提升了资源配置的效率，也加快了新产品和服务的创新步伐。另一方面，数字贸易通过促进跨境数据流动和信息共享，加强了全球范围内的知识溢出和技术扩散效应，为全球创新生态系统的构建提供了有力支撑。数字贸易作为一种新型的全球经济活动形态，正在深刻影响着全球产业资源配置的格局，推动全球经济向更加开放、高效、可持续的方向发展。

数字贸易发展同样催生了资源集聚发展的新格局。在数字经济的驱动下，资本、技术、信息以及人才等要素趋向于流向那些具备数字化基础设施和创新环境的区域，数字化平台降低了信息不对称和交易成本，形成了新的经济增长点，特别是在知识密集型和创新驱动型产业领域更为显著。这种集聚效应不仅加速了产业升级，还促进了知识的积累和技术的迭代。与此同时，数字贸易成为技术创新传播的重要媒介，企业之间的协同作用和创新能力得到了极大的激发和提升，对于推动全球经济的可持续发展具有深远意义。

（4）塑造区域性、综合性的比较优势。

在全球数字经济背景下，数字贸易规则决定了数字经济全球化的程度和发展，也决定了各国在数字经济条件下的比较优势。在数字贸易的推动下，区域性与综合性比较优势的塑造共同构筑起推动区域经济发展的强大动力。通过数字化转型，地区可以充分发挥其独特的产业基础、地理位置、文化特色和政策环境，将这些潜在的优势转化为区域特色鲜明的产品和服务，形成具有区域特色的比较优势。例如，某个区域可能拥有丰富的自然资源或者深厚的文化遗产，通过电子商务平台的推广，可以将这些资源转化为具有地方特色的产品和服务，吸引全球消费者。同时，区域内部可以通过数字化手段优化产业结构，提高生产效率，增强其在全球产业链中的地位。同时，通过综合多方面的优势，构建起更为全面的竞争力。

此外，综合性比较优势的构建要求区域在巩固自身特色的基础上，主动积极融入全球价值链，通过数字贸易平台与其他地区进行资源、技术、人才和信息的深度整合与互补合作，实现产业生态的多元化和资源配置的最优化。例如，一个区域可以专注于发展高科技产业，而将部分劳动密集型产业通过数字贸易外包给成本较低的地区，从而实现资源的优化配置。这样的策略不仅提升了区域在全球经济中的竞争力和影响力，也为区域实现长期可持续发展奠定了坚实的基础，进而为全球经济的多元化和均衡化贡献了重要力量。

区域性比较优势的塑造有助于区域发挥特色和优势，而综合性比较优势的构建则有助于区域实现可持续的长期发展。通过这样的双向努力，数字贸易能够有效地促进区域经济的繁荣与发展，展现出其独特的价值和潜力，为全球经济的多元化和均衡化贡献力量。

10.5.3 中国数字贸易生态的建设路径

数字贸易在经济增长、社会就业、消费者福利提升、中小企业发展等方面带来新机遇，而数字贸易红利的高低还取决于一国的综合实力以及数字经济发展水平。近年来，美国、欧盟、英国、日本等经济体纷纷加大对数字贸易的投入力度，旨在从技术研发、投融资服务、配套设施、贸易环境、贸易规则等方面夯实贸易基础。中国数字贸易与发达国家相比存在结构性差距，尽管拥有规模和 B2C 业务的双重优势，但是贸易竞争力和平台国际化水平均有待提高。从统计情况来看，中国数字贸易的优势主要体现在数字化产出方面，但是核心中间产品与全球领先水平相比还存在突出差距，造成“统计幻想”。数字贸易发展是一项系统性工程，涉及众多领域的不同主体。对此，中国要尽早规划和布局，协同、有序地推进数字贸易生态建设。

（1）适度超前发展基础设施，扩大网络连接。

基础设施的完善和网络接口的扩大是布局数字贸易生态与提升市场活力的基础。当前，我国正处于数字经济的快速发展阶段，通信与互联网行业的基础设施建设不仅要满足现有的市场需求，更要预见未来的发展趋势，这要求在网络覆盖、数据处理能力和安全保障等方面进行超前规划和布局。具体而言，首先需要从网络覆盖面的广度和深度入手，确保不同区域间网络的无缝连接，不仅包括在城市中心区域部署高速的 5G 网络，更要在偏远地区进行互联网规划与建设。通过卫星互联网等技术手段，消除数字鸿沟，让每个角落的商家和消费者都能享受到数字贸易带来的便利。此外，随着人工智能、大数据、云计算、物联网等技术的应用日趋广泛，数据中心和云服务平台的建设也显得尤为重要，这些基础设施将成为数字贸易生态的坚实后盾，提供稳定可靠的数据存储、处理和分析服务，保障交易的实时性和安全性。

基础设施的超前发展还需与时俱进，紧跟技术演进的步伐。例如，我国工业互联网产业链在边缘层、网络层、平台层和应用层的四个层面中，仅网络层拥有优势，其他层面均面临缺乏自主技术等问题。随着物联网技术的发展，未来的数字贸易将更加依赖于设备的互联互通能力，这就要求相关的网络基础设施能够支持更多类型的设备连接和更高频率的数据交换。除了硬件设施的建设，软件资源的开发也同样重要，有关部门需要加强对开源技术的支持，推动开放平台的建设，促进技术共享和创新协同。通过建立全球性的数字创新平台提升中国数字贸易的国际竞争力，并为全球数字经济的发展做出贡献。因此，适度超前的基础设施建设和网络扩张战略对于加快中国数字贸易生态的成熟与完善具有重要的战略意义，是推动数字经济深入发展的基石。

（2）持续健全和推广标准化机制。

随着数字经济的快速发展，数字贸易已成为新型贸易方式的代表，数字贸易生态的构建离不开一套完善、统一的标准化机制。这一机制需要涵盖数据的标准化、交易流程的标准化，旨在降低交易成本，提高贸易效率，增强消费者信任，从而推动数字贸易的发展。近年来，我国的信息化标准工作虽然取得了一定成效，在国际标准工作中的参与度持续提升，但仍存在一些不足，如网络跨领域的统筹协调不足，国际标准工作影响力不足，专业水平、参与深度、贡献质量有待提升等。为持续性健全信息标准化工作，首先需加强数据的标准化工作。数据流动是数字贸易生态的基石，其标准化是提高交易效率、保障信息安全的基础。我国应积极参与国际标准组织的活动，推动国内外数据标准的协调一致，特别是在跨境电子商务等领域，加强与国际标准的对接和协调，推动我国标准的国际化。此外，对于交易流程的标准化，需要建立一套包括电子合同签订、支付结算、物流追踪等在内的统一流程标准，以减少交易过程中的不确定性和风险。同时，服务标准化也应得到重视，即通过建立统一的服务质量标准，提升消费者体验，增强市场信任度。在推进标准化工作的过程中，政府应发挥引导和监管作用，制定相应的政策和措施，鼓励和支持企业参与标准的制定和实施，同时加强对标准执行情况的监督，确保标准化机制的有效运行。

随着技术的不断进步，标准化机制也需要不断更新和完善，以适应新的市场需求。例如，大数据、人工智能等新兴技术的应用，对数据处理和保护提出了新的要求，同时对数据标准和安全标准的更新也提出了新的要求。因此，建立一个动态更新机制，对标准进行定期的评估和修订，是保障标准化机制长期有效运行的关键。应通过持续健全和推广标准化机制，确保我国数字贸易生态的持续健康发展，加快数字经济的整体进步，从而提升我国在全球数字贸易领域的竞争力和影响力。

（3）完善相关配套制度与人才队伍建设。

数字贸易生态的发展不仅依赖于技术的进步和市场的扩张，更离不开健全的制度保障和专业人才队伍的支撑。应着手完善数字贸易的配套制度，加强人才队伍的建设，以促进我国数字贸易生态的全面繁荣。

完善的配套制度是数字贸易健康发展的法治保障。在全球数字化进程中，我国面临着数据治理、跨境电商法规、知识产权保护等方面的挑战。针对这些挑战，需要构建一套与数字贸易发展相适应的法律法规体系，包括但不限于数据安全、个人隐私保护、电子合同认证以及反垄断监管等领域的立法。同时，建立跨境电商交易的标准化流程，优化关税征收、物流配送等环节，以降低企业运营成本，增强市场活力。此外，应与国际规则接轨，参与全球数字贸易规则的制定，提升中国在国际贸易体系中的话语权与影响力。

人才队伍建设是提升中国数字贸易竞争力的关键。数字贸易不仅要求从业者具备传统贸易知识，更需要掌握数字技术、网络安全、国际法律等多维度技能。因此，高等教育应加强与产业界的合作，创新人才培养模式，开设与数字贸易相关的跨学科课程，注重实践能力与创新思维的培养。同时，企业和政府部门需共同推进在职人员的继续教育和职业技能培训，以满足数字贸易快速发展的人才需求。此外，通过国际合作项目和人才引进计划，促进国内外人才交流，提升中国数字贸易人才的国际化水平，通过人才的国际交流与合作，加快本土人才队伍的成长速度，形成具有全球竞争力的人才高地。

（4）推进数字贸易示范区试点工作。

推进数字贸易示范区试点工作是构建数字贸易生态进程中具有重要意义的分支。2024年1月中共中央办公厅、国务院办公厅印发的《浦东新区综合改革试点实施方案（2023—2027年）》提出："探索数据资产管理、数字身份国际认证等，推动数字贸易交付和结算便利化，建设数字贸易服务平台。"数字贸易示范区作为创新发展的前沿阵地，能够集中展示数字贸易的最新成果和模式，为全面推广数字贸易提供宝贵的经验。试点示范区的建设，旨在通过政策引导、模式创新和环境优化，探索形成可复制、可推广的数字贸易发展新模式。

示范区的建设需要在实践中不断探索和完善。应通过建立数字贸易的综合服务平台，整合跨境电商、国际物流、金融支付等服务资源，打造一站式的数字贸易服务体系。同时，示范区应成为政策创新的试验田，如探索数据跨境流动的管理模式、数字货币的跨境支付机制等，为全国乃至全球的数字贸易规则和管理体系提供可借鉴的经验。通过不断试验和优化，数字贸易示范区将成为推动我国数字贸易生态系统全面升级的重要引擎。

(5) 参与全球数字贸易规则博弈。

如今，数字贸易已成为国际经济交流的重要组成部分，中国不仅是全球数字贸易的积极参与者，而且在推动全球数字贸易规则制定的过程中扮演着愈加重要的角色。中国作为全球最大的电子商务市场之一，其在全球数字贸易规则制定中的参与策略，不仅对国内数字经济的发展至关重要，而且对全球数字贸易规则体系的形成具有重大影响。因此，我国在全球数字贸易规则的博弈中，需采取更为精准和主动的策略，以确保在全球数字经济版图中维护自身利益，并促进国际贸易体系的公平与效率。

首先，中国参与全球数字贸易规则博弈的策略应当立足于深化对数字经济规则本质的理解，并在此基础上构建多边合作机制。中国应积极推动以 WTO 为核心的多边贸易体系，参与并引领数字贸易议题的讨论，通过提出具有前瞻性和普适性的规则框架，为全球数字贸易规则制定贡献中国方案。其次，中国参与全球数字贸易规则博弈的策略应当基于开放合作的原则，反对“脱钩断链”，积极推动构建开放包容的全球数字贸易规则。中国应积极参与到相关国际组织和多边贸易谈判中，通过建设性的对话和合作，推动形成公平、公正、透明的国际数字贸易规则体系。加强与主要贸易伙伴的双边和区域合作，通过自贸协定等形式，推动数字贸易规则的创新和本地化实践。

通过这样的策略布局，中国在全球数字贸易规则的博弈中将更加游刃有余，不仅能够保护和促进国内产业的健康发展，还能在国际舞台上展现其作为负责任大国的形象，推动构建更加平衡、公正的全球数字贸易新秩序。这一过程不仅将深刻影响全球数字经济的未来格局，也将为中国在新一轮科技和产业革命中赢得有利的竞争优势。

内容提要

随着全球贸易数字化的发展，人类社会正迈入以数字贸易为突出特征的第四次全球化浪潮，对全球供应链、产业链、价值链产生了巨大的影响，国家间经济分工、贸易利益分配面临巨大的挑战，新的国际规则、国际治理挑战正在到来。数字贸易是商贸活动发展的一个新阶段。从传统商务和贸易到电子商务，到跨境电子商务，再到现在的数字贸易，随着信息技术在商贸活动中应用的日渐深入，涌现出许多新的名词、新的概念，所描述事物的内涵特征不断演进升级。国务院发展研究中心对外经济研究部发布的《数字贸易发展与合作报告2023》显示，2022年，我国数字贸易进出口规模达到3 710.8亿美元，同比增长3.2%，占整体服务贸易比重达41.7%，数字贸易成为带动服务贸易增长的重要动力。当前我国离数字贸易强国尚有差距，提升潜力巨大，应把握有利时机，充分发挥电子商务先发优势，加快数字贸易布局和建设，推动企业和产业数字化转型，掌握国际贸易主动权和主导权，实现数字贸易跨越式发展。

关键概念

数字贸易是指满足下列三个条件之一的贸易：数字订购的交易、数字（平台）促成的交易和数字交付的贸易。

数字贸易壁垒包括本地化要求、数据源代码和加密要求、审查、市场准入和最低豁免额、限制信息自由流动等。

数字贸易规则包括 WTO 中的数字贸易规则、美国的双边和多边协定、欧洲单一数字市场战略等。

开放式问题

1. 进入新发展阶段，我国数字贸易发展的现状是什么？
2. 中美贸易摩擦如何影响国际数字贸易规则的制定？
3. 在数字经济蓬勃发展的背景下，我国应如何更好地发展数字贸易？

进一步讨论的主题

根据国务院发展研究中心对外经济研究部发布的《数字贸易发展与合作报告 2023》，2022 年，全球数字服务贸易规模为 3.82 万亿美元，同比增长 3.9%，ICT 服务继续领跑细分数字服务贸易增长，区域数字服务贸易增长出现分化，跨国公司数字领域投资保持较快增长。中国数字贸易发展规模、增速位居世界前列。2022 年中国数字服务进出口总值为 3 710.8 亿美元，同比增长 3.2%，占服务进出口比重达 41.7%。中国互联网企业出海呈现三大趋势：出海主体从头部企业向中小企业延伸；出海策略从资本驱动到资本与技术并行，企业出海进程中的技术含金量不断提升；出海产品从工具类向多品类拓展。中国跨境电商规模扩大、结构持续优化。随着数字技术与产业变革加快推进，各国积极推进数字化转型，对数字贸易开放发展的规则环境与监管协调提出更高要求，数字贸易规则成为国际经贸规则重构和各方博弈的焦点。总体来看，规则谈判在推动务实、灵活合作上呈现多个亮点，也因分歧难以弥合、存在治理碎片化风险，亟须加强国际协调与合作，共同构建适应数字全球化发展的有利制度环境。

请结合当前国内外环境，分析我国数字贸易现状及未来发展趋势。

参考文献及扩展性阅读建议

第11章 数字红利

学习目标

1. 掌握数字红利的相关概念。
2. 理解数字技术催生数字红利的机制与影响。
3. 了解连接红利、共享经济红利。

引入案例

世界银行的《2016年世界发展报告：数字红利》提出，数字经济中收获数字红利的机制是数字经济能够促进信息包容，通过降低个人、企业和公共部门间的搜索成本和信息障碍，提高贸易、就业、公共服务的可及性；数字经济能够提高交易效率，这得益于由于数字技术成熟普及和价格下降，越来越多的生产、消费环节得以用ICT资本替代非ICT资本，提升劳动生产率、经济效率和人力资本回报率；数字经济能够推动模式创新，通过平台经济使供需双方的高频海量交易发挥规模经济效应，使边际交易成本降到基本为零，从而带来消费者福利。那么，数字红利的内涵是什么？有哪些数字红利模式？在这一章，我们将揭晓这些问题的答案。

自党的十八大以来，习近平始终坚持把人民的利益摆在第一位，高度重视信息化发展，为"数字中国"建设标定前进路径，擘画了清晰路径。如今，中国政务服务数字化、刷脸通关、AI会诊、智慧城市等给人们带来了更多的便捷与保障。数字化建设、大数据应用、信息惠民正在加速普及，为人民带来了巨大的红利。世界银行在《2016年世界发展报告：数字红利》中首次系统性地阐述了数字红利的概念。该报告认为，互联网等数字技术能够促进经济增长、扩大就业、改善服务。随着电子商务、移动支付等的发展，经济活动每时每刻都会产生海量数据，这些数据构成了信息时代十分重要的生产要素，进而转化为新的数字红利。在此背景下，做大做强数字经济，不但能推动我国经济在增量上不断扩大，而且会带动存量转型升级、提质增效。

当前，我国的数字红利已然显现，具备了做大做强数字经济的有利条件。一方面，我国体量巨大的经济活动产生了海量数据，数据正是数字经济最关键的生产要素。来自需求侧的数据将有助于供给侧更好地对市场进行判断、对生产做出决策。大数据应用也将有效解决信息不对称等问题，从而帮助改善生产效率低下和生产相对过剩等依靠传统手段难以解决的顽疾。这些不仅将带来精准营销、定制生产等新经济模式，而且能让经济活动变得越来越智能。在此背景下，我国较为领先的大数据积累能力将有效助力技术革新、产业变革和经济转型。另一方面，信息基础设施的不断完善也为数字经济的发展打下了坚实基础。我国的高速公路网、高速铁路网从无到有、发展迅猛，里程跃居世界第一，极大地促进了人与物的互联互通；宽带网络覆盖率、移动网络覆盖率迅速提升，为信息的交流传递提供了很大便利；我国目前拥有世界上最大的网民群体和智能手机用户群体……这些都有效降低了发展数字经济的成本，构成了联通全国的人、物、信息交流网络，为数字经济更好发展创造了有利条件。

广阔的国内市场也为数字经济的发展提供了得天独厚的“沃土”。物联网、人工智能等新一代信息技术的转化离不开大体量市场的支撑，我国巨大的市场使信息技术能够更好更快地转化为先进生产力，并且不断催生出新的经济模式，数字经济因此拥有更好生长的肥沃土壤。近年来，数字经济占我国 GDP 的比重逐年提高。在取得了长足进步的同时，数字经济的发展空间依然巨大。从我国发展数字经济的现实需求和已有成果来看，数字红利将成为新时代我国在国际竞争中的重要比较优势。用好这一比较优势，推动数字经济做大做强，对推动经济发展质量变革、效率变革、动力变革，更好实现高质量发展，都具有重要意义。为了更好释放数字红利，做大做强数字经济，应在完善信息基础设施、完善全国统一市场、完善体制机制等方面切实发力。

11.1 数字红利的相关概念

11.1.1 数字红利

当下，以互联网、人工智能、区块链、云计算、大数据为代表的底层数字技术推动的数字经济正在全球蓬勃发展，对人类生产、生活和生态产生了全面深刻的影响。根据中国信息通信研究院研究报告《全球数字经济白皮书（2023 年）》的相关数据，2022 年年底，世界 51 个主要经济体的数字经济增加值为 41.4 万亿美元，占 GDP 的比重为 46.1%。《中华人民共和国国民经济和社会发展第十四个五年规划和 2035 年远景目标纲要》中专辟一篇“加快数字化发展　建设数字中国”，提出“打造数字经济新优势”“加快数字社会建设步伐”“提高数字政府建设水平”“营造良好数字生态”等目标，一个全新的数字经济时代正向我们大踏步走来。

11.1.2　连接红利

连接红利是互联网时代应运而生的概念。“连接”是一种关系属性，既包括人与物之间的连接，也包括人与人之间的连接，这种属性的表现形式是社群平台，是用来聚合异质性顾客资源的；“红利”则是一种交易属性，是变现流量价值后的沉淀。连接红利以社群平台为主要隔离机制，旨在聚合大量消费者，并在与消费者进行价值协同和互动过程中创造持续的价值以获得收益。互联网时代企业的边界变得越来越模糊，外部环境的不确定性大大增加，社群平台取代了传统的技术壁垒，成为企业间主要的隔绝机制，由此带来的连接红利也成为经济租金的最新表现形式。互联网经济下企业所追逐的连接红利是将产品作为一个聚合顾客从而形成社群平台的入口，然后在与消费者进行不断的价值互动过程中引导消费者主动参与到价值共创体系中来。

11.1.3　共享经济红利

共享经济是指利用互联网等现代信息技术，以使用权分享为主要特征，整合海量、分散化资源，满足多样化需求的经济活动总和。共享经济是信息革命发展到一定阶段后出现的新型经济形态，是整合各类分散资源、准确发现多样化需求、实现供需双方快速匹配的最优化资源配置方式，是信息社会发展趋势下强调以人为本和可持续发展、崇尚最佳体验与物尽其用的新的消费观和发展观。共享经济的本质是整合线下的闲散物品或服务者，以较低的价格提供产品或服务：一方面，资源拥有方利用闲置资源获得收益；另一方面，资源使用方以较低成本获得资源，满足自己的需求，由此创造的价值即为共享经济红利。

阅读材料

数字红利，重构你我数字生活

群众的获得感，检验着数字福建建设的含金量。

缩短时空距离，破解资源不均难题

4 月 28 日，一堂别开生面的大学生心理健康教育课程在福州滨海新城数字教育小镇上演。上课的课堂不是传统的教室，而是一个别致的高配版“集装箱”。这是网龙公司的最新产品 Pop-up Classroom 集装箱教室首次对外亮相。

数字技术被视为均衡教育资源、缩小教育差距的有效途径。在首届数字中国建设峰会的数字海丝分论坛上，不同国家的教育工作者就曾探讨如何让优质的教育资源在“一带一路”共建国家落地应用。

即使在偏远地区，集装箱教室也易于运输和安装，较常规土建大幅度降低了施工成本，让发展中国家和欠发达地区在不支付昂贵预算的前提下，也能便捷、快速地实现优质教育资源的普及。

作为国内推动数字教育“走出去”的先行企业，近年来，网龙公司积极面向东南亚、中东、美洲、非洲等地区拓展“教育出海航线”。而其所在的福州滨海新城数字教育小镇，以“数字经济、数字教育”为特色产业依托，将形成数字教育产业集聚区。“数字教育小镇是福建数字教育的起点，这也是网龙与数字福建之间的渊源。”熊立表示。

数字化手段同样成为破解医疗资源不均难题、加快健康福建建设的加速器。

第一次站在乡镇卫生院远程门诊室的高清大屏前，上杭县56岁的张大叔有些尴尬，却又掩饰不住内心的新奇。视频里，龙岩市第一医院肾内科的医生在对他进行面诊，身旁的卫生院医生陪着张大叔，不时帮他“翻译”医学术语。

整个看病过程不到10分钟，结算了医疗费用后，张大叔满意地去药房拿药。他说，原本到市里去看病要转两趟车，运气好的话当天能往返，不然还要在市里住一晚；现在在卫生院就能让大医院的医生瞧病，方便又省心。

以互联网推进优质医疗资源下沉，帮助患者实现“隔空”就诊，全省1 159个医联体医疗机构辐射的群众也都是受益人：

厦门市通过信息化手段实现就医资源状态的透明化，让患者实时了解各医疗机构产科、儿科门诊的就诊人数、等候时间及空余床位数；

莆田市借鉴“滴滴打车”互联网思维理念，乡镇卫生院的技师给患者拍完片，让专家库里的在线签约专家即时修订乡镇卫生院技师的诊断书；

省市县三级医院普遍开通微信公众号、支付宝、手机App、医院网站、自助服务终端等多种预约挂号方式，缴费、读取报告单、等候取药等就医环节也能“码”上完成；

…………

“深加工”，让大数据有大能量

搜索微信小程序，一款名为“天气说”的小程序，与众多天气预报软件有点不同。

“传统的天气预报软件展示的只是冷冰冰的天气数据，很多人看不懂里面的专业描述。”开发这款产品的四创科技有限公司总经理、省防灾信息工程研究中心副主任洪芳认为，用户真正关心的是今天会不会下雨、需要穿什么衣服、身处异地的亲人会不会遇到异常天气、出差去外地需要准备多少衣服等，“天气说”正是基于用户的这些细分场景，提供个性化的天气服务。未来，它将打造一个以天气为起点的信息平台，结合大数据技术，将天气融入生活的方方面面。

这是四创科技有限公司在其减灾兴利主业之外的衍生产品，却体现了公司“信息服务民生　应用创造价值”的发展理念。

“我们并不生产数据，我们的优势在于对数据进行融合处理和挖掘，为政府提供辅助决策，也将百姓最关注的信息，以通俗可感的形式呈现。”洪芳介绍，公司长期为政府提供减灾兴利的信息化全面解决方案，沉淀了大量数据信息，由此萌发了为产业用户提供减灾兴利信息与应用租赁服务、为社会公众提供减灾兴利信息与预警服务的新业务方向。“这就好比有人专门负责种菜，也要有人专门负责炒菜，两者缺一不可。”

用大数据守护青山绿水，福建还有朵“生态云”。福建在全国建成首个省级生态环境大数据云平台。

生态云专门建立公众统一服务平台，优化“福建环境”App功能，整合环境信息发布、环境问题投诉等公众服务功能。通过“我的周边”模块，公众可实时了解周边水、空气、辐射环境质量以及污染源数据，还可留言和互动。自2018年以来，生态云平台共接到环境问题线索2.7万件，到期办结率为100%，解决了一大批群众身边的突出环境问题。

同时，云平台对外开放212个对外服务接口，根据不同层级、不同部门、不同人员的使用日志，自主辨别用户“兴趣点”，变“人找数据”为“数据找人”，让数据“智”动起来。不断创新深度运用，让大数据日益显现出大能量。

让数据“跑”起来，办事更方便

4月，闽政通App刚刚完成第四十个版本的迭代更新。作为福建政务服务统一平台，升级后的闽政通App新增或优化机动车六年免检合格标志申领、公积金贷款测算、离退休人员公积金提取、疾病预测等服务，489项省市两级便民服务事项，让更多群众“少跑腿、少费时、少操心”。

从电脑端到移动端，政务服务越来越贴近百姓。自2017年以来，闽政通App下载用户数超过800万，实名注册用户数超过300万，日活跃用户数突破10万，初步实现了群众办事马上就办、掌上办。经第三方测评，闽政通App在全国25个已建省级移动政务服务平台服务能力排名中位列第3名。

后续，闽政通App将继续与可信第三方展开深度合作，针对医疗缴费、生活缴费、交通出行等高频场景，推出缴费、充值、登记等解决方案，为用户提供方便快捷、统一规范、优质高效的政务生活服务。

现代信息技术在简化工作程序、创新工作流程的同时，倒逼政府管理理念、手段和方式变革。许多重大信息化项目在助力福建发展中发挥着积极作用，同时，它们也切实提升了百姓的获得感：

全省“一趟不用跑”事项超过3.7万个，比去年同期增加90.89%，“最多跑一趟”事项超过10.2万个，比去年增加13.35%，全省由原先承诺类型事项转为即办类型事项的有8 376个，群众办事效率进一步提高。

先试先行，推行智能秒办。以漳州为试点地区，福建探索网上审批、智能秒办，实现企业、群众网上办事无须审批人员任何人工干预，即可自助“秒批”，让审批像网购一样方便。目前上线老年人优待证核发等18个事项，办理超过16万多件。

中国（福建）国际贸易单一窗口已连接43个单位，涵盖108项口岸政务管理和贸易服务功能，基本实现“一个界面、一点接入、一次递单、统一反馈”的全流程一站式集中办理，服务企业6万多家，平台日均单证处理量超过27万票。

国家国土资源大数据应用中心整合土地、不动产、地质矿产、地质环境与地质灾害等各类数据，构建内容全面、标准统一、省市县三级联动的国土资源数据资料体系。

国家安全生产监管检查大数据平台（福建）分中心通过对平台数据的深度挖掘和关联分析，为安全生产决策、监管检查等提供数据服务。

资料来源：郑璜．数字红利，重构你我生活．福建日报，2019-05-06.

11.2 数字技术催生数字红利的机制与影响

11.2.1 数字技术催生数字红利的三种机制

数字技术大大扩充了信息库，降低了信息成本，创造了信息产品。这一变化促进了信息的搜索、匹配和分享，通过影响企业如何运作、人们如何寻求机会、公民如何与政府互动，进而推动这些经济主体之间实现更完善的组织协作。变化不仅限于经济活动，数字技术的影响波及劳动力队伍中女性的参与，残障人士更为便利的沟通，以及人们的休闲方式。通过消除信息障碍、加强要素、革新产品，数字技术可以创造更大的数字红利，从而实现更加包容、高效和创新的发展。数字技术催生数字红利的三种机制如图 11－1 所示。

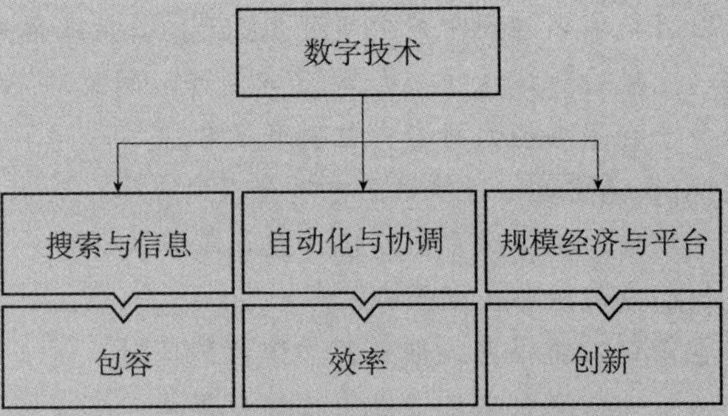

图 11－1　数字技术催生数字红利的三种机制

数字技术促进包容。在互联网出现以前，一些交易的成本太高，导致没有市场。有两种交易属于这一类型：第一种，双方有潜在的有利交易，但彼此不知道对方的存在，而找到对方的搜索信息成本过于高昂；第二种，一方掌握的信息远远多于另一方，经济学文献称这种情况为买卖双方之间的信息不对称，如果缺乏信息和透明度，这些交易就不会发生。数字技术通过降低获取信息的成本，以透明方式提供更多信息，使得新交易成为可能。试想以下情形：一位贫困农民无法获得信贷，因为贷款方无法评估他的信用度；一个小公司无法找到另一个国家的潜在买方，不知道是否能信任新的商业伙伴；一个自由职业者愿意干些小活儿挣钱，不知去哪儿寻找这种工作；房主想把闲置房间出租给当地游客，不知如何找到租客；那些居住在偏远地区的群体较难获得政府提供的服务。所有这些困境都是因为缺失根本性信息，很难做成交易或找到匹配对象。手机记录、企业对企业电子商务、共享经济、网上信誉评价系统和数字识别系统都可以帮助消除这些信息障碍。这些手段不仅令市场更高效，其最大的好处似乎是创造市场的效应：扩大贸易、创造就业、提高公共服务的可及性，进而促进包容性。

数字技术提高效率。受互联网影响最大的可能还是以前的传统交易。有了互联网，这些交易可以更快更便宜地达成，而且执行更方便。这一机制通过两种途径发挥作用。首先，数字技术价格大幅下降，企业和政府得以用 ICT 资本替代现有的要素——劳动力和非 ICT 资本，实现一些工作的自动化。航空公司利用在线预订系统安排载客。超市使用自动收银机替代收银员。制造企业应用实时库存和供应链管理系统进行管理。政府部门投资建立信息管理系统，从签发驾驶证到报税等很多业务都提供在线服务。其次，数字技术加强了未被取代的要素，从而提高了生产率。数字技术帮助经营者更好地管理劳动者，帮助政府人员更好地监测服务提供者，也帮助劳动者运用技术提高生产率，从而提高人力资本的回报率。互联网通过简化任务、提高现有要素的生产力，进而大幅提高企业、劳动者和政府的经济效率。

数字技术推动创新。如果交易完全自动执行，不需要人力参与，效率就达到极致，交易成本下降到基本为零。这时即进入“新经济”范畴，如搜索引擎、电商平台、数字支付系统、电子图书、流媒体音乐以及社交媒体等。搭建平台的固定成本可能很高，但是执行一次交易或增加一个用户的边际成本极低。随着规模收益率越来越高，新的商业模式开始出现，这也是互联网企业与非互联网企业相比的一个主要竞争优势。零边际成本吸引新卖家和买家进入企业平台，产生良性网络效应：买家受益于更多卖家的入驻，反之亦然。对于拍卖网站，卖家越多，吸引的竞标者也越多；对于搜索引擎，搜索次数越多，引擎就能掌握越多的信息，就会变得更加有效。规模和零边际成本也是许多社会动员、政治抗议活动通过社交网络组织的原因。互联网使得毫无障碍的沟通和合作成为可能，可以支持新的交付模式、鼓励集体行动并加快创新进程。

11.2.2 数字技术为企业、个人和政府创造数字红利

数字技术为企业国际贸易提供便利。数字技术连接新市场，使得新市场开拓变得更加容易。一方面，小企业也能成为出口商；另一方面，企业能将出口目的地拓展到新的国家。此外，更好的通信技术促进了国际贸易的二次分工。这不仅使每个阶段的生产活动都获得了更高的效率，也让业务外包国家（通常为发展中国家）从中受益。数字技术能提升企业对资本和劳动力的使用率，电脑和软件可以让企业实现业务流程程序化，提高管理效率；互联网连接机器、供应商和客户，使企业用更有效率的方式管理其供应链和库存。同时，数字技术能够促进竞争并创造新的业务模式，线上企业的边际交易成本几乎为零，与线下企业形成竞争。如电商与实体企业的竞争、社交媒体网站与传统媒体的竞争等，线上线下竞争催生了新模式，从而提高了效率。

数字技术为个体创造就业机会。数字技术不仅提高了直接就业的机会和报酬，更重要的是，当企业和自由职业者采用新技术时，以及通过 ICT 技术相关的外包和创业项目开展业务时，数字技术可以在使用 ICT 技术的行业创造工作机会并增加报酬，即提高了间接就业的机会和报酬。劳动者能够将常规性、重复性的工作交给技术完成，进而专注于价值更高的活动，从而提高劳动生产率。如研究人员可以将更多的时间用于思考和创新，而不是花时间搜索信息或复制其他人的成果。数字技术能让消费者受益，当数字技术使业务流程自动化并产生规模效应时，就能降低价格并创造新的产品和服务，从而增

加消费者剩余。

数字技术为政府提高国民参与度。数字技术通过给穷人提供确凿的身份，为穷人参加选举创造了条件。数字技术能提高公共部门的办事能力。数字技术通过自动化简化办事流程，从而减少自由裁量权的使用和“寻租”行为；通过赋予公民反馈问题的机会，从而改善服务质量；通过强化对政府工作人员的监控力度，从而保证绩效。数字技术能够提高国民的话语权。数字平台大大降低了沟通成本，使国民能够以前所未有的规模相互联系，从而提高国民的话语权和集体力量。

11.3 连接红利

11.3.1 连接的进化

从19世纪美国人莫尔斯成功研制出世界上第一台电磁式发报机开始，人们一直在为稳定、可靠的通信不懈努力，“连接”在一百多年中的价值得到了人们的认可。各行各业正是借助这些无处不在的连接技术，大大提升了生产生活的效率。人与人的通信进入了数字经济时代，当市场上在不断展望未来数字技术形成的平台的价值和各类丰富的应用的规模时，连接似乎已经成为一个默认的基础选项。连接是互联网社会中继信息爆炸后出现的新特征，相较于信息时代，连接时代最大的特点就是信息传播变得更为迅捷，由此推动了知识生产难度的显著下降，知识溢出范围也在不断增大，一个新的概念应运而生：连接红利。

连接不断进化，场景、能力、行业、硬件等均可连接（如图11-2所示）。当新的连接出现的时候，应利用这些基础设施，找出红利在哪里。当前互联网基础设施非常健全，应该重新思考互联网连接所带来的红利。比如百度提出的是利用互联网连接人与服务。一个典型的场景是用户在移动端搜索某一部电影，获得电影的信息之后，他决定直接选位置并购票，紧接着他会查询路线并打车到电影院，最终拿着购票的二维码扫码进场。在这个过程中通常百度只完成第一步，但在提出连接人与服务后百度能完成这里面的所有环节，做到这一切只需要安装手机百度、百度糯米、百度支付、百度地图、优步即可。腾讯说要做互联网的水和电，要连接一切。当然，这个目标非常宏伟，当前能做到的也是最急切的还是连接人与服务这一环节。腾讯的连接工具是超过6亿用户的微信，超过2亿用户的微信支付，超过2亿用户的美团、大众点评，超过1.2亿用户的滴滴打车，各产品的优势相加可以说达到了1+1大于2的效果，为腾讯“连接一切”的理想奠定了坚实的基础。

11.3.2 物联网发展的最新态势

（1）物联网全球连接数持续上升。

全球物联网仍保持高速增长。物联网领域仍具备巨大的发展空间。近年来，物联网

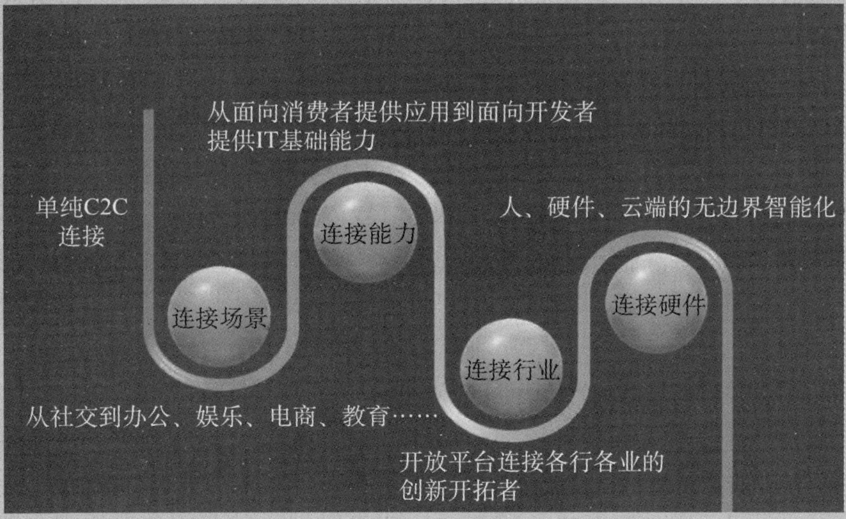

图 11-2 连接的进化

技术得以不断积累与升级，产业链也逐渐完善和成熟，加之受基础设施建设、基础性行业转型和消费升级等周期性因素的驱动，处于不同发展水平的领域和行业交替式地不断推进物联网的发展，带动了全球物联网行业整体呈现爆发式增长态势。据 Statista 统计数据，2022 年全球物联网市场规模达到 9 702.2 亿美元。

发达国家纷纷出台政策进行战略布局，抢抓新一轮信息产业的发展先机。美国以物联网应用为核心的“智慧地球”计划、欧盟物联网行动计划、日本的“U-Japan 计划”、韩国的“IT839 战略”和“U-Korea 计划”、新加坡的“下一代 I-Hub”计划等都将物联网作为当前发展的重要战略目标。根据全球调研机构 IoT Analytics 发布的最新物联网现状报告数据，2022 年全球物联网连接设备数量增长 17%，达到 143 亿台，与 2021 年相比，增速有所上升。

(2) 物联网长期发展呈现三大态势。

其一，产业融合促进物联网形成“链式效应”。产业物联网的进一步发展对产品设计、生产、流通等各环节的互通提出新的需求，而“物联网+区块链”为企业内和关联企业间的环节打通提供了重要方式。其二，智能化促进物联网部分环节价值凸显。随着物联网应用的行业渗透面不断加大，数据实时分析、处理、决策和自治等边缘智能化需求增加。其三，互动化促进物联网向“可定义基础设施”迈进，与上层应用形成闭环迭代。

(3) 面向不同应用场景的基础设施不断进行整合探索。

物联网基础设施整合探索进入新阶段。从 2015 年起，产业界对物联网基础设施的整合探索就从未停止过。其间经历了以智能路由器、智能可穿戴设备等面向终端开发的智能硬件为代表的第一阶段，以通用物联网平台和操作系统为代表的第二阶段，然而受产业技术成熟度有待提升、行业规模应用偏少、面向不同行业的硬件兼容及规范较弱等诸多因素影响，物联网底层的基础能力整合需要越来越急迫。物联网网络基础设施整合向天地一体化演进。移动网络、局域网、卫星网络、无人机及热气球等共同组成天地一体化的全球物联网网络基础设施，为物联网的全球化应用提供随时随地的可靠接入。蜂窝物联网网络协同发展成为网络整合优先者，蜂窝物联网网络是基于蜂窝移动通信技术的物联网网络，因覆盖场景不同，主要涵盖面向大部分低速率应用的窄带物联网。

（4）物联网互联互通从企业侧利益互补向以用户价值为核心转变。

物联网互联互通共经历了三个阶段：第一阶段以国际巨头和联盟主导的互通协议为主；第二阶段以互联生态下的跨品类互联为主；第三阶段以用户价值为竞争主体。当前正处于第二阶段向第三阶段的过渡期，用户价值成为互联互通的核心，全屋智能、用户主动服务推送等围绕用户需求的互联互通模式开始出现。

（5）物联网群体智能、开源模型两种生态拓展方式齐头并进。

抱团发展、群体智能生态融合出现。针对物联网先天存在的碎片化问题，近年来巨头企业通过组建自有生态探索解决方式，然而受限于自身产品和合作企业，难以建立具有竞争优势的物联网生态。针对这一情况，产业界出现多企业生态抱团、拓展群体智能的发展趋势，其中智能家居应用尤其明显。联合开源、开发模型方式增强。Eclipse 基金会的物联网商业采用调查显示，开源在物联网中普遍存在，60%的企业将开源纳入其物联网部署计划。

（6）物联网安全推进力度加强，部分国家监管从自愿向强制过渡。

全球物联网安全推进力度持续加大。随着物联网规模化应用不断落地，物联网安全事件频出，物联网安全成为应用方决策是否部署物联网应用的关键要素，对物联网进一步规模化拓展产生了重大影响。

11.3.3 物联网开创海量连接新时代

物联网作为电信领域最为引人注目的新技术，是未来通信领域最有可能开启广阔增长空间的产业之一。随着运营商将发展物联网列为未来发展战略的最高优先级，并着手开始建设全面覆盖的物联网网络，物联网的应用场景得到了迅速丰富。层出不穷的实际应用向我们展示了物联网产业的巨大发展潜力。以“物”作为连接主体是物联网的本质，延伸而出的交互场景包括“人与物”和“物与物”两个方面，进而实现传输、交流、控制、反馈等多种实际功能。因为囿于传统无线通信技术的限制，运营商无法支撑广域物联网服务，所以难以渗透到垂直行业。物联网则帮助运营商打破了这种界限，通过广域低功耗的网络覆盖实现了海量机器通信接入的可能性。

从“互联网”到“物联网”，后者“连接一切”的属性引发了新时代的数据核爆，“数据即资产”开始成为指导商业社会的基本理念。从 PC 互联网、移动互联网到物联网，历次信息革命浪潮都指向同一个关键词——连接。如果说互联网带来的是“人与人”“人与信息”的连接，那么物联网则更进一步，实现了“人与物”“物与物”的全面连接。

当然，物联网的发展也经历了漫长的导入、沉淀和验证期。2008 年第一届国际物联网大会举行，物联网设备数量首次超过人口数量。物联网导入期主要表现为物联网相关概念的导入和早期物联网设备的连接。2013 年谷歌眼镜发布，物联网和可穿戴技术发生革命性的进步。2016 年，物联网产业生态发展所需各种要素已具备。物联网沉淀期主要表现为一些传感、通信等技术的试错和沉淀。在物联网产业链上的各种要素已基本完善后，很快，物联网对于国民经济产业变革的规模效应就初步展现。2018—2019 年是市场对物联网技术方案落地验证的开启时期。在物联网验证期，技术、政策和产业巨头的推动对于物联网产业的发展依然重要。但是不可忽视的是，市场需求因素的影响正在增强。自凯文·阿什顿在 1999 年提出“物联网”一词至今，物联网已从雏形初现逐步发展为拉动全球经济增长的新引擎。新的技术浪潮开启了通往新时代的大门，也为时代奠定了特有的基调。

虽然从连接的对象来看，物联网只是加入了各种“物”，但它对连接内涵的拓展和升华带来了极其深远的影响。物联网不再以“人”为单一的连接中心，物与物无须人的操控即可实现自主连接，这在一定程度上确保了连接所传递内容的客观性、实时性和全面性。此外，物联网将实体世界的每一缕脉动都连接到网络上，打造了一个虚拟（信息、数据、流程）和实体（人、机器、商品）之间相互映射、紧密耦合的系统。物理实体在虚拟世界建立了自身的数字孪生，使其状态变得可追溯、可分析和可预测。

在物联网环境下，一方面，万物皆为入口。除了用户主动交互产生的数据外，用户的许多被动数据将被实时、无感地记录下来。企业因此可以全面、立体、动态地了解用户需求。另一方面，物联网时代的智能工厂可以通过柔性生产线、透明供应链等模式，快速地满足用户不断迭代的定制化需求。与移动互联网的设备接入量相比，物联网的连接规模将扩大至少一个数量级，所涉及的领域涵盖可穿戴设备、智能家居、自动驾驶汽车、互联工厂和智慧城市的一切。可以预见，物联网引领的这波新浪潮将从根本上改变我们习以为常的生活方式，也将重构全球产业经济的格局。

11.4 共享经济红利

11.4.1 共享形式的由来

在原始社会中，由于物质稀缺，私有制是不存在的。氏族内的所有物品都是公有的，人类通过共同劳动来实现平均分配。这是人类最初级的共享形式，即对财务共同所有的公有制。这也是生产力水平极低的一种体现。在这种生产关系下，部落成员按年龄、性别分工，共同采猎，所有成员平均分享劳动成果。这种没有压迫和奴役、没有固定的分工和阶级分化、全社会成员共同占有生产资料的社会形态，被马克思称为原始共产主义社会。

原始社会末期，新的生产工具出现，生产力发生飞跃，从农业中分离出了手工业，而且还出现了商品交换。土地等生产资料逐渐被分给个人使用，战国时期产生了以家庭为单位的个体小农经济。随着生产力的大幅提升，在满足自身生存需要的前提下产生了显著的剩余产品，对于剩余产品的分配就是私有制的最早形式。当每个人开始拥有属于自己个人的物品时，私有和个人所有权开始出现，从而原始公有制让位于私有制。

由于生产力发展水平最终决定生产关系的性质，公有制形式也在不断完善中。17世纪末的资产阶级革命开启了人类历史的崭新时代，资产阶级第一次宣告一切人生来平等，每个人都有生命、自由和追求幸福生活的权利。它负有为共产主义的新世界创造物质基础的伟大使命。18世纪末到19世纪中叶，处于第一次工业革命中的人们诞生出一种新思想——共产主义。汽车也是在第一次工业革命中孕育的。汽车刚开始是供少数富人使用的，大多数平民没有机会体验。后来发明家们发现每辆汽车的生产成本并不高，可以让更多的人使用这种发明，于是数十人共同使用一辆汽车的车型诞生了——公共汽车。公共汽车的特点就是多人共同享有，是一种公有产品，解决了大多数平民不能使用这种新发明成果以及出行不便等问题。公共汽车的发明和广泛使用，启示了人类一种新的想法，就是让多人共同使用一种新产品，让大多数人共同分享新产品，即公共产品，共同拥有，多数人共享。

随着社会经济的发展，共享将成为一种普遍的社会现象。今天的世界正趋于分享一切，一切也都可以分享。在互联网的技术变革助力下，新的经济模式带来了新的消费领域，带来了新的经济增长点。共享经济催生了一轮又一轮的创业浪潮，仿佛和“共享”两个字沾上边，就存在改变世界的可能。“共享经济”通过举一反三的包装，衍生出了各种类型的“共享”，碎片式的细分领域不断涌现，比如酒店、房屋、办公室等。小到衣物，大到挖掘机、机床设备，再到技能等，似乎一切都可以共享。

共享正在悄然改变我们的生活方式，改变人类的经济，改变城市……就在短短不到十年的时间内，它已经渗透到了我们生活的方方面面，并正在用全新的方式满足我们日常衣食住行学等方面的需求。

中国已经进入新发展阶段，当前面临的新矛盾需要新方法去解决。中国经济的结构调整与转型升级更是迫切需要新技术、新经济的推动。共享经济是新技术、新经济的重要组成部分。党的十九大报告提出：“在中高端消费、创新引领、绿色低碳、共享经济、现代供应链、人力资本服务等领域培育新增长点、形成新动能。”这意味着共享经济将成为我国的重要经济增长点之一，促使共享经济形成新动能。“发展为了人民、发展依靠人民、发展成果由人民共享”，这是美好的发展理念，需要有效的制度安排，使全体人民在共建共享的发展中有更多的获得感，增强发展动力，增加人民团结，朝着共同富裕的方向稳步前进。

11.4.2 共享经济的基础条件

（1）一个网络平台。

共享经济需要一个网络平台，以形成社会群体的群聚效应。共享经济企业或共享网络公司是近几年发展起来的新型企业模式，主要通过创造P2P网络平台为供需双方提供产品或服务的交易机会，或是把自己的产品或服务短期租给客户使用。如滴滴打车、优步、一号快车等网约车公司都是共享网络公司。因为共享经济的供需双方一般都是个体而不是组织，因此需要有网络平台对数量庞大的个体供需双方进行整合，形成各具特色的供货池和需求各异的消费群体。

共享经济能够得到你的数据。例如在你使用共享单车时，你的信息会被录入，这些信息包括你的生活范围是在哪里，你经常去的地方是哪里等。这些数据对公司来说是很难能可贵的资源，而如何充分利用这些数据，只能看公司的眼光与决策了。在大数据时代，谁拥有的资源多，谁就主宰未来。

社会化网络的新规则打破了原来的集权统治和森严的等级制度，创造了一个开放的、高参与度的和充分自由的新社会，这种规则亦被称作民众集体协作武器。共享经济商业模式能否成功，关键在于网络平台的市场运作是否成功。

共享经济所有的规则、信任、资源等都必须依靠共享网络平台，这是共享经济不可或缺的核心，主导着整个共享经济的发展和模式。共享经济的网络平台企业向供需双方提供交易机会以获得佣金，使共享经济的商业运作成为一种可能。

（2）闲置产能资源。

共享经济的目标是对闲置产能资源进行再分配，因而由个体提供的形形色色的闲置资产池是经济共享的前提和物质基础，也是决定共享经济能否持续发展的决定因素。供给方提供的是个人的闲散物品或服务而非标准化的批量商品，因而具有量上的限制和质上的特殊性，一般均为各具特色的旧货或者专业服务。

（3）相同的价值观和理念。

共享经济需要有共同享有的理念。协同消费的核心是共享，即须持有“我的就是你的，我的就是我们的”“我帮助你，别人帮助我”“与邻里共享一个电钻”等朴素的价值观念，通过共享使用权，才能实现对闲置资源的再利用。在这个共同享有的理念下，供给方在特定时间内通过提供服务或让渡物品的使用权来获得一定的金钱回报，需求方通过租借等共享方式使用物品而不拥有物品的所有权，从而实现物尽其用和按需分配的资源再配置原则。

（4）相互信任。

共享经济需要有陌生人之间的相互信任，共享奉行的是互帮互助的文化理念，它需要人们彼此间的信任和互动参与，从而形成一种动态的社会行为，不断强化个体之间的分享、合作、社交和忠诚度。随着各种共享形式的不断发展，那些共享的物品成为陌生人之间信任的运载工具。

在互联网时代，社会信任关系正发生历史性的变化。在传统社会，人们能够信任的对象是熟悉的人；在现代经济出现后，人们走出村庄进入城市，于是信任关系从以前的熟人信任转向了机构和品牌信任。而在互联网时代，社会信任关系正转向“生人信任”。在传统社会，信任不能超过熟人社会制约着经济规模的扩张。中国经济曾长期锁定在熟人信任的自然经济形态中。现代经济的信任建立在契约的基础上，信任的主体是政府、行业协会、媒体以及有品牌的企业和产品。然而，在共享经济时代，人们不仅不依赖于熟人信任，也越来越不信任媒体以及企业（品牌），人们更愿意相信互联网上的民意以及由各种消费者评分形成的口碑和排名。共享经济是基于陌生社群成员之间彼此的信任而发展起来的商业模式，网络平台通过内部监督为参与者搭建了信用评价体系，信誉成为网络平台运作的基础，失信者将被驱逐，从而丧失参与资格。

11.4.3 共享经济成为新的商业模式

众所周知，美国硅谷是高科技公司云集的美国加利福尼亚州圣克拉拉的别称，位于加利福尼亚州北部、旧金山湾区南部，有上千所高科技公司的总部都设在硅谷，它们已成为全球创新以及财富增长的引擎。据美国企业研究所的数据，2015 年硅谷地区的总收入高达 2 350 亿美元，相当于爱尔兰的经济总量，超过了芬兰、葡萄牙和希腊等国家的经济总量。

旧金山硅谷也是当今最火热的共享经济的起源地，爱彼迎与优步先后于 2008 年及 2009 年在此设立总部，爱彼迎被《时代周刊》称为"住房中的 eBay"，优步成了全球打车出行平台的鼻祖。2014 年成立的 ofo 共享单车是国内首家共享单车公司，首创无桩共享单车模式。面对共享经济的大潮，很多创业者涌入共享经济的圈子，试图借着热潮分得一杯羹。市场上出现了不少爱彼迎和优步的山寨公司，或者说是效仿者，并出现了一个专有名称"Uberization"，即 Uber 化，代表着一种新的工作方式和经济思维。

在我国，自 2014 年下半年开始，共享经济渗透的速度之快超出人们的想象。以下几个行业更是共享经济火热的领域：出行业、旅馆业、快递业、家居服务业、个人服务业、餐饮服务业、旅行服务业、汽车售后服务业、健康业、物流服务业。

以滴滴出行共享经济模式为例，滴滴出行 App 改变了传统打车方式，建立并培养了大移动互联网时代用户现代化的出行方式。与传统打车方式相比，滴滴打车的诞生更是改变了传统打车市场的格局，颠覆了路边拦车的概念，利用移动互联网的特点，将线上与线下相融合，从打车初始阶段到下车时线上支付车费，画出一个乘客与司机紧密相连的 O2O 完美闭环，最大限度地优化了乘客的打车体验，改变了传统出租车司机的等客方式，让司机根据乘客的目的地按意愿接单，节约司机与乘客的沟通成本，降低空驶率，最大化地节省司机与乘客双方的资源与时间。

滴滴出行的竞争优势表现在以下几个方面：其一，滴滴出行车辆的市场流动速度快、运营效率高。相对于传统出租车行业来说，滴滴出行的叫车模式打破了传统打车市场的格局，改变了打车只能在路边招手等待的概念，走出了传统打车方式信息不对称的困境。其二，具有不同出行需求的用户可以在滴滴出行中得到满足。传统出租车只有一种业务，不能很好地满足生活方式和消费理念发生转变的人们对于服务的要求。而滴滴出行具有出租车、专车、快车、顺风车、代驾、巴士等多种业务，各种业务的独特功能满足了不同消费能力的乘客的出行需求，优化了乘客的打车体验。其三，线上支付使交易更加便捷安全，使用微信或支付宝在线上支付，既可以避免乘坐传统出租车现金找零的麻烦，节省用户的时间，又可以避免司机收到假钞，减少司机的损失。其四，用户忠诚度高。滴滴出行经常推出促销优惠活动。用户在乘坐完车之后进行评价或者分享出行过程，就可以获得下次乘车的现金优惠券，这不仅吸引了用户再次使用，而且提高了用户的忠诚度。其五，国家政策支持手机软件叫车服务。手机软件叫车服务的效率与服务水平都比较高，相对于传统出租车更加绿色环保。手机软件叫车服务能够为乘客提供高效率的、便利的出行服务，扩大人们出行打车的需求，有利于拉动经济增长。

11.4.4 共享经济为经济释放巨大红利

(1) 共享经济市场交易规模增长。

2023年，国家信息中心发布了《中国共享经济发展报告（2023）》。该报告显示：2022年我国共享经济市场规模持续扩大，在增强经济发展韧性和稳岗稳就业方面继续发挥积极作用，共享经济主要领域亮点凸显。全年共享经济市场交易规模约为38 320亿元，同比增长约3.9%。不同领域共享经济发展的不平衡性凸显，生活服务和共享医疗两个领域市场规模同比分别增长8.4%和8.2%，增速较上年分别提高了2.6个百分点和1.7个百分点，呈现出持续快速发展的良好发展态势。受多种复杂因素影响，共享空间、共享住宿、交通出行三个领域共享经济市场规模显著下降，同比分别下降37.7%、24.3%和14.2%。2022年，共享型服务和消费继续发挥稳增长的重要作用。从共享型服务的发展态势看，2022年在线外卖收入占全国餐饮业收入比重约为25.4%，占比较上年提高4个百分点；网约车客运量占出租车总客运量的比重约为40.5%，占比较上年提高6.4个百分点；共享住宿收入占全国住宿业客房收入的比重约为4.4%，占比较上年下降0.6个百分点，降幅较上年明显收窄。从用户和消费侧看，2022年网约车用户、共享住宿用户和在线外卖用户在网民中的普及率分别为38.54%、6.63%和61.44%。在线外卖人均消费支出在餐饮消费支出中的占比约为25.4%，较上年提高了4个百分点。网约车人均消费支出占出行消费支出的比重约为7.8%，较上年下降1.1个百分点。共享住宿人均支出在住宿消费中的占比约为4.4%，较上年下降0.6个百分点。2017—2022年我国共享经济发展概况如表11-1所示。

表11-1 2017—2022年我国共享经济发展概况

领域	共享经济市场交易额（亿元）					
	2017年	2018年	2019年	2020年	2021年	2022年
交通出行	2 010	2 478	2 700	2 276	2 344	2 012
共享住宿	120	165	225	158	152	115
知识技能	1 382	2 353	3 063	4 010	4 540	4 806
生活服务	12 924	15 894	17 300	16 175	12 118	18 548
共享医疗	56	88	108	138	147	159
共享办公	110	206	227	168	212	132
生产能力	4 170	8 236	9 205	10 848	12 368	12 548
总计	20 772	29 420	32 828	33 773	31 881	38 320

资料来源：国家信息中心。

(2) 共享经济新就业对稳就业、保民生的作用凸显。

共享经济为人们提供了灵活就业的机会，改变了相当一部分人的就业形态。在平台就业形式下，传统的工时标准和计酬方式不再适用，劳动者报酬不是按照工作时间长短付酬，而是根据完成工作任务的多少付酬。共享经济也以其独有的优势，推动稳岗稳就业和增加居民收入。共享平台助力提高就业市场效率，为更多人带来增加收入机会。借助数字技术和算力系统强大的资源汇聚和匹配能力，共享经济平台可以实现对劳动供需双方高效率和大规模的匹配调度，提高劳动市场效率。

随着技术创新应用和新就业形态在各个领域的广泛渗透，新职业不断涌现。2022 年 7 月，人力资源和社会保障部正式发布《中华人民共和国职业分类大典（2022 年版）》，新版大典比 2015 年版净增 158 个新职业，职业数达 1 639 个。新版大典首次标识了 97 个数字职业，占职业总数的 6%。

政府部门、工会组织和平台企业等多方协同，助力提升平台灵活就业人员的就业质量。一是关于灵活就业人员权益保障的制度进一步完善。2022 年 1 月和 9 月，人力资源和社会保障部两次牵头召开平台企业用工行政指导会，督促头部平台企业落实《关于维护新就业形态劳动者劳动保障权益的指导意见》等政策，依法规范用工。2022 年 12 月，最高人民法院印发《关于为稳定就业提供司法服务和保障的意见》，明确依法规范新就业形态用工，提出了涉新就业形态司法裁决中确认劳动关系的考量因素。二是各级工会积极发挥引导平台企业规范用工指导新就业形态劳动者增强法治意识等作用。

（3）共享型服务和消费成为提升经济韧性的重要力量。

共享经济作为顺应人类生产生活数字化趋势、依托互联网平台发展起来的新型业态，既成为弥合民生需求缺口的重要力量，也成为消费升级大趋势下满足人民多样化、灵活化、个性化消费需求的重要载体。5G、人工智能、物联网等技术得到更广泛应用，推动线上线下加速融合，共享型服务和消费新业态新模式发展加速，成为提升经济韧性和活力的重要力量。共享单车打通出行“最后一公里”，共享充电宝让人们出门在外免于“电池焦虑”，共享办公降低办公成本……共享经济已深入人们日常生活中。在共享理念的影响下，越来越多中小企业结合自身情况，探索通过共享库存、共享用工、共享办公等方式，节约企业经营成本、提高资金使用效率，实现企业物流、资金流、信息流、商贸流的有机配合。

共享经济平台企业在业务布局、营销模式等方面持续创新，亮点纷呈。一是企业服务市场成为竞争新战场。越来越多的共享平台由过去以 C 端消费者业务市场为主向 B 端企业服务市场拓展。平台企业发展重心的转变也成为各行业数字化转型的重要推动力。二是共享经济与网络直播营销深度融合。共享平台成为网络直播营销的重要应用场景和舞台；网络直播营销使得平台交易过程更加视觉化、情感化和互动化，消费意愿及用户黏性得以增强。三是共享制造新业态新模式全面发展。共享制造的优势在疫情期间凸显；行业龙头企业持续加大资源开放共享力度，以平台产品开发与运营为核心，创新服务模式，整合资源赋能创新创业尤其是中小微企业加速发展。四是大型平台企业的生态化扩张进一步加速。通过以主营业务为核心向产业链上下游拓展，或横向拓展至更多其他领域的方式，持续打造和完善平台生态。但随着扩张的加速，对于大型平台涉嫌垄断的质疑也越来越多。

共享经济的兴起不是一时风潮，而是信息技术革新和公众消费理念升级更新的产物。在共享经济起源地美国，“共享”领域还在不断扩大。在中国，共享经济发展时间虽不长，但伴随“互联网＋”的快速推进，其在创新应用、服务深化、制度整合探索等方面发展迅速。随着 5G、人工智能、自动驾驶等新技术不断应用，再加上相关平台在精细化运营管理方面逐渐找到清晰方向，相信共享经济会走出暂时困境，迎来新的发展机遇。

（4）企业服务市场成为竞争新战场。

过去几年共享经济平台的服务对象主要是 C 端即消费者用户，随着这些业务逐步进入相对成熟阶段，行业领先企业积极拓展企业服务等新业务领域。与此同时，在疫情冲击下，数字化水平高的企业的抗风险能力进一步凸显，传统企业数字化和平台化转型的意愿大大提升，这为平台企业从消费者业务转向企业服务业务提供了机会。平台企业发展重心的转变，也成为各行业数字化转型的重要推动力。

越来越多的共享平台转向 B 端即企业服务市场。在出行领域，滴滴平台的出租车业务升级为“快的新出租”，并投入专项补贴为出租车乘客发放打车券。快的新出租通过滴滴出行 App 向用户提供服务，未来还将开放小程序等入口。出租车业务在公司整体业务中被提升至新的高度，已在 360 多个城市提供服务。在生活服务领域，美团实施帮扶计划，一方面帮助商家拓展线上销售渠道，以外卖、在线商城等方式扩充新的收入来源；另一方面通过提供智能硬件和数字化解决方案，辅助商家在开店选址、产品设计、活动运营、品牌营销等方面进行智能决策与管理，精准统筹企业服务能力的时空布局、资源分配，从而帮助中小商户进行数字化转型。街电与购物中心、便利店、酒店、餐饮企业等开展合作，除提供充电服务之外，还帮助商家打通会员体系、开展广告营销、打造周边产品，提高商家的获客能力和品牌曝光率。共享经济平台在 B 端市场竞争日益激烈，其业务拓展无疑将深刻改变传统行业，全面推进线下业务的平台化转型步伐。

内容提要

当下，以互联网、人工智能、区块链、云计算、大数据为代表的底层数字技术推动的数字经济正在全球蓬勃发展，对人类生产、生活和生态产生了全面深刻的影响。进入数字经济时代，连接红利、共享经济红利、新人口红利效应明显，经济活动每时每刻都会产生海量数据，构成了信息时代十分重要的生产要素，为我国创造了巨大的“数字红利”。从我国发展数字经济的现实需求和已有成果来看，数字红利将成为新时代我国在国际竞争中的重要比较优势。用好这一比较优势，推动数字经济做大做强，对推动经济发展质量变革、效率变革、动力变革，更好实现高质量发展，都具有重要意义。为了更好释放数字红利，做大做强数字经济，应在完善信息基础设施、完善全国统一市场、完善体制机制等方面切实发力。

关键概念

数字红利是指互联网等数字技术能够促进经济增长、扩大就业、改善服务。进入数字经济时代，使用数字技术产生的广泛发展效应即为数字红利。

连接红利是互联网时代应运而生的概念。“连接”是一种关系属性，既包括人与物之间的连接，也包括人与人之间的连接，这种属性的表现形式是社群平台，是用来聚合异质性顾客资源的；“红利”则是一种交易属性，是变现流量价值后的沉淀。连接红利以社群平台为主要隔离机制，旨在聚合大量消费者，并在与消费者进行价值协同和互动过程中创造持续的价值以获得收益。

共享经济的本质是整合线下的闲散物品或服务者，以较低的价格提供产品或服务：一方面，资源拥有方利用闲置资源获得收益；另一方面，资源使用方以较低成本获得资源，满足自己的需求，由此创造的价值即为共享经济红利。

开放式问题

1. 进入新发展阶段，我国应如何更好地发展数字经济，释放更大的数字红利？
2. 共享经济未来的发展趋势如何？

进一步讨论的主题

作为国内最大的在线汽车出行平台，滴滴自递交招股书以来就备受资本青睐，原定40亿美元的融资目标已超额认购10倍。招股书显示，2012年滴滴从天使轮融资80万元，至今已融资21次，成为中国融资次数最多的公司。2012年冬天，一个以出租车的鸣笛声命名的名为“滴滴”的C2C模式出租车平台成立。滴滴做的是一个很简单的业务，其边际成本几乎为零：提供一个移动网络平台，一边是提供运力的司机，另一边是打车的用户。消费者通过平台打车，平台匹配车辆完成服务，消费者付费，平台从交易金额中提取佣金。滴滴运营的核心是平衡佣金、补贴和密集用户数之间的关系。因此，为了获得密集的用户数量，滴滴首先要解决与出租车公司的竞争问题。为了摆脱传统出租车模式，滴滴采取车主提供运力的方式，避免出租车运营牌照问题，节约出租车固定成本，从而降低用户用车成本，快速吸引城市密集上班族用于满足短途私车和私企用车需求。

请结合滴滴成长路径，分析滴滴借助共享经济获得的最大红利是什么。

参考文献及扩展性阅读建议

第12章
数字鸿沟

学习目标

1. 掌握数字鸿沟的基本内涵。
2. 理解数字鸿沟的测算方法。
3. 了解数字鸿沟产生的原因及影响。
4. 熟悉弥合数字鸿沟的方法和对策。

引入案例

新冠疫情期间，由于没有智能手机、缺乏数字化技能而行动受阻的新闻屡见报端，也引发了人们对于数字公平的讨论。2020年11月9日，第二届世界科技与发展论坛上，各国专家不约而同地把目光投注到数字时代的边缘群体身上。国际电信联盟副秘书长马尔科姆·约翰逊表示："很多老年人，他们不知道如何使用数字技术，很多服务他们没有办法享受。即使将来进一步扩大数字应用，但是对于很多国家的穷人来说，宽带网的价格仍然太高，他们也就被剥夺了参与数字社会的权利。"对企业、政府和非政府机构来说，国际合作、国际协调都是至关重要的。数字技术不仅可以帮助我们对抗新冠疫情，也有助于实现联合国可持续发展目标。数字鸿沟的内涵是什么？其测算、成因及影响是什么？如何弥合数字鸿沟？在这一章，我们将揭晓这些问题的答案。

2020年11月，习近平在亚太经合组织第二十七次领导人非正式会议上指出，数字经济是全球未来的发展方向，创新是亚太经济腾飞的翅膀。要全面落实亚太经合组织互联网和数字经济路线图，促进新技术传播和运用，加强数字基础设施建设，消除数字鸿沟。在万物互联的数字化时代，数字生活正成为一种常态。点外卖、叫网约车、缴纳各种费用等，打开手机、动动指头就可以搞定，说"一机行天下"也不夸张。然而，我们在畅享数字科技带来的便利之时，也不能忽视这样的现实：我国仍有众多老年人尚未搭上互联网的“快车”，因此，面对手机中的各种“复杂操作”时一筹莫展、“望机兴叹”的，恐怕也不在少数。表面上看，数字鸿沟给不少老年人带来的只是一时不便，其实并不止于此。数字科技融入生活是一种趋势、潮流，而且随着科技的日益进步，技术的广泛运用，人们的生活观念、方式等也会日渐改变。这时候，顺势而为、迎头赶上，才能享数字科技进步的福。如果出现了“数字断连”，就会在新旧生活方式的转换上遇到困难，难以顺利融入时代、社会。这样的隐忧，媒体的报道亦有所揭示。

针对数字鸿沟问题，近来不少地方、部门也采取了解决办法，如为没有智能手机或不会操作各种软件的老年人开辟了专门通道。设置数字化之外的“备选窗口”，让“数字断连”的老年人同样获得高质量的公共服务，这无疑是必要的，也是社会治理人性化的体现。不过，也应看到，对很多老年人来说，他们不仅需要解决数字鸿沟带来的困扰，更期望走出数字鸿沟的窘境。因为老年人内心清楚，唯其如此才能更好地融入数字生活，享受数字生活带来的红利。从解决“燃眉之急”到迈过“数字鸿沟”，从“授人以鱼”到“授人以渔”，关键是做好“数字反哺”。在这方面，无论是政府还是家庭，都有很大的施展空间。特别是家庭成员，可以利用与老年人相处的时间，多为他们普及网络知识，多教他们一些“复杂操作”，帮助他们拓展使用网络的广度、深度，让他们在潜移默化中提升数字技术素养，能够跟得上数字化时代的节奏、不掉队。在现实中，有不少老年人之所以十分熟悉各种软件操作，而且玩得挺溜，有的甚至成了“网红”，正是得益于“数字反哺”。

12.1 数字鸿沟的相关概念

12.1.1 数字鸿沟的由来

正如信息技术革命源于美国一样，数字鸿沟（digital divide/digital division/digital gap）一词也是由美国人发明的。1995 年美国国家电信与信息管理局（NTIA）发布了调查报告《在网络中落伍：一项关于美国城乡信息穷人的调查》。这份报告指出，“信息穷人”和“信息富人”之间差距很大，且这个差距有扩大趋势。在随后的几年中，该机构又陆续发布了相关报告，最终使数字鸿沟问题引起高层关注，导致克林顿政府采取相应的行动，呼吁并致力于向每所学校的每个学生提供 21 世纪的学习工具，为每一个美国家庭和社团创造数字机遇。

继美国之后，国际社会对数字鸿沟问题也日益关注。进入 21 世纪，伴随着全球化的演进，数字鸿沟始终如一道“伤疤”横亘在突飞猛进的数字化“地球村”梦想中，并且在“后 WTO 时代”的分化中变得更令人侧目，因为其被赋予了更多伦理内涵，即对数字化要素适应、拥有、应用能力的不同加剧了不同主体的福利落差与财富差距。2000 年，数字鸿沟问题成为联合国千年首脑会议、八国首脑会议、亚太经合组织论坛的主要议题。世界经济论坛（WEF）2000 年的报告《从全球数字鸿沟到全球数字机遇》提出，我们应该更好地将注意力集中于“全球数字机遇”上，这将更有利于开展那些发展中国家抓住机遇的行动，因为那是我们今天真正面临的一个前所未有的向全球数字发展转换的机会。2001 年，经济合作与发展组织发布《理解数字鸿沟》报告。自 2002 年起，世界经济论坛开始发布《全球信息技术报告》。2003 年，信息社会世界高峰会议发布了旨在缩小全球数字鸿沟的《原则宣言》和《行动计划》，联合国陆续发布《全球电子政务准备度报告》。国际电信联盟、世界银行等也将缩小数字鸿沟作为其工作的重要内容。世界各国不断加强对数字鸿沟的研究和政策推动。欧盟及其成员国在数字鸿沟的调查和理论研究方面后来居上。在亚洲，中国 2001 年在北京成功举办“关注数字鸿沟：公众理解信息技术高级论坛”，来自各自领域的专家就数字鸿沟与其他各个行业的发展关系进行了科学探讨。日本提出要建设“无处不在的网络”，韩国制定了“缩小数字鸿沟”的中长期方案。

世界各国对数字鸿沟问题展开了大量研究，总体而言，数字鸿沟研究带有典型的问题导向和对策研究特征，且各国实践也都处在探索之中。最令人感觉沉重的，就是各国财富与收入的两极分化日益严重。尤其是经济结构层面，如产业结构、需求结构、地区结构、城乡结构等，都存在大量的不协调，在疫情影响下甚至有所加速。即便是在数字经济内部也存在典型的“鸿沟”，如数字化可包括三大层次：新“数字经济”即数字产业化、传统产业的“数字化改造”即产业数字化，以及数字化基础设施建设。过去数字产业化是重点关注的核心突破点，但现在最迫切的问题是传统产业数字化改造程度极低，导致整个经济的全要素生产率难以真正改善。同时，大数据时代存在“信息能力鸿沟”与“幸存者偏差”。一般而言，大数据有助于缓解经济社会发展中的信息不对称，但需看到，信息社会的个体从过去难以获取数据，到陷入了海量数据之中，甚至大量是“垃圾信息”，在分析能力不足的情况下，同样难以获取和甄别“有效信息”，无法保障个体权益。“幸存者偏差”也表明“数据可能撒谎”，真正科学、有效地认识数据并不容易。此外，分布式与集中式的鸿沟并非那么容易弥合。随着 AI、云计算应用和普及，以及各行业数字化转型加速，分布式架构已成为热门话题。数字化与分散化、智能化、去中心化似乎一直关联，由此也带来分布式商业模式等深远变革。集中式的技术、架构到模式也并非能被简单颠覆，如在证券清算结算领域，中央对手方机制仍然被证明是高效安全的。事实上，以区块链与数字货币为例，已经出现了中心化与去中心化的妥协。美国股市的散户与华尔街机构的“多空大战”，更是在发展道路与规则层面反映出数字鸿沟的深层对立。

在数字经济时代，新技术突飞猛进，已经深入经济领域、日常生活的各个层面。数据的生产、加工、流通、消费，乃至与数字化相关的众多行业和领域，都还缺乏法律、法规乃至道德伦理的制度约束，甚至出现“技术向恶”。数字化宏大叙事与微观基础之间的“脱节”，在我们似乎已经踏上数字化“宇宙飞船”之时，仍有多少市场生态不完善、基础设施不健全呢？这些问题与数字鸿沟有关，显然不是技术自身的问题。面对如此复杂的多层次数字鸿沟，究竟能否跨越、如何跨越？这也是我们面临的重大历史命题。或许每个时代都有其数字鸿沟，这是信息化社会长期存在的事实，只能在快速迭代中得到缓解而无法消除。理性的应对是在数字化发展中缓解数字鸿沟，而非简单粗暴地遏制，公开、透明的数字化变革始终是人类社会可持续发展的主流方向。应区分数字鸿沟的道德层面与市场层面问题，不应以“泛道德化”来扭曲市场行为，也不能在数字化“狂热”中丧失伦理底线。透过数字鸿沟的表象，更需抓住背后的经济社会根源，而非纠结于“唯技术论”，这样才能从根本上缓解时代演变中的矛盾。除了推动各方以“救济措施”应对短期的“数字化失灵”，不断加强“软”“硬”基础设施建设才是根本，包括新基建、教育与人力资本、社会保障、信用体系等。

12.1.2 数字鸿沟的定义与分类

（1）数字鸿沟的定义。

数字鸿沟最初通常被理解为可以获得 ICT 的人与不使用 ICT 的人之间的差距。因此，早期的数字鸿沟弥合可以通过简单地提供 ICT 接入来解决。随着时间的推移和互联网相关技术的普及，数字鸿沟概念的内涵和外延都得到了扩展，关注的焦点也转移到了信息主体的能力和技能上。自 2002 年以来，研究人员重新定义了数字鸿沟以往过于技术性的概念，超越了访问范围，更加关注社会、心理和文化背景，也就出现了第一道数字鸿沟和第二道数字鸿沟的概念。第一道数字鸿沟是指获取 ICT 的差异，而第二道数字鸿沟是指 ICT 使用的不同方式等存在的差异。学者研究不仅涉及访问的差异，而且关注使用的自主性、相关技能、社会支持以及使用该技术的目的，根据这些方面的不同将其标记为第二道数字鸿沟，扩展了数字鸿沟的背景。实际上，由于任何社会系统中的大多数参与者都获得了技术，第二道数字鸿沟开始变得比第一道数字鸿沟更重要。近年来出现了一种新的数字鸿沟形式，即第三道数字鸿沟，这种新形式的重点是使用互联网的有益结果及使用后引起的不平等。

关于数字鸿沟的定义，国内外的许多学者以及经济合作与发展组织、美国商务部、国际电信联盟等组织都提出了相应的概念。其中，代表性的概念是经济合作与发展组织所提出的：数字鸿沟是指不同社会经济层面的个人、家庭、企业和地理区域，在获取信息和通信技术以及在各种活动中利用互联网的机会及其使用方面的差距。数字鸿沟还可以适用于不同的人口统计特征，如年龄、性别、收入和种族，或不同的地理位置，如城市和农村等。目前数字鸿沟在国际上比较典型的定义如表 12-1 所示。

表 12-1 数字鸿沟的典型定义

学者/组织/会议	定义
莫里塞特	数字鸿沟是指人们在信息和通信技术享用机会上的差距。
美国商务部	数字鸿沟是指那些拥有信息时代工具的人与那些未曾拥有者之间存在的差距。
联合国经济及社会理事会	数字鸿沟是指由于信息和通信技术的全球发展与应用，造成或拉大的国与国之间以及国家内部群体之间的差距。
经济合作与发展组织	数字鸿沟是指不同社会经济层面的个人、家庭、企业和地理区域，在获取信息和通信技术以及在各种活动中利用互联网的机会及其使用方面的差距。
信息社会世界高峰会议	数字鸿沟是指世界上享有信息技术的群体和被信息技术排斥在外的群体之间的差距，以及这些群体内部彼此之间不转让信息的情况。

上述各种定义尽管在文字上的表述和强调的重点有所不同，但并没有本质区别。对于数字鸿沟的内涵界定，重在把握以下几个要素的质的规定性：

一是数字。重点考察数字化及其带来的差异，传统技术条件下的信息差别不在考虑之列。最初用来衡量的主要技术对象是互联网，后来学者逐步加入了电话、计算机等现代信息技术。

二是鸿沟。“差别”“差距”（divide）是考察的重点，比“沟”（gap）的范围要宽广得多。

三是对象。差距是比较的结果，必须有可供比较的对象，如不同人群之间、不同国家或地区之间、不同企业之间等（可统称为“不同社会群体”）。

四是内容。随着研究的不断深入，数字鸿沟考察的内容日益深化，从最初单一的互联网扩散度，逐步扩展到整个信息基础设施的普及，现在越来越多的学者和组织强调要将应用成效也考虑进去。总的来看，“数字鸿沟”与“信息化水平差距”两者的含义越来越走向统一。

根据上述四个要素的质的规定性要求，可以对数字鸿沟下一个较为清晰的定义：数字鸿沟是指不同社会群体之间在拥有和使用现代信息技术方面存在的差距。

（2）数字鸿沟的分类。

从不同的维度进行划分，可以将数字鸿沟分成不同的种类。

其一，国家之间的数字鸿沟。一系列数字鸿沟研究侧重于关注各国的不平等，即全球数字鸿沟。国家间的差异可能取决于教育水平、社会经济指标或 GDP 方面的国家财富，以及与特定国家的互联网和宽带相关的基础设施。代表性的研究有：Cuervo 和 Menéndez（2006）[①] 以及 Cruz-Jesus 等（2012）[②] 研究了欧盟国家的数字鸿沟，得出结论认为数字失衡反映了成员国之间的社会和经济差异。Dewan 等（2010）[③] 对个人电脑和互联网的传播进行了一项跨国研究，结果发现这些技术在发展中国家的传播速度较慢。同时正如 Kauffman 和 Riggins（2012）[④] 所建议的那样，关于媒体使用的跨国研究必须考虑到现有媒体的背景和规范它们的政策，此外还要考虑到构成日常生活框架的各种文化因素，如家庭结构的差异和语言的统一性、多样性。因此，未来的研究应调查更多的社会、经济指标。在调查跨国数字鸿沟现象的同时，Steinmueller（2001）[⑤] 指出，绕过国家以前需要经过的能力建设或投资阶段的跨越式理论是发展中国家正在经历的数字鸿沟现状。

其二，国家内部的数字鸿沟。除了全球数字鸿沟之外，各国内部地区和个人群体之

---

① Cuervo，M. R. V. and Menéndez，A. J. L.，2006，“A Multivariate Framework for the Analysis of the Digital Divide：Evidence for the European Union - 15”，*Information & Management*，43（6），pp. 756 - 766.

② Cruz-Jesus，F.，Oliveira，T. and Bacao，F.，2012，“Digital Divide Across the European Union”，*Information & Management*，49（6），pp. 278 - 291.

③ Dewan，S.，Ganley，D. and Kraemer，K. L.，2010，“Complementarities in the Diffusion of Personal Computers and the Internet：Implications for the Global Digital Divide”，*Information Systems Research*，21（4），pp. 925 - 940.

④ Kauffman，R. J. and Riggins，F. J.，2012，“Information and Communication Technology and the Sustainability of Microfinance”，*Electronic Commerce Research and Applications*，11（5），pp. 450 - 468.

⑤ Steinmueller，W. E.，2001，“ICTs and the Possibilities for Leapfrogging by Developing Countries”，*International Labour Review*，140（2），pp. 193 - 210.

间也存在分歧，即存在国内数字鸿沟。国内数字鸿沟主要指不同阶层、种族、行业、年龄、教育背景及城乡人群对信息、网络技术的拥有程度、应用程度及创新能力的差别所造成的信息落差及贫富进一步两极分化的趋势。进入21世纪，信息高速发展，相关研究人员开始关注不同群体间数字鸿沟背后更深层次的社会、文化和心理原因。Newman等(2016)① 利用布迪厄的批判理论探讨资源的不平等分配如何影响年轻人的数字包容过程，强调了与残疾和非残疾人群相关的ICT访问需求和体验。Brandtzæg等（2011)② 按照用户类型将欧洲人使用互联网的方式分为五类——非用户、零星用户、工具用户、娱乐用户和高级用户，并且进行了逻辑回归，以确定不同用户类型的预测因子。该项研究发现在跨国层面，年龄和互联网接入是最显著的预测因素，但是解释的差异因国家而异；同时建议未来增加所识别的用户类型之间的数字鸿沟-用户类型划分，以帮助研究人员、从业人员和决策者更好地了解互联网用户以及个人和国家之间的复杂变化。Srinuan等(2012)③ 提出了一个综合模型来分析中国农民工的生活经历。该研究表明，中国农民工部分接受信息通信技术；然而由于缺乏动机、知识和社交途径，他们仍然保持最低限度的电子化，可能需要增强工业和公共资源来应对数字鸿沟的挑战，而社会经济差距仍然是阻碍其电子包容和接受信息通信技术的主要力量。另外，有研究表明ICT革命对于移民群体来说具有特殊的意义，他们通常通过跨国网络与家乡的家庭成员保持联系；随着网络社会的发展，新的ICT实际上已经创造了新的社会关系模式，与不同类型的社会关系共存已经成为可能。Mamattah（2006)④ 认为全球化和技术进步使移民更有可能继续参与他们原籍国的进程。

12.2 数字鸿沟的成因与影响

12.2.1 数字鸿沟的成因

我们当前社会中一直存在大量群体由于各种因素尚无法积极拥抱数字技术，无法享受数字技术带来的红利，数字媒介的快速发展会持续引发、加剧一系列问题与风险。有学者运用社会经济学理论、创新扩散理论及知沟理论来解释数字鸿沟的形成途径，认为经济差距、信息技术扩散差距、信息素养差距三者循环互动，最后形成了数字鸿沟，如图12-1所示。

① Newman, L., Browne-Yung, K. and Raghavendra, P., et al., 2016, "Applying a Critical Approach to Investigate Barriers to Digital Inclusion and Online Social Networking among Young People with Disabilities", *Information Systems Journal*, 27 (5), pp. 559-588.

② Brandtzæg, P. B., Heim, J. and Karahasanović, A., 2011, "Understanding the New Digital Divide: A Typology of Internet Users in Europe", *International Journal of Human-Computer Studies*, 69 (3), pp. 123-138.

③ Srinuan, C., Srinuan, P. and Bohlin, E., 2012, "An Analysis of Mobile Internet Access in Thailand: Implications for Bridging the Digital Divide", *Telematics and Informatics*, 29 (3), pp. 254-262.

④ Mamattah, S., 2006, "Migration and Transnationalism: The Complete Picture? A Case Study of Russians Living in Scotland", *Identity and Marginality*, 6 (2), pp. 1-22.

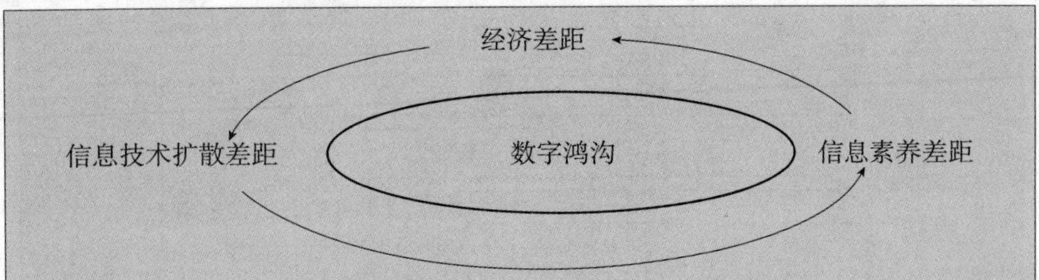

图 12-1　经济差距、信息技术扩散差距、信息素养差距三者循环互动形成数字鸿沟

澳大利亚悉尼大学的 Turpin 和 Cooper（2005）[①] 从数字鸿沟系统的输入和输出来描述其形成途径，认为信息技术的差异、信息技术使用技能的差异及政府政策的差异导致输入的不同，经过一定时期在社会经济系统中的相互作用，产生不同的输出，最终导致数字鸿沟的形成，如图 12-2 所示。

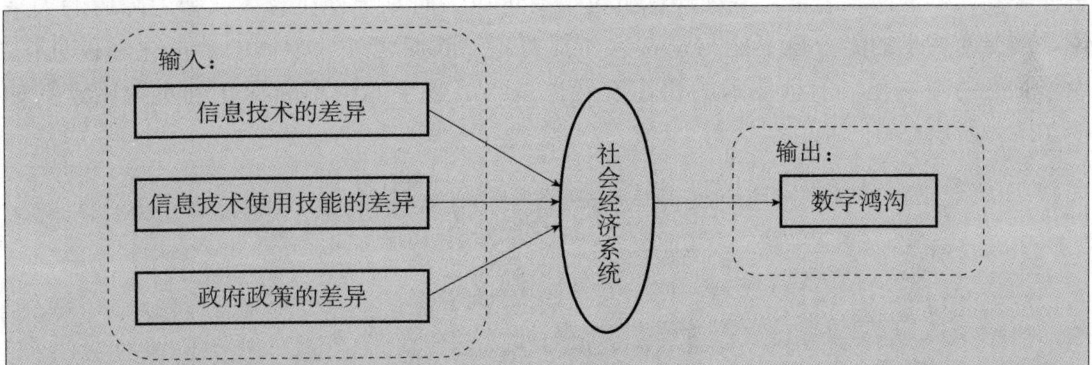

图 12-2　信息技术的差异、信息技术使用技能的差异及政府政策的差异导致不同输入形成数字鸿沟

国内学者薛伟贤和王涛峰（2006）[②] 认为我国数字鸿沟的形成途径包括两个过程：一个过程是由于经济发展水平、信息资源、科教投入和人才结构这四个因素对信息化水平的影响，产生了数字鸿沟；另一个过程是一个循环，经济发展水平影响了信息资源和科教投入，从而影响了人才结构，进而影响了我国的数字鸿沟，数字鸿沟又反过来影响经济发展水平。这两个过程分别用实线和虚线表示，具体如图 12-3 所示。

通过梳理文献研究，可以发现数字鸿沟产生的主要原因可以归纳为以下五个方面：一是经济发展或收入水平。拥有和使用新技术需要一定的成本支出，尤其是在技术扩散初期，其成本比较高。这就使得经济发展相对落后的国家和地区或低收入人群因支付不起高昂的费用而被排斥在新技术之外。二是教育水平或知识能力。受教育程度不同直接导致对新技术的认知、接受和应用效果存在天壤之别。不识字或识字不多，就很难真正利用现代信息技术。三是政策环境。任何一次技术革命或产业革命都会引发全球生产力的重新布局，总有一些国家或地区得以脱颖而出，国家战略选择和相应政策导向在其中

① Turpin, T. and Cooper, R., 2005, "Technology, Adaptation, and Public Policy in Developing Countries: the 'Ins and Outs' of the Digital Divide", *Minerva*, 43 (4), pp. 419-427.

② 薛伟贤，王涛峰．我国“数字鸿沟”的影响因素分析．情报杂志，2006 (5)：109-111，108.

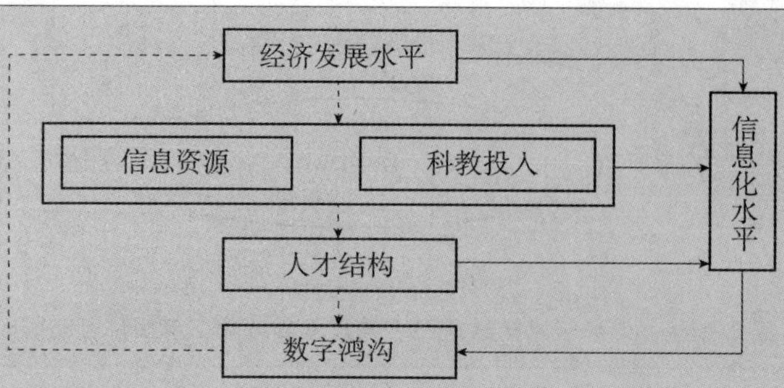

图 12-3　经济发展水平、信息资源、科教投入和人才结构四个因素形成数字鸿沟

发挥着举足轻重的作用。四是个人习惯。受个人秉性影响，总会有人尽管有钱也有知识，也不愿意接受新技术，从而在网络时代中落伍。五是年龄、体能等生理因素。没有人会责怪婴幼儿不上网，老年人不玩计算机也情有可原。而对于存在身体或智力障碍的人来说，接受新技术的能力也不能与正常人相提并论。除此之外，个体的数据化和偏见化、网络社会的圈层化、信息技术的快速发展也是当下数字鸿沟不断深化的重要因素（如图 12-4 所示）。

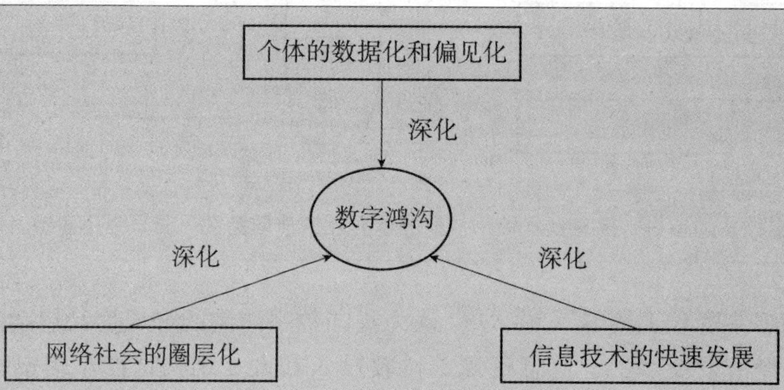

图 12-4　数字鸿沟的加剧

（1）数字媒介时代加深了个体的数据化和偏见化。

数据和算法的应用延伸了人的能力，给社会带来了巨大的发展，同时也不断引发了关于隐私、偏见等的新问题。

首先，个人在数字媒介时代被全面数据化。用户数据通过多种渠道生成、传递、保存和应用，但这些数据的使用权和保存权并不在用户手中，用户也无法掌控自身数据的发出和使用范围。脸书泄露数据，WiFi 万能钥匙窃取用户数据，曾经风靡网络的 ZAO 软件涉嫌过度攫取用户授权、侵犯用户隐私，更有不少数据公司利用用户数据进行非法交易。在缺乏对自身数据知情和掌握能力的情况下，数字媒介时代个人数据隐私和安全保护变得尤为困难。

但随着 5G 的普及、通信与媒介技术的发展、物联网的广泛应用，加强数据隐私和安全必然引发更多关注。近年来各国、各大公司也纷纷致力于解决数据领域的隐私安全问题：欧盟2016年通过了《通用数据保护条例》；苹果公司于2021年改变IDFA（IOS设备广告标识符）政策，让用户主动选择是否禁止App对个人信息与数据的追踪与使用；我国也于2021年出台了《中华人民共和国个人信息保护法》。

其次，数据积累和智能算法导致对个体的偏见化。一方面，一直以来，社会生活中存在广泛的刻板印象和文化偏见、歧视，而在数字媒介时代，这种现象被算法进一步放大。如算法在人们不自知的情况下被打上固有标签，机器被赋予刻板认知，广告商利用标签下的人群分类，程序化地向某些特定群体投放广告，传递品牌固有偏见。另一方面，由于平台垄断等因素，这种所谓的精准与个性化也只是各自平台流量池中的以偏概全，数据样本并不能完整展现个体的全貌，更何况数据本身也会存在重复、造假、无效等问题，造成一定的信息错误和偏差。

（2）大数据和算法加剧了网络社会的圈层化。

“圈层化”一词在近年来受到越来越多的学界和业界关注。网络的“圈层化”意味着人群在互联网社会中的圈子分化。所谓物以类聚、人以群分，一方面，网络中会因用户不同的性格特征、兴趣爱好、地理位置、社会阶层和社会关系等因素形成不同类型、大大小小的圈子，这些圈层的形成往往是人们主动选择的结果，同样意味着在网络社会中个体拥有的社会地位和社交关系网络。

但另一方面，数字媒介发展过程中一直“引以为傲”的核心优势——大数据和算法也在不断推动着网络社会的圈层分化。从某种意义来说，网络社会圈层的形成，不仅具有一定的主动性，也是被动的、无意识的、被麻痹的。平台通过算法，虽然推动了个性化服务的流行，但与此同时也加剧了个体在信息茧房中的围困，使其身份、行为、兴趣都被算法打上标签，让个体进一步困在其原有的圈层结构中，逐渐成为马尔库塞笔下“单向度的人”。同时，大数据和算法也让强者更强，用户的点赞、阅读、观看、评论、转发分享等数据让平台不断评估、推动意见领袖流行，进一步掌控个体在网络圈层结构中的流动。

（3）信息技术的快速发展扩大了数字鸿沟。

最早的知识鸿沟假说认为由于社会经济地位高者通常能比社会经济地位低者更快更有效地获得和利用信息，因而大众传播媒介传送的信息越多，这两者之间的知识鸿沟就越有扩大的趋势。随着新媒体传播技术的发展，数字鸿沟的概念产生：数字鸿沟是知识鸿沟理论在新数字媒介时代的拓展和发展，起源于1999年美国国家电信与信息管理局发表的系列报告《在网络中落伍：定义数字鸿沟》。该理论观点认为处于不同社会经济水平的个体、群体、企业和地理区域之间，在信息通信技术的使用机会和许多活动中的互联网应用方面存在差异与隔阂。

因此，数字鸿沟其实是一个比较复杂和多维的现象，其包含的范围非常广泛，影响数字鸿沟的因素也包括代际、年龄、收入、现实社会层级、受教育程度、地区等许多方面。例如代际和年龄差异体现为大量中老年人与身为网络原住民的年轻人相比在网络时代显得格格不入，这些中老年群体对参差不齐的网络信息内容无所适从且无从判别，更易成为伪科学和谣言的中伤者，以及数字弱势群体。“假靳东”事件引发的社会广泛关注中不免有嘲笑新闻主人公的声音，但我们应看到，中老年群体正是由于在数字媒介时代缺乏爱和关注、缺乏分辨海量信息真伪的能力，才会被轻易“迷惑”。冰冷的算法通过数据的积累和运算，给予个体“精准”的判断和内容推送，同AI合成技术一起沦为向特殊群体、弱势群体传播虚假信息的工具。而随着我国老龄化进程的加快，对该群体的网络关怀、普及和指导也应得到社会和相关部门的广泛关注与帮助，不能让“数字遗民”群体进一步扩大、影响社会稳定。

12.2.2 数字鸿沟的影响

现代信息技术给现代人带来了使用数字媒介技术和平台的权限与自由，同样也给社会带来了深刻的影响。然而在技术不断突飞猛进的同时，不同人群在使用网络信息方面的差距也在不断拉大，不论是在现实生活中，还是在虚拟网络中，全面数据化、圈层化、数字鸿沟等加剧社会不平等的现象越来越凸显。比如，2020年8月，一段“老人无健康码乘地铁受阻”的视频在网上热传，引发公众对于老年人遭遇“数字鸿沟”窘境的热议。2020年11月，国务院办公厅印发《关于切实解决老年人运用智能技术困难的实施方案》，要求各部门聚焦涉及老年人的高频事项和服务场景，坚持传统服务方式与智能化服务创新并行，切实解决老年人在运用智能技术方面遇到的突出困难。

数字鸿沟是不同国家和地区的经济、社会发展水平差距在信息时代的客观反映。收入、社会层级、所处地域等各项因素会带来不同人群之间的社会不平等，进一步产生与扩大数字鸿沟。随着信息技术的加速发展，数字鸿沟将更加凸显，甚至深化和创造了新一轮的社会不平等。例如，社交媒体这类公共平台中的大V、公知等意见领袖作为话语权的高层，大多有其现实社会中的地位、资本或社会关系的加持，在网络意见的形成和走向上甚至能形成与大众媒体相抗衡的力量，控制某些平台舆论的发酵；而信息参与和扩散者、沉默的大多数等话语权底层，往往在被动接收信息，不同层级之间的流动性可能存在，但仍是非常有限的。此外，数字鸿沟也会加剧社会中个体机会不平等现象。经济不发达地区在疫情期间难以通过网课方式开展正常的教学活动，偏远地区的孩子一度处于“脱网”状态，甚至无法获取和城市孩子、经济较发达地区孩子一样的信息和教育资源，这势必会进一步加剧早已存在的教育机会不平等，从而造成部分个体上升机会的丧失。总体而言，数字鸿沟的客观存在及其扩大将对社会发展和社会安全构成严重威胁。这主要体现在以下四个方面：

（1）出现大量信息贫困者：数字鸿沟的离散效应。

数字鸿沟的存在产生了一种新的贫困，即“信息贫困”。信息贫困者因为失去了获取信息的能力和机会，无法充分参与创造和分享信息社会文明成果，成为信息社会的落伍者或边缘群体。也有学者称，“信息贫困”是21世纪的新型贫困。它既是收入贫困、人类贫困的重要原因，也是它们的后果。信息贫困者是信息时代的“无家可归者”。这种使信息贫困者日益脱离信息社会的影响作用，被称为数字鸿沟的离散效应。

（2）信息均享程度下降：数字鸿沟的分化效应。

弱势群体无法充分享受到信息技术革命带来的好处，使得信息资源的占有和使用存在巨大差别。从全球看，现阶段信息技术主要被发达国家垄断，发展中国家的技术和设备主要靠进口获得，信息技术普及和网络接入方面的马太效应非常明显。从人群看，最先接入和使用信息技术的人群对信息和知识的理解能力、应用能力、创新能力可能会进一步增强，与没有接触和使用信息技术的人群之间的差别越拉越大。2003 年 12 月，信息社会世界高峰会议通过了关于建设信息社会的《原则宣言》，对“目前在发达国家和发展中国家之间以及各个社会内部，信息技术革命所带来的益处分布不均”给予了高度关注。这种在信息均享程度方面存在的差距被称为“信息差别”。中国也有学者称之为继城乡差别、工农差别、脑体差别之后的第四差别。新的社会差别会诱发一系列新的社会矛盾和问题，不利于构建和谐社会目标的实现。这种使信息富有者与信息贫困者日益分离的影响作用，被称为数字鸿沟的分化效应。

（3）弱势群体的风险与机遇并存：数字鸿沟的双刃效应。

数字鸿沟在使弱势群体远离信息社会的风险不断加大的同时，信息技术的跳跃性和快速渗透特征也给弱势群体发挥后发优势从而获得跨越式发展提供了前所未有的机遇。从全球视角看，对于中国这样的发展中大国来讲，率先使用先进技术、在部分关键核心技术上实现突破的可能性是存在的；但如果任凭其与发达国家之间的数字鸿沟扩大，也很可能会使中国丧失利用信息技术革命实现跨越式发展的历史机遇。从国内社会发展看，利用网络资源优势迅速提升国民信息能力进而提升整体竞争力的潜力增大了，但处理不当也会适得其反。数字鸿沟是客观存在的，但对待数字鸿沟的态度和行为的不同将使其演化结果及影响大相径庭。这种弱势群体风险与机遇都增加的影响作用，被称为数字鸿沟的双刃效应。

（4）社会脆弱性加大：数字鸿沟的放大效应。

数字鸿沟的存在可能会进一步导致收入分配、就业和发展机会等方面的不公，加大原有的贫富差距，进而成为危害社会安全与稳定的重要根源。联合国等国际组织称，数字鸿沟有可能使国际社会多年来致力于缩小南北差距的努力化为乌有。收入差距进一步扩大会危及社会安全已成共识，并被许多国家的发展实践所证实。中等收入国家面临的收入差距不断扩大的情况在中国也同样存在。数字鸿沟的出现会加剧贫富差距，从而进一步加剧社会脆弱性。这种使原有社会差距进一步加剧的影响作用，被称为数字鸿沟的放大效应。

阅读材料

从信息化时代到智能化时代，如何跨越新数字鸿沟？

时隔七年，吴辉回到中国，履新华为中国政企业务总裁。虽然长期身在海外，但他看到的是中国数字化进程一日千里。2020 年疫情对各行各业带来打击，却促进了线上办公、线上教育等数字经济迅猛发展，数字经济成为中国经济复苏的强劲动力。近日，国家互联网信息办公室发布的《数字中国发展报告（2020 年）》指出，我国数字经济总量已经跃居世界第二。“到‘十四五’结束，中国的数字经济 GDP 很可能会成为全球 No. 1。这是一个伟大的时代，也是一个令人心潮澎湃的时代。”在华为中国生态大会 2021 上，吴辉充满信心地说。

当天恰逢 2021 年世界电信和信息社会日，正如其主题“在充满挑战的时代加速数字化转型”，当下疫情依旧在全球肆虐，全球经济危机四伏，我们需要在不确定中寻找确定的未来。行业数字化转型所抵达的万物互联的智能世界，让我们看到了更多可能。可以想象，在智能世界里，经济、社会，个体、群体，人、动植物都可以被互联，在这个不凡的时代为构筑可持续发展的未来注入动力。当下，中国的数字化转型、智能化升级浪潮高涨，各行各业正在开启一场全新的变革，这在华为中国生态大会 2021 上可见一斑。

千方百计加速数字化转型

加速行业数字化转型，不是一个人、一个组织或一个行业的课题，而是千行百业，乃至整个人类社会面临的课题。如何加速数字化发展、如何更好地实现行业数字化转型，其实没有固定模式，需要深入探索。如今，在华为中国生态大会 2021 的 25 000 多平方米的展馆里，一些可看见、可感知的变化已经悄然发生……

当下，中国智慧城市建设驶入快车道，北京、上海、深圳等大城市纷纷推出规划，中小城市不断涌入。大会现场，基于华为“交通智能体”解决方案的智慧指挥中心引发关注，其中通过“智慧大脑”可随时监测路况，让交通变得更加安全、顺畅。传统制造行业更希望通过数字化转型，加速核心业务转型升级。在大会现场，我们看到华为携手伙伴，融合云、AI 等技术打造的智慧工厂方案应用模型，可对生产、环保、安全、人员及设备等进行全方位监测，真正实现降本增效。

为关注特殊群体，华为联合伙伴，基于华为云语音识别和语音合成技术，针对听障人士开发 App，帮助他们和外界沟通，也让他们可以无障碍地观看视频、新闻，在数字化时代，沟通的顺畅惠及更多人。华为的技术还渗透到了教育领域。2020 年，华为云 WeLink 加入友成企业家扶贫基金会和多家企业发起的“青椒计划”，为乡村特岗教师提供智能、开放、协同的学习平台，在这个平台上他们可以开展直播培训、教学管理、知识交流等。另外，华为还联合多方，推动高速宽带入校园、打造全球性信息与通信技术人才培养平台等，在全国乃至全球推出适合当地的教育项目，推动公平优质教育资源均衡发展。大自然也需要更智慧的保护。在华为的帮助下，1.46 万平方公里的东北虎豹国家公园基本实现 LTE 网络全域覆盖，遍布森林的上万个监测终端数据和影像实时回传，生态学家可远程收集数据，借助 AI 辅助分析动物种群和栖息地现状，更好地保护濒危生物。华为还发挥 AI 等技术优势，携手非政府组织 RFCx 实现自然守卫者在全球 5 大洲 18 个国家的 20 多个保护地得到部署，帮助当地护林员和生态学家们用科技更好地守护自然和生物多样性。

在华为中国生态大会 2021 的展馆里，这种由数字化带来的创新变化和价值还有很多，生态馆里的 100 多个伙伴和 80 多个平台的支撑能力诠释了华为如何与伙伴携手共生共进；产业馆设有覆盖 20 多个子产品线的 250 多个展点，展现了科技创新；行业馆覆盖超过 40 个子行业，200 多个伙伴打造了 270 多个展点，诠释场景探索……各行各业都在发生着数字化变革。这样的变革还在场馆外、在更长远的智能时代进行着。当下，国家推出“碳达峰”“碳中和”“新基建”“数字农村”等多项政策，产业升级革命在即，智慧城市深入推进，数字乡村建设加速……更高效、更绿色、更高质量的征程已经启动。

跨越新数字鸿沟，亟须全生态能力升级

不过，新征程也要面临新挑战。回顾人类社会变革，蒸汽机使人们从农业时代走向工业时代，电气化和信息化又把人类带进信息化时代，未来我们将走向智能时代。每一次跨越都有着“断舍离”和“新创造”。曾经，如何触网是信息化时代的数字鸿沟，需要断舍离旧的机制，创造新的机制。如今，迈向智能时代，新数字鸿沟也已摆在面前。与此前不同，新数字鸿沟是在产业深度升级、经济高质量发展背景下产生，千行百业需要进入上限更高、空间更大的全新领域。知识壁垒、发展差距带来的产业间、企业间、区域间的数字化、数字经济等发展不平衡问题，使得转型难、转型慢普遍存在，迫切需要各界加强创新融合。面对数字化转型可能面临的挑战，吴辉表示，以通路型伙伴为主的生态体系应向能力型伙伴体系转变。

过去十年，华为通过在各方面加大投入，实现生态和业务规模的持续增长：2020年，与华为中国政企业务发生交易的合作伙伴超过11 000家，华为与ISV伙伴发布的联合解决方案超过1 600个，地市业务增长45%，中国区认证证书达30多万张。在这一过程中，华为中国政企业务的营收也突破了100亿美元，同时有130多家伙伴的合作业绩突破1亿元。面对下一个十年，如何构筑更高质量的生态体系？华为的答案是构筑能力型伙伴体系、能力型生态。突出对能力的重视，归根到底，是要补齐整个生态的短板，共同进步，能力共进，架起数字化发展的“桥”和“路”，最终助力千行百业客户成功转型，创造新价值，解决社会问题，普惠大众。

所以，华为一直强调“以客户为中心”，鼓励伙伴挖掘客户真实需求，提升能力，打造高效、良性、可持续发展的繁荣生态。对这一点，武汉中科通达高新技术股份有限公司董事长王开学感受深刻。其公司与华为在智能交通、公共安全、集成等方面进行合作，华为不仅为其研发平台走向全国提供支撑，还对其开发体系提出高要求。他说，合作以来，企业管理效率提高、管理成本降低，带动企业更好地服务客户。推动企业变革的还有鸿普森科技的董事长张发胜。“之前我们做信息化只做信息增强，现在做数字化转型涉及客户全流程，需要我们做组织变革去匹配客户的深度业务需求。”张发胜说。作为为政府、医疗等行业用户提供计算机信息系统集成及技术服务的企业，面对整个数字化生态快速发展变化、客户需求变化增加、业务更加复杂、业务变量增加的情况，鸿普森科技必须组建能满足客户这些业务变化的团队。

华为也期待着这些伙伴在理解客户战略、识别客户需求、帮助客户做业务逻辑设计等维度，为客户提供更好的服务。为此，鸿普森加强了数据中台、数据逻辑设计能力，并改变人才招聘，从自身做能力转型。“华为要求我们有识别客户需求、数据设计、项目群管理、项目风险识别等能力，最终目的是理解并解决客户问题，实现从传统集成向价值集成的转变。华为也推出了很多措施，包括面向合作伙伴开放OpenLab、开放数字化工具平台等，最终实现对伙伴的赋能。”张发胜说。

华为的赋能方式已深入伙伴经营发展中，这种赋能更深刻，也更长效。从大会现场发布情况来看，面向充满挑战的未来，华为积极从“供给侧”去做改革，携手伙伴能力共进，弥合新数字鸿沟。为此，华为推出了“2＋4＋1”框架，即：2个聚焦，做深做透行业、加大地市投入；4个改变，提供5类Offering①、提升全周期服务与支撑能力、完善伙伴体系、夯实人才底座；坚持生态体系要与伙伴共识、共建、共赢、共守护的1个基调。以此构建起具有数字化转型特色的“供需关系”，满足更多政企行业客户的数字化转型需求，创造更广阔的生态价值。

资料来源：从信息化时代到智能化时代，如何跨越新数字鸿沟?. 中国新闻周刊微信公众号，2021-05-24.

12.2.3 中国城乡数字鸿沟

随着“互联网＋”技术的不断演进与创新，以电子化、数字化为特征的信息化浪潮在世界各地不断涌现，信息化已经成为推动社会变革与产业升级的主要驱动力，其在决定一个国家综合竞争力的消长方面起着不可替代的作用。该部分从中国互联网络信息中心历年统计数据中选取城乡网民规模和城乡互联网普及率进行比较，以反映城乡之间的数字鸿沟。

一是城乡网民规模。网民是指过去半年内使用过互联网的6周岁及以上中国居民。农村网民是指过去半年主要居住在我国农村地区的网民。城镇网民是指过去半年主要居住在我国城镇地区的网民。第53次《中国互联网络发展状况统计报告》显示，截至2023年12月，我国农村网民规模达3.26亿人，占网民整体的29.8%；城镇网民规模达7.66亿人，占网民整体的70.2%。

二是城乡互联网普及率。农村互联网普及率是指农村网民数占农村人口总数的百分比。城镇互联网普及率是指城镇网民数占城镇人口总数的百分比。第53次《中国互联网络发展状况统计报告》显示，截至2023年12月，我国城镇互联网普及率为83.3%，较2022年12月提升0.2个百分点；农村互联网普及率为66.5%，较2022年12月提升4.6个百分点。当前，《数字乡村发展战略纲要》《数字乡村发展行动计划（2022—2025年）》等政策文件深入实施，农村网络基础设施建设纵深推进，各类应用场景不断丰富，促进农村互联网普及率稳步增长。

12.3 数字鸿沟的弥合

2020年11月，一则“老人冒雨用现金交医保被拒”的视频新闻登上热搜。在视频中，一位满头银发的老人冒雨独自来银行交医保，不料工作人员拒收现金，只支持手机支付，老人攥着手里的钱，一脸无助。无独有偶，湖北随州一位94岁的老人在银行激活社保卡时，由于设备高度局限，只能被儿子抱起完成视频认证。在这些新闻下面，网友

① 5类Offering即信息化增强、场景数字化、业务数字化、数据资产化、数字化变革。

们纷纷指责工作人员的不近人情。但比起工作人员的失职来说，另一个更深层次的社会问题更为重要，那就是如今的老年人正面临着巨大的数字鸿沟。

12.3.1 老年人面临数字鸿沟

（1）数字时代与老龄化社会的重叠。

根据中国发展研究基金会发布的《中国发展报告2020：中国人口老龄化的发展趋势和政策》，我国65岁以上老年人规模达到1.8亿，占总人口数的13%，预计2050年突破5亿。同时，我国2018年的数字经济规模达到了31.3万亿元，占GDP的比重为34.8%。2020年，疫情不断扩大加速了数字经济的发展：健康码成为通行出入的唯一凭证，线下商店、餐馆等为了减少病毒传播也纷纷采用手机点单、线上支付等无接触方式开展经营，这都使老年人愈发与社会脱节。在后疫情时代，如何帮助老年人拥抱数字时代成为重要议题。

（2）老年人为何难以跨越数字鸿沟？

1996年，克林顿竞选总统时，戈尔正式提出数字鸿沟的概念。该概念意指不同国家之间或社会群体之间在接触和应用互联网方面存在的差距。如今学界普遍认为，数字鸿沟至少包含三个方面：接入鸿沟、使用鸿沟与效果鸿沟。

其一，接入鸿沟：心理鸿沟更难跨越。

接入鸿沟是学界对数字鸿沟的最初理解，也被看作第一道数字鸿沟，指的是拥有者和缺乏者在接入信息通信技术方面的鸿沟。拿老年人来说，判断接入鸿沟的重要标准之一是老年人是否有渠道接触互联网。

造成接入鸿沟的原因一方面是客观因素，如外部环境限制、经济水平不允许等；另一方面则是老年人自身难以跨越心理鸿沟。心理鸿沟包括使用互联网的需求、信心、意愿、态度等。也就是说，有不少老年人认为自己没有必要使用智能设备，或是对学习智能设备的信心不足，从而导致他们不愿“触网”，就此倒在了第一道数字鸿沟之下。

其二，使用鸿沟：数字反哺困难重重。

使用鸿沟是对数字鸿沟的第二代解释，也被称作第二道数字鸿沟，指的是使用信息通信技术能力的差距。尽管现在越来越多的老年人拥有手机、平板电脑等智能终端设备，但真正能够让设备为其所用的老年人寥寥无几。造成这种现象的原因可以归结为以下几个方面：一是老年人由于自身身体机能下降，在理解力、记忆力上难以应付手机上功能繁多的App；二是高节奏的现代生活骤然压缩了年轻人陪伴父母的时间，数字反哺的操作困难随之增加；三是如今的各种智能终端及各种应用App操作复杂，降低了老年人的学习意愿。阿里研究院《后疫情时代的老年人数字生活》报告显示，50%的银发群体在网购遇到困难时往往选择直接放弃，而放弃的原因主要是麻烦和不会操作。

其三，效果鸿沟：素养鸿沟不容忽视。

除了接入鸿沟和使用鸿沟外，效果鸿沟也是数字鸿沟的重要内涵之一。效果鸿沟被看作第三道数字鸿沟，其含义是应用信息通信技术来改变自己学习、工作和生活方面的差别，即使用效果上的差异。如今，我们可以看到越来越多的老年人熟练地使用微信、抖音等新媒体，各种中老年表情包也因此层出不穷。但老年人触网的背后，其信息素养问题随之显现。当下，不少年轻人都吐槽过父母转发的那些匪夷所思的公众号文章，各种“震惊体”充斥着家庭群。特别是在疫情期间，各种谣言和假新闻混淆在诸多信息当中，为此中国互联网联合辟谣平台还专门上线了疫情谣言专区进行辟谣。但对于“触网”时间不长且信息素养不够的老年人来说，亦真亦假的网络世界加大了他们的使用难度。

12.3.2 如何帮老年人迈过数字鸿沟？

（1）社会：人性化关怀，给予老年人更多选择。

“老吾老，以及人之老。”显然，我们的社会服务部门在管理与服务上忽视了老年人群体。在智能化时代到来的同时，不少社会服务机构取消了传统人工服务方式，甚至连现金都不肯收。这种做法被新华网称作“时代的懒政”。当公共服务一味强调便利性而忽略服务群体的具体特质与需求时，数字时代给老年人带来的就不是“数字福利”，而是一种“数字负担”，如图 12－5 所示。

图 12－5 老年人面临的数字鸿沟

注：新华社发，商海春作。

帮助老年人跨过数字鸿沟，首先要从社会服务系统上改善，在出行、消费、就医、办事等多个生活场景上，服务部门应保留传统服务方式，同时推广数字化服务系统，以此让老年人逐渐适应从人工向智能化的转变，让线上线下服务更加高效协同，让银发群体享受智能化时代的便利。

（2）家庭：陪伴与耐心，增强老年人信息素养。

随着城市的快速发展与生活压力的增加，越来越多的年轻人选择成为“北漂一族”或“沪漂一族”。当年轻人远赴他乡追逐事业时，留守在原地的父母就成了“空巢老人”。第七次人口普查的数据显示，我国独居和空巢老人数量已超过 1.18 亿人。有专家预计，到 2030 年，我国空巢老人数量将超过 2 亿人。

倘若儿女不在身边，老年人又该向谁学习上网呢？因此，缩小老年人与社会之间的距离，离不开子女对其的数字反哺，尽管这个过程并不如想象中容易，但它是跨越数字鸿沟必不可少的重要环节。子女在帮助老年人学习智能终端时，不仅要教他们数字技能，更要培养其媒介素养，引导老年人主动对互联网信息进行分辨与筛选，而不是偏听偏信，照单全收。

(3) 个体：积极老龄化，主动弥合数字鸿沟。

除了外界条件的改善与帮助，老年人应发挥个体能动性，主动弥合自身与社会之间的鸿沟。当然，对于不同情况的老年人应该区别看待，不能强求所有老年人都去学习智能设备。比起让老年人机械式地学习智能设备，我们更应该倡导的是一种积极的老龄化，即老年人积极地随着时代的发展而进步，争取不被社会抛下。

12.3.3 弥合社会数字鸿沟的路径

(1) 以硬件设施升级为重点弥合“接入鸿沟”。

第一，扩大数字基础设施覆盖范围。推动“数字丝绸之路”建设，持续加大落后国家和落后地区固定宽带网络和移动通信基站建设投入，并给予充分的资金和技术援助，包括数字基础设施建设的贷款和利率优惠、数字技术专利的适度共享等。同时，创新互联网接入方法，加快全球低轨宽带互联网星座系统部署，为偏远地区提供稳定的互联网接入方式。第二，提高互联网接入质量和传输能力。鼓励宽带技术、5G 通信技术的创新与应用，提高数据传输速率、减少延迟、节省能源、提高系统容量，为在线学习、视频会议、智能制造、远程医疗等领域提供关键的支撑。第三，降低宽带和移动流量套餐资费。有序开放电信市场，以市场化竞争倒逼电信企业提高运营效率，降低服务资费。鼓励电信企业面向贫困学生等用户群体提供定向流量优惠套餐，面向中小企业降低互联网专线资费。

(2) 以软件服务优化为抓手弥合“使用鸿沟”。

一是培育专业化的数字人才队伍。通过组织优秀人才留学访问、跨地区交流等方式，将专业人才作为数字技术传播的桥梁和纽带，吸收发达地区的先进数字技术应用经验，不断提升落后地区群众的数字技能。二是优化数字教育资源公共产品供给。各国政府与国际组织应当打造全国性和全球性的数字教育资源公共服务平台，指导教师运用数字化教学设备，提升在线授课技巧；帮助学生熟悉各类数字教育软件，提升在线学习效率。三是助推传统企业数字化转型升级。政府和行业组织应当鼓励传统企业学习数字化领军企业的成功转型经验，为企业运用工业互联网平台、建设智能工厂、打造智慧供应链提供专业技术指导。

(3) 以数字素养培育为特色弥合“效果鸿沟”。

明确角色定位，推动形成以政府机构为规划领导者，教育机构为具体执行者，社会力量为辅助者的多主体数字素养培育体系。在这个体系下，包括学生、工人在内的全体社会公民都是数字素养培育的对象。制定培育目标，构建集数字资源收集和鉴别能力、数字知识利用和交流能力、数字内容创造和输出能力、数字安全维护能力为一体的多元化培育框架。倡导有教无类，面对不同家庭背景、不同学历层次、不同工作岗位的群体，将数字素养培育融入家庭教育、学校教育、职业教育、社会教育中，打造全方位的数字素养培育模式。

阅读材料

如何助“老”跨越数字鸿沟

数字技术推动了万物的互联互通，手机点餐、滴滴打车、扫码支付、网上挂号……无处不在的便利让人们仿佛进入了一个“无码不欢”的时代。疫情期间，移动端的各种健康码更是随时可见、随处可用。

然而，在多数人享受数字技术红利的同时，老年人在数字鸿沟面前的处境却日益困窘：有的人因没有智能手机、无法出示健康码而遭到拒载；有高龄老人为激活社保卡，被子女抬到银行柜台前进行人脸识别……在很多地方，数字化“局外人”现象令人颇为感慨。

日前，国务院办公厅印发《关于切实解决老年人运用智能技术困难的实施方案》，就进一步推动解决老年人在运用智能技术方面遇到的困难，坚持传统服务方式与智能化服务创新并行，为老年人提供更周全、更贴心、更直接的便利化服务做出部署。这一方案具体聚焦老年人日常生活涉及的出行、就医、消费、文娱、办事等几类高频事项和服务场景，提出了20条具体举措要求，要求日常生活场景必须保留老年人熟悉的传统服务方式，以及扩大适老化智能终端产品供给、推进互联网应用适老化改造、为老年人提供更优质的电信服务、加强应用培训和开展老年人智能技术教育等。

人们形象地将以老年人为主体的经济形态称为“银发经济”。“银发经济”看上去是夕阳产业，但其实是朝阳产业。具体来看，可在几个领域展开积极探索：

第一，老年金融业。信息产品和服务的获取、使用不仅需要一定的技能，还往往需要支付一定的费用。特别是，网上支付、网络理财等存在一定的金融风险，而老年人对信息诈骗的辨识度相对较弱。因此，有必要加强对老年人金融知识和风险的教育，推动网络金融业可持续发展。

第二，老年用品业。有报告显示，近年来，老年用品数量以年均39%的速度在增长。其中，2019年的老年用品数量比2017年增长78%。下一步，可加快放大镜、助听器等老年用品的升级，优化老年人使用信息通信产品和服务的体验。

第三，老年服务业。除了家政养老服务，这里还想重点说一下老年培训产业。老年培训作为新的培训产业，伴随越来越多的老年人融入数字生活而逐渐兴起。老年培训是打通数字鸿沟“最后一公里”的重要手段，应聘请专业且有耐心的工作人员，选择通俗易懂的教材，开展科技“扫盲”工作。

目前，上海市一些平台和企业陆续推出适老性产品。比如，上海市出租车平台的“一键叫车”功能专门附加了“大字模式”，让视力不太好的老年人一按键就可实现定位。

在数字化时代，发展“银发经济”、关注老年群体的特殊性，不仅有社会效益，也会有经济效益。平台和企业在进行产品性能优化以便利老年人使用的同时，也充分展现了企业的社会责任、社会担当。不仅要政府、企业、社会发力，还需数字反哺与自助互助。助力老年人跨越数字鸿沟，不仅需要政府、企业、社会发力，家庭的作用亦不可忽视。统计显示，92%的老年人在遇到手机使用障碍时，首选向子女求助。子女不仅应协助他们学习技能，还应帮助他们提高信息素养，提高识别网络虚假信息、应对诈骗的能力。由于现代生活节奏加快、工作压力大，很多人没有足够时间来教父母学用相关数字设备。而且，由于一些老年人记忆力衰退，存在屡教屡忘的问题，一些子女很难保持足够的耐心。

跨越数字鸿沟，老年人并非处于被动受助状态。老年人之间的相互交流、相互帮助是一起跨越数字鸿沟的重要途径。大家要一起行动起来，破除心理障碍和科技恐惧，主动融入智能社会，正可谓“活到老、学到老”。总之，家家有老人，人人会变老。帮助老年人拥抱科技，也是帮助未来的我们跨越未知的鸿沟。只有科技成果与人文关怀紧密结合，老年人才能在数字化时代收获幸福感、安全感。

资料来源：如何助“老”跨越数字鸿沟．新华网，2020-12-22.

内容提要

现代信息技术给现代人带来了使用数字媒介技术和平台的权限与自由，同样也给社会带来了深刻的影响。然而在技术不断突飞猛进的同时，不同人群在使用网络信息方面的差距也在不断拉大，不论是在现实生活中，还是在虚拟网络中，全面数据化、圈层化、数字鸿沟等加剧社会不平等的现象越来越凸显。数字鸿沟是不同国家和地区的经济、社会发展水平差距在信息时代的客观反映。收入、社会层级、所处地域等各项因素会带来不同人群之间的社会不平等，进一步产生与扩大数字鸿沟。随着信息技术的加速发展，数字鸿沟将更加凸显，甚至深化和创造了新一轮的社会不平等。在数字经济时代，为了让全社会人民共享经济发展带来的红利，亟须弥合当今社会存在的数字鸿沟。

关键概念

数字鸿沟是指不同社会经济层面的个人、家庭、企业和地理区域，在获取信息和通信技术以及在各种活动中利用互联网的机会及其使用方面的差距。

国家之间的数字鸿沟，即全球数字鸿沟。国家间的差异可能取决于教育水平、社会经济指标或GDP方面的国家财富，以及与特定国家的互联网和宽带相关的基础设施。

国内数字鸿沟主要指不同阶层、种族、行业、年龄、教育背景及城乡人群对信息、网络技术的拥有程度、应用程度及创新能力的差别所造成的信息落差及贫富进一步两极分化的趋势。

开放式问题

1. 进入新发展阶段，我国城乡数字鸿沟现状如何？

2. 数字鸿沟带来了哪些影响？

3. 如何弥合不同性别、年龄的数字鸿沟？

进一步讨论的主题

2021年5月，江苏省第十三届人民代表大会常务委员会第二十三次会议决定对《江苏省老年人权益保障条例》（以下简称《条例》）做出修改。《条例》对养老服务体系的建设目标进行了相应调整，提到推动解决老年人运用智能技术数字鸿沟问题，并对保留和改进传统服务方式提出要求；完善了老年人享受相关优待的规定。现在异地养老的老年人越来越多，为消除老年人享受优待的地域限制，《条例》拟采取增加地方政府采取措施实施优待的方式，为一些设区市借鉴上海等地老年综合津贴、老年人交通补贴制度，探索发放老年人交通补贴解除障碍。《条例》第二十八条增加一款："设区的市、县（市、区）人民政府应当采取措施，保障老年人享受本条规定的优待。"《条例》增加第三十九条："地方各级人民政府应当推动老年友好社会建设，采取措施积极推进老年宜居环境建设。地方人民政府组织编制国土空间规划时，应当根据人口老龄化发展趋势、老年人口分布和老年人的特点，统筹考虑适合老年人的公共基础设施、生活服务设施、医疗卫生设施和文化体育设施建设。"《条例》增加第四十条："地方各级人民政府应当采取措施，推动兼顾老年人需要的智慧社会建设，帮助老年人解决运用智能技术困难，保障老年人基本服务需要。保留、改进传统服务方式，为老年人提供便利化服务。"

《条例》为弥合老年人数字鸿沟起到了引领作用。随着数字技术与人民生活融合发展，请分析弥合老年人数字鸿沟的实践路径。

参考文献及扩展性阅读建议

第13章 数据垄断与算法滥用

学习目标

1. 掌握数据垄断的基本概念与成因。
2. 掌握算法与数据之间的关系。
3. 理解数据垄断与算法滥用对市场竞争的影响。
4. 了解国际上对数据垄断与算法滥用的立法与执法趋势。
5. 能够判断是否存在数据垄断和算法滥用。

引入案例

“大数据杀熟”是2018年度社会生活类十大流行语。2018年12月20日，北京市消费者协会调查显示，超八成被调查者认为“大数据杀熟”现象如今相当普遍，且有超五成被调查者表示有过被“大数据杀熟”的经历。2020年9月，央视二套财经频道点名在线旅游平台的“大数据杀熟”现象，报道中提到在线旅游平台针对不同消费特征的旅游者对同一产品或服务在相同条件下设置差异化的价格。“大数据杀熟”是指同样的商品或服务，老客户看到的价格反而比新客户要贵出许多的现象。与之相对应，多家大型互联网企业都曾被曝利用大数据分析对不同群体进行差别定价，实行“价格歧视”，侵害消费者权益。不仅如此，美团也曾通过智能算法调整商家在页面上的排序，降低不肯签署“独家协议”商家的排名，迫使小商家“二选一”，即不能登录竞争对手平台。针对这些现象，2021年2月《国务院反垄断委员会关于平台经济领域的反垄断指南》发布，对这些乱象予以规制，维护市场秩序。“大数据杀熟”和“二选一”都是数据垄断和算法滥用的一部分，那么如何识别这两种行为？这两种行为会对消费者产生何种影响？如何规制这两种行为？在这一章，我们将揭晓这一系列问题的答案。

数字经济的核心是“算法＋数据”，数字垄断的本质是算法与数据带来的垄断。数字经济时代，数字技术在各行各业迅速普及，深入社会生活的方方面面。伴随数字技术的发展，人类社会的总数据量呈现爆炸式增长。这些数据包含了社会、经济、法律等方面的信息，这就是数据的价值源泉。党的十九届四中全会首次增列了“数据”作为生产要素。在数字经济时代，由于数据量级大、维度高，需要极其强大的硬件和算法才能处理，因此其存储与处理的权限很容易被几家寡头企业控制。由此引发了数据垄断现象，数据寡头持有并控制海量数据，并利用这一优势打击竞争对手，引导舆论。数据寡头反竞争行为多种多样，包括但不限于垄断技术、垄断市场、垄断消费者和垄断产品，更重要的是，通过“数据垄断”实现市场闭环，以超级企业平台取代正常的市场。由于数据垄断存在严重危害，因此数据管控已成为数字经济时代的讨论焦点。同时，数据相关的问题不仅涉及竞争法，也将会涉及绝大多数部门法，如民法对数据权益的保护、刑法对侵犯个人信息犯罪的惩罚、经济法对数据分享流转的规范等。但关于数据垄断的争议目前尚未达成一致意见，如何定义和配置数据资源依旧是值得我们思考的问题。

13.1 什么是数据垄断？

海量数据蕴藏的巨大衍生价值使数据成为数字经济时代的战略性基础资源，同时，数据的垄断也给基于工业经济的反垄断法带来基础理论和规制体系方面的挑战。近年来，围绕数据竞争的案例层出不穷，华为与腾讯、顺丰与菜鸟、“新浪微博诉脉脉案”，各方所争议的核心问题都是数据是否被合规使用。

垄断是排他性的独占。垄断按照形成原因可以分为三类。第一类是自然垄断，以石油开采、铁路运输等为代表，它是由于某些产品和服务由单个企业大规模生产经营比多个企业同时生产经营更有效率而自然形成的垄断。由于存在着资源稀缺性和规模经济效益、范围经济效益，提供单一产品和服务的多个企业或联合起来提供多数产品和服务的企业组成一家公司（垄断）或极少数公司（寡头垄断）的概率很高。例如，沙特阿美公司拥有开采成本特别低、品质特别好的油气资源，据此，它就有可能在边际上形成对全球油价定价权的垄断——这也就是资源型垄断。第二类是行政垄断，是指政府直接行使垄断权力（比如酒类专卖、烟草专卖）或将垄断经营权授予某一个企业。第三类是技术垄断，是通过专利权或其他人难以复制的技术获得竞争优势所形成的垄断。由于这是一种竞争中出现的中间状态，因此这种垄断是被允许的。反垄断机构所关注的不是垄断本身，而是对垄断所代表的市场势力的滥用。数据垄断就是如此，是指重要数据被控制在少数人或企业手中，并被以不合理的方式使用，主要是指数据被企业违规占有和使用，该企业利用对数据的占有打击竞争对手。如果以数据所有权的归属结构为基点，则数据垄断是指对数据本身的排他性占有和绝对性控制。数据垄断的逻辑链条是：数据因其能够优化资源配置效率而具有价值，企业可以利用数据优化资源配置效率，企业通过独占数据，阻碍其他企业获得数据和竞争优势，如图 13－1 所示。

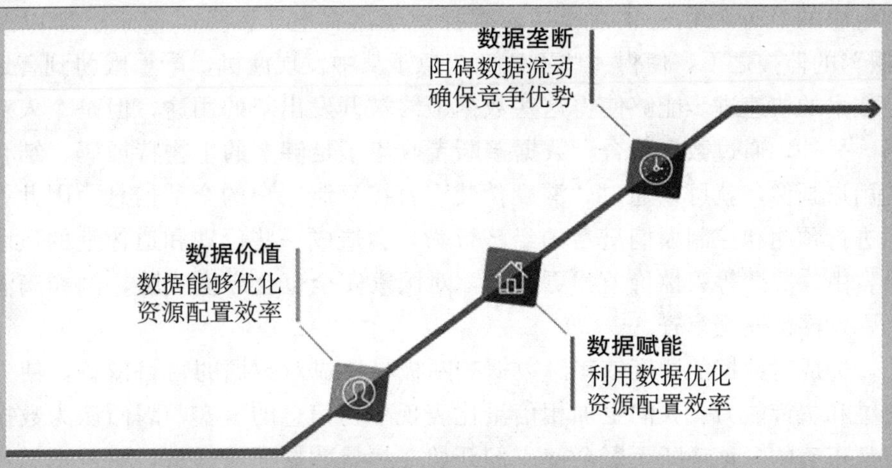

图 13-1　数据垄断的逻辑

数据垄断源于数据自身的特点：第一，数据易聚集、难确权、价值密度低，缺乏数据量就无法产生价值，这些都使得易形成数据垄断。在大数据时代，海量数据通过移动设备、传感器网络等源源不断地自动产生，数据的生产成本较低，同时其本身的价值密度也较低，海量数据的价值需通过数据挖掘、机器学习等技术提取，而这些技术本质上是数据驱动型技术，需基于大量数据的输入才能获取高准确性、高可用性的输出结果，造成数据本身易聚集的特点。此外，由于数据本身的特殊性，它在各种生产消费等活动中产生，并且使用数据获利者与数据生产者多数不重合，因此不同于石油、矿藏类的自然产物，也不同于专利、作品等精神产物，难以确定其所有权。在当前数据不能依据法律法规确权的现状下，数据收集的合理合规性得不到有效保证，易形成数据垄断。第二，收集数据存在一定的技术和法律门槛，导致其前期投入成本高，而后期边际成本低，极易形成规模经济。数据寡头多产品、跨领域、高用户量的商业运营特点是形成数据垄断的重要因素。数据寡头即当前数据垄断的主要对象，对应的就是排名前 0.1%的数据收集者。当前数据寡头们通过业务扩张、资本运作、并购等方式完成企业扩张，导致其具有多产品、跨领域的商业特点，并据此吸引或维系海量用户，从而具有收集海量数据的能力，形成数据垄断。而本身处于弱势的数据收集者则限于其产品或服务的升级能力，迫于数据寡头发展的压力逐渐流失用户，产生滚雪球效应，数据垄断现象随之加剧。各领域内既有市场份额较高的企业，其用户规模巨大，所收集到的用户数据远超市场份额较小的小型企业或初创企业。以字节跳动旗下的抖音 App 为例，由于先发优势，抖音积累了大量用户数据，并且利用这些数据优化了自身的推荐算法。这种优化作用给予了企业远超竞争对手的优势，即它的服务能够让消费者更加满意。后进入的竞争者难以获得大量数据，进而其算法本身得不到优化，导致其产品用户体验差，最终在竞争中落后。“使用者反馈”与“获利反馈”使得大企业数据收集能力不断自我增强，造成各数据收集者间的数据鸿沟越来越大。

数据垄断对市场的负面影响主要体现在以下几个方面：

第一，带来数据安全问题。先进的大数据技术虽然为人们的生活提供了很多便利，但个人和组织的数据隐私也非常容易赤裸裸地暴露在电子商务、搜索引擎以及微博等“第三只眼”的监控之下，使得一些不法商户急于从中发现商机，严重威胁到普通人的隐私安全。技术的快速进步能够使得这些数据最终被开发出新的用途，但是个人对此经常毫不知情。另外，通过数据聚合，数据垄断者收集了足够多的生物特征码，结合大数据所绘制的用户画像，就可以通过“深度伪装”直接复制用户的全部信息。因此，运用大数据技术进行预测和控制人们潜在的经济行为，会造成一些伦理和道德上的风险，损伤了公平、自由、尊严等人性价值。更甚者，对国家安全也会产生威胁，例如滴滴出行泄露数据，引发网络安全审查。①

第二，造成对数据的过度依赖。数据垄断极易造成对数据的盲目依赖，使人们丧失理性的思维和决策能力。人们更加相信量化表现事物信息的事实，因而认为数据决定一切的规律是正确的。该论断无疑会使人们开始在海量数据面前低头，将逻辑思辨抛诸脑后，在决策中更加依赖数据的力量。即使数据有些偏误，也可以通过相应的技术手段进行调整，想当然地得出一些看似符合经济规律的结论。一旦出现分析失误，将会严重威胁民众的切身利益。因此，如何避免成为数据的奴隶，已经成为迫在眉睫的问题。

第三，导致数据鸿沟。数据垄断规定了谁能接入、为何目的、在何种情境下、受到怎样的限制等诸多前提性内容。其中，数据流动受限是数据垄断的一个重大弊端。依照常理，合理、科学、有序的数据流动将有助于数据资源的优化配置和使用，推动大数据技术的创新。但是，部分企业或国家为了维护自身利益而拒绝信息的交流与互动，这不仅浪费了数据资源，而且会阻碍创新的实现。

第四，在整个产业生态层面阻碍竞争。数据垄断必然会带来新壁垒，即数据壁垒。这个数据壁垒正是由超级平台的生态圈闭环所致。这也是我们经常看到的反垄断法特别关注的一个问题。实际上，数据垄断扭曲了市场竞争，例如中国的电商领域、支付领域、物流领域以及商旅出行领域等，都已经形成了明显的数据寡头。这些数据寡头使得同业竞争非常艰难，跨界竞争也变得非常艰难。同业之间排名三四位之后的那些企业，如果想要获得成长，或者想要打通数据孤岛，以更多的数据挖掘来形成自己的差别化竞争优势，已变得特别困难甚至不可能。

第五，使消费者权益难以得到保护。数据垄断即对资源的独占，不仅会降低资源配置效率，也会导致对消费者不公平的市场定价。“大数据杀熟”已经成为互联网平台企业的惯用手段，更重要的事情是在数据垄断的情况下，消费者保护的法律合约问题变得极为复杂。原来消费者在线下购物消费的时候，商家就是甲方，消费者就是乙方，双方签订了一个商品或者服务的购销合同后，双方的合同都较为简单透明，消费者保护的介入难度较低。然而，在数据寡头时期，从供货商，到经销商，到物流，到平台，再到收货人是否及时收货等这些环节的过程中，涉及的合约方并不仅仅是甲乙两方，可能涉及多方。故而最后消费者能不能获得满意的产品，从源头到经销商再到物流等等环节都有可能出现差池，因此消费者保护变得更为棘手。同样地，如果消费者进行维权，那就必须让政府的有关部门或者是消费者保护部门从数据主体处获得适当的共享相关数据的权利，

---

① 网络安全审查办公室关于对“滴滴出行”启动网络安全审查的公告．中国网信网，2021-07-02.

但这个度的边界如何厘清，当前也是模糊的。

第六，会加强大数据处理技术的使用壁垒。数据作为一种资源，是可以深度挖掘的。但由于算法的研发和进步严重依赖于大数据，因此一旦数据被垄断，那么与数据相关的技术进步便有可能会放慢，形成技术和数据“两张皮”。在极端情况下，数据垄断者甚至可能拒绝来自政府部门的数据共享要求，使得其商业活动处于不够透明的黑箱之中。例如，信贷和征信体系本身是政府主导的重要基础设施，极有可能出现政府平台向数据寡头开放，而数据寡头的数据却拒绝向政府开放的尴尬情形。

13.2　数据垄断的相关立法

数据垄断是一种新现象，《中华人民共和国反垄断法》作为总纲对其并没有详细的规定，而在《中华人民共和国电子商务法》中，仅有部分法条涉及，并无具有针对性的规定。

欧盟对于互联网企业数据垄断和数据安全保护所投注的精力是主要经济体中最多的。如脸书、谷歌这样的互联网企业在欧盟受到的反垄断诉讼始终不断。欧盟作为一个整体或者欧洲的个别国家，如法国、英国等，相继对这些美国互联网巨头收集、运用或出售海量信息的行为规制甚至采取了相应的司法行动。欧盟原来通过《数据保护指令》保护数据库的权利，但是经过欧盟法院对一系列案件的裁判，《数据保护指令》里面所保护的数据库范围和适用范围事实上被大大缩限，法院认为数据库保护存在着规制面过宽的危险，人们对数据库的市场滥用存在着严重的担忧。

在中国，数据垄断这一说法并没有得到法律界的承认，相关案件多是从数据安全的角度，以《中华人民共和国网络安全法》《全国人民代表大会常务委员会关于加强网络信息保护的决定》为依据进行判定，或从数据使用的角度，以《中华人民共和国民法典》和《中华人民共和国个人信息保护法》为依据进行判定。从违法违规使用数据角度，可以刑法和相关修正案，以及《最高人民法院、最高人民检察院关于办理侵犯公民个人信息刑事案件适用法律若干问题的解释》《中华人民共和国消费者权益保护法》《中华人民共和国电子商务法》等作为依据。以脉脉非法抓取使用微博用户信息案为例，法院认为：首先，用户在使用平台的时候是数据贡献者，但数据贡献者本身是一个个体，他对大数据这个产品不拥有财产权益。其次，考虑到未清晰界定的网络运营者与网络用户对原始网络数据复杂的权利状态，法院赋予平台本身对大数据的一个竞争性的权益，当平台付出了人力、物力来收集数据，数据能为企业本身带来竞争优势时，法院和司法有权利或者有义务来保证平台对数据的正当权益。如果第三方通过非正当手段来使用这些数据并产生权益，平台对相对方可以通过司法得到相关的保护。相对而言，美国认定未经授权获取或使用数据的行为是一种动产侵害，承认了数据控制者对所收集的数据享有的财产权益，这是美国的一个基本态度。

数据赋能竞争是数字时代市场经济运行的典型特征。尽管如此，企业仅拥有海量数据并不一定就能提升产品和服务的质量，二者之间不存在必然的因果关系。数据能量的释放一定是在流动中得以实现的。客观全面地讲，数据不仅是推动数字经济发展和产业转型升级的重要动力，同时也可能为垄断提供新的介质和方法。企业通过海量的多样化数据分析，特别是将大数据技术与人工算法相结合，能够有效地把握市场的动态运行规律，更精准有效地执行各项竞争行为。可将数据垄断看作基于数据实施的垄断行为，它是在数据流动中出现的积极或消极的限制、排除竞争的违法行为。依照《中华人民共和国反垄断法》的框架，大致有与数据相关的垄断协议、滥用市场支配地位和经营者集中三种主要的垄断行为。当然也存在与数据相关的行政垄断。在中国数字经济高速发展的背景下，政府基于对各类数据的强大控制力和巨大占有量，更容易诱发不同形式的经济型垄断。党的十九届四中全会报告特别强调了政府对数据的有序开放，国务院相关文件也提出，要加强政府部门与平台数据共享等。这对防止和消解与数据相关的行政垄断事件或案件具有积极意义和现实作用。

垄断协议的核心要件之一是经营者之间存在明示或暗示的意思联络。在数字经济下，新型垄断协议的认定也应围绕这一要件展开。通过输入数据，特别是大数据，借助相同或者类似的算法，相关市场上的各经营者可在无须联络的情况下共同做出使彼此都能获益的经营决策，联合消除竞争，借助数据的反馈机制，联合限制、排除偏离协议的其他经营者，由此产生反竞争效果，涉嫌构成垄断。滥用市场支配地位也可借由数据实现。为巩固、维持或扩大现有市场地位，实现效益最大化，排除、限制现实或潜在的竞争对手，已取得相关市场支配地位的企业会利用数据实施各种滥用行为，其中既包括剥削性滥用，譬如基于消费数据分析的价格歧视，通过不公正协议条件获取用户隐私，为减少成本支出而降低产品和服务的质量，也包括排斥性滥用，譬如“二选一”、封锁屏蔽行为等，扭曲甚或破坏正常的市场竞争秩序，损害消费者、用户的合法权益，以及抑制中小企业公平参与创新的能力，最终减损社会创新发展的整体福利。现行的经营者集中审查基准通常以经营者在相关市场上的市场份额或营业额为主要指标，作为一种事前审查机制，经营者集中审查主要是为了预防通过集中的方式扩大和增强经营者在相关市场上的力量，以达到防止不当抑制竞争效果的出现。因此市场结构和力量的改变可以作为经营者集中审查机制主要考察的现象。但是由于数据垄断是一种新生事物，在执法中经常会陷入“技术必须”的争论，进行数据垄断的企业会辩称它的数据垄断行为并非有意损害竞争，而是为了维持相关服务所必须执行的行为。

阅读材料

德国联邦卡特尔局诉谷歌收购 WhatsApp 案

德国联邦卡特尔局自 2016 年开始对脸书用户信息收集和使用行为展开调查。调查发现脸书不仅收集用户使用脸书社交网络服务的数据，包括用户使用脸书社交网络互动的行为数据以及使用设备数据，还同时收集了用户使用脸书旗下其他社交服务（包括 WhatsApp 和 Instagram）的数据。除此之外，脸书还通过跨平台应用程序开放接口（API）获取用户在第三方网络平台或手机 App 上嵌入脸书社交插件中的“喜欢”和“分享”按键的使用行为数据。此外，脸书还收集用户的设备数据、用户通过跨平台接口对不同网站的访问数据、用户 ID 在被访问网站形成的 Cookie 数据等。脸书在收集和融合上述数据之后，形成用户大数据，并根据用户的访问行为、社交互动为用户建立了用户画像。在此基础上，德国联邦卡特尔局认定脸书在德国的社交网络服务相关市场具有支配地位。德国联邦卡特尔局认为，脸书提供给用户的服务为社交网络服务，在“谷歌＋”退出社交网络服务市场后，脸书鲜有竞争对手，职业网络例如领英，以及信息网络例如 WhatsApp，都无法形成对脸书的需求替代，因而未被放入同一相关市场。

而 Youtube、Snapchat 等也仅仅部分与脸书提供的服务重合，无法形成与脸书的竞争。最终本案的相关商品（服务）市场被界定为社交网络服务市场，而地域市场被界定为德国市场。根据统计，脸书在德国社交网络相关市场占据 90%的市场份额，而且脸书在德国不仅拥有极高的市场份额，其用户也具有高度的依赖性。德国脸书具有 3 200 万的月活跃用户数和 2 300 万的日活跃用户数，其他社交网络没有可替代性，同时进入市场的难度极高，因而脸书具有市场支配地位。

德国联邦卡特尔局认为，脸书在具有市场支配地位的情况下，通过其不公正（剥削性）的用户协议条款，迫使用户接受脸书对用户在其他社交网络或第三方平台使用数据的收集，并使得用户无法避免这些数据的融合，以及无法避免融合后数据的使用和传输，损害了用户受宪法保护的个人信息自主权利。同时由于融合用户数据后产生的身份识别网络效应和用户锁定效应，脸书可以在广告精准投放活动中排除、限制其他竞争者在广告投放方面的竞争。

综上，德国联邦卡特尔局根据德国竞争法认定脸书的行为构成滥用市场支配地位的垄断行为，并要求脸书停止在用户协议条款中规定用户必须同意脸书可以收集和使用用户对第三方平台使用数据的行为。

脸书针对处罚的上诉

在 2019 年德国联邦卡特尔局做出裁决后，脸书立即宣布将向杜塞尔多夫高等法院提起上诉。在脸书发表的声明中，脸书特别指出德国联邦卡特尔局的认定存在以下问题：

首先，德国联邦卡特尔局低估了社交网络的竞争程度，将受欢迎等同于支配地位。根据脸书的调查，德国有超过 40%的社交媒体用户不使用脸书社交网络，因此脸书在德国社交网络服务相关市场面临着激烈的竞争。其次，脸书一直遵守欧盟《通用数据保护条例》，重视对用户个人数据的保护。脸书一直在改进对用户个人数据的保护，包括提供新的用户隐私管理工具，增加用户对个人信息和隐私的控制权，例如用户有权选择是否接收广告，同时脸书将很快推出新的工具，用户可以知悉其网站访问历史并选择将该历史删除。脸书特别指出，用户数据融合事实上可以提高对用户的安全保护，例如通过数据融合识别和预防犯罪，保护用户安全。最后，脸书指出，德国联邦卡特尔局将脸书用户数据使用行为作为滥用市场地位行为进行处罚，破坏了欧盟《通用数据保护条例》在成员国之间的统一实施，这种竞争执法事实上等于仅仅因为脸书规模较大，就赋予了用户超出数据保护法律之外的权利。

该判决最终结果未公开。

资料来源：欧盟反垄断监管机构欧盟委员会官网。

13.3　数据垄断认定

数据垄断依然是垄断的一种，对它的认定必然不可能脱离垄断分析框架，只是需要因地制宜，按照数字经济时代背景和数据的特殊性对其进行些许调整。

首先判断企业是否具有市场支配地位。其次判断该企业是否有足够的收集到用户多个维度数据的可能，这些维度包括诸如用户的交际圈、购买行为、资金能力、出行情况等各个关键的生活面。单一的数据维度主要是隐私保护的问题，若能够获得多个维度的数据，用户的个人特征和行为就变得更有预测性，进而使得数据持有者有能力在交易中获得无比的优势，即该平台具备数据垄断的可能。具备数据垄断的可能并不能判定一定会实施数据垄断，是否合理地使用数据才是判断的关键。是否合规地使用用户的数据、是否由于数据缺失或瑕疵形成了对用户的数据偏见，以及是否赋予用户删除和转移数据的权限，都是判断数据垄断的决定性因素。再次判断该企业是否合规使用数据。合规使用应包括：收集数据前先要做到告知义务，即告知哪些数据是被采集的，以及哪些数据是基于采集的数据形成的再加工数据。大多数互联网企业或数据收集方并没有在服务条款里详细告知用户哪些数据是被采集或加工的。不知道哪些数据被采集，就更无从知晓二次加工的数据是如何形成的。在告知义务之上，企业要清楚地告知用户数据将被如何应用以及对用户的价值，这里很重要的是用户应对这些数据的应用有完全的控制权，用户可以选择开启或关闭这些数据形成的应用。数据的合理使用还涉及两个方面，即数据的分享和存储。用户应有权知道自己的个人数据是以何种形式被分享和存储的，也可以选择开启或关闭个人数据的分享与存储，无论是匿名的还是实名的数据。数据的合规使用需要企业有强有力的数据伦理，但也需要强有力的法律支撑。这部分目前欧洲走得比较靠前。与此同时，执法力度也很关键。最后就是确保数据跟随用户的选择进行删除和转移。即当用户不再使用服务的时候，用户可以选择彻底删除与自己相关的数据。不过实际的实现是很难的，一方面难以监督，有可能存在表面删除但还存有备份的情况，另一方面则需要数据采集方及持有方有很强的数据伦理。这部分也需要法律的介入，建立严厉的惩罚机制，促进数据伦理的形成。数据的转移是更为复杂的。数据转移即当用户从一个平台转移到另一个平台时，其有权将先前平台的数据转移过去，快速地丰富自己在新平台的画像。一方面，数据转移是法律问题，即法律需要强制要求各平台方建立数据转移的能力，否则在巨大的数据价值前，数据的转移机制很难建立。另一方面，数据转移需要行业标准的推动，即在各个平台数据结构不一样的情况下，对于数据转移档案采用统一的格式，这是一个需要政府推动、企业配合的漫长过程。

13.4　算法滥用

不同于数据垄断，算法滥用并不完全依赖市场势力，即使不存在市场势力，只要拥有数据，就可能实施算法滥用。算法滥用的具体行为包括但不限于：大数据杀熟、算法锁定、调价算法等。算法[①]的概念具有深厚的技术色彩，因其所依托技术的多元性和演进性，目前尚未形成各界普遍认同的算法定义。威尔逊与凯尔在其著作中对算法概念的描述得到了经济合作与发展组织的认可，他们认为“算法是一种精确的简单操作列表，它们被机械地、系统地应用于一套令牌或对象中（如下棋步骤、数字演算、蛋糕成分配置等）。这些令牌最初的状态是输入，最终的状态是输出”[②]。因此，算法是用给定的输入生成输出的命令序列，进行机械的、重复度高的反复运算，用以解决某个特定的问题。但是，伴随着技术演进，通过引入学习过程、模拟自然进程，算法趋于智能化、自动化，例如模拟退火、遗传算法、禁忌搜索、神经网络和天牛须搜索算法等，这些算法能够通过使用大数据进行训练的方式提高算法的效果。

数据为算法提供实施滥用行为的物质基础，而算法则是实施滥用行为的主体。数字经济时代线上竞争的第一个特点是：线上消费市场上充斥着大量信息，同时信息流动极快，产品的价格和质量相对透明。一方面，透明的市场环境将通过降低消费者搜寻成本与推动供应商合理对标竞争对手的方式提高市场效率。另一方面，消费者将从更低的商品售价、丰富的购物选择与更高的产品质量中获益。通过线上平台，商家可以实时向消费者发布新品上架的消息，并提供内容翔实的产品信息。消费者则可以获得更多选择商品种类的机会，通过比较不同商品的质量和价格差异做出最有利于自身的选择。数字经济时代线上竞争的第二个特点在于存在大量的小型企业。在线上市场，由于无须缴纳高额房租，商家能以极低的成本搭建网站，提供线上服务，并在网络广告投放平台和专业搜索引擎的帮助下争取客户。比如，类似爱彼迎业务模式的民宿，甚至可以和专业的酒店或旅社竞争，国内的民宿也依靠美团、携程、百度等平台提供住宿服务。而同样的逻辑也在出租车市场得到了应用。现如今，国外的优步、来福车和国内的滴滴、神州出行已经取代出租车成为新的出行方式。因此线上市场的进入门槛相对较低，大量小型企业进入。进入门槛降低不仅对商家有益处，消费者也能从中获益。其中的缘由在于，低进入壁垒会带来强竞争，线上的商家难以积累市场势力，并借此操纵产品价格或质量。数字经济时代线上竞争的第三个特点在于线上企业销售依赖于平台企业。不同于实体广告，存在发传单和面对面推广的方式，线上企业的广告更依赖第三方平台企业。虽然线上市场信息充裕，价格透明，但是消费者也必须承受信息充裕的另一个后果，即高昂的信息搜寻成本。因此，消费者通常会将搜寻工作集中在特定的平台，例如购物平台、出行平台和综合搜索引擎，例如天猫、美团、百度等。

算法能够挖掘数据的价值，其本质是算法对大数据所含信息的深度挖掘。它通过特定规则预测消费者潜在的需求，并搜寻全平台商品，将消费者最可能需要的商品找出来。在拥有消费者和产品大量数据的前提下，算法能够做到：第一，降低卖家调价成本和买家比价成本，促进价格透明。算法可以将一系列同类商品推送给消费者，消费者可以通过对比这些商品的价格和质量进行选择。对卖方而言，公开透明的售价比较会迫使它们

---

① 除特殊标注外，本书所讲的“算法”均是指“智能算法”。

② Wilson，R. A. and Keil，F. C.，1999，*The MIT Encyclopedia of the Cognitive Sciences*，Cambridge，Mass：The MIT Press.

通过提高产品质量或者降价来促成交易。第二，预测消费者需求，提前推荐相关产品，减少消费者搜寻成本，提升消费者福利。

阅读材料

算法的应用

通常用于商品搜索、信息推荐的算法都拥有自动学习的能力，它不仅可以根据搜索关键词进行联想推荐，还可以通过对消费者搜索历史、消费历史、浏览历史等数据的学习，辅以对其他同类消费者消费数据的类比学习，模拟消费者的决策过程，预测出消费者潜在的需求。在消费者进行搜索行为、寻找所需商品前，算法就可以将相关商品直接推送到消费者眼前。淘宝、京东等都可以进行智能推荐，例如根据"猫砂盆"这一搜索关键词，推荐猫粮、猫砂等商品。同时算法能够实现预测式推送，在消费者形成清晰的消费意图前，将相应商品推送到消费者眼前。例如，淘宝会根据消费者1个月前买了婴儿床而选择推送婴儿奶粉、儿童地板、儿童家具、尿不湿等。算法会增强平台的中心地位。一方面，算法能够赋予互联网平台企业更多资源来诱导客户跟随。2015年，亚马逊的云计算与存储部门利用算法预测产品销量、消费者喜好，甚至是流行趋势。随着数据规模的递增，这种预测模型的准确性不断提高。谷歌和微软同样也在云计算服务中增添了拥有自学习能力的算法模型，用来分析数据并预测客户未来的销售结果。最终，如果亚马逊或谷歌的客户想要从这些模型提供的营销方案中获得竞争优势，那么他们必须购买相应的服务，并且亚马逊、谷歌和微软等可以利用对算法和数据的控制权诱导客户按照他们的意愿行事。另一方面，智能定价算法也会强化平台的中心地位。伴随线上平台中商品种类和数量的增加，价格调整的难度会以指数级速度上升。由于根据需求和供给确定实时价格需要在极短时间内处理海量的数据，因此这一工作只能由算法完成。Boomerang Commerce开发的定价算法软件可以每分钟检索100～150个数据点，并适时调整价格。以曾经采用这一系统的亚马逊为例，通过对历史销售数据的学习，算法能够随时根据市场行情与消费者偏好调整网站上上百万种产品的价格。这种调整既可能是因为需求快速上升，也可能是因为与竞争对手进行价格竞争。根据专门追踪亚马逊商品价格的比价网站CamelCamelCamel.com的报告，亚马逊既能够根据竞争对手的定价将彼得·劳伦斯撰写的《苍蝇的成长》(*The Making of a Fly*)定价为23 698 655.93美元（与竞争对手的算法产生冲突，导致定价快速上涨），也可以在2天内将一只女士腕表由115美元降至55.25美元。

13.5 算法的影响

从平台以及依赖平台的企业和消费者的视角来看，算法自动调整价格会增强平台的中心地位，确保平台在竞争中领先于其他对手。由于平台上的单一卖家并不能掌握全部的价格数据，因此只能被动地接受平台的指导价格。如果不接受，很可能会因为价格调整不及时而失去竞争力。最终平台对自身的卖家拥有了绝对的价格控制力。相对于平台外部的线下或线上竞争对手而言，一个能够快速有效调整价格的算法会增强平台的竞争力。算法从这两方面强化了平台的中心地位，如图 13－2 所示。

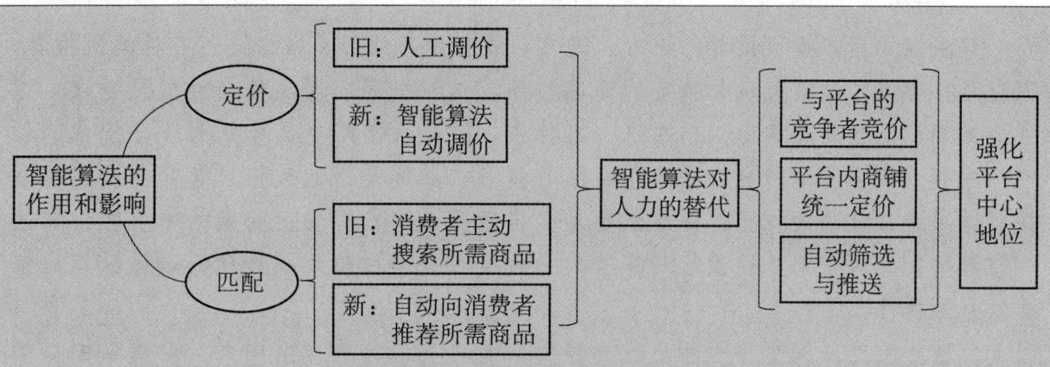

图 13－2　算法对平台的影响

从算法自动匹配的技术视角来看，算法可能会导致系统性歧视。算法决策在很多时候其实就是一种预测，用过去的数据预测未来的趋势。算法模型和数据输入决定着预测的结果。因此，这两个要素也就成为算法歧视的主要来源。首先，算法在本质上是以数学方式或者计算机代码表达的意见，包括其设计、目的、成功标准、数据使用等都是设计者、开发者的主观选择，他们可能将自己的偏见嵌入算法系统。其次，数据的有效性、准确性也会影响整个算法决策和预测的准确性。比如，数据是社会现实的反应，训练数据本身可能是歧视性的，用这样的数据训练出来的 AI 系统自然也会带上歧视的影子；数据可能是不正确、不完整或者过时的，带来所谓的“垃圾进，垃圾出”的现象。如果一个 AI 系统依赖对多数人的学习，自然不能兼容少数人的利益。

算法歧视可能是机器学习的结果。AI 系统在与现实世界交互的过程中可能没法区分什么是歧视、什么不是歧视。比如一个甄别错误姓名的机器学习模型，如果某个姓是极为独特的，那么包含这个姓的姓名为假的概率就很高；但是这可能造成对少数民族的歧视，因为他们的姓可能本来就不同于普通的姓氏。谷歌搜索“学习到”搜索奥巴马的人希望在日后的搜索中看到更多关于奥巴马的新闻，搜索罗姆尼的人希望在日后的搜索中看到更少关于奥巴马的新闻，这也是在机器学习过程中产生的偏见。

算法倾向于将歧视固化或者放大，使歧视自我长存于整个算法中。奥威尔在他的政治小说《一九八四》中写过一句很著名的话：“谁控制了过去，谁就控制了未来；谁控制了现在，谁就控制了过去。”这句话其实也可以用来类比算法歧视。归根到底，算法决策是在用过去预测未来，而过去的歧视可能会在算法中得到巩固并在未来得到加强，因为错误的输入形成的错误输出作为反馈，进一步加深了错误。最终，算法决策不仅会将过去的歧视做法代码化，而且会创造自己的现实，形成一个自我实现的歧视性反馈循环。因为如果用过去的不准确或者有偏见的数据去训练算法，出来的结果肯定也是有偏见的；然后再用这一输出产生的新数据对系统进行反馈，就会使偏见得到巩固，最终可能让算法来创造现实。预测性警务、犯罪风险评估等都存在类似的问题。所以，算法决策其实缺乏对未来的想象力，而人类社会的进步需要这样的想象力。

阅读材料

算法非中性

算法在向用户提供推荐结果时，通常会根据用户的历史数据进行有目的的推荐，而这种推荐方式通常表现为特定的商品排序，这种排序会因其偏向性引发争议。以欧盟对谷歌购物处罚案为例，在这一案件中，欧盟反垄断委员会认为谷歌搜索的智能排序算法剥夺了消费者自由选择商品的权利，具体是指通过将自营商品放在谷歌搜索结果中最显眼的位置，诱导消费者在自营平台消费。这一问题的本质在于算法的推荐功能是否中立，提供这一算法的平台是否会通过暗改底层代码，操纵算法推荐结果的排序。

算法中立这一问题属于新出现的事物，与之类似的是搜索中立。对搜索中立的相关研究由来已久，相关案例也很多。例如关于国内百度的竞价排名算法，一直有对其排序算法是否构成虚假宣传、侵害消费者权益的争议。“魏则西事件”是一个由算法引发恶劣后果的代表性事件。而在全球范围内，占据90%以上搜索引擎市场份额的谷歌则是相关研究的焦点。在谷歌没有上线自己的购物网站之前，它在提供相应搜索结果时能够恪守搜索中立原则，在推荐商品列表中能够维持算法中立。然而在其开始经营购物平台后，由于与自身利益相关，因此它的算法给出的推荐列表就很难证明仍处于中立。根据欧盟反垄断委员会的调查结果，谷歌的智能排序结果会将自营产品放在推荐列表最显眼的位置，欧盟反垄断委员会认为谷歌已经违反了中立原则，并予以处罚。

搜索本身也是一种算法，随着技术的进步，搜索也在不断智能化，是算法的一环。搜索中立本身就是一个极难界定的问题，而算法是搜索进一步演进的结果。实质上，算法本身是非中立的，具体原因如下：第一，因为搜索中立要求算法对不同商品的排序不存在特别偏好，但排序本身包含了对以消费者提交的关键词为中心的数据的处理，排序本身就是算法发挥作用、实现功能的过程，所以从这一角度来看，算法天生就包含着非中立的基因。在数字经济时代，线上存在大量商品数据，消费者已经不能通过人工筛选的方式处理这些数据，想要获取某种特定商品就必然要通过算法进行初步筛选，筛选出的结果必然要形成一种排序，而显示界面有限，显眼位置必然会成为稀缺资源。第二，从技术上看，算法难以避免非中立。在消费者搜索商品信息的过程中，算法在本质上根据不同预设逻辑、标准处理相关商品数据，然后对商品数据进行排序，这种技术在实际使用中本身就无法保证中立。例如，京东内各个卖家都想在商品搜索中被排列到前面，所以各个卖家都会选择针对算法的底层逻辑和规则进行优化，从而努力达到“排序最优”，这本身就使得淘宝的算法排序变得不纯粹。第三，非中立的排序本身就意味着创新。平台使用的算法本身也面临着其他算法的竞争，一种中立但是不讨喜的算法不如一种非中立但是更有个性的受到消费者喜欢的算法。例如携程的算法会优先显示包含优惠的航班，而航空公司官网提供的是完全中立的航班排序，显然第一种算法更受欢迎，而这一差异就是携程采用的算法的竞争优势。第四，仅依据相关性罗列商品无法充分满足消费者需求。算法中立意味着算法无法利用消费者当前搜索关键词以外的任何数据，然而一个关键词不能表述清楚消费者的需求。相对于一个简单的关键词，消费者的历史消费记录、搜索关键词历史清单能够提供更完善的需求数据，算法有必要结合上述数据提供最优结果。第五，算法非中立是互联网平台企业商业模式的基础，否定这一事实就意味着否定了互联网平台企业的基础商业模式。自谷歌找到了点击广告这一付费模式后，互联网平台企业就都仿照这一模式，在不同的客户群体或者不同的产品之间进行交叉补贴。通常算法是平台提供的基础服务，消费者使用算法并不需要付费，而卖家需要为更显眼的位置付费。算法中立意味着不能向卖家收取费用。显然，一旦向消费者收费，互联网平台企业就会面临网络外部性的反噬，迅速失去市场，无法继续高速发展，甚至会倒闭。

资料来源：戚聿东，蔡呈伟，张兴刚．数字平台智能算法的反竞争效应研究．山东大学学报（哲学社会科学版），2021（2）：76－86．

13.6　算法滥用的表现形式与后果

由于算法本身就是非中立的，因此它本身对竞争就有相反的两种影响，算法滥用则会放大其对竞争的负面影响。

13.6.1　算法歧视

互联网上的算法歧视问题早已引起人们的注意。大数据时代以数据作为基础资源，以算法决策作为核心引擎。数据是算法的依托，本身具有客观中立性，但人为设计的算法不可避免地隐含偏见。如在就业领域，某些特殊群体在岗位推送和筛选上时常受到搜索引擎的差别对待；再如在市场营销方面，商家执行价格歧视策略。

互联网平台通过大数据分析消费者的购买或浏览记录，对用户进行“画像”后，根据其喜好程度、收入水平的不同，在提供相同质量的商品或服务的情况下，分别实施差异化定价，即价格歧视。此类在算法自动化决策中产生的不公平现象被称为算法歧视或算法偏见。例如在谷歌的广告服务中，男性比女性看到更多高薪招聘广告。这可能和在线广告市场中固有的歧视问题有关，广告主可能更希望将特定广告投放给特定人群。此外，非营利组织 ProPublica 研究发现，虽然亚马逊公司宣称它致力于成为地球上最以消费者为中心的公司，但其购物推荐系统一直偏袒其自己以及其合作伙伴的商品，即使其他卖家的商品的价格更低，而且，在其购物比价服务中，亚马逊公司隐瞒了自己以及其合作伙伴商品的运费，导致消费者不能得到公正的比价结果。表 13－1 列举了部分企业大数据杀熟的案例。

表 13-1　大数据杀熟案例

平台类型	服务内容	时间	公司	具体行为	平台回应
电子商务平台	买卖双方信息沟通和交易的平台	2000 年	亚马逊	多次搜索同一 DVD，DVD 会涨价	创始人公开道歉，并解释这一差别是定价实验，与客户数据无关
		2012 年	Orbitz	用苹果电脑搜旅店的报价比用其他电脑搜同一旅店的报价要贵	官方没做任何回应
		2019 年	天猫超市	天猫会向高频客户推送特定高价商品，而其他用户搜索不到这一商品	“新人专享价”标识未正常显示，产生误解
		2019 年	京东	老用户比新用户价格高；高频用户比低频用户价格高	官方声明优惠券是随机发放的，导致价格不同
生活服务平台	提供出行、旅游、外卖等服务	2018 年	肯德基	对高频用户调高价格	官方回应订餐时间不同，价格不同（按分钟调价）
		2017 年	优食速递	优食速递对高频用户会调高价格	官方否认存在这一问题
		2017 年	淘票票	低频用户搜索到的票价低，多次搜索后价格上涨	官方否认存在这一问题
		2018 年	携程	多次搜索同一机票后，机票会涨价	官方致歉并回应称这一情况只是新版机票预订程序中存在的漏洞
		2017 年	来福车	对用户常用路线涨价	官方回应这是根据不同时间和路线拥堵状况的正常调价
		2018 年	滴滴打车	老用户比新用户价格高；高频用户比低频用户价格高	官方否认存在这一问题
		2018 年	飞猪网	实际购买机票价格比搜索结果高；不同支付渠道结果存在差异	官方否认存在这一问题
		2018 年	去哪儿网	取消原订单后，原本更便宜的宾馆会涨价	官方否认存在这一问题
		2019 年	美团	开通会员后赠送的优惠券不能与开通前的优惠券叠加，导致价格上涨	官方声明是软件定位误差
搜索平台	提供信息检索、咨询的平台	2018 年	谷歌	搜索购物比价网会优先显示自营网站	承诺调整算法

资料来源：根据公开资料整理。

另一种算法歧视是在进行决策时故意采用有偏数据进行学习，让算法的参数有偏。以犯罪风险评估算法为例，由于法官在量刑时常常受到诸多非法律的外在因素影响，基于大数据、数据挖掘、人工智能等技术的犯罪风险评估系统开始大行其道。Northpointe 公司开发的犯罪风险评估算法 COMPAS 对犯罪人的再犯风险进行评估，并给出一个再犯风险分数，法官可以据此决定犯罪人所应遭受的刑罚。非营利组织 ProPublica 研究发现，这一算法系统性地歧视了黑人，白人更有可能被错误地评估为低犯罪风险，而黑人被错误地评估为高犯罪风险的概率是白人的两倍。通过跟踪调查 7 000 多名犯罪人，ProPublica 发现，COMPAS 给出的再犯风险分数在预测未来犯罪方面非常不可靠，在被预测为未来会实施暴力犯罪的犯罪人中，仅有 20%的犯罪人后来确实再次实施暴力犯罪。综合来看，这一算法并不比掷硬币准确多少。犯罪风险评估系统是一个“黑箱”，它如何得出结论，人们无从知晓，开发它的公司又拒绝对簿公堂，称算法是其私人财产。在缺乏必要的问责机制的情况下，无法矫正的算法歧视对刑事司法正义而言就是一种嘲讽。Northpointe 公司曾向公益组织 ProPublica 披露其犯罪风险评估算法会考虑受教育水平、工作等诸多因素，但未披露具体算式，认为这是其私人财产，所以人们无从知晓 Northpointe 公司是否将美国社会中固有的种族歧视问题编写进其算法。比如，即使集体统计数据显示黑人比白人更容易犯罪，将这一集体统计数据应用于黑人个体是否妥当？再比如，一直存在所谓的“天生犯罪人”理论，认为犯罪与否和一个个体的长相、基因等生理特征有关，在数据挖掘中考虑这些数据是否妥当？为了确保公平，犯罪风险评估算法在进行数据挖掘时可以使用哪些数据？更重要的是，是否可以依据秘密信息以及由此产生的犯罪风险分数对犯罪人进行判刑？所有这些问题都需要认真对待，否则利用人工智能系统对犯罪人进行打分、计算刑期等，就可能带来意想不到的系统性歧视。美国国会推动的《量刑改革法案》，将引入“犯罪风险得分”，并据此对犯罪人进行量刑、减刑等，通过有效的机制在刑事司法程序中避免机器歧视并在出现机器歧视、不公正时进行问责或者纠正显得尤为重要。

算法歧视的成因有以下四个方面：一是算法本身的非中立性。算法并非完全客观，其底层逻辑是存在预判断的。若设计者存在某种偏向，并嵌入信息的收集、标注、处理中，则算法的输出结果也会体现并强化这一偏向。二是学习用数据的偏向性。若采集学习用数据时，所收集的数据本身是偏向于某个特定分层的，那么样本有偏，最终算法的学习结果也会有偏。算法的好坏取决于所使用的数据的好坏。数据在很多方面常常是不完美的，这使得算法继承了人类决策者的种种偏见。此外，数据可能仅仅反映出更大的社会范围内持续存在的歧视。三是算法黑箱造成的透明度缺失。算法从接受输入数据到输出决策结果的全过程，形成了外界无法获知的“黑箱”，算法在其中进行数据的处理、评估及分析，并根据具体场景做出决策。算法黑箱的非透明性导致歧视行为更加隐蔽、更难以察觉，进一步助长了某些算法设计和经营者为追逐经济利益而产生歧视行为。更糟糕的是，歧视在很多情况下都是算法的副产品，是算法的一个难以预料的、无意识的属性，而非编程人员有意识的选择进一步增加了识别问题根源或者解释问题的难度。四是算法的编程人员对各种规则缺乏足够的理解。算法提供的决策支持服务显然要预先将各种规则比如征信规则、量刑规则、保险规则等代码化。然而编程人员可能并不知道公平的技术内涵，也缺乏一些必要的技术公平规则来指引他们的程序设计。对于关乎个体权益的自主决策系统、算法和人工智能，考虑到算法和代码而非规则日益决定各种决策工作的结果，人们需要提前构建技术公平规则，通过设计保障公平的实现，并且需要技术正当程序来加强自主决策系统中的透明性、可责性，以及被写进代码中的规则的准确性。而这一切，仅仅依靠技术人员是无法达成的。

算法歧视识别存在两个难点：第一，算法的专业性导致非自身技术人员难以理解算法的底层逻辑；第二，算法本身是一个黑箱，并且是企业的核心竞争力，企业可以对算法主张商业秘密或者私人财产。在这种情况下，对算法进行审查可能会与保护竞争的初衷相违背。此外，从成本收益分析的角度来看，解密算法从而使之透明化可能需要花费非常大的代价，可能远远超出所能获得的效益。此时，人们只能尝试对不透明的算法进行审查，但这未必能得到一个公平的结果。

13.6.2 算法合谋

在市场竞争中，合谋是一种常见的反竞争行为。多家企业通过协商，共同维持一个较高的价格，获取垄断利润；或者维持一个低于成本的价格，打击没有参与合谋的竞争对手；或者维持某种默契或达成秘密协议，分割市场、限制生产或限制进入。合谋包括公开合谋和默契合谋。其中公开合谋是被各国反垄断法严厉禁止的行为，适用于本身违法原则，因此常见的合谋是默契合谋（又称眨眼合谋），即不存在直接联系和文本，仅通过隐蔽的信号传递，依靠默契达成一致行为。而算法给默契合谋提供了新的工具。相较于传统的默契合谋方式，算法合谋是一种新形式的合谋，更加隐蔽也更容易达成。它利用智能定价算法作为工具，进而实现个体之间的自动合谋。算法合谋存在性的第一份报告在 2018 年 2 月发布，该报告在理论上证明算法可以导致合谋。伴随数字经济的发展，算法合谋作为一个随着算法的兴起而形成的新概念，越来越受到经济学者、法律学者和政府市场监管部门的高度重视。

算法可以以不同方式帮助算法使用者实现合谋。伴随技术演进，算法会创造更多的合谋方式。从算法合谋的使用主体主观性进行区分，可以将算法合谋分为两类：一类是主动算法合谋，另一类是被动算法合谋。（1）主动算法合谋。算法的使用者可能通过监测类算法、信号类算法和平行算法主动寻求合谋。其中监测类算法能够主动搜集市场上竞争对手的价格变动信息，可以被有效地运用于监督合谋行为。信号类算法可以不断发送特定编码的信息，只有拥有对应算法才能够解读。使用者可以通过这一算法主动与竞争对手协商。而平行算法是指可以实时跟随市场数据变动，采取预设策略调整数据的一类算法。平行算法的使用可以帮助经营者确立自动定价机制。在这一条件下，市场内的竞争者可能不约而同地选择一个高于基准的价格，实现默契合谋。（2）被动算法合谋。算法中发展最为迅速的一种是自主学习类算法。自主学习类算法通过神经网络技术实现自学习，通过大量数据训练构建因果关系，但是算法内的决策逻辑即使是设计者也无法完全得知。由于算法本身追求最优解，很有可能最优解就是当前市场情景下的价格，因此采用这一算法定价的企业最终对同一种商品的定价可能相同，达成被动算法合谋。

阅读材料

算法合谋案件

普金斯是一家美国公司的管理人员，该公司通过亚马逊的各种在线市场出售海报等印刷品。普金斯与竞争对手签署了一系列持续性协议，约定共同维持他们在亚马逊平台上海报的销售价格。为了执行这些协议，普金斯撰写了用于定价的计算机算法。该定价算法能够搜集在亚马逊上出售的海报的定价信息，并运用事先制定的定价规则，确保 A 公司和竞争对手自动交换价格信息，协调卖价。2015 年，美国司法部指控普金斯通过算法协调价格变动的行为构成犯罪，其具体行为包括：第一，普金斯与其他竞争者就特定海报协商定价；第二，在协商过程中，普金斯与其他合谋者达成协议，以固定、提高、维持和稳定特定海报商品的销售价格；第三，为实施价格协议，普金斯与合谋者约定采用特定定价算法，以协调各自的价格调整；第四，为落实合谋，普金斯撰写定价算法代码，该代码可指导 A 公司按照价格合谋约定对特定海报商品定价；第五，为落实价格协议和监督定价算法的效力，普金斯与合谋者搜集、交换、监督和讨论相关定价与销售信息；第六，与合谋者按照达成的价格协议销售海报商品，收取价款。显然在上述指控中，普金斯的行为是主动利用算法进行合谋，而美国司法部对其行为的判罚也是基于本身违法原则，最终普金斯被美国司法部指控违反了《谢尔曼法》关于定价的规定，实施了“合谋修改在线销售商品价格”。最终，在 2015 年 4 月 30 日，普金斯与美国司法部达成认罪协议，同意接受 6～12 个月的有期徒刑并支付罚款 2 万美元。普金斯撰写定价算法来帮助具有竞争关系的经营者之间协调价格的行为，实质上构成了多数国家反垄断法中适用于本身违法原则的价格合谋行为。

13.7　算法的反竞争边界划定

算法本身既包含了提高社会福利的因子，也包含了妨碍竞争的因子，两者是共存的，对算法是否达到了反竞争的执法边界，需要结合实际情况，以保护人民群众的利益为核心，以个案为基本分析单元进行判定。具体可从算法行为是否属于本身违法行为、应用主体是否占据市场支配地位、具体行为是否对人民利益造成实质性损害三个方面进行判断。不同于欧盟和美国所强调的消费者权益，人民利益包含了消费者、小商家乃至平台企业的利益，其范畴要大于消费者利益和竞争对手利益这两个概念，使用这一概念更全面地概括了社会内个体的利益。

(1) 算法行为是否属于本身违法行为。

横向的价格合谋是垄断协议的一种，是被各国反垄断法严格禁止的行为，适用于本身违法原则。也就是说，只要是合谋，不论达成价格合谋的企业是否拥有市场势力，均可以判其违法。按照这一思路，由于通过调整算法在平台内部的卖家之间或多个平台上的卖家之间达成价格协同与传统意义上的横向合谋相同，因此主动算法合谋本身就是违法行为。然而还有被动算法合谋这一问题，算法的使用者主观上没有合谋的意图，但是算法自动实现价格协同。被动算法合谋行为应依据合理原则认定行为性质，充分考虑算法提高市场效率和企业创新能力的积极作用。对于没有对市场竞争产生不合理限制、损害消费者利益的被动算法合谋不需要应用本身违法原则，对于明确产生限制竞争作用，但同时又具备积极作用的被动算法合谋采用合理原则。在采用合理原则时，反垄断执法机构需要判断这种算法的作用是否属于互联网平台企业开展正常经营活动所必需的范围，算法是否能带来提高市场运行效率、促进市场创新能力等积极效果，并对算法运行给市场带来的竞争影响进行综合衡量与比较，最终确认此行为是否具有违法性，是否属于反垄断法的禁止范围。综上所述，智能定价算法导致的算法合谋是否属于本身违法行为，主要取决于行为主体的主观意图，通过确定其主观意图可明确主体责任。

（2）应用主体是否占据市场支配地位。

算法的应用主体是各大互联网企业平台。对于算法是否形成了反竞争行为，除去本身违法原则以外，应该关注应用主体即互联网平台是否占据市场支配地位。显然，互联网企业的网络外部性和正反馈特征本身就决定了对于一个不拥有市场势力的互联网平台来说，如果它遵循智能定价算法自动生成的结果，即使与市场中占据市场支配地位的互联网平台企业达成了被动算法合谋，它的利益也远小于不达成合谋的利益。在达成被动算法合谋后，占据市场支配地位的互联网平台企业可以利用其相对较大的用户数获取垄断利润，而没有市场势力的小型互联网平台企业则失去了发展的可能，同时在网络外部性和正反馈的双重作用下，还面临着用户不断流失的问题。小型互联网企业平台的利益会与大型互联网平台企业愈加背离，最终联盟破裂。而对于算法“非中立”，一个存在偏向性的算法本身就是小型互联网平台企业的竞争优势，它可以借此吸引一些对主流算法服务不满的用户。根据长尾效应，在占据市场支配地位的互联网平台企业外，必然还存在一些小众的互联网平台企业，它们的存在可以满足消费者的多样性需求。而具有偏向性的算法就是它们在市场竞争中生存和发展的重要依靠。例如，作为电商平台的后起之秀，拼多多内部的算法更侧重于廉价销量，而天猫的算法更倾向于好评、店铺规模和品牌，通过对推荐商品的排序，两个互联网平台企业成功地进行了差异化竞争。一旦小型互联网企业依靠有偏向的算法获得一定的客户，那么大型互联网平台企业就会对这种算法进行模仿。例如，拼多多诞生后，天猫推出了特价淘宝，而京东则推出了京喜与之竞争。显然，对于不具有市场势力的互联网平台企业而言，有偏向的算法不仅不会妨害竞争，反而会促进竞争。

由界定市场支配地位延伸而来的问题是，如何界定算法应用主体所处的市场。市场定义对于评估互联网平台企业是否具有市场支配地位起着特别重要的作用。由于互联网平台企业通常会同时进入多个市场，并且平台上还存在大量小型卖家，这些卖家也基于平台企业构成一个“地域”市场，而当平台自身也经营与第三方卖家相同的业务时，市场的定义将会更加复杂。

（3）具体行为是否对人民利益造成实质性损害。

即使算法的使用者拥有市场支配地位，但是算法没有对人们造成实质性损害的话，仍不应该认定算法构成反竞争行为。由于算法能够降低搜寻成本，提高定价效率，最终可以提高市场效率，而这种提升与企业是否拥有市场支配地位无关，因此在判断互联网平台企业使用算法并未达成本身违法的前提下，在认定某种算法形成了反竞争行为前，还必须确认其造成了实质性损害，即在扣除积极效应后仍会造成损害。

阅读材料

谷歌购物案

在谷歌购物案中，市场定义需要考虑到所涉服务是包含多种服务的平台，既包含为消费者提供免费搜索服务，也包含为广告商提供付费广告空间。存在两个不同的全国性相关产品市场：一般搜索服务市场和比较购物服务市场。一般搜索服务的重点是从在线内容中筛选出特定部分，并且通常对在互联网上搜索此类信息的用户免费。一般搜索服务在非价格参数上进行竞争，具体表现为：(1) 结果的相关性；(2) 提供结果的速度；(3) 用户界面的吸引力；(4) 网络索引的深度。而第二个相关产品市场是比较购物服务市场，这是一种专门的搜索服务：(1) 允许用户搜索产品，并在几个在线零售商和商家平台的报价中比较其价格和特点；(2) 提供链接，从搜索结果显示界面可以直接到达这些在线零售商或商家平台的网站，类似国内的一淘网。这些服务既不能替代在线搜索广告平台（如百度、必应、谷歌等）提供的服务，也不能替代商家平台（如亚马逊、京东和淘宝）提供的服务。此外，从在线零售商和其他广告商的角度来看，比较购物服务和在线搜索广告平台是互补的、不可替代的。最后由于谷歌的一般搜索服务在全球绝大多数国家占据了90%以上的市场份额，因此欧盟反垄断委员会认定其在一般搜索服务市场中占据市场支配地位。从谷歌购物案中市场界定的理由可以看出，相关市场之间的替代性是市场界定的核心，而在替代性分析中，算法本身生产的产品或服务的属性特征是分析的基础，在对市场的界定完成后，才涉及对是否占据市场支配地位的认定。

经过界定，欧盟反垄断委员会认为谷歌拥有市场势力，并且在一般搜索服务市场占据市场支配地位，并且利用其市场支配地位将市场势力引入比较购物市场。在一般搜索服务市场中，算法会将谷歌购物的结果放在最显眼的位置，诱导消费者点击。这一行为的结果是从谷歌的一般结果页面到竞争对手的比较购物服务的流量减少，而转到谷歌购物的流量增加了。由于谷歌的一般搜索服务在市场中占据绝对主导地位，大量消费者通过谷歌的一般搜索服务寻找提供比较购物服务的网站，因此在其通用搜索界面上的流量不能有效地被目前可用于比较购物服务的其他来源所取代，因此判断谷歌算法排序问题可能在比较购物市场产生反竞争效果。在这一判断的基础上，欧盟反垄断委员会收集了一系列证据，论证谷歌的做法造成了直接损失：首先，谷歌的行为能控制比较购物服务市场，以停止提供服务相威胁，对商家征收更高的费用，要求商家参与自己的比较购物服务。这些增加的成本会转化为更高的产品价格。其次，谷歌没有告知用户，它在搜索比较购物服务供应商时采用的技术底层机制与在其通用搜索界面搜索其他关键词时是不同的，结果页面中定位和显示的通用搜索结果排序并没有包含产品质量信息。虽然“赞助”标签可能表明使用了不同的定位和显示机制，但这些信息只有极少用户能够注意并理解。最后，谷歌在这种行为中明显获益。在进行这种行为前，谷歌购物的前身 Froogle 并没有获得额外流量，发展并不顺利，而当谷歌在 13 个国家市场中的每一个通用搜索服务中使用这一算法的排序后，它的比较购物服务开始持续增长，而几乎所有竞争对手的比较购物服务的流量开始下降。最终成功说服欧盟反垄断委员会的是切实的证据，显示了谷歌通过调整算法的排序机制所造成的反竞争后果。最终欧盟反垄断委员会认定谷歌滥用市场势力，要求它重新调整算法的排序结构。

13.8 数据垄断规制

严峻的数据垄断形势给当前数字经济的发展带来了巨大的挑战。数据垄断使得寡头企业拥有大部分的用户数据，在数据驱动的发展模式下，压缩了该领域内其他企业的生存空间，不利于小型企业的发展。数据垄断在一定程度上破坏了市场自由竞争的规则，数据寡头企业基于海量数据资本掌握市场主导权。对小型企业的打压使得消费者失去了同类服务的可替代选项。数据垄断有可能阻断小型企业的技术创新，而大型企业利用其丰富的数据可开发多领域的生产经营活动，技术壁垒进一步抑制了新技术的产生。数据垄断使得寡头企业一家独大，掌握对用户数据的控制权，易加剧算法滥用、隐私泄露、用户歧视等其他数据伦理问题的产生。因此，一方面，应规范数据的收集、促进数据资源的合理配置；另一方面，应积极探索保护用户隐私的数据共享方式，促进数据共享流通。缓解数据垄断形势、促进数据安全与公平的共享流通，在技术上可以采用以下几种数据治理模式：第一，推行数据普遍预处理。在数据流通前，从数据源头基于隐私保护技术对数据进行脱敏处理。这在一定程度上能够限制企业收集大规模数据的行为。当前应用的隐私保护技术主要包括基于扰动的匿名化、差分隐私技术和基于密码学的安全多方计算等，这些技术提供的隐私保护程度越高，收集数据的准确性越差，计算成本也就越高。数据收集者必须平衡隐私保护与数据有效价值之间的关系，从而缓解当前低成本的数据收集垄断局势。在该治理模式下，数据寡头仍持有大部分数据的控制权，数据垄断有所缓解但并未根除，并且需要权衡好数据治理与产业输出之间的关系。第二，第三方组建、政府监督的中介周转模式。由政府监督，第三方机构组建平台，促进数据共享。例如，数据交易平台、数据众包平台和数据共享平台三种模型分别适用于不同情景。自 2015 年国务院印发《促进大数据发展行动纲要》以来，全国范围内涌现出多个数据交易平台，包括以数据包交易为主的政府类数据交易所，如贵阳大数据交易所、上海数据交易所、武汉长江大数据交易中心等，以及以 API 接口模式为主的民营平台，如聚合数据、京东万象、数据堂等。数据众包平台为企业或个人提供有偿的数据供应及下载途径，目前有百度数据众包、有道众包、蚂蚁众包等平台。数据共享平台包括数据直接共享平台和数据间接共享平台两种方式。数据直接共享平台依据必要的设施规则，推动公共部门之间不对称信息的流通和企业之间数据的合理共享，较为典型的是英国人工智能实验室与开放数据研究所合作建立的“数据信托”实验点，其目的是促进多集团之间的数据共享。数据间接共享平台拒绝对源数据的直接共享，支持对本地数据训练得到的模型参数进行共享，而后由多方参与者共同训练效果较强的机器学习模型。该方法符合当前数据驱动的技术发展情景与用户隐私保护的需求，具有代表性的是微众联邦学习项目与华为 NAIE 联邦学习平台。从总体发展现状来看，第三方中介的项目众多，但缺乏政府监督。第三，去中心化平台。对数据产生、流通和使用的整个生命周期进行监管，弱化数据寡头对数据的掌控权，增强数据生成者（即用户）和数据监管者对数据的控制权。该模式主要分为中心化和去中心化两种形式。中心化全局模式是指建立统一的数据监管平台，对数据进行统一管理，如库克提议美国联邦贸易委员会组建的数据清算所，通过监管数据流通状况来确保用户对数据的控制权。去中心化全局模式是指借助区块链、智能合约等去中心化技术与平台，对数据收集、流通、共享、使用、结算等过程存证，构建可验证、可追踪、可溯源的数据共享与监管机制。全局模式相较其他两种治理模型成本更高，目前该数据治理体系正在构建中，其应用尚不成熟。

在应用层面，确保数据透明。数据透明并不表示数据对所有人公开可见，它指的是数据在其生命周期中对其从属主体透明化，即在数据收集、流通、共享、使用和决策过程中，保证数据对其拥有者、使用者和监管者显示部分或全部的透明性。在整个数据透明框架中，数据的隐私必须加以考虑并得到保证。对数据垄断而言，数据透明的应用可促进数据收集、流通和使用记录的生成，从而完成数据的审计、溯源与问责。该方式既可达到数据监管的目的，又可为数据共享方向与方式提供评估依据，结合数据访问控制技术可全方位监控并防止数据垄断的生成。宏观上，基于数据透明的数据治理应聚焦于以下三个方面的内容：第一方面，保证数据质量与价值。数据作为大数据时代科技企业的主要资源，在使用数据治理手段协调各个社会主体利益时，应基于数据透明机制保证数据的真实性、正确性，统一多源数据标准，评估有效数据价值，从而保证数据驱动决策的可靠性。第二方面，评估和监管个人隐私数据的使用。用户作为大数据生产者，极易在数据流通过程中丢失对自身数据的控制权。基于数据透明，可评估和监管个人隐私数据的流向及用途，使用户重拾数据控制权，有效避免数据过度收集与聚集，预防个人隐私数据泄露。第三方面，监管并促进数据流通与共享。这也是阻断数据垄断的重要举措，但在实施时需兼顾数据隐私，考虑各参与主体间的信任模型，平衡各方利益。具体而言，基于数据透明的数据治理可借助区块链技术实现。基于区块链公开透明、去中心化和不可篡改的特性，可在数据生命周期中的各阶段分别进行有效的数据治理。在数据存储阶段，基于区块链和智能合约存储数据，可达到支持审计的目的，防止该过程中数据伪造、数据篡改、数据标准不统一等问题的出现。在数据收集与共享阶段，可使用区块链保存数据的收集与共享日志，对数据流通过程进行追踪溯源；同时结合策略承诺、违法检测、隐私审计，在隐私保护技术失效的情况下通过溯源问责保护隐私，并为实施数据监管、防止数据垄断提供技术支持。在数据使用与决策阶段，可基于区块链对数据计算节点进行验证，通过经济惩罚等手段防止恶意参与方的加入，同时验证决策结果的可靠性，确保数据的高效合理产出。2020 年 4 月 9 日发布的《中共中央　国务院关于构建更加完善的要素市场化配置体制机制的意见》提出，要加快培育数据要素市场的概念，并强调数据的开放与共享。这使得解决数据垄断问题、评估和监管数据的合理分配与使用变得更加紧迫和必要。同时，它也对数据共享流通方式和数据质量等提出了更高的要求。将数据作为要素应该放在数据治理的框架下加以考量，需要综合考虑数据生命周期内相关参与主体的权利与义务。在未来数据治理的过程中，我们一方面要完善当前的数据经济模式，发挥现有治理手段的作用；另一方面要积极开拓透明化的数据治理框架，解决以数据垄断为主的数据伦理问题，构建健康有序的中国大数据生态，促进大数据产业合理规范发展。

13.9 算法规制

算法本身同时具有促进竞争和妨害竞争的双重属性，它的具体影响需要根据个案中行为主体的主观意识与客观影响进行判断。由于算法技术专业性强、迭代快，通过算法达成的各种反竞争行为普遍具有隐蔽性，即难以发现，发现后也难以判断是否妨害竞争，对反垄断执法机构提出了新的挑战。由于算法合谋通常源自算法的技术，而算法转化为对市场势力的滥用行为则源自行为主体的市场支配地位，因此可以从这两个方面制定规制政策。以美国为首的资本主义国家通常侧重于从技术层面对算法进行规制。

在技术层面，美国提出了相对完整的算法监管程序，避免被动算法合谋，严格处罚主动算法合谋。第一，制定算法备案制度，要求各大互联网平台企业在每次调整其算法时，均必须向反垄断监管机构提交一份代码备案。一方面，备案制能够有效降低算法黑箱程度，增加算法程序的透明度，只有算法的训练过程和决策过程在一定程度上被公开，对算法程序本身的监管才能得以进行；另一方面，当出现反竞争行为时能够拥有第一手证据，避免在反复更新中开发者辩称失去了最初的算法代码而导致证据不足。第二，加强与算法技术机构和专家的合作，并成立独立研究算法技术的调研部门。例如，美国联邦贸易委员会建立了“技术调研办公室”，用来应对算法可能引发的竞争风险。第三，制定并公布一套算法透明度原则。可仿照国际计算力学协会发布的原则：（1）算法的设计者、使用者以及其他利益相关主体应首先认识到算法程序可能存在偏见。（2）监管机构应采取措施对受到算法决策不利影响的主体进行调查和救济。（3）鼓励算法设计者和使用者对算法决策步骤进行说明。（4）如果算法设计者和使用者不能详细解释算法产生相应结果的原因，或至少没有采取合理措施对上述结果产生的过程进行保留和跟踪，设计者和使用者应对该结果的产生承担责任。（5）算法设计者必须保留其用于训练算法的数据的收集方法，并对这些数据可能带来的偏见进行说明。（6）算法设计者和使用者应对算法的模型、数据和决策进行记录。第四，针对自我学习类算法的技术特征，通过技术手段对其实施被动合谋行为的能力加以限制。自我学习类算法的决策过程不透明是导致发生被动合谋的主要原因，采用黑匣子补漏器技术打开黑箱能够有效降低合谋出现的概率。黑匣子补漏器是一种与算法深度学习反向的工程技术。它通过对相关领域的秩和检验[①]，探

① 秩和检验是对比真实结果与算法结果差异的检验。

明算法系统运行的特殊性，从而揭露算法运行的过程。出于风险控制的角度，在利用这项技术降低算法引发的合谋风险时，反垄断机构也必须认识到黑匣子补漏器技术本身也可能给企业的运营带来安全风险，需要规范这项技术的适用范围。

对算法的行为主体，即互联网平台企业，以美国为首的资本主义国家虽然屡次提出反垄断诉讼，但实际上无论是微软还是脸书，所面对的反垄断诉讼都是纸面文章，并没有任何实质性的处罚措施落地，而欧盟对美国互联网平台企业的处罚也仅限于罚款，数额虽然很大，但是真正落地的数额相对于这些企业的收入而言很少。我国国内监管机构对互联网平台的监管处于一个探索的过程，在《中华人民共和国反不正当竞争法》的基础上，《中华人民共和国反垄断法》和《中华人民共和国电子商务法》等的推出显示了政府保护人民利益的决心。

内容提要

数据在人类的各种活动中产生，具有总量大、种类多、生产与更新速度快、价值密度低的特征，非常依赖算法从中提炼出有价值的信息。作为新的生产要素，数据必然会出现集中趋势，最终表现为数据垄断。

算法对市场竞争存在相反的两种作用。需要注意的是算法本身就并非中立，在优化供需匹配，向消费者提供便利的同时，也会因算法歧视、算法合谋对竞争产生不利影响。算法带来的反竞争效应由施行算法的主体所决定，通过市场势力认定，能够初步辨别是否可能存在算法滥用。在此基础上可以通过个案分析进一步确定是否存在算法滥用的情况。算法是数字经济时代的主角，需要通过合理的技术手段和法律手段，既要让它发挥匹配需求、提高市场效率的正面作用，又要设法减少它阻碍竞争和降低消费者福利的负面作用。

关键概念

数据垄断是指重要数据被控制在少数人或企业手中，并被以不合理的方式使用，主要是指数据被企业违规占有和使用，该企业利用对数据的占有打击竞争对手。

算法是从给定的输入生成输出的命令序列，进行机械的、重复度高的反复运算，用以解决某个特定的问题。算法在基本算法的概念上叠加了自动处理能力和学习能力。伴随数据量的上升，算法的处理正确率也不断上升。

算法非中立是指算法在进行排序的时候会存在隐藏条件，导致其排序结果不完全公平。

算法合谋是一种新形式的合谋，分为两类：主动算法合谋和被动算法合谋。算法的使用者可能通过监测类算法、信号类算法和平行算法主动寻求合谋。

算法歧视是指算法自动化决策中产生的不公平现象，又称算法偏见。

开放式问题

1. 结合社会生活中的现象，列举存在数据垄断和算法滥用的案例。

2. 以某个平台为例，分析数据和算法对它的竞争力的影响。

3. 对比工业经济时代与数字经济时代合谋的相同与不同之处，以具体案例分析。

4. 讨论如何预防数据垄断并规制算法，使其兴利除弊，促进经济发展。

5. 比较中美对数据垄断和算法滥用的立法和执法行为，阐述不同国家执法方式的优缺点。

6. 中国、美国、欧盟在制定数据垄断的规制政策时的出发点有何不同？人民利益和消费者利益的差异在哪？

进一步讨论的主题

思考一：数据垄断真的存在吗？

数字技术彻底改变了运用数据的传统方式。现在，企业能够通过数据的学习效应来改进产品和服务。例如，优酷可以通过收集每个用户的点击信息来修正和完善算法，从而吸引更多用户。企业还能基于大数据的“用户画像”，提供定制化的产品，并根据其消费者能力和价格敏感度设定个性化的价格。此外，企业还能对数据进行二次利用，开发出新的商机，例如滴滴外卖和美团打车。

首先，数据的优势很容易被削弱。一方面，数据是可分的和高度差异化的。基于长尾理论的观察，不同的消费者在网络购物、在线约会、社交网络、在线旅游等场景下，往往导向更精确、更符合其需求的网络服务提供者。所以，成功的企业必须挖掘属于自己的利基市场，而不能盲目跟随领先者。差异化的竞争使得自己富有价值的数据对其他企业可能用处寥寥无几。[①] 另一方面，数据本身可被替代。一家将传感器嵌入公路以收集交通拥堵数据的企业很快就会发现，随着自动视频分析、手机导航等技术的运用，其数据已沦为第二选择。

其次，数据不能独立带来优势。根据胡凌先生的分析，网络平台的竞争在资源、数据、算法、基础服务等四个维度展开。具体来说，由信息技术降低交易成本带来生产性资源的不断增长，同时产生大量数据，然后企业使用算法对数据进行动态分析预测，最终据此改进基础服务。显然，数据只是一个中间环节而已，它不是也不可能是决定性的。这也说明了为什么数据巨头会失败：从时代华纳收购美国在线，到微软收购网络广告公司，这些数据驱动型并购都降低了而非增强了它们的竞争优势。相反，在那些看似需要大量数据才能生存的数字产业里，初创者也能脱颖而出。当 Tinder 在 2012 年 9 月进入在线约会战场时，它没有任何用户数据，但凭借着简单的用户界面和对消费者需求的精准关注，Tinder 很快成为市场的领导者。迄今为止，Tinder 已经见证了 200 亿人成功配

---

① 曲创．数据垄断的伪命题和真问题．科技日报，2019-08-21.

对，成为全球最受欢迎的交友应用。

最后，数据带来的力量十分脆弱。数字经济是高度创新的行业，更有甚者，在“颠覆性创新”与“维持性创新”二分架构下，其创新更偏向前者而不是后者。这意味着在不断变化和迅速迭代的竞争环境中，数据巨头的竞争优势将因完全意料不到的竞争对手和商业模式化为乌有，甚至会逆转为劣势。更惨烈的是，这种变化的彻底性与网络倾覆效应相结合，往往让基于历史数据的决策错得离谱。正是出于以上种种理由，尽管美国和欧洲的监管者都对数据垄断表示了关注，但在谷歌收购双击公司、TomTom 收购 Tele Atlas、脸书收购 WhatsApp、尼尔森收购阿比创市场研究公司等一系列并购案中，他们并没有针对数据采取激进的反垄断审查措施，而是把是否破坏行业竞争和侵害消费者权益作为监管目标。

请思考，数据垄断真的存在吗？

思考二：算法滥用的主体到底是谁？

长久以来，人们对计算机技术存在一个广为人知的误解：算法决策倾向于是公平的，因为数学关乎方程，而非肤色。人类决策受到诸多有意或者无意的偏见以及信息不充分等因素的影响，可能影响结果的公正性。因此存在一种利用数学方法将人类社会事务量化、客观化的思潮，弗雷德·贝嫩森将这种对数据的崇拜称为数学清洗，也就是说，利用算法、模型、机器学习等数学方法重塑一个更加客观的现实世界。《人类简史》一书的作者将之称为“数据宗教”，对数据的使用未来将成为一切决策工作的基础。从垃圾邮件过滤、信用卡欺诈检测、搜索引擎、热点新闻趋势到广告、保险、贷款资质评估、信用评分，大数据驱动的机器学习和人工智能正在介入并影响越来越多的决策工作，人们认为大数据和算法可以消除决策程序中的人类偏见。

不过，平台有可能通过算法达到了某种侵占用户利益的目的。例如，某个餐饮平台可使用算法派单，迫使外卖送餐员接长途订单，并且智能调整派单量、订单价格和配送时间，使外卖送餐员尽全力送餐依然会超时，被罚款扣绩效。

那么，谁在损害用户利益呢？是算法还是平台？

思考三：为了便捷生活所让渡的部分数据隐私应该交给企业还是政府？

布莱恩·阿瑟在《技术的本质》中指出：“我们无法抛弃技术而去谈时代，因为技术总比其他任何事物都更能代表一个时代的特征。我们活在技术的潮流之中，时代的更迭与技术的发展息息相关。”当前是数字经济时代，算法与数据是数字经济时代的核心。它们能够规划日常的出行线路、发现个体的喜好、处理复杂的金融交易、管理精密的生产流程、参与前沿的科学实验、战胜人类的象棋冠军等。现阶段我们应用的算法大部分都是由机构开发和推广的，主动权并不取决于用户个体的力量。作为开发机构意志的模型，算法的实施初衷、数据运用、程序开发、代码嵌入、结果表征往往与机构掌控者的利益追求紧密相连。换言之，技术始终摆脱不了人的干预。正如互联网先驱凯文·凯利所言：“人们在把自然逻辑输入机器的同时，也将技术逻辑带到了生命之中，机器人、计算机程序等人工制造物也越来越具有生命属性。”备受诟病的大数据杀熟就是上述生命属性的例证。同一间酒店、同一趟航班，算法技术会根据使用者的消费习惯，甚至是手机档次，给出不同的价格。算法技术表现出的逐利特征在商家的操纵下被暴露得一览无余。更可怕的是，大数据杀熟背后隐藏的歧视本质直接宣告了算法正义的破产。只是算法歧视通常比以往的数字歧视更加隐蔽，表现得似乎更加"正确"，于是很多时候我们并没有注意到它的普遍存在。如果必然要出让一部分权利来换取更为便捷的生活，那么应将这些权利让渡给企业还是政府？

参考文献及扩展性阅读建议

图书在版编目（CIP）数据

数字经济概论 / 戚聿东，肖旭编著．-- 2 版．
北京：中国人民大学出版社，2025．6．--（新编 21 世纪
经济学系列教材）．-- ISBN 978-7-300-34021-0
Ⅰ．F49
中国国家版本馆 CIP 数据核字第 2025G8D181 号

新编 21 世纪经济学系列教材
数字经济概论（第二版）
戚聿东　肖　旭　编著
Shuzi Jingji Gailun

出版发行	中国人民大学出版社		
社　　址	北京中关村大街 31 号	**邮政编码**	100080
电　　话	010－62511242（总编室）		010－62511770（质管部）
	010－82501766（邮购部）		010－62514148（门市部）
	010－62511173（发行公司）		010－62515275（盗版举报）
网　　址	http://www.crup.com.cn		
经　　销	新华书店		
印　　刷	天津旭非印刷有限公司	**版　　次**	2022 年 1 月第 1 版
开　　本	787 mm×1092 mm　1/16		2025 年 6 月第 2 版
印　　张	23.25 插页 1	**印　　次**	2025 年 8 月第 2 次印刷
字　　数	533 000	**定　　价**	52.00 元

教学支持说明

1. 教辅资源获取方式

为秉承中国人民大学出版社对教材类产品一贯的教学支持，我们将向采纳本书作为教材的教师免费提供丰富的教辅资源。您可直接到中国人民大学出版社官网的教师服务中心注册下载——http://www.crup.com.cn/Teacher。

如遇到注册、搜索等技术问题，可咨询网页右下角在线QQ客服，周一到周五工作时间有专人负责处理。

注册成为我社教师会员后，您可长期根据您所属的课程类别申请纸质样书、电子样书和教辅资源，自行完成免费下载。您也可登录我社官网的“教师服务中心”，我们经常举办赠送纸质样书、赠送电子样书、线上直播、资源下载、全国各专业培训及会议信息共享等网上教材进校园活动，期待您的积极参与！

2. 高校教师可加入下述学科教师QQ交流群，获取更多教学服务

经济类教师交流群：809471792

财政金融教师交流群：766895628

国际贸易教师交流群：162921240

税收教师交流群：119667851

3. 购书联系方式

网上书店咨询电话：010－82501766

邮购咨询电话：010－62515351

团购咨询电话：010－62513136

中国人民大学出版社经济分社

地址：北京市海淀区中关村大街甲59号文化大厦1506室　100872

电话：010－62515803　010－62516948

传真：010－62514775

E-mail：jjfs@crup.com.cn